TEJI JIAOSHI
CHENGZHANG XUSHI

特级教师成长叙事

——首都师范大学优秀校友访谈录

张雪 宫辉力 主编

首都师范大学出版社
CAPITAL NORMAL UNIVERSITY PRESS

图书在版编目(CIP)数据

特级教师成长叙事：首都师范大学优秀校友访谈录/张雪，宫辉力主编．—北京：首都师范大学出版社，2014.10

ISBN 978-7-5656-2038-6

Ⅰ.①特… Ⅱ.①张… ②宫… Ⅲ.①首都师范大学—校友—访问记 Ⅳ.①K820.7

中国版本图书馆 CIP 数据核字(2014)第 227510 号

TEJI JIAOSHI CHENGZHANG XUSHI

特级教师成长叙事

——首都师范大学优秀校友访谈录

张　雪　宫辉力　主编

责任编辑　杨鸿霄

首都师范大学出版社出版发行

地　址　北京西三环北路 105 号

邮　编　100048

电　话　68418523(总编室)　68982468(发行部)

网　址　www.cnupn.com.cn

北京集惠印刷有限责任公司印刷

全国新华书店发行

版　次　2015 年 1 月第 1 版

印　次　2015 年 1 月第 1 次印刷

开　本　710mm×1 000mm　1/16

印　张　41.75

字　数　662 千

定　价　90.00 元

特级教师成长的摇篮（代序）

张　雪　宫辉力

值此学校六十华诞，我们选取了毕业于首都师范大学，或在首师大附属教育集团工作过的67位特级教师为访谈对象，用近一年的时间进行了叙事研究资料的收集和整理工作。这些特级教师有年逾古稀的智者，也有正值壮年的基础教育领跑者；有20世纪50年代毕业生代表，还有六七十年代从学校走上工作岗位的校友，更多的是1977年恢复高考制度以来首师大的优秀毕业生和在首师大附属教育集团工作的教师。他们每一个人都有着感人至深的故事和精彩的教育人生。通过对这些特级教师的访谈，我们获取了200余万字的口述史资料。经过整理分析，最后形成了这本60余万字的书稿。

在这项研究中，我们力求做到工作逻辑和研究逻辑的统一、生命历程和集体记忆研究视角的结合。通过追踪特级教师的成长轨迹，分析这个优秀群体如何在现实中讲述过去，建构和重构自己的教育人生和教育世界。我们的研究具有三个方面的特点：

第一，基于教师教育取向开展研究。首都师范大学肩负着为北京市基础教育培养优秀教师的重任。建校60年来，我们为北京市基础教育培养了近一半的师资。在北京市现任5万多名中学教师中，我校毕业生占55%；北京市现职幼儿教师中，我校毕业生占94%；在北京市特级教师中，我校毕业生占到一半以上，部分学科达到90%。我们选取其中的67位特级教师开展研究，一方面是基于教师教育的实践取向，分析职前和职后对于教师专业发展的影响，探讨大学和基础教育在教师专业发展中所承担的责任；另一方面，是通过对研究资料的总结和提炼，将其升华为教师教育理论，同时依托优秀案例开发课程资源，反哺大学的教师教育，推动和深化我校的教师教育改革，全面提高我校教师教育人才培养质量。

第二，坚持个人成长取向讲述历史。历史是过去与现实的对话，特级教师向我们讲述的个人成长史是发生在特定的时空背景之下的，有时代的旋律，也有个人的伴奏。我们将特级教师的成长放在个体与环境的互动、个体对自我进行反思的视域之中，通过了解他们的职业生活，分析他们的生命事件，发现他们成长中的“重要他人”，感受和理解他们在特定时空中对教育的思考和探索，包括个人教育信念的形成、教育智慧的产生以及教育意义的实现和达成。

第三，选择教育成就取向分享经验。“特级教师”是一种荣誉，代表着教育界对一名教师的最高认可，也意味着一名教师的努力付出得到了学生和家长的高度肯定。春华秋实，这些特级教师用持之以恒的努力，用辛勤的汗水，用智慧和爱构筑了一道最亮丽的教育风景线。阅读这些鲜活的文字，我们看到了脸上绽放出幸福笑靥的学生，看到了焕发生命活力的课堂，看到了温暖馨香的学校，看到了教育的阳光和美好。我们希望和读者分享教育经验，传播教育智慧，成就教育人生。桃李不言，下自成蹊。中国教育改革需要引领者，更需要行动者。

2014 年 12 月

目录

CONTENTS

成长感悟

育人之道

学科素养

名师引领

TEJI JIAOSHI CHENGZHANG XUSHI

特级教师成长叙事

【成长感悟】

做一个有文化的老师

——音乐特级教师祁德渊

王东　焦琪

祁德渊老师，原北京教育学院西城分院院长，音乐特级教师，现为教育部基础教育课程教材专家委员会委员、北京教育学会音乐教育研究会会长，多年来从事中、小、幼教师的培训工作，曾担任《美育与音乐教育》《作品分析》《声乐》等课程的教学；多次参与北京市中小学音乐教材的编写及10余部丛书音乐部分的撰写，多次担任国家、北京市各类音乐教学比赛的评委。

祁德渊老师于1964年入学，是首都师范大学音乐系第一届的学生。在首师大度过了珍贵的四年大学时光后，他积极响应国家号召投身部队，在山西度过了一年零八个月的军旅生涯，之后又返回北京进入西城师范学校，从事西城区教师的培养工作，一干就是半辈子。在这40年中，祁德渊老师经历了学校从西城师范学校、西城教师进修学校直到现在的北京教育学院西城分院的变化，以及自身从一名普通的音乐老师、高级教师、特级教师，再到教务主任、副院长、院长的身份转变，但是做一位“仁师”的初衷却从未变过。即使是在2007年好不容易迎来了珍贵的退休机会，祁德渊老师仍然以学校发展为先，重新返聘回岗，一直干到2011年，才彻底退下来。退了之后又在学校的《读写知识报》报社负责了几年社长的工作。祁德渊老师在这个学校工作了整整40年，可以说是将自己的半生奉献给了这个学校，从事了一辈子的“教师再教育”，为西城区乃至整个北京市培养了一批优秀的教育工作者，正像祁德渊老师所说的“能够看着他们对整个西城区或北京市的教育教学起到作用，这就是挺幸福的事情，希望他们能够做一个有文化的老师，尽量用自己认为是正能量的东西去影响别人”。

一、“我是首师大音乐系第一届的学生”

祁德渊出身教师世家，“家里基本都是当教师的，四代人，爷爷、姥姥、姥爷、父亲、母亲、叔叔、四个舅舅、老姨、姨父，加上祁德渊老师和他的老伴儿、儿子，一家子一共有二十多个教师”，在这种家庭氛围的影响下祁德渊自小就萌生了当教师的理想，高考报名时，在当时就读首师大中文系姐姐的劝说下，热爱音乐的祁德渊毅然决然地参加了首师大音乐系的招生考试，成了首都师范大学音乐系第一届学生。

首师大1954年建校，1964年，也就是其建校的十年后，首师大音乐系建立了。由于这是首师大音乐系第一届招生，受到了国家和北京市的特别重视，不仅配备了中国音乐学院调来的40多个教师来教导这新招来的24个学生，还基本做到了一人一间琴房，“那时候有声乐教研室，有钢琴教研室，有理论教研室。声乐教研室，一共24个学生，一个老师也就教三四个学生”，“像学音乐理论，学基本乐理等理论是大课。视唱练耳课、基本乐理课、排练课、合唱课，都是大课，一块儿上。技能技巧课基本上都是分开上，根据每个人的声音条件，你是男高音、女高音，你是男中音，各种条件来决定你学什么，由不同的老师来教。学乐器的、学民乐的、学二胡的、学笛子的、学琵琶的、学三弦的，都有不同老师教，这都是小课。”正如祁德渊老师所说“那个时候钢琴是很了不得的。24个学生对着40来个教职工，所以我们这拨还是挺幸福的”。

1964年的首都师范大学，可以说是竭尽所能为这一届的学生们提供了最为优良的教育条件，为其前期知识的积累奠定了坚定厚实的基础。这种环境中成长的学生们，“自进入首师大便接受了其深厚底蕴的熏陶，使得他们时刻想到，我是要做教师的，那我就要用教师这个概念去规范自己，这是潜移默化的”。

用知识与“教师梦”装点的四年光阴，构成了祁德渊老师一生当中最为珍贵的学生时期，这里有祁德渊老师尊敬的教师、热爱的知识以及珍贵的回忆，“如果有机会能重回校园，继续读研究生，我一定去”，祁德渊老师激动地说道。

二、“毕业后在山西部队锻炼了一年零八个月”

1968年，祁德渊老师从首都师范大学音乐系毕业了，他响应国家号召，分配到了山西野战军的学生连。“那个连队有一个营，一个营带一个学生连。生活也跟野战军一样，但不算正式军人。那时候很艰苦，我们1969年1月坐火车到洪洞县，住在老乡家，住了一年。第二年备战备荒，中苏关系紧张，我们就到了山西的朔县，现在叫朔州，那是最苦的一个地方。我们住在监狱，犯人往南走，部队往北走。刚去的时候打扫卫生就打扫了三天，监狱都是大通铺，一个大炕挤上好几十人。”

虽然“艰苦奋斗”四个字基本涵盖了祁德渊老师的一年零八个月军旅生涯，然而，正如祁德渊老师所说“这段经历虽然艰苦，但是对人这一辈子非常有好处。你经历过什么叫艰苦，所以在今后的工作过程中就不怕吃苦。”正是这一段艰苦的岁月造就了祁德渊老师“不怕苦，不怕累”的坚毅性格，“那时候在整个工作中，所表现出来的态度，完全不一样，有一种很高的责任感，所以工作中表现出来的是不怕苦、不怕累、不计较得失、不计较政策”，为其之后成长为一名“德艺双馨”的教育专家奠定了坚实的性格基础。

三、“从事了一辈子教师培养工作”

一年零八个月的山西军旅生涯后，祁德渊老师终于获得了回京的机会，分到了当时的西城师范学校，成了一名从事教师再教育的老师。工作后的他认真负责，不怕苦、不怕累，积极奋斗在教师教育的第一线，终于功夫不负有心人，祁德渊老师的努力得到了认可，于1988年成为北京市首批高级音乐教师，并于1998年获得“特级音乐教师”的称号。然而，年纪轻轻就获得如此成就的他，并没有被成功冲昏头脑，依然不忘初衷，勤勤恳恳地教书、育人，即使在后来相继担任了学校的教务主任、副院长、院长，他也没有放下自己的教学职责，培养了一批又一批的优秀教育工作者们。即使是退休年龄的到来，也没有阻碍祁德渊老师为教育事业无私奉献，2007年退休后的他又被返聘回学校，一直干到2011年，才彻底退下来。退休后的祁德渊老师也并没有停止前进的脚步，在学校的《读写知识报》当了几年社长。正如祁德渊老师所说“我40年在这个学校就没动，搞了一辈子的教师培养、培训和继续教育”。

从祁德渊老师叙述的过程中可以发现，他是一个具有较高自我要求和修养的人，他为我们分享了工作后的学习经历："我工作以后几年里，国家尚处在'文化大革命'中，图书馆有十万册书，我们那时真是如饥似渴地去看，因为觉得自己不懂的东西太多了，虽然那时候讲阶级斗争，但是自己偷偷也在学哲学的东西，尤其是美学的，搞音乐的必须懂美学，那时候在图书馆也借了不少美学的书。同时，我们也利用一切机会，跟周围的老教师学习，抓紧一切机会，比如到中国音乐学院、中央音乐学院去听一些课，那时候有机会就听。"分享之余，还不忘嘱咐我们"要学习，多学习"。从事教师再教育的这40年，祁德渊老师时刻秉持着"活到老学到老"的信条，不断充实着自己，努力使自己成为一个有文化的老师，用积极的正能量去影响别人。

四、"我这么多年的体会就是，要做一个有文化的老师"

（一）"周围所接触的一些老教师非常优秀，他们对我的一生影响非常大"

每个人在成长路途上总少不了良师益友的陪伴与帮助，据祁德渊老师回忆，他的身边更是围绕着一批非常优秀的教师，"像教过我的主科老师薄云斌先生，当时在艺术学院也算名教授，教我的钢琴老师叫徐飞，那也是非常有名的老师，还有教我们乐理的刘景春老师，都是非常不错的，非常认真。像后来教民乐的，教我板胡的王醒老师，后来又调到北师大的冯佳讯老师，都是认真负责的好老师"。在首师大读书时一批优秀教师的悉心教育，还有工作之后一帮同事教师的热心帮助，其中张兆熏老师的鼓励和几位语文老师带给他成长的故事，让人印象深刻。

当时外语教研室还有一个叫张兆熏的，他是商务印刷馆的一个老编审，正教授级的，聊天的时候突然跟我说："小祁，写书吧。"我想，这不是天方夜谭吗。他说："写书"。我说："那太难了，我们的修养都不够。"他说："必须写，写书的过程就是积累资料的过程，也是积累人生的过程，如果写不了其他的东西，你可以参加字典和辞典的编写。"对我启发特别大，后来我真的参加过一些辞典的编写，因为要翻阅大量的资料，这本身就是一个学习过程。

我最开始所谓写论文，写点东西，也是三十岁左右，给一些杂志，给教育部的会议写点最基本的内容。写完我都会让语文老师给我看看，那时候都住校，那些语文老师会帮我检查语言、语法，甚至标点符号，帮助非常大。我们老师后来有一个叫周生亚的，他是"文革"前的研究生，研究古典汉语的，专门研究语音学和音韵学，甚至包括甲骨文，他对我影响就非常大，我那时候写点东西，经常请教他，因为住在一个宿舍楼里，他给我讲一些语音学、音韵学的东西。比如你唱歌，唱歌讲究字正腔圆，一定要把发音搞准，字头、字尾、声母、韵母，这些东西大学学不着，不可能理论课讲这些东西，但是这些东西又非常重要，你要反过头给学生去讲，所以这个语文老师对我的帮助就特别大。我这一生，尤其是年轻的时候，接触了很多其他学科的老教师、老专家，对我的影响和帮助非常大。

正是这一段得益于各学科教师帮助所带来的个人成长，使得祁德渊老师深深认识到了学科交叉的重要性，形成了“做一个有文化的老师”的宝贵教育理念。

（二）“说起教师这个职业，我经常讲三个尊重”

祁德渊老师还与我们分享了他“三个尊重”的教育理念：

第一，要尊重教师职业，其实也就是尊重自己。任何职业都有其基本要求和职业特质，人们既然选择了教师职业，就应该遵守这个职业对其从业者的要求，积极用自己的教师风格和气质去教育和感染学生，这是教师的一种基本状态；而作为一个特级教师，则还要做到“育人的楷模、师德的模范和业务的专家”三点要求。

第二，要尊重教师专业。教师不只是一种职业，它还是一个专业，也就是我们经常强调的教师专业化。“我对专业的理解是两个含义，一个是大的教师专业，还有你自己所学的专业，这是必须要尊重的。”“比如你是物理老师，你是物理专业；我是音乐教师，我是音乐专业，我作为音乐教师，我的音乐专业一定要过硬，也就是音乐理论水平，钢琴水平，声乐演唱水平和其他的音乐技能技巧，必须要过硬。”

第三，要尊重学生，做一个好老师，学生自然才会尊重你，这是一个辩证的过程。老师不应该一天到晚口气生硬地批评学生，甚至用语言去侮辱孩子，对孩子一定要尊重，要保护，要让他的心理正常发展，不要伤害他，要多鼓励。此外，你还要做一个好教师，在课堂上解决好教与学的关系，传道、授业、解惑。这样，学生自然会尊重你。

做一个有文化的教师，首先要做到这三个尊重，即尊重自己的职业，尊重自己的专业，尊重学生，这是一个合格的老师、优秀的教师应该做到的。

（三）“学科之间一定要交融，提高教师的综合素质，做一个有文化的教师”

1. “学历不等于文化，毕业后也要继续学习”

学历和文化是紧密联系的，但又是两个不同的概念。一方面，学历高是好的，多接受教育可以奠定较高的文化基础。但学历本身却无法完全代表一个人的文化。“我举几个略微极端的例子。我们有很多大师级的人物，如果从学历角度，没什么学历，梅兰芳没有受过从初中、高中到大学的正统教育，但梅兰芳的表演艺术是世界三大体系之一，是国粹的代表人物；齐白石也没有学历，六十岁左右才北漂到北京，成为一个大家，是国画大师，在世界上很有影响。这种例子非常多，所以不要过分强调我是大学本科毕业，我是研究生，我是博士生。多上学好，但是不等于你是一个非常有文化的人。所以从这个角度讲，它是两个概念。”在学校教育当中我们主修的是自己的专业，有人学物理，有人学中文，有人学音乐，也有人学化学，修习的大多是专业知识。但是如果当一个教师，当一个合格的教师，当一个优秀的教师，那点专业知识是远远不够的。我们的教材在发展，课程在发展，知识在大量更新，不学习绝对不行，尤其当一个优秀教师。除了大学所受的教育之外，教师工作以后还要继续学习，不只是继续深化大学所修专业，还要学会扩展，努力掌握多学科知识，做一名有文化的老师。

因此，要养成习惯，养成一种不断学习的习惯，不只是看书、阅读，不只是通过电脑、电视，还要多参加活动，多接触人。“在这个过程中就会发现自己有很多新东西要学，不学绝对不行。”“作为一个老师，能不断发现自己的不足，时常发现自己的知识不够用，这才是最珍贵的。你只要一感到满足，你也就进步不了了。因为我们这个职业的特点，需要一辈子不断学习，它是无尽无休的。包括大学老师也是一样，评上副教授了、正教授了，以为足够了，之后跟专家一接触，才发现自己很多东西还是不懂。术业有专攻，在知识这个领域里，这一辈子且得学呢，学不完。”

“活到老，学到老”是祁德渊老师自己一生所信奉的教育理念，同时也是祁德渊老师对新一代青年教师所抱有的期望。

2.“学科之间是相通的，比如音乐和很多其他学科”

祁德渊老师极为精辟地以音乐学科为例给我们阐释了各学科之间的相通性，让人受益匪浅。

首先，历史和音乐的关系。一方面，历史老师应该懂一些音乐知识。从先秦开始，到盛唐，比如《霓裳羽衣曲》《秦王破阵乐》，一直到近代，历史的教材里也时常听到聂耳、冼星海等词曲作家的名字。但由于音乐知识的缺乏，历史教师却很少讲述，往往使得课堂上缺少了很多丰富性和趣味性，影响了课堂质量。若历史教师希望通过增加音乐知识来提高课堂的趣味性，可以采取祁德渊老师的意见，“能够懂一点音乐并不难，从作品开始入手，就是了解音乐作品的历史背景、时代背景、创作背景，有一些了解，你再讲起来就完全不一样了”。另一方面，音乐老师也应该懂一些历史知识。音乐家和音乐作品往往诞生于特定的历史条件和环境，正是这种历史背景的特殊性造就了世界音乐史的五彩斑斓。而丰富的历史知识，恰恰可以帮助音乐老师抓到音乐背后所隐藏的特定背景与情感，从而使得音乐内容的讲述具有丰厚的文化底蕴。正如祁德渊老师所说：“如果要讲贝多芬，就要把贝多芬清楚地介绍给学生，你要懂得贝多芬当时所处的欧洲的这段历史，从中世纪到文艺复兴，到古典，到现代，这段历史你要了解的话，再讲起音乐作品就不一样了。”

其次，音乐的发展离不开数学，我们所学的简谱，就是借用了数字当中的1、2、3、4、5、6、7来表示七个音阶，同时这里面还包含很多类似数学计算的部分，例如音乐的韵律。中国明朝有一个大家叫朱载堉，他是数学家，同时又是音乐家，是世界上第一个利用数学算出十二平均律，也就是钢琴这一组的十二个键，十二个音，以及它们之间的关系，比欧洲早了一百多年。另外，音乐作品中很多对美学的分析，也离不开数学，一首歌曲高潮的地方，最动人、最好听的地方，恰恰也是数学当中的黄金分割。这就是音乐和自然的关系，音乐和数学的关系。

最后，音乐和文学、物理也是密不可分的。一方面，音乐和文学往往都是将人们的精神升华为艺术，表达和抒发人类情感的方式。为了更好地表达情感，文学中的唐诗宋词往往需要吟唱，而音乐也往往需要词曲来伴唱，另一方面，音乐作品具有的四点基本性质：音的高低、长短、快慢，强弱，也都属于物理现象。

学科之间的发展是相对独立，而又互相联系，共同发展的。各个学科、各门知识的相互交叉与融合便构成了人类文明的整体，从而不断推动着人类知识和世界历史的发展。世界发展尚且如此，各学科发展亦是同理，只有努力掌握和拓展多学科知识，抓住各学科之间的共通点，将其融会贯通，在自身成长的同时推动学生的更好发展，这样才能成为一个优秀的教师，一个有文化的教师。

3.“多听听老教师的课，尤其是其他学科的”

菊有百种，风格各异。同样是教师，他们的姿态，他们的语言状态、语言风格，包括他们的形体动作，都不一样；同一个知识点，有的人从这个角度去讲，有的人从那个高度去讲，也不一样。所以要多听听课，多比较、多思考；尤其是老教师的课，他们拥有相对丰富的经验和稳定的教育风格，相较于初出茅庐的青年教师来说，具有重要的参考和学习作用；同时也要多听听其他学科老教师的课，增加自身的文化知识和修养，这样才能在有限的40余分钟课堂时间内，展现良好的教学气质和风格，做一名给予学生正面影响的优秀教师，为实现“做一个有文化的老师”而奋斗。所以，祁德渊老师说：“我现在接触年轻老师，我经常跟他们说，你们要多听听老教师的课，尤其是其他学科的，如果有机会走出校门，多听听你们这个区域范围一些优秀教师的课，对你们有好处。要不然你没有比较，老以为自己不错，你必须要比较，看看别人这个课怎么讲，这样才能有进步。”

4.“不要机械重复，要在重复中提高”

“重复性”是教师职业的一大特点。从短期来看，一个教师往往要带多个班，这使得教师在一周之内往往要将教学内容重复很多次；从长期来看，教材具有相对稳定性，也使得教师整个教学生涯中的教学内容也在进行3—6年循环一次的重复过程。然而，我们必须正视这种“重复性”，“在重复中，首先要熟练，同时要提高。”

重复是熟练的基础，熟练需要重复。“我经常跟青年老师说，你先把课标学好，课标的东西毕竟是涵盖了不少专家写出来的，通过实践，通过调查，根据中国的国情写出的课标，里面肯定存在问题，需要不断地修改，但是基本精神你得遵循。当教师，你不能没有想法一味去遵循，你也不能自由主义，想什么教什么。所以一个年轻老师要先把课标学学，吸纳里面正确的东西，把自己的课教好，这是最实际的。”

同时，教师不能变成一个熟练工，机械重复，而要在重复中不断改进，不断提高。在教师教学中，即使教材是稳定的，但教学的思维方式也是多变的；教案是固定的，语言的表达却是灵活的；对象年龄是不变的，对象的特点却是多样的……正是这种多变性、多样性和灵活性，决定了教师的教学内容和方法不能是一成不变的。要做一个有文化的老师，就要试图将看似重复的教育过程，转变为不断提高的发展过程，这种发展是教师和学生共同的发展，同时也是教育的长远发展。

5.“要多了解和接触社会，提高文化修养，培养豁达的心胸”

人们常说“读万卷书，行万里路”。旅行的意义不只在于观赏沿途的风景，更为重要的是那些风景带给我们的平静与愉悦，以及那些从书本上学不来的，更为深刻的人生知识和哲理。这些也是作为一个优秀教师所必须具备的。

作为一名教师，不能一直将自己困在三尺讲台和数十亩校园之中，要多接触社会，了解社会，多出去走走，看看祖国的大好河山，才能有助于提高教师的气度和修养。作为一名教师，应是道德的楷模和学生的典范，只有教师心胸宽广，气度非凡了，才能用自己的厚德去影响别人，才能带出胸襟开阔的学生，才能创造和谐的校园文化氛围。

另外，这不只是每个教师应该为之奋斗的目标，我们的教育管理层、领导层，也应该为学校的老师多提供一些平台，尽量为老师创造机会。

结　语

感谢祁德渊老师腾出宝贵的时间，与我们亲切地交谈、慷慨地分享。与祁德渊老师的这次交谈于我是一次珍贵的回忆，他脸上散发出来的和蔼谦逊，举手投足间的广博学识，让我们看到了一位优秀教师、教育专家所具有的翩翩风度和深厚涵养。同时，我也坚信，祁德渊老师“做一个有文化的老师”的教育经验和理念也会成为各位青年教师教育发展道路上的一盏明灯和一笔宝贵财富。

〖寄语〗

祝福母校，愿首师大越办越好！

麦田的守望者

——英语特级教师赵科

王东 谢立里

赵科老师，1982年1月毕业于北京师范学院（现首都师范大学）外语系英语专业。在三十多年的教学工作中，曾担任过初中各年级，高中各年级，师范英语专业班二、三年级，大专英语各年级及从新教师到高级教师继续教育的英语课程教师并取得了优异的成绩，获得广泛好评。在全国范围内正式出版书近三十本、英语口语教学VCD 6盘。北京市英语教师继续教育学科指导小组成员。1998年被评为北京市英语骨干教师。2000年参加国家级英语骨干教师培训，2003年被评为北京市英语学科带头人，2005年被评为北京市特级教师。

三十年前的他还是一个刚进大学连26个英文字母都认不全的追梦者，现在却成了一名英语教育专家。他1998年被评为市骨干教师；2000—2001年被选参加了中小学英语骨干教师国家级培训，被评为优秀学员；2002年被评为顺义区英语学科带头人；2003年被评为北京市英语学科带头人；2004年被聘为北京市“义务教育新课程教学资源库”项目专家；2005年被评为北京市特级教师；2006年被评为顺义区首席教师。2006—2008年主持了赵科工作室，除为中学的英语教学做了大量工作外，还为顺义区培养了一名特级教师、两名市学科带头人、多名市骨干。他高考志愿明明填的是北京大学和北京外国语大学，却误打误撞、稀里糊涂地被首都师范大学录取，从此对首师大一往情深，他曾说：“没有首师大给我的教育，没有我的现在。”他是杂家：从教期间教过俄语、英语、语文、政治、历史、地理甚至武术，他的学生遍布各个年龄层次，有中学生、中专生、大专生、本科生、教师；他同时又是专家：“英语语法学习策略”和“写作学习策略”被选为教育部中小学教师继续教育网上精品课程，这两门课的备课笔记被高教出版社选入《中学英语学习策略》一书。另一本《Internet 与英语教学》被指定为 23 个省市教育学院中小学英语教师继续教育教材。他独立及合作写书 30 多本，计 500 多万字，制作出版英语口语教学 VCD 6 盘。他，就是首都师范大学优秀校友及北京市特级教师——赵科！

一、走上英语教育之路

(一)那年高考

1977 年注定是个不平凡的一年，对于莘莘学子来说无疑是改变命运的一年，对于赵科也不例外，因为那年高考恢复了！那时的赵科已经是顺义的一名教师了，赵科老师十几岁就开始从教，俄语专业毕业后被分到顺义当了一年多的俄语老师。说起为什么学俄语，还有这么一段非常有意思的小插曲。“我从市里的一个边远的学校被选过来，到顺义这个县城里，然后让我们读《人民日报》，老师听着像什么音就让你学什么语。那会儿有英、俄、法、西、日、拉、德，一共七种语言，人家听我说话像俄语，我出生在山东，山东口音像俄语吧，最后我被选到俄语系去了。”那时的教师资源还很匮乏，赵科老师几乎教过文科所有的科目，最后连果林种植也教，还带过运动队，李连杰还曾给赵科老师他们做过培训呢！恢复高考的那年赵科老师正教着语文，本来不参加高考照样还是有个铁饭碗，但一颗“恰同学少年，风华正茂”的心，让赵科老师做了这个决定，试一试！“那会儿高考跟现在不一样，没有课本。虽然有高中，但是我手里头没有完整的高中课本，再有就是那会儿根本不给你复习的时间，我是老师，周一到周六都要给学生上课，得教他们；星期天我要参加劳动，去挖河，每人都安排了任务，必须挖多少方土。因此，参加高考对于我来说纯粹是瞎蒙。1977 年恢复高考那年录取比大概是 27∶1，那会儿考上考不上谁也不在乎，反正无所谓，于是我就考去了。”

(二)缘分天注定

赵科老师报了两所学校的志愿，一是北京大学，二是北京外国语大学，都是俄语专业。说来也蹊跷，赵科老师本来是被北大调档了的，调档以后就等于是被录取了，但是赵科老师迟迟未收到通知。原来是教育部不给北大那么多俄语名额，从十个调档的学生里选了四个给北京师范学院(首都师范大学的前身)，后来因为北京师范学院俄语专业名额有限，于是把这四个人转成了英语专业。于是赵科就这样稀里糊涂地被首都师范大学录取，而且学的是自己一窍不通的英语专业。

(三)在母校的日子

存在的即是合理的，我们应该庆幸如果没有这种无厘头的安排，首都师范大学又少了一位这么优秀的校友和英语教育专家，那该是一件多么遗憾的事情！但是正如作家冰心说的："成功的花儿，人们只惊羡她现时的明艳，却忘了当时她的芽儿浸透了奋斗的泪泉！"赵科老师在首师大的求学之路并不是那么平坦，充满了荆棘和汗水。

英语零基础的赵科连26个英文字母都认不全，但首师大老师的爱岗敬业，同学们积极向上的拼搏精神感染了赵科，让他最终战胜了困难，以"三好生"的成绩毕业。赵科老师激动地回忆着当初的情景："那时候同学之间感情都特别好，'文革'结束了，一下子大家都没有阶级斗争了，大家都奋发图强搞学习，关系也变得特别简单。所以说当时学习氛围特别好，大家都是奔着学习去的，而且都有报效祖国的雄心壮志。另外我们的老师都特别爱岗敬业，你想啊！'文革'期间想教学都教不了，这下好不容易让他们教学了，能发挥自己专长了，老师们真的就是全身心投入啊！我记得上课第一天，连中午老师都不休息，给我们补课，我们有三个学生之前碰都没碰过英语，他们就手把手一对一地教我们26个字母、48个音标，慢慢地半年左右我能跟上班了，以优异的成绩毕业。"

首都师范大学给赵科老师的影响不仅是提高他的学习成绩，赵科老师高尚的师德很大程度上也得益于母校老师们对他的熏陶。我们访谈赵科老师期间谈到关于职业倦怠的话题时，赵科老师说："教师是把教育当做一个事业来做，还是当作一个职业来做，这点非常重要。在教育岗位上有点犹豫是非常正常的，短期的职业倦怠是可以理解的。但如果骨子里喜欢这个事，一生踏踏实实、兢兢业业做这件事，真正做到了爱岗敬业，就不会一直倦怠下去。"赵科老师补充说："这种思想是母校灌输给我的。"

(四)城乡抉择

从首都师范大学毕业后，赵科老师去了紫竹院中学实习，由于表现突出，首都师范大学大学校报还登报表扬了他的事迹，紫竹院中学也很看好赵科老师，可以说赵科老师要想留到城区当老师并非难事。但是赵科老师却选择了农村，即便后来有机会调走，他还是坚守在顺义一线。我们问为什么，赵科老师微微一笑说："毕竟祖籍在这里，我从小学三年级就在顺义上学了，也算是故土，这种感情还是有的。如果上其他地方去，待遇可能会高一些，但是我和这里的同事、学生关系处理得都特别好，也不愿意离开这里，所以就一直留了下来了。"故土情结让赵老师做了令别人不可思议的决定，但只有赵老师自己心里最清楚，他的内心是丰富而又幸福的。十年树木百年树人，百年大计教育为本，教育在哪里都需要，赵科老师为我们诠释了当今社会难能可贵的精神：哪里需要到哪里去。

(五)从教学生到教老师

赵科老师毕业后在牛栏山一中任教了两年半。那会儿中学老师很多都是中专生，英语老师也多数不是科班出身，大部分是英语爱好者，有的是因为希望教英语，然后自己跟着喇叭学一学就来教学生了。于是赵科老师被派到教师进修学校给老师们补学历。最早是教了六年的大专班，后来又教了本科，逐渐地赵科老师从教学生转为教老师，跨入教师教育、教师培训这一行业。因此赵老师的很多学生年龄都比他大，他以良好的师德和认真负责的工作态度，赢得了教师们的信任和尊重，他和学生们的关系既是师生又是朋友，还有不少一辈子的忘年交。

二、赵老师的学生观

(一)师生情深

赵老师的学生遍布各个年龄层次，实习的时候教过小学，后来从初一到高中以及大学、在职教师他都教过，有的甚至比赵老师本人年龄都大，但归根到底是和人打交道，因此赵老师感觉教师培训和教青少年应该是差不多的。他与各个年龄层次的学生关系都处理得特别好，这也是他一直以来坚守在顺义的最重要原因之一。

有一次在牛栏山一中，临到毕业之际，赵老师告诉学生这是最后一堂课了，全班同学都痛哭起来，以至于根本没法将课堂进行下去，学生与赵老师感情之深可见一斑。赵老师还经常收到以前的学生或者毕业生的来信，其中有一封信当时让赵老师非常震惊："赵老师，您救了我一命。"赵老师惊呆了，不知怎么回事，继续往下看，"因为当初我没考上理想的学校想离开这个世界，后来想到您对我那么好，我觉得就这么走了太对不住您，您是我的再生父母，您给了我第二次生命……"赵老师回忆说他并没有觉得自己当初做了多么了不起的事，只是尽了一个老师应有的职责罢了，没想到对学生影响那么大。这次事件后赵老师更是深知一个老师身上肩负的责任重于泰山，这让他在往后的教学工作中更是丝毫不敢懈怠。

众所周知，通常情况下，一个班总有几个调皮捣蛋让老师"头疼"的"问题"学生，而老师要做到一视同仁，不用有色眼镜看学生几乎是不可能的，但是赵科老师却做到了！他曾因为其他同事说自己学生不好而和他们吵过。"我的学生不好完全是你的观点，你的立场的问题，既然是学生，他就是来学习的，就是要改正他的一些缺点、错误，不然要老师干吗？老师不就是帮助他们改正错误的吗？"赵老师几乎不和同事发生冲突，但会经常为学生打抱不平，他就像一个慈祥的父亲，在他眼里每个孩子都是独一无二的个体，是他心目中璀璨的星星。

(二)没有教不好的学生，只有不会教的老师

在赵科老师的教学理念中，没有所谓的差生。在请教赵老师如何提高后进生学习成绩时，赵老师调侃自己说："差生再差也差不过我呀！我上首师大那会儿连 26 个字母都认不全，算是最差了吧！但是我每天五点多就起床了，把所有的精读课文全都背下来了，成绩就这样一步步提升了。"很多学生抱怨语法难学，老师抱怨语法难教，赵老师不这么认为。"语言面前人人平等，不像物理化学，脑子绕不过弯来就是绕不过，语言它就是约定俗成的，你要想办法让学生对它产生学习的兴趣。"赵老师在对待学困生时，第一反应不是学生的不是，而是反思教师教学环节哪里出了问题。

赵老师反对老师把条条框框都罗列好，学生生搬硬套去做习题。他很赞同中国有位哲人的观点：吾做吾悟。听到东西我忘了，但做过的东西我会真正领悟。语法规则不是老师给学生"填鸭式"灌输学来的，是学生通过例子、习题自己总结出来的规律。因此学生成绩不好不完全是他的错，很大程度上是老师教学方法不对。就跟病人生病一样，没有人愿意生病，但是作为医生，应该对症下药，教师的教法和医生医术一样起着举足轻重的作用。

赵老师的教学理念特别朴素，多从自己身上找原因，学生成绩不好便反思自己的教学方法，不要轻易因学生犯的错动怒。"我觉得当老师这么多年，没有

一个让我觉得特烦的学生，教师培训就更没有了，因为教师都是成年人了，即使你做得不好，他也能宽容你，因为老师知道老师的不容易。我们每个老师都应该深思，我们是否因为学生成绩差拖全班后腿而嫌弃过他？是否因学生犯错而愤怒过？也许教师之间的专业水平旗鼓相当，但之所以人家是特级教师而你不是，也许就因为你的自身修养和境界决定了你的层次。”

三、麦田的守望者

有的人在农村当教师是因为自己能力有限，加之城里学校竞争激烈，有的人醉翁之意不在酒，他的真实目的是想把这里当作跳板，身在曹营心在汉，因此心思完全不在学生身上。而赵科老师都不是，他在顺义一干就是一辈子，并不是没机会更不是没能力，他是麦田真正的守望者。在哪都需要教育，他的那片麦田尤其需要他。

(一)父辈的教育很重要

赵科老师出生于教育世家，爷爷原来是顺义一所小学的校长，父亲又是小学老师，后来日本侵略中国，满腔爱国热血的父亲毅然弃文从军，后来日本人一把火把赵老师家给烧了。父亲从小教育赵科，日本为什么强大，就是教育。日本人是这样教育孩子的：“苹果好不好吃?”“好吃。”“中国东北的苹果又大又多，你要认为好吃就去那拿去。”由此可见日本人从小接受的就是这种军国主义教育，因为国土小，所以要想扩充就要占领别的国家。当时父亲就想，教育的力量实在是太大了，中国要强大也必须发展教育。当初赵科初三毕业，面临两种选择，一是进工厂，二是当老师，父亲坚决让他当老师。赵老师感慨：“父辈的教育很重要!”教师专业发展的影响因素很多，有学校、家庭、社会和自身的因素，也许在赵老师那个孝文化浓重的年代，家庭因素对小孩的身心发展尤为重要。

(二)适合我的总觉得是教育

1987年，深圳改革开放了，那是一个急需人才的年代。赵科老师完全有机会去那大展宏图顺便“淘金”归来。“其实我要去的话，那里职位什么的都给我安排好了，非常不错的一个职位，后来我还是踟蹰了很久没去。”等到90年代，又流行起一股下海的热潮，很多同事都纷纷辞职。赵科老师去当时农业部下属的一个公司，公司发展前景确实很好，比教师的待遇强多了。干了三个月，经历了以赚钱为目的的公司运营模式，他最后还是选择了放弃，因为在他看来：“适合我的总觉得是教育。”

(三)矢志不渝地从事英语教育

这次特级教师访谈，我们惊讶地发现英语特级教师的数量出奇得少，直到访谈赵科老师时，答案才浮出水面。“那会儿正是机遇，你想啊，‘文革’时候一直不重视，好不容易‘文革’结束了，对外开放了，国际语言是多么的有市场，很多英语老师都出国了……我的同学基本上都在美国，前两年我们同学聚会了一次，有各个国家飞来的，美国的、加拿大的……”如果说尔虞我诈的公司是赵老师所厌恶的，那么出国发展不正是作为英语专业的他大展宏图的机会吗？然而在这么千载难逢的机会面前，赵科老师还是微笑地说了：“No，thanks.”有几个人能经得住诱惑，坐得住教师的清贫板凳？赵科老师的境界真得值得我们佩服！除了出国的机会，市里也有学校来信，请赵科老师过去任教，赵老师还是没走。“我们那个年代别人都走了，可能最后留下的就只有我赵科了，尤其是很少有留在农村的。”

四、春播一粒种，秋收万颗籽

赵科老师职业生涯中绝大部分的时间和精力都给了教师教育，如果说园丁的收获是桃李满天下，那么园丁的园丁更是“春播一粒种，秋收万颗籽”！国家的未来靠下一代，下一代的教育靠教师，教师教育的好坏无疑决定了教师水平的高低。从牛栏山一中出来后赵老师就一直在顺义区教研中心工作，主要负责教师培训这一块儿，如新教师岗前培训、教师出国交流、暑期培训项目等。

(一)“引进来”与“走出去”相结合

赵老师一方面积极引进培训资源，从2001年起，通过中国教育国际交流协会，先后6次利用暑期，聘请美籍教师44人，无偿对顺义区198名小学英语教师和538名中学英语教师进行了英语口语、外语教法和西方文化的培训，使顺义区英语教师的整体素质大大提高，为新课改的推行打下了基础。另一方面，赵老师还力促区教委出钱让英语老师出国学习。最多的一年派出了44位老师出国学习，时间最长的有9周，去的国家有新西兰、澳大利亚、加拿大等。这些学习一开始还需教师自费出一部分，后来逐渐由区教委给老师出所有费用。在赵老师看来，英语教师去国外学习的效果事半功倍，因为语言环境给教师西方文化的熏陶是关起门来搞培训求不来的。赵老师是真心为教师办实事，为顺义区英语教育着想。

（二）工作不分分内分外

在顺义区教研中心的工作和中学教学最大的不同就是灵活性强，上级没有给教研中心规定每年必须给教师培训多少课时量，必须为本区争取多少个出国名额。看似是一个形同摆设的闲差，赵老师却忙得不亦乐乎，尤其是在暑假，赵老师基本没有一天休息。这些实事的落实全凭赵科老师自己的责任心和对教育工作的热爱。很多教师培训的渠道都要靠赵老师自己亲自去挖掘，比如与中国教育国际交流学会的交流就是赵老师亲自出马，首先是打听中国教育国际交流学会有什么项目，然后表达顺义区希望得到合作机会的愿望，同时说明愿意主动提供对方方便……慢慢地一个一个项目接踵而来。近四年来，赵老师引进了一个夏令营的项目，每年从英国请上百名大学毕业生、硕士生、博士生来到顺义区给中学生上课，全部费用由顺义政府出。这些大学生们是要去全国各地大学当老师的，但当老师之前，他们必须在顺义进行两周的教育实习。一方面顺义的孩子们接受了西方文化的熏陶，另一方面顺义区的英语老师全程陪同外教，既训练了他们的听说能力又学习了外国先进的教学技能。此外，高校的大学生也可以做这个项目的志愿者，促进了中国的高等教育，可谓一石数鸟，功不可没。

（三）予人玫瑰，手留余香

都说“外事无小事”，这些国际交流的每个环节赵老师都必须特别小心，万一出问题可是麻烦事。赵老师本可以抱着“多一事不如少一事”的态度，不引进或少引进项目，自己也落得个清闲，可是赵老师反其道行之，专给自己“找麻烦”。有一次美国英语协会在湖南长沙办了一个培训班，结果有一个美国教师对麦芽糖过敏，吃不了中国饭，一个星期一口饭都没吃，每天靠打点滴活着，只好打算提前回国。赵老师凌晨一点多去首都机场接的机，将那名老师送到医院进行治疗，治疗完后再和美国英语协会商量。如果病情稳定下来，让这位老师先留在顺义，他可以不上课，顺义包吃包住，等湖南培训结束一块儿回去，不行的话给他提供专车送到机场送他回国。赵老师一直坚信“予人玫瑰，手留余香”。正是因为他的热心，让美国教学协会愿意将很多项目引入顺义，顺义区的教育因此得到不少福利。

五、会生活的时尚达人

(一)走在时代前沿的领头人

和赵老师一般年纪的老师多半是电脑文盲，充其量会做点教学用的课件。但赵老师却完全不同，他对新事物充满了好奇心，很多高科技技术他都自学成才。他写的《Internet与英语教学》被指定为23个省市教育学院中小学英语教师继续教育教材。他是同事眼中的电脑达人，很多人还误以为他是计算机专业出身。赵老师说他玩坏了好几台计算机，现在用的台式机已经是第四个了。由于比其他老师更懂电脑，赵老师还曾经给大学生教计算机，给海淀区的英语老师上过课，教他们如何用计算机辅助教学，他还曾是北京市教师课件比赛的评委。赵老师喜欢钻研，“也许是从事教师行业的缘故，你的职业是培训教师，你是教师的教师，因此很多东西根本没人教你，所以得自己去琢磨，自学能力很重要!”

赵老师还是个摄影迷，他精通摄影技术，玩单反比年轻人还玩得溜。他是一个善于捕捉生活中点滴美的人，闲暇时间喜欢带上相机采风。爱生活、懂生活、会生活，这样的人生是多么的丰富而又美好!

(二)打得最漂亮的一场乒乓球

除了电脑、摄影，赵老师还有一项爱好就是打乒乓球。有意思的是，他曾经打过一场最漂亮的乒乓球，因为一个乒乓打出一个外交来。北美英语协会的主席也是个乒乓球迷，因为有共同语言，赵科老师与北美英语协会主席的关系特别好，每次师资培训的交流合作也非常愉快。他俩关系就跟哥们儿一样，有一次这位美国英语协会主席特意从美国专飞过来就为了和赵老师打一场球。赵老师这“一乒一乓”给顺义带来了不少教育福祉，打得漂亮!

结　　语

赵老师是个非常平易近人的长者，他身上有所有特级教师的共性，和蔼亲切，毫无架子可言。他处处替他人着想，不仅在工作中如此，生活亦如此。这次访谈，他考虑到顺义教研中心道路施工，打车不方便，地儿也难找，非要亲自来接我们。采访之余他和我们谈天说地，他幽默风趣，赵氏家族跌宕起伏的故事精彩纷呈、引人入胜。访谈结束，让我们感触最深的是这样一位淡泊名利、坚守故土、一心一意为民办实事、为顺义区教师教育事业献计献策的特级教师真的是中国教育领域的财富。向麦田守望者致敬！

〖寄语〗

培养教育专家，更要培养肯于奉献、忠诚教育事业的普通教育工作者。

阅读者之歌

——语文特级教师刘长明

周静　李泽龙

刘长明老师，北京景山学校小学语文特级教师，中学高级教师，北京师范大学教育硕士，景山学校小学语文教材副主编。北京市第四届小学语文青年教师阅读教学大赛一等奖获得者。刘长明老师倡导学生阅读中外著名作家的经典作品，其参与编写的小学语文课本选文以名家名篇为主体，先后在全国十余个省市六十多所学校推广实验。2010年出版《我教名家名篇》一书，集中阐释了他的阅读理念，并结合具体课例，对如何引导学生开展经典阅读做了具体的阐述。2012年被中国教育报评为“年度推动读书十大人物”之一。刘长明老师多次在北京及其他省市做阅读教学公开课，开展主题为“引导学生阅读名家名篇”的讲座。

刘长明老师说起自己的成长经历，不得不提到一样宝贝——书！“书一直伴随着我成长，它带给我无尽的快乐。”二十多年来刘长明老师以身作则，无论在什么样的环境下，始终坚定不移地践行着“爱读书”“读经典”的追求。从上小学读小人书，到上师范学校畅读世界名著；从迈上三尺讲台教孩子们读课文，到和其他老师一起编写小学语文课本，读书、教书、赛课和研究教材，成了刘长明老师的成长四部曲。向“经典”学习是一个好的学习者成为成功的教育者的前提。

一、启程：泥泞路上走来的阅读者

20 世纪 70 年代刘长明老师出生在北京市延庆县一个偏远的农村。从小父母对他的期望很高，平时省吃俭用支持他读书。刘长明老师深谙父母的一片苦心，在求学的道路上踏实地走好每一步，成绩一直在全年级名列前茅。“为人师”是刘长明老师从小的志向，选择师范专业成为刘长明老师进入教师职业的契机，为此，刘长明老师付出了持久的努力。1986 年刘长明老师以全校第一名的成绩毕业于黄柏寺中学，当时面临两个选择，其一是自己所在县城的四年制中师，另一个就是五年制的北京市第三师范学校大专班。刘长明老师说笑道，“从小长这么大我一直在延庆，都没去过北京城”，在综合考虑各方面的因素后，刘长明老师选择了“进京”。当时，三师在北京各区县的招生指标很少。笔试成绩过了，还要通过技能面试才能成为北京第三师范学校大专班的一员。当时的北京市第三师范是首都师范大学初教院的前身，在北京市乃至全国的小教界处于改革创新的“领头羊”地位。中师申办大专班在当时的全国来讲是很难得的，三师于 1985 年办了第一届理科大专班，次年即办了第一届文科大专班。被录取后，刘长明老师深感求学不易，从报到那天起，从未放松对自己的要求。

当时，我很珍惜这个机会。所以集中一切精力，刻苦学习，认真学习。我所面对的同学也是以前自己没有接触过的，来自北京市各个城区，近郊，远郊都有，大家在一起学习、生活，对我来讲也是打开视野，打开思路，学习的机会。当时的三师配备了非常优秀的教师团队来教这两个班，我是 86 级一班的，全班一共 30 个学生，一共有 8 位男生，22 位女生。师专开设的课程内容是全新的，老师们开出的阅读书单，同学们谈论的书名，令我大开眼界，我就像刘姥姥进了大观园。经常是一下课，我就扎进学校的图书馆，如海绵吸水，如蜜蜂采蜜般地读书。那时，我因读书而废寝忘食是常有的事。在师专学习的五年，是我阅读世界名著的黄金时期，我读过的书单上有了《子夜》《围城》《家》《春》《秋》《复活》《安娜·卡列尼娜》等古今中外经典名著的印迹。与老师、同学自然地在课堂内外的读书交流与文笔切磋都得益于我大量的阅读积累。时至今日，我仍然难忘在师专读书的五年时光，我感谢那一千多个日日夜夜。

因为珍惜，所以专注。刘长明老师视读书的机会来之不易，投入十足的劲头来读书与学习，让他得以在激流中勇猛前进。读书的这段时间，刘长明老师的表现获得了学校的认可，年年获得“叔苹奖学金”，这是香港的爱国人士在国内设置的奖学金，用以鼓励学习优秀有志于奉献教育事业的学生。“得诸社会，还诸社会”的口号依然清晰地回绕在刘长明老师耳畔。“当时师范学校还是有补贴的，在三师能够拿到这个奖学金，不仅缓解了我家里对我上学的开销，还可以让我再买一些学习上的书和材料。”刘长明老师在讲到这点时，眼睛有些湿润，忆苦思甜的日子总是能够激励勇者不断前行。

二、挑战与机遇的转化：职后的别有洞天

(一)迎难而上挑大梁：教改的挑战

毕业时节，师范生基本上从待遇以及隐性的发展平台两个方面来考虑职业选择。1991 年的毕业季刘长明老师被景山学校领导相中，当时的景山学校作为全国较早的教改学校在全国影响比较大，1983 年邓小平曾为景山学校题词：“教育要面向现代化，面向世界，面向未来。”刘长明老师更看重未来实现发展的空间，他认为这样的学校具有挑战性，有较高的平台，于是顺利实现了工作的“双选”。“对我来讲，还是愿意做一些有挑战性的，能够创新的，发挥咱们主观能动性的工作。如果说完全按照一个模式去做，就是按部就班地去做，这个可能也没有太大的意思。所以当时我就选择了来到景山学校，当时的景山学校面积不大，条件也很有限，有些设备比较简陋，这跟我想象中的还是有一定差距。但是到这个学校以后，这些硬件抛去不说，我们看到老师敬业的精神，教改的精神，奉献的精神，这个非常让我震撼。景山学校是一个小学、初中九年一贯加高中的学校，它始终走在全国教改的前列。我就是在这么一个背景下加入到这个团队中，从 1991 年开始一干就是 23 年了。”

刚入职的刘长明老师对一切事务性工作还比较陌生，景山学校对青年教师要求每隔五年制定一个发展规划。由于当时的小学教师大多为中专毕业，作为三师培养出的大专毕业生，到小学一线工作是否有优势？来自内外的压力需要刘长明老师站在更高层次严格要求自己。“站在这么一个高的起点，对自己就有高的要求，我要求自己能够在短时间内，马上适应教学工作，必须有这个能力。如果说别人两年能够适应，教育教学双肩挑，既执教小学语文，同时又做班主任工作，那么作为我，我要求自己一年，甚至是半年就进入状态。”完成各项班主任以及任课教师的工作仅仅达到学校的基本要求，因为景山学校的教材是自编的，没有用全国统编的人教社教材，需要新教师自己解读这本教材，吃透这本教材。九年一贯制，五四分段，小学五年，初中四年，要求小学五年完成外

面六年的知识和能力要求。这对于任何一位新教师都具有很强的挑战性。刘长明老师的初期目标是把景山学校的教材教好，能够尽快地教育教学双肩挑。1991 年到 1995 年这四年间基本上作为刘长明老师一个成长的适应初期，刘长明老师自我评价在同事们的帮助以及自己的不懈努力下，这一阶段的工作还算比较顺利。

1995 年，在刘长明老师工作，进入第五年的时候，学校小学语文教学团队做了一个调整，学校选定 25 岁的刘长明老师作为新的教研组长，这个教研组长在景山学校负责整个小学语文教学的工作，负责二十个班教学的管理、组织与指导，承担景山学校教改队伍中小学语文教学的工作。对突如其来的重担，刘长明老师亦喜亦忧，喜的是自己的专业知识与实践技能得到了学校领导的肯定与支持，忧的是自己经验太少离理想的程度还有很大差距。

犹豫不决时，刘长明老师回忆起了三师的求学生涯，决定要将责任承担下来，在三师的学习中获得的一切，激励他、帮助他不断前行。“三师对学生的教学的基本功要求特别严格，比如朗读，粉笔字，毛笔字，写教案的能力，包括对文章的分析认识等等，五年的刻苦学习练就我比较扎实的教学基本功。后来我的校领导也看到了这一点，本着发展的眼光说，小刘你把这个担子挑过来，好好干，如果有困难，有问题向领导提出来，领导帮助你，同时周围的老师也帮助你。就是在这样一个情况下，既然领导信任我，把这个担子交给我，我就迎难而上，带领小学语文组这支团队和老师们一起，实践我们景山学校小学语文教学改革。这十五年间，应该说也是我工作到现在经历最长的一段。从教学业务上来讲，对自己是一个全方面提高的过程，我说的提高是在原有的基础上对教材的理解，教学能力的水平，包括对周围老师的带动，对周围老师的影响，以至于最后慢慢由景山学校走出去，走到东城区，甚至到北京市去参加一些活动，都提高了自己，打开了自己的领域，开阔了视野，能够站得更高一些。实际上，这个事说清楚就是使劲长劲，正是在这个锻炼中，自己多方面的能力也得到提高。”

我们还可以发现，刘长明老师个人努力的因素在其专业发展的不同阶段存在不同的影响。如职业初期，专业学习起重要作用；职业中期，参与或主持教改实践的教学研究对其发展存在重要影响。通过个人的努力，可以将工作中遇到的问题与挑战转化为成长的资源与动力。同样，外部的专家引领、同伴互助、领导支持对刘长明老师的成长也起到了重要作用。比如领导的支持主要表现在为其创造机会，特别是教师遇到挫折时给予的鼓励。更重要的是，刘长明老师有执着的专业追求，但仅有追求是不够的，还需要体现在行动上严谨的态度、专业探索的精神。刘长明老师加入新课程改革背景下的教学改革队伍以后，明显感觉到来自各方面的压力需要他站在课程的高度，从而成为课程的建构者、践行者、创造者。可以说，刘长明老师在行动中思考，在反思批判中成长，抓住机遇促进自身专业发展的实现，在实践中成为研究型教师。

这十几年景山学校的教材对外地学校的影响颇深，在 20 世纪 80 年代末 90 年代初，包括 90 年代末，全国有 24 个省市，600 多所学校使用景山的教材，这是最辉煌的时候。进入 21 世纪以后，教育部在 2005 年时通过审定我们的教材为实验教材。现在使用教材的学校减少一些，但是在全国各地都有。

(二)教学能力的跳板：赛课里的成长

新教师成长的问题不仅是一个教师教育教学技术不断娴熟的过程，也不仅是把教育教学技术逐渐变成教育教学艺术的过程。教师成长的核心与关键，在于个体教育意识的全面觉醒，即个体是否开始拥有了自己独到的对于教育教学实践的理解与觉悟，并把这种觉悟渗透在自己新的教育教学实践之中，从而使得教师个体的日常教育教学实践的思想资源逐渐摆脱外在的常规或者权威性认识，而转向个体自身，来自个体对教育的真实悟知，形成个人独到的教育思想资源。刘长明老师印象中三次主要的赛课大事记将他引领到教学高水平的领域。刘长明老师带领景山小学部迈上一个新台阶的重要一步，是在 2001 年，当时他第一次代表学校参加了东城区的东兴杯教学大赛，取得了一个二等奖的成绩，作为景山学校当时参加区里活动取得的第一个奖项，刘长明老师反思到自己的课设计得不够成熟，教学水平、能力还比较有限，但是让他比较欣慰的一点是这让外界也更多地了解了景山学校，使其从景山走向了东城区。

第二次赛课是 2003 年 11 月，北京市每两年举办一次语文教学大赛，各区县推荐优秀的年轻教师参加这个比赛。在那一年，经过前面几次的听课，选拔，考核，最终选派我作为东城区的代表参加北京市的教学大赛。对于我来讲，那年 33 岁，应该说压力很大，因为是要求 35 岁以下，在参赛的教师中，我算年龄偏大一点的。以前这样的活动参加得少，所以对自己的能力还是心里发虚，打鼓，没有那么多自信。这意味着我作为东城区小学唯一的代表参赛，压力应该说很大。好在有教研室领导、教研员的帮助，通过多次的试讲研讨，最后走上了北京市大赛的舞台。比赛在海淀区万泉小学举办，当时我执教的是小学六年级“梅花魂”这一课。在备赛的日子里也是夜以继日，脑子里想的都是这个课，当然学校的工作还没有耽误，学校该上课上课，我们安排其他的时间上完课去试讲，晚上再备课，最终获得了一等奖的成绩，为东城区赢得了荣誉，这也是我第一次在北京市交流的平台中获得了这么高的荣誉。

刘长明老师 2001—2003 年两年内，从东城区跨越到北京市的大舞台上，这对他来说是一个巨大的鼓舞。第三次说课大赛场上，刘长明老师可谓到了“老人家”的年纪，顶着“有经验”的压力继续走向了赛课战场。

到了 2009 年，这是要说的第三件赛课大事记，北京市教委举办了第二届北京市级的小学专任教师的基本功教学大赛，这项赛事规格非常高，影响非常大。一是全市范围的，二是它是第二届，第一届是 1999 年搞的，等于是时隔十年以后，北京市教委又启动了这次基本功教学大赛。我入选了东城区高年级团队，当时一个年级段三位老师，我成为三个成员之一。这个大赛应该说给我的压力也很大，一是我当时 39 岁了，39 岁参加这种赛事，必须要给自己压力，成绩一定要好，而且当时我的职称已经是中学高级教师职称了，(2004 年破格获得中学高级教师的职称)二是我们备赛参赛的内容全部都是人教版教材，而我平时上课一直教的是景山的教材。比赛二十四小时前公布说课的内容，只有一天准备时间，这就意味着你不可能说抽完签再准备，在这之前，要把四本教材里的课文都做得非常熟悉，都要写出它们的教学设计，这个工作量太大了。比赛是在教育学院朝阳分院进行的，我抽到上午第二个。这二十四小时我现在记得特别清楚，我休息的时间只有半个小时，就是当天凌晨三点到三点半睡了半个小时，上午就精神抖擞地走上了赛场，当时说课的效果非常好。说课只是基本功大赛其中一个内容，还有笔试，语文教学、教育学、心理学的笔试，还有上机操作，制作课件(在半个小时以内给一篇课文，给一些材料，根据提供的材料，根据课文内容制作出多媒体课件)的考核。最终把这些考核成绩加在一起，才是这个选手在这次基本功大赛中整个的成绩。

功夫不负有心人，付出得到相应的回报，刘长明老师在北京市这次基本功大赛高年级学段中拿到一等奖的好成绩。这个第一名为东城区再次赢得了荣誉，也就是在这一年，刘长明老师申报了北京市特级教师的评选，在他 39 岁这一年被评为北京市小学特级教师，对于他来说，这十五年的教育过程中他勇敢地迎接挑战，转化为一个个机遇，不管从能力、认识还是水平都上了一个新的台阶。

三、做学生阅读经典的领路人

朱永新教授说过："阅读最大的意义和价值就是改变，通过阅读能够改变我们的一切。"从教20多年来，刘长明老师坚信阅读名家名篇的力量，一直致力于阅读的推广。他一边孜孜不倦地为学生编写阅读文本，一边又亲力亲为引领学生开展阅读活动。他认为，真正的阅读是从阅读经典开始的，通过对经典的阅读可以使学生从生命与学习的开始就占据精神与认识的制高点，同时还可以提高人文素养，有助于学生的终身学习和发展。1999年9月，景山学校21世纪小学语文新教材的编写工作开始启动。为选好课文、推广阅读名家名篇的阅读理念，他阅读了大量文章，查阅了很多资料，经常工作到深夜。

2005年12月，刘长明老师参与编写的北京景山学校21世纪小学语文教材(人民教育出版社出版)通过教育部教材审查委员会审查，在天津、重庆、四川等60余所学校实验使用。为了宣传推广景山学校的语文教改理念，他多次赴实验学校进行交流，既通过上观摩课呈现他的阅读教学理念，又通过讲座及谈话研讨和老师们交流阅读推广中的实际问题。

1999年9月，北京景山学校21世纪小学语文实验教材的编写工作开始启动，我被聘为教材编委。要编写出新时期的、以名家名篇为主体的语文教材，责任重大。这一重任推动了我的阅读广度，我的案头、床边摞满了名著选集，既有现代的经典——《老舍文集》《萧红作品精选》；又有当代的名作——《季羡林散文选》《俗世奇人》《中华百年百篇经典散文》《中国当代文学作品精选》等。编写教材提高了我的阅读深度。以前阅读经典，考虑得更多的是自己的感受，是充实自己，认识生活，思考人生，体验阅读的快乐。比如，韩静霆先生所写的《绿叶》中这样写道："我们做教师的，永远是一片叶子。""即便化作春泥护花也无怨。珍贵的叶子，崇高的叶子，伟大的叶子，是花的保姆啊！因为有了你，世界才有绿意，才有生机，才有希望！"写得多好啊！叶子，这是教师精神的写照。而现在阅读经典则要慎重地考虑以下问题：这篇文章是否适合小学生读，是否符合学生的认知规律；如果选了某一个作家的某篇文章，应该从哪个角度引导学生去阅读理解，而不需教师讲深，讲透；这篇文章适合哪个年级的学生阅读；这篇文章的内容丰富、感人，但由于时代距今较远，为便于学生理解，语言文字是否要稍作改动……

2010年5月，刘长明老师出版了个人专著《我教名家名篇》，集中阐释了他的阅读理念，并结合具体课例，对如何引导学生开展经典阅读做了细致的说明。作为长期工作在一线的小学语文教师，刘长明老师送走了一个个毕业班，培养了一批又一批学生。他坚持通过“四个阅读圈”引领学生阅读名家名篇，包括课内教材名家名篇课文、课内附录的名家名篇、与教材配套的课外《阅读》、鼓励学生自己开展课外阅读。为了最大限度地激发学生阅读名家名篇的积极性，刘长明老师定期组织学生开展阅读交流会、好书推荐会，为学生搭建展示交流的平台。在名家名篇的熏陶感染下，学生善于不拘形式地描写自己的生活，表达自己的真情实感，形式活泼多样，语言富有文采。

2011 年，刘长明老师应邀担任首都师范大学初等教育学院“儿童文学经典阅读推广活动”的顾问，和广大教师一起致力于推动中小学生广泛而深入地阅读经典文学作品的活动。刘长明老师常说：“名家名篇与经典作品滋养着孩子们的心灵。作为一名小学语文教师，我们有理由也有责任用阅读来守望儿童心灵的家园，让我们的孩子多一份语言的醇厚与灵动，多一份精神的丰裕与深广，让他们的身心在有趣的、精粹的名家名篇阅读中得到健全发展，为他们的终生学习和精神成长‘打底’，我愿做孩子们阅读名家名篇的领路人。”2012 年 11 月 24 日，刘长明老师为“国培计划（2012）”——农村小学骨干教师置换脱产研修项目井冈山大学语文班的学员们做了课题为《做学生阅读名家名篇的引路人》的演讲，将自己的理念影响到更多的教师群体中。

十几年来，教材两次修订，我阅读了大量文章，查阅了很多资料，经常工作到深夜。虽然辛苦，但我倍感快乐——因为我看到了一批又一批学生在阅读名家名篇，他们阅读的积极性是那样高，他们开展的读书交流会、名作推介会是那样丰富，他们写出的习作是那样的富有个性，语言是那样的富有文采。哦，学生的收获真是太多了！就这样，伴着读书，我一路走来。从学生到教师，到教材编写者，我的角色在发生着变化，不变的是对读书的热爱。我的阅读之旅将继续走下去，我相信，还会有“五部曲”“六部曲”……

真正的语文课应该上什么内容？刘长明老师引用笛卡尔的话，认为真正的阅读应该从阅读经典开始。因为经典的名家名篇中词语丰富，用词准确、语言规范凝练，文字优美流畅，结构精巧，布局谋篇独具匠心，思想深邃，情感炽热饱满。这些特点，可以提高阅读者的语文素养，使阅读者的生命与学习在起点就占据精神与认识的制高点。

刘长明老师在求学的路上，以及从事的小学语文教学工作过程中，始终践行着阅读经典的追求，通过身体力行引导学生读名家名篇。在阅读教学实践中对教学素养、阅读内容、教案书写、教学设计、语言积累、读写结合、课外阅读等方面进行了深入的研究。通过编写适合学校发展、学生需要的小学语文教材，在课堂实践及教学技能的不懈磨炼中实现其作为优秀教师终身学习的教学追求。

〖寄语〗

教育是培养人才的崇高而伟大的事业，教师是教育事业中一代代光荣的传承者。我们怀着教书育人的梦想，走出师范院校，走上三尺讲台，与学生相伴，与教改同行。首师大，培养教育人才的摇篮！你用丰富的知识，滋养未来的教师；你用高尚的师德，推动教育工作者去开创美好的未来！

用坚持抓住机遇

——语文特级教师田福春

丁永为　崔涵

田福春老师，出生于1953年1月，自1972年起参加教育工作。在中学先后担任过初、高中语文教师、语文教研组组长，后调至海淀区教师进修学校，任高中教研员并担任中学语文教研室主任职务。他有多篇教科研论文被评为市级一等奖和优秀奖，有多篇有关教学的文章在报刊发表。曾参加北京市高中新课程语文教材编写，出版了多本有关语文教学方面的书籍。田福春老师还是北京市教委高中新课程专家指导组专家，曾主持国家级课题研究，并被中国教育学会中学语文教学专业委员会评为先进工作者。田福春老师曾先后被评为海淀区语文学科带头人，北京市首批中青年骨干教师，北京市语文学科带头人，2009年，被评为北京市语文特级教师。

田福春老师任教42年，自始至终都坚持在基础教育第一线。他对知识孜孜不倦的追求，对工作严谨认真的态度，对学生无私纯粹的爱，成就了他无悔的教育人生。田老师认为自己只是千千万万教师中的一员，是一名普通的人民教师。这让人听起来或许感觉很平凡，然而有一种伟大正是来自这样的平凡，有一种高尚正是来自这样的奉献。尽管他眼中的教育仍不够完美，但是田老师默默坚守教育事业未曾放弃。三尺讲台，方寸天地，他用丝丝银发换来桃李满天下。田福春老师没有因他的荣誉与成就而骄傲，更未止步不前。这位老教师仍旧带着对教育事业的热爱，继续探索着、前进着。

一、条件艰苦，自强不息

(一)乐观坚持，寻求机会

田福春老师的求学之路是特殊的、艰苦的。1966年5月，正当他上小学六年级，就在他准备升学考试的时候，“文化大革命”开始了，全国上下停课闹革命，就这样田老师的学业被迫中断了。到了1968年，毛主席又发出了复课闹革命的指示，于是，当年的2月，田老师直接上了初中二年级。由于在“文化大革命”期间，课程设置不正规，普遍不重视文化知识的学习，在学校期间学习的不是系统的文化知识，更多的是参加劳动、开会搞运动等等，文化知识简直就是空白。就这样，在中学“混”了一年半以后，到了1969年6月，学校发了一张毕业证书，中学就算毕业了。谈到这一段的学习经历，田老师说：“真是荒唐，真是荒唐。这是今天正常学习过来的人难以想象的。”

田老师初中毕业之后回到了农村，参加农业生产劳动。他热情高、表现好，受到了贫下中农的认可。然而时间一长，他不满足于这种每天都要起早贪黑、脸朝黄土背朝天的劳动生活，认为自己刚十六七岁，不应该一辈子这样过下去。于是，他在劳动之余坚持学习，“文化大革命”时期是文化荒芜的时期，除了鲁迅的作品之外，所有的作品都被当作“封资修”被批判，想看到书都极难，他就向别人借书看，借到的书因为时间很长了，看的人不知道有多少了，书往往是破损的，有的封面、封底没有了，有的中间被撕掉了几页，但他还是把它们当作宝贝一样阅读。田老师抓紧一切时间丰富自己的知识，渴望得到教育的机会。终于，机会降临在了有准备的人身上。当时北京第三师范学校恢复招生，生源主要来自应届的初中毕业生和在农村劳动的青年。公社给田老师所在的生产大队分配了两个珍贵的指标，于是，田老师在众人的信任与期待中被推荐入学。“1970年7月，我上了北京第三师范学校。我认为，改变我的命运，改变我的生活状态的，应该是三师，我的一切是从三师起步的。我在三师学习了一年半的时间，三师的老师好，学习环境好，学校图书馆向学生开放，看书学习方便多了。在三师学习期间，我读了许多本书，有好多本书至今我还记得名字。”这次期盼已久的机会虽然让田福春老师历经艰辛，却也收获了成功，三师的学习环境帮助他迅速成长。在田老师的诉说中，这段曾经艰辛的经历也磨炼了他的意志，成为奠定他日后成功的一份宝贵的财富。

在第三师范学校的学习结束后，田老师于1972年1月被分配到了北京市第

123 中学任教，从此开始了他的教学生涯。“第三师范学校是为小学培养教师的，我们当时入学，也都做好了到小学工作的准备，我们实习也都是到的小学。但是毕业分配的时候，由于师范学院、师范大学停止了正常招生，当时招的一些工农兵学员数量也很有限，中学也严重缺少老师。这样就把我们毕业的同学一部分分到了小学，一部分分到了中学。我被分到了中学，分到了北京市第 123 中学。”

然而，1972 年仍处在十年“文革”当中，教学秩序还未恢复正常，加上社会上时不时出现的所谓“反潮流”、“交白卷”等现象，学生很不好管理。田福春老师工作后也曾遇到过许多困难。田老师回忆说：“那时候，工作中心不是备课讲课，而是维持纪律。学生不听话，和老师对着干，破坏纪律是引以为自豪的事情，被看成是英雄。比如教室里一排排的桌子，学生在前面一脚踢了第一个，后面一个压一个，全倒了。看到这种场面，学生哈哈大笑。教室是玻璃黑板，学生拿起一块砖头照着黑板就扔了出去，哗啦啦，玻璃碎了一地，你说他，他还振振有词，根本就没有做错事了，内疚、后悔、承认错误的表示。学生和老师顶撞，骂老师是经常的事情。但是我还是对他们充满爱心，坚持正确导向，不放弃对他们的教育。”现在的田老师可以微笑着回忆这些荒唐的过去，然而从他的话语中我们仍能感觉到当时的艰辛与不易。他说起当时的学生时仍旧是一脸欣慰与自豪。“毕竟破坏纪律的同学是极少数，大多数学生还是不错的。当年我教的学生，现在已经五十多岁了，当时他们是什么样的性格，现在还是什么样，当时朴实，现在还那么朴实，他们工作之后的表现很好。每次见到他们，我都很高兴。尽管当时学习不是很正规，学生不重视文化知识的学习，有的学生不听老师的话，甚至还有很多混乱的现象，但是我都挺过来了。”

那时，学校经常组织学生到工厂去学工，到农村去学农，到商店去学商，一学就是一个月，田老师每次都利用这个时间和学生密切接触，互相交流。田老师说，有一次，他带着初二一个班 50 名学生背着背包步行 40 里地到农村去劳动，到农村后，50 名学生又被分到十几个老乡家住。白天劳动后，每天晚上田老师还像一个大家长到每户老乡家看望学生。一个月下来后，学生得到了锻炼，田老师更得到了学生的信任。

田福春老师坚持不懈，用乐观的心态面对困难，就是这种志气和毅力让他顶住压力，战胜了困难，从逆境中走出来，持之以恒地提升自己，等待下一个机会，准备下一次腾飞。

(二)追求梦想，永不言弃

刚好赶上“文化大革命”的田福春老师，可以说是起步比别人要困难许多。他知道机会来之不易，于是比任何人都更加珍惜。田老师自始至终都坚持学习，对自己严格要求，不曾放弃过对自己专业水平的提高。于他而言，学习已经成为了一种习惯，而坚持则是他始终具有的优秀品质。讲起最初的那段教育经历，田老师说道：“我现在学的是中文系，从事的是语文教学，可是刚开始在三师学习的时候，我们没有专业，到中学工作后，学校里什么课缺教师就让你教什么。开始的时候我在政工组，负责共青团、红卫兵工作。后来一个政治课老师生病了，学校就让我替他教政治。我没教过政治课，不会教怎么办？我就先听其他政治老师的课，然后我就依葫芦画瓢，去给学生上课。转眼到了一个新学期，初一年级没有地理老师，地理课没人上，这时学校又安排我去教地理。为了教好地理课，我让学校教务处给我集中排课，一个星期空出两个半天来，我上北京图书馆办了图书阅览证，到那儿去看书，中国的平原、河流、湖泊、高原、气候等等都看了个遍。那时没有复印这一说，我是一边看、一边抄，笔记抄了两大本。没想到学生对我的课还很认可，去年见到学过我教的地理的学生，时隔 40 年了，他们还能背出我教他们的地理口诀。我认为既然教这个课，我就要给它教好。”虽然学校给田老师安排的课程并不是他喜欢的语文，但他也没有就这么随便混下去。田老师对教育效果的追求很高，他不断充实自己，丰富课堂教学。就这样教了一年，田福春老师被安排去教语文，从此稳定在自己的专业学科上。“教语文之后，我就在语文教学领域不断地充实自己。那时候，北师大中文系在海淀区办‘议论文学习班’、教育学院办‘古代文学讲习班’、进修学校办‘学习鲁迅学习班’‘教材研习班’，等等，我都去报名参加。粉碎‘四人帮’之后，科学、教育的春天来到了，知识、文化被重新重视，每个人心里都有一股学习的劲头。这时我又想到没有一个完整的学历，没有一个在大学系统的完整的课程的学习，怎么能胜任教师工作呢？有可能我就要去大学学习。”

田老师的教学道路经历了波澜，而学习道路上也有坎坷，有障碍，但他持之以恒，在发展的道路上不断前行，只盼有一天能走进梦寐以求的大学。现在提起进入大学的经历，田老师仍能清楚地记得每一个日期，每一个细节。“1977年，粉碎‘四人帮’之后，大学恢复了招生，我早晨起来跑步的时候，中央人民广播电台新闻联播节目传来了大学招生的消息，条件是只要自己报名就可以参加考试，不需要领导批准，没有考试的名额限制。听到这个消息之后，我非常兴奋。兴奋之余，心里又很胆怯。因为报考文科，也要考数学，前面说过，我的数学几乎就是小学的水平，怎么能行呢？但是我也没有放弃这一次机会，抓紧复习，争取在其他学科上多得些分。最后结果出来了，我语文、历史、地理考分还可以，都是八十多分，但是由于数学分数糟糕，这样就和大学失之交臂了。我们学校和北京师范大学一墙之隔，记得新生入学的时候，我在教室里上课，敲锣打鼓的声音传来，真是‘别有一番滋味在心头’。”第一次的努力没有得到回报，田福春老师没有放弃。后来在1976年到1979年这几年间，他在北京师范大学中文系上了函授大专班，并取得了专科学历证书。然而这并不能满足他对梦想的追逐。田老师认为仅仅拥有大专的学历仍旧是不够的，只要有机会，还要取得大学本科的学历。1982年，北京师范学院分院招收在职教师入学，田老师所在的中学获得了一个推荐指标，学校的校长、老师纷纷鼓励田老师去参加考试。已有过一次失败经历的田老师犹豫过，怕因为基础不好，浪费了这个珍贵的名额。但他想到了他的大学梦，想到了这么多年的追求，最终决定参加考试，后来考试顺利通过，进入北京师范学院分院中文系本科学习，梦想得以成真。“我上了大学，我得感谢师范学院分院，后来师范学院和分院合并了，更名为首都师范大学。我真是要感谢首师大，帮助我实现了多年的梦想。”田福春老师谈起梦想的实现依旧激动，他一直在感谢首都师范大学圆了他的梦想，然而我们相信，首都师范大学只是为他提供了实现梦想的机会，是他的坚持不懈，对自己的严格要求让他最终把握住了这个机会，进入了大学的学府。

二、珍惜机会，成才育人

(一)教师精神，影响终身

梦想终于实现，田福春老师却没有因兴奋激动而忘却学习。比起现在的大学生们，当时的学习条件、学习环境还是有很大差距的。田老师对这难得的机会格外珍惜。“我上大学时已经29岁，都成家了。当时学校在宣武区白广路，我家住在海淀西苑，距离30多里地，我骑自行车，单程70分钟，天天来回跑，是很累的。尤其是冬天，那时候冬天比现在冷，尤其是西北风一刮，上学的时候顺着风，可回来的时候就顶着大风，一下一下地使劲蹬车，真是费劲，每次都出一身的汗，但是我还是咬牙坚持。”进入了大学，大学里更好的学习条件扩展了他的视野，拓宽了他的思路。同时，大学里教师的谆谆教诲也让他受益匪浅。“老师们对我们的影响还是很大的，尤其是老师们在教学上的研究精神。我记得当时教我们古代文学的陈彤老师，方圆的脸，留着小胡子，有同学给他起名叫‘任弼时’。陈老师治学严谨，他给我们上先秦文学课。他真是研究型的、学者型的教师，他讲课不是照本宣科，他给我们讲的主要是他的研究成果，如对《诗经》的研究，对《楚辞》的研究，都有自己的独到之处。另外给我们讲当代文学的臧伯平老师，讲诗歌的吴思敬老师，讲文字学的高林老师，功底深厚，在自己的教学领域都有独到的研究。这些老师在教学上非常认真，一丝不苟，在教学和研究上给我们树立了榜样。我们作为学生，在那个特殊的年代入学，年龄上也是参差不齐，大的三十多岁，小的二十多岁，老师和我们的关系真的就跟朋友一样，无话不谈，非常融洽。这样的学习氛围和环境，给我们留下了非常好的印象。”学校里这些优秀的教师们给田福春老师带来了很大的影响。田老师自己也是教师，他在之后的工作中一直践行着老师们的研究精神，治学严谨，不断探索。对待学生则是亲切平等，以期营造良好的学习氛围。同时，他也尊重学生，真心关爱学生们。田福春老师回忆了许多和学生相处的点滴：“我大学毕业之后，工作这么多年，也都是尊重学生，学生生病了，有问题了，经常去家访。晚上骑着自行车，摸着黑，不认识学生家，就随时打听。我记得有个学生生病了，那时候自己工资才四十多块啊，用自己的钱给学生买几个水果罐头去看学生。那时候，冬季的水果不像现在这样丰富。我这么做，也有大学老师对我的影响，那就是老师对我们学生的关爱和尊重。”田福春老师从大学中不仅收获了知识，也学得了教师们那种研究奉献的精神，他坚守着这种传统的教育理念，对学生的关爱贯彻他的教育人生。

(二)教书育人，无悔奉献

田福春老师自 1972 年参加工作，至退休已任教四十余年。这期间他获得了许多荣誉，评上特级教师是在 2009 年。大学毕业后的田老师回到了北京市第 123 中学，工作一年后调到了北京市八一中学任教。他继续教授语文，后担任学校语文教研组组长。当问到对于教师这一职业的看法时，田老师表示任教以来一直很喜欢教师这个职业，虽然那个时候教师的地位还不高，社会上曾流行“拿手术刀不如拿剃头刀”“造原子弹不如卖茶叶蛋”的说法，但田福春老师却坚守在教育岗位，未曾有过放弃的念头。“我从上师范学校那一天起到现在，当老师我就没有后悔过。虽然‘文革’时期骂老师和知识分子是‘臭老九’，教师的社会地位和经济地位都很低，我也没有跳槽的想法。”当问到田老师是否萌生过放弃教师这一行业，另作其他打算的时候，田福春老师很坚定地回答：“我没有后悔过。我觉得做教师能使人思想充实，为什么呢？就是他能够迫使你不断去看书学习，不断去了解新的事物、新的学科领域，能够丰富你的头脑，使你的思想容量更多一些。例如我讲“藤野先生”这一课，我就要了解鲁迅，就要看鲁迅相关的一些书和文章；我要讲朱自清的“荷塘月色”“背影”，我就要看许多文章、资料才能上课，这个过程就是学习的过程，就是充实自己的过程。我很喜欢教师这个职业，因为它能够使我不断地学习。”从田福春老师的话语中不难看出，教书育人在他眼中是充满挑战与乐趣的。教师的工作让他不断充实自己，从这一过程中他收获了快乐与感悟，每一篇课文、每一堂课他都全力以赴。书山有路，他是开拓者；学海无涯，他是引路人。田福春老师将四十余年的奋斗、坚守和操劳沉淀为精神的沃土，让希望发芽。

三、提升自我，完善课堂

(一)心的坚守，专注本职

田福春老师的求学之路崎岖波折，而他担任教师的这四十余年中，也面临着挑战和困难。在这些考验中，田老师始终牢记自己最初的理想，并不懈地坚持，展现着对知识孜孜不倦的追求。“我本身还是很爱学习的，教师这个职业，能够促使我更加不断地学习。‘文化大革命’期间，解放军、工人特别红，谁要是当上解放军、工人了，那真是无比自豪的事。那时候时髦的衣服是解放军的军装，男女青年穿上一身军装，斜挎一个解放军书包，腰间扎一个解放军的皮带，走在街上，不知要招来多少人羡慕的目光。有一度还流行穿工装，那也不得了，穿在身上都觉得特自豪。尽管这样，可我还是很热爱教师这一职业。”田老师就这样简简单单地爱着教师的工作，在当时教师社会地位较低的时候也不愿放弃，外界的眼光并不能动摇他的决心，哪怕是工作初期条件比较困难的时候。“刚参加工作的时候，工资是42.5元，我每月给家里20块钱，交完团费、互助会费就剩20块钱。在学校里吃住，不抽烟不喝酒，省吃俭用。但是买书我还是不犹豫的，‘文革’时，新华书店里的书很少，很单调，‘文革’以后解禁了，陆陆续续发行了很多古今中外名著。我记得有一次在劳动人民文化宫书市，有卖文学名著的，大家都排长队购买，我也买了20多本，有《高老头》《复活》《红与黑》《儒林外史》《官场现形记》，等等。五六毛钱一本，七八毛钱一本，可是买的书多了，也好几十块钱呢，那时候才挣多少钱啊！”就这样，田福春老师克服困难，条件艰苦也坚持求学，在书籍的海洋中畅游。这些精神食粮让他感到满足，让他对知识的需求不断扩大。春夏秋冬，田福春老师如他所言地丰富着自己，日子即便过得苦，心灵的坚守却可以给他带来阳光。

（二）打好基础，关心细节

田福春老师退休前一直在海淀区教师进修学校工作，从事语文的教学与研究，为教师的专业发展做着贡献。当谈到对师范生的培养时，田老师也提供了一些建议。他认为当前师范生的培养需要解决的关键问题在于打好基本功。“应该说，师范生从你上学这天开始，就决定了你今后的就业方向，那就是当老师。有一句俗话叫‘干什么吆喝什么’，既然决定要做老师了，就要清楚做老师应具备什么素质，就要为将来做老师打好基础。大学期间，正是求知学习的时候，就应该多学习，多增加知识储备，让自己的知识丰富一些。在这个过程当中，也一定要锻炼自己的社会交往能力。如果光是一味地埋头学习了，而你的社会交往能力不行，语言表达不好，在学生面前说话都不敢大着嗓门，学生都听不见，按北京的话来讲，‘杵窝子’‘拿不出手’，这很不好，要打好基本功，要把自己的内修和外修都结合起来。”田老师为什么这样说呢？他是北京市海淀区教师资格认定考试的负责人。作为考官，田老师说，“作为教学基本功的一项内容，教态是非常重要的。有的考生，自始至终都是低着头讲课，声音很小，这怎么行呢？还有的考生板书，字写得特别难看，有的笔画顺序不对，甚至还有写错别字的；让考生读一段文章，没有语气，没有情感；有的考生浓妆艳抹，化妆也不得体，不像老师的样子。作为师范生，将来要做老师，首先要把基本功打好，做一名名实相副的教师。”

田福春老师所提出的这些建议或许听起来很细小琐碎，但正是这些小细节决定着一名教师的成败。现在多媒体教学手段发展迅速，有些教师追求的是课件制作的花样翻新，而像板书、诵读这样的技能或许已经不再像以往那样受到重视。然而这些基础技能却是真正衡量教师水平的标杆，田老师对师范生提出重视教学基本功无疑是必要且重要的。教师这个职业需要传承优秀的传统，工整的板书、标准的发音等都是当代师范生和年轻教师们需注意提高的教学技能。

四、从田福春老师求学任教经历看影响教师发展的因素

(一)求真求实，点亮灵魂

从田福春老师的求学经历，我们看到了他如何去抓住每一次求学机会，一步步去攀登知识高峰的过程。在那个时代成长是艰难的，求学更是不易。也许有人会认为田福春老师比较幸运，遇到了很好的机会。然而众人周知，机会总是留给有准备的人。田福春老师在求学路上始终未曾停下过脚步。有学习的机会就紧紧抓住，善用一切资源提高自己。当他没有学习机会时，也没有荒废时间，而是抓紧一切零散时间学习。正是他平时对知识持之以恒的不懈追求，让他在机遇降临时，稳稳地抓住了自己的未来。

伟大的诗人但丁曾告诉我们，人不应当像走兽一般地活着，应当追求知识和美德。不吸取知识之光，我们的心灵就会被黑暗笼罩，看不到光明，找不到出路，人类社会永远只能在原地挣扎、徘徊。只有在对知识孜孜不倦地探索追求中，我们的灵魂才能被点亮，我们的社会才能真正地进步。田福春老师热爱教师的职业，他说："做老师能够让我不断地学习，知识丰富、头脑丰富、认识丰富。"而在他的求学任教生涯中，他一直在丰富自己，没有因缺乏机会中断过。正是这种持续的坚持帮助他克服了重重困难，实现梦想，成就了无悔的教育人生。

(二)为人为师，身正为范

从田福春老师分享的学习经历中不难看出，他的大学老师对他有很大的影响。他对教师精神的理解也是在那时形成的。对知识的探索追求，对学生的热情关切，田老师从老一辈教师身上继承而来的优良传统让他获得了学生的尊重与爱戴。当问起学生对他的评价时，田福春老师讲了今年春节聚会时的小故事。"今年春节我的学生聚会，有一个学生说，您有两点给我留下深刻的印象：一点是'正'，您教我们那个时候多乱啊，可是您毫不惧怕，在班集体中打击邪气，树立正气；另一点是您特别喜欢写字，有时间您就写，尤其是书空，经常看见您用手指比划着。咱班有好多同学都模仿您写字，我也是其中之一。"田老师作风正派，也为学生们树立了很好的榜样。身为教师，首先自己要行为端正，作为学生的典范，教师精神正要在此体现。

现在师范生和新教师的培养中，对教师精神的重视仍旧不足。知识的传递

固然重要，但教师对学生精神方面的培养也需要更多的关注。《师说》云：“师者，所以传道授业解惑者也。”教师固然要给学生以知识的传授，然而这并不是全部。言传身授，在为人做事方面，教师也要成为学生的榜样。因此，师范生和年轻教师们在今天仍应学习老一辈教师的教学精神，学高为师，身正为范。

(三)不汇细流，难成江河

正如前文所言，谈到教师的合格与否，首先要考量的是教师的基本功。扎实的教学基本功并不容易获得，需要大量的锻炼和时间的积累，而教师的风范也需要经验去沉淀。

而教学中的细节，如果有足够的注意却是可以在短期内使教师得到明显提高的。如同田老师所说：“一个职业，应该有这个职业所应有的特质，或说是职业素养。教师这个职业，教师应该有教师的素养。而这个素养，往往是最基本的、常见的细节。”所谓“一树一菩提，一沙一世界”。生活的一切原本都是由细节构成的，而细节往往最容易被人忽视，殊不知这不起眼的细节，看在眼里便是风景，握在掌心便是花朵，揣在怀里便是阳光。细小的事情往往发挥着重大的作用，若能注意到细微之处，在小事上也倾力而为，做好本分之事，相信教师的工作可以做得更好。

结　语

田福春老师已任教四十余年，可谓是教育界的老前辈。他有坚忍不拔的性格，乐观向上的精神。他的话朴实诚恳，态度谦虚严谨，为人正直真诚，富有感染力。田老师成长的道路上遍布荆棘，但他却不曾放弃，也没有畏惧，就是踏踏实实地走下来，坚持了最初的梦想。在他的叙述中，没有对波折过往的纠结，一切都是那么平和，挫折已经过去，他仿佛一切本该如此这般地前行着，田老师用自己的经历告诉我们什么是平凡的伟大。

也许教师的成长便是如此：长久的等待，漫长的坚持，不懈的追求，以及无尽的喜悦。当对知识的渴求已经成为习惯，曾经擦身而过的机遇这次一定会握在我们手里。田老师带给我们的不仅仅是经验的分享，从中得到的感悟更会成为我们前进的动力。

脚踏实地之后，方能仰望星空。

〖寄语〗

我们遇到了一大批名师，如：吴思敬老师、吕琨莹老师、臧伯平老师、吴英老师、高原老师、张岱老师……这些老师在做学问上非常严谨，在自己教学的领域都有自己独到的研究，给我们树立了榜样。在教学上非常认真，一丝不苟。再有就是对我们的态度，当然我们学生年龄大的三十多岁，小的二十多岁，老师们对我们真的就跟朋友一样，无话不谈，非常融洽。这样的一种学习氛围和环境，给我们留下了很深的印象，难以忘怀。

用“心”治教

——语文特级教师郭铁良

何颖　曹雪芹

郭铁良老师，北京市语文特级教师，北京市语文学科带头人，北京市教育科学规划办公室学科专家组成员，全国中语会教学改革研究中心理事，2000年被北京市教委评选参加教育部“园丁工程”——首批国家级骨干教师培训班，曾被北京市教委聘为北京市特级教师评审委员会语文学科专家组评审委员。郭老师从事中学语文教学四十多年来，潜心研究作文教学，开发了高中作文教学的系统训练体系，教学效果明显，获得业界的广泛认可；主持多项科研课题并取得丰硕成果，其中研究课题“高中作文教学想象能力的培养”在2002年12月被北京市教委评为“九五”期间优秀教科研成果奖；曾在国家或省市一级刊物发表论文四十余篇，另有多篇论文在北京市各级各类教学论文评比中获一等奖。主编著作四十余部，发表论著共九百万字以上。

由于我们事先已对郭铁良老师的教学成果与获奖经历有所了解，因此在正式见面前，想到这位素未谋面的“牛人”，我们满心恭敬但多少又有些忐忑不安。然而，当他真正准时出现在我们面前时，那朴素的衣着、真诚的微笑与谦和儒雅的气质刹那间便消除了我们心底的顾虑，让我们完全放松下来。这种轻松自在的心情一直贯穿于我们访谈的全过程。这次与郭老师的交流，不仅愉快，更是一次难得的学习。

在四十多年的教学与研究过程中，郭老师用“潜心、砥砺、持之以恒”作为成长和自我提升的座右铭，砥砺意志，潜心做研究、潜心站在教学一线；面对困难挫折不退缩，面对名利诱惑不动摇。世上最简单的事是坚持，最难的事也是坚持，做到专一和持之以恒是一名优秀教师的专业品质。四十年的寒暑交替，郭老师从未放弃对理想的追求，兢兢业业地用“心”来经营，不容任何马虎或对付，因此，成功对于他实属必然。

一、与教师结缘，便是执着坚守

1970 年，北京市为了解决当时教师人才严重短缺的问题，从市区初中抽选了一批品学兼优的学生进入师范学校学习。年仅 15 岁的郭铁良便在当时脱颖而出，就读于北京市第三师范学校——首都师范大学基础教育学院的前身。在师范学校潜心学习两年后，少年郭铁良被分配至现在的十一学校。“开始还说让我当小学老师，后来北京市需要中学老师，又挑了一部分比较好的到中学来，我是 1972 年 1 月分到这个学校（十一学校）的。”17 岁的郭铁良开始工作，便被安排教十四五岁的学生，可谓是一个巨大的挑战。“那个时候很年轻，才 17 岁。17 岁小孩儿懂什么，但是我比他们懂一点，因为我从小学到中学，都是学生干部，而且是比较好的那种学生干部。”在这样的情况下，虽然心怀对未知的不确定和疑惑，但得益于多年的学生干部经历而培养起的自信，少年郭铁良怀揣着光荣与梦想，以超越同龄人的成熟与稳重积极地进入了角色。

在访谈中，郭铁良老师回忆道，在刚入工作岗位时，由于一切都是陌生的，所以“对于教师，也谈不上什么喜欢不喜欢，它纯粹就是一种职业”。那时候，虽然无法说清内心是否喜欢这个职业，但出于责任感与使命感，他仍然将满腔热情和全部精力投注于教育教学之上。而在这日复一日、年复一年的全情投入中，他与教师这份职业的缘分日渐深厚，语文学科更是如同深入血液、植入骨髓，成为形塑他思想与行为的重要因素。渐渐地，教师已成为他的“社会标签”，影响了他的思维和行为模式。“觉得好像只有老师这点活还能做，别的不大灵通了，因为我参加工作早，语言上都已经变成教师语言，我们家里人跟我说，你这一说话一看就是老师，老有教训人的口吻，你想从十几岁开始，这个语言都已经定型了。”与语言模式同时定型的，还有郭老师在与学生朝夕真诚相处中和工作努力获得不断认同中而生成的对教师工作日渐深厚的爱。在语文教学岗位上，郭老师一干就是四十多年。同样，他与十一学校的缘分也是自始至终。用他自己的话说，便是“在这个学校有四十二年多了，熬走了七个校长”。四十二年对语文学科、对教师神圣使命以及对十一学校的坚守，在这份执着的背后，我们真切地看到了他对教育事业、教师职业的热爱。

二、注重学生德育，发挥教育爱的力量

从 17 岁入职到 1979 年考入北京师范学院第一分院进修学习之前，九年时光，从跌跌撞撞的少年到成熟稳重的青年，郭铁良老师在繁重的工作任务中，被推着进步，也在寻找着进步的机遇。来到十一学校后先后负责 2 个班的语文课，1 个班的班主任，28 个班的团总支书记。郭铁良老师对待工作中的每一份职责都兢兢业业，也正是这样的砥砺前行才铸造了一名优秀的人民教师。在 70 年代那个政治压抑与教育无序的特殊时期，青少年往往容易因为各方面原因的影响而失却理想与行为规范。针对当时的这一问题，郭老师在工作过程中尤其注意学生身心发展的特点与特殊需要，以爱、以智慧贴近学生。

“到十一学校以后我就当班主任，干得很认真。记得当时班里一个小男孩叫陶永平，从小患小儿麻痹症，每天架着双拐，学习不方便，我总是带着他，甚至背他到学校食堂吃饭。”作为班主任，郭老师不仅要关照班上孩子的学习需要，同时也要负责学生的德育工作。在此过程中，他全身心地投入教育，将所有的精力和心思都放在学生身上，用心地去处理每一个学生遇到的思想和情感困惑，用心地反思总结。“干了两年以后，我还在《北京日报》上登了关于怎样教育学生的文章。大概 70 年代末的时候，作为年轻的班主任教师在海淀区巡回讲演，也是关于学生德育的，那时候在北京市海淀区就有点名气了，是 1974 年 12 月入的党，那一年海淀区教育系统只有我一个人加入共产党。”郭老师的付出与努力得到了外部的肯定，随之而来的是更大的挑战。“两年后，学校让我做年级的团总支书记，一共 28 个班。不久，1974 年小学的五六年级一起升入初中，我负责学校的 74 届初、高中年级的学生教育共青团和少先队工作，这个年级是学校最大的一个年级。共有 26 个教学班，学生 1300 多人，从初一到高二(高中两年制)的学生德育和团队工作都是我独自一人负责的，并将他们一直带到高中毕业。同时我还教两个班的语文课。(当时年级领导共有三人：总负责的是沈敦老师，负责教师的是郎焕云老师，我负责学生)。教学、学生思想工作、学农、学军……那时李子仁是校长，在他的支持下，真不知道什么是累啊！这个年级我带了五年。五年就是拳打脚踢，带着学生学军、学农，管学生的思想教育，还

有团队其他工作。想想1300多人，大礼堂1200多人，还要加100多深条凳子，就我一个人管，是非常辛苦的。三次学军，三次学农，每次都一个月，而且暑假、寒假都要带他们出去劳动，我都没有寒暑假。”26个班，1300人，5年的寒暑交替，对于一个年仅20岁的青年，需要足够的体力去拼搏，需要坚定的毅力去坚持，需要靠人格魅力去树立威信，更需要以闪光的教育智慧去化解矛盾、处理问题。在此过程中，郭老师用真诚关爱每一个学生，完全无负于学校给予的信任，更收获了学生对他的尊重与爱戴。

在与学生朝夕相处的过程中，郭铁良老师还用心地将学生德育的实践记录下来并进行总结反思，并撰写为论文。由于思考有深度同时实践性强，郭铁良老师的论文理所当然地在海淀区乃至北京市的评比中屡次获奖，引起北京市教委的重视。郭老师也因此被选定参与北京市“班主任评价方案”的制定。在工作中，他发现，初中阶段的少男少女常常为身体的发育和心理的变化而苦恼，由此，他有意识地将关注点投注于青少年的性心理，并且以此为研究问题展开了理论探索和实践尝试，并注重案例的积累与行动的改进，取得了良好的德育效果。“最早写的德育是关于学生性心理的研究，我绝对是第一个。因为初三到高二的学生还都是青春期的小孩，我碰到好多男女关系类似的案例。那个时候很忌讳，但是我觉得我碰到的太多了，说明这在中学生中是一个很现实的问题，这些学生需要有人解除他们的困惑，我就写了出来。1991年，我的第一本专著《少男少女的烦恼》出版了。写的时候大概只用了一个礼拜，因为有大量的案例。”在思想保守的时代，对青少年性心理的关注，可谓是大胆的创新，而以实践为基础的扎实研究在当时也是罕有的，也因此，郭老师一下就站在了德育研究的前沿。

由于工作努力，处处保持先进，郭老师在20岁时成为当年全海淀区教育系统唯一发展的党员。怀揣着荣誉和自豪，郭老师并没有沉浸在已有成绩中沾沾自喜，而是更加积极向上。“因为年轻，而且有激励，有一种成功感，所以从不觉得疲倦。”因为年轻，所以不怕失败；因为成就感和满足感，更加点燃了奋斗的激情。

三、潜心教学研究，一生追求卓越

经过9年的砥砺和沉淀，26岁的郭铁良，在教学工作中已经取得了较突出的成绩，在为人处世方面也有了许多体悟。在“文革”结束、教育事业重整旗鼓后，郭铁良老师积极响应时代的感召，争取各种学习和进修的机会，虚心向名师请教，用心体察所见所闻，认真总结反思自身教学，潜心进行语文教学研究，并逐渐将关注点聚焦至作文教学，提出了作文教学系统的训练体系。

（一）终身学习，名师为伴

1979年，十一学校出于对教师进修和素质提升的重视，提出了教师可以继续考取本科学校进行理论学习，毕业仍然可以回到本学校的政策。此时的郭铁良老师，恰好刚刚送走了朝夕相处5年的1300多个学生，虽然内心颇感失落，但恰好手上暂时无其他重要任务。天时地利，遇上这样好的学习机会，怎能错过？于是，郭铁良老师主动地补上了“人和”：凭借深厚的功底和认真的准备，他顺利考入了北京师范学院第一分院的中文系。

在北京师范学院第一分院，郭铁良老师受到了许多老师与课程的启发。郭老师印象最深刻的课程要属苏培成老师的现代汉语课。苏老先生严密的逻辑思维、严谨的治学态度和亲和的人格魅力，深深打动着郭铁良。“苏培成的现代汉语课给我印象最深……他的逻辑思维非常严密。他教给我们研究能力，这是我终身不能忘掉的。后来我跟他编字典，在一块儿接触好几次，他治学严谨，他的研究方法和态度，都给我很大启发。我曾跟他借了一本书，看到书中的批注什么的，肃然起敬。这位老先生应该是对我终身受益的一位老师。”可以说，将所有的知识都忘掉，剩下的才是教育。一位好的教师不是教给学生多少知识，而是培养了学生怎样的能力，对学生的一生构成深远影响的是教师的人格魅力和治学态度。“另外一位老师，就是高原，他跟他的爱人刘朏朏在70年代合编《作文基础训练》，高原老师在他的写作课上讲作文的三级训练。当时我觉得很有意思，他真是给我开了一扇窗，给我很大的启发，原来作文还可以这么教。他的作文教学对我影响非常大。”高原老师的作文教学理论体系新颖独特，郭铁良老师如沐春风般吸取着智慧的甘露，这为他后来进行作文教学研究奠定了良好的基础。

90年代末，年近40岁的郭铁良老师参加了北京师范大学的教育学硕士课程班。经过三年多系统的理论学习，他对教育教学研究有了更加深入的理解和体会。“课程对我很有帮助，它对老师的关于教育的研究，乃至于教学的研究都有帮助，它又让我开了一扇窗。”

2000年，郭铁良老师被北京市教委遴选参加教育部“园丁工程”——首批国家级骨干教师培训班，到华东师范大学学习一年。“当时北京市教委评选出十个中学教师来，到华师大学习一年。请来全上海学术研究最前沿的教师，给我们进行教师培训。针对学科教学，让你往深挖，深入思考，这样的教师培训是最有用的。这样的教师培训开阔了我的视野。”

在相对系统的学历教育与各种培训之外，郭铁良老师还有意识地在日常工作生活中积极地学习他人之长，不断修炼提升。1994年，郭老师被北京市教委评为北京市语文高级职称评审委员会委员，成为该委员会中最年轻的委员。在这个评审委员会中的委员大都是特级教师，同时工作中也有机会接触许多优秀教师，郭老师留心观察名师们的教学教研与为人处世，并积极学习。在访谈中，郭老师曾动情地谈论起他与顾德希老师的交往轶事：“评委会里的各位老师对我产生了非常深远的影响。他们都具有很大的人格魅力，渊博的学识，却很谦虚，循循善诱，对后人的提携；为人处世方面，不要从私利出发，公正公平地对待他人。比如语文特级教师顾德希老师对我的提携和帮助就很大。”1995年，郭铁良应顾德希老师的邀请，在北京电视台和中国教育电视台卫星频道进行高中作文专题讲座和电视录像课。郭老师回忆当时第一次上电视，而且又是直播，非常紧张，“因为我第一次上电视台，又是直播，你一打开以后全传出去了，当时汗哗哗地出来了。”顾老师亲自耐心地指导他该如何面对镜头，该如何讲课等等。在与这些优秀教师的共事和相处中，郭铁良用心体察着，感悟着，成长着。俗话说，近朱者赤，蓬生麻中不扶自直。在这样的环境熏陶下，90年代的郭铁良就立下争取特级教师的目标和梦想。同时，这些经验也为《优秀教师应知道的十一件事》等著作和论文提供了丰富的思想活泉。

（二）厚积薄发，涓流成河

“泰山不辞壤土，方能成其大，江河不择细流，故能就其深。积累是成功的基础。老舍先生把自己积累的写作素材比作‘箱子里的衣服’。积得厚，写文章就能游刃有余；衣服少，积得薄，就会捉襟见肘。教科研工作也是如此。”郭铁良老师在他的自传中如是写道。四十年多来，郭铁良老师采用记卡片和剪报的方法，收集的卡片资料已经占了一个书柜。“每当我读书看报时，每当我在一个教学方法的训练结束的时候，我都注意将这一过程的全部资料——方案、习作、体会等内容整理出来。这样，为我形成比较完整的训练体系奠定了基础。”大学毕业后，每个学期郭老师都会制订教学改革的计划，并将教学实践中的特色和经验体会一一总结。四十年多里，郭老师积累了大量的教学实践记录和学生的作文，至今在他电脑里储存的文字材料已经达5亿字以上。不积跬步无以至千里，不积小流无以至江海。四十多年的教学经验和智慧汇集成无数的教学专著和科研论文成果，郭铁良老师可谓著作等身，硕果累累。

郭铁良老师亲身参与语文教学改革，研究学生的写作心理，设计“情景作文”“生活实践——写作训练”等多种形式的作文训练方式。经过3年的实验，郭老师对经验进行反思与总结，于1993年出版了作文教学专著《解除作文的困惑与烦恼》。“这本书，后来图书馆的老师从书店买来后，成为我校学生借得比较多的一本。”此外，郭老师的多篇教学论文获北京市基础教育科学研究优秀论文一等奖并被期刊转载。二十几篇教学论文发表在《中学语文教学》杂志等中学语文核心杂志上。他所撰写的《怎样写记叙文》一文，于1998年第10期至1999年第17期在《中华活页文选》上连载了27期，创下了这家杂志至今的刊登之最。长篇论文《高中议论文思维能力的培养》也被《中学语文教学》连登了6期。基于训练学生的联想能力和思维创造能力的教学实践而集结出版的教学专著《中学作文想象能力的培养》，被选定为北京市委市政府的第二个一百本“教育丛书”之一。

2007年，郭老师应中国青年出版社的约稿，总结自己三十多年的教学生涯，编著了《优秀高中老师一定要知道的11件事》一书。在这本书里，郭老师强调了教育教学过程中持之以恒的积累与反思。他为青年教师所分享的这些经验，其实也正是他教育人生的真实写照。

（三）博学贯通，反思总结

郭铁良老师嗜好读书钻研，博学贯通，并勤于反思总结，在四十多年的教学实践中形成了严谨的思维品质，并对教学与研究形成了自己的独到看法和理念。在访谈中，他向我们表述了对于优秀语文教师应该具有的专业素养的认识。这些颇具深度的理解，无一不是他在长期工作中不断反思总结而归纳出的精华。并且，在他的概念体系中，反思总结本身也是优秀语文教师必须具备的基本能力。

在郭铁良心目中，一个优秀的高中语文教师，首先，需要扎实的基本功，尤其是高超的解说能力。“咱们现在好多人认为，语文老师应该搞活动，这是基本，错了。我认为老师的解说能力，或者是讲课能力是最基本的能力。教师的讲解就是说一个老师会表述，会把知识内容由浅入深地表述，并能够恰当地衔接。为了迎合新课程的理念，课堂形式变得多姿多彩。图片、背景音乐、戏剧表演……花样百出，热闹沸腾的课堂让学生眼花缭乱。在不少教师的心目中，或许只有这样的课才是新课程精神的体现，殊不知这恰是对课程改革的极大误解。”活动不能替代教师的讲课，课堂发问泛滥，充斥无意义的填空问和是非问，这对于学生思维能力没有任何发展，反而是一种戕害。

其次，优秀的语文教师应该是一个教学的“匠”。“我这里说的‘匠’不是‘匠气’。过去不少人反对老师做教书匠，反对的是‘匠气’，我认为这是对的。所谓‘匠’，讲的就是熟练，要融会贯通。我国古代的许多工匠的作品，例如赵州桥等，不就是不朽的名作吗？从这个角度讲，要理直气壮地做好教书匠。我们能说某某是某方面的‘巨匠’，为什么不能说自己是教书的‘匠’呢？我们要成为‘匠’，但不要‘匠气’。”教师是“匠”，学生便是教师手中的作品，作品具有怎样的品位和格调，全在于教师是否独具匠“心”。具有“匠心”的教师能够娴熟地掌握与运用教学技能，关注学生的个性发挥与特殊需求。

最后，优秀的语文教师应该具有良好的思维品质，善于反思总结，形成自我的理论框架。郭老师四十多年不断积累，反思总结教学经验，逐步形成理论体系。但反思不是结束而是开始，关键在于行动，再反思，再行动，以此反复循环上升。对于他，反思俨然成为一种习惯。“如果一个教师没有理论框架，思维的深度不够，最后的结果是，他做可以，别人做不行。就相当于我们现在研究一些科技方面的问题，它没有推广价值，它不能被复制。”能够形成自我的一套思维理论，就构成了教师的教学理论体系，只有这样，才能将所知教给学生。郭铁良老师非常反对把课堂完全交给学生的做法，这是教师和学校没有尽到应尽责任的表现。“一个语文老师，或者是一个老师，让学生在你的辅导下，能够用最短的时间达到最高的效益。现在有些教学理论，我觉得是片面的，比如说多听多写，让学生看书去，这个是不行的，要你学校干吗呀？学校是学生的训练场所，老师要把自己的经验传授给学生。”郭铁良老师强调教师的教学是把学生从课堂引向课外，课外只是对课堂的补充而不是代替。

（四）成就激励，荣誉鞭策

对于郭铁良老师来说，特级教师不仅仅是一种职称，也不仅仅是荣誉，更是对一个优秀教师的品质和能力的肯定。“特级教师，为它我奋斗了十几年，因为它在我心目中是最高尚的。”1993 年在召开北京市破格晋升高级教师的颁证大会上，面对当时教育局陶春晖局长的祝贺和表扬，他内心的激动与向往无法抑制。他发誓，一定要像他心中的楷模舒鸿锦、顾德希和李裕德老师一样，做一名语文特级教师。就是这样，光荣铸造着更加恢宏的梦想，梦想激励着更加勇敢的步伐。

为了特级教师的目标，郭铁良老师开始更加努力：进行课题研究，对高中的阅读课和作文教学进行改革，发表的数十篇论文分别在省市级获得一、二等奖；总结自身经验并主动与他人分享，出版数本作文教学专著，接受数十次市、区以及校级的观摩课等等；同时，更虚心地向身边的优秀前辈老师学习，不断提升自己的专业水平。八年砥砺，期间还曾有过将特级教师资格礼让于年长教师的小插曲，终于在 2001 年特级教师评审中，郭老师顺利过关，特级教师的梦想成真。

虽然郭老师早在 2001 年便实现了特级教师的理想，但他的努力从未因此止步。因为对他而言，这份荣誉更是沉甸甸的信任与希望。这些年，在兢兢业业地进行教学与教研之余，郭老师还指导了多位青年教师，手把手地将自己的成功经验传递给年轻人，为北京市培养了多位优秀教育人才。

四、寄语青年教师，梦想与目标并驾

郭老师的专业成长经历及其中饱含的人生智慧使我们受益无穷，同时郭老师也对青年一代寄予了美好的期望。

（一）梦想的实现需付诸努力

成功留给有梦想的人，也同样留给有准备的人。这并不矛盾。有梦想才有追求，而在追求梦想的道路上必定充满艰辛与坎坷。而成功不会怜悯胆小懦弱之人，只会眷顾不畏艰险、勇敢而努力的强者。郭铁良老师认为，想要成为优秀的教师，首先需要有梦想，坚定自己的目标，随之付诸百倍于人的努力，相信梦想一定会变为现实。“工匠是靠培养出来的，现在有各种培训班为证；而人才不是培养出来的，因为人发展到一定程度得靠自己的历练和悟性。作为一名优秀的语文教师，也是如此。如果你热爱自己的教师工作的话，你应该有自己的远大理想，并有具体措施为之付出努力。这样，你的一生才能更有意义。作为一名优秀语文教师，最高的奋斗目标是什么呢？是做一名语文特级教师。”

（二）有所不为才能大有作为

在四十多年的教科研经历中，郭老师深深体悟到想要有所成就，必须做到专一、认真踏实。即使在无数光环诱惑下，也不曾动摇自己的教育信念，收敛起自己的好奇心，向激光束一样，心无旁骛，他的成功与专一和执着是分不开的。

要想在事业上取得成绩，就要给自己定好位。我认为，一个人不要像一般人一样生活。否则你就会成为一般人的人。在自己人生道路上给自己选好方向，定好位之后，那你就一定要坚持走下去，不要在乎别人的议论，不要在乎自己眼前个人的得失，相信你一定会实现自己的理想。有很多人教了一辈子语文也没有搞出多大名堂来，这其中原因很多，但学业不专一是主要原因。要想有所成就，就得要敢于舍弃。只有敢于舍弃，才能使他的心力发挥到最大的效益。一个人要懂得自己不需要什么，懂得自己的缺陷是什么。要敢于在一些地方认输，有所不为，是为了大有作为。见猎心喜，漫无目标，充其量是杂家，而不是专家。

郭老师提醒新入职的教师是否有着对教育的执着和热爱。“新入职的老师，第一个问题，对教师这个行当，他是不是想要把它干到底。”当前社会的各种诱惑，出于功利性的考虑选择教师职业，没有对教师职业的热爱，更加无法用真诚之心对待教育和学生。教育是一个很纯粹的领地，无法容纳杂质。

(三)扎实基础方可提升能力

夯实基础，意味着师范生对本体性知识和教育教学知识的整体把握；意味着成为教师的专业品质和能力的拥有。郭铁良老师反复强调成为一个优秀教师的前提就是基本功的扎实。正如技术工人需要掌握基本的技能，才能在此基础上熟练，以致娴熟，游刃有余。“基本功扎实以后你才能腾飞，否则的话，你这就等于无源之水、无本之木。就像我们干某项工作，它的一招一式都有它基本的方式方法，你到工厂去，比如说你开车床，我开汽车，得有基本方法，这就是基本功。就是说有了第一个以后，你才能有第二个。”

郭铁良老师指出，对于教师，要通过三关的基本功练习。一是讲课关：语言要准确流畅，清楚有节奏感，会使用例子说明新概念，阐释新知识；二是教材关：熟悉中学各个年级的教材。对参考材料有分析判断能力，形成自己的理解；三是教法观：不能是满堂灌也不能是放羊，要能够把系统的讲解变成答疑和讨论。

在扎实基本功的基础上，优秀的教师还应该提升能力。“第一个是反思能力；第二个是研究能力；第三个是分析总结能力。”

(四)展现个性魅力立足社会

在竞争激烈的职场，能够脱颖而出的求职者，绝对不是各项能力都平平，职场中讲究长板效应。在教师这个职业中，同样是这样的道理。“师范专业，要注意培养老师的个性魅力，个性魅力不见得是吹拉弹唱，当然这也是一个方面，还有一个是你在某些方面的特长。不仅可以吸引学生，受到学生的喜爱，而且也能吸引住招聘你的老师。你去应聘的时候，你可能别的方面很差，不是很理想，或者平平，但是某一方面很特殊，那就行了。要想在职场应聘中取得成功，你一定要了解学校需要什么，要有自己的特长。比如像十一学校，除了教语文课，我朗诵很好，我可以带个朗诵班；写文章特棒，可以带作文教学班；写字特棒，可以教书法。有特长的老师是受欢迎的。”因此，师范生不仅要在专业上精益求精，而且要培养自己的个性和特长，展现出来，成为职场竞争中的优势。

结　语

郭铁良老师在专业成长的过程中，教书育人，恒学善研，每一步都扎实而沉稳；面对荣誉和光环，他不为所动，淡然处之；承载着责任与梦想，他坚定教育信念，不断进取。郭老师的一生是用心经营的一生，精彩而充实。一个人的成功是多种因素共同作用的结果，我们在此也尝试对郭老师的专业发展进行归因分析，以拾取珍贵的经验智慧：主观方面，勤奋上进的人生观与好学开放的心态是其专业成长的核心原动力；对教育教学工作的热爱是其专业成长的内部导向动力；专业自觉意识和反思总结的思维品质是其专业发展的内在成长途径。客观方面，“先行者”及教育理论的引领是其专业成长的外部牵引力；教师专业发展的激励机制是其专业成长的外部推动力；互助协作和变革创新的学校文化是专家型教师专业成长的外部助推力。

〖寄语〗

母校，一个温馨的字眼，一种深厚的感情，我们灵魂深处的圣地！祝愿母校积历史之厚蕴，宏图更展，再谱华章！

向上的人生路

——数学特级教师赵美荣

何　颖　徐梦晗

赵美荣老师，现任通州区教师研修中心研修员，曾在基层学校任教16年，1997年调入通州区教师进修学校，2001年被评为“北京市中青年骨干教师”，2004年被评为“北京市学科教学带头人”，2005年被评为“北京市特级教师”。赵美荣老师虚心学习、刻苦钻研，几十次承担市、区级公开课、评优课，执教的《平面图形的认识》在北京市优质课评比中荣获一等奖，被收录于北京市名师讲堂活动专辑中。她潜心教科研，曾参与教育部课题“小学数学能力评价”研究，被聘为课题专家组成员；参与“马芯兰教学改革实验”等多项市级重点课题研究，参与撰写的75篇论文在国家级、市级论文评比中获一、二等奖，36篇论文在市级以上刊物中发表；出版《奇妙的数学世界》《读懂中小学生数学学习全过程》两部教学专著；参与《特级教师数学课堂DNA解码》《课堂深处的精彩》等多部专著的编写；指导多名青年教师在市级以上教学竞赛和论文评比中获奖50余项。赵美荣老师曾被通州区授予青年教师标兵、优秀教师、三八红旗手、师德优秀教师等称号，被北京市授予优秀青年教师、优秀教师、课改实验先进教师等称号，被国家教育部授予“全国优秀教师”称号，并授予全国优秀教师奖章。

沙漠中的绿植总是让我们感动，不管环境多么恶劣，它们总是积极地吸收沙土中的养分，积蓄能量，冲破束缚顶天立地。它们生长的方向总是向着天空，向上是不变的动力。人的成长也应当如此，不断地积累自己的人生厚度，不断向上努力，走出属于自己的精彩人生。在访谈中，通过赵老师的叙述，我们感受到赵美荣老师的人生就像是那沙漠上的绿植，她从不在乎周围的环境或是工作中的挑战。成长中的赵老师脚踏实地不断学习、反思、改进和分享，她坚定自己的人生航向，从来不曾动摇，正如同绿植努力地汲取养分、积蓄能量并不断向上。在访谈中我们一直被赵老师那种向上的生命力所感动，万丈高楼平地起，向上的人生总是根植于土地。

一、向上源于不断的积蓄

(一)扎根基层

赵美荣老师1978年考入通州师范学校(1999年并入首都师范大学)，1981年19岁毕业后分配至四合学校，这是隶属于通州区永乐店镇的一所农村九年一贯制学校。“1976年地震，地震以后那边当时是受损害程度比较严重的地区，那块儿学校的房子都给震塌了，四个村子盖了这么一个学校，就叫四合学校，就在那个学校开始工作。”“可能我们从小那种生长环境，历练的环境，不觉得那是苦，觉得挺好的，每天挺幸福的。……净停电，晚上就点一支蜡烛，在那儿备课，准备教具，觉得还挺高兴，还挺乐的。那会儿社会风气、社会环境也不是特别好，晚上一些不务正业的社会青年往学校里砸砖头，还打着刺耳的口哨，那时学校住宿的少，人家都回家了，院子里只有两个外地的男老师和我一个女老师……”在这样艰苦的环境中，年轻的赵美荣老师却全然不觉辛苦，而是以其饱满的热情投入工作，钻研教学，很快在教学工作上崭露头角。1985年和1986年，通州区分别举办了小学语文和数学两门学科的青年教师评优课，仅有四年工作经验的赵老师在两次竞赛中双双斩获了一等奖。1987年，赵老师调任至宋庄中心校，这仍然是一所条件并不优越的农村学校。但十年的马芯兰教改实验令她着魔般地爱上了她的第二故乡，爱上了令她魂牵梦绕的每一个质朴的学生。这16年环境艰苦的农村学校工作经历，在赵老师心里，却是她最大的财富。正是靠着在这期间的努力探索，赵老师取得了丰硕的成果，并在1992年被破格晋升为小学高级教师，1994年被破格晋升为中学高级教师(副教授级别)。正如大树的成长，只有把根扎得更深才能更好地汲取土地里的养分，才能更好地向上生长。虽然过程中必然要经历一番等待和磨炼，但是这默默扎根的过程其实恰恰预示着光明。扛得过艰苦，熬得住寂寞，赵老师以苦为乐，在这艰难的岁月中走出了灿烂辉煌。

(二)责任感伴我成长

“每个人都被生命询问，而他只有用自己的生命才能回答此问题；只有以‘负责’来答复生命。因此，‘能够负责’是人类存在最重要的本质。”这是《活出意义来》的作者维克多·弗兰克对于责任和生命的理解。每个生命都是无可取代的，每个生命来到这个世界之时也就带着某种责任，花负责让世界更美丽，海负责让世界更广阔……一个人一旦了解他的生命地位是无可替代的，自然会为自己的存在负最大的责任。赵老师在站上讲台的那一刻就已经明白了自己生命中最大的责任——教育。农村学校虽然条件简陋，但是讲台下那一双双明亮的眼睛让赵老师不敢有一点点的懈怠，不为别的，只为了不辜负孩子们口中的“老师”二字。“真正地走上工作岗位以后，就是那些孩子们对知识的那种渴望，对老师的那种崇拜、爱戴，而且和孩子们在一起每天都是特别开心，特别快乐，使你永远年轻，孩子那种天真无邪，还有自己觉得要让自己的学生都发展起来，使自己成为一名优秀教师，让每个孩子都全面发展，我觉得就是这些慢慢使自己爱上这份工作。”虽然教师职业并非赵老师从小的理想，但在工作中，在对自身职业责任的日益深刻的认识中，赵老师逐渐热爱上了这份职业，并真正将其当作自己的事业而终身努力。这种责任感使得赵老师在工作中不管遇到什么样的挑战都不轻易服输，总是事事追求完美，永远迎难而上。“对工作的这分执着与热爱，有一股想把这个工作做好的事业心和责任感，这个素质和能力(对老师来说)是很重要的，有时候不在于你这个人有多大的本事和本领，关键是你想不想把这事做好，如果你在同等素质条件下，有这个责任感因素，好的，你可能在事业上成功的几率更大一些。”

(三)机会偏爱有心人

听赵老师给我们讲她的工作经历时，经常出现的一段对话是：“你行不行?”“行!”这段对话总是发生在赵老师调动至新岗位或接受新任务时。之所以每一次她都能够毫不犹豫地给领导以肯定的回复，不是因为赵老师神通广大、样样精通，而是她总能未雨绸缪。“(上学期间我除了学习主课知识，还选修了几门课程)我选修的是音乐，会弹琴，我在学校三年，参加歌咏比赛，我是优秀指挥，连续三年的优秀指挥，所以在音乐这方面自己也挺喜好的，刚一毕业的时候，一开始说留在整个学区里面，管少先队：组织孩子，要有文艺这方面的天赋，一开始问行不行？我说行。后来九年一贯制的那个学校缺一个音乐老师，都不会弹琴，不会识谱，就说，跟你商量商量，那儿缺一个音乐老师，你去教音乐行不行？我说行，然后我就去教音乐了。”赵老师总是做一个有心人，学习音乐固然有自己的爱好在其中。但在培养爱好的同时，赵老师又把它与小学教师综合能力的培养相结合，提升自己的综合教学能力。可以说求学时的“准备”成为了赵老师教师生涯的“敲门砖”。不光在求学时，在工作以后，赵老师也时时把握时机，主动迎接机会的到来。赵老师在数学教学上能取得不错的成就以及后来能升任教研员，追根溯源，很大一部分原因要归功于其1988年便主动争取机会参加“马芯兰教改实验”。在参加“马芯兰教改实验”之初，赵老师并没有太多的机会可以得到马老师的亲自指导，但是作为一名有心的老师，赵老师总是寻找一切的机会去学习。“一是到马老师的学校，再有是那会儿全市都在搞马芯兰教学改革实验。我们是利用一切时间到外面学习，吸取别人的先进经验。”随着对“马芯兰教改”学习的不断深入，赵老师的教育教学能力不断提升，赵老师带领的班级被全区甚至全市树立为“马芯兰教改实验”模范班级，“马芯兰实验，主要是我自己在一个班里搞实验，研读马老师的教学经验，在教材教法上深入钻研，改革教学方法。把自己一个班的学生培养得特别好，我们班的学生在学校、全区、全北京市做课的次数还是很多的。当市里边到通州区来，说要组织通州区的马芯兰教材的展示课，那每年都得是我做，当时马芯兰老师，还有市教研部的教研员老师，他们就觉得我们这班学生做得特别好，培养得特别好，也是符合马芯兰教学经验的实质和精髓，而且体现得最好。这两个老师都用我的这班的学生给全区老师做课，上完课以后两个老师就说，这个班的学生是宝，一定要好好地总结这个班的经验，去推广，说这个班是在咱们全北京市马芯兰实验几个优秀的代表之一”。正是因为赵老师在参加“马芯兰教改实验”之初就能够时时抓住机会多学、多听，所以才能在众多的学校和班级中脱颖而出。当时“马芯兰教改实验”只是在推广阶段，很多老师都还在学习观摩时，赵老师已经十分用心地针对它进行教学上的钻研并把它用于自己的教学实践，这也就不难解释为什么赵老师能被连续破格晋升了。不仅如此，赵老师在这个阶段已经开始逐步利用“马芯兰教改实验”锻炼自己的科研能力。“我就跟着校长一起到各校听课，指导老师们的教学实践，组织我们整个中心校内的教研活动，我写的是如何利用教研组推动‘马芯兰教改实验’，在全区也作为一个典型来交流”。正是有了这一系列的前期准备，赵老师在1997年顺理成章地被调入到教师进修学校负责“马芯兰教改实验”1—6年级的教研工作。面对工作中的机遇，赵老师总是能够敏锐地察觉并且提早做好准备。成功总是偏爱有心人，正是因为赵老师的有心，勤思考肯钻研，所以她才能在教育岗位上走得这么从容。

（四）不断学习，与时俱进

19岁的你我肯定还经历着懵懵懂懂的校园生活，但是19岁的赵老师已经走上了工作岗位。赵老师告诉我们，她当时“除了课本上的那点理论什么都不会”，因此她就利用一切可以利用的资源来学习。“一开始的时候也不知道怎么做，一是向周围的老教师学习，听他们的课。二是我那会儿买了两本书，虽然才一个月挣40多块钱，但是我那会儿上北京图书大厦买了一本袁微子主编的《特级教师课堂教学实录》，还买了一本小学数学的心理学的书。我拿这两本书，开始看人家特级教师的实录，就是老师怎么上，怎么问，学生怎么答，这样再现整个课堂。……一是书，再一个是周围的老教师，把他们的优势集中起来，自己进行一些探索和尝试。”在这种主动寻求资源、仔细琢磨学习的过程中，赵老师很快在专业上成长起来。并且，赵老师认为，教师的学习不是一时的，社会瞬息万变，如果老师一直用老一套的方法来展开教学，一定不会取得理想的成果。所以老师应该树立的是终身学习的理念，紧跟时代的脚步，随时扩展自己的教育教学知识，更新自己的教育教学理念。赵老师在跟进“马芯兰教改”期间，并不是一味地传承“马芯兰教改”的精髓，更多的时候赵老师充当的是创新者的角色。“2001年北京市全面启动了新的一轮课程改革，国家有了新课标，北京市有了新教材，如何把马芯兰教学思想融入现在新的教学改革，使马芯兰的教学思想焕发出新的活力呢？我们一方面加强学科本质的思考，进行学科本体性知识、数学学科所传递的思想方法的研究，另一方面加强读懂小学生数学学习全过程的研究，从学生学习的兴趣、学生的原认知、学生的学习方式、学习的实效性、学生的创新精神和实践能力的培养等方面进行探索，收到了很好的效果，出版了《读懂小学生数学学习全过程》《走进奇妙的数学世界》《数学深处的精彩》等多本教学专著……承担了北京教育学院浙江丽水、河南濮阳、广州越秀、深圳龙岗等优秀教师考察团的培训课程。”很多教师把教学当成开公交车，每天都是同样的站台，同样的路线，固定的程序，循环往复。但是教育面对的是一个个鲜活的生命而不是流水线上的产品，教育要塑造的是理想的人格而不是考试的机器。所以老师应该不断地进行教学上的尝试、创新和探索，而这些尝试、创新和探索就需要老师时刻保持一颗学习的心。访谈中赵老师告诉我们，

2011年以来她的工作岗位又发生了变化，担任课程与教材建设组组长工作，主要负责全区的三级课程建设，这对于她来说也是一个全新的领域，但是她不怕，因为她有一种不断超越自我的精神和虚怀若谷的归零心态。

二、向上结出累累硕果

沙漠中的绿植之所以可贵，在于它们不仅顽强扎根、向上舒展，同时还努力地转化能量，开花结果，从而将充满了希望的绿色种子播撒下去，生生不息。在赵美荣老师的专业人生中，也有着相似的经历与成果：在多年的教学实践和教科研过程中，赵老师不断地总结、反思与改进，在教学、育人与团队建设方面都取得了斐然的成绩，硕果累累。

(一)数学的生活化

“数学知识源于生活，但不等于生活本身的摹本，它是对生活中的数量关系与空间形式的提炼，它具有高度的抽象性。如果只注重知识的内在逻辑，轻视数学与现实生活的密切联系，就很难使学生实现自主构建。”①赵老师敏锐地发现数学与生活之间的关系，认为小学的数学教学应该贴近学生的生活，采用生活化的教学模式：“小学属于生活化建模的那种，学生写数学日记”。赵老师在教学的时候把数学知识放到现实生活经验背景中，悉心研究学习资料和学生学习背景之间的内在联系。比如，她在课程导入的时候总是以学生身边的生活实例进行导入。学生对此兴趣大增，积极主动地参与到课堂当中。在布置作业方面赵老师也另辟蹊径，她不单单是让学生做一些简单的练习题，而且让学生写数字日记，让学生把生活中和数字打交道的事情用日记的形式记录下来。这样学生主动地去发现生活中的数字现象，既可以提高学生对数字的敏感性，又可以让他们把数学知识运用于生活中。小学生的抽象思维能力有限，但是她们对具体事物的感知还是比较敏感的。赵老师在教学中抓住学生心理发展的特点，让一个个抽象的数学知识回归到学生可感知的生活当中去。

(二)名师工作室——创建学习共同体

赵老师深知教育的发展光靠她一个人的力量是不够的，只有大部分的老师

---

① 中国教育报编．素质教育在北京——特级教师成长之路[M]．北京：知识产权出版社，2008：99.

都成长起来了，教育质量才能有保障。在首都师范大学初等教育学院副院长部舒竹教授的指导下，在赵老师的带领下，通州区成立了名师培养工程小学数学工作室。赵老师带领工作室确立了“主题驱动，合作研修”的研修模式。“首先是跟部院长确定一个培训主题，我们这支队伍首先做前期调研，部教授听课，了解老师的现状，我们负责老师的学科本体性知识，教材教法，还有课堂教学实践这方面，简称PCK。对PCK的知识做前期调研，在这个基础上，我们提出提高骨干教师PCK能力，促进骨干教师成长的主题，在这个主题下，我们给老师们安排了课程，有理论学习的，有实践磨砺的，有课题研究的，有外出学习的，最后有总结提升展示的，就是五大模块的课程。”以主题作为研究驱动，聚焦研究问题，使得老师们的学习具有针对性，然后再利用名师团队来带动新的教师团队创造学习共同体。在共同体中，赵老师积极整合各方面力量，安排名师团队与青年教师团队一起进行课题研究，“我们大手牵小手，每次名师团队的这些活动，都让他们(青年教师)去列席，去参加，看看这些优秀教师是怎么做的，让他们从身边榜样来学习……让这些名师指导这些青年教师……一对一地指导，我们还带着这两支团队的青年教师向全区展示。”这种一帮一的模式实现了青年教师和骨干教师的双向成长，通州区的小学数学教师队伍质量得到明显提升。2013年市骨干教师的评审中通州区由原来的9人变为13人，小学数学市级学科带头人也实现了零的突破。相信在赵老师的带领下通州区的教师队伍一定会越来越优秀。

(三)“我和你”的师生关系

“每年以前教过的学生都给我过生日，三四十人一起吃饭，放礼花。学生们定做的大生日蛋糕，六七层地推过来，点生日蜡烛让我许愿，大家一起唱歌，祝我生日快乐。我觉得这是特别让我感动的。不曾忘记有一个学生目前是北京市公安局的一名警官，他跟我失去联系好多年了，后来他通过多种渠道找到我，捧着花去看我。也不曾忘记有一个学生目前是公司老总，现在事业都成功了，前来看我，开着车带着我兜风，还专门买了我喜欢的音乐放给我听……当老师的这种幸福感，是别人没有的。”访谈中听着赵老师缓缓地讲她和她学生的故事，我们的眼眶总是不自觉地湿润。于教师而言，或许再没有比获得学生的深度认同与真心喜爱更满足幸福的了。赵老师说她工作这么多年最离不开的就是这群孩子，每当走进教室，即使自己身体再不适，但是只要看见孩子们那花儿一样的笑脸，她就浑身充满力量。在农村学校的时候每天早上赵老师总是早早地来到学校，因为她不想让孩子看到一个冰冷的教室，她想为孩子们点亮一盏名叫“家”的灯。赵老师和她的学生之间不是亲人胜似亲人。不管是在生活上还是在教学中赵老师都能够从关怀学生的角度出发，洞悉学生的个人特点与成长需要，以平等的心灵与学生沟通。访谈中赵老师给我们讲述了一件事，对我们的触动很大。“我原来教了一个女学生，由于缺乏良好行为习惯的教育，她养成了爱拿别人东西的坏习惯。有一次交书费，一人交 30 块钱。有一孩子把钱搁铅笔盒里不见了。我一想钱丢了，肯定也跑不到哪去，所以就召开了一个主题班会。两个话题，第一个话题是假如你丢了 30 块钱；第二个是假如我拿了别人的 30 块钱，这两个话题让大家讨论，这样让她去换位思考，大家说的这些话就感动了她。后来我就说，是谁拿了并不要紧，如果你要是能把它还给人家，其实这也不是什么大不了的事，就是说咱们要学会换位思考。然后到下课的时候，她偷偷地真给人家送回去了。第二节课那孩子说钱找着了，在铅笔盒里了。然后我在全班就表扬她，我说这个孩子知错就改，咱们不点名，这 30 块钱回来了她就是好孩子。我觉得我们应该为她知错就改的精神鼓掌，全班都鼓掌，然后这孩子的眼泪就流下来了。大家没有注意，但是我看到了，我知道是她。现在二三十年以后再聚会，她第一个就过来，就抱着我说，‘老师我那会儿净让您操心，就我是最不听话的’。”赵老师巧妙地用主题班会的形式既维护了这名同学的尊严，又起到了很好的教育作用。我们可以想象一下如果当时采用简单粗暴的方式把这 30 块钱找回来，这名同学肯定不会认识到自己的错误。赵老师告诉我们关键不是要批评学生，而是要让学生找到尊重和自爱的感觉，这样才算是真正的教育，教育要做的就是用一颗心去唤醒另一颗心。赵老师在教育教学中避免使用简单粗暴的方法，不以权威来处理学生问题，她总是弯下身来聆听学生的需要，用自己的爱和关怀对待学生的各种问题。这也正是我们现在所倡导的师生关系：教师与学生之间的“我和你”的关系。正如马丁·布伯曾说过的，“人通过‘你’而成为‘我’”①，作为主体概念的“我”产生于和“你”的相遇中。“凡真实的人生皆是相遇”②，在相遇中我和你相互走进，在相遇中我和你相互交流，在相遇中我们相互体察，我与你从来都是和谐共生，相互理解的关系。师生关系便是如此，教师和学生作为教育场域中缺一不可的主体，二者间的相遇，还原

---

① 马丁·布伯．我与你[M]．孙维纲译．北京：三联书店，1986：44.

② 马丁·布伯．我与你[M]．孙维纲译．北京：三联书店，1986：27.

到本真，应当是一种基于“我和你”平等和谐的共生关系。教师和学生都是主体，在这种主体间关系中师生之间相互信任、相互尊重、相互对话和交流。教师和学生作为相互独立的个体能够平等地在思想和情感上进行沟通，和谐共生。正是在“我和你”的师生关系中，意识才能没有阻碍地流动起来，知识才能更好地传播开来。

结语：向上的“人”字

罗马不是一天建成的，一名优秀的教师也不是短期内可以培养出来的。回首赵老师的专业成长之路，“责任感”三个字不断地浮现在我们的脑海中。因为深深地明白一名老师的责任，所以赵老师面对简陋的工作环境不但没有退缩，反而选择迎难而上；因为深深地明白一名老师的责任，所以赵老师总是不断地展开自主学习，增强自己的教学、教研能力；因为深深地明白一名老师的责任，所以赵老师才会在事业上不断地挑战和攀登。赵老师告诉我们她的座右铭就是“像‘人’字一样地生活”。“永远脚踏实地，奋发向上，这是我这么多年始终的一个处事、做事、做人的原则。不能自己漂浮，你得扎扎实实的，永远脚踏实地，然后你又要永远有一种奋发向上的状态。所以我就说像‘人’字，永远脚踏实地，奋发向上。”是啊，简简单单的一个‘人’字却蕴含着丰富的做人道理。赵老师用自己的行动向我们书写了一个大大的“人”字，永远踏踏实实地扎根于土地，同时也在其中不断地汲取养分，积蓄能量，抓紧一切的机会向上生长。教师的成长也应该像“人”字一样，脚踏实地地学习理论知识，积极地扎根教学一线，努力学习和研究教育教学法，使自己的职业发展永远处于一种向上的状态。只要你愿意一定可以拥抱向上的人生。文章的最后，我们想用赵老师在“名师培养工程”总结报告中的一段话作为整篇文章的结尾，愿每位老师都能在如诗的生命里谱写如歌的教育：“生命如诗，教育如歌。我们相守约定，将一起走过春的希望，夏的火热，秋的凝练，冬的守望，在这个舞台上我们将跨越昨天的迷惑，超越今天的困顿，追求明天的完美。我们将使每一次活动，每一次相约，变得诗意而有激情。雄鹰竞展翅，长空引诗情，岁月的流沙从我们的指间悄悄滑过，中国教育的碟上将刻下我们放飞梦想的歌。”

〖寄语〗

我人生的座右铭是，做人要像“人”字，永远脚踏实地，奋发向上，这是我这么多年始终坚持的一个处事、做事、做人的原则。不能自己漂浮，你就得扎扎实实的，永远脚踏实地，然后你又要永远有一种奋发向上的状态。所以我说像“人”字，永远脚踏实地，奋发向上。谨以“人”字的状态，与母校的未来的教师们共勉。

踏遍青山人未老

——语文特级教师郑晓龙

何颖　段惠贤

郑晓龙老师，毕业于曲阜师范大学中文系，中学语文特级教师，全国中语会理事，青语会理事，首都师范大学兼职教育硕士指导教师，现执教于首都师范大学附属中学。郑老师从事语文教学近四十年，多年来不断探索总结语文教学规律和经验，教学成绩突出，先后在全国语文核心刊物发表论文近百篇，出版多种著作；参编人民教育出版社新课标语文教材、外研社中高职语文教材的编写；被多家出版社和大学聘为新课标、新教材宣讲专家；先后被评为“平邑县优秀教师”“临沂市十大岗位明星”“临沂市科技拔尖人才”、山东省“青年语文教师教学十佳”、山东省“语文教学能手”和“全国优秀教师”。

一、专业成长之旅：从鲁西南山区民办教师到首师大附中特级教师

郑晓龙老师的教学生涯始于1974年。当时高中毕业的他到山东平邑县一个偏远的小山村当起了民办教师。那是一所乡村联中，地段荒远，四面环山，“校舍就是山脚下两排用石头垒砌的歪斜的平房；四位公办教师，十几位民办教师，从小学到初中共有十几个班”。虽然环境艰苦，虽然也未曾系统学习过教育教学知识，年轻的郑晓龙老师却有着对教育的热情与上进的心，边教边学，在摸索中有模有样地迅速上手。三年后的1977年，当恢复高考的消息传到山村，他毫不犹豫地报考了县里的师范学校并如愿考取。待1979年学成归来回到“老地方”

时，他不仅实现了从民办教师到“吃国库粮的公办教师”的身份转变，更在系统学习过程中收获了大量专业知识。一年后，出于对知识的向往，也为了改善自己的教学环境，郑晓龙老师报名参加了山东曲阜师范大学的本科函授班。同时，由于工作表现突出，郑老师获得了一次离职进修的机会。同事们凑份子杀了一只青山羊为他送行，但谁也不曾料到，郑老师在教育求索之路上这一抬脚，一走就是三十年。

1981 年，进修归来的郑晓龙老师被分配到他高中时的母校平邑县第七中学任教。此时的平邑七中虽然只是一所镇中，但已是山东省的重点中学，教学成绩逐年攀升，在 20 世纪 80 年代初可谓“一枝独秀，引人注目”，县里的优秀师生云集于此，其中不乏“文革”劫后余生的名师。“在母校工作，校长是当年的老校长，同事大多是自己的老师，干起工作来自然得心应手。我开始教初中语文，后来教高中语文。教材是人民教育出版社出版的全国统一的语文教材。选文虽然多是政治人物的文章，但也有不少传统经典的名篇，如《孔乙己》《祝福》《项链》《赤壁之战》等。在这里，名师云集，有效仿的榜样，也给自己增添了压力。那时候，语文教师课文讲得好就等于课上得好。”“我在学校有了一间单独的房子，夜里也不再用煤油灯，而是电灯。我借助漫漫长夜，把课文读得滚瓜烂熟，先自己感受、理解、领悟，然后到图书室查资料，对课文进行全面而深入的理解。《十月》《当代》等杂志我每期必读，里面新鲜的内容不断被我引入课堂。课堂上，我不看教案，能把课文分析得清晰透彻，情节讲解得生动曲折，意境阐释得充分感人，同学们听得入耳入心，学得津津有味。一次，学校领导突然来我的班里听课，下课后对我大加赞赏。我也渐渐感觉自己正不断向优秀教师的行列迈进了……20 世纪 80 年代末的时候，我有机会去兰州参加一个全国语文教学研讨会。在会上，我见到了一些大名鼎鼎的全国特级教师，在虔诚地观摩了他们的课堂教学，聆听了他们的报告后感慨唏嘘，知道自己离一个优秀教师还差得太远。”在这所镇中工作的十年间，郑晓龙老师在生活和事业上都出现了重大的事件：组建了家庭，取得了曲阜师范大学函授加面授的本科学历，并开始在课堂上尝试教学改革。

1990 年秋天，郑老师拿到了调令，进入了平邑县城的一所中学，同时也过上了“周末夫妻”的两地生活。“妻子和孩子还在镇上，我一边求人为妻子调动工作，一边教课，但是想把妻子调进县城难于上天。通常，我周六坐车回家，周日晚上赶回，把家务都交给了妻子，自己落得个清闲——教课、读书、思考。

那时候高考复习资料很少，于是用学校的钢板、铁笔、蜡纸自编自印。每天课后我都在吭哧吭哧地和钢板较劲，然后自己去教导处印。两年下来，字刻得越来越漂亮了，可刻字着力的手指却有些变形了。教材还是老教材，我已经熟稔起来，在课堂上有余力把目光撒向学生，观察学生的思考动态，逐步改进教学的方法和思路。夜里回到宿舍，我开始整理自己的思考和感受，加工成文。1993 年我在一家大型的语文杂志发表了自己的第一篇文章。”20 世纪 90 年代初，各地相继设立了教研室，配备了专门的教研员，教学研讨活动在全国范围内兴盛起来，教师们走出校门参加进修、学习和研讨的机会越来越多，教学活动也越来越规范有序了。乘着这股东风，郑晓龙老师在 1993 年相继摘取了平邑县、临沂市教学比赛的桂冠，犹如佳木秀于茂林。这一年，他被评为“全国优秀教师”，县里和省里的报纸先后刊登了他的事迹和照片。不久，郑晓龙老师获得了学校的补贴分房，妻子和孩子也调到了县城工作和学习。通过个人的不懈努力，郑老师的事业和生活获得了可喜的全面发展。

1994 年夏日的一个周末，临沂市一中的书记和校长专程奔走一百多公里，慕名登门造访，特来邀请郑晓龙老师到市一中执教。和家人分别四年才刚刚团聚的郑老师，为了自己的教育追求和理想，不得不再次与家人分别，又过上了“单身”生活。此时，各地的教改实验相继开展起来，山东省教研室、全国中语会、青语会相继成立，教学教研活动一拨接着一拨，如火如荼。郑晓龙老师积极参与其中，不断执教公开课、观摩课、比赛课、录像课，好评多多，既得到了临沂一中的支持，又得到了名师名家的指导。郑老师在锻炼中不断领悟提高，把语文课上得既实用又活泼，朗读，思考，启发，点拨，把学生领进诗文的天地，徜徉于人文的意境；在训练中落实基础，在熏陶中积淀素养。荣誉也纷至沓来，“市十大岗位明星”、“省级拔尖人才”、省语文“教学十佳”、省“教学能手”……白天的热闹过后，郑老师面对的是独自一人的孤寂生活，“学校领导当时答应帮助妻子调动工作，可落实起来却困难重重。他们不断努力，却路路阻塞难通。我每两周回家一次，从校门口坐辆三轮车赶到长途汽车站，再经过四五个小时的颠簸才能到家。”“三年后，学校看没有办法办正式调动，只好临时安排妻子在一中工作，调动的事情从长计议。我终于结束了长达六七年的吃方便面的生活。”然而，生活上的困难并没有浇灭郑老师在教学之路上求索的热情。在日复一日地执教、学习、反思、改进中，郑老师的教学日臻成熟灵动并富有个性，对语文教学的思考也日趋深入。1998 年，郑晓龙老师参加了全国课堂教学大赛，抽到的课题是《祝福》。“我沿袭了自己以往的教学风格，课上得自然、朴实、厚重。在我前面上课的老师却走上跳下，挥舞双手，像在指挥一场大型音乐会。结果我只获得了二等奖。反思中我在寻找着自己的不足，也在为中学语文教学而思考。”这一年，郑晓龙老师被评为中学语文特级教师。

当又一个教师节来临时，校长在市长召开的教师代表座谈会上再次提到优秀教师两地分居的问题长期得不到解决，市长说市里帮忙解决，校长说人已经走了。这一次抬脚，郑晓龙老师走到北京，走进首都师范大学附属中学。“半年前的一个晚上，我接到一个电话，是一位和我素未谋面的北京一所重点中学校长打来的。校长问：‘您可愿意来这里工作？全家户口、妻子工作、孩子上学、住房、学校都能解决。’我没有即刻答应，而是找到了我们学校的校长说：‘我喜欢我们的学校，我爱人的工作关系是否还有可能解决？’校长说：‘已经尽了最大的努力，看来希望不大。’‘那我想调动一下工作。’他听我讲完调动方向和学校的条件后，沉吟半晌，说：‘好事，我支持你走，调动中有什么困难我来帮忙。’于是，当新世纪钟声敲响的时候，我正躺在去北京的火车上……”

转眼，郑晓龙老师已在首都师范大学附属中学度过了十几个春秋。他所教过的学生都与他关系良好，私下戏称他为“龙哥”。他用“踏遍青山人未老”来概括自己近四十载的教育生涯。在笔者看来，“踏遍青山”即言“路漫漫其修远兮，吾将上下而求索”，说明郑老师一直在语文教育教学的道路上上下求索；“人未老”极言对语文教学“永葆青春、活力与激情”。回首自己的专业发展之路，郑老师特别强调了教学比赛和公开课的重要作用，他说：“每参加一次都很不容易，很苦、很累，都要扒一层皮。但是，每扒一层皮对教学的认识就更深入一些。因为无论是比赛课还是公开课，你都会认真准备，反复推敲，一个教案要推敲十遍八遍甚至更多，就好比是挖一口井，要经历很多次才能挖到水层，尽管经受了很多痛苦，但那都是磨炼，事后都会化作财富。假如每参加一次会有一点进步或深入，参加多了，久而久之这些点就会连成线，结成网，教学的水平就会精进一大截。总之，争取锻炼的机会，在锻炼中提高自己，这就是我专业成长中最深切的心得体会！”

二、教学求真足迹：从“照猫画虎”到自主建构

从民办教师到特级教师，从山村小学到首都重点中学，郑晓龙老师所实现的专业身份和空间上的“位移”令人钦羡。成功向来来之不易，机会只会偏爱那

些有准备的人，成长的背后总是不为人知的汗水与心血。在郑晓龙老师近乎传奇的励志人生背后，是他对于教育教学工作几十年如一日的热情与不懈追求。梳理郑晓龙老师在访谈中娓娓道来的教育教学工作经历，可以清晰地看到一位优秀教师积极地顺应和争取时代与环境所能够提供的一切机遇，在教育教学上自主探索、不断钻研、创新实践并自觉反思的求索路径。

（一）“十年生死两茫茫”——照猫画虎做“讲”师

20世纪70年代，当郑晓龙老师初为人师的时候，正值神州大地“劫后”复苏的年代。全国的学校基本都是仅有一个能正常运转的教学秩序，有师生，有教室，有教材而已，教研活动近乎空白。更何况郑老师所在的学校，是一所远在县城百里之外的乡镇中学。该如何教语文？当时的郑老师手捧着由一篇篇文章组成的课文，心中一片茫然。上师范的时候只是学了些学科的基础知识，最后一个学期开了几节教法课，但形同虚设。他努力回忆自己上中学时老师讲授语文的情形，然后自己又反复揣摩了一下，便照猫画虎、无师自通地得到了“讲”的方法，然后迈上了“讲”台。

回忆这段过往时，郑老师如是说：“语文不像其他学科，它没有一个可以明确把握的顺序，是一个没把儿的葫芦。要把一篇篇美文生动深入地演绎出来，需要厚实的功底。好在当时手里有一本白皮教参，上面写明了每一篇文章的‘题解’‘背景’‘主题’‘写作特点’，于是‘讲’便从这里开始了。——今天想想，如果当初没有那本教参多好啊，可惜现在很多新毕业的老师还是选择从这里开始。我自我感觉还算是一个上进的人，鉴于此我力求讲得生动、流畅、渊博而富有感染力。为此，我熟读深思课文，广泛搜集材料，认真整理讲稿，尽量做到不看讲稿流利讲授。我当时追求的最佳境界就是教师滔滔不绝，学生津津有味。就这样，我开始了一年又一年‘讲’课的生涯。那时候的教师都是‘讲师’，偶尔从一排排教室旁边走过，你会听到每间教室都传出教师的铿锵之声；平常老师们碰了面，打招呼的话语便是‘哎，讲到哪个地方了？’另一个说：‘唉，紧讲慢讲，还有一段没讲完就打铃儿了’。”为了追求“讲”的变化，郑晓龙老师先后尝试过按教参顺序讲，按课文内容讲，按语文知识体系“字词句篇语修逻文”讲，高声讲，低声讲，快讲，慢讲，高低快慢结合讲……“如今看来，这样的‘讲’倒也锻炼人，因为教师要知识丰富，思维活跃，激情饱满，口齿伶俐。但是，一味‘讲’字当头，以‘讲’代替一切教学活动和教学法是多么简单可笑啊！可自己竟这样讲了近十年！十年里，眼中从来没有过学生，他们学得怎么样，他们心里想什么，一团漆黑。自己讲得怎么样？这样教语文行吗？十年中，几乎没有人听过自己一节课，自己也不曾听过别人一节课。”

(二)“行路难，多歧路”——教学改革与尝试

郑老师幽默地称自己当年是“小商小贩”，从“贩运教参”起家的，那是一个“很糟糕”的开始。尽管如此，他也是一个勤勤恳恳、有所追求的“小贩”——十年“贩运”，教材熟了，可以从一篇篇、一册册中走出来了，有时间也有余力看一些教学方面的书了，目光可以由教材、课程更多地投向学生了。那时，各地的教研活动也开展起来，甚至能听到一些教学名家的观摩课了。80 年代末，郑晓龙老师第一次走出校门，长途跋涉到兰州参加了一个全国性的教学研讨会，第一次听到了钱梦龙、魏书生等语文教育名家的报告和观摩课。“我的大脑被细细地冲刷了一遍，有豁然开朗、别有洞天的感觉，我思考了很长时间，结果是有一天，我终于发现讲台下面坐着一群学生，那一双双明亮的眼睛带着渴望和疑惑。这个迟到的发现使自己逐渐明白了教师工作的意义，原来教师的价值应该体现在他们身上！”于是，郑老师重新开始了他的教学探索之路：先是启发式，把讲授的课文内容变成了问答题，师问生答，一问到底。时间一长，学生开始犯困了。又改成训练式，课文变成练习题，课堂上遵循“做题—解题”的模式，时间一长，连教师自己也感到乏味了。后来你方唱罢我登场，又发言，又讨论，热闹是热闹了，可是热闹过后什么都没留下。“听了名家的课，我悟出教师不在于教而在于号召、鼓励和管理，可是一模仿，才发现自己并非一个振臂一呼应者云集的英雄……再后来，高考考什么，我就教什么，分别尝试过一步到位式，熏陶渐染式，以写代读式，教师、教材、学生三位一体式等等，真是‘行路难，多歧路’啊！”“那时候，我是一通摸索，像学武功走梅花桩，从一根桩上掉下来，又爬上另一桩；又像一只飞进屋子的麻雀，撞完了窗子，撞墙。有碰撞，有挫折，自然也积累了一些感悟。现在想想，启发、训练、讨论、熏陶甚至讲授，都不对吗？都对，只是自己在实践中常常走向偏执，走向教条化、简单化。”

(三)“何处是归程？长亭更短亭”——在语文教育教学之路上上下求索

20 世纪 90 年代以来，郑晓龙老师凭借他扎实、厚重的授课功底，先后执教了县、市、省以及全国的课堂教学比赛课和观摩课。“上这样的课非比寻常，备课花的力气要超过平常几倍，自然思考更细密，更有深度。记得我讲“大堰

河——我的保姆”一课时，教案写了不下20遍，写一遍有一遍的收获和提高。”郑老师一再强调，大型公开课是一座熔炉，青年教师的进步应该不拒绝、不回避这样的锻炼，犹如打井和登山，掘到深处才能品尝泉水之甘洌，走到高处方能领略风光之无限。“记得有一次我上公开课“致橡树”，有许多学生家长也来听，课后，一位女家长拉来了她的丈夫，让我帮他们调解感情不和的家庭纠纷，他们的孩子也用‘橡树’和‘木棉’的关系来启发自己的父母。我想，这正是公开课‘惹的祸’啊！这件事折射出的关于‘语文学习与生活’‘语文教学与社会’等问题，让我思考了很久，很多。”读书、实践和思考，使郑晓龙老师对语文教学逐渐积累了一些认识和感受，他将这些感受付诸文字，不断见于各类语文教学期刊。郑老师说实践，思考，总结，读书，再实践，确实是个有意义的流程，在实践中不断获得一些新的认识和感受，阅读和思考可以使经验得以升华，使自己的认识不断接近工作的真实，然后做些教学改进，在实践中不断进行一些尝试和创新，从而使日常工作充满了生机和挑战。郑老师一直在身体力行地探求着语文教学的本质，他说：“有时想想，语文教学其实也很简单，45分钟一个学习单位，四五十个学习者，一篇篇文章是学习材料，一位语文老师是引导者，引导学生学习母语，学会说，学会写，学会读，学会听，吸取思想精神，养成文化情怀，铸炼健全性格，如此而已。有时又觉得它非常复杂，极不规律的汉语言，千差万别的学生思想，各种各样的学习语言的心理机制，等等，众多打不开的黑匣子，让人一头雾水。有时思考闪耀的火花在现实面前一触而灭。在激烈的竞争、题海战术面前，让学生积极主动、创造性地学习等一些先进的理念又显得那么不切实际和软弱无力……做语文教师确实很难，积自己和他人的汗水对语文教学的认识也还只是皮毛，语文教学工作没有最好，只有更好，有时我不禁自语：‘何处是归程？长亭更短亭。’”

三、教育反思之光：关注语文教学与青年教师成长

(一)“让学生拥有语文”

长期以来，关于语文“教什么，怎么教”的回答此消彼长，一直莫衷一是。语文的本质是什么？在多年教学实践的基础上，郑晓龙老师对语文教学的本位思考是：“不管语文到底是什么，学习语文最终还是为了拥有语文。是工具就拥有这个工具，是人文就拥有人文。我想，语文的主要成分不外乎语言、文章、文化。学语文，就是要拥有祖国优秀的语言，拥有文质兼美的诗文，吸收古今

灿烂的文化。语文能力的高低，取决于拥有语文的多少，所谓功底深厚，就是占有的语文丰富厚实。这里说的语文，是指语言、文章、文化本身，是指有血有肉、有思想、有情感的语文。拥有语文就是要较多地占有诗文，拥有正确、生动、高雅的语言，拥有对诗文语言的深切感受，拥有语文所富含的美的境界、情怀，美的形象、形式。'拥有'就是把语文融化在血液里，积淀在心灵中，并且能述之于口头，流之于笔端。对语文的拥有过程，就是从一点一滴、一丝一缕完成一个个量的积累，形成一次次质的飞跃，让语文一次次在大脑里反复刺激，反复加深，使唐诗三百首、熟在口上，文选、烂在胸间，名著活在脑里，通过丰富的语文营养把拥有者塑造成语文人、文化人、文明人。语文教学就是教师帮助学生拥有语文的过程，塑造学生的过程。"

正是因为有了上述对语文教学的深入认识，郑晓龙老师的语文教学始终呈现出一种稳定朴实、和悦宁静的风格，"形散神聚"，开阖自如，节奏起伏有致。他营造的课堂教学氛围愉悦轻松；他的教学语言如春风化雨，润物无声；他的教学方法如闲花轻落，清纯静谧；他的课堂教学节奏如风行水上，行止自如。

(二)"语文课要上得'实'一些"

郑晓龙老师在反思一言堂的灌输法和当下以"新课改"为旗号花样翻新的语文新课型时谈到：以灌输(教师)自己的思考和他人的理解，代替学生的感受、领悟是越俎代庖的做法，掌握语文，离不开深切的感受和领悟。"诗歌的意象、散文的意境、小说的情节、环境的意蕴都需要学生在阅读中结合生活体验去感受，想象，联想，再现，补充和发挥，让画面活在眼前，意蕴酿于心中。所以，与其讲解、分析、传授文章的内容，不如把材料放手给学生自己参悟；与其努力分析文章含义，不如营造氛围，激发学生的思考；与其微言大义，断下结论，不如让学生得出自己的'哈姆雷特'。学习语文就是要以情感为媒介，通过读、思、悟，化解、吸收语文的营养，从而拥有那份情感体验，那份对语言的感觉。""但理解感情不是最终目的，体悟到情感与语言的完美结合才是语文课的本色"，"语文阅读教学应当处处不离语言本身，因为语文教学的核心目的是让学生掌握运用汉语言阅读、表达的素养和能力"，所以他认为语文阅读教学"得意"更要"得言"，必须从语言表达入手，最后落脚到对语言表达方式方法的品味、借鉴、运用上来，从而获得语言运用的经验，而不能只是看着热热闹闹，到头来却是"挂一漏万，弄巧成拙"。

（三）对中小学教师专业发展的几点建议

访谈中，郑晓龙老师给出了对中小学教师专业发展的建议，这些诚恳的金玉良言闪耀着智慧之光，是郑老师在多年教育教学工作中悉心观察、反思凝练的精髓。

良好的口头表达能力是中小学教师的职业要求，也是教师专业发展的支撑点。若不具备口头表达的基本能力，走进教师职业便很难打开专业发展的局面，严重制约着教学水平的提升和教师的展业发展。所以，有志于从事中小学教学工作的青年人应审视自己的素质特点，谨慎选择。师范院校招生，对口头表达能力的测试应是入校的第一道门槛，希望通过笔试、面试和口试，让那些“说得清，道得明”又具有亲和力的人才走进中小学的课堂，为以后教师的专业发展奠定良好的基础。

对所教学科的教育目的、教学内容的深入理解能力，对教材的熟练把握和灵活处理能力，是中小学教师的基本功夫。理论上，一位合格的师范毕业生应该对所教专业的知识体系成竹在胸，并通过在校的实践锻炼积累初步的感受和经验，走上讲台就是一位合格的教师。事实上，不少青年教师走上教学岗位之后，对“我要教什么”“怎么教”“为什么教”等问题心中无数，教学内容陌生，备课要花很长时间，甚至依赖教参，“贩卖”教参，最终失去了自我。如果在师范院校学习期间，除了学好专业课程外，还能熟练把握一些中小学教材的内容，走上岗位就不会白手起家，新起炉灶了。再加上有名师指点，一步踏入正途，教师的专业发展之路就会少很多曲折。

教师熟练科学地驾驭课堂，实现高效教学，是中小学教师专业发展追求的目标。课堂上教师应胸中有教材，眼里有学生，手段有机制，方法有效率，实现教学效果的最大化。但是近年来课堂教学普遍存在忽视效率，追求虚浮华丽的现象。教学环节纷繁复杂，教学手段五花八门，追求艺术性、观赏性等。这其实是一种舍本逐末的做法。不少教师把追求有观赏性的观摩课等同于常态课，模仿其一言一行、一招一式，最终买椟还珠，有失掉课堂教学真谛的危险。因此，教师要追求专业发展，就要更多地致力于自己“内功”的修炼，着眼于课堂教学效率，不断探求最有效的教学方式和手段。

新课程改革是教师专业发展难得的机遇，在此面前新老教师站在同一起跑线上。但由于我们的课改是自外而内，自上而下的，教师多处于被动地位，因此过程中也产生了不少困惑。比如，一些传统抛弃了，新理念又不知该如何落实。一些青年教师不免对新课程理念生吞活剥，把“三个维度”(知识与能力，方法与过程，情感态度与价值观)等指导教学的原则理念当成一节课具体的教学目标；把“合作学习”等同于课堂讨论，把不合常理的臆想当作“个性化”的学习予以鼓励；把必要的知识传授和记诵当成糟粕而抛弃，把基本素养、良好规范的养成当成阻碍创新能力培养的障碍，如此等等，基础教育的性质淡化了，教学的基本规律丢失了。实际上，任何改革都必须立足自身，借鉴他人，都必须走理论与实践形结合的道路。

青年教师要把教学工作当作一生追求的事业，热爱教学，勤于学习，敏于思考总结，不断提高，这也是教师专业获得长足发展的必由之路。

四、从郑晓龙的专业成长之路看影响教师专业发展的因素

(一)专业责任感

正如郑晓龙老师在对青年教师的建议中说得那样，把教学工作当作一生追求的事业，热爱教学，勤于学习，敏于思考和总结，不断提高自己是其专业获得长足发展的不竭动力，而这种动力源于他对教学的高度热爱和对学生高度负责的专业责任感。关于责任，爱因斯坦曾经说：“对一个人来说，所期望的不是别的，而仅仅是他能全力以赴和献身于一种美好事业。”俄国革命先驱、作家车尔尼雪夫斯基也曾倡导人们将“生命和崇高的责任联系在一起”。专业责任感是郑晓龙老师专业发展的内部驱动力。也正是这种责任感，使他在语文教育教学的道路上四十年如一日，不知疲倦，上下求索，不断精进。

(二)终身学习的理念

从郑老师的学习、工作经历中我们可以看到：学习，更重要的是一种意识和习惯。严格说，郑老师求学的机会和时间不是很多，但他却从未中断过学习。无论是偏远乡村学校的挑灯夜读，还是他对教学内容和方法的推敲琢磨，都体现了一位学者对知识和真理的渴求与敬畏。古人曾说“学而不思则罔，思而不学则殆”，郑老师正是在学与思的辩证关系中，将学习化作了一种生活的态度和习惯，并身体力行，不断将自己的事业和生命向巅峰推进。

(三)时代和社会的驱动

郑老师赶上了一个蓬勃发展的时代，知识和学问越来越受到重视，社会也越来越给予教师应有的地位和尊重了——这是一名中学教师专业得以发展的外

部环境和保障。教师不再胆战心惊于个人安危，不再被蔑视为“臭老九”，他们可以心性自然地发展专长，热衷于传道、授业、解惑，他们越来越拥有了自己发展的空间和舞台。尽管尊师重道还有待于进一步强调，但较发达的城市和地区越来越重视对教育人才的扶持和储备了。

(四)重要他人的影响

谈到教学生涯中对自己有影响的关键人物，郑晓龙老师提到了几位对其有过直接或间接帮助的“贵人”，他说：“山东省教研室的吴心田老师、历复东老师对我的指导使我受益匪浅。课前，他们帮我打磨授课过程中应当注意的每一个问题，甚至举手投足的每一个细节；课后，他们或指出不足，或给予鼓励；对我的文章，也经常剖批指正。这样的指导既及时又切实，使我进步很快。一个人在追求进步的过程中有机会得到名师的指导，是件非常幸运的事情……20世纪80年代末，我在兰州第一次听到了钱梦龙、魏书生两位老师的课，如梦初醒，开始审视自己的教学，然后重新定位，重新做起，才有了后来的发展。”年轻有为又逢对自己有知遇之恩的名师、贵人，真是人生一大快事！但是他助之前须自助。追求卓越是一种优秀者的优秀习惯，而卓越本身也是一种可以传递的正能量。

初见郑晓龙老师，我们便感受到他身上有种无法言说的感染力和能量，让人感到温暖质朴，耿直谦和并葆有一颗赤诚之心。访谈之中，我们更屡屡被郑老师的真诚、率直及他娓娓道来的人生故事感动。正如他自己所言，他正是“踏遍青山人未老，风景这边独好”！祝愿郑老师以及和郑老师一样对祖国的教育事业怀有一颗赤诚之心并默默耕耘的人们在自己的专业生涯中获得长足的发展，永葆青春和活力！

〖寄语〗

祝贺首都师范大学六十周年校庆！愿首都师范大学的师范教育蒸蒸日上，为国家的未来培养更多优秀教师。

享受语文美丽，品味教育幸福

——语文特级教师阮翠莲

何颖　段惠贤

阮翠莲老师，1985年7月毕业于山东滨州师范专科学校，在滨州市第三中学执教12年，后获得山东师范大学中文系自考本科毕业证书。20世纪90年代初，其教学能力在滨州市崭露头角，1993年获得山东省"青年语文教师教学十佳"称号，1996年获得"山东省教学能手"称号，1996年被破格晋升为中学高级教师，1997年调入山东省滨州市滨城区教研室担任中学语文教研员，负责初、高中语文教研工作，1998年被评为山东省中学语文特级教师，2001年9月调入首都师范大学附属中学任教。自1993年以来，阮翠莲老师多次在全国中学语文教学研讨会上执教观摩课、作学术报告；主持"三线结合，综合发展"中学语文教改实验课题并被评为省级优秀课题；先后有五十余节课被录制为光盘在全国发行；发表省级以上论文50余篇，主编、参编书籍20余本；多次参与中考语文命题工作；参与人民教育出版社、中华书局九年义务教育初中语文教材编写工作。

一、专业发展之路

(一)学不厌深，业不厌精：自学考试，不断提升

从1985年从教至今，转眼阮翠莲老师已在语文教育教学第一线坚守了近三十个春秋。在回顾这段无悔的职业生涯时，她特别感怀于自己当初对知识和学

问的不懈追求。1985年阮老师毕业于山东师范专科学校，那个时候师专生非常抢手，很多年轻人都是大专毕业便参加了工作。“像我们师专生，品学兼优的就可以留在滨州市任教，我被留在了滨州最好的一所初中——滨州三中。那个年代，我们语文组根本没有本科学历，大家都是专科，但都有些不甘心，都想继续学习，继续考研，大环境就是这样，我当然也不满足于专科学得那点知识，于是不管有没有本科(当时自考只有专科，尚未开设本科)，我就让自己先学起来，自学考试的教材跟大专时候的教材不一样，我想，多学点东西总是好的……”于是，阮老师先找自考专科的书籍看起来，结果第二年就有了自考本科的课程，她便参加了山东师范大学中文系的自考本科。“我们是全国第一批自考本科，当时是相当严格的，因此含金量高，有真材实料。那几年的自学对我的影响是非常大的，除了自考课程外，我还阅读了大量哲学、美学和教育学的书籍，尤其是哲学，当时有很多人都在读尼采，我也读，现在想想，对我后来的教学有没有影响呢？肯定有。那时刚参加工作，还没有组建家庭，除了教课，基本上都在学习，晚上会学得很晚，披星戴月特别勤奋地读书、学习。我感觉那段时间要远比我在大学里学到的还要多，还要实用，因为在一边教的过程中一边学，知道自己真正需要些什么知识。那时的阅读面是相当广泛的，为了学生，为了上好课也得不断学习，不断阅读啊。”正是出于这种对知识的热切渴望和对教学的高度负责，阮翠莲老师一路教一路学，学不厌深，业不厌精，从而为她今后的教学生涯打下了坚实的基础，积累了丰厚的教学资本。

(二)做机遇的垂青者：当主观努力遇到外在机遇

33岁就评上了语文特级，这对很多教师来说不仅仅是令人羡慕的荣耀，更是无法企及的成功。每当谈及自己在教学上的成就时，阮翠莲老师总是谦和地将其归功于机遇的作用。在她的讲述中，她把自己遇到的机遇归结为以下几方面：好的引路人；科研的驱动；团队的打磨；勃发向上的时代。谈到成功的因素时，阮老师曾这样向笔者表述：“对我来说，最最重要的是在适当的年龄遇到了一位可以领着我前行的人，那就是当时山东省语文教研员吴心田先生。山东省的语文教学之所以一枝独秀走在全国的前列，从某种程度上说全得益于这位教研员。他对中学语文的痴迷，对教研的钻研，对青年教师培养的那份执着，给山东造就了一批优秀的语文教师，我只是其中的一个。那时，他带领我们开展了一系列的教学评比活动和观课、评课活动，我们就是在这个过程中逐渐成长起来的。”

在谈到科研的驱动和团队的打磨时，阮老师说道："当时中学语文界有好多研究课题，山东主攻'单元教学法'的实验，我们当地的教研员也经常下去听课，他们听过我的课，对我颇有印象。后来课题汇报，省里的领导来验收课题，需要有一位老师上一节汇报课，最初人选定的是另一所实验校的语文教师，但是区市里的专家听了她的课有点不满意，然后才让我来上那次汇报课。我也因此加入了他们的实验课题。公开课时区里、市里、省里的教研员和相关专家领导都在场，大家感觉都还不错，那是1993年之前，其实现在想想我那节课也存在很多问题。后来，1993年省里搞'青年语文教师教学十佳'的评比，大家首先就想到了我，推选我去参加。然后就有一批优秀教师专门针对我的课堂进行打磨，指出我的问题和不足，等于说为我的成长打开了一条快速通道。"就是在这次比赛中，阮老师现场抽签的授课成绩全省第一，获得了"十佳"称号。那是一个勃发向上的年代，全国各地都掀起了教育教学研究与变革的热潮，阮老师也正是乘着这股时代的东风，将她的课推向了各地，成为语文教育界一名新秀。如果说这种种际遇都是一种难能可贵的机遇的话，笔者认为其中起先决作用的还是阮翠莲老师的主观努力和主动把握。俗话说"机遇只青睐有准备的头脑"，倘若她平时授课没有给教研员留下深刻的印象，倘若那次重要的课题汇报课的机会被另一位首选教师抓住了，事情的结果又会怎样呢?

二、精心打磨语文课，享受教育之幸福

(一)爱得"不苍白"：重视教师专业素养

从很小的时候，阮老师就想当一名小学教师。正是因为当初的梦想，她读大学时选择了师范院校。1985年她正式步入教坛，成了一名中学语文教师。从那天起，阮老师就有一个非常强烈的愿望：我的语文课一定要把每一个学生都吸引住。要想实现自己的愿望，她认为必须具备三个基本条件：一是教师要具备高尚的人格魅力；二是教师要拥有深厚的学识功底；三是教师要有过硬的教学基本功和灵活多样的教学方法。身为一名有着近三十年教龄的资深语文教师，特别强调教师之"拥有"："身为一名教师要想真正立得住，必须有特别好的学科能力。只有确实能让学生学到很多东西，才会被学生发自肺腑地接纳和尊重。反过来，如果我们只是爱学生，喜欢学生，却没有什么真材实料给予他们，那我们的爱是苍白的，久而久之这种爱就会贬值，学生是不会同情的。所以，如果热爱教师这个职业，就应该不断增加自身修养，提高学科能力，这样，当我

们站在讲台上时，无论是谈吐、学识还是性格、魅力，都值得学生效仿和学习，就会赢得他们的尊敬，他们会诚心诚意地跟随我们。”

(二)精心设计每堂课

也正是出于对学生、对职业的热爱，阮老师为了能在课堂上“迷”住学生，她潜心读书，虚心求教，用心揣摩教学方法，精心设计每一堂课。她从课堂教学实践中体会到：语文教师必须善于运用语言(包括口语和书面语)，语文教师的读和说要成为学生学习语言的第一素材，语文教师的朗读和课堂用语必须能让学生听得入耳、入情、入心，这是课堂教学“迷”住学生的第一要素。20 世纪 90 年代，《山东教育》的主编曾这样评价她的课：“从审美因素的开掘，到语文因素的讲析；从教师主导作用的发挥，到学生主体参与的启动，都各臻其妙，达到了水乳交融的境界。再加上那温和、清淡、轻松的情感氛围，使所有听课者在整个教学过程始终处于一种审美愉悦之中。”

多年来，教语文成了阮老师的人生乐趣，丰富有趣的语文课堂也使孩子们对阮老师有了一种本能而自然的亲近。她说：“语文课的魅力首先来自语言文字本身。汉语言以其丰富的语汇、精妙的表达、丰厚的文化底蕴而魅力无穷。语文教师有责任引导学生畅游于民族语言作品之中，尽情享受语文的魅力。李白、杜甫、白居易；柳宗元、欧阳修、苏轼；鲁迅、老舍、朱自清……他们的语言何其雄健隽永！如果语文教师能把学生领进民族语言文化之林，学生怎能不热爱自己的民族语言，怎能不喜欢语文课呢？语文的魅力还在于语文的人文情怀。短短 45 分钟，或者感动于真善美，或者憎恨于假恶丑，或者体味着伟大与崇高，或者唾弃着卑劣与渺小。字里行间弥散着浓郁的情感，怎能不让人着迷？语文课的魅力同样来自语文教师教学艺术的魅力。始终‘迷’住学生，让学生积极主动而又轻松活泼地学习，是多么美妙的境界呀。”

(三)信任是基础，关爱是钥匙

对阮老师来说，职业的吸引力不仅来自教语文，更来自于做教育。她说，当教师如果不当班主任那是莫大的遗憾。她教语文课，当班主任，当年级组长，当教学副校长，哪一项工作她都把“教育”放在心上。2008 年，她从师达学校回到首都师范大学附属中学本部工作，并担任教育主任一职。在别人眼里这是又苦又累的差事，可她却做得游刃有余又饶有兴趣。她说：“我们面对的每一个孩子不仅属于现在，更重要的是他们还属于未来；不仅属于家庭、学校，更重要的是他们还属于社会，属于人类世界；教育必须放眼孩子一生的发展，充分挖掘每个孩子自身的潜能与特长，让每个孩子成为最优秀的自己。”阮老师喜欢跟学生们聊天，她说那是一种平等的、朋友式的相处。正是平等和尊重，使她赢得了学生的信赖。在她看来，信任是教育的第一前提。“学生只有信任你了，教育才能够发生，如果学生和教师之间没有信任，什么都是苍白无力的。这个年龄段（中学）的学生正处于青春叛逆期，他们的自我意识开始觉醒，他们需要被理解、被尊重、被信任。而师生之间的信任最初是建立在教师的言谈举止和对班级事务的处理上的。教师一定要了解他们，一定要平等、公正。比如我们学校的孩子们很喜欢叫我‘老阮’，既平等又亲切，他们有什么事都喜欢告诉我，包括谁谁喜欢谁谁了，家里发生什么事情了，跟父母闹什么矛盾了等等，他们遇到难处了会主动找我寻求帮助，这时千万不要居高临下地批评教育，而要设身处地为他们着想，解决他们的问题，维护他们的自尊……长此以往，我就取得了他们的信任，这时，任何教育都可以顺理成章地发生了。”

除了学生对教师的信任，教师对学生的信任和赞美也非常重要。在首都师范大学附中曾有这么一个女孩儿，家里特别富有，父亲是房地产商，母亲是公安局刑侦科的科员，她批评女儿的错误总像训斥犯人一样，因此孩子非常反感妈妈的说教。这个学生刚入学时对老师教育她的话语很不以为然，老师做她思想工作时她斜着眼睛藐视老师，言外之意是老师的说教远比不上她妈妈的训斥，完全是一种打皮了、骂聋了的架势。后来阮老师给她的班主任出了一个主意：变换方法，尽可能地发现她的优点，表扬她，赞美她。她反而受不了，先是感到害羞，继而越来越朝着被赞美的方向发展了。

“师生之间的交往是一种特殊的人际交往，因为我们面对的毕竟是比较幼稚、单纯的未成年人。因此，关心爱护是必不可少的。那些调皮捣蛋的孩子，他们的动机往往是单纯幼稚的。”阮老师如是说，“还在山东的时候，我班上有一个男孩总跟社会上的不良少年混在一起。后来深入了解才知道，男孩的父母整天忙于生意，根本顾不上管他，他就越来越放任自己。既然缺少监管，既然他父母顾不上他，那么就让我来照顾他吧。我就跟他约定，每个周六日他到我家里，我丈夫是理科出身，可以帮他补数学。除了补课，我们还管饭，还带他外出游玩。那时候，班上的同学都很喜欢我，认为能被我邀请到家里是件很长脸的事，就这样这个男孩儿渐渐有了改观，等到了初三已经是各科都很优秀了。在班里，只要我说做什么事，他绝对是冲在最前面的。”阮老师一边回忆一边面带欣慰地告诉笔者。

至今，阮老师在首都师范大学附属中学做了六年教育主任、一年德育副校长。随着工作的深入，她对教育的领悟也愈加深刻：教育是以心灵雕塑心灵；以思想引领思想；以智慧点燃智慧。因此教育者要有爱心、有思想、有智慧。爱与尊重是开启心灵大门的钥匙，宽容是养育美德的必要过程，信任是创设良好师生关系的前提和基础，表扬、肯定是激发学生进取心的法宝。

(四)对语文教学的本位思考

近三十年的教学生涯，阮翠莲老师并不是因为轻车熟路就一味闷着头教，而是有审视有反思，不断在思考中修定着自己对语文学科的认识和理解。关于学科教学，成熟理智的教师应该有自己对学科性质和教学的本位思考。阮老师就是这样一位语文教师。她说：“课堂教学到底要教什么，什么才是最重要的？对这个问题的觉醒和回答其实是考量一位教师是否合格的关键点之一。我后来当了教研员，每年都要听很多老师的课，你会发现，倘若十名数学教师上同样的课，内容差别都不大，更多体现在方法手段和风格上，而语文就不同了，十名语文教师讲同一篇课文，有的抓着这个点讲，有的抓着那个点讲，差别非常大。展开的层面参差不齐，有些老师虽说已教了七年八年的课了，其实还没明白语文到底要交给孩子们什么，这可能就是一些教师成长缓慢的一个重要原因吧。”关于中学语文教什么的讨论曾经非常热烈，究竟是强调工具性还是人文性，语文教学界一度莫衷一是，众说纷纭。阮老师认为：“工具和人文是密不可分的，任何语言都承载着一定的思想，语文教学，归根结底是教会孩子们准确、熟练地理解、运用语言(母语)文字，这才是语文教学的根本。如果对这个根本理解有偏颇，那教学就会盲目和杂乱无序、漫无目的，教学的收效就不大。真正对这个问题有过思考的教师，就会对具体教什么有自己的理解和安排，然后有序进行。有时甚至超越教材，自己选择并整合教学素材和内容。能否鉴别材料的优劣并正确选择教学素材，是衡量一位语文教师是否成熟的又一标准。汉语言作为我们的母语，听说对同学们来说相对容易一些，读写实际上是教学的重点。因此阅读和写作能力的培养和训练就非常重要，应当突出。而突出的形式和方法是灵活多样的，作为教师，应该不断开掘。”

三、从阮翠莲老师的专业成长之路看影响教师专业发展的因素

(一)对教育事业的热爱

“要想当一名好老师，首先必须热爱自己这份职业，有了热爱就甘愿投入。当一名好老师也很幸福，你能够改变很多人，影响很多人的人生轨迹，这就很好。”阮老师如是说。的确，爱是一切美好事物的源泉，教育工作更不例外。对学生的爱与关怀，对教育事业的热爱与追求，是一名教师能够获得专业成长的内部驱动力和不竭动力。因为心中装着学生，所以才会不断审视和反思自己的教学，追求精进，希望课堂能吸引住每一位同学；因为情系教育，所以才能十几年甚至几十年如一日，不懈怠更不倦怠，每时每刻都让教育在身边默默发生，让受教育者如沐春风。教育本是件很奇妙的事，教育者施之以爱，这种爱就会发酵，然后以几何倍数复制增加，无穷匮也。因此，越热爱的人就会越广博，越付出的人就会越富有，所谓“桃李不言，下自成蹊”。

(二)对机遇的把握

从阮老师在1993年山东教学十佳中脱颖而出的前前后后可以得知，机遇的确只眷顾有准备的头脑。常言道“君子藏器于身，待时而动”，善于识别与把握时机是非常优秀的品质，幸运每时每刻都有可能降临，但是如果我们没有做好准备去迎接它，往往就会与它失之交臂。心灵导师卡耐基曾说过，大多数人的毛病是当机会朝他冲奔而去，他却兀自闭着眼睛，很少有人能够主动追寻属于自己的机会，甚至在绊倒时，还不能看到它。尽管千里马常有而伯乐不常有，但是成功的一种因素是：当伯乐出现时，我们自己最好已经成为一匹千里马并且当仁不让，责无旁贷，这样才能一鸣惊人。

(三)终身学习的理念

从阮翠莲老师的就学经历，我们可以看到她有着非常强烈的学习欲望和进取精神。她努力抓住每一次学习机会，不知疲倦地攀登知识和学问的高峰，她强调教师之拥有，不断用新的知识和理念武装自己，尽可能使自己走在时代的前沿，她让学习成为一种习惯，不断从中汲取营养，使自己葆有一颗赤诚之心和青春激情而不致干涸枯竭。阮老师说自从大专毕业以后她便养成了一种阅读习惯，这种习惯无关功利，不抱任务，纯粹是为了兴趣和喜好而阅读，同时这种轻松的阅读方式也在很大程度上给养了她的教育教学。“师者，所以传道、授

业、解惑也”，无论是哪一条，都离不开对知识的渴求、对真理的探寻，因为时代在变迁，对象也在发展，因此，作为一名教师，要想获得长足的专业发展，有必要树立终身学习的理念，“吾生也有涯而知也无涯”，让自己与时俱进，知识博大精深。

（四）重要他人的影响带动

教师专业发展中的“重要他人”是指对教师专业发展有重要影响的个人或群体。他们对教师的专业成长有着直接或间接的推动作用。我们每个人的成长都离不开一定的外部环境，都会受到身边人和事的影响，这种影响有时可以促成一个人的品格特征、行为习惯和价值观念，即成为这个人成长过程中的“重要他人”。回顾阮翠莲老师的专业发展过程，有很多良师益友曾在她的成长过程中起到了重要他人的作用。

谈到自学经历时，她说：“在整个过程中全靠自学，没有任何辅导，还要应对工作，苦是肯定会有的，当时的大环境就是这样，大家挣得都不多，吃穿都朴素，但都很好学，能吃苦……我们（教研）组的人们都在为考研做准备，有的老师提前考上了，有的出国学习了，大家都不想落后。”“我读大专时，我的老师们自己也在不断求学，追求上进，他们一边教书，一边考研考博或准备出国留学，学习的气氛特别浓厚，不管是老师还是学生，你唯一能做的就是学习，大家都在学习。”“我那时对心理学特别感兴趣，因为我们的心理学老师是一个静下心来做学问的人，她不仅自己不断钻研专业不断发表文章，还给我们成立了一个心理学小组，经常带大家做些小课题，给我留下了深刻的影响。像这样的老师有很多。”在谈到工作以后有较强授课能力时，阮老师说：“大专时深受老师们的影响，我的古典文学老师、现当代文学老师都是非常不错的教师，他们不断地做课题，学习新东西，写文章，发文章，而我那时是学习委员，等于说在课程之外我经常会帮助老师们整理一些资料，参与一下课题，抄写一下稿件，当当助手什么的，做一些辅助性工作，但是在这个过程中我学会了很多东西，锻炼了很多能力。”这或许就是阮老师一工作就能上手的深层原因吧。其实，我们的任何一次努力和付出，都不会是无用功。北京有相当一批特级教师都是“山东制造”，在回忆如何抓住机遇使业务获得突飞猛进时，阮老师谈道：“当时我们的教研员怎么就培养了这么一批人？他不是说评比完就不管你了，而是组织这帮老师到处去送课，久而久之，有些学校也主动邀请我们去上公开课或观摩课，进行教学交流和研讨。就这样，我们的教研员经常带领着四五位语文教师到不同的城市去上课、交流，在省内他每年都组织大型的中学语文教学研讨会，一年一个主题，每年都有七八位老师上观摩课，全省的语文教师都来听课、评课，哪里上得好啦，哪里不足啦，等等，给我们创造了很多这样的机会，等于给我们铺设了一条快速成长的通道。”这位被阮老师称作“引路人”的教研员，其对语文教学的热爱、用心、执着和对后生的提携扶掖，令人敬仰。在专业发展的道路上能遇到这样一位犹如指路明灯一样的重要人物并深受其影响，可谓人生的极大幸事！

阮老师的教育教学经历，向我们提供了又一种语文教师专业发展的成功典范。它让我们知道原来语文特级教师是这样炼成的。

〖寄语〗

希望首师大作为师范院校能够为教育事业的发展培养更多的优秀人才。

笑谈成长路

——地理特级教师杨红

胡 萨　王鑫媛　刘一婷

杨红老师，北京市陈经纶中学的地理特级教师，一位笑起来很美的女老师。自从1984年毕业于首都师范大学，杨老师就没有离开过她奋斗了近30年的讲台：从一名为了准备好教案而备受折磨的师范生，到一名连续十年把关高三教学、多年参与高考模拟试题命制的特级教师，杨老师背后付出的努力可想而知，获得的荣誉自然也很多：北京市优秀教师、北京市学科带头人、全国优秀科技辅导员、全国优秀中学地理教育工作者……除了教学，杨老师还曾兼职北京市教育学会理事会理事、朝阳区教育学会理事会委员、朝阳区教育学会中学地理教育分会会长等职务。做教师的日子里，杨老师是忙碌而充实的，是幸福而快乐的，如果你见过她，一定会记得她爽朗而充满阳光的笑声。

近三十载的教学教研耕耘路，撒播的是智慧，收获的是幸福，镌刻的是耕耘者的足迹。纵然荣誉满身，杨红老师却从未忘记最初的梦想，她用与生俱来的热情在教育这片花圃中耕耘，一路行走，笑声不断，芳香满园。

一、最初的路，有些艰辛

（一）首师大，成长的“梯子”

1984年，杨老师登上了属于自己的讲台，正式成为了一名教师，但说起杨老师的教育起步，还得追溯到她的大学时代。对于一位教师而言，与名师相识是幸运的，得名师指导是幸福的，在首师大学习的日子里，杨老师在这个梦想的摇篮里幸运而幸福地成长着。

杨老师是首师大提前批录取的学生，之所以选择地理这个专业，源于她对于大自然的热爱。大学所学习的地质、土壤等课程更让她痴迷于这个丰富而自然的学科中，不能自拔。回忆起大学课程，杨老师微笑着说：“我们学习地球概论、地质、地貌、水文、土壤、植被，这些是在中学从来没有接触过的学科，这些都是全新的体验，专业知识的学习让我特别喜欢。”大学的课程给她留下了深刻的印象，大学的教师更成为她专业发展的“引路人”。毕业近30年，杨红老师却还能一连串地说出很多大学老师的名字，记得成长路上老师们给予她的点点滴滴。

让杨红老师印象最为深刻的教师是班老师。班老师是一位特别严厉的老师，他交给学生的不仅仅是知识，更是一种可贵的学习态度。“班老师要求我们：做每一步都要认真，然后一步到位，不用回去检查。他当时很注重训练我们这种严谨的学习态度和学习方法，给我留下的印象特别深，后来我还老拿这个例子教我的学生们。”如此严谨的学习态度使得杨老师在日后工作中，始终秉持着主动学习、刻苦钻研、勇于实践、认真工作的精神，总是一丝不苟地完成每一项教学任务。

对于师范生来说，大学不仅意味着专业知识的学习，还有一个人人必过的重要的关卡——教育实习。这个踏上讲台做实习老师的经历，不仅是对大学四年学习成果的检验，更是走向教育岗位前的一次重要“演练”。回忆起自己的教育实习经历，杨红老师特别开心地向我们分享道：“我觉得教育实习是一个特别好的连接学校学习和工作的阶梯。实习带队老师会帮你搭好这个阶梯，带着你。当时带我们的实习老师叫吴兆军老师，我印象中那个老师是我们实习队伍里最严格的一位老师。他从教学设计、教学内容，甚至你承转的每一句话他都要细细地推敲。在所有的教学设计完之后，我们在同学中间试讲，老师仍能找出一堆一堆的问题，然后帮助你纠正，帮助你设计。记着当时实习回来以后，我们会开玩笑地说，经过吴老师带过的实习学生，再到其他地方上课，让其他老师听课一点也不怕别人挑毛病。这是一种真正的经过锤炼的感觉，让我印象特别深刻。”因为有严师的锤炼与指导，杨老师慢慢感受到了做老师的乐趣与辛苦，她对自己的教学处处高要求，这种高标准也让真正进入教学岗位后的杨老师脱颖而出。按照严师的要求，她踏实地走好自己的每一步，不断反思自己的教学，在课堂教学实践中渐渐成长。

教师专业化不是一蹴而就的，其专业成长需要一个“梯子”，需要不断地攀登、反思和总结。如果要画一条成长轨迹，那么杨老师的这条教师路是螺旋式上升的，而首师大，在这条路最开始的地方，为杨老师提供了教师成长所需的“梯子”。“真的得感谢原来师范学院的老师。我觉得师范生如果能够碰上很好的老师带，他可能以后工作上手就会快。因为他知道了正确的方法，起点的高度就不一样。”

幸运的教师，往往会在成长的路上遇到“贵人”，他可能是你的老师、同事、家人或者是学生。他们有意无意之中，就帮助新教师搭建了发展的平台，梳理了成长的道路，提高了教学的技能。正如杨红老师所写：每个人都有自己的梦想，都有自身的成长坐标，在个人的努力下，在团队的帮助下，以积极的心态踏实工作，不懈努力，目标终将达成，理想终将实现。①

(二)水碓子中学，成长的“绳子”

首师大的学习经历给杨红老师日后的工作打下了坚实的基础，但对于刚走出大学的新教师而言，难免会面临各种意想不到的问题和矛盾。要与学生保持距离以树立威信，还要与学生友好相处打成一片……那些美好而充满理想主义的教育理念，是否真的会被现实的教育状况一点点耗尽？教学是该追求知识的广泛与能力拓展，还是懦弱地躲在教学成绩的牢笼下故步自封？这些问题也曾困扰过杨老师，而且“有过之而无不及”。

初为人师，杨老师在北京水碓子中学任教，那是一所中学和职业高中合并的学校。原先在这里任教的地理老师要调到区里当教育分院的培训老师，需要有人来接替，杨老师恰巧就被分配到此处教书。刚到这里，杨老师就遇到了一个大难题。“我去了以后才发现，实际上原来的那位老师调走以后，我就没有地

① 杨红．首都名校建设背景下经纶青年教师成长之路——以自身29年成长与感悟为例[J]．经纶教研，2013(50)．

理学科的前辈带我。”俗话说：“师傅领进门，修行在个人。”杨老师初来乍到，又没有师傅能够指导她，一切都要靠她独自去摸索，问题接踵而来，困难重重。“初中要教中国地理、世界地理；高中我教职高，职高要教中国经济地理，甚至职高要参加成人高考。所以我当时承担的课特别多，我记得我一周最多时有28节课。”作为一个新教师，教学工作量如此之大，很难想象杨老师那瘦小的肩膀是如何承担起如此繁重的课程的。就是凭借着“上好每一堂课”的信念，杨老师走过了一段艰辛却充实的路途。

一个人走可以走得很快，但是要想走得更远还需要志同道合的同行人。杨老师工作不久便赶上了北京市刚刚启动的评优课比赛，由于工作经验不甚丰富，备课过程中出现了很多困难。那时候的同事、教研组长以及之前的老师都给了杨红老师很大的帮助。“当时帮助我的是区里的地理教研员李老师，还有教研组长——一位历史的老前辈，除此之外，还有首师大张老师、杨老师，他们都有看过我的教案，帮我做过修改。最后获得了北京市的表扬奖。”有了团队的支持，杨老师可谓是如虎添翼。自此之后，杨老师参加了北京市教师基本功竞赛，荣获二等奖，2001年被评为北京市中青年骨干教师。

在工作的起步阶段，杨红老师曾遇到许多困难：缺少同行前辈指导、独自承担大量教学任务，也遇到了不少机遇：多次参加各种形式的评比等。无论是哪一种，杨红老师都将其当作是一次锻炼，她用自己的实际行动向我们证明了：苦难本身就是一种财富，是化了妆的幸福。“这些对我真的是一个特别的推动力。在这种推动下，你得更加深入地研究教材和思考教学。我觉得这个过程，对于青年教师的成长还是有很大帮助的。”是啊，前进路上遇到的种种困难，就如那带了刺的玫瑰，它最终会带来属于我们的幸福。或许为了这朵玫瑰，我们刺破了双手，但没有人有资格评论你的选择，只有你自己知道值不值得。回忆那段艰苦时光的时候，杨老师嘴角上扬地浅笑着，透着几分怀念，更多的是感激与欣慰。

杨老师在水碓子中学任教19年，她把自己的青春奉献给了这所学校，奉献给了学校里的孩子们。如果说之前的学习是为了更好的工作，那这近20个年头的历练则为杨老师提供了更广阔的舞台，任其尽情地释放自己的才华。水碓子中学就像杨老师发展路上的一条“绳子”，它把杨老师和其他教学工作者以及她的学生们紧紧地绑在了一起，彼此相互启发，相互促进，实现了思维、智慧上的碰撞，从而产生了“一加一大于二”的独特效果。

二、不畏艰难，迎接挑战

多年的教学历练让杨老师成长为一名优秀的专业型教师，一次工作调动的机会让杨老师来到了北京陈经纶中学。陈经纶中学是朝阳区的重点中学，相对于水碓子中学，这里的教学环境、学生状况以及科研情况都有很大的差异。全新的学生，全新的讲课方式，这又是一次很大的挑战。

以往的教育教学实践和反思，让杨老师意识到知识的堆砌已不能满足现今学生的需求，学生学会发现问题比获得答案更重要，学生通过探索问题进而建构知识、提高能力比积累知识更重要。于是，杨红老师开启了以转变学生学习方式为目的的“中学地理多途径自主探究学习方式”的教学实践与研究，让学生以地理的视角去认识生活世界。“在讲授城市交通运输这一章节的时候，我就让学生自己去学校周边进行社会调查，让他们按照自己思考的角度去分析。我记得学生当时大致分为了两个组：一组是从时间角度研究如何调整城市交通状况；另一组是从空间的角度讨论如何调整城市交通。”这种全新的教学尝试取得了很好的教学效果。“我记得后来和学生聊天，他们自己说在这个过程中自己的组织能力、交流能力都有提高，收获特别大。”学生学习的主动性成为杨老师继续进行教学实践改革的动力，这个调查活动因此成为一届又一届学生地理学习的“传统项目”，有的学生所做的学习报告还曾荣获过北京市青少年科技创新大赛的一等奖，谈起当时陪着孩子们一起做调研的日子，杨老师笑声不断，透着自信与骄傲。

其实，学生是教师的一面镜子，从学生的反应以及学习情况，我们可以直观地看出教师的教学状况。教师的成长需要这样的一面镜子来时刻提醒自己关注学生的发展，快乐施教，使每个学生自由、幸福地成长。“我觉得这个过程中，学生自己做，主动地去学习。在学习创作的过程中，真的把每个学生的特长都发挥出来。他可能不擅长言语，但是他收集信息的能力强，拍照片的能力好，他觉得在组里能发挥作用，也能肯定他自己的价值。我觉得学生在其中各有收获，而且自己的长处真的是在原有的水平上有提高，有发展。”

陈经纶中学的孩子们就是杨老师教育改革实践的一面“镜子”，他们让杨老师不断审视自己的教学，去寻找自己新的发展动力。杨老师说，只有教师快乐施教了，学生才能快乐幸福地学习与成长。新的教学理念就这样在杨老师的教学实践中得以萌芽、完善。为了学生、爱护学生，这样的杨老师赢得了孩子们的信赖，不愧是孩子们最喜爱的地理老师。

三、科研路上，不断探索

(一)科研，成长的“靶子”

以往的教师总是因教学工作忙得焦头烂额，只顾低头拉车，未能抬头看路。就这样教师在常规教学中日复一日，年复一年地重复着。虽然大多数教师都已拥有相当丰富的实践经验，但整天忙于教学，往往不善于发现教学中的问题，缺乏对实践经验进行深入的反思，无法把经验上升到理论的高度，其教学过程往往只是多年教学工作的经验总结。

杨老师也曾经历过这样一个忙碌而缺少反思的阶段，“我们上大学的时候，真的很少学习课题研究，更别说是调查法、文献法、行动研究法这些研究方法了。”直到2008年、2009年朝阳区名师工程、北京市中小学骨干教师成长与行动研究项目的出现，杨老师找到了前行的支点和动力。身为课题项目的成员之一，杨老师找到了以学生学科素养为支点，以课题研究为动力的路子。“生活中有地理，在生活实践中学习地理。我认为地理学习仅仅局限于课堂是远远不够的。从地理课程的生活性、实践性出发，以培养学生的学科素养为目标，将地理知识和地理技能整合到生活世界当中，为学生搭建更广阔的学习平台和探究空间，开展基于生活实践的学习活动，探索基于地理学科素养培养的学科教学的有效途径，从而更好地实现地理教育的价值。”杨老师从自己的教学实践中总结出要用科学的方法思考自己的日常教学。这种反思让杨老师不再埋头做教育，而是在融入教育场域之后，跳出教育圈，再次审视自己的教学。

美国心理学家波斯纳提出了一个教师成长的公式：经验＋反思＝成长①。在新课改的春风下，教师由实施者变为开发者，由管理者变为服务者，由传授者变为参与者。我们清醒地认识到：只管“怎样教”的时代结束了。“教师即研究者”已经成为时代对每一位教师的起码要求。

杨老师找到了科研这条路，就像找到了成长中的“靶子”，之后她便在科研的道路上越走越远。主持区级课题“基于学科素养培养的高中地理活动教学研究”，参与市级课题“北京市中小学骨干教师成长与行动研究项目”。在行动中研

---

① 皮连生．学与教的心理学[M]. 上海：华东师范大学出版社，1997：296.

究、在行动中成长，杨老师凭着一股执着的劲头，做出了成果，得到了北京市教育教学成果评审专家的肯定。

杨老师不仅自己做研究，还带领她的学生们，指导学生主动去研究。“现在学生也做研究性学习，我们也让学生做课题。我记得有一个学生，她自己选择的研究内容是对于学校电脑显示器使用浪费现象的调查。她的设想是，选取一个教研组，对其每日用电量做记录(约一周左右)，而后建议老师们在关闭主机的同时关闭显示屏，并再次测量这个教研组的日用电量。她以英语办公室为例进行测量，结果发现测量的数值变化不大。于是这个学生就去请教物理老师、计算机老师，并反思自己的研究，改进研究方法，最终完成研究报告。学生的研究结果并不重要，重要的是学生通过观察生活、通过研究体验获得知识与技能，获得学科素养的全面提升。”就这样，老师做研究，学生也跟着学如何做研究。杨老师抓住了学生的兴趣，辐射到更广的学生范围中，让更多的学生参与到研究活动中来，让学生们在自己动手的方法下真正理解了知识、学会了运用。

(二)学生，成长的“种子”

由于长期和学生一起研究、一起学习，杨老师成了学生最为喜爱的教师之一。杨老师说：“身为教师，其根本就在于热爱学生。”谈起自己教的孩子们，杨老师的嘴角再次上扬：“教师最基本的条件是具备良好的师德，要爱学生，爱教育，否则后面的一切，你都是做不好的。教师不像其他的职业，它有自己的特殊性。其他的行业你面对的是一个商品，面对的是一个工业成品，面对的是庄稼，而教师面对的却是活生生的人。人与人是需要彼此沟通的，如果你没有对学生的那份热爱，你这个工作，你这个职业是没法推进下去的，更别谈事业。”爱是相互的，杨老师对学生付出了真诚的爱，学生自然也非常喜欢和尊敬杨老师。“学生对我评价最多的首先是最有亲和力的老师，再一个是最严谨的老师。”

对学生的爱与责任就体现在每一堂精心准备的课上，每一个饱含意味的眼神、每一个微笑、每一句鼓励中。作为教师，没有对学生的爱就称不上是好教师。学生就是教师发展的动力，是教师成长的“种子”。教师所做的，出发点都是为了让学生健康而快乐地成长。教师工作虽然平凡，但能够坚持每天点点滴滴地积累，收获必然很多。杨老师用自己的行动向学生诉说着自己的爱意，践行着自己的承诺。

四、送给未来的教师

(一)慢慢来，别着急

作为新时代的教师，我们拥有众多的教学资源、优越的教学环境以及更为灵活的教学方式。但是，随着网络的发展，在教育领域也出现了令人担忧的状况——教育中的“拿来主义”。有些实习生或者教师在上课的时候，往往会直接在网上下载他人的课件，不做修改，不去思考，直接给学生讲授。这样的事情杨老师在带实习生的时候也曾经遇到过。“现在网上的资料太丰富了。有很多的版本，不同的教案。这对实习生们来说是好事，但是在我接触的实习生中，也有一个不好的方面，就是‘拿来’了。拿来，聪明的老师就会结合他的实际对象去有针对性地进行再创作、再设计。但也有些人，就是照猫画虎地拿来，而不去思考设计者的意图。这种不经过自己思考制作出来的课件，是没有办法呈现出原来创作者的效果的。而且缺少了创作、思考的过程，对以后的工作来讲，有时就成为了绊脚石。”杨老师对此的建议是：“别太着急，应该是塌下心来认认真真，扎扎实实地做。像实习生做教学设计，他应该学会自己先进行原创设计，然后再去学习他人的经验。”简单的一句“别着急”道出了教学的真谛。教学是一个过程，这个过程需要自己一点一滴地实践，就如红酒般，需要慢慢品味才能尝到其中的韵味。

慢慢来，一切都来得及。教师的成长需要一步一个脚印踏踏实实地走，要学会去走自己的路。当你戴着学位帽，拿着毕业证，欢欢喜喜迈出校门，冲进学校，想在此期盼着自己一展抱负的时候，请在内心中记住：慢慢来，别着急，是一种智慧，一种心智澄澈的淡定。慢慢来，别着急，是一种情怀，一种以学生发展为己任的大爱。

(二)懂学生，爱学生

每个学生都是独一无二的个体。他们有的活泼开朗，有的沉默寡言；有的做事慌慌张张，有的慢条斯理；有的聪明伶俐，有的大智若愚。就是这样不同性格的学生聚到了同一个班级。教师如果不了解每个学生的具体情况，就不能对症下药，自然也不能收到良好的教学效果。杨红老师对此这样评论道：“教育能力的提高，一个很关键的问题是要学会研究学生，要学会研究学生的心理特点、学习基础、学习困境等等这些问题。我觉得可能职前教育阶段，直接接触学生的机会比较少。学生一到实习的时候，我觉得他对怎么研究大纲，怎么分析教法，怎么研究教材，怎么进行教学设计这些内容学习的比较多。但是你做的教学设计，用到不同的学校、不同的学生身上，教学效果是不一样的。或许会碰到有的学生感兴趣，有的学生不感兴趣；有的学生跟着学，有的学生不跟着你学。所以说怎么研究学生，怎么和学生这个群体去沟通，这是需要师范生学习和研究的。”研究学生是每一位教师一生都要做的事情，关注学生，才能研究学生，懂学生，才能教会学生。正如杨红老师所坚持的：为今日和未来世界培养活跃而又负责任的公民是一个永久的研究课题。

杨红老师给人留下最深刻的印象就是很爱笑。有人说：爱笑的人一般运气都不会太差。杨红老师的从教经历或许也证明了这一点。教师的专业成长并不是一帆风顺的，期间必然要经历挫折和苦难，杨老师也不例外。谈笑间，我们仍能够感受到杨老师一路走来的艰辛与不易。近 30 年的从教生涯，从踏上工作岗位开始，就不断地学习，不断地反思，再实践、再反思、再学习，这样一个不断地良性循环的过程，使得她不断地汲取教师专业成长的营养，促进自身的专业成长。

当抛开所有的名利，把目光聚集在杨老师本身，来审视一个平凡的中学教师成长为特级教师的过程，我们不难发现杨老师在默默坚持着的可贵品质：反思和坚持。正是这种笑对人生的品格，让杨老师在中学地理教育这片广阔天地中，与同事们一起，在前辈的指导下，学习做人、学教地理、学做研究者。不知不觉中，就奉献了 30 年，也享受了 30 年。

〖寄语〗

今年恰逢首都师范大学建校 60 周年之际，我怀着一颗感恩的心特地向母校庆贺 60 华诞。

感谢培养、教育和帮助我成长的前辈们、老师们以及我的同学们。

感谢恩师，引领我进入地理教育的殿堂，帮助我从一名无知的中学毕业生成长为一名光荣的人民教师。

感谢母校，为我们教师的继续成长所铺设的道路，帮助我们在中学地理教育的岗位上不断地提升师德修养、提高专业水平、锻炼教育能力，使我们在学习与实践中成长发展。

地理教育的职责是“为今日和未来世界培养活跃而又负责任的公民”。我将秉承母校的教诲、恩师的嘱托，为地理教育努力奋斗，教学生学做真人，教学生学真本领。

祝愿首都师范大学60年庆典活动取得圆满成功，祝愿首都师范大学桃李满天下！

从农民到特级教师

——数学特级教师何乃忠

林 伟　孙静漪

何乃忠老师，1946年生，昌平一中数学特级教师，北京市中学数学学科带头人。1994年被中国共产党北京市委员会和北京市人民政府授予北京市中学模范班主任称号(十佳)。2005年被中华人民共和国国务院授予“全国先进工作者”称号。同年，被北京市教育委员会授予特级教师的光荣称号。何乃忠老师从教至今始终秉承“爱心待学生，用心做教育”的教育理念。在教学中，他努力开展学生数学课外活动，倡导学生写数学小论文，培养学生创新思维能力和创新精神。以教育科研促进教育教学工作，根据教学实践撰写教育教学论文，在数学报刊发表论文百余篇，主编了《教海拾贝》。

每一位特级教师成功的背后，都有许多不为人知的故事，有坎坷，有挫折，有失败，有泪水，但更多的是探索的喜悦和不断跃上新台阶的短暂的满足，以及新的更高目标的追求。正如冰心所说：“成功的花，人们只惊慕她现时的明艳，然而当初它的芽儿，渗透了奋斗的泪泉，洒满了牺牲的血雨。”

何乃忠老师的特级教师成长之路，可以概括为：起点低，追求高，农民出身，立志做一名优秀教师；时间长，积累厚，不断学习，为数学教育奋斗终身；钻研深，思路清，观念新颖，有自己独特的教育观、学生观。以下是何老师自己作的诗，写出了何老师一生的追求：

咬定专业不放松，
根紧扎在数学中，
精益求精登阶梯，
愿为教学屡建功。

一、有心做教师

(一)求学之路

1966年何乃忠老师于昌平一中(原北京市八十三中)高中毕业后，本应参加高考，没想赶上了“文化大革命”，只得回家务农。“文革”十年，终日起早贪黑，上大学是做梦也想不到的事情。1977年冬天恢复了从学生中招收大学生的高考制度，但此时的何乃忠老师已经年满30岁，阔别书本11年了。据何老师回忆：当时“左”的思想还很严重，我所在的二街大队书记冲着我们十几个报考大学的青年人扯大了嗓门喊：“你们是癞蛤蟆想吃天鹅肉!”中学时的数学老师穆义山深情地对我说：“绿灯亮了，向前走不走是你自己的事。”面对如此境地，何老师毅然决然地报了名。

凭借着中学扎实的功底，何老师考出了昌平镇公社理科第一名的好成绩，大队书记知道了以后就在何老师和另一位上线青年的报名表上写下了“政治表现一贯不好，不同意录取”的意见。幸运的是何老师遇上了一位极为公正的公社文教委负责人齐东平，他两次遇见何老师，都说了同样的话：“你考得不错，要相信基层党委。”于是，公社签署了“可以录取”的意见。但由于何老师当时已经31岁，年龄偏大，很多学校都不录取。幸运的是，就在此时北京市决定在宣武区白广路18号设立北京师范学院分院，招收600名老三届的学生，使何老师圆了大学梦，真正体会到了何为梦想成真。

命运总是爱捉弄人，通知书到来的时候，何老师的父亲瘫痪在炕上，女儿刚刚1岁半，全家只靠他一人挣工分养家，如果何老师去上学，家里就没有了本来就少得可怜的工分收入和工分粮。就在何老师左右为难的时候，何老师年迈的母亲极力地支持何老师，他对何老师说：“先去念书再说。”在那样的条件下，一位年迈的母亲，要有多大的魄力和勇气才能说出这样的一句话。何老师说：“我感恩于我的母亲，如今我母亲已经95岁了，她经受住了儿子上学带来的困难，也享受到了儿子大学毕业后带来的安乐晚年。”

更加不幸的是，大学的第二年，何老师的父亲去世了。得知此消息后，何老师的班长李鸿琪、宿舍长丁恩柱和田琪琨三位同学骑自行车百里来到何老师的家中，给何老师送来了同学们捐助的 40 元钱，何老师也得到了城里几个亲戚的帮助。肩负家庭责任的何老师也利用各种机会拼命地去挣钱，在学校时，给学校誊写社刻蜡版；寒假时，给人家做木工、糊顶棚；暑假时，去地里割青草，一直到何老师参加工作后的前三年，趁暑假的时间还会去割青草。四年的大学时光，何老师努力学习，被评为三好学生，也因此走进了人民大会堂，参加了北京市高校三好学生代表大会。

经历了苦难的磨炼，战胜了种种困难。正所谓"阳光总在风雨后"。大学毕业后，何老师来到母校任高中数学教师，决心努力、出色地工作，用自己的实际行动来报答党和人民，报答改革开放的政策，报答同学、亲属和一切支持自己读书的人。也正因为何老师的经历，使其养成了吃苦耐劳的品质，勇于奋斗的精神，有无限的热情与干劲。

(二)恩师之情

大学毕业后 35 岁的何老师由于没有教学经验，在教学方面还是新人，所以大家还称其为小何。何老师说："书怎样去教呢？还真摸不着头脑。我只有努力地学习，幸运的是我中学时代的数学教师李彭龄老师和我在一个教研组，这给我创造了得天独厚的发展机会。李老师数学专业功底深厚，教学严谨，他在《数学通报》等报刊上发表过 20 篇文章，主编或参编及翻译数学书十几本。"

此外，何老师还提到，李老师说："文章的发表是对社会的贡献"。这句话一直在鼓励并支持着何老师，使其能努力地进行教育教学研究，努力地撰写教育教学论文和中学数学论文。在何老师因为压力发牢骚的时候，会得到李老师的指责："该干什么干什么去"。久而久之，何老师不再抱怨，养成了遇事沉稳的处理方式。因此不论遇到来自家庭的、学校的什么问题，何老师都会始终如一地工作。何老师说："李老师给我做出了榜样，他给我以启迪，给我以精神的力量，也给我以具体的帮助，还给我创造了发展自己的机会。"可以说何老师是幸运的，遇见了自己的恩师。

1991 年 11 月 29 日，"北京市中学数学知识形成过程微格教学研讨会"在陈经纶中学举行，市教研部郭立昌老师安排何老师主讲"两条异面直线的距离和所成的角"，在北京四中举行的试讲中何老师没有过关，最后还是李老师指导何老师用"飞机在天空中沿直线方向飞行，地面上一条笔直的公路所在的直线与飞机的航线构成一对异面直线，它们之间存在两个问题，一是远近问题，二是偏离的角度问题”这个情境导入课程，既贴近实际生活，又合理地做出了引入，收到了很好的效果，受到了与会中学数学界专家的好评。在李老师的带领下，何老师参加了《四边形》《列方程解应用题》《高中数学 ABC 标准化训练》《走向成功·高考数学突破总复习》《高中数学基础知识全书》五本书的编写工作，使何老师在教学中逐步走向成熟。

李老师于 2000 年 9 月退休时赠了一本书送给何老师，上面赋诗一首：

三十八年一瞬间，
共经风雨齐换颜，
更谱天寿霜叶曲，
题海放歌共向前。

（书赠最早的学生、共事最长的同仁、合作著书最多的笔友乃忠同志）

二、用心做教育

（一）奉献爱心熔铸师魂

老师对学生要爱在点点滴滴，爱在时时刻刻。何乃忠老师不管是在班主任的职位上，还是在数学教学工作中，都特别关注学生，用心研究，尽量让学生有更好、更多的收获。何老师在提到自己的学生时特别自豪。学生能有一个好的成绩和未来，尤其离不开老师的悉心栽培。何老师特别指出：老师们在教学中，要注意开展的活动与学生的兴趣、年龄特征相结合。

老师要以自己诚挚的爱，走进学生的精神世界。让学生从老师的关爱中获得上进的勇气。其中，何老师讲到：“1993 年，我班里有个外号叫‘黑驴’的学生，为了帮助他，我多次家访，并多次给他表现自己的机会，从而使他找到自信，顺利地拿到了高中毕业证书。”

为了激发学生的学习积极性，何老师还带领学生到南口玻璃厂玻璃浮法生产线参观，参观在该厂工作的 85 届毕业生张洪岩的发明（该发明获得北京市一等奖）。期间，他请张洪岩给学生作报告，张同学送给学生们一句话：“只要你心中有目标，你的脚下就会有道路。”参观回来后，何老师马上召开了题为“四化需要我成才，成才需要我努力”的主题班会，趁热打铁，借助校友的力量，让学生受到启发，并且逐步形成自己的人生观。

在谈话中，何老师还特别提到他的一位 91 届学生于劲松，该生以北京市远郊区县理科状元的优异成绩考入北京大学数学系。作为北大的优秀毕业生，于同学公费去美国华盛顿大学攻读数学分析专业，临走前送给何老师一本杂志《数学译林》，里面刊登着一篇他与他的导师合写的论文，何老师从中看到了无私奉献、执着追求与科研精神的延续与发展。

促使我走上数学之路的是您，我觉得最大的收益不在于您讲的知识，而在于对数学有了正确的认识——数学是严谨的科学，绝不仅仅是列几个公式，解几个方程，而您对于数学的执着追求，激起了我对数学更浓厚的兴趣和走上数学之路的决心。

——摘自于劲松写给何老师的信

看到何老师，我想起了大文豪托尔斯泰的一句话："如果教师既热爱他的事业，又热爱他的学生，那么他就是好老师"。何老师是一位当之无愧的好老师，从他的谈话中，我感受到了他对教育事业和对待学生的热情，也看到了他一直走在教育事业的道路上，从未停歇。

(二)扬起创新教育的风帆

原国家主席江泽民曾经说过："创新是一个民族的灵魂，是一个国家兴旺发达的不竭动力。"这道破了素质教育的真谛是培养人的创新精神，发展人的创造能力。社会在发展，教育在发展，教材在改革，因此必须不断更新教育理念。何老师一直没有停止学习，学习新大纲、新课标、新的课程计划、新的教材、考试说明，研究全国各地高考试题。昌平区教师进修学校的数学教研员董武老师在听了何老师的课"四种命题"后说："何老师人老，观念新。"

自 1987 年以来，何老师一直坚持在学生中开展辅导学生写数学小论文的活动。1988 年何老师撰写的论文《学生写数学小论文是提高学生能力的好方法》获昌平区教育科研成果评比一等奖。1999 年改稿后的论文《学生写小论文是提高学生素质的好方法》获北京市数学会、数学教学研究会论文评选三等奖。再次改写的论文《开展学生习作活动，培养创新精神》获北京市基础教育课程教材实验 2005 年优秀论文二等奖。为了开展好这一活动，2002 年何老师创立了选修课"数学阅读与写作"，创办了校刊《数学蓝天》，用以发表学生的数学作品。2003 年 8 月 29 日，在昌平一中的数学教学走向一个新阶段的时候，为了培养青年教师，何老师辞去了数学教研组长的职务。2005 年已面临退休的何老师为了把这一活动深入开展下去，组建了"蓝天数学"社团，从何老师教的班扩大到两个年级的 9 个班。同年，何老师还获得昌平区教育学会批准的"十一五"教育科研课题——"开展学生数学习作活动，促进研究性学习"，何老师决心把这件事做好，并计划每学期出一册学生数学习作集——《学海拾贝》，3年后汇总出一本学生数学习作的书。给学生创造张扬个性的空间，使其产生发展自己的兴趣，让学生看到成功，找到自信，品味数学美，享受创新带来的愉悦，享受丰收的喜悦，以激励自己今后更大、更多的创新，培养学生的科研意识。

实践表明，积极写数学小论文的学生往往也是高考中的高分学生，考进北大的学生于劲松就是最好的例子。他不但夺取了1991年高考远郊区县理科状元，还在高二、高三时参加美国中学生数学竞赛、中美数学竞赛邀请赛、全国数学联赛，6次均取得市级奖励，最好名次是全国联赛北京市第77名。2006年1月9日，在人民大会堂召开了全国科学技术大会，胡锦涛主席发表了题为《坚持走中国特色自主创新道路，为建设创新型国家而努力奋斗》的讲话，这更增强了何老师和社团老师的干劲儿，坚定了他们要把这一活动搞好的信心。

力的作用是相互的。通过这样的活动，何老师也从学生那里得到了很多的回报，大大丰富了自己的知识宝库，并且建立了合作、平等与和谐的师生关系。数学课堂教学的主阵地、数学阅读与写作辅导、自己创办的数学刊物及社会上的数学刊物，它们之间的良性循环，把培养学生的创新精神和创新思维落到了实处。

何老师执着地撰写中学数学论文的另一目的就是要身体力行，用老师的行为去感染学生。由何老师辅导过的学生在苏州大学《中学数学月刊》、北京《中小学数学教与学》、北京《中学生科学报》、山西《学习报》、陕西《高考数学文选》上已经发表了6篇文章。当学生拿到稿酬时，又对学生起到了一定的激励作用。

现在的何老师虽然退休了，但是仍然没有停止过学习。在和何老师的谈话中，令何老师骄傲的还有一件事，那就是何老师的家庭是数学教师之家，女儿和女婿也是数学教师，而且都有了一定的成就。

三、专心做教研

“促进教师的专业化发展”在时下是很时尚的，何老师讲道：“要想真正促进教师的专业化发展，必须以科研为龙头，应该说数学教师的专业化发展主要包括两个方面的内容：一是数学专业知识；二是教育教学能力与水平的提高。前者是后者的基础，不能设想一个数学知识很差的教师能教出水平很高的学生，后者对前者有促进作用，教学能力与水平提高了又会激励数学教师去学习数学专业知识，二者是相辅相成的。”

对于何老师来说，除了前面提到的学习新的教育理念，研究高考试题，撰写数学论文，辅导学生写数学小论文促进自己的专业发展以外，何老师还特别注意以下方面的努力：

（一）研究教材

何老师专门研究了 $\cos(\alpha+\beta)=\cos\alpha+\cos\beta$ 何时成立的问题，撰写的论文《$\cos(\alpha+\beta)=\cos\alpha+\cos\beta$ 成立的条件》曾在 1991 年 9 月于天津师大召开的“首届全国初等数学学术交流会”上交流。

此外，何老师还专门研究过二项式定理中二项式系数为什么中间项二项式系数最大的问题，运用学生易于接受的作差法解决，进而用上述方法研究了 $(pa+qb)^n$ 展开式中系数绝对值最大的项怎样确定，然后再拓展为 $(pa+qb)^n$ 展开式中系数最大的项怎样确定，解决了教材中的一个难点。论文《$(pa+qb)^n$ 展开式中系数最大的项的探求》于 1997 年 7 月发表在苏州大学《中学数学月刊》第 7 期上，并被收编入王宗洪主编的《中华优秀科学论文选》中。

（二）研制教具

由何老师研制的骨架式抛物线演示仪在北京市十年教育成果展览会上展出，框架式圆锥曲线演示仪、轨道式圆锥曲线演示仪曾获昌平区教具展评一等奖。2005 年 9 月 1 日出版的《北京教育》中，记者付江泓发表了一篇介绍何老师的文章《何乃忠：什么都要做到最好》，文中用的照片就是何老师与何老师制作的教具在一起。何老师还想通过这些教具用形象思维突破抽象思维，使学生学得更好，并激发学生创造发明的潜力。

（三）研究教法

何老师特别注意教学方法的研究，如设计过“单元教学法”，先由教师出一单元或一章的问题提纲，然后让学生带着这些问题自学看书，再以这些问题的研讨解决为主线，寓自主学习、合作学习、研究性学习于其中。在高三复习中，还曾先由教师印出复习资料，在解答题目的时候让 6 名学生同时上讲台，然后由学生点评和教师点拨，收到较好的复习效果，特别适用于学生质量较好的班级。在立体几何简单几何体的学习中，还实验过“读、议、讲、练四步教学法”，先由学生通读这一单元的课本，然后由学生个人或合作制作棱柱、棱锥、棱台、正方体、长方体的模型。如在上“棱柱”这一节课时，把学生的作品按类摆到讲台上，这样学生就很容易地总结出棱柱的定义、分类、性质，离开了模型，学生脑子里还能呈现其形象及内部结构，促进了学生的学习，培养了动手能力，提高了空间想象能力，用形象思维突破了抽象思维，也使学生体会到数学就在我们的身边。撰写的论文《读、议、讲、练四步教学法》发表在昌平区的《教育文苑》上。

（四）搞好教改的科研实验

由于高中的扩招，使得昌平一中的学生之间学习水平的距离拉大，学生结构已形成多层次，即使学习最困难的学生也要达到会考及格，学生还要面临严峻的高考，有些学生想考到国家一类院校，有些学生想考数学要求很低的艺术类院校，家长对孩子也有不同层次的期望值。为此昌平一中提出了“成人、成材、成事”的分层目标，并由杨校长牵头，昌平一中也因此成为由北京市教育科学研究院基教研中心梁威主任主持的“北京市高中数学分层测试卡”的四所高中实验校之一，由何老师——数学教研组长具体实施。从昌平区考试中心和教师进修学校发布的区级统考成绩表明，昌平一中各年级的数学成绩都走出了低谷，真正成为了昌平区第一，使昌平一中的数学教学面貌焕然一新。这项实验正在深入开展，并横向发展到其他学科，为教学改革做出了贡献。

由何老师主笔撰写的实验报告论文《关于〈高中数学分层测试卡〉使用的研究》被评为昌平区第十四届教科研论文评比一等奖。2003 年 8 月，被北京市教科院基教研中心和北京市教育学会数学教学研究会评为一等奖。2003 年 10 月，被中国教育学会中学数学专业委员会评为第五次全国中学数学教育优秀论文二等奖。2004 年 11 月又获全国教育科学“十五”重点课题“影响学生学习困难的教师因素分析及对策研究”和教育部课程改革项目“建立促进教师成长和学生发展的评价体系——分层评价研究”两个课题研究优秀论文一等奖。这项实验已在昌平一中全面展开，并拓展到全区几所高中学校，得到了良好的收益。

（五）加强反思，促进自我学习

人各有所长，每个人都要善于学习别人的长处以补充自己的不足。对于有机会参加的各种学习，何老师都会进行认真细致地反思。比如在北京 22 中听了名师孙维刚关于圆内角、圆周角、圆外角的两节课后，何老师受益匪浅，回来后便写了一篇文章，经王占元老师的修改后，在北京市《中小学数学教与学》初中版第 379 期上发表了题为《给学生留出思考的时间和空间》一文，并获得该报的优秀论文奖。

何老师有一个良好的习惯，就是他认为闪光的东西都要记录下来，觉得有价值的东西都要形成文字，写成文章，不断丰富自己，记录和促进自己的成长，也比较善于把一些相关的东西联系到一起，成串、成网，因此总感到有写不完的内容。

（六）当指导教师也是学习的好机会

随着年龄的增长，教龄的增加，再加上取得的一点成绩，因此也有校内外的教师拜何老师为师。何老师说："指导别人、评价别人的时候也是自己学习提高的好机会，为我的思路开拓了空间，加宽了视野，带来了新的信息，学到了新的教育教学方法。"

荣誉不是刻意追求来的，只要你做个真正追求事业的有心人，执着地走出一条对社会有益又能促进自己发展的道路，荣誉就可能会降临到你的身上。作为北京市一名数学特级教师，必然有很大的光环，也有很多的荣誉。但是面对这些，何老师始终不忘初心，并且一直戒骄戒躁，持之以恒地做出努力。

作为首都师范大学的校友，何老师在用自己的行动为我们做榜样，何老师在用自己的事迹告诉我们：不论出身如何，也不分早晚先后，每个人都有机会成为一名优秀的教师，关键是能够锲而不舍地去追求卓越的目标。

〔寄语〕

在首都师范大学六十华诞之际，衷心祝愿母校坚持育人特色，培养更多具有敬业精神与奉献精神的高素质教师。

教育路上永不止步

——物理特级教师孟卫东

林伟　孙婧

孟卫东老师，汉族，1957年出生于河南巩义。1976年高中毕业参加工作，1977年进入新疆高工专科学校物理师范专业学习，1998年在首都师范大学硕士课程班学习。1980年2月毕业分配从教至今。2000年被评定为中学特级教师，2001年被清华附中从新疆乌鲁木齐市第一中学引入，曾任年级组长、物理教研组长、校长助理等职务。现任清华附中副校长、清华附中永丰学校校长。

孟卫东老师的教育之路传奇而又坚定，从地方的普通中学到清华附中，从普通科任教师到一校之长。虽然他强调"特级教师"只是一个荣誉称号，与个人的努力有一定关系，主要还是依赖教师所在的环境和平台，但从他的教师发展轨迹来看，他是不断地在迎接挑战，甚至制造挑战，用实力和行动为自己争取到了一个又一个更高水平的平台。

一、传奇求学之路，坚定向学之心

孟老师成长在新疆生产建设兵团，在新疆生产建设兵团农八师下面的一个营里完成了高中之前的教育。孟老师从小就虚心好学，从小学开始一直到高中，他在班里一直担任着学习委员的职务。虽然在当时被认为家庭出身不好，但学习成绩一直是他的骄傲。提起那段往事，孟老师的脸上浮现出一丝自豪："尽管在'文革'时期，曾经闹过什么'学习无用论'。但是只要进了课堂，所有的学习，在班上绝对没有人比我再好的。有人可以在劳动上和我这样比、那样比，但是我在学习上，一直是班里的第一。所以所有的班委里边，我当不了班长、副班长，更当不了宣传委员，但是我一定是学习委员，因为我的学习成绩好，别人也拿我没办法。”在学校时，孟老师的班主任曾说过，按照他的家庭出身，可能最好只能去当老师，就不要想着当什么官了。虽然这只是班主任的无心之语，甚至当时还带着些讽刺意味，但孟老师却从此就开始憧憬他未来的教师生涯。也许在当时，“文革”的气氛让教师这个职业不再那么受人尊敬，可是在孟老师心里，“教师”一直是个神圣的字眼，并成了他心里最初的理想。

1976 年高中毕业后，还没有恢复高考，9 月份孟老师被分配到兵团的园艺连做炊事员。半年后，兵团给了这个高中毕业生一个机会去培训，到团部的宣教科放电影。于是孟老师又跟着团里的电影队，奔走在各个连队之间去放电影。与此同时，他并没有放弃对知识的追求。在这段充满了时代特色的经历之后，1977 年，他毅然参加了“文革”后的第一届高考。

虽然孟老师成绩优异，达到了报考的本科院校的招生分数线，但由于家庭出身等原因，最终就读于新疆高工专科学校的物理师范专业。来之不易的学习机会让他倍感珍惜，入学半年后，对知识的如饥似渴让他想办法同时到新疆广播师范大学攻读数学师范专业的课程。十年动乱刚刚结束，各个高校都急缺教师，当时的新疆高工专科学校也是如此。在孟老师入学一年后，由于学习成绩突出、聪敏好学、性格外向，他就被指派到下一级的数学师范和机电专业教物理课。就这样，孟老师的教师生涯其实在大学时代就已经提前开始。1980 年 2 月，孟老师被分配到新疆苇湖梁煤矿中学(后被并入乌鲁木齐矿务局第二中学)任初中物理教师(两年后开始担任高中物理教师)，同时也开始了他长达十六年的班主任生涯。与此同时，孟老师继续进修新疆广播师范大学的课程，1981 年 9 月，他又拿到了数学师范专业的专科毕业证书。

虽然手里拿着两个大专毕业证书，但一心向学的孟老师仍然不知疲倦地到新疆大学物理系去求学。当时我国还并不承认在职进修的学历，所以孟老师当时并不能算是“编制内”的正式学生。当时学校认为年轻人好学是好事情，虽然不能颁发毕业证书，但还是非常支持孟老师“旁听生”式的学习。于是，两年之后，孟老师就这样修完了新疆大学物理系大三、大四的课程，但并没有拿到一个正式的学历。但他说：“那个时候我想的是我要学东西，这是最重要的，也不在乎学历的问题。”在孟老师的求学经历中，上课是为了“学东西”，而不是“拿学历”，并因此根据自己的情况和实际需求选择学习的年级和课程，而学校也加以支持。在现在这个急功近利、教育样板化的时代，孟老师的这段经历值得我们的大学教育体制和大学生反思。

被问起年轻时的求学历程，孟老师平静地给我们讲述着。相比于孟老师如此丰富的求学经历，在教育产业化的今天，青年一代的受教育经历简单而又顺利，但孟老师就那样不断地争取着机会，在求学之路上不断地前进。

1988 年 9 月，孟老师带着一颗求知若渴的心，进入新疆教育学院开始进修专升本的课程。由于学校也是刚刚从专科师范院校转为本科学校，教师资源奇缺。于是在孟老师学习一年之后，校方看中了他的勤奋好学和教学经验，让他去带下一级的物理专业课程。孟老师抓住了这次机会，兢兢业业地在这块讲台上耕耘着。毕业时，也正是由于在教育学院的这段经历，孟老师顺利进入了教学水平在全新疆首屈一指的乌鲁木齐市第一中学任教。至此，经历了四段高校教育之后，孟老师才正式拿到了一个本科学历。但他丰富的学识却早已积淀成内在的功底，在教学上硕果累累。

到了 1998 年，虽然孟老师在乌鲁木齐一中已经颇有名气，担任着学校教务处副主任、科研处主任的工作，但他仍然积极参加了首都师范大学在新疆开设的硕士课程班的学习。孟老师说，虽然现在已经不记得当时授课教师的名字了，但他在教科研方面的观念和行为是上了这个课程班之后才发生了变化。虽然这种课程班不是脱产的全日制教育，但孟老师把课程中的理论内容和实际工作结合起来，主动探索着工作中的新发展。在学习过程中，他课上认真听讲，课后和同学一起讨论当天的课有什么特点，对以后有什么样的帮助。在首师大老师的指导下，孟老师开始了解到在科研项目之前要有科研规划，要有数据支持。于是，在课程的间隔期，他联系其他学校的教科研主任，组织了一个比较大型的关于乌鲁木齐地区的教师科研意识的调查。当时，计算机的使用还没有现在这么普及，孟老师和同事们就利用业余时间，扎在计算机房讨论、分析数据，做柱状图。

这五段求学经历穿插在孟老师从任教开始到被评为特级教师的教学生涯之中，这条求学之路不算曲折但异常丰富，而这其中的每一步，他都走得踏踏实实。

二、高度决定视野，环境造就人才

孟老师还记得当年在矿务局二中的时候，一次班会上大家谈个人的理想，一个坐在第一排的女生突然问他："孟老师，您的理想是什么?"这突然的一问，让孟老师有机会总结了一下自己短暂但又复杂的求学和工作经历。他说："我当时用了一个词——永不满足。我之所以这样不停地换环境，把握住能读书、能学习的机会，在大学的时候就参与教学工作，就是因为我当时一直有一个想法——我要进入乌鲁木齐地区最好的中学。也许留在原单位会很轻松，但那并不能更好地提升我的教学能力。"

带着这样的想法，孟老师从新疆教育学院毕业后，进入到有着一百多年光辉历史的乌鲁木齐市第一中学任教。之前丰富的教学经历和扎实的知识积累，让他进入乌鲁木齐一中后迅速赶超其他同事。孟老师 1992 年进入乌鲁木齐一中，1994 年时所带的一个学生就在全国的奥林匹克物理竞赛中获得了一等奖，实现了中学奥林匹克竞赛中全疆金牌零的突破，震动了乌鲁木齐市，甚至市政府的领导亲自去迎接了他们的凯旋。

但对于永不满足的孟老师来说，这样的辉煌并不是终点，仅仅是个起点。此后，他带领省队数次参加全国物理竞赛的决赛，学生获得过全国一、二、三等奖的优异成绩。所培养的学生获省级物理竞赛一、二、三等奖已达六十人次之多。此外，他在高考复习、会考复习、实验课堂教学等方面也有着独到的建树。从事各项教科研活动十余次，承担多项教研任务，进行过多次高质量的专题讲座或报告交流。代表他本人教学水平的较高质量的学术论文在各级学术刊物上已正式发表的有四十余篇，并有两本独立编著的教学专著，以及合作编著、参编的教学参考书及教学参考资料十余册。

在这些丰硕的成果背后，是孟老师几十年如一日的付出，是他用一点一滴的心血凝聚成了课堂上的每一句话，课下的每一个字。当被问及能被评为特级教师有哪些原因时，孟老师谦虚地说："这与个人努力相关，但环境和机遇也很重要。"

但我们却觉得，孟老师首先是一个不断进取的人，才决定他能够在这条教育之路上走得如此成功。就像他回忆起在首师大硕士课程班学习的时候，有一位老师做过这样一个比喻：一个教育工作者的素质，就和不同品牌的汽车一样。一辆桑塔纳和一辆夏利比较，如果都在乡村的土道上，看不出来差距。但是如果到高速公路上比较，桑塔纳就能遥遥领先。“一个老师，或者一个教育管理工作者，你自身的素质决定了你的起点和你的发展前景。”孟老师总结道。

从矿务局二中到乌鲁木齐一中，孟老师一直寻找的，其实就是那条可以加速跑起来的高速公路。虽然刚刚参加工作的那几年，孟老师并没有想着要争得什么荣誉，只是想教一些对自己有挑战性的学生，但在从教十几年后，他总结自己在不同学校的教学经历，对自己带的青年教师说：“一个老师带的学生和最后你自己的成就应该是成正相关的，如果你带的学生基础好，就可以达到咱们经常说的教学相长的境界。”

到了乌鲁木齐一中以后，孟老师一方面凭借着扎实的教育教学功底在课堂上受到学生们的喜爱，另一方面也从一些优秀学生的身上了解到自己的不足，迅速整合自己的知识，不断地进步着。他强调：“千万不要认为老师一定要比学生水平高多少，能力强多少，老师与学生只不过‘闻道有先后，术业有专攻’。对老师来说，如果你自己就不愿意有太多新的提升，学生对你也没有挑战，那用你现有的学科知识还能应付得过去；但如果学生足够优秀，对老师来说就是不断地接受挑战和自我提升的过程。”

孟老师回忆道，刚到乌鲁木齐一中的那几年，他也有过被学生“挂在黑板上”的经历。有时他正在讲课，突然一个学生举起手来，说不同意老师你这种解法，或者有时候说老师你这个地方写的是不对的。很多教师在这种时候可能会手足无措，久而久之便失去了学生的信任。但孟老师凭借丰富的教学经验和遇事不惊的个人能力，总能及时缓解课堂上的“尴尬”。作为一名教师，孟老师从不拒绝学生的不同意见，如果自己有错，一定会坦诚地承认；如果自己没错，一定会有理有据地坚持自己的观点。而每次有这种情况发生，都鞭策着他把相应的知识学习得更透彻。就这样，孟老师不仅以诚恳、务实的态度奠定了自己在学生心目中的威信，更在几年的教学中迅速成长。他觉得在课上、课下的激烈争辩中，教师和学生都能把当时的问题想得更清楚、更明白。在老师和学生这种“交锋”中，学生也在成长，教师也在进步，这便是叫教学相长。

孟老师在这条自己不断努力争取来的高速公路上驰骋着，前进着，积攒着自己的教学成果和科研成就。终于在新千年到来之际，被评为特级教师。但孟老师却觉得特级教师只是一个荣誉称号，并不是他奋斗的目标，这个称号离不开机遇和环境。他说：“所谓大池养大鱼，小池养小鱼，年轻的老师可能一开始要入职的时候需要想明白这个事情，一个人的成功与否要讲一个平台或一个起点。一个人站在洼地里，并不太可能可以看得比别人更远、更宽。我总认为，当时这是我的一个机会，有了这样一个学校的好环境。当时班上的很多孩子现在发展都很好，我觉得如果没有他们的高素质，我的有些教学成绩恐怕也未必就能达到。因为他要给你提问题，当时有些是解决不了的，自己就只能继续学。”

在不断前进的道路上，孟老师争取着更高水平的教学环境，而这个环境给予他更多的是学习的动力。“人要有终身学习的理念，这句话说起来容易，但在工作中不一定真正能落实。如果你教的孩子都认为你讲的没有什么可挑剔的，那你的惰性就会慢慢出现，别人学习新知识的时候，实际上也就是你在退步。人如果不终身学习，满足于已有的那点知识只能叫作混，不能叫作用心在做一件事，更不能说把它当作一个职业来做。”

海阔凭鱼跃，天高任鸟飞。2001 年，在从教 20 年之后，教学成果突出的孟老师被引入清华大学附属中学，开始了他教学生涯的又一个新篇章。

三、自强不息创佳绩，厚德载物谱新篇

来到清华附中的孟老师，放下之前已经获得的荣誉，踏踏实实地从教育部全国理科试验班的任课教师和班主任工作做起，在我国新一轮的课改中认真学习、积极探索，参与教科研活动，获奖数次，2012 年度入选教育部“国培计划”专家库专家；在全国和北京市的物理学科及相关的竞赛中又多次带队参赛，辅导的学生获得各种奖项数十人次。

在清华附中任教的日子，虽然不像新教师阶段有那么多学科知识上的疑问和挑战，但在信息技术发达的时代，怎样能更好地引导学生，成了孟老师思考的新方向。也许现在这个信息爆炸、科技产品每日翻新的时代会让很多人感到恐慌，但对于各个行业的佼佼者来说，变化的只是外在的工具，如果你内心有坚定的追求和不屈的意志，最终你将引领潮流。MOOC 是最近一两年在教育界走红的一个热词，对于多数教师来说，MOOC 究竟意味着什么还是个未知数，但对于孟老师来说，这却是他在十年前做的一项工作的延伸。

在 2003 年春天，孟老师到北京后带的第一届全国理科试验班高三学生还没有毕业，非典的恐怖气氛在北京不断地蔓延着，学校被迫放假，学生们都回了家，老师们却要保证不能停课。同届的教师都采用打电话的方式和学生沟通，但孟老师带的班级有 22 个孩子，多数是外地的，打起电话来，通讯成本成倍增

加。虽然北京市当时开设了空中课堂，但学生只能看到老师录好的课，互相之间却不能沟通。于是，孟老师利用清华大学开设的网络学堂，继续教授两个班的物理课。当时的网络课堂还不能用发布视频的方式进行沟通，孟老师每天用Word文档把课程的重点和知识框架上传给学生，学生则把自己的学习进展汇报给他，其中也包括需要他作为物理老师和班主任解决的问题。

这段往事让孟老师十分难忘，他甚至到现在还记得那些孩子的名字和家乡。孟老师感慨道："当时在这个平台上的大学老师不少，但清华附中的老师只有我一个。我想这应该就是今天MOOC的雏形，只是我当时的手段可能不先进。"

这段特殊的经历让孟老师对今天的MOOC格外关注，他觉得："我们不断地课改和创新，最终想改变的是现在课堂教学的模式。我们现在采用的是传统意义上的班级授课制，无论你采用什么样的教学方法，都是在有限的时间里用老师的嘴和笔来和学生进行传道授业解惑。老师要用他律的形式督促学生完成复习、练习和预习。而MOOC是想从根本上改变这样的方式，它可以把课堂的40或45分钟的界限扩大到课外去，能够把零星的，例如在地铁站候车的时间利用起来，两三分钟的时间，学生一翻手机就能看到老师微课堂的片断，或者同学的提问和他的看法、解释，就获取了相关的信息。这是课堂时间和空间范围的扩大。而这种方式可以充分利用现代人喜欢玩手机和其他电子产品的习惯，把他律的形式变成一种自觉的、自律的形式。这种转变是任何一种教法都做不到的。"

孟老师突出的工作业绩让他在清华附中也逐渐肩负起各项领导工作。曾任年级组长、物理教研组长、人力资源处主任、校长助理等职务。2012年7月，在北京市优质教育资源整合的大环境下，孟老师接受任命到清华大学附属中学永丰学校担任领导任务，现任清华附中副校长、清华附中永丰学校校长。

当谈及这项新工作带来的挑战时，孟老师显现出来的更多的是一份自信和使命感。对于教育资源的整合，孟校长有着深刻的见解："现在国家提到建设人力资源强国的时候，提到学校教育要办成人民满意的教育，这件事情绝不是一个空的口号。因为社会是由一个个家庭组成的，每个家庭正常情况下都会有孩子，为了让自己的孩子能接受优质的教育，每天家长要走很远的路接送孩子，不仅劳民伤财而且造成交通拥堵、空气污染。于是在这种背景下，我们急需均衡的优质教育资源。"简单朴实的几句话把我国急需解决的教育资源分配不均问题的原因概括了出来，而从他对于政策等大环境、大背景的解读，也可以看出他对于这个问题的解决信心满满。

清华附中在城乡一体化上做得很彻底：一个法人，一体化办学，相同的教学理念和互相带动的师资……秉承着清华附中的教育理念，孟校长在家长会上郑重地承诺："我不是仅仅为了培养一个会考试的机器，我是要培养一个合格的中学毕业生，让他全面发展，尤其是个性特长能够得到充分的发展。"然而这些掷地有声的承诺背后，需要的是他日复一日地坚守和付出。在访谈前和门卫的聊天中，我们了解到，孟校长每天早上六点就来到学校，晚上五点才能下班回家。

从孟老师到孟校长，他对于教育的理解也更加深入、全面。他认为学校是一个文化阵地。而文化是什么？作家梁晓声曾说过："文化是植根于内心的修养，无须提醒的自觉，以约束为前提的自由，还有为别人着想的善良。"孟老师说这其中的四个关键词：修养、自觉、自由、善良，这个境界是学校教育应该形成的氛围。"说学校是一个文化阵地，不只是要传播文化知识，而且是要培养人植根于内心的修养，是教师也罢，学生也罢，自身的一种素质。无须提醒的自觉是一种职业的敬业精神，或者说职业追求。以约束为前提的自由就是自律和开放，一个老师不讲规矩，做任何事情没有底线肯定不行，于是在自我约束为前提下的自由，培养学生个性特长得到充分发展。最后是为别人着想的善良，学校毕竟是一个传播文化的环境，不能以自己为圆心，以个人主义为半径画圆。不一定每个人都讲奉献牺牲什么的，但是要有一颗善良的心，老师要有，老师教的学生也要有。这样才能真正达到了我们的使命——传播文化。"

四、三十载风雨耕耘育桃李，六十年华诞厚望寄新人

回首三十年的教师生涯，孟老师觉得一个老师走上教学岗位以后，都要经历三个阶段：学术、技术、艺术。"一开始是学术追求，无论什么学科，老师一开始在定位教学的时候，会认为自己是在传播科学文化知识，跟着教材、教参、师傅，传授科学严谨的知识。接下来，经过一两轮的教学，逐渐变熟练，技术含量就要上升，不再是仅仅停留在学科上，而是以学科知识为基础，在教学上有了一定的技术专长。第三层是最高境界，就是教学艺术。"

而艺术又是个什么样的境界？也许这个境界对于很多青年教师来说是可意会不可言传的，但孟老师对于教学目的的解读也许可以让我们从中有一些了解。"一个班级四五十个学生毕业以后，不可能都会从事和物理相关的职业，那他为

什么还要学物理？其实在学习知识的过程中，学会学习比掌握知识更重要。学生借助知识为载体，在学知识的过程中掌握了学习的方法、能力和思维。如果这些目标都达到了，学生在学校学会了学习，步入社会后，即便这些知识都还给老师，但他有这种能力，会自学，可以迅速掌握他所需要的知识。所以说学会学习比掌握知识更重要。”

孟老师这一路走来，获得了无数荣誉，培育出一代又一代桃李芬芳，无论在哪所学校，无论身处什么位置，一直守护着心中那个神圣的教育之梦。他认为教师应该永远“脚踏实地，仰望星空”，虽然这是当年温家宝总理给青年人的寄语，但孟老师认为教师就应该是这样的人。一方面踏踏实实地做事、讲课、带学生，一步一个脚印地往下走；另一方面要有职业理想和追求，要制定一个适合自己的，具有挑战性的，跳一跳能够得着的目标。在谈到这些的时候，他脸上还洋溢着对于新学校的满心期许和教育改革的自信展望。

对于首师大来说，孟老师的成功是自己六十载育师育人的骄人业绩之一；而对于孟老师来说，首师大则是自己成长道路上不可或缺的一站。面对母校的六十周年华诞，他赠予母校的除了祝福，更多的是对青年教师的殷切期望。

孟老师觉得，现在的毕业生在专业知识方面一般都不会太欠缺，要做老师最重要的一点还是理念的问题，这个职业需要发自内心的热爱和坚定执着的追求。“作为一名老师，‘传道授业解惑’，你要用心把它当作一个事业来做。所以说做老师要有三点：爱心、身正、博学。除此以外，无论是男教师还是女教师，要适当地有一点幽默感、风趣感，这样你上课才不会像一个学究、一个朗诵器一样，才能引起学生的兴趣。”

至于在能力方面，孟老师送给新一代教师的期望是：三个会——会讲、会写、会思。

会讲是你站在讲台上作为一个老师最基本的要求，教师作为课堂的主导，是要用语言和学生来沟通。否则就变成了书写机器，只写不说话。无论采用什么教学方式，我们现在的班级授课都需要有一个人作为主讲、主持。能讲课才叫作一个老师合格了。

会写指的是什么？教师要做一个有心人，做事情要善于总结。写的东西慢慢到了一定时间累积出来以后，就是我们所谓的教研意识。把教书当成一个事业来做的时候，你就会用心地去写。一开始的时候可能只是勤写，养成习惯，慢慢地上升到会写。一个老师应该具备这样的素质，在讲好课的同时还要会写。

第三个叫会思。会思在理科上讲叫反馈，就是什么事情总是在循环的过程中螺旋式上升的。做任何事情的时候，只管往前走，不去做总结，到最后就什么都剩不下。于是反思实质上是在不停地总结经验，吸取教训。在新的循环里，你的起点才会变高一点。否则就会在那里原地转圈，一直转但没有质的提升。

孟老师认为一个教师如果具备了这三个方面的素质，坚持下来，就会从一个最初的教书匠，慢慢地变成一个教育家。在这个讲、写、反思的过程中，逐渐就形成了自己的教学风格和教育理念。而他寄予青年教师的这些话，也恰恰是他一路走来的真实写照。

“我不去想，是否能够成功。既然选择了远方，便只顾风雨兼程。”孟老师在教育之路上坚定地前进着，从不在意获得了什么荣誉，他只是在不断迎接新的挑战，向着心中的“教育之梦”，永不止步。

〔寄语〕

祝愿首都师范大学培养更多具有爱心、身正、博学精神的新一代教师，为首都基础教育做出更大贡献。

自强不息攀高峰，厚积薄发立人师

——化学特级教师周业虹

刘帆　陈然

周业虹老师，北京市化学特级教师，1991年毕业于首都师范大学，1994年被评为一级教师，1999年被评为高级教师，2005年成为东城区教研员，2009年被评为特级教师。北京市中学化学学科带头人、北京市普通高中课改实验工作专家指导组成员、人教社教材培训专家、教育部普通高中新课程远程研修化学课程团队核心成员，培训指导课改实验区的化学教学工作，主持过多项科研课题的研究。长期承担北京教育考试院高中化学会考试题评价工作、北京市高中化学教师资格认定委员会学科评委工作。

和周老师的访谈约在了她读书、从教多年的北京五十四中分校，上午10点钟她刚刚结束了一场教研活动，与自己带的年轻教师热烈地讨论刚刚所听的课，并安排下次的听课活动。周老师看起来精力充沛，说话干脆利落，那些刚刚毕业的大学生像是她亲密无间的小妹妹，她随性地和她们开着玩笑。初次见面，我们还略有些拘谨，她却像已经熟识的老朋友一样，热情而自然地把我们带到教室隔壁的校长办公室，借地接受了这次访谈。而接下来的访谈，我们几乎没有说太多话，周老师一气呵成地讲述了自己多年的经历，我们只觉得心灵一次次被触动，说到动情处，周老师也禁不住泪水盈眶。

细细品味周老师的成长经历，我们看到了个人品性在专业成长中的重要性。与其说是哪些人、哪些事对周老师的成功起到了关键作用，不如说敬业、诚心、进取的品性使她在职业生涯的每一个阶段都赢得了他人的认可与尊重。

序曲：为家庭走上师范路

周老师笑称自己上师范是“很偶然的一件事”，当年周老师的家庭经济条件不太好，上有哥哥在北京艺术大学（今北京大学音乐学院）就读，下有妹妹在上高中，父母供三个孩子读书十分不易。“读师范当时是有补助的，我们都管师范生叫吃饭生，当时我就暗暗地在心里做一个决定，就上师范了，然后每个月还能有生活费。那个时候我初、高中都是在五十四中上的，每年的考试，一年两个学期，每学期两次考试，期中、期末，六年全部都是年级第一，他们都觉得我应该上清华、北大才对，怎么读师范了，一帮人觉得不可理解。好多老师也不知道怎么回事，我也没跟他们说。后来有一个教数学的老教师，她马上要退休了，我记得她语重心长地说了一句：‘中国要都是你这样的人上师范，中国的教育事业就大有希望了。’”多年过去，依然看得出当年的小姑娘做出这个决定时内心的挣扎。然而，正如那位老教师所言，也正是这个偶然的决定，使得一代又一代的学生及青年教师们受益。

“我后来也是遇到了求职特别艰难的地方，因为我是1968年出生的，‘文化大革命’期间出生的那批孩子特别多，结果在找工作的时候，虽然是国家分配工作，但是都不是十分优秀的学校。结果后来我自己跑了好多学校，我们区的几个名校都去过了，但都是人才饱和了，没有能接收我的。我记得那天回来时，天在下着鹅毛般的大雪，我骑自行车回家，一边骑一边哭。当时就想，我上学的时候成绩这么优秀，毕业了以后想找一个特别好的学校去工作，居然没人要我，难受极了。当时没办法，就回我的母校了，虽然母校也是不缺人，但对我特别照顾，书记说我们人不缺，还富裕，但你来我们一定要，政治科缺人，你先教两年初中政治，到初三自动转成化学。幸运的是，入职后，我当时上学时的班主任把他带的高二的一个班分给了我，让我教化学并且当班主任，这样我就留在了五十四中。”当年小学升初中时由于招生中的性别不公，周老师很可惜地没能进入重点中学，而与五十四中结缘；毕业求职时又遭逢人才饱和不能进入名校工作而被母校收留。命运似乎并不特别眷顾这个聪慧要强的姑娘，但起点并不决定终点，立足一个平凡的岗位，周老师却做出了极为不平凡的成绩。

一、教师生涯

中学连续六年年级第一，大学期间成绩优异，因此新入职时，周老师已体现出不凡的专业素质，登上讲台的第一节课她就要求自己做到脱稿讲课，“全都背诵下来，一边讲课一边看教案是没人信服的”。工作两个月后参加东城区青年教师大赛，周老师一鸣惊人，拔得头奖头筹，令全校师生刮目相看。良好的开端并没有让她故步自封，此后的职业生涯，她虚心向学，兢兢业业，不断进取，丝毫不放松对自己的要求。

（一）遍访名师，诚心动人

周老师说在工作之初尊重老师、尊重师傅是非常重要的，而且不能局限在自己任教的学校，必须主动出击，遍访名师。“我那会儿刚工作的时候就能做到这一点，各个学校去听课，可能45分钟的课就听了一个亮点，但这个亮点是你不知道的，我觉得就值了。现在好多年轻的老师都觉得去听课耽误自己的时间，还不如批点作业，全错了，听课最重要。所以那时候我玩命地去听别人的课，一帮老师帮我，慢慢让我走了很多捷径，你的诚心打动了人家，人家才会诚心诚意帮你。”

虚心求教并非总是受到热情欢迎，遇到有个性的老师也难免会吃闭门羹，周老师的诚心正是体现在如何对待拒绝自己的前辈上。当时东城区某重点校的一位名师并不十分愿意周老师去听课，对自己的学生说“多年的心血怎么能被这个小丫头白白听去了呢”，这话通过学生传到周老师耳朵里，周老师虽然委屈得差点“掉眼泪”，却并没有记恨这位老师，反而一如既往地尊重她，遇到问题虚心请教，过年过节前去看望，后来这位老师虽然还是不让周老师去听课，但只要得知周老师要参与区里的研究课，都会主动打电话把周老师叫到家里帮她备课，“特别细致，包括这句话应该怎么说，都告诉你”。

在最初参与考试命题时，周老师也是诚心求教，从而赢得了老教师们的帮助，令周老师印象尤为深刻的是西城区的教研员张林涛老师。“那个时候给我触动最大的是西城区一个教研员，张林涛老师，他真的是特别好的人。我拿着题找他去，他一看题劈头盖脸一顿批，这什么玩意儿，说得我直掉眼泪，他说你别哭，我告诉你该怎么弄，他就一句一句告诉我这题怎么回事，说如果这个不行，换一个题怎么换。回去我一宿一宿熬夜，一遍一遍找，我这句话怎么说，书上这句话怎么说的，特别特别细致地把整本书又从头到尾看一遍。看完了以后又去找他，好点了，但又一顿批，就这么一遍一遍地批得狗血淋头似的，到最后这个卷子拿出来了，拿出来一看全市都认可。一看就知道东城区换人了，换的人出题路子非常正，我一听这个一下踏实了。”

(二)拼命三郎，痛下苦功

访谈间，校长进来拿材料，笑着对我们说：“周老师你们真是该好好访访，她是拼命三郎，现在真是很难找这样的人了”。从周老师一个个平实的故事中，我们已经充分感受到她痛下苦功、精益求精的品质。周老师自己说“最难的是怀孕生孩子的时候”，由于担心耽误工作，入职两年后她才怀孕，当时她依然担着班主任的工作，怀孕四个月带学生到昌平军训，军训回来继续担着两个高三班的课和一个班的班主任，怀孕八个月挺着大肚子坚持给学生们上课。老师的辛苦付出，学生们都看在眼里，铭记在心，有个十分有心的孩子悄悄地在她办公室门口放了一个袋子，里面装着一条孕妇裤，周老师“至今不知道是谁送的，特别感动”。周老师的孩子 1 月 22 日出生，学生 1 月 15 日考试，她坚持把学生送进考场才歇假，15 号离校时，她收到了全班学生集体签名的一封信，表达对老师的感激之情，并在信的最后说“我们全班同学一起等待着您回来继续教我们的课”。于是，生完孩子仅仅 40 天周老师就恢复了正常工作，以至于生完孩子见到教研室主任，主任半开玩笑似地问的第一句话就是“孩子生下来没什么毛病吧”，周老师说：“我心想怎么问了这么个问题，不过这证明人家认可你的这种精神，敬业的精神。”

高中教学中，获得学生、同行认可的最重要也是最直接的方式就是学生的成绩。“成绩出不来，谁能认可你？吹得天花乱坠也没有用，必须要在学生身上落实。”入职第三年周老师就担负起了教高三年级的重任。“高三那年怎么出成绩？当时想了好多办法。我记得当时每个课间都给学生排好队，一个课间找 3 个人，每个人必须准备三个问题，利用课间的时候去找我答疑，今天布置 18 个孩子，明天再布置 18 个孩子，每天都把学生布置好，就通过这种方式，撵着差生一点点地往前学。高三考前有一个答疑，答疑的时候也是，半个小时一个人，每个学生排好队，等于是几天轮一遍。每天排好了，这个时间段几个人来，那个时间段几个人来，一个人问问题大家互相听着，差孩子安排三次到四次，好学生安排一次到两次。”就是通过这样扎扎实实的付出，周老师所带的学生高考成绩在全区名列前茅，超越了不少重点学校。

圆满地送走自己的第一批高三学生，9 月份再开学时，周老师的孩子才 8 个月大，她却依学校安排，担起了四个班的教学任务，同时担任班主任和年级组长。压力极大，但她以女性特有的坚韧默默扛起了家庭和事业的双重重担。

(三)目光长远，积极进取

周老师1991年入职，凭借自己的过人素质、虚心求教和敬业精神，在教学上取得了优异成绩，仅用三年便评上了一级教师。但周老师毫无懈怠，当她的敬业精神在东城区的领导中传为美谈，而同事、学生也给了她极大的认可时，她没有止步于此，反而开始思考未来的发展。“我当时感觉到，你教课教得再努力，出去只能跟人介绍这个，没有什么其他可说的。所以后面的事情怎么办？我就开始转入到一边做教学一边做科研，你得去写东西，你光会教书，一辈子没东西，就没有后面的发展，就没有对自己的一个提升的过程，后来就开始写东西。孩子这么小，晚上都是孩子睡着了以后再起来工作，孩子一般十点多睡，有时候十一点才睡觉，等孩子睡着了，硬撑着再起来，开着台灯，再去学习再写东西，真是一直这么过来的。”

对于科研工作，周老师并不是敷衍了事，像现在许多年轻人一样到网上查东西，拼拼凑凑就成自己的了，周老师认真地思考自己的教育心得，对于教学中行之有效的方法，探寻其背后的理论支撑，将理论与实践相融合，追求言必有中。

(四)用专业素养和人格魅力折服学生

周老师为了教学事业不计成本地付出绝不仅仅是为了自己的成就或荣誉，更多的是来源于骨子里的认真，以及对学生的责任感。还是在东直门中学实习的时候，一次周老师和母亲一起走在路上，碰到了一个学生，学生叫了一声“周老师好”，“当时我母亲觉得特欣喜，哎呀，叫你老师呢！学生叫你一声老师以后，你觉得就有一种天生的责任，他叫你一声老师，你就不可能让他觉得从我这没学到东西，不可能有跟着我会毁了他的感觉”。周老师将心比心地说，当年把自己的孩子送到校门口，真的是觉得孩子就交给学校了，“当时看着孩子远去的背影我就想，今天我把这个孩子交给学校，学校会还给我一个怎样的孩子呢，就是那种感觉，让我觉得作为一名老师是责任重大的，现在每一个家长基本都只有一个孩子，家长把孩子送到你的学校，你能不能让家长放心？孩子出了校门以后，咱不是希望他对你歌功颂德，但能不能让他不骂你？这个很难，所以就朝着这样的方向努力，让孩子爱你，让孩子将来回忆起在五十四中的经历，还能记得你”。

而这种责任感，首先是体现在用自己过硬的专业知识让学生折服。“你年轻，刚工作，专业知识一定得扎实，不能让学生挑出你的毛病来，而且你的课他得喜欢，突然他得觉得跟以前的化学课不一样。必须要精心备课，你讲课一出手，学生能听明白。”周老师坦言在生孩子之前是非常严厉的，学生们都怕她，但是却又真心佩服她。而生孩子时期学生默默地用行动回报周老师的艰辛，“他们到高三以后，有好多小孩不听课了，说这堂课不爱听，拿书就走了，到操场上自己看书去了，但一说下节是化学课，所有学生从四面八方全来了，安安静静地坐在那听课，那拨孩子特别懂事。”

周老师还讲了一个小故事，怀孕八个月担任班主任时，到班里看到最后排一个男生吃方便面，周老师说方便面收起来吧，结果这位男生刻意顶撞，惹周老师生气，动了胎气，只好让大家上自习，自己回办公室休息。结果那天晚上这位男生被全年级 200 多人围攻，让他向周老师认错。周老师是一周后收到这位同学的信才知晓此事。而多年后，这位学生已在昌平导弹部队工作，在一次毕业聚会上见到周老师，身着军装的他“第一个动作先抽了自己一个嘴巴，第二个动作立正给我敬了一个军礼，说‘周老师真对不起，这么多年就想跟您说这句话’”。

二、教研工作

2005 年起，周老师开始做东城区的教研员。虽然此时的她，已近乎功成名就，获得了各种荣誉奖励，但面对着新的平台，新的挑战，周老师还是拿出了当年拼命三郎的精神，从头开始。

(一)厚积薄发，一鸣惊人

东城区教师进修学校规定教研员每学期下校听课 40 节，并不是所有人都会认真完成这个要求，而周老师却是一学期认认真真听 100 多节课。“我就骑车到处跑学校听课，一天能跑好几个学校，真的也特累。听完课以后什么也不说，就是听课，听课多记，好的是什么，不好的是什么。而且在听课的时候充分尊重人家，就是向人家学习的，说人家的好，不好的地方一般不轻易说话。”

教研活动年终测评会要求一线教师给教研员打分，周老师入职三年连续是单位里分数最高的，这个消息只有领导知道，领导希望周老师在单位大会的时候介绍一下自己是怎么做教研工作的，但周老师坚决不肯发言，她说：“原来在学校太张扬了，换了新单位学会低调了，不说话了。”这样，一直到 2009 年评特级时，都很少有人知道周老师默默地做了多少工作，也就是在那一年的述职大会上，周老师一鸣惊人，上台以后短短几句就让全场鸦雀无声，最后结束发言的时候全场掌声雷动。

周老师的话使我们不禁想起这样一个故事：在遥远的深山里，生长着一种与众不同的竹子，在最初5年里，你几乎观察不到它的成长，总觉得它的高度仿佛一点儿改变都没有，初次接触这种植物的人难免会下一个定论，这是一种长不大的竹子。但是，你耐心地等上5年以后，你会发现，有一天，它就像被施了魔法一样，开始以每3天大约两米的速度急速生长，并最终在6个星期之内长到30米左右的高度。原来，在这5年的时候里，它的根在地下没有一天停止过生长，它充分地汲取养料与水分，为将来有一天的"一鸣惊人"、"一飞冲天"做一份最为丰盈与富足的准备。当这个机会终于来临的时候，它就会在刹那之间绽放出它最为夺目的光彩！

（二）"竭尽全力为一线教师服务"

周老师做教研工作有两个简单而深刻的原则，一个是业务上要求自己专业水平始终站在最前列，一个是思想定位上要竭尽全力为一线教师服务。对于后者，周老师尤为强调："首先把这个位置定好了就不会有高高在上的感觉，给老师做各种服务，老师从心里感谢你的时候，再往下开展各种工作，老师们都会认可你。我有的时候带老师们出去教学交流，每次我都会跟老师们强调，人家可以叫咱们专家，但咱们谁也不许自称是专家，因为说了以后就会把自己的位置搁高，搁高了之后就会俯视别人，这样你跟一线的老师们就再也打不到一块儿去了。"

周老师不仅仅是摆正心态，更是一丝不苟地指导年轻教师上课。一节研究课通常要听四到五遍，从着装发型，到幻灯片效果，到每句话该怎么说，手把手地教，从心底里去为老师服务。而一线老师对教研员的付出心中也是有杆秤的。"我不敢跟人说我做得怎么怎么好，但是我敢说我肯定是尽心尽力的。有的人听完一堂研究课，说把这老师的课推翻了，这不行，那不成，但推翻了人就走了；也有的人根本不管你，行，挺好的，就这么上吧。但是我给你推翻了以后，我会告诉你应该怎么上，我从头到尾帮你再上一课。咱们说课堂教学都是遗憾的艺术，没有一堂课是完美的，你怎么都能挑出毛病来，就看你是不是认真地告诉他，是不是诚心去帮他。"

（三）延庆五中的义务教研员

2007年北京高中课改以后，周老师又接受了新的挑战，单位领导让她负责高一的新课改。周老师没有闭门造车，而是选择多听课，了解不同学校、不同老师对新课改的理解，如何设计教学内容、如何把握重点难点。为了做好这项工作，周老师主动联系了远郊区县的一位教研员。“我说我想多跟老师进行交流，你能不能帮我联系一个学校，跟校长说清，一切都是免费义务的，我义务到这个学校的老师那去听课，听完课以后跟老师去交流。一是老师受益，另外我这块儿也想多了解一些老师对教材课程的认识。就在这种情况下他帮我找了延庆五中，我在延庆五中义务给他们干了三年，风雨无阻，一个月一次，一分钱不收，去听老师的课，上午听课，下午跟老师研讨，包括他们的高考培训、青年教师培训，这些我都没跟我们单位说过。通过这样一个活动，能够了解不同层次的学校以及各类老师对新课程的认识，这样我再去评课的时候会更加游刃有余，能够从教学设计了解老师们是怎么认识教学内容，怎样把握重难点的。因为刚开始实行新课程的时候，好多老师都是摸着石头过河，都不知道怎么认识。这几年我都有去全国各地听课评课，包括人教社的教材培训，可以接触到各种各样不同年龄段、不同层次、不同地域的老师，我自己对课程的把握也越来越到位，这个过程也给老师们搭建了很好的平台。”直到现在，周老师也常常义务参加延庆五中的教研活动，为郊区县青年教师搭建成长平台。

三、师范生培养

对于母校的师范生培养，周老师也是热情投入。她多次到首师大为学生做讲座，勉励学生首先要有扎实深厚的学科知识和专业功底；其次要有职业紧迫感和职业规划意识，了解教师的职业要求，建立职业认同；第三是强化知识输出能力，能将知识内化，再转化成自己的语言输出，并吸引学生跟着学；第四是要博览群书，扩大知识面，了解新时代的中学生，做好班主任工作，解决学生面临的各种问题。

对于刚毕业的学生，本科生也好，硕士生也好，他们在刚登上讲台第一年的时候面临的主要困难，一个是输出问题，即怎么样才能把自己学的知识输出。再有就是如何在课堂上把学生给调动起来，组织教学，因为好多老师，有的老师到工作岗位以后，既当班主任又当老师，可能就有一个手忙脚乱的过程，这个时候对他来讲可能难度更大，那你作为班主任，如果你在本科或者研究生阶段有很多的知识储备，学生很容易信服你。如果你不当班主任，只教化学，那么如何通过你的讲解，让学生一下跟你融到一起，跟着你去走，跟着你去学，这个很重要，很多时候老师做不到这一条，上课的时候就知道讲自己的东西，你没有关注到学生，就是你的输出方式不合适，学生不配合你，导致学生的主动性调动不起来，最后的结果就是考试成绩下去了，所以专业知识是一方面，怎么把它内化成自己的东西，再用合适的语言把它输出，让学生能够认可你，这是老师干工作面临的最大问题。

对于有效的教学方法，周老师认为教无定式，一切要以学生为本。“对差学校的学生来讲，孩子能够跟着你学就是他们的最佳状态了，他只有跟着你学了，才能把知识学会，所以差学校的孩子以调动学生的学习兴趣为主，我先把你调动起来，之后再去融入化学的学科知识，化学的学科思想。对于好学校的孩子来讲，本来学习的欲望就特别强烈，在这种情况下，我就要通过我更深层次的教学设计、更深层次的思维去激发学生。”

周老师还特别强调，师范生在工作中要善于反思，不仅要熟知自己所教授的内容，会通过巧妙的方式将其传递给学生，还应该要了解为什么学生需要学习这部分知识，以及如何应用。在教学中要学会多问为什么，这一点对学生与教师同等重要。同时要注重将自己的工作经验与教育理论相结合，不断整合、螺旋上升，最终形成自己的教学特色与教学风格。

结　　语

一个多小时的访谈结束后，周老师热情地邀请我们在五十四中吃了工作餐，席间我们和周老师就像是老友一样一边吃一边唠着家常，谈着共同的朋友，谈着我们的母校，吃完饭周老师还细心地叮嘱我们回去怎么坐车，最后和我们一路出门。在十字路口分别时，看着周老师的背影，心中充满了对她的感佩与崇敬。认识周老师不足两小时，但她身上那种天然的亲和力、那种女性独有的坚韧、那种对事业极端的投入、对学生及青年教师们毫无保留的付出已经让我们深深感动，觉得再也无法忘记这样一个平凡而又伟大的教育工作者。

〖寄语〗

我骄傲，我是首都师范大学的毕业生！

我自豪，我与无数名校友并肩战斗在首都教育的舞台！

我祝愿，我的母校永远溢彩流光！

投身教育义无反顾，一身潇洒立功德

——地理特级教师张兵

刘帆　田武媚

张兵老师，于1998年被评为北京市特级教师。从事中学地理教学多年，在教学研究、教学指导、教学管理、教师培训、培养青年骨干教师、教育教学科研等方面成绩显著。曾多次获得市区教育先进工作者奖励，并获得国家教育委员会颁发的“曾献梓教育基金”奖。曾任北京市地理学会理事、北京市地理教学研究会理事、首都师范大学资源环境与旅游学院兼职教授、教育部教学仪器研究所地理教具专家评审委员、中国科学技术协会教育专家委员会学术委员、教育部“高中地理课程标准”审议委员、《光明日报》《考试》杂志社专家组成员等职。曾参与著书立说和撰写学术论文活动：《中学教师实用手册·地理》(地质出版社)、《中学教学实用全书·地理卷》(重庆出版社)、《高中地理题解分析大全》(科学技术文献出版社)，发表了《中学专职教研员素质构成研究》等多篇论文。

一、成长经历：独立生活早成才

张兵老师1938年出生于山西，1949年北平解放时随同在军管会工作的父母来京，入读当时的干部子弟学校北京小学，1953年小学毕业后先后进入北京13中和北京101中学就读。由于到京不久，父母工作调动，去了中苏边境，于是从小学开始，张老师就一直独立生活。张老师说自己“没有家的概念，小学、中学、大学都是住校”，“生活自理没问题，从小就会，包括三年困难时期国家给师范生补助，发点棉花，发点布，我自己做棉背心。平时袜子破了补袜子，衣裳破了补衣裳，针线活都会，到现在也是我自己干”。

高中毕业，张老师和当时的许多干部子弟一样，第一志愿报考的是哈尔滨军工大学，第二志愿是清华大学建筑系。最终，被当时的北京师范学院录取，并可随意选择专业。张老师听说“地理系是师范学校的火车头，每年还有一两个月出去实习”，喜欢体育的他选择了地理系，认真地投入到专业学习中。张老师说：“大学跟中学不一样，自己重视学习才行，所以对基础课要特别抓紧。我那个时候因为北京也没家，就是住校，所以星期六、星期天就是到图书馆看书。地理系里的老师很多都住在学校，我跟他们都挺好的，星期天都去他们家玩什么的，因为教材刚翻译过来，从苏联翻译的，那时候我们也学俄语，一般的通过就行了，像我不行，还得四处抓，四处问，不厌其烦地问，老师还挺喜欢。我觉得地理系的老师特别好，专业不错，业务不错，师德好，跟学生打成一片，能吃苦。”

张老师喜欢画画，周末也常去图书馆借本植物地理书，“把上面的图都画下来，一天画一部分，两年多画了一本”。除了书本学习，张老师对于地理系的野外实习同样专注热情。“地理系每年有一个多月到两个月的实习，到野外给地质队、勘探队、矿探队去搞资源普查什么的。地理系对我的成长来说，确实是挺好的。地理教学，用的知识特别宽广，因为它是属于自然科学，对学生要求空间观念特别强，对地形、地貌、地图，应该是技术特别好才行，所以我那时候学习还是比较不错的。”

除了成绩优异，张老师也是班上两个党员之一，担任团支书，组织能力很强。事实上，从小学、中学到大学张老师一直担任班干部，高三毕业即申请了入党。进入大学后，每年中秋节，张老师都会组织师范学院里101中学的校友到地理系一楼吃月饼、过中秋。大学期间地理系野外实习较多，除了老师带队的实习，作为班干部，张老师也曾独立带队去野外两个多月搞地理测量。“我那时候当团支部书记，除了跟着老师出去以外，学生带队就是我负责了，带实习生都是干部负责，有吃有住，到华北地区、山区，承德。”

毕业实习时，北京市组织各个区县的老师听评实习生课，在几百人的大礼堂里公开讲课，张老师第一个上台，毫不怯场，最后得到“优”的成绩。这一方面得益于张老师大学四年的厚积薄发，自身专业素质过硬，“知识特别重要，当时对教材和大纲特别熟悉，知识结构也比较清晰，所以确定教学目标、知识体系，主题突出，重点难点清晰”。其次是实习时指导老师的点拨，“备课不能光备教材，还要备学生。学生是主体，他能不能接受，知识水平怎么样，爱好怎么样，对地理课有没有兴趣，这些因素都要考虑到”。再次也是得益于从小做学生干部的锻炼，这使得张老师特别能够跟学生打成一片，两个月的实习结束时，学生恋恋不舍，周末还会去首师大看望张老师。

二、职业生涯：从教师到教研员

(一)不愿当官，钟情教学

1963 年大学毕业后，张老师被分配到原北京 125 中，“文化大革命”期间称东北旺中学，后来合并入农大附中。张老师说当时的 125 中俗称“丢三落四一二五”，是个基础薄弱校，主要是农村子弟就读。张老师第一次坐着公交车在国防大学下车时，前来接站的学校后勤老师带他穿过一片玉米地，来到了这所学校。当时学校里缺年轻党员，事实上，张老师是校长、书记专门从教育局要来的人，准备作为后备干部培养。因此，一到学校，校方就希望张老师到党支部办公室做事。“学校里面缺年轻的党员，向教育局要人去，挑个党员，把我要来了。来了以后学校说你先在党支部办公室干事，我说坏了，我不干这事，我还是想教书，后来跟老地理老师学习。”张老师说“我这个人不愿意当官，当官没意思，就想搞点教学业务”，于是向学校争取做了地理老师，跟着一位老地理教师，担任起初一六个班共 300 多人的教学任务。由于四年大学的专业训练，事实上张老师的业务素养与老教师比也毫不逊色。

1964 年北京市组织城乡教师对流，促进教育均等化发展。城市老师一共四五十人，张老师是总带队，城市教师被分散到各个农村区县。而张老师则来到当时的大兴县北藏村中学，该校既是初中，又是农场干部培训学校，张老师也就同时担任两方面的教学工作。一年多后，“文化大革命”开始，张老师回到了原来的学校。到了 1967 年，张老师担任了学校领导，当时叫“革委会副主任”，相当于副校长的职务。“后来学校里军宣队也来了，归东北旺公社管，农大附中也归他们管，说高中初中合在一块儿得了，就把栅栏一拆，合并了。”

(二)白手起家的地理教研员

1978 年教育事业恢复后，张老师被调入教育局工作。到了教育局，事实上又面临一次岗位选择。教育局“缺干部”，调入张老师是想让他做行政工作，但张老师的兴趣一直在业务上，他说“做行政干部，那我哪儿干啊”，直截了当地告诉局长自己“想管教学”，当时的教育局副局长在海淀区教师进修学校担任校长，学校里“正缺地理教研员，别的学科都有，唯独地理没有”，于是张老师走马上任，事实上是白手起家地将海淀区的地理教研工作做了起来。这其中，自然是倾注了许多的心血。“教研员我觉得，业务要求和政治思想要求挺高的，对素质要求也挺高的，他必须得有组织能力，对老师，能管好几百个地理老师，你都得熟悉他们，他的业务水平，工作能力都得熟悉才行。我到了以后，给我的任务就是：教学研究、教学指导、教科研研究、教师培训、教学评价，都归我管了。在这个学科里面，地理老师、地理教研员没白天没黑夜地干活，也没人管你，就是自己管自己。”

接下任务之后，张老师首先了解局长的要求以及其他学科老教研员的经验。“第一年我去了以后，访问老的教研员，他们的学科都怎么办，学校的局长对我有什么要求，给我讲讲，我就明白了。（局长）知道我业务不错，挺放心的。不管怎么着，你爱怎么办都行，只要把工作搞上去就没得说……”当时海淀区70多所中学，张老师“把（教研）中心组织起来，组织一个海淀区兼职地理教研员队伍，将北大附中、铁道附中、十九中等重点学校的比较好的老师组织起来”，而张老师对兼职教研员的选择是非常严格的。“兼职教研员本身必须是本科毕业，必须是骨干教师，业务得棒。你还不能就抓业务，不管学生也不行，起码是模范教师之类的。我听了一学期的课，每个学校的都听，就知道老师的水平怎么样了，光说不行。我找出了11个人，其中9个人组成中心组，这些人一直干了二十年。”

中心组每周四上午一起到各个学校听课，同时张老师还将9人分成北片、东片、南片，分别听课，这样70多个中学都积极地活动起来了。而每周三上午是中心组的研讨时间，汇报上一周的听课情况。“各个课的评价讲一讲，哪些问题怎么办，该怎么给老师提建议，他听听我们的意见，再调整一下，再搞个研究课大家听听。这样活动一段时间以后，又做全区的活动，定一个学校全区地理教师集体听课，教研员也去。”这样活动一段时间后，张老师又开展了全区的听评课活动，70多个学校每校一名教师到指定学校听课。“听完课了以后，第二个礼拜，这个学校的教学副校长和我们的教研员，和任课老师一块儿听我们的反馈意见。”这样的全区大活动，每个学期会开展5次，而小活动每周都有。

老师要讲课，张老师通常都要事先帮助老师一起备课，“那个时候比较年轻，骑着自行车就去了”，青春就这样挥洒在海淀区的70余所学校之间。

除此之外，每周五上午地理老师不排课，张老师会统一组织全区的教师培训，包括教材教法分析课、教学专题课、教学评价课，考完试还有质量分析课。其中教材教法分析课，每礼拜一次大班学习，包括大纲的学习、教材内容的学习、教材内容的构成分析、教学过程等。此外，还有教师的基本功培训，包括课堂教学语言培训，板书、板图、板画培训，信息技术的学习和地理知识的融合，地理教具的制作和使用等。而这些课很多都是由张老师亲自讲，不仅仅是海淀区，他还是北京市讲地理教学基本功的专职教师，为各个区县的教师讲课。“比如说西城区组织老师活动，请我去讲课，给他们讲了两年多。还有地理摄像、照相，地理老师必须会照相，带着学生去实习。我们也搞了一年，我们请了教育学院的专门老师给我们讲，我也给他们讲，我带着老师去照相，还有航空图的判读，带着地理老师到周口店去，我从国家(测绘地理)信息(局)那儿调了一部分图出来，借给我们老师，我带着他们去野外，地形图的辨别，都得会。”

担任地理教研员期间，张老师做的另外一件大事是全区地理教师的学历培训。当时地理教师大学本科毕业的极少，专科毕业的都很少，大部分是高中毕业，因为地理是副科，多是其他科目剩下的老师带地理。到进修学校的第一年，局长就给张老师下了任务，“你得把这些老师都培养到起码大专毕业，或者本科毕业”。面对这个艰巨的任务，张老师到北京市教育学院，组织了一个“北京市地理大专班”，争取到了发文凭的权力。而这个大专班，由于师资阵容强大，张老师自豪地说“北京市独一份，全国也是独一份”。凭借着超强的组织能力和良好的人缘，张老师邀请了北京师范大学、首都师范大学地理系的专家教授，人教社负责教材编写的专家，教育部教材审定委员会主任，以及中科院地理所、地图所专家等给教师上课。课程设置比照师范大学地理系的标准，野外实习、教学实习也有模有样。

“每礼拜都排一天课，因为局长同意办了，教育学院也不容易，批准发文凭的，昌平区的地理老师也跟我们办，两个区的老师合在一块儿，教育学院主办，这样课程设置是跟地理系的课程设置一样，教师我聘的都是首师大的、北师大的，还有科学院、地理所的等等，我都给他们安排好了，那时候人家上课，一节课一块钱，这是北京市统一规定的，那也没办法，北师大的老师跟我都比较熟，因为每年地理高考阅卷我是北京市带队的。中学的是个别抽几个落实，因为普教里面我是管理地理的，都比较熟，所以请他们上课，你打好招呼就行，我到人家家里访问，一家一家访，人家来车，路费我也不管，能请来就不错了，都挺好的。”张老师还说：“人家的课程要求比咱们地理系还严格”。而“办班因为要一天时间学习，各个学校要放老师出来不容易，我一个学校一个学校地说，因为那时候我当过领导，跟学校领导比较熟，跟他们打招呼，都行了。地理的实习也要进行，这些老师都到野外实习，我们安排在秦皇岛地区实习，搞地貌地质实习。毕业实习比咱们（首师大）地理系还严。这些老师都有教学经验，不错。地理大专班还有以前学俄语的老师，人家非要到大专班，跟着学习三年，也都通过了。”毕业后，教师还可以到首师大、北师大等学校继续攻读本科学历，一般需要两年时间。经过张老师的努力，海淀区的地理教师率先解决了学历问题，此后新进的地理教师一般都是首师大、北师大地理专业毕业，不需要学历教育了，仅需在职培训。

（三）12 年中学教研室主任

在海淀进修学校工作期间，在组织地理教研工作以外，张老师还当了 12 年的中学教研室主任，负责管理初中、高中各学科的教研工作。“每个学科的教材教法课的安排、教学指导、教师培训归我管，教学检查、教学评价也归我管。还有教研员、海淀区教师的职称评定，我也是参加者之一，在地理学科管地理学科就行了，现在其他学科我都参与，每一学科都有教学评价，都有考试，特别是高考，高考这七科，每个学科三次模拟题，我把教研员命题组带到外边去，找个地方，圈起来一个礼拜出题，出完题以后，还要组织这些教研员去校对，去印卷子。考试时还得组织专职教研员下去巡视，阅卷，各科阅卷，阅完卷以后成绩统计，然后是总的评价。总的评价是每个学校的副校长，管业务的，每次评价主报告是我做。”所有这些事情都是每年一轮，张老师坦言：“工作还是挺忙的，但也没有觉得苦，认真地落实就行了。”对于自己为海淀区的教研工作做出的卓越贡献，张老师低调而又自信地说：“当教研员、教研室主任这些年，工作上还算对得起海淀，对得起地理老师。”

（四）退而不休，发挥余热

退休以后，由于组织需要，张老师又干了几年，（身体）实在受不了了，就不干了，但从正式工作岗位隐退后，张老师还在海淀名师工作站做顾问，担任北京市地理学会、北京市教育学会地理教学研究会理事，人教社地理教学参考编委，首师大地理系兼职教授，教学仪器所评委，国家地理教学精品课评委等，依然为国家的地理教育事业发挥余热。

这些年张老师除了台湾，全国各省市几乎都跑遍了。有趣的是张老师不喜欢有报酬的商业性活动，而偏爱到边远地区做公益性讲学。他平静地说："我又不缺钱，人家都挺困难的，跟人家要什么报酬啊。"有时张老师还带着海淀区的教研员集体出去讲课，也是一律不收取报酬，"没钱的，我就组织专家去讲课，有钱的我不管"。而许多老朋友、老专家，往往是张老师"一个电话"就愿意去做免费讲座，"都不讲钱，也不讲累"。

三、地理师范生培养

谈到地理师范生的培养，张老师讲了几点要求：

首先，是要热爱地理，热爱地理教学。"地理老师，品德得好，得有吃苦精神，专业性得特别强，业务好才行，地理老师还得热爱工作，不热爱就没兴趣，没意思了，所以他必须得热爱本职工作，热爱教师工作。"尽管张老师在叙述自己的成长经历时，并未用什么夸张的言辞表达自己对专业的热爱，但他屡次弃官从教的人生选择、对待工作的兢兢业业，无不体现了他对地理教育的热爱。事实上，张老师对地理学科的热情与他对自然、对生命的热情是分不开的，访谈时，我们注意到张老师书房里两个大书柜满满地放了近百册大文件夹，里面是他去各地旅行、工作时拍摄的自然风光照片，一一洗成大幅照片，分门别类放好，访谈结束后，他翻开几本，如数家珍地向我们介绍地形地貌。

第二，是专业功底扎实。"业务得强，专业知识必须得巩固、扎实，必须得灵活运用才行。比如说天气变化，起码不比预报员差才行，他们有错误得挑得出来。现在遥感，卫星影像图的判读得特别熟才行。"张老师还讲了自己给中央电视台挑错的一个小故事，当年他注意到新闻联播节目的片头地球转动的方向、角度是错误的，于是给电视台提意见，电视台非常重视，立即重新制作了片头。此外，张老师也强调师范生的基本功，"表达能力强，板书写得好，板图画得好，学生兴趣马上就能上来"。

第三，是组织能力强。由于地理专业理论与实际联系紧密，需要组织实践活动，因此教师必须有组织活动的能力。因此，大学应该通过学生干部、志愿活动等多种途径给学生提供锻炼自己的平台。

第四，是心灵手巧。"能制作一些教具，能演示，我每年每个学期都组织两次，关于教具的使用演习，哪个课用教具特别多，特别突出，我就找比较好的，事先备好课，给大家做示范，我再评价。”

对于当前的师范生培养，张老师也有“想不明白”的事，其中最主要的是师范生缺乏专业志趣。对于目前师范学校毕业生不当教师，以及许多师范生无心从教的事实，张老感到不解。“我觉得不对就在这儿，你毕业以后不当老师，还叫师范学校？我觉得师范生，其实要求应该更高一些才行，不是说没饭吃就当老师了。招生的时候必须得严格一点，他必须得愿意当老师。”

此外，对于当前基础教育界过分强调“科研成果”的导向以及中学教师盲目追求高学历的趋势，张老师也表示担忧，认为政府部门的教育管理方式需要调整。“还有就是评职称，论文得过关，我反对这个。没有论文不行，但是拿论文当主要的也不行。我们好多老师，高级教师过不去，外语不行，论文不行，这我也没办法。”

结　　语

张老师近年来由于需要照顾老伴，加之自己腿脚不便，已经很少再四处行走了，然而书房里摆得满满的世界各地的照片集和一摞摞的荣誉证书是他一生热爱大自然、热爱地理教育的最佳见证。每一个生命都是独特的，张老师从儿时跟随部队行走四方，到少年时期独立生活，青年时期投身教育，一路走来，他淡然、潇洒，而又坚定，对自己选择的事业全身心投入。数十年的故事娓娓道来，张兵老师的语言不事张扬，却令听者时而激情满怀，时而敬意由生。

综览张老师的职业生涯，大学期间踏实的专业学习打下的良好业务基础，对教学工作的执着，以及他从小培养起来的吃苦耐劳精神和组织领导能力明显在其专业成长中发挥了极为重要的作用。而他对每一份工作的认真投入、一丝不苟，也使得他的爱好、信念、理想能够真正地在日常生活中扎根，从潜能一步步转变为现实。

〖寄语〗

贺首都师范大学建校60周年，发扬优良传统，为培养建设一支忠诚党的教育事业的教师队伍而努力。六三届校友张兵 2014年4月29日

单纯的信念，不懈的努力

——地理特级教师唐桂春

刘帆　陈进美

唐桂春老师，1986 年毕业于北京师范学院地理系，1986 年 7 月—1987 年 7 月，在通州区马驹桥中学任中学地理教师。1987 年 7 月—1996 年 9 月，在通县二中任中学地理教师。1989 年在北京市普通中学青年教师教学评优活动中荣获“优秀课”奖。1996 年 9 月—2000 年 2 月，在通州区教师进修学校任中学地理研修员。2000 年 2 月—2005 年 7 月，在通州区教师进修学校任高中部主任，兼高中地理教研员。2001 年被评为“北京市中青年骨干教师”。2003 年被评为“北京市学科教学带头人”。2005 年被通州区政府授予“通州区名教师”称号；被北京市政府授予“特级教师”称号。2005 年 7 月—2009 年 1 月，在通州区教师研修中心任高中研修部主任，兼高中地理研修员。2008 年被北京教科院聘为北京市基础教育教学指导组地理学科专家。2009 年 1 月至今，在通州区教师研修中心任中心副主任。2011 年被中国地理学会评选为“第六届全国地理教育工作者”。

唐桂春老师中学时就喜欢上了教师职业，1982 年从通州的潞河中学毕业时，唐老师报考了北京师范学院，成为一名地理专业的师范生。回忆起中小学时遇到的一些老师和这些老师对自己的教诲，唐老师犹感佩不已，正是这些业务水平高、对学生负责任的老教师，激发了她最初从教的志向。高考填报志愿时，母亲建议唐老师在师范和医学二者之间选择，唐老师毅然选择了师范专业。

而大四教学实习时，唐老师得到指导老师的高度评价——“你是一块做老师的好材料”，更使她抱定了做一名好老师的信念，从此近三十年的职业生涯她踏踏实实地践行着自己最初的梦想。

一、从教十一载

唐老师在教学一线耕耘了十一年，她所服务的学校并不是示范校而是普通校，她做班主任的班级也不是本校生源最好的班，但是，她坚定信念，用对教育事业的热爱和坚持不懈的努力，成就了一批批学生，也发展了自己，更收获了一份浓浓的师生情谊。

（一）地理教学：让学生轻松地学好

1986 年大学毕业后，唐老师被分配到一所农村学校——马驹桥中学任教。由于学校师资匮乏，唐老师同时担任了初中和高中两个学段的地理教学，每天都要上新教案，对于第一年工作的她而言是一个非常艰巨的任务，但她全身心投入教学，认真钻研教材，研究学生，经常备课至深夜，她的课受到了学生的欢迎，她本人得到了极大的锻炼，教学能力有了很快的提升。1987 年，由于工作需要唐老师被调入通州二中任教，从此唐老师在这里一干就是 10 年，10 年里唐老师先后担任初一、初二、高一、高三年级地理教学工作，做了 5 年班主任，3 年年级组长。

通州二中与潞河中学相隔不远，但生源质量不如潞河中学。唐老师并没有抱怨或是气馁，她早已给自己确立了一条信念：“无论面对怎样的学生，只要以爱为出发点，以学生的成长为本，找到适合学生的教学方法，我一定能使他们爱学地理，会学地理，学好地理”。

有了这样的信念，在教学过程中，针对学生基础比较薄弱、对学习缺乏信心的情况，唐老师积极钻研出自己的一套方法：第一，她把地理知识当作最珍贵的东西引导学生学习。让学生感到地理知识很有意思，只要跟着老师学一定能学好地理，让学生“爱学”；第二，她采用知识结构教学，突出各部分知识的内在联系和因果关系，帮助学生理清脉络。帮助学生总结规律掌握方法，让学生“会学”；第三，她善于联系生产和生活中的实例教学，运用多种教学手段，教学直观性强，教学语言生动、简洁、逻辑性强，教学思路清晰，使学生“乐学”；第四，向课堂 45 分钟要效率，争取让学生课上听懂、记住，学生课业负担轻，使学生“轻松学”；第五，她尊重、理解、信任、关爱学生，师生关系和谐融洽，让学生“为老师而学”。唐老师使学生“爱学”“会学”“乐学”“轻松学”“为老师而学”的“五学”策略使她成为最受学生欢迎的地理教师。

我在教学中对于每部分教材的内容，每节课都认真研究，针对我的学生我要给他哪些背景的铺垫的东西，我如果只是对着这个教材讲，一方面学生可能会觉得乏味，另一方面有些知识点你要不给学生更多的补充，学生就不好理解。所以更多的时候我在教学中，根据教材的内容，联系生产生活的实际，更主要的是贴近学生，让学生觉得老师讲的东西跟他挺接近的。比如我讲天气，我肯定忘不了跟学生说，你们想想北京这几天天气怎么了，谁能把这几天大概气温的变化、降水的变化跟大家说说，说完了我再给大家接着讲，为什么导致这样的现象出现。

在学生复习知识的过程中，唐老师也用心钻研如何让学生更加高效系统地掌握知识点，自创了一个小绝招。每一单元的教学结束后，她会认真梳理出知识的网络框架印制给学生，其中关键的地方都会空出来，请学生自己思考、填写，这样就可以帮助学习能力稍差一点的学生很好地建立知识体系。

由于教学有方，唐老师的地理课从来不需要加课时或补课，她的学生们在高考、会考中都取得了非常好的成绩。重要的是学生在她的引导下喜欢地理，学到了知识，学到了地理基本技能。有的学生报考了师范院校地理系，如今已经从事多年中学地理教学，成为骨干教师，在他们身上能够看到当年唐老师的影子。

(二)班主任工作：在爱与尊重中引导学生

在教学中，唐老师钻研的是如何让学生轻松地学好，而做班主任就是钻研“怎么爱学生，怎么尊重学生，怎么把班集体建设得更好”。唐老师说，你对学生付出多少爱，学生们都是会感恩、会回报的，老师做的一切学生都会记在心里。而且，唐老师说，“有意思的是，记住老师、感恩老师的往往是那些学习不好的，或者是比较调皮的孩子”。或许这也是因为唐老师对这些学生付出了更多心血，她相信，对任何学生，只要“尊重他，引导他，他就能够向好的方向发展”。

“原来我们有一个学生，经常逃学，或者迟到，后来我就去家访好多次，一年中我去了他家至少五次，因为主要是他家庭的情况有点问题，家庭里父母离异，后来家庭生活情况也不是特别好，母亲几乎不怎么管他，我就反复地跟他家长去交流，跟他家长做沟通。最后这孩子慢慢地好转过来了，就是他知道老师真不容易，他感动的是没想到‘我第一天缺课一次，第二天您还真到我们家来’”。唐老师认为学生犯错不能放任不管，如果教师没有做出足够的努力，而让孩子得到了处分，一方面会影响孩子未来的发展，另一方面孩子会给自己贴上“坏孩子”的标签，更难转化。引导学生的时候教师只要有足够的情感投入，对学生鼓励、帮助，让学生感觉到老师是诚心诚意为他好，那么通常学生就会向老师希望的方向发展。

唐老师还非常善于把握学生心理、调动学生积极性，营造班级“正能量”。有一年冬天，学校举办越野赛，唐老师所带的是年级里成绩较差的班，在做动员的时候她跟学生说：“咱们成绩上比不了一、二班，他们是挑出来的，入学分高的搁他们班了，学习咱们比不了他们。但是如果体育上咱们还赛不过他们的话，今后在几个班级里还怎么会有咱们的地位啊？除了学习成绩咱一时半会儿上不去，但是别的项目咱们样样都得拿第一，体育先拿个第一！”唐老师中学时是长跑队的体育健将，她亲自带着学生每天在操场上练习，以自己的积极性带动学生，结果同学们果然争先恐后地报名。让唐老师尤为感动的是一个经常迟到、不守纪律的淘气孩子，因为自己没有争取到名额，还特意说要和一位入选的同学比一比，争取参赛资格，最后他确实代表班级参加了比赛，在寒冷的冬天里坚持跑了3000多米，取得了很好的名次，为班里争得了荣誉。最终，班级的越野赛成绩遥遥领先于其他班级，夺得第一名，不过重要的不是比赛的第一，而是在班里每个同学为了集体的荣誉共同努力的过程中，班里的凝聚力大大增强了。

离开二中调入教研中心后，每次从工作过10年的二中门口经过，看到身穿红白相间的二中校服、脸上洋溢着青春朝气的学生时，唐老师感到那么的亲切，“恨不得再回学校，回到我的讲台上和学生们一起学地理”。真心的付出产生真情的回报，师生之间的情感互动不仅仅对学生是重要的，它也是使教师热爱教育事业、保持不竭动力的情感源泉。

（三）专业成长：公开课的锻炼

唐老师谈到对自己专业成长特别重要的是参加公开课的机会。在二中任教的第二年，唐老师就参加了通州区的青年教师教学大赛，并获得了一等奖，作为通州区地理学科唯一的代表被推荐到市里参加比赛，再次获得了最高奖项。为了准备这次比赛，唐老师前后投入了一个多月的时间，最初在学校内部和区里赛课时，压力并不大，唐老师也主要是自己琢磨。但获得通州区第一名并推荐到市里参加比赛时，全区地理学科的行家里手都被召集在一起，给唐老师说课。唐老师回忆当时的场景：

参加市级比赛的最后阶段指导的老师都是全区最有权威性的地理教师。听课就不为别的，就是挑毛病——剥葱，那时自己年轻气盛，自信心强，受不得严厉的批评。甲、乙、丙、丁几位教师下来，我的课已经被批得体无完肤了，我的自尊心承受不了了，心想我这是何苦呢，辛辛苦苦准备的课换来的是一无是处。评课刚刚结束回到办公室我的眼泪已夺眶而出了。冷静下来以后，认真梳理评课老师的意见，在保持自己本色的基础上，内化别人的意见，取长补短，选择性吸收。下一次的试讲我就把心态放平和了，正确对待别人的批评，顶住了压力。

因此，唐老师如今做教研员也特别重视给各个阶段的老师提供锻炼的机会，并且有了当年的经历，她也格外注重在评课时对老师先加以肯定，再提出问题，评出积极性、评出向上的动力。“我当时是扛住了，万一没扛住，没准这课就真的讲砸了，可能一次课就弄得以后教学中没有自信了。”她以女性特有的敏感去关注年轻教师的感受，“有的人脸皮薄，有的人皮实一点，对不同的人，有不同的帮他评课的方式。一般年轻教师先说你哪儿好，再说哪儿还需要改进，今后怎么做”。

二、教研员时期

(一)教师培训：甘当人梯助推教师

在二中从教10年后，唐老师转换了角色，成为一名教研员。教研员的核心工作是尽一切努力帮助一线教师的成长。除了日常大量的听评课中对教师的指导，唐老师特别注重为老师搭建成长的平台，如推荐老师参加市级评优课、教师基本功大赛等，在这个过程中，教师在前台，教研员在幕后，他们需要付出巨大的努力来帮助教师提高，教师取得了荣誉，教研员得到的是内心的欣喜和教师的感激。因此，唐老师特别强调做教研员要“甘当人梯，为老师铺路搭桥，你要幕后助推老师，帮他做大量工作，而且不能计较自己的得失”。

作为教研员，你不直接参赛，但作为幕后的策划、指导团队，要去帮助他，甚至于最后辅导的时候，要一句一句地纠，一句一句地改。每个环节大家一块儿琢磨，到底用怎样一个方式最好，精雕细刻。最后一轮比赛，前一天晚上8点抽题目，24小时后比赛，我都是陪着老师，一分钟没合眼，我们整个指导团队完全投入地帮他准备这个课。这个24小时之前我们演练很多次，团队怎么合作，我们也模拟过。最后就一个名额参赛，但当时我们训练的时候，至少训练20个老师，至少是半年以上，直到最后半个月，还有三个老师。另外两个人也一直跟到最后，24小时参与，随时准备替补。事实上，在这背后，还有我们面向全区老师的培训、训练。因此，一个教学基本功大赛背后其实是很多的努力，整个的队伍在成长。

（二）终身学习：始终站在专业前沿

作为教研员，在指导教师的同时，唐老师自身也在不断地学习新知识，不断补充能量，这个阶段的学习主要有以下几个途径：一是参加高校组织的培训，“东北师大、华东师大、华中师大、陕西师大等等，这些大学我们几乎都参加过一次或者一次以上的培训，培训的时候，我们专门给每个学校提供课程需求，他们根据我们的需求给我们量身打造一些课程”。二是读书，阅读最新的教育教学理论著作，“新的理论不断在研究、在发展、在变化，有一些新的提法，比如说建构主义理论、茶馆式教学，新的研究到什么程度了，要看理论书籍”，此外，唐老师还每月必看《中学地理教学参考》等重要杂志。第三是听课，作为教研员，有许多在市里、全国的教学比赛中听课学习的机会，唐老师都十分珍惜。同时，教研员的本职工作之一就是大量参与听评课，唐老师把这也视为自己学习的机会，“你要是去听课会发现，任何一个老师都有你可以学的闪光点，哪怕这闪光点你看上去不是特别大。如果每一个好的地方，每一个亮点你都记住了，自己的本事就大多了”。到一线听课时，唐老师并不局限于地理学科，“因为地理很多我都听过了，尤其是他们认为比较有特点的老师的课，基本上我都听过了，我下去跟他们听课的时候，就找别的学科了。我让他们校长给我推荐，您认为您这个学科非常有特色的，无论是课改方面，有效教学模式的研究方面，有效教学的改革方面，或者是学生活动的设计方面，哪个教师有特色的，您给我推荐，我去听。我发现听完了以后，其他学科其实对咱们也有好多受益的东西。它们是相通的，不是说地理教学就是地理教学，跟别的学科没有关系”。

（三）教学研究：教育改革潮头兵

在教研员的岗位上，除了听评课、助推老师成长之外，唐老师也会带着一线教师一起进行教学改革行动研究。新课标强调以学生为主体，“以前是你给学生讲明白了就行，现在的问题是你要研究学生怎样动、怎样学，你帮他设计怎样的问题、怎样的活动让他学会，教师在过程中只是引导、帮助他，这是教师角色的一个转变。所以如何设计学生活动、编制学案就非常重要”。为此，今年唐老师启动了一个新项目，即学生活动项目的设计与评价。

我们现在做的是如何围绕教学内容设计学生活动项目。举个例子，比如说探讨教材中涉及的人口迁移问题，我就可以给学生设计一个系列活动。首先，让学生去调查自己家庭的搬迁史，尽可能地往前问，最好问到爷爷辈。调查完了以后，去分小组讨论，画出图来，互相交流，到底怎么样迁移的。第二节课，针对学生调查的这些资料老师做好梳理，把几个典型的梳理出来，然后结合人口迁移的内容，看全国是怎样人口迁移的。老师的讲解和前面学生的调查结合起来，几乎老师不用多讲就会了。这样从开头一直到结论，学生参与度高，兴趣强烈。有些项目可能更大一些，比如设计三四节课都有可能。但是这三四节课一定都围绕着课标中的重点内容展开。这个内容一定是精心选择的，适合的才这么做。

唐老师还致力于设计文科综合的跨学科项目，在教学活动中将地理、历史、政治、语文等科目有机结合起来。在唐老师看来，学生的思维发展是一个不可分割的整体，教学中要注意各学科、各因素在整体结构中的功能和作用，学科间相互渗透、相互补充，才能使学生获得比较完整的知识；从多角度、多方面地去考虑问题、认识事物，才能让学生逐渐形成科学地、辩证地认识事物的方法，为学生的终身发展奠基。

三、教师专业发展经验谈

做了多年教研员的唐老师对于教师的专业发展有自己的一套经验总结。她将教师专业发展历程分为三个阶段：职业生涯初期，入职 5 年内；职业生涯中期，入职 5—15 年；职业生涯后期，入职 15 年后。

(一)职业生涯初期：打好基本功，以饱满的热情投入工作

对于刚入职的教师，唐老师认为有三方面的基本功是必须掌握的，即语言表达能力、书面表达能力、加工处理教材的能力。在课堂中要思路清晰地把知识传达给学生、在有限篇幅内写出规范的教学设计都是新教师的基本功。而面对“一纲多本”的新形势，新教师加工处理教材的能力比起以前尤为重要。“现在刚毕业的师范学院的学生，高中每个学科的教材都是两个版本以上。因为教材是这种情况，课标又是另外一种情况，考试又是不一样的，所以面对这样的局

面，老师必须学会加工和处理教材。”

新教师尤其要注重每一节课的反思。“这个内容这么讲，学生为什么没明白，这就叫反思，一节课完了以后就反思，不是说整节课反思，你反思某一个内容，今天我讲的怎么没讲明白，学生为什么没学会，问题到底在哪儿。”

唐老师认为，入职前五年，新教师在能力上差异并不太大，如同百米赛跑的前10米不会拉开太大差距，最重要的是新教师自己的心态。“要想做一个好老师，你的心态就先得要强，你给我45分钟时间，我就要还你45分钟精彩。如果你没有这种意识，应付了事，现在有的年轻人刚毕业，想多挣钱，加上交友、结婚、生孩子，尤其是女老师，有可能几年就荒废过去了。所以年轻人要处理好家庭和事业之间的关系。”唐老师回忆起自己当年参加市评优课时，儿子刚刚半岁，老人只能帮忙看半天孩子，唐老师一下课就要接孩子、做饭，晚上等孩子睡了才能备课。“每到我试讲的前一天晚上，我就发现夜里孩子哭闹的次数就多，当时给我气得，这一宿又没睡好，第二天精神又不怎么好。但后来我反过头来想，根本不是孩子闹的，是我自己心里紧张，我紧张，在旁边翻身、动得多，可能就影响孩子睡觉。”就是在这样艰难的情况下，唐老师也没有放弃锻炼自己的机会，没有对教学比赛敷衍了事，而是精益求精，经过极大的努力最终获得了“优秀奖”(只有优秀奖和表扬奖两档)。到了做教研员的时候，她依然为工作不辞劳苦。“当教研员以后，给全区命题，经常有的时候命题出高兴了就出一宿，第二天早上五点钟刚出完，洗洗脸就上班了。这样的事我都做过，不是我一个人做，好多教研员都这么做过。”

(二)职业生涯中期：形成特色，崭露头角

唐老师认为，入职5—15年的老师应该更多地钻研教学，发现自身优势，形成教学特色。“5—15年这段，一是积累自己的教学素材，让自己每年教学都有新的东西，每年越丰富，越完善，自己的教学就会越来越成熟。”

这段时间也会有更多的机会参加教学比赛，崭露头角。教师应该积极争取锻炼机会，让自己在教学中脱颖而出。“市里有比赛，区里也有教学比赛，区里最高的教学比赛叫春华杯，秋实杯，春华杯针对35岁以下青年教师的，秋实杯针对年龄更大一点的教师。参加比赛，不是为了争抢荣誉，或为比赛而比赛，更重要的是在过程中锻炼自己。”

唐老师认为，教师的黄金时期应该是30—35岁，最高也不超过40岁，这个时期自身状态、精力都是最好的，经验也特别丰富，因此要好好把握发展的机遇。

（三）职业生涯中后期：保持向上的力量

40 岁以上的教师，已经进入成熟期，基本上已经评上中学高级教师的职称，有的已经成为市级骨干教师、市级学科教学带头人，在校内也开始发挥组织领导作用，如担任年级组长、教研组长等。对于这一阶段的教师，唐老师认为首先就是要保持自己向上的力量，不要懈怠。尽管特级教师凤毛麟角，但教学的精进却是永无止境，个人的成长也是总有可为的。反观唐老师自己，从事教研员工作将近 20 年来，从未懈怠，到现在依然热情饱满地探索教学中的新问题，带着一线年轻教师打磨课堂、研究教学。其次，是要带好自己的队伍，为青年教师的发展做出自己的一份贡献。

四、寄语师范生培养

在师范教育中，唐老师觉得自己最受益的是教育学、心理学和教学实习。之所以重视教育学、心理学，是因为对中学教师而言，最关键的是如何将自己的知识输出，如何调动学生的学习积极性。“不管你教哪一科，这是最重要的东西。我大学里钻得比较深的，自己看书研究比较多的，就是教育学、心理学，比如学生的学习动机如何激发、脑科学相关知识，对后来研究和反思教学特别有用。知识性的东西是可以随时补充的，但你要真正把控学生的心理、了解学生学习过程中的心理特征，你才能知道哪里是节点，哪里去点拨他，这是当中学老师更重要的。”

而对于教学实习，唐老师建议在一个月的集中实习之前就提前进校，每周去一次，听老师上课，了解课标、教材、教学内容，体会老教师的教学经验，有了这些铺垫之后再集中实习效果会更好。事实上，在比实习更早的教材教法课上，唐老师就主张走进课堂，与一线教师交流。“可以搞一些课堂观察，老师提的哪个问题，学生有什么样的反应，这个时候再结合实际讲一讲，效果更好。再比如上课老师搞一个活动，你看看学生做的时候你什么状态，投入怎样，效果怎样。总之，要让学生去体验。”

此外，唐老师还建议在对师范生的教学中，要尽可能贴近师范生毕业工作后的实际情境，加强与中小学的沟通合作，在教学中多使用案例教学法等，使师范生尽早适应教师角色的要求，发挥出师范院校的优势与特色。

结　语

无论从事一线教学，还是担任教研工作，唐老师的工作信念都简单而质朴——“让学生轻松学好地理”“爱学生，尊重学生”“为老师铺路搭桥”，而这些质朴的话语背后是数十年如一日的一丝不苟、默默付出。更宝贵的是，直至今日，唐老师依然对教育事业充满了激情，从她回忆自己学生时脸上洋溢的幸福，到谈起教研项目时眼中闪烁的光芒，我们深深地感受到她对工作真挚的热爱。正是这种不平凡的热情与平凡日子中时刻不放松的努力，共同铸就了一个职业女性完满的人生。

〖寄语〗

忆当年，师院的一草一木，恩师的谆谆教诲，让我的教育梦想孕育；思过往，经历的杏坛风雨，从教的点点滴滴，使我体验到桃李芬芳的欣慰。看今朝，六十华诞的师大，为学为师，求实求新，培养了多少教育精英；展未来，我挚爱的母校，奋发图强，继往开来，再创辉煌誉五洲！——寄语母校首都师范大学六十周年校庆　1986 年地理系毕业生唐桂春

实践出困惑，探索得真知

——生物特级教师周静

刘帆　陈然

周静老师，1984年毕业于北京师范学院生物系，1991年起历任北京教育学院朝阳分院生物培训教师，中学师训处主任、副院长。2009年被评为"北京市特级教师"。曾两次被评为北京市中学市级学科教学带头人、朝阳区教育系统学科带头人；获北京市优秀教师称号、朝阳教育劳动奖章。多年坚持研究中学教师教学技能，将研究成果开发成继续教育课程，形成了新课程背景下教师教学技能的特色培训内容。著有《技能架起"知—行"桥》一书，主编《媒体运用技能》《教学基本能力解读与训练——中学生物》《新课程三维目标教学操作丛书——初中生物》三本培训教材。

周静老师1980年考入北京师范学院生物系，1984年毕业之时被分配到朝阳区119中学，担任过班主任，教过初中、高中生物。1991年北京教育学院朝阳分院因业务需要招聘了一批优秀青年教师，从此，周静老师进入了教师培训领域，至今已有23年的工作经验。在此期间，周静老师见证了教育学院从知识补充型的学历培训机构向基于研究的教师在职培训机构的转型，她也用自己的潜心研究、勤恳实践为教师培训事业的发展做出了自己的贡献。周静老师对于教师技能培训有深入研究和独到见解，发表过颇具影响力的著作，但访谈之中，她没有过多宣讲自己的研究成果，却不时地就自己对于教师专业发展规律的困惑与我们进行讨论。正是由于这种源于实践的真困惑、真问题、勤思考，支持着周老师不断地深入开展研究。的确，对于一个真正的研究者而言，知识总是有限的，未知才是无限的。

一、大学时代：打下基本功

回忆起在首师大所接受的师范教育，周静老师觉得有两个方面对自己的整个职业生涯影响较大。一方面是基础课的知识结构，“我们当时的基础课还是挺多的，学时也挺长，一门一门学过来，给了你很好的扎实的知识结构。生物系的课有一个特点，可能记背的内容挺多，所以考完试也挺容易就忘掉，但是当你想要捡，或者是你想思考点问题的时候，由于你有这样的结构捡起来就容易了很多，我觉得大学阶段获得职业所需的知识结构至关重要，对今后职业发展有终身的影响”；另一方面是实践课，包括专业实践和教学实践，“我们那时候的实习比较多、时间长而且要求很严。一方面是强化对于知识的运用能力，另一方面通过实习也是吃了好多苦，得到了锻炼，生物这个学科只有吃得来苦，才能享受这个学科带来的快乐，时至今日，我也一直享受着。”

谈到教育实习，周老师至今都还记得当时登台讲课前的严格要求和精心准备。作为实习生，上课前一定要经过试讲、教研组讨论交流、指导教师审核签字，才算通过，可以真正走上讲台。

我记得我第一次试讲的时候，正赶上我们带队的老师到我们组，讲呼吸作用，我做了大量的准备，讲完了，如释重负，可带队老师一上来就批了我一顿，你讲呼吸，你要知道呼吸的本质到底是什么，你要带着孩子沿着本质的东西做探讨。当时觉得可委屈了，后来才逐渐理解了自己教学设计的肤浅和带队指导教师训斥的意义。

周老师回忆说：“要写详细的教案，几乎把要讲的每一句话都写下来，躺在床上把教案全背下来，先做到背课，你才能真正做到备课，熟练了才能有思考，有思考了才能有学生，才能根据学生调整你的内容。同组的同伴之间互听试讲常常到很晚。最初每节课的备课似乎都是一个痛苦的历练过程。”

毕业后，周老师进入119中学工作，她坦言最初既当班主任又教课，工作压力着实很大，而且教学初期也遇到不少困难，“并不是一开始就做得很好，管不住学生，把握不住重点教学内容。但是我有一个优点就是喜欢踏踏实实地做事，能够承受长时间的默默无闻的付出，并不追求自己的努力别人都能看到、都能做出肯定，也就这样一直走过来、追求过来了”。教育是复杂的事情，不管是上课还是做班主任，很少有人一开始就能出色，在面临困难与挫折时如果能够不放弃，坚持对高品质的追求，不断反思自己、克服困难、超越自我，日积月累，也就能够成就日后的卓越。

二、作为教师培训专家的成长历程

在119中工作七年后，周老师进入了北京教育学院朝阳分院。“在一线时被学生围着挺幸福的，单纯、阳光”，而在教育学院，接触的主要是老师，“老师毕竟比学生思维深、有智慧，虽然没有了学生的簇拥，但却能享受更有智慧的成人之间的交流。在做培训教师的过程中我始终带着一个课题组，与课题组老师们关系更密切。你很多想法，他们马上可以实践，效果反馈给你，跟你的碰撞多、时间长了就成了朋友。”

回顾自己在朝阳分院的经历，周老师认为这里宽广的学术视野、优秀的同事以及关心员工成长的领导都对自己帮助很大。“调过来以后，这个学校视野比较宽，而且集中了很多优秀教师。从开始就跟着好多老教师，他们不但有很多经验，而且很多人做事又特别执着，这些深深地影响着我。我本来就比较追求完美，在他们的影响下，件件事都会认真去做，短时间不觉得，实际上人好像就是这样积累起来的，到有机会的时候，你这种积累就会显现出来。”

对于当选骨干教师、特级教师等称号，周老师最先想到的也还是领导和前辈们对自己的帮助。“他们会特别认真地帮你看材料，鼓励你，然后去分析，要求的条件到底是怎么样的，你的优势和不足是什么。”

在自己专著的后记中，周老师详细地总结了自己作为一个教师培训工作者的成长历程，她将自己的成长分为三个阶段。①

(一)过研究方法关

这一阶段大致从1991年调入朝阳分院到1995年评上高级教师。在这期间，周老师主要在生物教研组做培训教师，承担继续教育课程。当时是“八五”阶段，继续教育还没有脱离学历教育的模式，以补充、更新知识为主要培训任务。但

① 周静．技能架起“知—行”桥[M]. 北京：北京出版社，2009：239－240.

当时生物组的戴老师、许老师已经开始尝试以问题解决的方式，帮助学员补充、更新知识。生物教研室在骨干培训中率先以教育科研方法为学习和训练内容，从学习文献综述，到开展实验研究、调查研究。在老教师的指导下，周老师在1992年到1995年间发表了8篇论文，并于1995年被破格评为中学高级教师。科学研究方法的训练，奠定了周老师今后工作的研究基础。也是在这一阶段，周老师接触了教师教学技能研究，接触了微格教学。

（二）向反思型教师迈进

从1995年到2005年，涵盖“九五”“十五”。这一阶段，潜心做事的同时，周老师不断反思，利用自己的研究视角和研究能力思考和解决教师培训中的重要问题，取得了丰硕的成果。

“九五”教师教学基本功考核中，周老师对评价结果认真进行统计分析，寻找规律，写出了一篇研究报告，为“九五”期间确定培训目标、调整培训重点提供了依据。

“十五”期间，初中进入课程改革阶段，在研究课中周老师发现，课程改革的确带来了教师教学理念的更新，教学设计中学生活动更多了，注重学生参与课堂教学过程了，但是教学效果总是不令人满意。带着这个问题，周老师带领骨干教师观察分析研究课，用摄像机跟踪教师的课堂教学行为，获得一手资料。对教师的教学行为进行精确的记录和分析后，提出学生讨论活动中教师的指导技能要素，然后设计教学案例在课堂教学中进行实践，完成了“学生活动中指导技能的开发”的研究报告。这一过程同时也带动了相当一批生物教师的成长。

（三）在实证研究中探索

这一阶段从2005年至今。实证研究是指通过对研究对象大量的观察、实验和调查，获取客观材料，从个别到一般，归纳出本质属性和发展规律的一种研究方法。作为教师培训工作者，周老师有着天然的优势，可以进入真实现场，接触大量鲜活的教育教学案例，因此，她的研究始终与教学实践紧密联系。

这一阶段，周老师参与了行动研究骨干班，学习使用行动研究的方法处理工作中、培训中的难题。她还担任了“为整合三维目标而教学”的骨干项目负责人，重新学习了教学设计理论，深入课堂，与骨干教师们共同研究教学目标设计、表述和达成的过程。这一时期，周老师身边也凝聚起了一个稳定的研究团队，只要有时间，周老师就会去听他们的课，与他们共同研究课堂教学中的真实问题。

二十多年来，周老师一以贯之地深入研究教师教学技能问题，经过多年积累最终形成内容丰富的专著《技能架起“知—行”桥》，同时主编了《教师教学基本能力解读与训练(中学生物)》一书，为教师培训的科学化、体系化做出了自己的贡献。

三、技能架起“知—行”桥

(一)寻找教师培训的切入点

作为一个研究型的教师培训工作者，周老师本身就扮演着理论专家和一线教师之间桥梁的角色。周老师强调教师在职培训与师范生培养最大的区别在于“实践性”。教师每天处在鲜活的教学现场，教师渴望得到即时改变、课堂整体效果快速提升。但教师培训者在对教师进行指导时，又必须能够将复杂、多维、多层次的教学行为分解开来，找到适合每一个教师提升的切入点和改进重点。

周老师谈道：“在用教学技能帮助教师改进教学的时候，可以很容易地用一种分解思想，如果用一节课审视一个老师的课堂教学，这就太复杂了，也许你会发现这节课的诸多问题，这对老师来说并不好改。但是如果把这一节课有规律地分解一下，需要解决什么、怎样解决等问题就清晰了。教师可以根据这种诊断进行逐项的自我训练。”

因此，教师培训中可以采取的策略是选取真实的教学片段，在教学片段中发现问题，将问题聚焦到教师教学行为表现，分析教师教学行为表现的不足，描绘达到教学理想需要的教师教学行为要素，为形成具有指导和训练意义的教学技能理论框架奠定基础。

(二)教学技能的分解研究

20 世纪 80 年代的微格教学专家们开发了课堂教学十大技能，即：导入技能、教学语言技能、提问技能、讲解技能、变化技能、强化技能、演示技能、板书技能、结束技能、课堂组织技能。周老师并没有完全照搬已有的理论，而是深入教学一线，潜心钻研，大量搜集一手资料，用聚类分析方法加以研究，并结合新课改对教师的要求——关注学习者、关注学习过程，最终形成了自己的一套教学技能体系。

周老师总结了教学技能的三个开发方向：第一，根据新课程的要求，为使教师成为学生学习活动的指导者，开发或完善了学生活动中教师指导技能、观察技能、搭建学习支架技能、强化技能、追问技能；第二，为使教师成为课程开发者，开发了教学任务分析技能、设计教学重点技能、学情分析技能；第三，为使教师成为学习资源的整合者，开发或完善了多媒体课件演示技能和板书技能。

对于每一种技能，周老师力图界定技能内涵、理论依据、技能要素和操作要点、技能评价等内容，既有理论深度，又有操作指南。

（三）授人以渔，促进教师自我发展

在教学技能训练方面，周老师设计了技能训练方法，不仅有集中培训中的微格教学的技能训练方法，还将技能训练延伸到学校的校本教研中，设计了同伴互助的训练方法和教师个人实践的训练方法，使教学技能提升的根基落到课堂这一实践基地上。

"授人以鱼，不如授人以渔"，周静老师一直都是带着一线教师开展研究、探索问题，希望教师们能够自主关注自己的教学行为，而不是仅依靠别人训练；能够自我分析行为与理念间的差距，而不是仅依靠他人指导；能够自主尝试改善教学行为，而不是仅依靠别人要求；能够在改变教学行为后反观效果，进一步进行自我修正，而不是仅依靠别人的督促。

（四）技能训练，既是招式也是内功

一些专家认为教学技能的研究更重视教学的一招一式，而难以深入到思维的本质，难以对教师进行深刻的转化。但在周静老师看来，外显的技能、内隐的能力乃至教师的人格修养之间并没有截然分明的界限。技能的开发过程是锤炼思维品质的过程，反思就能够使你不断发现问题，不会止步，好像每完成一个任务，都能够反思出新的问题；好像总是在高兴之余就想到存在的问题；好像最好的总结就是透彻地分析问题。完成就是新的开始，成绩预示新的问题，结束一件工作只会有短暂的兴奋和放松，马上就会陷入新的问题和工作中，内心会很快沉寂下来。① 技能的训练是一种途径，是培养良好教学习惯、提升教学能力，最终达至教师自我修养、自我发展的更高境界的必由之路，是一种将

① 梁恕俭．技能架起"知一行"桥——记北京教育学院朝阳分院副院长周静[EB/OL]. http://blog.sina.com.cn/s/blog_565f618e0102efxf.html.

教师专业化发展的规律有序化、外显化的方式。

周老师如是谈到自己对教学培训的心理体会：

为什么我这些年做技能还做得下去，我也知道它有形式化的一面。比如说师范教育中，很多是现在要做成形式的东西，你养成习惯以后，以后你再去对接(实践)。对不对？是不是这样？有没有用？内隐的东西是很重要的，但内隐的东西怎么训练呢，只有外显了、共识了才具有了训练的意义，比如能力一定要在一定的方法、技能的支持下才能得以提升。当然，对于优秀教师是能够自觉地抓住一些方法和技能的内容自主提升能力的。

四、在实践中真思考，在研究中真创新

(一)探索教师专业化发展的规律

尽管从事了多年教师培训工作，积累了丰富的经验，也产出了优秀的研究成果，但周老师对于如何为教师专业化发展服务这一问题依然有许多真诚的困惑。

做教师培训就要回答：你负责的教师队伍整体的成长状况如何？针对不同发展阶段的教师你设计什么内容？什么形式的培训是最有效的？回答这样的问题，我自己也觉得特别困惑。原来的培训政策导向强，完成任务想得多。比如说课标修订了，赶紧做课标培训，要求自己的就是怎样把课标解读好、怎样找到能讲课标的专家资源。现在想的就复杂了很多，做课标培训的时候还要想教师的实践现状、教师对课标修改的接受情况；还要想这样培训后，激发了多少教师的自主实践，教师们在实践中还会遇到什么问题。教师培训的专业程度取决于你对队伍的专业化程度的判断和引领。要承认队伍发展的共性、合理性；有没有规律，有规律要沿着规律走，你说得清规律吗？所以越做越觉得这里边问题很大，学问很深。

教师专业化发展有没有可探寻的规律？规律到底是什么？周老师并不觉得自己已经有了完美的答案，而认为这是一个实践性极强的问题，只有在一代代培训人不断探索和努力的过程中才能趋近最优的回答。“毕竟咱们国家在职培训开展的时间有限。原来基本沿用学历进修的模式，做得像师范教育，我给你课程，让你学什么就学什么。现在做教师在职培训不是这样了。我们老有一句话叫按需施教，这个需太难把握了。有很多矛盾，有教育教学的岗位需要，也有教师个人发展的需要，当前在岗位需要与个人发展需要没有达到基本统一的时

候，按需施教就很难实现。”

（二）如何促进教师持续发展

在教师培训中，周老师不仅仅满足于培训所产出的优秀课例或教师技能的提升，她更重视培训过程中教师是否真正收获了自我发展的持久动力。“在职培训逐渐在改变，不仅仅追求给教师东西，还要追求给的东西可以帮助教师持续发展。教师培训的关键的是怎么能帮助教师发展。”

对于年轻老师，周老师认为差距的拉开主要就在于个人发展的动力与努力程度。“可能这轮课两位老师基本一个水平，但是下一次，他们暗暗的努力程度有差距，可能就拉开了距离。教师需要培训，但说到根子上还是自我发展的能力。都说好老师不是培训出来的，这话有道理。”周老师认为教师的自我反思非常重要，一个善于反思的人，能够从生活方方面面的小细节中汲取养分，促进自己的专业发展。因此，师范教育要传授学生的不仅仅是知识、技能，更应该是这样一种自我规范，自我反思，自我行动的意识、能力和习惯。

对于许多老教师，主要的问题是极容易被日常教学的重复性和琐碎事务淹没，失去教学的新鲜感，进入教学瓶颈期，难以突破自我。周老师也一直在思考如何帮助这些教师打破已经形成的平衡，在“危机”中接受新事物，自我超越，自我突破。“在中小学，很多老师每周都有二十多节课，天天都在上课，实际上就是不停地在讲，在往外倒，很容易就跟推磨似的，在一个原点上打转；加上现在的体制使得一线教师又经常被捆在一些琐碎的事务上；课堂传递的知识又相对简单，很容易把小孩子糊弄过去。怎么在内心里给教师激发起一种责任感，一种突破自我的动力呢，这就是需要深刻思考的问题了。所以，到底怎样能帮着老师比较快地成熟、成长，实际上是我自己也还没有解决好的问题。”

（三）充分利用教师在职学习的特点

周老师认为，成人学习是汇集个人经验的学习，需要学习者主动参与到所学的内容中；教师的学习是懂教育的人的学习，应该能够把握学习方法，达到比较高的学习境界。① 而在多年的教师培训中，周老师发现一些教师职后学习往往还保留着大学时的学习习惯：听讲座，记笔记，对老师的话全盘接受。如

① 周静主编．教师教学基本能力解读与训练（中学生物）[M]．北京：北京理工大学出版社，2012.

何启发教师改变学习方式、体现教师在职学习的特点和优势，从而提升培训效果？

我问过新教师，你们说现在学习与你们上学的时候有什么不一样？他们能知道，现在有实践；我说怎么能表现有实践呢？你要是在大学听讲座，老师说一是一，说二是二，你下去复习就行。但是现在因为你有实践了，老师讲的东西你要和自己的实践对接，对接以后就产生出：或者是认同，或者是置疑。肯定会有一些态度产生，就会激发你的交流。认同的会坚持下去；不认同的会提出质疑，会在实践中带着疑惑去尝试。

认同、置疑、实践检验，周老师用几个简单的词语概括了有经验的学习者在接受知识时可能产生的“态度”，激发教师们改变自己的学习方式。周老师现在把培训基本做成了激发教师们实践参与的培训，两周一次的集中时间，会讨论问题、分析原因、提出改进策略；两周之间的实践，老师们要拿出至少一节课进行尝试性改进，改进过程就是完成作业的过程；再集中的时候带着实践后的成功，当然很多是新的问题，进行交流和共识。周老师热切地希望教师们能够养成这样一种研修的习惯：参加培训不是给别人学的，也不是只是为了认同；而是要追求为实践改进找到方向，找到尝试中的行动假设，找到追求更高目标的发展动力。

五、寄语师范教育

作为培训教师，周老师对最新的教育理念有着不断学习的热情，对教师的成长规律有着不断探索的热情，谈及师范教育的改进空间，她认为应该将新课改导向的“以学生学习为主的教学”开发成师范生可操作的教学技能。“现在的课堂你要下去访十个校长，有八个校长愁的是老师讲得太多，讲得太多背后是讲得无效的东西太多。老师怎么能面向学生？课上老师就得能观察学生，老师得知道如何能够基于学生现有的认知发展和情感发展来讲。实际上现在的师范教育，不管是教学实习，还是在校搞技能训练，这方面的内容很少。我也一直在想，这部分的内容是不是必须得先站上讲台，教师先学会自己讲明白了，过关了，然后才能去关注学生吗？恐怕这样是不行的，在合格教师的能力结构里是不是就应该有怎样源于学生、怎样发展学生能力的内容呢？所以现在师范教育里面课程改革导向的内容需要加强，加强的不仅仅是理论，应该是技能化、可训练的内容。”

多年的研究和实践经验，使周老师相信，新课改的要求是可以通过技能化实现理念落实的。“原来像我们学科一直训练教师的演示技能，实物、模型、挂图的演示，其实教师的演示是在指导学生进行观察，因此，演示的时候，你要关注到学生怎么看，怎么想，视角变了，就赋予了演示新的内涵。我觉得师范教育应该把这些内容放进来。可能训练的时候有一些困难，因为师范的时候训练都是模拟课堂，没有真实的学生经验。但起码理论上应该有一个架构，知道以学生为中心怎么做。”

结　语

优秀的教师正是由于自身具有强烈的职业发展动机，才得以在长期的职业生涯中，不囿守成，不甘自满，使得他们能够不断发现新问题，思考新问题，进而解决新问题，使他们的事业不是小有成效便止步不前，而是不断突破自我、超越自我，达到理想的境界。回顾周老师的职业生涯，她始终以饱满的热情投入工作，始终为教育实践中的真问题所牵动，能够抓住“教师技能培训”的主线“咬定青山不放松”，以高质量的课题研究不断地推进教师培训的发展，从而有了今日的成绩。

而除了不断进取的精神之外，更难得的是在细节上不懈努力、追求完美的习惯。很多人不乏对成功的渴望，但由于没有在日常生活中坚持对自己的要求而沦为平庸。周老师常说“要把事当事做”，积极认真地做事是她一贯的风格。比如早些年，开分组会临时选个小组长，别人都不愿做，要组织、记录，还要汇报，很繁杂，可周老师认为，做这样的事情可以全神贯注地听每人发言，汇报要求迅速综合，阐明要点，不仅能够使自己获得很多好的经验和信息，还能提升自己驾驭问题、综合概括的能力。周老师说，把事当事做就不能浮在表面，要沉下心做事；把事当事做使人能够具有反思意识，从而获得反思能力，获得自我发展。①

多年来，周老师的自我要求平实而深刻：踏实做人，勤恳做事，沉一些心，低一点头。

---

① 梁恕俭．技能架起“知—行”桥——记北京教育学院朝阳分院副院长周静[EB/OL]. http：//blog. sina. com. cn/s/blog _ 565f618e0102efxf. html.

〖寄语〗

我们从母校走出已经近 30 年，承载着母校老师们的教诲，我们努力了，奋斗了。个人的职业生涯是有限的，然而，母校给予我们的知识和做人的道理会陪伴我们终生。六十载沧桑砥砺，六十载春华秋实。祝愿母校永远年轻！

坚持不懈的教育理想

——地理特级教师白洁

罗爽　刘萌

白洁老师，现任北京市海淀区教师进修学校中学地理教研室主任、北京市地理教学研究会理事。1979年就读于首都师范大学地理系，1983年初任教于首师大附中地理组，1996年调到海淀教师进修学校担任教研员，2005年被评为北京市特级教师。白洁老师长期从事中学地理教学研究工作，积累了丰富的教学及教育科研经验。多年来始终坚持学习和研究，不断提高自身的学识与修养，发表了多篇教科研论文。参加北京市重点项目“北京市高中新课程选修模块网络资源开发与实施项目”并主持地理学科的实践研究，获得北京市教育成果奖二等奖。其中，创新实践的地理教学“虚拟课堂”已经纳入北京市数字学校的网络平台，构建了新型的地理教学与学习模式。作为教研员，她精心培养青年教师，所指导的市级研究课多次获得北京市一等奖，并被推荐到全国参赛。

我国《中小学教师职业道德规范》规定了教师职业道德的基本内容，即：爱国守法、爱岗敬业、关爱学生、教书育人、为人师表、终身学习。白洁老师从教以来，始终保持对教育事业的高度热情，以学生作为教育工作的根本，刻苦钻研教学教研工作，时刻规范自身言行，不断提高业务能力，是践行教师职业道德要求的典范。

一、钻研教学：敬业爱生的实践

（一）崇教爱教，不离不弃

教师是一个相对清贫的职业。面对社会的种种诱惑，许多老师都放弃了教育事业，转投它行。而白老师却一直坚守在教育岗位上，兢兢业业地工作，不改教育初心。“工作经历很简单，首师大附中工作，然后调到这儿。跟社会上的人比起来也很单纯，没离开过教育口。等于我上学、求学的时候作为学生，后来毕业以后就作为老师，还在教育的圈里，所以对这个行业比较熟悉，也比较热爱，真是这样的。”

白老师对教育事业的不离不弃源于她对于教育事业的崇敬和热爱。“我记得我工作那时候，开始很茫然，但是后来看一个苏联的电影《乡村女教师》，看完以后真的觉得那个演员很漂亮，所以我印象很深刻，她叫瓦尔瓦拉·瓦西里耶夫娜。这个乡村女教师当时给我的激励很大，就觉得我去做个乡村女教师真的也很好。结果分配第一天报到，到首师大附中的时候，当时三环外北洼路那两边都是农田、稻地，没有像现在这么现代化。报到第一天我说坏了，我真成乡村女教师了，这是开玩笑，但是觉得这个职业真的很神圣，很好。这是第一。后来让我当班主任，觉得很好。第一天到教室上早读，学生念语文，或者外语，我就是班主任，就是看着。在走道中间，就听见孩子特别整齐地在念课文，真的很满足，很高兴，有一种很神圣的感觉。但是如果要是现在的，就是说年轻人，比如说我就是为了找一个饭碗，找不着别的好工作，先在这凑合着，他找不到这种感觉，那么很难坚持做下去。说实话要做一个好老师，我个人感觉，第一是你得爱这个职业，爱孩子。你要不爱干这个，你肯定做不好，每天干的都不是自己愿意干的一件事，你也痛苦，学生也痛苦。”白老师依旧铭记着她读过的苏联著名教育家苏霍姆林斯基的一句话：“如果你不热爱这个职业，你就不要来做教师”，她也在用行动践行着这句朴素而又深刻的表达。

（二）良师指点，用心实践

作为一个爱岗敬业的教师，仅仅有热情是远远不够的，还必须将其转化为对教学实践的用心钻研和不断琢磨。白老师充分意识到了这一点。“要想上好一堂课，必须要不断地实践，必须要坚持上课。用心去琢磨，包括学生每一个回答的问题，答成什么样，他为什么答成这样，用心去琢磨。没有一个人上的课是挑不出毛病来的。所以也是无止境的，没有上限，什么时候你这个课就完美，就最好了，没有这样一节课，只能说哪个更好。有时候这个班上完了，换一个教室下一个班讲，面对另一拨学生，跟刚才讲的不完全一样，因为学生换了，而且你刚才讲到这个时候，学生愣了，没有听懂，那么下一个班我必须想办法换过来，或者刚才一个学生回答我问题的时候，思路想到那儿去了，肯定是我讲的不合适，问的不合适，下一个班，进了那个班的教室我就改了，肯定是这样的。每堂课都会有这种随时随地的应变与处理。”

在白老师将理论性知识转化为实践性知识的过程中，“师傅”对她的专业成长起到了尤为关键的作用。白老师的“师傅”是当时首师大附中地理组的组长王玉瑄老师。为了防止完全的模仿和思想的束缚，他要求白老师首先自己独立地备课、讲课，然后再去听他讲的课进行对照。课后，王老师会根据他详尽的听课记录做一针见血式的说课和评课。这种讲课训练方式极大地促进了白老师的教育反思，使她收获颇丰。“举个例子，我当时有一节课琢磨自己讲得挺得意的。我讲的是南部沿海三省一区，就是广东、广西、台湾那一带，生产什么热带水果，就是物产很丰富，课里有讲这个内容。我觉得我讲得挺好的，下来师傅给我评课，第一句话就是：你这堂课跟没讲一样。当时心里觉得很委屈，但是一定要耐下心来接着往下听，师傅一点一点给你分析。他说你说这热带水果产量大，大到什么程度，你说十遍二十遍大，学生没有印象。但是你要说一句年产香蕉能有多少吨，全国人民一人合多少公斤。根据资料算出来，每人能有上百斤的香蕉。这个数据给学生讲出去，学生非常吃惊，就能一下理解热带水果的产量有多大。讲到长江中下游的时候说长江入海口很宽，从南岸到北岸天水相连，看不见边，宽到什么程度，你给个数，将近一百公里。当时说一百公里，学生也没这个概念。再贴近点生活实际，刚好带学生去完十三陵春游，我师傅就计算了一下，相当于我们坐车带你们去十三陵，还觉得坐那么半天车很远，13 个来回，你们算算吧！学生特吃惊，长江口有这么宽，印象深吧？一下记住了。从他评课以后，我学会了教学用数据、用资料说话，给学生留下深刻印象，而不是靠你空口说。这个印象到今天，我仍然这么深刻。”

(三)换位思考，学生为本

关爱学生是教师职业道德的重要内容，它意味着：要关心爱护全体学生，尊重学生人格，平等公正地对待学生；对学生严慈相济，做学生的良师益友；保护学生安全，关心学生健康，维护学生权益；不讽刺、挖苦、歧视学生，不体罚或变相体罚学生。白老师指出，要践行关爱学生的要求，关键是要学会换位思考。“你工作以后不要觉得你是老师，你就从你的老师的角度想你怎么讲，你想怎么教，你学生就应该怎么听，光是这种想法就不对。我们现在更多地应该以学生为本，现在课程改革的理念，他是主体，他想学什么，他想怎么学，怎么样能学得更好，你得去琢磨这个，这样你上下来的课才会受欢迎，效果才好，他也愿意学。不要老说你看我讲的现在学生都不爱学，很大程度上问题不出在学生身上，学生在没上你这堂课前是张白纸，你应该有本事让他爱学你这门课，盼着你进教室，至少你进去他不烦，应该是这样，这是一个要下工夫的地方。”

白老师就是这样数十年如一日地对学生全身心付出全部的爱，学生们也对她报以了涌泉般的感激和敬爱，令她感到教师职业的无限光荣与趣味。“现在我的学生还有跟我保持联系的。反过来看学生，看到他们在社会上都很成功，就是很大的满足，特别高兴。不是说我一定要挣到多少钱，感觉不是那样，精神上的追求和理想的实现更重要。我带过的学生到现在还跟我保持联系，逢年过节我的班长还要给我发短信，就是觉得我在这方面还是比较成功的。我觉得衡量老师成功不成功，就是学生喜欢不喜欢你，爱不爱你，还记不记得你带给他的收获。当了教研员以后，我搞教师培训，我就觉得我一辈子最大的收获就是，我交了一大堆的朋友，就是很多老师都会成为我的朋友，我退了休，也会一直跟他们有联系，这个应该是一个最大的满足和收获。”

二、克服倦怠：终身学习的践行

职业倦怠，是每位教师在一定阶段都会遭遇的瓶颈。白老师也曾遇到这样的问题。“我是中间有过一段时间，教过几年，教材也没改，一学期要教六个班；同一堂课，一周要上六遍，教材熟悉到哪行哪页都要背下来了，进到第六个班的时候就觉得，你们都该会了。其实孩子还没开始听，就是我已经背了六遍了。而且到一定年头以后你会有自己都倒空了的感觉，只往外倒没有收获。”白老师克服职业倦怠的法宝就是不断地学习和充电，践行终身学习的师德要求。“真正说学习的经历，在校本科阶段、硕士阶段，好像有期限，有句号的，其实你工作这一辈子是没有止境的，就是活到老，学到老。”

(一)更新知识结构，拓宽知识视野

随着信息时代的到来，知识更新已进入呈几何式增长的“爆炸时代”。教师

作为最重要的知识传递者，必须把握知识发展的最新动态。同时，作为人类灵魂的工程师，教师不仅需要掌握扎实的专业知识，还必须具备宽厚广博的知识基础，才能真正践行教书育人的神圣使命。这正是提出终身学习这一师德要求的深刻知识背景。

面对知识日新月异的挑战，白老师选择了在工作之余，修读各种继续教育课程，及时更新自己的知识结构。“当时计算机还没有进入到中国，我们就没开过这个课。只是到后来，临毕业的时候上过计算机知识的一些普及课，根本不像现在，信息技术这门课开得那么好，都是后来工作以后不断学习的。你要说求学，本科阶段在大学里学是一个阶段，你的专业底子是在那个时候打成的。工作以后，另一类是你不断地继续教育的学习。现在整个教育行业里，在每个学年、每个学期不断地有各种各样的培训，更多的能够跟现在接轨的都是后来自己学习这些。单位一般也很支持，我在这个过程中读了在职研究生课程，是在北师大读的。教师这个行业我感觉就是，活到老，学到老，永远都在学。”

在进修的同时，白老师还十分注重结合地理专业去进行广泛的阅读，不断拓宽知识视野。“要抽出一定的时间补充自己的东西，多看书，多听、多看，像现在网上一些光盘、媒体的东西，学科前沿的东西，还有是一些社科类的书，不全是专业书。要是这一辈子全让你看专业书，有时候你也很累，很单调。要广泛地去阅读，有的时候从旁处接受的灵感真的很好，包括文学类的、社科类的。其实拿我们地理来讲，有时候讲地域文化，你光看地理书是不行的，语文、历史、音乐、艺术都应该看。地域文化主要是从地理空间、建筑上来体现的，你看多了，在教学时就会不自觉地把很多这种东西融入进去，你的乐趣也随之而来，因此要广泛地去阅读。”

（二）潜心钻研业务，勇于探索创新

终身学习的师德理念不仅要求教师必须紧跟知识发展的脚步，不断提高知识水平，还要求教师必须具备强烈的职业意识和使命感，敢于探索和锐意创新教育理念、模式和方法。

白老师时刻牢记自己的教师身份，善于把握和创造各种机会，敏锐地捕捉生活中对教学工作有所帮助的各种信息，敢于接受和尝试新鲜事物。“我 1992 年去德国探亲，待了三个月。刚好有这么一个机会见到一个中学老师，我就本能地要求上他们学校听课，去看一看。我在那里听了物理课、地理课，还有中小学的美术课，待了一整天。我去探亲，没有人要求我这么做，但是我做这个

职业，就会对这个感兴趣，就去了解了很多，当时回来发了两篇文章。其实就是现在很多的课改理念，我 1992 年的时候才第一次接触。当时中国没有开放，都出不去，国内也很闭塞，就给你一个新鲜的感觉，原来课还可以这样上，实际上跟现在的课改完全接轨。但是我 1992 年接触这些东西，有个机会就看自己拍来的照片，我上课就讲，素材很新鲜，学生爱听。就说明你要知道你做这个职业，你随时随地都得注意这些。”

除此之外，白老师还特别强调要谦虚好学，善于向他人学习，以发现和接受新的观点和想法。“如果你不能够从年轻人身上发现新的东西、亮点，说明你也很难接受新的东西，你的观点、眼光就到那儿了，你自己也很难再发展，再成长了，所以说要谦虚好学。实际上你在教的过程中不光是付出，还要反思，有付出也有收获，这是双向的，对方也给你灵感。这一点我觉得，不断地去学，从年轻老师身上、从学生身上。从学生身上怎么学？举个例子，你提个问题，他回答的可能是你想象不到的东西，他为什么会想到那儿去，对你就是一个问题、一个思考。所以这就是给你启发的地方，那你要琢磨下一步你应该怎么教，怎么去问问题，他的回答应该给你更好的启迪和思路，这叫教学相长。你不知道学生想什么，你就没办法更好地把他们教好。”

三、投身教研：对年轻教师须坚持职业理想的劝诫

白老师调入海淀教师进修学校从事教研工作以后，将更多的精力投入到对年轻教师的指导和培养上，致力于将自己崇高的教育理想和高尚的职业道德传递给年轻的一代。

白老师指出，新一代年轻教师最大的问题是急于求成，功利思想较为严重。具体表现为：一方面，把评上高级职称或是特级教师作为衡量事业成功的唯一标准，把荣誉称号的获得作为自己的奋斗目标。如果一旦没有实现自己的目标，“可能会受到很大的打击，觉得成功不了，就坚持不下去。”另一方面，心浮气躁，耐不住寂寞，不能潜心钻研教学。“我们很年轻的老师，工作第二年就找我，‘白老师，您给我一个做公开课的机会’，好像你要争取一个机会，做一个区级公开课，你就是很成功了，领导也觉得你很优秀了。”这种急功近利的不良心态在教学实践中表现为，年轻教师刻意追求标新立异，缺乏严谨科学的态度。“比如说案例式教学，就把教材上的案例都抛弃，去网上、报纸上、杂志上找新的案例。这些案例是作为适当补充的，教材上的东西先要讲好，这是第一步，

当材料不足或者需要举一反三说明问题的时候，你再去找那些东西。教材是最经典、最标准、最规范、最严格的，你外面找的这些东西都是新生事物，很新、很时髦，很贴近学生生活实际，但往往不是很严谨、很成熟，你很难用书本上的原理去解释这个现象，这样的案例给学生就不合适，不恰当，不标准。刻意求新而抛弃了教学最基本的东西，这是一个普遍的问题。”

针对以上问题，白老师结合自身体会，给年轻教师提出了十分中肯的建议：

第一，要淡泊名利，将学生作为衡量事业成功的标尺。白老师认为，应以正确的心态对待职称评定这件事。“赶上这个机会，突然到这个年龄段赶上这个时候，真的是水到渠成，信手拈来，能够申请一下就申请一下，申请不上也无所谓，这也不丢人，评上以后没必要太兴奋，评不上也不必太失落，但是职业就是这么做下去了。”年轻教师应以学生对课程和老师的喜爱作为衡量成功的尺子。“我成功不成功，优秀不优秀，就是我的学生喜欢不喜欢上我的课，爱不爱戴我。如果因为地理老师而喜欢了地理这门学科，你就是最成功的，我是这么来看，这是一个很客观的衡量尺子。我觉得应该能够坚持下去，把名利看得淡一点，因为教师这个行业真的很苦，要把这个看得很重你很难坚持下去。”

第二，要为人师表，甘于奉献，坚持教师职业理想。白老师强调要做一名好教师，关键在于热爱这个职业，保持对教师职业的执着信念和对教育理想的不懈追求。一方面，要学为人师，行为世范。“我确实认为，教师职业是很高尚、很神圣的，因为你培养的是这个国家、这个民族的接班人，那不是闹着玩的。比如说我从我老师身上学到最多的是他严谨的治学精神。我们在现在很浮躁的社会环境下，还能保存住多少。比如说写文章，我们认为文章千古事，得失寸心知，那是我们自己的脸面，绝不可能去抄，去哪儿对付一篇。其实我发的文章并不是很多，但是我发，一定是我自己原创的，就是我真实感受，我自己写的。你的老师，实际上是潜移默化的东西，你的基本素质是从你老师身上得来的，那你的学生也是从你的身上来学，所以为人师表，这件事非常重要。你不认真，学生也糊弄你。所以以身作则，对教师来讲要求是特别高的。”另一方面，要恪守教师职业道德，甘于奉献。“现在确实很辛苦，很累，精神压力也很大，备课量也很大，你做好了吃苦的准备没有？你要有你的职业道德和奉献精神。有时候教师这个职业不是说八小时下班以后就可以不想的职业，教师职业占了很多业余的时间，你的生活、你的爱好、你逛商场的时间都要比别人少，都要被占掉，那个时候你不能跟公司上班打卡一样，这是我个人的时间，你凭什么还要让我坐这学习、开会、研讨？这个职业不像别的职业，必须要有很多付出，你才能做好。”

四、结　论

（一）教师职业道德对于教师专业发展的意义

教师专业发展是教师内在专业结构不断更新、演进和丰富的过程，包括专业理想的建立、专业知识的拓展、专业能力的发展、专业自我的形成等方面，它是提高教师专业地位的重要途径。白老师的职业发展轨迹彰显了教师职业道德对于教师专业发展的重要意义。一方面，教师职业道德是教师专业发展的动力支持。教师专业发展的根本动力不是来自外部的规范和制约，而是源自教师的职业精神、信念、理想等内在因素。教师职业道德则是激发这些内在因素的重要动力，其作用机制可从白老师的专业发展轨迹中得到体现。白老师在自觉践行教师职业道德的过程中，将敬业爱生、终身学习等要求进行充分的内化，从而激发了强烈的教育责任感、使命感和教师专业精神。在这种内驱力的引领和推动下，专业发展已成为白老师的内在需要和生活方式。她自觉地将学生成长与自己的职业发展融为一体，从学生的角度反思和研究自己的教学实践，主动地通过各种途径拓宽理论视野和发展专业能力，从而不断地走向成熟，进入教师专业发展的最高境界——“自我更新关注”阶段。另一方面，教师职业道德是提升教师专业发展品质的重要基础。教师专业发展不仅包括专业知识与能力发展等较低层次的操作技术层面的发展，还包括专业理想的建立等更高层次的精神层面的发展。白老师的事迹告诉我们，教师职业道德的实践是教师专业理想建立的起点和基础。正是在她敬业爱生、终身学习的师德实践中，白老师才逐步形成了对于教育本质、目的、价值等的正确观念和态度，形成了对教育事业和教育对象的深厚感情，并在此基础上树立起了坚定的教育信念和崇高的教育理想。而这种信念和理想又使她的专业发展具备了理性支点和精神内核，不再是盲目的、自发的、间断的，从而有力提升了专业发展的层次和品质。

（二）教师职业道德的本质与灵魂：爱

白老师的教师生涯是教师职业道德的真实写照，同时也向我们昭示了贯穿所有教师职业道德要求的精神与线索。教师职业道德的全部内容可浓缩为一个字——“爱”。爱是教师职业道德的本质与灵魂，主要包括两个方面：一方面，是对教育事业的无比热爱。教育工作是神圣的，也是艰苦的。教书育人需要全身心的投入，而这种投入必须以强烈的职业使命感作为基础。白老师将满腔的教育热情化为对教育事业的执着追求，坚守教育岗位，刻苦钻研，无私奉献，甘于寂寞，淡泊名利，真正做到了“捧着一颗心来，不带半根草去”。另一方面，是对学生的真切关爱。高尔基说过：“只有热爱孩子的人，才能配做一名合格的教师。”教师的职业对象是学生，他们都是活生生的人。职业对象的特殊性决定了作为教师的职业投入所需要的不仅仅是教育的技术技巧，更是一种情感与人格的投入。只有挚爱的心灵才能孕育、启迪学生的心灵，引导学生走出蒙昧和无知，走向开阔明朗的生活世界。教师对学生真挚的爱必须化为实际的教育行动，就如白老师所做的那样，注重从学生的视角去看待和反思教学问题，关注不同学生的个性需要，将学生的喜爱作为自己体会教育幸福的源泉。可见，爱是教师职业行为的基础；没有爱，就没有教育。

〖寄语〗

在我的母校 60 岁华诞之际，我脑海中充满了温馨的回忆。衷心感谢母校对我的哺育，祝愿母校永远辉煌，桃李满天下。

灌注爱的力量

——生物特级教师张华

马蕊　弓正

张华老师，生物学科特级教师，北京教科院基教研中心生物教研室主任。中国教育学会生物学教学专业委员会常务理事。多年从事高考命题研究工作，曾获北京市教委颁发“高考内容改革研究”突出贡献奖。参加国家课程改革人教版高中生物教材《分子与细胞》和北京版《生物学》教材的编写。多年来，致力于中学生物学教育教学的研究和改革，致力于科学教育的研究，主张通过“独立思考、积极质疑”的方式学习科学，主张为学生的理解、为学生的独立思考而教学的理念。

张华老师，是北京市特级教师中平凡而又不普通的一位。说起平凡，她从上山下乡青年到师范学院大学生，从普通教师到现在的教研员，她所走的道路似乎没有捷径，一点一滴的进步，一步一个脚印的坚持；她的不普通遍布她所经历过的心路历程。特殊的时代赋予了她特殊的学习经历，教学过程中的经历又给予她更多坚韧的精神，一路走来，张华老师用她对学生、对教育、对教师职业、对生物科学的深厚的爱与热情奠定了她的成长基础，用不懈的坚持提升自身的专业素质。用爱灌注力量，内化修养，走向成功。

一、从上山下乡青年到师范学院大学生

（一）恢复高考，希望来临——充满阻力的考学经历

由于特殊的时代，张华老师在没考学的时候就响应国家号召，到北京延庆

县大山深处的一个小村庄中插队，经历了特殊又辛苦的青涩岁月。张华老师回忆，当时插队的生活十分艰苦，即使是唐山大地震期间，也无法回家探望家人。这段特殊的时期并没有泯灭张老师要求进步的心，她始终梦想着有一天可以回到学校，回到课堂，去完成自己的学业。

直到粉碎“四人帮”以后，国家恢复了高考，这让张华老师有了新的希望。可事情并没有那么简单，在准备高考过程中来自各方面的阻力也十分巨大，但怀揣着一定要重新返回校园的信念，她始终没有放弃过。首先面临的是复习中的困难，那时的插队工作非常繁忙，复习也只能抽休息的时间进行，复习内容都是陌生的，只能靠自己下功夫钻研。随后就是参加考试中的困难，高考考点是在离张老师所在插队村的 40 里山路外的县城里。当时的交通很不方便，张老师和几位同学好不容易求得一位好心人坐着手扶拖拉机冒雪在夜间赶到了考点。“到那儿我们就给老乡交点钱，住在老乡家里，没有电，只有油灯，就在那儿考了三天。”考试期间，没时间也没地方吃饭，只能用饼干充饥。考完回村的路程就更加艰辛。“回来的时候，大雪飘着，没有车，我们扛着行李走了 40 里山路，走回来的。”回到村里，放下行李没有休息，又要立即开始插队的工作。虽然这样的高考经历很辛酸，但毕竟是为了自己的梦想努力地搏了一回，张华老师还是觉得虽苦犹乐。

(二)意外录取，惊喜来临——带着懵懂走进师院

经历过充满阻力的高考之后，对于最后的成绩如何，张老师心里也是非常忐忑的，依旧按部就班地在自己插队的村里干着农活。正赶上探亲回家，回家途中听说正在发高考成绩，但矛盾的心情使她不敢过问。“人家说高考成绩要发到各个公社，你们还不赶紧问问。我们 5 个人谁都不敢去问，怕受打击，如果没有自己，多难受啊。”其实，她不知道的是惊喜就这样在不知不觉中走向她。在一天的颠簸过后，张老师晚上刚进家门就接到了村里关于她被北京师范学院(今首都师范大学)录取的长途电话。就这样，张老师如愿地返回了校园，迈出了在生物教学征途上的第一步。“你让我上哪个系，到哪个学校，我都愿意……后来让我到生物系，可生物系是学什么我也不知道，但确是它让我重新回到了校园。”就是带着这样的青涩懵懂，张老师走进了校园，成为一名师范学院的大学生。

(三)师院学习，从懵懂到成熟——77 级，亦师亦友改变命运

初到生物系，对生物学还是非常陌生的，因为基本上无基础可言。“我们上

中学的时候都没有学过生物，学的叫农基……我们班有人家里父母就是科学院搞生物研究的，可能还知道生物是怎么回事，我们真是一点都不知道。”但当时班里良好的学习氛围以及丰富的野外实习体验，使得她慢慢了解了生物学，并喜爱上了这门学科。“烟台是咱们首师大建立的一个特别好的实习基地……这种外出考察，使我慢慢觉得生物学很有意思，慢慢再看很多的书，这样才入了这个道。”

另一个使张华老师爱上生物学的原因是当时生物系的一些优秀的教师们。“喜欢的课，跟老师也有关系，因为你喜欢那个老师……像生化、遗传、动物生理学。”张华老师至今仍清楚地记得许多老师的名字，有些至今还保持着联系。老师们严谨的治学态度、扎实的教学基本功、幽默风趣的教学方式、创设的开放民主的教学环境都给张老师留下了很深的印象，并对她后来的教学工作产生了积极的影响。“比如讲植物分配，他(王文采院士)讲一朵花的时候，讲着讲着他马上就把那花出神入化地给你描出来了，这是什么劲头？……我觉得画图是生物老师必须具有的基本功。”

生物学专业的特点是有许多动手操作的实验，当时的学生们都非常重视实验课，张老师也不例外。可以说张老师在生物实验操作方面有些天赋，使得她做的实验成功率总是名列前茅，这也使得张老师愈加地喜欢上了生物学。“那时候拉果蝇的唾液腺去观察染色体，我拉一个成功一个，后来以至于到中学的时候，这些实验对我来说一点问题都没有。”虽然当时的实验条件很落后，仪器设备都很老旧，但并没有影响张华老师和一些同学们对生物学实验的浓厚的兴趣。只要有时间有机会，她就会一头扎到实验室摸索着做一些小实验，进行各种尝试。生物学教师非常需要这样的一种科学精神，非常需要对生物学现象保持着探索的热情，可以说这也是张老师后来能够成为一名研究型教师的一个起点。

说到师范专业，虽然师院不是张华老师最初的志愿，但也算是恰巧“进了正门了”。给张华老师留下深刻印象的是师院当时的一项入学教育——全校组织观看露天电影《乡村女教师》。“当时那个电影非常感人，就是一种对新生的教育，宣传为党的教育事业，要建立那种信心，要对教育有热情。”这个电影真正地发挥了教育作用，为刚入学的对教育事业还有些茫然的师范生们激起了投身教育事业的热情。“天生喜欢孩子”的特点也可以说是张华老师能成为一名优秀教师的砝码。在整个的访谈过程中，张老师不断在提的就是对学生的爱，这一点成为她即使在较为艰难的环境中也能一直坚持下去的动力。

当时整个年级积极向上的文化氛围，也是张华老师在四年的校园生活中收获颇丰的重要原因。当时我国刚刚经历过"十年文化浩劫"，正处于百废待兴的状态，很多新鲜的知识、事物涌入，使得这些太久没有接触过正规教育的青年人们，加足了马力，想为国家的建设与发展贡献力量。"大家都特别自觉，没有现在我看到的学生厌学，简直都是如饥似渴……我们那时候上学都没有书，都是那种油印的……后来我们都是从外边打听到有什么书，比如生物化学，还有动物学，都是自己在外面买的。"说到这儿还有一个小插曲，学校起初没有为师范生开设高等数学和物理课，同学们马上提出了异议，坚决要求学校重新开设，可见当时学生们的学习热情多么高涨。说起学习习惯，张华老师回忆道，当时的同学们都是早出晚归的学习，只要没有理论课，没有实验要做，大家就会到图书馆或教室去学习。"我会很早，四五点钟就爬起来，就去背书了……我们班的同学互相交流，有些人说大学就应该是一半念书、一半钻图书馆……我很喜欢去图书馆，因为光线特别好，而且有各种书。"张老师还提起当时同学们还会自觉形成学习小组，互相帮助，资源共享，共同进步。讲到师院学习的经历，能看得出张老师对大学生活经历的满足感，对77级生物系的骄傲。"我觉得77级生物系非常辉煌，有很多特别出色的毕业生。"特别是当时一些年纪稍大些，在"文化大革命"前就已经读过高中的同学们，给张老师留下了深刻的印象。"我感觉他们都挺棒的，基础打得特别好，他们不是光学习好，德智体都很棒。"这些同学们优秀的品质、出色的能力、全面发展的素质都给了张老师很大的鼓舞，无形中成了她心中的楷模。

亦师亦友，难忘的大学生活和大学氛围，给予了张华老师宝贵的财富。"大学四年我觉得不是简单的专业知识要学得怎么样，确实是要有一个文化氛围，对你一生都会有影响。周边的同学对你一生的影响，可能比你学到的文化知识还重要……比如一些名校，它的氛围，它周边的人文环境可能是更重要的。"

二、灌注爱，从教师到教研员

从师院毕业以后，张华老师被分配到了北京航空航天大学附属中学任教，这样一教就是15年，从刚毕业的青涩教师，到经验丰富的教研组长。张老师难以忘记在北航的岁月带给自己的成长，在生物教学上，张华老师始终不忘的就是用对学生的爱、对于教育的爱、对生物学的爱、对教师职业的爱去激励自己不断地进步，用心教学，先感动自己，再感动学生。

(一)班主任责任的力量——稳定对教育的执着

张华老师认为成为一个合格的老师，绝对不能缺少当班主任的经历，这种经历才能真正历练出自身对职业的爱，对学生的爱，对教育的执着；只有当班主任的经历才能积蓄正能量，真正的让自己得到本质上的提升。“我在北航附中教了15年书，10年班主任，从初一到高三。”刚刚入职，张老师在毫无班主任经验的情况下，就在学校领导的鼓励中担任了一个班的班主任工作。更为特殊的是，这个班是当时的一个“问题班级”，张老师只能硬着头皮接下来。在很多人看来，这可不算是新入职教师的一个美好开端，但张老师却从另一个角度去看，她认为这是一个锻炼的好机会，也使得她在此期间积累了丰富的班主任工作经验。“已经当了这个班主任，我就把全部的热情投入到这个班里面。那会儿我是天天带着学生，成天跟学生摸爬滚打。”第一次班会让初当班主任第一周的张华老师忐忑不已，但经过一周的实践，她发现只要是在这个班级上用心、在学生身上用心，自然而然就会理解班会的作用，自然而然就会开好班会。“之前就害怕不知道说什么，可后来没有想到，一开那个班会，我成话痨了。这一周每天的事情太多了，各种各样的状况，这节班会我就不停地在说。此后我就再也不害怕班会了。”

在班主任的工作中，张华老师认为最关键的一点就是一定要发自内心地去爱学生。她的这种对学生的爱体现在很多细节中。张华老师做班主任没多久就发现这个“问题班级”一个最重要的问题是缺乏凝聚力，学生们缺少集体归属感。于是想出通过每周一次集体体育活动的办法，让孩子们在玩耍中互相了解、增进感情，体会集体的意义，增强凝聚力。后来这个方法受到校领导的认可，被推广到全学校，成了每个班的“必修课”。

为了更好地了解学生的特点与心理，更有效地与学生进行沟通，更有的放矢地开展教育，张华老师还有效地利用了“写周记”这样一个平台。“我让孩子每个礼拜写一篇周记，我会给他写评语。有的孩子愿意围在老师身边，什么都跟老师说，把老师当成亲人。但有些孩子，他想跟老师说，但是又特别腼腆，他可能愿意跟老师笔谈。”有时学生写几个字，张老师要回复半页，就这样张老师感动了家长，感动了学生，更赢得了孩子们的信任。

当时的北航附中没有独立的校园，因此经常会有一些校外的社会不良青年来学校捣乱，甚至威胁、挑衅。刚刚工作的张老师就有一次惊心动魄的经历。当时有两个社会上的问题青年趁老师午休，用烟头烧班上的学生，并扬言第二天还会来。张老师听说后非常气愤，“我说我来保护你们，第二天我就自己在那儿等着……我觉得我壮着胆子也得保护我们班学生，当时就像一个母亲的感觉”。张老师把这两个人拦在教室外，与他们机智地交涉，当时张老师只有一个想法，“反正你离我的学生远一点就行，反正你不能伤我的学生”。直到后来一位老教师将这些人驱散了，张老师回到办公室，强忍着的恐惧与委屈的泪水终于止不住夺眶而出。后来这二人又回来找到了张老师，他们觉得张老师是位真正爱学生的好老师，这次是来表达对她的钦佩，从此再也没有来捣过乱。

就是从这样一件件平凡的事中可以看出张老师的工作智慧，更重要的是那份对学生的爱和对学生强烈的责任感。张华老师在这些经历中投入了自己全部的热情，赢得了领导、家长和学生的认可与好评。在取消生物高考期间，张老师接了一个高二的班，在这一年中班级的风气明显改善，成绩不断上升，以至于高三没有生物课的情况下，家长们坚决要求学校继续让张老师担任该班的班主任，在最后的高考中，学校的第一名就出于这个班，让张老师很是欣慰。

张老师还特别提到了自己一段生病时的经历，她被自己的学生深深感动，并且很欣慰自己的付出有这样暖心的回报。“我带初一带得特别好的时候，突然得了急性肝炎……我印象特别深，在住院期间，半个班的孩子都跑到病房。因为肝炎是传染病，人家不让小孩子去的，但他们非要去，拦不住。他们就站在我的病床前……看见孩子们送的那些东西，让我特别感动。有煮鸡蛋，还热乎的，糖啊，豆啊，就是他们爱吃什么，就觉得我也会爱吃什么，就在我那个病床前面的小桌，堆了一堆，全是孩子们的真心，特别感人。”

可以说张华老师的班主任工作是非常成功的，问到个中的奥秘，张老师认为：“就是你对孩子的爱，你是真投入，不是装出来的。你爱，你生气，你的各种情绪，都融在你每天跟孩子们的摸爬滚打、打交道中。”虽然张老师的班主任经历总是处于特殊的情况下，处于较大的压力下，但她仍坚信：“当一个好教师，做班主任非常重要”。“你跟孩子建立起来的那种感情，能够稳定你的事业心和对教育的那种执着……咱们都知道从事任何职业都有职业倦怠的时候，但是那种与学生的感情会加强你对教育、对教学、对孩子的爱，以及对教师这个职业的热爱和热情，它是有正面的积极作用的。”

(二)终身学习的理念——个人专业发展的原动力

张华老师提到，教师应该是一个终身学习的职业，不能永远拿着自己的老底教书，这样是不能成为一个优秀的老师的。她在教学生涯中特别感谢海淀进修学校和北航图书馆，成为她汲取专业能量的源泉。

刚入职，张华老师就碰到了很多刚毕业的新教师会遇到的问题——一些学生的问题回答不了。“记得有一个高三的学生，问我一道遗传题，我就真不会做，那套话语系统和上学的时候是两码事。实际上你学的知识是一回事，把你学的那些东西内化，再教给学生，那是另一回事，这个中间的过程是要花很大的功夫的。”在这种情况下，海淀进修学校给了张老师很大的帮助。“参加进修，对于新老师来讲特别重要，我就把教学上遇到的问题跟老师们交流，特别感谢的就是，我在学校里得不到解决的问题，海淀进修学校给了我很切实的指导。”所以张老师一直风雨无阻地参加进修，甚至生病、怀孕待产期间，只要能走得动，都会坚持参加。

张华老师多次提到对当时海淀进修学校几位老师的感谢之情。这些教研员对生物教学的热情、多样的讲课风格、一节节细致的教材分析和学情分析都给张老师留下了深刻的印象，至今难忘。“我特别喜欢这样的辅导，他们相当于按了你的一个钮，然后一下子激发出你好多的想法来，融到你的课中。这种进修很容易让你跟其他老师产生共鸣，让你有触类旁通的那种非常有价值、有意义的信息。所以我特别欣赏也特别感谢，在我整个职业发展的过程中，幸好身边有这样的一些老师现身说法地讲课、辅导，对我很有启发。”

正是凭着这种学习的热情，对自己教学的高标准、严要求，以及一股不服输的劲头，使得张华老师在工作两年后的一次北京市中青年教师的教学评比活动中，取得了优异的成绩，获得了全市教师的肯定。当时有人对张老师有过质疑，认为她到北航附中是由于身体原因受照顾，认为这种评比她能合格就不错了，但正是这些质疑更加激起了张老师的斗志。“我马上就兴奋起来了，我还非拿优秀不成。我讲的是根对水分的吸收。所有的教具、板图，都是我自己做的，我一个人在实验室里面配试剂，自己做了一个三通的玻璃管，找了气囊，在一个大纸板上画上保卫细胞，我用那个充气、注水。那堂课上得刚刚好，正好我说完最后一句话的时候，铃就响了。校长非常感动，他说他从没听过这样的课，并且想让这个课代表我们学校拿到外面去宣传。”张老师是同一届师院同学中第一个参加此次评比的，她的成功也给了后来上课的同学们很大的鼓舞，使他们同样取得了优秀的成绩。这次成功不仅可以归功于张华老师在海淀进修学校的收获，而且还有一个重要原因就是她自身的进取心。正如她所说，“对于一个老师来讲，他对自己的期待是非常重要的……教师是专业性很强的一门职业，但是在咱们国家过去门槛不是很高。这种情况下，如果没人管你，很快你就会放任自流了，所以你自己一定要去努力”。这种进取心并没有随着时间而冲淡，即使担任了教研组长后，张华老师身体力行，大家不愿上的公开课她先上，她把这作为更快促进自己专业成长的难得的好机会。此外，在取消生物高考的那段时间里，北京市组织优秀教师外出学习考察，可是作为非高考科目，学校无法报销相关费用，张老师宁可自费也不放弃学习的机会，后来她还自费参加了北师大的研究生班进修学习。她认为：“教师自己一定要有一个目标，一个事业发展的小计划。但是这种东西又不是那种功利的，它首先源于你对孩子的爱和对生物学教学的热情。如果没有这些，那肯定是不牢固的，就容易变成一种功利色彩很重的东西。”

在张华老师专业发展的过程中，还有一个地方是她难以忘怀的——北航的图书馆。“北航有一个特别好的图书馆，藏书不少，好多书外面没有卖的。……我记得特别清楚，教高中的时候，我借了一本国外的《生命化学基础》，这本书写得特别好，虽然没有彩图，但是文字就特别吸引人。”后来很多国外教材在市场上可以买到了，张老师就自费买来仔细研读，吸取其中的精华用于中学教学。张华老师不仅精心研读国外专业教材，还从图书馆借来很多科普的图书，从中借鉴语言表达方式和某些处理手法，使一些抽象、晦涩难懂的知识让学生更易理解。正如她所说，“那些书是我能够很好地适应初中生物教学，以及适应后来的高中生物教学工作的最好的帮手”。张老师这种善于学习的特点可以说与她在首师大读书期间养成的良好的学习习惯是密切相关的。凭着对教学、对学生、对生物科学的热爱，她不断地充实自己，完善自己的专业素养。

谈到终身学习的理念，张华老师认为这是作为教师更应具有的品质。虽然教师的工作性质相对单一，但也并非一成不变。“其实每堂课都是一个新的东西，因为你面对的学生不一样，学生的基础不一样，学生的状态和老师的状态都是变数。再加上生物学科发展多快啊，每年都有很多新的知识。在这种情况下，你怎么可能不去学习，不去发展呢?”关于终身学习理念的形成，张老师认为前提仍然是对学生、对教育、对生物学科的爱。因为有了这份爱，才会有动力去一点点地学，去丰满；也正是因为有了这份爱，才能赶走懈怠，持有源源不断的动力，将学习进行到底。

(三)从一线教师到教研员，感恩从教 15 年

张华老师凭借着 15 年丰富的一线从教经验和 15 年在生物学教学中出色的

表现，被选调到了北京市教科院担任北京市的生物学科教研员。在从事教研工作期间，她无私地将15年所积累的教学经验和对学生工作的感悟，传递给新老教师，使一线教师们受益匪浅。

从教师转变成教研员，张华老师要迅速适应新的社会角色。同时，由于教研工作的繁重，要求张老师必须马上投入到工作中，只能在工作中迅速调整，以适应新的工作。但凭着15年丰富的经验和对生物学科教学的热爱与钻研精神，张华老师很快找准了自己工作的方向，从容地经历了第一次工作会上发言、第一次评课、第一次为全市生物教师开会。讲到这种转变，张华老师最感谢的是自己在北航附中的15年一线从教经历。“这15年的教学经验，太丰富了，都在你的内心……面对一个完全陌生的领域，当我真的要参与其中的时候，发现这15年的东西，给了我很好的支持。”讲到第一次听评课的经历，张老师说道：“一开始不知道怎么评课……但听课的时候，就是思想交互碰撞的时候，等于把你15年的经验在不断地跟上课的老师一块儿磨合。所以后来我评完以后，人家觉得是那么回事，我觉得自己心里平静了一些，15年的经验算是用上了。”张华老师非常重视听评课的过程，她觉得这个过程是在从全国的优秀教师中汲取营养，并且使自己的经验在15年之后又丰满了许多。

(四)期待用自己所感动的去感动教师

教研工作使得张华老师对生物学教学有了更丰富的理解。她认为，一名优秀的生物教师首先要热爱自己所教的学科，才能将这种爱融入课堂，使他的课程生辉。“很多好老师，他对生物学是那种热爱。比如看了一本书以后，首先他自己会被感动，于是他就会特别迫切地想把这些东西去跟学生、跟同行分享，这种真实的感情，就会在课上非常真实地打动学生。不能感染学生，不能感动学生的老师，这节课肯定不会吸引学生。我一直觉得，没有真实就没有感动。”对于现在教育界中的一些功利现象，张老师很是担忧。个别的老师为了个人利益，在教学中投机取巧，只注重形式，下表面功夫，哗众取宠，而不是出于真正用心钻研、用心设计，“这样的东西是没有生命力的，是没法感动学生的”。张老师并不是否定教师教学技巧的重要性，但她认为关键是要让技巧为教学的实质服务，要在轻松的氛围下，不知不觉地渗透给学生科学概念、科学方法与科学思想，对其将来的生活有所帮助。张老师用现北京市生物学科教研员荆林海老师作为实例向我们描述了她心中优秀生物教师的一些特点。“首先是他对学生的那种爱，你从课里面能听出来。其次就是他对生物学科的爱，那真是到了痴迷的程度。”此外，张老师对荆老师的学习和教学能力也十分认可，她介绍说荆老师对许多国内外的专业书籍都仔细地研读过，甚至读过许多英文原版书籍，并且能够将这些对教学有用的知识转化成学生可以理解的语言，用利于学生思维发展的方式呈现给学生。张老师认为优秀的生物学教师就是这样不仅帮助学生获得丰富的生物学知识，更重要的是帮助学生掌握科学的解决问题的方法，形成科学的思维方式。“从短时看这对高考没有坏处。从长远看，对一个学生将来走向社会后，对问题的认识和解决问题的一些思想方法和思维形式，都有帮助。”张华老师说像荆老师这样的老师不止一位，而且教无定法，很多优秀的老师都有自己的特点，但也都有些最基本的、不可或缺的素质，比如对学生的爱、对学科的爱以及终身学习的内驱力。

十几年的教研工作使张华老师对教研员的角色也有了一些自己的见解。她认为一名优秀的教研员不仅要具备优秀一线教师的素质，而且还要有一双善于发现的眼睛，善于发现优秀教师的优秀品质，善于发现优秀课例中优秀的教学环节。此外，一名优秀的教研员还要是一名合格的传播者。张老师认为她与一线教师相比的一个优势就是有机会听到全国很多优秀教师的课，遇到课中有吸引她、感动她或者引发她思考的东西，她就会迫切地想找机会与教师们分享。“我们做教研员，能从老师身上汲取到很多营养，他们能给我们很多启发。很多时候我就有那种想上课实践的冲动，但是我没机会了，那我就愿意把这个建议提供给所有愿意参与研讨的老师们，使大家都受益。”张华老师更强调的是“传播”，而不是限制老师们的思路，要求老师必须怎样教学。她所推崇的是一种不动声色的感化，期待用自己的力量去启发教师，让他们能更好地提升自己，朝着自己更加期待的方向去发展。“其实教师就是一个不断创新、再创造的职业。”“老师们真的是自己被感动了以后，他就会有一种自己去想、去创作的欲望。”

三、用爱灌注，对师范生的嘱托

(一)作为老师，最重要的是要心中有爱

在与张华老师的访谈中，感触最深的是张老师反复强调，要想作为一名优秀的老师，最基础的是爱，这种爱要关注在对学生、对教育、对所教学科上。在爱的积淀下，用爱的动力去不断提升自己。在她的教育生涯中，她投入了自己全部的热情，投入了自己的爱。这种爱激励她不断进步，不断充实自己，最终成为北京市特级教师。

（二）要注重在实践活动中学习相关教育理论

目前在师范生的教育中，确实存在着学生对教育理论理解有困难，无法理解理论对实际教学的作用，对教师与学生的心理实际情况了解甚少等问题。很多教师都是在教学实践过程中才慢慢理解相关理论，才真正能够应用理论解决实际问题。针对这一现状，张华老师认为应该尝试改变教育学和心理学的教学方式，“应该把教育学、心理学的理论知识结合到实践中去认识”，“比如在教育实习的时候，和心理学结合在一块儿，可能就更有说服力”。这种培养方式可能更具有实践意义。

（三）重视教学基本功，树立终身学习的理念

张华老师认为教学基本功是一名师范生能顺利从事教师行业的敲门砖。现在一些大学生认为“教学基本功”是一个过时的词汇，对此缺乏重视，这是对其的片面理解，在现今高速发展的社会背景下，“教学基本功”也有了更丰富的内涵。如何转变学生的错误思想，重新重视起“教学基本功”，是高校教师应该思考的问题。

在现今这个信息化时代，“终身学习”基本成为现代人普遍接受的一个共识，否则就面临着被时代抛弃的危险。张华老师认为，作为一名教师更要重视终身学习，生物学科的发展速度，面对的学生学习能力的增强，都要求教师不断完善自己的知识体系，不断提升自己，才能朝着真正优秀的教师方向发展。这种学习是多方面的，不仅是向书本学习，向其他教师学习，有时还要向学生学习。“孩子永远是年轻的，所以在孩子面前，要能向孩子学……从孩子身上，有意无意地你就会发现最新的东西，他们往往代表这个时代发展的脉动。”张老师认为，这样才能跟得上学生的思维，才能更贴近学生，在教育教学方面才能更容易、更有效地开展。

（四）对自己的专业发展有所规划

作为一个教师也要对自己有所期待，为自己设立目标，并且朝着目标去努力，让自己在教育的道路上不断前进，只有这样的目标才能激励自己。中国的很多大学生都有一个特点，就是懈怠，这与中国的家庭教育和初等、中等教育的方式有一定关联，学生们在上大学前习惯于被“管着”，所以学习自觉性较差，对自我发展缺乏认识。在教师中也有这种现象出现，随着工作年限的延长，缺乏持续进步的动力。张华老师认为最好在高等教育阶段就养成学生对自己的发

展有所规划的习惯，从短期的小目标开始，直到长远的人生发展大目标。她觉得这个规划就像灯塔，在人生的航程中为你指引着方向，引导你一步步接近自己的目标，从而不会虚度一生。在今后的工作过程中，这也将是一个保持工作热情，远离职业倦怠感，获得职业成就感的好方法。

(五)提升自身文化内涵

张华老师认为想在未来成为优秀的教师，深厚的文化底蕴是不可缺少的。她建议在校的大学生要努力通过各种途径增加自身文化修养，“比如博览群书，培养广泛的爱好，对各种新鲜事物要有敏感性，有追求，有热情”。只有这样才能使一个人鲜活起来，才能增加个人魅力，才能使你的课更有韵味，更加丰富。

结　语

这是与张华老师的第一次交谈，从她的身上我们感受到了她的热情，充满正能量的状态。感受到了在这条看似简单却充满艰辛的专业成长道路上，她把自己的热情和爱不断地灌注在教育事业上。在无私地将光和热送给她的学生，送给她所钟爱的教育事业的同时，自己也得到了出色的发展。她诚挚地期待年轻教师要积淀爱，用不断进取的心态，让自己在教师成长的道路上走得更坚定。

〖寄语〗

希望母校能培养更多真正的教育人才！

“生命进行曲”：生物教学永恒的旋律

——生物特级教师荆林海

马蕊　艾琴琴

荆林海老师，1991年毕业于北京师范学院生物系（现首都师范大学生命科学学院），在北京市第101中学开始了他的一线教学生涯，也开启了他在教育界的辉煌业绩。1995年，荆林海老师荣获“北京市科技园丁”“北京市优秀青年教师”称号。随后，1999年获“海淀区优秀教师”称号，2001年获“北京市中青年骨干教师”称号，2003年获“北京市中青年学科带头人”称号，2005年被评为北京市生物特级教师。2010年调入北京教育科学研究院基础教育教学研究中心，成为北京市生物学科教研员，现担任基教研中心生物教研室主任。曾参与初中生物学科教科书（北京版）、普通高中生物学科教科书（浙科版）的编写工作，现为初中生物学科教材（北京版）副主编；多年来，一直参与北京市生物学科高考、会考的命题、阅卷与评价工作；研究课题曾获全国研究成果特等奖；评优课曾获全国、北京市一等奖；教学论文曾获全国、北京市一等奖，多篇论文在国家级刊物上发表。

一、丰富的大学生活，与生物相伴

荆林海老师对生物的喜爱源于小学时读到的一本名为《生命进行曲》的关于生物进化的科普读物，由此对生物学产生了浓厚兴趣。当时特别大的愿望就是进到学校的生物小组。对生物的热爱使得荆老师在高考填报志愿时，也着眼于与生物学相关的专业，并如愿以偿地进入到北京师范学院生物系学习。

荆老师与首师大的感情非常深厚，老师们的学识、敬业态度以及对学生的关爱，都令他记忆犹新。“记得我上大三的时候，生物系宣传部搞了一次爱鸟周的活动，从开始规划到做展板都是同学们自己完成。当时所有的展板，不像现在把版面设计好后由公司来做，那时候展板完全是自己画，这些前期准备工作得到系里的大力支持……还记得有年春天，高武老师带着我们去顺义观鸟和挂鸟巢，也特别有意思。”

首师大生科院的课程设置也对荆老师在专业方面的发展起到了重要作用。大学期间的各种野外实习，例如北京周边的妙峰山、雾灵山、百花山、大西沟、松山，还有河北官厅水库的湿地生态实习，以及青岛烟台的海滨实习，极大地开阔了他的视野，“校园周边的植物和动物，种类很有限……真正走进大自然中，尤其是有专家教授的引导和讲解，现在想来实在太值得珍惜了”。丰富的课程活动设置，使荆老师更加热爱大自然，这从他的描述中可以真切地感受到。“松山海拔比较高，上山的路真是很辛苦，但当你爬上海沱峰，看到高山草甸漫山遍野的花，走在地毯般的植被上时，所有的疲劳一下子就没有了，只有欣喜和对大自然的赞叹。”这些经历、课程、活动使他一直保持着对生命科学强烈的兴趣。

生物学专业的特殊性加上首师大生物课程的设置，给了荆老师他们那个年代的学生更多外出实习、接触自然的机会，他们在这些经历中丰富了自己对生命的体验，加深了对生物学的理解，进一步增强了对生物学的兴趣，所以尽管过去了这么多年，荆老师聊起这些事情就仿佛发生在昨天一样。

二、心系学子——“教师”是一辈子的称呼

（一）教育是一种传承和延续

荆林海老师是毕业后逐渐喜欢上教师职业的。在担任班主任的过程中，荆老师发现跟学生相处是非常有意思的。“学生的眼神，那种专注于我的眼神，会让我感觉到非常欣慰，同时也感受到一份责任，让我愿意和他们多交流。”在这种情感下，尽管当时他有通过考研来圆梦的想法，但最终，对教学的喜爱、对学生的喜爱，超越了对考研的热情，使他坚定了当一名教师的信念。

当老师是一种延续，一种对自己理想的延续。荆老师的理想是从事与医学

相关的工作，从高考填报志愿到后来考研的目标都反映出他对医学的向往。但教学的美妙、与学生的相处，使他萌生了新的理想：自己没有实现的理想，让自己的学生来实现，荆老师的很多学生都在医学领域工作或学习，还有很多学生在生物学领域工作或深造，这也算是荆老师理想的一种实现方式。

（二）“圆梦师”——尊重学生的兴趣

受到自己读大学时首师大老师们的影响，荆林海老师非常重视学生兴趣的发展。他经常利用假期和课余时间带学生参加夏令营、竞赛和其他课外小组活动，参加这些活动的学生都有一个共同点，就是对生物感兴趣。荆老师说他做的事情就是让学生们充分发挥自己的优势，做自己喜欢的事情。“刚毕业那几年，暑假基本上都会带学生出去参加生物夏令营，学生们自愿报名参加，主要是系统学、生态学方面的内容。学校里没有这么多、这么好的资源，而夏令营会给学生带来非常宽阔的生物学视野。”

荆老师就像一个圆梦师，对生物感兴趣的学生在他这里能得到理解与支持，他会努力给学生提供机会去发现生物的美，在相关领域去发展自己。教书育人多年，他与许多学生结下了深厚的感情。“有一个学生，他对生物有非常浓厚的兴趣。我给他们班上课的时候，他上课特别认真，回答问题也踊跃。在教他初一、初二这两年时间里，从课外小组活动到夏令营，他都特别积极、特别用心。那时候他参加了一些生物学活动，比如绿化美化竞赛等，课外生物知识积累了很多。高中他参加联赛，成绩也非常好。现在他已经工作了，还和我保持着联系。”

当提起曾经教过的学生时，荆老师显得非常开心。荆老师非常爱自己的学生，尊重学生。生物课上的学生活动比较多，经常需要一些活动的“道具”，而在荆老师眼里这些道具都是凝聚着孩子们心血的宝贝，他都很小心地收藏着，它们对他来说有着不一样的意义。“对于一个老师来讲，让这些本来喜欢生物的孩子能够坚定对生物学的爱好，让他们最后选择他们职业的时候，或者选择他们事业的时候，能选择和生物相关的，我觉得对于老师来讲真的很欣慰。”

作为一名圆梦师，最幸福的事情就是帮助学生实现自己的目标。他始终认为学生的肯定和信任是对老师最大的支持。“对老师而言，最值得骄傲的是学生的肯定和学生所获得的成绩。老师作为一个传道授业者，我们的成绩更多地反映在学生身上。近的来说，学生喜欢听你的课，喜欢你这个人；远的来说，因为你的引导，他们未来的学习、事业很成功，生活很幸福。”

荆老师认为自己选择了教师这个职业是对自我理想的延续，也是对他自我兴趣的延续。“我从小就喜欢生物，但上中学时，接触生物学的机会没有现在的学生多。我希望能给学生提供机会，让他们能够真正把对生物的喜爱保留下去，坚持下去……兴趣对一个人的发展和他事业上的成功是极其重要的。老师们应该保持孩子们对生物学科的兴趣，给他们提供发展兴趣的机会。兴趣是最好的老师，如果学生的兴趣与他们未来的事业能够一致，我想他们的人生会更加精彩。”

(三)拿什么来吸引你——我的学生

几乎每位教师都曾思考过一个问题——什么能够把学生长久地吸引在自己教的学科上？荆林海老师认为其中一个重要因素是老师的学识。老师要做到把生物学的知识提炼到一定的高度，引导学生不仅从知识的角度，也从思维，甚至哲学高度去思考问题，尤其对于高中学生，这点是极其重要的，“优秀生物学教师的知识应该是广博精深的”。

生物学课程应强调其科学课程的性质，科学至少涉及四个学科：物理、化学、生物和地学。作为一名生物教师，需要有广泛的兴趣，了解各个学科的知识。例如讲到光合作用荧光现象时，会涉及光的波长变化，而这是物理学知识。很多生物学问题的答案都会涉及多个学科，当老师引导学生讨论某一个生物问题的时候，学生通过发现背后涉及的奇妙的物理、化学等多学科的知识，从而真正体会到生物学科的科学性质。“比如讲到孟德尔发现遗传规律时，介绍他在维也纳大学学习道尔顿的原子论，提及他的物理老师是多普勒时，没想到学生们会有那么强烈的反应。对生物老师来说，多普勒可能有些陌生，但对于高中学生，他们知道多普勒效应，所以在课上渗透一些相关学科的内容，可以拉近师生距离，以及生物学和其他学科的关系，无论是初中还是高中，这都是重要的。”

在提升自己的学识和专业素养方面，荆老师除了善于从国内外专业书籍中获取信息外，还利用各种网络视频了解一些优秀的公开课，例如麻省理工学院、耶鲁大学和斯坦福大学等知名学府的公开课。荆老师认为，这些视频里面的某些资料是我们平时很难获得的，这不仅能够积累和更新知识，还能够学习那些老师是如何把一个复杂的问题深入浅出地讲明白，如何运用类比方法让学生容易接受知识的。此外，还能学习到看待某些生物学问题的新视角、新思维和新方式。“比如有一门课是讲 1900 年以后西方的流行病，涉及一些全球性的烈性传染病，其中的一个视角是讲政治、讲社会。那些课所提及的知识我都知道，但从社会的角度，从政治的角度去探讨传染病，这种视角是全新的……并不是说我要把所看到的这些内容教给我的学生，而是对我思路上的扩展，以后我再讲传染病的时候，就可以借鉴其中一些想法……我们一方面教学生知识，同时我们需要传承思想方法和思维方式，这对学生将来的发展可能是更重要的。”老师学习的内容可能不会立刻就在课堂上体现出来，但它会慢慢内化为教师的一种学识和内涵，在潜移默化中影响着教师和学生，而这种影响可能会更加深远。

(四)与学生沟通——是技术，也是艺术

荆老师在北京 101 中学教学时，深受学生和家长的喜爱和认可，他的学识和品行以及对学生的关爱使他与学生之间的关系非常融洽。生物教师如何与学生进行沟通呢？

一方面是课堂，主要通过学生的眼神和学生的回答来沟通，尽管这种沟通是大范围的，并非一对一的，但非常重要，它直接决定了孩子们对老师所教授课程的认可，而且老师的信心很多也是基于这种沟通。“每一个教过课的老师都曾经有过这种感受，能从学生的眼神当中读到一种信任和期待，这是很幸福的感觉。”

另一个方面是多种多样的学生活动，比如课外小组活动和竞赛辅导。“对于喜欢昆虫的学生，他们喜欢拿着捕虫网到野外去捕捉昆虫，回来自己制作展翅标本，这些学生对昆虫的了解甚至会超过老师……很多参加过夏令营的孩子，后来都成了‘坚定’的生物爱好者。”

(五)天时、地利、人和——评特过程中的点滴

荆林海老师 2005 年被评为北京市特级教师，在他看来能评上特级教师，最重要的是学校给他提供的发展平台，这和北京 101 中学的校长和生物教研组的帮助是分不开的。荆老师多次提到自己是幸运的，但机会总是留给那些有准备的人，他自身扎实深厚的专业基础，情绪饱满、富有感染力的课堂教学，以及认真踏实的做事、做人态度，让他在面对机会的时候能表现出自己最优秀的一面。

北京市 101 中学原来的生物组长安秀香老师，她是一个特别好的人，我第一个要感谢的就是她。她一直帮我争取机会并且不断地鼓励、指导我学习，当时我感觉如果我要是不好好干，真对不起她……我还要感谢的就是我们的校长，无论是原来的王毓龙校长，还是现任的郭涵校长，还有北京市生物教研室的袁老师、张老师和朱老师，没有他们给我提供的展示机会，没有他们的支持，就

没有今天我的成绩。

我毕业的第二年，学校承担了一个当时叫生物百项的科普活动，其中一个项目是进行卫星搭载番茄种子的种植对比实验。我们组的安老师让我负责，为了让我更好地做好这项工作，学校提供部分温室方便我带学生实验，因为是冬天种植番茄需要供暖设备，学校为此还安装了土暖气……这个项目从12月份开始，一直到第二年，最后获得北京市一等奖，这是我第一次辅导学生在竞赛中获奖。

除了天时、地利、人和，荆老师自己也做了很多工作，比如参与北京市初中和高中课标版教材的编写，发表教学论文，参与会考、高考的命题，以及阅卷、评卷等，这些工作使荆老师的业务水平得到了很大提高。

支撑荆老师做这些工作的动力，不是别的，是出于对学生、对课堂教学的热爱。“我为什么会喜欢上课，因为我能感觉到学生喜欢我上的课。后来反思，原因可能有两方面，一方面是我上课有激情，有感染力。我上课可能没有那么幽默，但我用我自己的热情去带动学生……第二个方面，我是在用心地准备每一个素材。我在备课的时候花力气最大的是找素材，给学生选什么样的素材来说明这个问题，希望学生们喜欢这些素材，觉得有意思，同时对他们有教益。”

荆老师选择素材时有自己的原则，他会选学生感兴趣的、前沿的、能引起思考的素材。素材选完后可能还需要在实践中检验，因为有些自己感觉很好的素材，但课上学生兴趣并不大；而一些临时在课堂上想出来的素材，却会引起学生特别大的反响。到底什么样的素材能真正地吸引学生，荆老师认为这是个很值得深入探究的课题。

三、言传身教——帮助教师成长

(一)理论学习结合教学实践，两者相辅相成

很多教师存在这样的困惑：大学期间学习的心理学、教育学课程，在实际教学中总感觉用不上。“刚毕业的一段时间，我几乎不看教育学理论方面的书，觉得没有用。”但荆林海老师在有了多年的教学经历后慢慢体会到，那些教育学方面的知识是很重要的。“北京市有几个学校曾经尝试用过一套美国生物学教材(BSCS教材)。我刚接触这套教材时有两个地方特别不习惯，一是学生课堂上看书，这套教材特别强调学生文本阅读能力的训练。当学生在课上自己阅读教材时，我站那儿没事干，觉得很尴尬，很不习惯。第二个不习惯的是这套教材

特别强调课堂上的讨论……我摸索了很长时间，该怎么指导学生看书，该怎么指导学生参与讨论，回答问题，其实这两个我当时很困惑的问题早就有人研究，而且有很具体的措施，只不过我不知道，因此走了很多的弯路。”

关于教育教学理论如何运用于教学实践，荆老师还给我们介绍了一些方法，例如，当老师问学生一个问题后，尤其是这个问题有一定难度时，不要期望学生能马上回答，可以稍微等一等，给学生充分思考的时间，而不是老师提出问题后，就急于想让学生回答，一旦没有学生回答时，教师自己由于忍受不了这种沉默，马上给出问题答案。如果教师能忍受住这种暂时的沉默，很可能就有学生举手，而一旦有一个孩子开始发表自己的想法，其他学生的积极性也会调动起来。

荆老师的经验告诉我们：教育教学理论不是没有用，而可能是教师刚走上讲台的时候，没有领悟到如何运用这些理论。随着教学经验的不断积累，教师应有意识地将教学实践与教育教学理论结合起来，以收到事半功倍的效果。

(二)身在教研——给生物教师们的金玉良言

在离开教学一线之后，荆老师从2010年开始全身心投入到北京市的生物学科教研工作中，对一线教师的教学提供一些指导与帮助。在对师范生的培养方面，荆老师提出了几点自己的看法。

1. 学习、借鉴是需要的，但同时要重视创新。任何事物都是从不会到会，从不熟悉到熟悉，只有不断地加强学习、加深理解才能“源头活水来”。例如，在实习期间，在听了指导老师一定数量的课后，自己备课时一定要能有创新的意识。再如，走上讲台后要上公开课、研究课等，什么样的课会评价高，一定是带有原创因素多的，这样的课才可能带给听课老师更大的思考和启迪。

2. 课的原创性和教学目标的达成之间不能脱节，脱离教学目标的创新并不可取。

3. 更多地了解国外生物学教学动态。国内外的中学生物学教学方面的网站很多，在那里可以收集很多值得借鉴的内容，从教学素材到教法都会得到很多启发，“比如，有一个国外的生物教学网站（http://learn.genetics.utah.edu/），提供了一个学生活动 A Recipe for Traits，这个活动是为初中学生设计的，可以让学生在不清楚 DNA 中四种碱基的情况下，很好地理解基因是如何控制生物性状的。”

4. 坚持生物学专业的学习。生物学专业素养是学科教法等的基础，无论采用什么样的教学设计或学生活动，最终还是离不开教师对专业知识的理解。“为什么这个活动能设计得这么浅显易懂，让学生在不知道碱基的情况下，能理解基因控制性状的过程。实际上这是基于活动设计者对信息本质非常深刻的认识。这个活动的大致做法是给学生四个不同图片的组合，比如说方、圆、三角、菱形，这四个图片的组合在不同的地方可能代表的意义不同，比如说在这个地方可能代表眼睛的颜色，不同的排列代表眼睛是黑色的，蓝色的，还是绿色的。另外一个组合可能代表毛发的卷曲程度……这个活动的设计者，已经跳出了A、T、C、G，因为抓住了信息的本质。”

（三）认清教学现状——激励教研工作

荆老师感觉北京市生物学科教师的现状是很好的，老师们所表现出的敬业精神和业务水平，尤其是对教研的热情令人振奋，比如，每次参加全市教研活动的人数都远远超过预期。荆老师仅就三个方面谈了谈当今中学生物教师的现状：

第一方面是学历层次。现在新任教师的学历一般较高，硕士研究生占很大比例，还有部分是博士研究生。如果这些高学历的新任教师能全身心地投入到生物学教学中，一门心思地钻研教学，可以充分发挥他们的学历优势，这对全市生物学科教学质量的提升是很有利的。

第二方面是年龄结构。对于教师来说，处于创业期的教师基本上都特别认真，希望有机会展现自己，创业期不完全跟年龄匹配，很多老师到了四五十岁还热情高涨，处于创业期的状态。但同时应看到，也存在部分老师由于工作稳定了，压力小了，而出现职业倦怠现象。

第三方面是生物学科专业素养。提高生物学科教学质量的关键是教师的专业素养，这常常可以从一名教师有意识或无意识的教学状态表现出来。“老师们备课时都要找素材，有的老师找的素材仅是本节课要用的，而有的老师则会去查阅、搜集大量的可用资源，从中筛选出的素材除了本节课要用的，还有将来可能会用到的素材。例如进行遗传规律的备课时，先对整体内容制定一个总体规划，再去找相应的素材，并从大量素材里面去精挑细选适合某个教学内容的素材，真正做到整体备课。这些细节反映出生物专业的教学素养的不同。”

〖寄语〗

恭贺母校六十华诞！

学生心中的“老爹”

——数学特级教师韩新生

王瑞霖　郭庶

韩新生老师，中学高级教师、特级教师、国家级骨干教师，首师大附中数学教研组组长，海淀区兼职教研员，首都师范大学数学科学学院、教育学院硕士生导师。主持《激励—讨论—发现（数学新授课的教学模式的构建与实践）》科研课题获省市教学教研成果一等奖，获省市级讲课比赛一等奖第一名，被评为北京市优秀教师（2006 年）、北京市魅力教师（2007 年）、北京市金牌教师（2008 年），2009 年获北京市中小学紫禁杯班主任一等奖。编著教学参考书二十余部，在《数学通报》《中学数学教与学》《中国教育报》等报刊发表教育教学论文八十七篇，教育教学论文二十余篇获国家、省市一、二等奖。

一、工作伊始——摸索与担当

大学毕业后，韩老师就一直担任高中两个班的数学教学工作。韩老师的爷爷过去是抗日时的小学校长，父亲也是一名民办教师，教了一辈子数学。高中毕业后，韩老师被推荐回乡，替父亲代课。对于教课，韩老师并不发愁，但带第一届时却遇到了特殊情况，在班级中有三分之一的学生比韩老师大，三分之一的学生与韩老师一样大，只有三分之一的学生比韩老师小。“一开始的时候带他们，确实感觉很紧张，但是上了第一节课之后，就觉得他们非常好带，那时候考学考得也少，有结婚抱着孩子的，我还没找对象呢，他们抱着孩子来，让孩子喊我爷爷。我当时就感觉，一个是小孩感情很真挚，第二，我也说，叫小孩也喊我老师就行了，别喊我爷爷了，我还没找对象呢。一开始看到学生觉得，他们有年龄比你大的，都身强力壮的，但那个时候他们对老师都毕恭毕敬的。”

适应了工作伊始的一些突发状况后，在教学方面，虽然是年轻教师，韩老师也有自己的理解。韩老师给我们讲述了这样一个令他难忘的故事，在他刚毕业的时候去听一位老教师李老师的课，李老师是华东师大毕业的，教了二十多年了，在讲课的时候也很卖力。“那节课他讲了一个题目，是现在课本上还有的：把一根铁丝弯成下面是矩形、上边是半圆形的样子，半径多少，面积最大？老师讲的时候，其他都讲对了，但算面积的时候，他没算上边半个圆的面积。在课堂上我不能说，到办公室我就问这个老师，我还说得很委婉，我说，要是水大的话，上边那半个圆也淌水。老师看我年轻，一堂课没上，就有点不大满意，在桌子上一拍，然后说，我这20年就是这样教的。”李老师作为一名老教师，从教20年，一定会对知识有很深刻的把握，但在当时，年轻的韩老师提出问题的时候，他却没有思考自己是否真的在讲课中疏忽了。“从这件事上我就看出来，一个年轻人或者一个学生，他提出一些问题来，你应该好好想一想，他提的未必不对。从那个时候起，从听老教师的课开始，我就想，以后再遇到这样的事情，就得多想一想这个青年教师或者学生提的问题对不对。虽然这样有点迁就学生的味道，但我觉得还是对的，要允许学生有他的想法，他的想法对不对，你得慢慢跟他解释，但是首先你别一棍子打死，他在他那种情况下，站在他的角度提出他的问题，他肯定有他的一些理由。”

无论自己的学识多么渊博，成就多么大；无论是在课堂中，还是在平时生活中；无论是对知识的把握，还是对生活的探索，理解学生，理解老师，理解我们身边的每一个人，都是对他人负责，也是对自己负责。

二、成长之路——机遇与良师

(一)讲课大赛引思考

在带班的第一个学期，韩老师按照苏联的几个环节的教学法，将课程讲得恰如其分，得到教研员的好评。韩老师认为自己在得到好评之后进步就慢了，因为没有很好地做到把教学中发现的问题进行反思与总结，仅仅是满足课堂上的感受，只要学生愿意听，自己就满足了。但在一次讲课比赛后，韩老师有了认识上的转变。“到了1993年，那时候我们组织第一次讲课比赛。一连讲了好几天，都讲同一个课题，比较特别的是后面的老师能听到前面老师的课，我不幸抓了第一号，去讲了这个课。讲得比较成功，讲完之后，学生的掌声一起，我首先感觉很激动。我是第一个讲的，他们还开玩笑，你是第一个讲的，得一等奖就行了。事实上到最后，也是得了一等奖、第一名。所以第一个讲有好处，也有坏处，后面老师再讲的时候，就增加了评委对我那节课的印象，我觉得我是遇到了运气。得了第一名之后，我就开始总结一些自己教学当中觉得合适的地方、比较好的地方，总结之后就写出来。到后来写文章也上瘾了，只要是自己有点什么想法就写一写。那时候全国各地的杂志，有好多在第一篇的位置上发表我的文章，那时候感觉自己越写越来劲，对自己的教学也在不断反思。”

（二）良师指导筑根基

在到了一中之后，随着学生、老师的增加，韩老师成为了备课组长，做课都是他来承担。加之 1993 年讲课比赛一等奖的荣誉，来听课的人越来越多，韩老师也尽量认真对待每一节课，这无疑是对他新角色新身份的适应和多方面能力的挑战。作为教师，不仅要会教学，也要会反思。韩老师在学生生涯中，也获得了良师的指导。“评职称，就要有文章，我一直当班主任，教学成绩也非常好，每一次我们班的成绩都在年级中遥遥领先。有一些老师文章写得好，但是教学成绩不好，有一些教学成绩好，但写不出来。我的写作能力得益于高中的时候语文老师王老师的教导，我在初中时不会写作文，到了高中我把布置的作文写出来之后，就被王老师在班里当范文来读，这对我来说是一种鼓励。我是爱学语文的。到后来之所以发表那么多文章，我觉得这和王老师对我的鼓励是分不开的。要有词去写，光列个式子是不行的。我对王老师说，‘您教我们是我们人生中的大幸！’”

教师对学生的影响之深之远是不可估量的，除了韩老师的语文老师外，他的数学老师也对他产生了积极的影响。

我们的数学老师后来也被评为特级教师，他有一板一眼的板书，那个时候大家都不怎么学习，但只要他去上课，他都认认真真去教，不得过且过。我觉得这些老师都给我留下了很深的印象。所以我感觉当一个好老师，对一个人的影响是比较大的。

所以我爱写一些文章，班级学生高考成绩也比较好，1998 年评特级时也没有竞争对手。我们那里一千多万人，就评 9 个特级教师，9 个还不只是数学，而是包含了全部的学科，高中数学就是我自己。

特级教师成长之路并非一朝一夕而成，在成长的路上，韩老师对知识的理解，对教学的反思，都像是一砖一瓦，一块块地铺开，成为一条坚实的成长之路。

三、感受师生情怀——31年热爱的积淀

(一)进退自如的育人艺术

自毕业起，韩老师就一直担任高中两个班的数学教学工作，毕业之后当班主任，一直带到2010年，他当了31年的班主任。只有饱含着对学生的爱，才能热爱着班主任工作。与学生打交道，韩老师也有自己的思考。

我第一届的学生有个叫严慧的同学，他为了换一个位子，星期四就跟我提出来，说星期五就得换。提出来之后，我觉得他提的理由也很充分，所以我提出下周一回来之后给他换座位。他就又提出理由，我们斗智斗勇了一个多小时，到最后我还是觉得他的理由更充分，于是同意他星期五换座位。他毕业了好几年，后来又说起这个事情，他说为了调这个位子，已经好几个晚上没睡着觉了，好几个晚上他就想对策，老师问这个，我要怎么跟老师说，老师问那个，我要怎么跟老师说，他设计了各种情景。后来我又仔细想了想，要是第二天不给他调过来的话，他这个周五、周六、周日，他是睡不着觉的，要是这样的话，很可能就有一些其他的事情发生。所以这也说明什么呢，他有充分理由的话，那就按他的理由去做。但是一般情况，我觉得你把自己当成一个师长，比他高一等，有高高在上的那种感觉，我说的对，你说得有理也亏三分，要是有这种想法的话，以后造成什么样的后果就不好说了。

赞同学生的合理请求，这并不难，难的是去掉教师高高在上的角色，设身处地地为学生考虑，这不仅表露出韩老师对学生的喜爱，同时也是韩老师作为一名优秀教师，对学生正确教育的体现：无论你身处何职，都应公正、平等地看待一些事情，才会给学生更恰当的引导，使学生形成更加完善的人格。

作为班主任，对学生的爱是第一首要的方面，而管理班级时，处理问题的方式方法也很重要。当学生犯了一些小错误时，批评与惩罚并不是唯一的方法，“冷处理”或许是更为学生着想的方法。“我当班主任时带的2010届毕业的学生，有几个小男孩儿，一模前把教室都整理好了，在教室打起牌来。高三的孩子，在教室里打起牌来，我要是过去看到这个情况的话，火气一下子就上来了。但是那次看到之后，我就把牌给收走了，也没批评哪一个学生，一句话都没说就走了。他们看着我没发火，心里很忐忑。如果我当时发起火，他们也就不会反思自己的错误了。我把这个问题冷处理一下，收走牌，也没跟他们说什么。我想他们每个同学肯定在内心掀起一股风暴，他们会自己反思一下，在这种情况下，我还在教室里面打牌，尤其还是班干部，这样做对不对？我觉得他们自己

就会有一个思考的过程。最后他们一个个地跑我这边来，主动把自己的认识汇报一下。我对他们说，认识到问题就行了。你为了他好有多种方式方法，学生这个时候非常叛逆，你要是遇到一件事情，告诉他错了之后他如果不能认识到错误，那这个错误也就白犯了。这样冷处理一下，让他认识到位了之后，他后来就绝对不会再去犯那样的错误了。”

(二)真情流露的师生情谊

在访谈的过程中，韩老师向我们讲述了学生对他的深厚情感。

2004 年我那个班里的学生，他的祖辈和父辈都是刻字印章的好手。他在国外读书想起我的时候，就想给老师点有纪念意义的东西，于是他刻了个章给我，他认为那就是最珍贵的东西。我很看重学生自己发自内心的表达。还有一个叫何静的孩子，他跟着家人上潭柘寺的时候，就给韩老师请点什么。好几年了，我一直把它戴在身上，都戴得很旧了。他从英国回来之后一看我还戴着他求的这个东西，非常感动，他觉得我对他非常重视。

有一篇《北京晨报》上的文章，叫作《被称为“老爹”的数学特级教师——首师大附中韩新生老师》。那篇文章上搜集了学生博客上一些对韩老师的说法、评价，凑成了一篇文章，大部分是 2007 年毕业的那一届学生。对被称为“老爹”，韩老师表示，“不知道怎么回事，我长得这么凶，学生见了也不怕，这是挺奇怪的一件事情”。

对于教育工作，韩老师认为第一是用心做教育；第二，教育是爱的教育，要打心眼里爱那些孩子，他们才能够感觉出你的爱。“我有一部书要出版，不叫数学论文集，题目就叫《因为爱》。上面是这几年发表的一些文章、自己的一些体会。我觉得我可能就是爱这个学科，爱这些孩子。干了这么多年教育，你看到小孩之后，就打骨子里流露出对学生的喜欢，也是心意的流露。当班主任到后来身体就不太行了，很想一直带到退休，有些人觉得带班又苦又累，我没怎么感觉到累。当班主任是要你操心，但是你在操心的过程当中，也得到了快乐，甚至你的快乐比你付出的那点、投入的那点还多得多。”

四、感悟数学魅力——我心中的数学教学

(一)与之同渔的教学理念

多年的教学思考与班主任工作经历成就了韩老师独特的教学理念，早在 20

世纪80年代，韩老师便提出“教材是剧本，教师是导演，学生是演员”这一比喻关系。当时很多老师提出“杯桶理论”：要使学生得到一杯水，教师就要有一桶水。对于教师如何向学生传授知识这一方面，韩老师的看法似乎更加与众不同。“要给学生一杯水，教师若有一桶水是远远不够的，教师应该有一股知识的活水，更重要的是教师要发掘学生认知的源泉，使学生具备创造的源泉。我觉得自己能认识到这一点。还有人们常说的，授之以鱼不如授之以渔，我更欣赏授之以渔不如与之同渔，你跟他一块儿打鱼。学生还专门为我制了一个印，叫作‘与之同渔’。”

数学学科不断发展、不断变化，我们由开始的“授之以鱼”——教学生知识，到“授之以渔”——教学生学习，到现在的“与之同渔”——与学生共同学习，无疑是思想与观念上的一次次转变。“与之同渔”无论对知识的传授还是对帮助学生在学习过程中的探索，都进行了极好的诠释。

思维也离不开知识，在传授知识的同时，还要传授思维方式和思维方法。我过去的一个学生朱谨，现在在美国是一个很有名的化学家。她在北京和我一块儿吃饭的时候就说：“老师，您教给我们的数学题目，我们可能一个也想不起来了，但是您教我们那种处理问题的方式方法和思维的方法，我们终身受用。”我觉得这句话对我启发也是非常大的。我还曾教过一名学生，后来他教英语了，现在也是国家优秀教师。他见了我之后，跑到我耳边说：“老师，我现在还会背某个公式。”我就鼓励他说：“我都想不起来了。”他说：“我记住了系数之间的关系。”他自己很有成就感。他教了那么多年英语，还能记住那个公式，我感觉很欣慰，我也鼓励了他一下，肯定提高了他的自信心。这个纯粹是形式上的东西，他记住了，对他也有益处，至少表明了他会记忆，这也促使了他对自己的工作产生很大的信心，产生这种信心之后，有一些事情你可能努力一点就能完成，他就能做到这一点，所以他就终生受益。

（二）贴近生活的教学情境

韩老师向我们简要讲述了他心中的情境数学：“数学就是这么一门科学，它就是抽象的学科。一开始的时候，本来就没有数学，这都是人们抽象出来的学科。现在的一些数学知识也不是单纯的数学知识，有一些来源于生活，有一些需要你创设一个教学情境。什么事情都是相对的，人们对教学的认识是慢慢在提高的。你出去听课或者出去看的时候，凡是引入新课，都得有个实际情境，但是学生对实际情境，有一些是理解的，有一些现在学生基本上就不大理解。”

的确，在教学中往往需要将现实与数学相联系，现实的情境可以引导学生进入数学世界，数学也可以反过来解决现实生活中的问题，但是否能够运用自如，还要教师不断努力。“我想起来这个事，比如过去有一句很有名的调皮话，叫按起葫芦浮起瓢，现在有几个学生知道瓢是怎么回事？我的意思是说，情境绝对不能脱离学生的实际。但是有一些数学知识能够在现实生活中用到，因为数学能够解决实际问题，让学生感觉数学是有价值的，有用的，在生活当中能起到一定的作用，慢慢地他对数学的兴趣会更浓一点。帮助学生对数学的兴趣浓一点，让他多去学学数学的思维方式，他就会对问题的判断更严谨一些。”

对于现在的教育技术应用问题，韩老师也进行了一定评价。“在教学上，所谓的现代技术教学，老师做了一些 PPT，如果用得恰当的话，对学生确实很有好处。例如学平面几何时用课件将图形演示出来，点、线、面的变化就会看得非常清楚，但是就照着 PPT 一篇一篇去念的话，就没有意义了。有的人还开玩笑说 PPT 现在不叫 PPT 了，叫骗骗他！我们用现代教育技术，使得一些静止的东西动起来，可以让学生看到，它在动的过程当中，每个时刻是怎么变化的。所以用得好的话，就能够对教学起很大的作用，用得不好的话，那就成了过去咱们常说的人灌变成机灌了，用机器灌给学生，更糟糕，还不如人灌。”

五、寄语后辈——对职前教师的希冀

无论是数学教育专业的大学生还是研究生，他们大部分人在未来都将走上讲台，当身份由学生转向老师，他们必定十分迷茫，韩老师给出了非常中肯的建议：

第一，向前辈学习。“我觉得大学里实习的时间还是少，或者实习的机会少。不是说在大学里学的知识到了中学之后用得不多，在大学里学的知识和方法对中学的用处是非常大的，但在大学里缺少实践经历。到一个学校之后，首先你应该跟有经验的老师学。这个学不是他说什么，你就跟着说什么，他教什么你就跟着教什么，那样的话就和我一开始听课的李老师一样了。一个老教师，特别是优秀的教师，在他一节课、两节课当中，你不一定能看出他有什么特点来。那些做出来的公开课，那是不知被多少人打磨了多少遍的，一开始我们做公开课是自己去琢磨，也不是每节课都按公开课的讲法讲，但如果每节课像公开课那个讲法的话，教不了几年就累死了。听课的时候你要看看他是怎么想的，真正到你要去教课的时候，还是要锁定一个比较优秀的老教师，天天去听，有选择地去看他有用的东西。不是学他的形，而是学他的神，看他如何处理问题，处理教材，处理学生。”我们要向前辈们学习，但也应该有方法地学习，去粗取精，这样才能更好地提升、发展自己。“会学习”与“会教学”并不能画上等号。教学需要的不仅是对知识的正确把握，还有对方法的恰当运用，只有二者完美地契合，才能让学生获得更大的发展。

第二，多跟学生交流。“教学不一定谁都做得到，是慢慢修炼，慢慢体会的。一开始要遇到很多的困难，你要反思，如果是我存在问题，我要及时改正，多找自己的原因，少抱怨学生和同行，解决之后就会进步了。”

第三，进行教学评价。“我觉得每一节课之后，要对自己的这节课做个小小的评价，哪怕是三言五语地自己简单地总结。如果你教两个班的课，你从一班教完课之后，到二班的这几步路当中，你得考虑这节课有哪些地方做得还不够，下节课怎么纠正它。你再上完这节课，上完二班的课，这节课可能再去上的话就隔了好几年了，所以二班上完之后，你得把这节课的得失总结出来，做点文字性的记录。过一轮再教这个地方的时候，你先自己备好课，然后看看上一回怎么教的，融合起来的话，你会进步得非常快。评价五六年之后，教学就比较自如了。五六年之后，要能够平稳地去钻研教材，去备学生，再多做一些公开课、研究课，挑战一下自己……之前我说与之同渔，与之同渔，一开始的时候是老师知道鱼在哪里，哪里有鱼，你跟他一块儿，引导他到这个地方去打鱼。实际上现在新教材有一些新东西，老师也不知道鱼在哪里，一块儿打鱼这个事，恐怕也是需要你有一定的智慧和能力。”

结　语

短暂的访谈过程并不能呈现出韩老师特级教师成长之路的所有智慧与努力，我们感受到的只是冰山一隅。韩老师给予我们的是课上与课下，作为教师与班主任的多重收获，作为一名教师，我们要爱学生、爱教学、爱钻研、爱思考；作为一名数学教师，我们要重逻辑、重严谨、重实际、重生活。我们要怀着求知的心态，多观察，勤思考，在自己专业发展的道路上坚定地走下去！

〖寄语〗

风雨六十春秋，知行合一谱心曲；
芬芳万千桃李，育人为本铸师魂。

薪火相传：教育是一场没有终点的接力赛

——生物特级教师乔秀芹

彭帅　艾琴琴　王瑞霖

乔秀芹老师，北京市顺义区教育研究考试中心高中生物教研员，北京市特级教师，先后被评为北京市市级中青年骨干教师、北京市中学市级中青年学科教学带头人、北京市中学市级学科教学带头人，两次被评为顺义区学科首席教师。乔老师1985年7月自北京师范学院（今首都师范大学）生物系毕业，在顺义区杨镇一中任中学生物教师19年，2004年调入顺义区教育研究考试中心，担任区高中生物教研员。乔老师主编了《顺义生物》《中学生物教育教学思考与实践》《中学生物教学案例及评析》等书；获北京市评优课一等奖、北京市录像课评比一等奖；论文在《生物学通报》《北京教育》等杂志中发表，多篇获全国及北京市的一、二等奖；参与的课题研究、撰写的教学设计等多次获奖，她指导教师参加的各种教学评比多次获得全国及北京市一等奖。

一、大学生涯——未来教师的火种在这里种下

乔秀芹老师1981年考上首都师范大学，那时候叫北京师范学院，就读于生物系。在她那个年代，学生上大学的比例很低，他们深知学习机会的来之不易，因此特别珍惜那段时光，大学期间她充分利用学校提供的各种资源进行学习，

这些学习为她奠定了作为一名教师的基础，未来教师的火种从此播下。尽管时间已经过去了三十多年，但乔老师在和我们谈到她读大学的一些事情时，这些事情仿佛历历在目，她很高兴地为我们娓娓道来。“我们那时大家对专业课的学习都是特别看重的，给自己的定位就是珍惜大学学习的机会，专业课一定要努力学到最好。平时没有课的时候，最喜欢去的地方就是两个，一个是图书馆的阅览室，三层的理科阅览室。另外一个就是给我们生物系 81 级的 4 号教学楼 417 教室。那会儿虽然是上了大学，没有像高中这样有人规定要怎么样，但实际上我们的作息还是挺自律的。”这段读书的经历，乔老师说起来还是意犹未尽，她说：“我对咱们的图书馆印象特别深刻，那时我们有 5 个借书卡，其中有一个可以借阅文学之类的书籍。在大学四年期间，我阅读了大量的生物学专业书籍、科普杂志，同时也广泛涉猎人文等领域。对于我来说大学期间是专业知识和其他的人文知识快速充实的一个时期，这对自己今后的学习和生活有着潜移默化的影响。”乔老师到今天也依然喜欢像《中华好诗词》《成语英雄》等这样一些文化类节目，这些一方面丰富了她的文化底蕴，另一方面在看书过程中也收集了一些素材，以便用于今后的教学。例如古诗词中的“人间四月芳菲尽，山寺桃花始盛开”，反映的就是生态因素中温度对生物影响的一个例子；还有“日出江花红胜火，春来江水绿如蓝”，江水绿如蓝的原因主要是水中微小的蓝藻大量繁殖的结果，类似这样学生熟悉的美丽、智慧而又富有哲理的诗句穿插到课堂教学中，特别能够引起学生的共鸣。

在首师大读书期间让乔老师记忆犹新的另一件事就是动物实验。生物学的发展离不开实验，而对于喜欢生物的同学来说，实验无疑是探索生物的重要渠道之一。乔老师和她的同学一样都很重视做实验。“我觉得对一些女同学来说，首先面临一个心理上的挑战。比如测量家兔胸膜腔内负压的生理学实验，需要把穿刺针（后面连着检压计）刺到胸膜腔，看到检压计中的液面变化。像这种实验它需要一次成功，如果一不小心穿刺过猛、插得过深，就容易刺破肺组织造成气胸，实验就失败了。对于这种实验操作过程当中的提心吊胆，感受是非常深刻的，但是最终还是能够坚持不退缩，坚持认真按操作要领去做，实验还是能成功的。到最后我们班的同学基本上都能特别顺利地完成这个实验。”

做实验也是一项技术活，特别是一些难度较高的实验，乔老师会觉得挑战很大，甚至在整个准备的过程中都是一种很焦虑的状态，但正如她自己所说，如果这个挑战完成了，那种心理上的愉悦是无法形容的，这样的事情一件一件积累起来，对她整个的动手实验能力的提高是特别重要的。这些早期的挑战和经历练就了乔老师的实验动手能力，从中得到的愉悦感是对之前所有付出与焦虑的一种补偿，同时也为她今后带领学生做实验打下了扎实的基础。乔老师深深地体会到了实验对于生物的学习是多么的重要。“因为生物学是基于实验和观察发展起来的，在实验和观察的过程中，这种观察能力、动手能力的提高和通过某一个特殊现象引起学生的兴趣和思考的东西，纸上得来终觉浅，对学生来说，听老师讲实验跟自己实际动手操作所取得的收获真的是没法比。”

四年的时光转眼而过，乔老师离开首师大，走到了一线教学的讲台，此时的她已经积累了知识、理想和信念，这些东西是慢慢积累起来的，而且时间越久意义越深，正如用乔老师的话来说：“在首师大那四年的大学时光里，好多事都印象深刻，如今想起来依旧清晰。有些事在当时可能感受不深，但是工作以后，随着年龄的增长，再回过头去品味的时候，都是很美好的回忆。”

二、兴趣使然——生物教师是最终的选择

“兴趣是最好的老师”，乔老师喜欢生物，喜欢当老师，“一直到现在，我都觉得我对这个学科没有倦怠，就是喜欢”。她对生物学科的喜爱源自于高中，这主要是受高中生物老师的影响。“因为我们那会儿高考生物才占 30 分，但是我高考考 29 分。感觉自己好像能抓住生物学习的一些基本规律，平时没有费什么劲，但一考试就能考高分。有一次考试我得了 99 分，老师当着全班同学说，给我扣一分的原因就是觉得一份卷子不应该给满分。又说我的答案和老师给出的标准答案，几乎一个字都不差。老师的这种鼓励，让我觉得自己和生物学科特别有缘。老师还说过，21 世纪是生物学的世纪。生物学研究的是生物的生命现象和生命活动规律，研究的对象是大自然中鲜活的生命体，也包括人类自身，生物学的发展与农业生产、自己的和生活、周围的生态环境息息相关，这也让我觉得，这门学科是既有发展前途又特别有趣、有用的一个学科。”

在高考填报志愿的时候，乔老师认为自己的性格特点适合当老师或者当医生，但她对于是否选择师范专业是有些犹豫的。“后来我琢磨，还是选择做老师。为什么呢？我感觉老师这个职业，跟医生最大的区别是特别阳光，特别有活力。比如在教书的时候教的是高中，我永远是送走 18 岁的，迎来 16 岁的。我永远在跟这样一个年龄段的孩子打交道，感觉这是一个充满朝气的、积极向上的、特别有活力的职业。”另一方面，她选择教师专业也受到了高中老师的影

响。“那些教我的高中老师，有不少特别优秀的人，他们是‘文革’之前从北京或全国知名大城市的大学下到中学当老师的，知识修养和综合素质非常高，我看他们永远是抬头仰视的，特别佩服的。当时我想，如果我能成为这样一个让人尊敬的教师，也是挺有意义的一件事。”

如果说乔老师高考填报志愿选择生物师范专业是来自于她老师的影响，那么影响她在一线教师的岗位上兢兢业业工作的动力则主要来自于学生，来自于对学生的责任心。“教师的责任特别重，比如对某一届的学生来说，这届我没发挥好，他们的考试成绩不理想，可能只占我教学生涯中的一小部分，但对于一个孩子来讲是影响他一生的事情，孩子是家庭的未来和希望，所以教师责任特别重大。将心比心，如果我是这个孩子的家长，会希望孩子遇到一个什么样的老师？那么从家长的角度来思考，必须得努力成为那样的老师。”乔老师说这段话的时候，语气平和而坚定，这是她从教 19 年的感悟，也正是她能够将心比心，把每个孩子都当作自己的孩子那样去爱护，这份责任心让她在平凡的岗位上做出了不平凡的事业。

每当乔老师站在讲台上看到孩子们亮晶晶的眼睛在看着她，这种眼神让她觉得必须努力把课教好；下课了，后边还追着一群求知的孩子问各种问题，这种感觉也是别的行业体会不到的。“孩子在十六七岁的时候，他可能不大经常和家长谈话，家长跟他说话有时也小心翼翼，但是他却能和老师很好地沟通。这是因为学生信任你。信任的前提是喜欢你，你能得到他的认可。努力成为一个让学生喜欢的老师而不是一个让学生怕的老师，好像更适合我这样的人，亲其师则信其道，如果学生喜欢我，也就容易喜欢这个学科；课上师生心情好，沟通就顺畅，也更有效率，效果也更好，这是一种良性的循环的过程。”

本着这样的想法，乔老师得到了学生的喜爱。学校每年会对学生进行问卷调查，她经常被学生评为最喜欢的老师。学生对乔老师的喜爱，不仅在课堂上、在学校里，还延伸到了校外。乔老师离开杨镇一中到教育考试中心工作后，也经常能收获一些意外的感动，比如，上下班途中的公交车上，多次会遇到学生向她问候，给她让座，因为乔老师每年教的班级太多，学生太多，以至于她也无法记清给她让座的是哪位学生。“那次在区医院看病，大夫看到我就说，老师您来了，您怎么了？我心想这是谁呀，赶紧看看他的胸牌，发现看到名字也想不起来他是哪届的、哪个班的。后来聊起来，才记起他是多年前自己教过的学生。虽然已过去多年，但学生仍然记得我，让我觉得作为一个老师真是挺幸福的，也挺自豪的。”

三、站稳讲台——开启人生的新篇章

乔老师2009年评上了特级教师，在她看来整个从教过程没有哪件事特别重要，而是通过每件事情的积累每次经历的不断成长，才让她走到今天。无论评与不评，她都是在做自己喜欢的工作，这点是最重要的。“我做我喜欢的这个工作，我就要力争每件事都做好。我认为刚开始走上教师岗位，首先是把讲台站稳。这只是我的个人观点，因为也许能力特别强的人同时又能教好课又能做好班主任，但我不行，我属于那种一次只能干好一件事的人。我认为刚开始工作时最重要的是要把课上好。等有了一些教学经验了，结合日常的教学经验，就要做一些思考，这就是教学研究。教研做到一定程度，就会发现教学中总存在着这样那样的问题，会思考可以怎样改进，改了以后有时特别满意，有时又会出新的问题。就这样你会越来越深刻地思考怎样做，对后面应怎样做更有想法，就自然地想围绕一个专题进行一些深入探索，这就是课题研究。我一直觉得，中学教师做课题研究，做教学研究，本身都不是目的，而是为了更好地做好教学工作。”

人生的每个阶段都有对应的最重要的事情，只要把握好了每一个阶段，那么整个人生就是美好的。正如乔老师所说，做自己喜欢做的事情本身就是一件幸福的事情。但又无可否认人都有惰性，很多时候要有外部的压力，才能促成一些工作的完成。乔老师初上讲台，在获得了校领导信任的同时也承担了很大的压力，如今她很感谢当时学校对她的培养，她讲起那段经历，自己都觉得很不可思议。“我一直觉得，我们学校领导的胆子够大。我工作的第一年教初一年级六个班；第二年初一和初二两个年级的生物课全部由我承担；到第三年更甚，整个高二年级六个班的生物课都给了我一个人，整个高二年级就我一个生物老师，连一个能在一起交流商量的人都没有；到了第四年，让我教高三，而且三个应届班都是我负责。有时我也想，校领导胆子也太大了，就不怕让我给教砸了？当然同时也觉得，既然学校这么信任自己，没说的，自己只能付出最大的努力，做好工作。这样的过程对我来说压力特别大、也特别累，但也特别锻炼人，正是这几年，培养了自己在教学中独当一面的自信和能力。”除此之外，在她工作的三四年期间，乔老师被推荐参加市举办的评优课，获得了当年的北京市优秀课奖，这些努力和成就都促进着她的成长。

乔老师总结自己的教师成长历程时，说道："第一，在教师的不同发展阶段，工作的侧重点应不同。第二，促成教师成长的关键是自身的上进心，当然有外部环境的推动。教师的成长是一个过程，或许可以通过努力缩短周期，但不太可能一蹴而就。这就跟吃饭似的，如果吃饱一顿饭需三个馒头，那么能让你吃饱的绝对不只是第三个馒头，前两个馒头也很重要。好多的事是很难速成的，就像演员，你看到的是他在台上的表演游刃有余、光彩夺目，你没看见的是他在台下的艰苦努力。所谓台上一分钟、台下十年功，教师的成长也是这样，需要平时工作中扎扎实实、一点一滴的积累，也需要遇到机遇时的及时把握和不懈努力。一位获北京市高中教学基本功评比与展示市一等奖的老师也曾由衷地发出这样的感慨，'煎熬与历练同在，辛苦与收获共存'，我觉得这句话会得到诸多人的认同。"

四、初出茅庐——难忘教研员的无私帮助

"年轻就是资本，讲烂了怕什么，但是如果你都工作十几年了，你讲的课还不成个样子，那就有问题了。"这是乔老师对别人听自己课的态度。在乔老师刚入职的时候，和我们大多数人一样，在教学中会存在问题，但是她非常欢迎别的老师特别是教研员来听她的课，课后也特别注意听取听课人给她的意见，觉得从中收获甚多。"有的时候别人听课后提出的建议，自己觉得很有道理，那么就会在第二天别的班上课时去尝试。我确实体会到，多数课在改后跟原来相比课堂结构更合理了，教学内容的逻辑线条更清晰了，学生的观察、思维等活动更有效了。我一直都觉得，教研员来听课是件好事，特别是年轻教师，即使课没上好也没什么，因为教研员见多识广，他会给你指出问题，提出意见，他能帮你梳理、帮你提升，这是难得的提高自己业务水平的好机会。"至今，乔老师都觉得她们区的生物教研员一直都特别负责，对老师的指导也特别用心，她从教研员身上学到很多，收获很多。机会总是留给有准备的人，乔老师时刻准备着接受指导，准备着改进和提高，所以在教师成长过程中她比别人走得更快。

五、反哺教师——身为教研员的责任

乔老师在教学一线的岗位上工作了 19 年，教学经验丰富，教学成果显著，2004 年调任顺义区高中生物教研员。乔老师很多次谈到以前的教研员给她的各方面的帮助，如今她作为教研员，也正做着以前别人对她做过的事情，将别人

对她的帮助反馈给现在需要她帮助的老师们。

教研员不再直接面对学生进行授课，他们主要承担着学科教学的研究、指导和服务的职责，主要任务是帮助一线老师提高专业化水平，保证全区学科的教育教学质量。乔老师所在的区教研中心高中部，每个学期都安排两次全区的高中校视导。视导的主要环节是听课，之后还有一个特别重要的环节——评课，就是和被听课老师面对面的交流，这种交流的针对性是非常强的。“教研员评课是对事不对人的，出发点是为了老师的教学能更上一层楼，所以意见是很中肯的。他会告诉老师哪些地方做得好、为什么好。其实这个为什么特别重要，也许上课时你是无意识的，只是觉得这样处理顺畅、舒服，教研员会给你从一定的认识高度，让你理解这样做的价值是什么，理论支撑点是什么。同时也会指出你这节课有什么问题，同时一定会给你提出解决这些问题的措施。因此这样的一个过程，最起码将来你要再上这个课的时候，如果翻出以前积累的东西看一看，在此基础上再去设计，再去上课，一定会有所提高。评课的另一个目的是帮助老师寻找和应用教学规律，比如与此特点相同的一类课的教学处理，比如这节课中蕴含的一些学科思想、学科观点，如何运用到其他相关教学内容的处理上。”

听课、评课是教研员的常规工作，除此之外还要通过各种教研活动组织老师来进行研究、共享和交流，比如教材分析和教材辅导，要分析重要概念有哪些，要理清教学内容的逻辑链条。这两个问题清楚了，那么教学的主线就清晰了，重点就抓住了，就基本可以保证无论采用什么办法，这节课的教学方向应该不会走偏。像这种教学规律性的东西是很重要的，是所有人都要遵循的。至于课堂上采用什么样的手段，什么样的方法才能达到最好的效果，那要根据教师的个人特色，根据学生的特点和学校的条件等来决定。

教研比一线教学更注重教育的理论性，教研员的工作就是将理论与实践相结合。时代在发展，教育在发展，随着教与学的理念的更新，教研活动的轨迹也在发展变化。“传统教学过于强调教师的作用，特别是强调教师的讲。所以以前的教研员也在指导教师如何给学生讲清楚上面下的力气最多。但实际上，学生是学习的主体，教师的教最终为了学生的学。所以随着课程改革的推进，在当今的课堂教学中，要特别思考围绕重要概念，怎样做才能让学生对课上要解决的问题产生兴趣，让他能应用学科知识和学科方法找到思考的正确方向，最后能得出合理的、理想的结果。这也是建构主义学习理论强调的，学习不是学生简单被动地接收信息的过程，而是自己建构知识的过程。这种建构无法由他人来代替。”不同的时期会赋予教研员不同的任务，但是他们的使命是不变的，永远服务于教师，服务于一线教学。

六、薪火相传——对师范生的建议

乔老师努力钻研生物教学，不断积累教学经验，对于生物学科和生物教学有自己的理解。尽管有些人会有这样的感觉，生物学科的知识点太多，需要背的东西多，学生经常认为生物只要背一背就好了。甚至有些人说生物是理科中的文科，对此乔老师有自己的看法：“生物是理科，和物理、化学一样是自然科学的一个分支，它是以实验和观察为基础的，特别注重逻辑和证据，它的学科知识体系具有鲜明的理科特点。再有，生物学具有鲜明的定量化的特点，问题最终要解决的话，经常离不开理科的其他学科作工具，比如数学、物理、化学。理科那种内在的特点是非常突出的，而且你学的生物学的东西越多越深入，这种感觉会越明显。中学生物有时让人觉得似乎也兼有一些文科的特点，比如要记的东西比较多。这其中一方面中学生物确实有相当一部分基础的事实性知识要记，但是也跟学科本身所用的语言不是学生熟悉的语言系统有关，因为学生熟悉的语言系统是日常生活系统，而生物学有它自己的学科语言，有一套学科术语、名词，这些东西对于学生来说是全新的，是陌生的，所以他们就觉得生物学学的名词多、生物学要记的东西多，但实际上那些名词、术语等要记的东西并不是一盘散沙，是有内在逻辑的，关键是要把握学科的规律和特点。比如初中的孩子学习生物学，学习绿色开花植物的结构，给他摆一盆花，让他通过观察来学习，那么被子植物有哪六大器官还用背吗？生物虽然要记的东西比较多，但是有主有次，有的必须记住，有的可以通过观察通过实验来获得，有的则可通过逻辑推理分析出来。另外我觉得学习生物可以左右脑同时并用，比如同一个知识点，有严谨的逻辑，需要有精确的语言文字来表述，也要有直观的形象来表述，实物、图形，模型，静态的、动态的、三维的，要加强两方面的联系。所以我觉得生物是理科，这毋庸置疑；当然也不可否认，中学生物有相当一部分基础的事实性知识，学科术语确实需学生记住，所以某种程度上说它兼具文科的特点也不无道理。”

而在当今倡导素质教育的时代背景下，生物课程标准要求生物教学要达成“知识、能力和情感态度价值观”的三维目标，同时提出了提高学生的生物科学素养的理念，这就要求教师对生物教学的最终目的要有正确的认识，要不断思考怎样教学才能提高学生的生物科学素养。乔老师的话或许可以给我们一些启示：“任何一门学科都会有它的学科素养，最开始学到的多是知识，知识是基础。然后就是同时要提升学科能力，最后内化为素养，我觉得这是一个发展的过程。对于学生的终生来说，一个学科学到最后，他的头脑中需要始终记得一些必备的学科知识，还有就是能够随时应用这些知识对相关问题做出正确的判断、分析，最终能够解决问题，这些都属于学科素养。比如学生在高中学的生物学知识，如果他将来不再从事生物学行业，有一部分是没有太大用处的；但是他应该有必要的生物科学素养，也就是必须要具备今后在学习、工作、生活中所需要的生物学科知识、能力及相关的情感态度价值观，在将来需要的时候能用相关生物知识来解决现实生活中的问题，或者解释生活中的一些现象。比如最简单的，将来所有家庭中的小孩儿都会对家长问这问那的，没有一点生物学素养是应付不来的。生物学既有用，又有趣，是所有学科里面最贴近人的生活的。”

乔老师的话里透露着对生物学科的热爱，并将这种对生物的热爱带到了日常生活中，她一直都很喜欢看生物方面的电视节目，包括现在的《人与自然》《科学探索》和《科技苑》，农业频道和一些生活类栏目等，因为有学科知识作为背景，看的时候自然而然就会想到这些生物的行为应该用什么生物学知识怎么解释，对媒体提的某些热门的信息和相关观点能做出自己的判断，这是学生物的一种自豪感。

乔老师对年轻一代的师范生寄予了希望，她希望首师大能为社会输送更多的优秀师范毕业生，希望这些毕业生能成为普教系统里面的优秀成员。好学者不如乐学者，对于老师来说，好教者不如乐教者，这是乔老师多年教学的深刻体会，对于师范生的培养，她给我们提了几个很好的建议：

第一，尽量让学生喜欢自己所学的专业。这一点怎么说都不为过。兴趣是最好的老师，对于师范生来说，如果他喜欢自己学的学科，自己有兴趣去做老师，那他投入的程度肯定和别人不一样。

第二，在师范生教育的这几年里，多做把专业知识转变成教学能力的工作。大学学的专业知识是很重要的，也是必要的，必须得好好学。但一些专业知识特别是心理学、教育学等，也要考虑如何跟将来的中学教学更好地衔接的问题，这样有利于师范生将来进入教师这个队伍，能更快地进入角色、更快地提高专业化水平。

第三，微格教学可以继续坚持。微格教学是训练师范生教学能力的一个重要的做法。可以利用微课等这些现代化的信息技术，也可以考虑和中学的教学进行一定的交流和共享，走出去、请进来，类似于小型的教育实习。

第四，加强训练师范生的基本教学技能。以课堂教学中最常用的讲授为例，大家都有过这样的感受，有时候同样的话让不同的人说出来差别很大，包括说话的逻辑、语速、音调等是否让人愿意倾听等。怎样才能做到让人爱听、启发性强、重点突出、清楚明白？同样的内容用上3个小时上一节课，肯定能够讲清楚，而中学40或45分钟一节课。怎样才能做到科学、简洁、逻辑性强？此外，随着课改的推进，新课程理念越来越深入人心，教师的教是为了学生的学，教师是学生学习的帮助者、引领者、合作者和参与者的观点也越来越得到人们的认同。讲授也从给学生讲解明白，发展到要帮助学生通过自己的观察、思考和领悟，获得必要的知识和能力，这就要求老师要具备点拨和提升的功力。

乔老师还语重心长地说："关于师范生应具备的基本技能，所有人都会认可，但只是还不够明白，明白了不见得能做到。这就要求提高实践能力，能力的提高要通过训练。加强这些训练，会使师范生以后适应新教师岗位的时候走得更快，并且少走弯路。"

〖寄语〗

岁月如歌，六十载耕耘桃李满天下；
继往开来，新时期育人再谱新篇章。

用爱滋润的数学教育人生

——数学特级教师张文娣

王瑞霖　许芳杰

张文娣老师，首师大附属中学的一名数学特级教师，现在担任首师大附中西校区教科研主任，海淀区人大代表。张老师生于1963年，于1981年以全年级第一的成绩毕业于曲阜师范大学数学教育系并参加工作，1994年被破格晋升为中学高级教师，1998年被评为特级教师。在30多年的教育教学工作中，张文娣积极进行中学数学课堂教学方法与教学创新、提高学生创新能力的实践与探索。张老师先后获得省市数学教学优质课评比一等奖(第一名)，发表文章百余篇，撰写《中学数学变式教学与能力培养》(2001)、《张文娣讲数学》(2011)等专著。张文娣老师先后被评为省市级优秀教师、骨干教师、教学能手、拔尖人才、“十大杰出青年”等称号，还参加了首批国家级骨干教师的培训，应邀到全国各地作教学报告、执教公开课百余场。在张老师多年的教学生涯中，可谓是踏着鲜花一路走来。

冰心有一首小诗，成功的花儿，人们往往只惊羡于它当时的明艳，当初的芽儿，却浸透了牺牲的血雨，洒遍了奋斗的泪花。张文娣老师在谈到自己的教师职业生涯的时候，她感慨道：“人们往往认为，从荣获县十大杰出青年、市十佳骨干教师、省教学能手、国家级骨干教师再到后来被评为中学特级教师，在前进的道路上我是踏着鲜花走过来的；其实，我的人生并不像大家看到的那样顺利，殊不知成功的背后，我付出了多少的辛酸和泪水。”当张老师回顾她的漫漫教育长路，谈及自己的成长经历的时候，她的眼睛总是闪烁着令人感动的光芒，我被一个优秀的中学老师对于教育纯粹的热爱所震撼。张老师的数学人生，正是用她 33 年付出的心血滋润而成。

一、一路坎坷，一路艰辛，一路心向往之
——张文娣老师的求学之路

(一)“一句‘回家玩去’，碎了我的梦”

“人生充满着挫折，然而过早的挫折，对于 12 岁的我来言，却近乎摧残。”张老师在谈到她 12 岁失学的经历时，声音变得哽咽，眼睛也湿润了，张老师说，这次失学的经历让她知道了什么叫珍惜，什么是感恩。

1975 年的我正值 12 岁，12 岁正是上学的大好年龄，但由于种种原因，我却被宣布“回家玩去”。这对于我而言，简直是一场噩梦。那一年，我失学了。为什么说是一场噩梦呢，因为我始终觉得上学是我最大的幸福，学习是我最大的欢乐，而我却失去了去学校学习的机会。那段时间，我以泪洗面，枕头几乎没有干过，我太渴望上学读书了。

失学的原因不是因为我学习不好，而是当时复杂的政治社会背景，只有被推荐上才能上初中。当时推荐选拔的时候给了 8 个名额，我们的小组是 9 个人，所以就去掉了我这个外来户。就这样，我失学了，失学的这段日子，我在家里整天哭，睡觉我都会梦见去学校上学了，真的是十分渴望上学，上学对于我而言是最幸福的事情。这段日子白天饭也吃不下去，听到人家说去上课，撒腿就朝家跑，因为看到别人背着书包上学，自己真的是很受刺激。因为那是你最喜欢的事情，最幸福的事情，而自己却不能去做。到了晚上睡不着觉，一睡觉就做梦，梦到的是高高兴兴地和老师、同学在一块儿玩的情景，而醒来看到的却是满屋的黑暗，每每醒来我都会泪流满面。那段日子，对我来讲真是个噩梦。那一年，渴望上学却又不能上学的痛苦，折磨得我简直像一个神经病似的。

后来我的姐姐上初二，她总是把不用的课本悄悄放在我枕头边。因为她知道我就是想上学，我没有别的爱好，所以我就拿起书来自己偷偷地看，看书的过程我就会变得很快乐。12 岁的时候，并不知道学习的意义之类的，但是就是一个很单纯的信念，我想学习，就是想去学校跟老师一起学习。失学以后在家里一个多月的时间，每天不吃不喝不睡，严重的神经衰弱折磨着我，但是后来

一看到数学书，我就什么都不想了，抱着数学课本我能看上一整天。半学期过去了，我终于能到学校里去上课了，终于坐到了教室里，那种幸福的感觉真的难以表达。

张老师失学的这段经历，在她的记忆里画上了深重的一笔，以至于在她后来的人生中，她比同龄人更加珍惜学习的机会，因此她总是很享受学习这个过程。然而，对数学的热爱，即使是在她失学的日子里也没有间断过。

（二）“长途跋涉之后终于到达终点，我可以读书了”

“坐在教室里的我，眼泪忍不住哗哗地就掉下来了：终于坐到了教室里，就跟长途跋涉之后到达终点一样，我终于可以自由自在地学习了。”张老师终于可以上学了，从上学一直到选择师范学校，她比别人更加懂得珍惜学习的机会。

上学以后，我身体不好，失学的折腾，让我身体也受到了很大伤害。严重的时候一天休克好几次，常常晕倒，低血糖，低血压，身体实在撑不下去了，高二那年我就休学了。当时初中、高中都是两年。7 月份就要参加高考了，而我高二的内容几乎没学。可谁知道，我还真就考上了中专，那叫高中中专。当时我以为这很简单，结果十几个报考的人中，就我一个人考上了。考上以后，我的老师来我家做工作，他不建议我上这个中专。虽然其他同学想考却没考上，他总觉得我应该上更好的学校。我的老师也觉得很可惜，说让我明年再复习一年去考大学，肯定能考上。因为是 1977 年才有高考，1977、1978 两年多是往届的下乡知青、往届的复习生考的，1979 年才是正儿八经第一届，基本上都是属于应届毕业生考的。但是我没有听从老师的意见复读一年。因为我始终记得 12 岁休学是多么痛苦，只要有学上我就心满意足。

（三）“别让自己闲着”

上了中专以后，对于我来讲，真的很美好。每天在学校里想学什么就学什么，想看什么书就看什么书，自由自在的，可以学很多东西，感觉很幸福。那两年学习的光景，真是无忧无虑。16 岁的我痴迷于学习，老师教的知识我都喜欢，毕业考试考了 11 门，我样样都非常喜欢，没有一样讨厌的。我身体不好，就利用课下的时间打打排球，锻炼身体，过得特别充实。当时每周四都有课外活动，各种兴趣班。音乐老师想教我学手风琴，数学老师知道我数学挺好，想让我报数学的兴趣班，化学老师又想教我做实验。在我中专读书的日子里，我总感觉自己学不够，很多感兴趣的都想去学。只要别让自己闲着，不是为了什么目的而去学，真的是因为喜欢。只要别让自己闲着就行，这仍然是我到现在的工作态度。读中专的日子，我真的很享受。在以后的教学生涯中，只要有学习的机会，只要能步入校园，我都倍加珍惜。

在张老师的成长经历中，仿佛每一个学习的机会对于她来讲都是恩赐，所以她都倍加珍惜，而且她总是保持着一颗向学之心。

二、一分耕耘、一分收获

——张文娣老师的教育人生

（一）“初为音乐教师，是无奈，也是挑战”

“1981 年 7 月，我以全年级第一名的成绩师范毕业了，当时不像现在需要自己找工作，可以找自己想去的地方。党需要我们上哪去我们就去哪。我家就在县城，但我报了个小山区。”那时候和现在不同，大学里学什么专业以后就去教什么，当初的师范教育学的东西并不是固定的，开设很多的课程，也有很多的选修课。

我一开始进入教学生涯当的是音乐老师。这一切完全出乎我的意料，然而一切行动听指挥。在中心校，我担任全公社少先队大队辅导员和中心校音乐教学工作，教三、四、五年级六个班，每班每周两节课，一共 12 节课。为了当好一名合格的小学音乐老师，我利用暑假的时间，找出师范时学的所有音乐资料，分类整理，又针对小学三、四、五年级音乐课本中的曲目到书店买了一些相关资料，还多次到母校向音乐老师请教音乐教学的基本程序、规律、教法等，终于功夫不负有心人，开学后我顺利地进入了小学音乐教师状态。教学生涯之初的专职音乐老师也给我带来了很大的快乐，现在每当听到《中国少年先锋队队歌》《春天在哪里》《少年、少年，祖国的春天》《让我们荡起双桨》这些儿童歌曲，都会使我想起初为人师的快乐。

作为一名中学数学特级教师，让人出乎意料的是张老师的教学生涯是从音乐老师开始的。虽然是教音乐，对于张老师来讲也许有一些无奈，更多的是挑战。但是在这个岗位上，她不断地去学习丰富完善自己，让自己努力做好一个音乐老师。在张老师的叙述中，在她的教育生涯中，不管做哪个学科的老师，她都无比认真地对待。也许这一切正是因为张老师对于教育的热爱和执着，这份热爱丰盈在她教师生涯的起点。

（二）“我是革命一块砖，哪里需要哪里搬”

张老师在初为人师的时候也曾经历了很多的无奈，正如她在《张文娣讲数学》这本书里谈到十八岁的时候，说道“音乐是一门不统考的学科，学校领导普遍不重视，音乐老师也理所当然成了学校的‘补丁’。当语文、数学等统考科目老师因事、因病请假的时候，或者是学校有什么活动需要安排用人时，我便成了‘补丁’，哪个年级需要补哪里，哪个学科需要补哪科”①。

工作之余，感觉自己不会有没事的时候。宿舍也就是我的办公室，当时我从教学处借来1—5年级的语文课本，1—5年级的数学课本，当时没有参考书，也没有阅览室，我就把这些书自己拿来慢慢地看。我还拿一部分的时间做高等数学，人家都说音乐老师做高等数学干吗？我从我的老师那借了一些高等数学、求导之类的书。拿来这些书，我没有任何的目的，就是特别喜欢看，喜欢做。我从第一页开始做题，16开的纸一页一页做，做完一章就放在那里，不知做了多少，没有人给我布置，也没有人检查，更不知道做了这些题以后能有什么用，就是别让自己闲着。

后来四年级的语文老师参加函授，请了两周假，于是我又当了一次‘补丁’，我担任两个班的语文教学和一个班的班主任，我把1—5年级的语文课本通读了一遍，又找来相关资料、教案等研究一番。记得当时有篇文章《珍贵的教科书》，讲的是战争时代，一位年轻的战士用生命保护教科书的故事。当我带领学生分析、串讲完文章以后，让学生有感情地一起朗诵完文章后，当时教室里非常安静，我趁热打铁让学生闭上眼睛，边听我朗诵，边想象画面，我感情充沛的声音响起：“……小战士猛地向教科书扑上去，用身体死死地护着教科书”，朗诵到这里的时候，我的眼睛湿润了，教室里一片抽泣声。当时，我对学生讲，珍惜学习机会，珍爱教科书，怎么才叫珍惜教科书呢？珍爱教科书不是将教科书束之高阁，不是把教科书保护好、不圈不画，整天把它揣在怀里，而是把教科书学好。两周的时间很快就过去了，我结束了我短暂的语文教学，又回归到了音乐教学，两周的语文教学促进了我和学生之间的感情。从这以后，学生们到我的宿舍频繁了，课间同学们有事没事都往我的宿舍转一转，喝点水，下午放学也迟迟不肯回家，说在我这写完作业再回家，我的办公桌上、风琴上、床边

① 张文娣．张文娣讲数学[M]，珠海：珠海出版社，2011：226.

都是写作业的学生，学生还拿不会的数学、语文问题问我，我都一一给他们解答。类似的“补丁”经历还有很多，这里就不多说了。

“我是革命一块砖，哪里需要哪里搬”，这种经历让我们感觉到张老师对于教育的热爱和责任，无论是她做哪一块“补丁”，她总是尽自己最大的努力去做好。然而在做“补丁”之余，她仍然自学高等数学，自己看书、做题，16 开的纸做了整整一大摞，张老师并没有间断对于数学的热爱。

(三)“相信机遇都是给那些有准备的人”

张老师在她的《我的数学教学语录》中说道：“机遇只青睐那些有准备的人，假如你希望在你的生活中也获得那样的机遇，你必须播种，而且最好多播种，因为你尚不清楚哪一粒种子会发芽。”

我始终相信机遇都是给那些有准备的人，我得到的一切并不是刻意的所求。就是忽然间来一个通知，说市里面的教育学院正在办进修班，首届是两年制的带薪学习，脱产进修算学历，所以我就报考了数学。音乐老师不允许报数学，学科不对口，没资格报。结果去得太巧了，第二天就考试了，去的那天下午是五点半，去了以后就剩一个数学名额，其他都报满了，这个名额如果没人报，县里的名额就作废了。因为明天就要考试了。我说我报，他说你教音乐的能行么，我说我虽然教音乐的，但我就喜欢数学。结果他们就去请示局长，局长说我认识她，原来在师范的时候这个小孩儿挺好，挺聪明的，学习非常认真，就让她报。结果最后一个时刻我报上了，第二天我就骑车考试去了。最后我真的考上了，于是 1982 年我脱产进修了数学。

在机遇面前，张老师正是努力地播种，对于数学的热爱并没有因为做音乐老师而中断，而正是因为她的付出，才能够顺利踏上数学人生的道路。

进修回来以后我就被分到了我们县城一中教高中数学，教高中数学对于我来讲又是一个适应阶段。毕竟进入教育生涯一开始就教小学音乐，现在又来教高中数学。1984 年，临沂教育学院毕业以后，我被分到了郯城一中担任高一数学老师，感觉自己的梦想终于实现了。

高一年级共有八个教学班，数学备课组由四个人组成，除我以外，其他的老师都是有教学经验的中老年教师。为了尽快进入中学数学的教学状态，我查阅资料、钻研教材，虚心向其他老师学习，拜钱老师为师，并请教务处排课程表，把我的课和钱老师的课错开，这样我每天都可以去钱老师那听一节课。每天听课、上课，把钱老师好的课堂设计、新颖的解题思路、学生的疑点惑点一一记下来，及时融入到我的教学之中，还坚持写课后反思。

（四）“响鼓还需重锤敲”

张老师在谈到她的教学生涯时，她总是说到她的一些学习经历，谈到对她影响深刻的老师，至今她的很多教育思想还深受自己老师的影响。“我的老师的一些做法对我之后的成长很有帮助，对我对学生的爱、对学生成长的关心、对教学的严谨态度也会有影响，我在教学上认真，同时也培养学生学习的认真和专注。”

她还说到对她影响深刻的一位老师。“在我上学的时候，我的成绩门门都很优秀，而我的语文老师对我潜移默化的影响，使我今后在文字写作表达等方面都获益匪浅。在我上学的时候，我的语文老师让我写日记，日记的内容没有要求，想写什么就写什么，随意地表达自己就好，实际上我最不爱写的就是作文了。我的语文老师告诉我，这很简单，不管你写的内容是什么，只要你写出来就好。这对于我在从教的生涯中得到的收获就是，对于学生，哪怕问题多么重要，也不要郑重其事地强化，你越淡化问题，越说得容易，学生反而没有负担。我酷爱着数学，而我最感谢的是我的语文老师把我当作他的爱徒，直到后来，我工作了，去参加进修，常常有人会以为我是学中文专业的。师范毕业两年后，我的语文老师给我布置了一个个性化的作业，他觉得我有余力继续写我的日记，于是让我每个星期给他交一次日记，而我的老师每次都把我的日记认真批一遍，其认真程度就像改作文一样，改完以后，我必须把他画的填上，填完以后再交给他，他再给我补充修改。我的语文老师就是这样，当了我两年的老师，却给我判了五年的日记。他觉得我有余力可以做好这件事情，也并不是命令我去做，要求我怎么样，而是这样潜移默化地用心地教育。因此，老师的引导很重要，我常常说‘响鼓还需重锤敲’，不要浪费学生的精力。我的语文老师对我的这种引导，对我在日后写书中自如而又流畅地表达自己的观点起了很重要的作用，并且使我在从教生涯中，对我的学生也常常进行适切的引导。”

张老师始终相信，教师自己的言行对于学生的影响非常大。一个教师每届都要教上上百个学生，这一生得教多少学生啊！所以身教胜于言教，老师的人品对学生的教育比知识本身更重要。张老师还说：“学生如果知道他的责任，知道他学习的责任，知道尊重别人，他才会尊重知识。”

对跟张老师的接触，至今印象最清晰的仍然是张老师那闪烁着光芒的眼睛，真诚而随和。谈到自己的成长经历的点滴和教育生涯中的故事时，张老师总是能够侃侃而谈，有的时候还会绕得很远，甚至收不回来，尤其是谈到自己12岁那年失去学习的机会时，眼圈红红的，而我也听得很入迷，很感动。

人都说苦难是一所学校，经历是一笔财富。在张老师的成长过程中，那种对于学习的渴望始终伴随着她，让她在苦难中倔强地坚持着自己的选择，正如她自己所言"别让自己闲着"，这不仅是她的座右铭，更是她作为一名优秀的中学教师的姿态。张老师的求学经历并不像我们一样顺利，这一路走来，有过苦难，但是从她的眼神中，那种对于数学学科和教师职业的热爱，是那么纯粹，这种纯粹的感觉满溢在她的每一个表情里，让人跟着她一起心向往之。

三、热爱教育、勤于学习
——张文娣老师的教育心得

(一)"没有爱就没有教育"

在张老师眼里，教师不仅仅是一项职业，更是一项事业。"没有爱就没有教育"，毫不夸张地说，张老师的数学人生之路是用满满的热爱铺就的。从与张老师的交谈中，她的眼神，她那洋溢着爱的每一个表情都深深地感动着我，让我对教育事业更加心向往之。从张老师的成长经历看，正是这份深沉的热爱让她对教育、对教师、对数学总是有着那份执着和坚定。仿佛这一切成了张老师的信仰。教育的确是需要信仰的，有了信仰才能走得更远。"教育信仰是一种前提性条件，是一种超越性、凝聚性和教育性的力量。"①首都师范大学宁虹教授说过："热爱，是教师的生存状态"。

的确，对于教育、对于教师、对于数学学科、对于学生的热爱，在张老师的教学生涯中都融为了一体，成为了张老师的生存状态。也正是因为如此，她在《我的数学教学语录》中说道："用欣赏的眼光看学生，用宽容的心态面对学生。"对于每一个学生，张老师总是充满耐心地挖掘学生身上的优点。教育情感一旦在教育者身上形成，就会产出巨大的力量。它会成为具有激情的矿藏，教育生活是非常需要激情的；它会成为创造的动力，教育生活是非常需要创造的。有了高境界的教育情感，教育者必然要日趋成熟并逐渐进入教育家的行列，而张老师就是这样的教育家。

---

① 石中英．教育信仰和教育生活[J]．清华大学教育研究，2000(02)．

（二）“博学、巧学、虚心学”

“别让自己闲着，让自己手上一直有事做”，这是张老师的座右铭。的确，教师同样也应该有向学之心。张老师说：“作为一个教师，不仅要学习，还得巧学。自然要向书本学习，学习理论知识以及学科的专业知识，甚至还要包括向其他的老师学习。在本科师范学习的时候要努力让自己变得博学，而进入教师生涯以后要巧学。刚开始入职的时候，要向有经验的老师虚心学习，同时还要引以为戒，既要学习又要警示自己。”苏霍姆林斯基曾经说过：“真正的教师必是读书的爱好者：这是我校集体生活的一条金科玉律。”读书、学习对于教师的专业发展来说是很重要的。“别让自己闲着”，这正是张老师时刻保持向学之心的生动写照。

〖寄语〗

首都师范大学是学生良师益友的摇篮。一切为了学生，为了一切学生，为了学生的一切。

不甘平庸，英华方可自现

——化学特级教师白无瑕

王天晓　刚荣

白无瑕老师，是全国著名的中学化学特级教师，任教于北京师范大学第二附属中学，是北京市化学学科带头人，高考化学试题命题专家。从教30余年，她在教学教法和思维能力培养方面颇有见地和创新，教学有特色，多以问题导课，思维敏捷、逻辑性强，教态自如，表达清晰，富有激情，亲和力强，受到各届学生的欢迎。

她努力走在教改的前沿，有多篇论文获奖，其中《发散思维和收敛思维的培养》获中国化学会颁发的优秀论文一等奖，《“课”是问出来的不是讲出来的》获北京化学会颁发的优秀论文一等奖。在校承担高中的化学教学及所在年级的尖子生的培养工作，多次辅导学生在全国化学竞赛中获得一、二、三等奖，并荣获“优秀辅导员”奖。

一、从“工农兵学员”到“中学特级”

白无瑕老师在“文革”后期就读于首都师范大学，是当时的一名工农兵学员。白老师在首都师范大学化学系学习了三年，由于特定的历史时期，白老师学习的内容与我们现在的大学生学习的内容大不相同，据白老师口述：“我学习的东西实际上你们现在无法想象，我们学的东西非常浅，学生的生源程度是不齐的，这样学校安排的课也非常的基础……”白老师在大学的三年中学习的内容都很基础，化学是从元素符号开始教。没有学习高等数学，而所学的数学内容基本都是初中和高中程度的，物理、外语也都没有开。但就是在这三年的学习生活中，有机化学的学习对白老师产生了很大的影响。“原来一开始对化学没有太大的乐趣。当时系里的老师带我们去化工厂实习，或者做实验，我都没什么兴趣，对化学真是一点兴趣没有。但就是从有机化学的学习中领悟到了化学的魅力，开始对化学有了兴趣，所以有机化学对我的影响很大。”

从首都师范大学毕业后，1978年白老师被分配到宣武区（现西城区）的育才学校，直到1989年一直工作于此。在育才中学任教期间，白老师最先任教的学段是高中，后来转到初中。回忆起自己刚当教师时的情景，白老师讲道：“我刚到育才当老师时，老校长对我说，‘你要争取五年形成自己的教学特色，十年成材’，我对这句话印象特别深刻。所以我想作为一个老师，要有自己的想法，不能只当教书匠，而要时刻思考做什么样的老师，怎么做。”只是简简单单的一句话，对白老师以后的教学产生了重要的影响。在此后不断的摸索与研究中，她创设了“五段教学法”“导学案”等等一系列独具特色的教学方法。

1989年白老师调到北京师范大学第二附属中学。在这里白老师曾经教过一届初中，“中考时成绩为西城区第一，那时自己也是有想法的，主要是在教学上去完善，其实也是要提高教学效率，我比较摒弃多做题的题海战术，主要是从思维能力的角度来培养”，等到在二附中教高中的时候，“我又有一种新的想法，就是整个这堂课我要抓住学生的思维，我就要设计教学，设计问题，其实就是现在的问题推导法，我在很多年以前就在尝试这种教学方法，在高中尝试了五年，就是要做有想法的老师，而不是简单地灌输”。在北师大二附中任教期间，白老师通过自己不断地努力，形成了自己独特的教学方法，2004年被评为市级学科带头人。白老师通过自己不断地努力与学习，最终从一名“工农兵学员”成长为一名中学“特级教师”。

二、不做简单的教书匠

白老师的化学课技术含量很高，除了新颖的教法和清晰的思路，吸引学生更多的是白老师灵活多变的解题技巧，白老师在教法上有自己独到的见解，形成了一套独特的化学教学体系。她认为教师要“有自己的想法，而不能就简单地做一个教书匠”。而自己的想法和观点就来源于平时的积累和研究。

(一)学科思想

作为一名教师，要有深厚的学科背景，有自己独特的学科思想，对所教的内容——不仅要知其然、而且要知其所以然，并且应该尽可能地把所教的内容放在更为广阔的学术背景和社会背景上思考。学生对于白老师的化学课有浓厚的兴趣，这与她所独有的学科思想是分不开的，她的化学课有学科特色，“我对自己的基础知识补了很多东西，学科的思想是需要专业知识作为支撑的，你教给学生的是化学，你要把化学学科的思想渗透出来，学生知道学的是什么，这个学科和其他学科不同的地方，它的思想和特点是什么，这在我们的教学中都要有所体现”。白老师在讲课中十分注重自己的学科特色，注重把现实生活与化学联系起来解释化学现象，启发学生思考，使他们学会如何灵活运用知识。

(二)教学研究

教学研究是使教师成为研究者的重要一步，是沟通教育教学理论与一线教学实践的重要一环，是教师职业自主性的重要体现。白老师在教学研究上做了很多尝试，她讲到自己刚到育才任教时，为了一个实验能做成功，“就要一个一个地去试，反应浓度、温度都要一点点地往上加，好多实验都是在年轻的时候，自己摸索出来的”。她每节课的教案后面都会有用红字标注的反思，什么样的教学方法更适合于学生学习，跟前面做实验一样，白老师如果在教学中有想法，就会勇于尝试，勇于实施，她就是这样在不断地进行教育教学研究。

“我必须提高我的教学水平，我在课堂上要提高学生的思维能力，培养他们的思维能力，这样学生不需要做很多题就可以掌握课上知识，这就使他们的课下时间更为宽裕。”作为一线教师，在教育过程中要不断地思考、研究、探索、反思，从不断的反思实践中得出一些“超前”的想法，这些想法会不断演化成为指导自身实践的理论。“你要做普通的教书匠肯定不会想这些东西，但是你要做教研人，研究型的教师，你就一定会超前的，这是很自然的。”

经过自身不断的学科积累和教学研究，白老师创设了问题教学法，并在培养学生创新思维能力方面颇有心得。

1. 问题教学法

问题教学法，就是以问题为载体贯穿教学过程，使学生在设问和释问的过程中萌生自主学习的动机和欲望，进而逐渐养成自主学习的习惯，并在实践中不断优化自主学习的方法，提高自主学习能力的一种教学方法。① 问题教学法充分体现学生的主体地位，能有效地激发学生自主学习的主动性和积极性。白老师运用最多的就是这种教学法，在课堂上，她经常创设问题情境，以问题为主线来组织和调控课堂教学。“我这个课是问出来的，一个问题接着一个问题，你回答完一个问题，我接着引导你回答第二个问题的时候，你的学习过程就在进行着，这就是我的特色。”一个好的问题情境能启发学生的思维，使学生对问题的思考不断深入，不仅能够促进和提高学生运用已有的知识去解决问题的能力，而且还能够锻炼他们的自学能力、观察能力和语言表达等能力。

另外，采用问题教学法，也会集中学生的注意力。“能够在课堂上抓住学生，学生想走神，想说话不可能，因为我会一个问题接着一个问题来问你，你稍微一走神，就回答不出我所提的问题。”

2. 培养学生的创新思维能力

实验探究式教学是在探究式教学中，突出以实验引入为探究，或以实验设计为探究的一种教学方法，实验探究的过程同时蕴育着智力探究过程，而这个过程正是培养学生创新思维的绝好环境。“在课堂上主要考虑的就是如何培养学生的思维能力，整个教学都是基于这样的目标，就是怎么培养，而不是说让他玩命地做题。”对于如何引导和培养学生的创新思维，白老师认为，首先要培养学生的创新意识和创新精神，使学生建立起勇于探索事物奥秘的自信，鼓励他们进行创新思维，就是培养他们创新思维的最佳手段。

教师的精心设计在培养学生创新思维中至关重要。教师从选题到各个环节的设计都必须充分发挥鼓励的作用，热心鼓励学生在实验中勇于动脑动手，积极探索。在实验的每个环节都有问题需要解决，都有发展创新思维的机会，教师应特别注意在解决实验问题过程中，鼓励学生有意识地进行创新意识的自我培养。

白老师认为，这种新教学理念的实践有两个必要的前提条件：一是教师自己必须具有创新意识，能不断提升自己的创新能力；二是必须重视基础实验技能、基本操作。缺少这两个条件，谈不上实验探究式的教学，更谈不上学生创新思维的锻炼与培养。对于实验探究式教学存在的问题要正视，但是不要因此

---

① 江苏省外国语学校化学教研组．问题教学法在中学化学“唤醒”课堂教学中的运用[EB/OL]. http://www.jsfls.com/ktyj/ShowArticle.asp? ArticleID=7613，2014-7-7.

畏首畏尾，认真研究学情，要根据学生的具体情况来设计课题和课型，相信学生，大胆放手，讨论出实验方案，并加以实施，这会促进学生较高的研究能力和实验能力的培养。

三、成长路上的动力

(一)责任心

比尔·盖茨说："人可以不伟大，但不可以没有责任心。"这句话很简单也很实在。确实，教师要干好自己的本职工作，就要有高度的责任感，真正体会到"国之兴衰，系于教育"这句话的分量，真正将教育当作事业来看待，以务实的精神、火焰般的热情，去做好每一天的工作。用现在比较时髦的话就是要"静下心来教书，潜下心来育人"，只有把心放下来了才能教好书，育好人。白老师的父母都是教师，家里会经常来学生和老师，这对白老师产生了很大的影响。"我个人觉得对待教师这份职业，要有很强的责任心。"白老师特别强调责任心，一名合格的老师必须有责任心，"说大道理就是热爱教师这个职业，你热爱这个职业才能够有责任心要把它做好，你要不热爱，像你学这个课没兴趣，你可能就学不好它，你不热爱教师就做不好"。教师要将教书育人内化为自身需要，把职业的责任升华为博大的爱心，于细微中发现丰富，于琐碎中寻找欢乐，于平凡中创造奇迹。

除了要有很强的责任心，白老师还多次提到了感恩。她是一名工农兵学员，跟好多同龄人相比，算是很幸运的，因为能够回来读书，获得这么好的学习机会，得到这么好的工作，所以白老师的内心充满了感激之情，很感恩。"要对得起自己的良心，对得起学生，对得起国家对我的信任，这是一个很朴素的感恩的心态。"

(二)父母、恩师、学生

父母的期待。"我觉得我的动力，一是父母的期待，父母对我还是有要求的，他们确实期待，他们希望我能够把这份工作做好。"

恩师的提携。在白老师到北师大二附中任教时碰到了恩师——董老师，白老师讲道："他给你机会让你去做研究，如果只有自己在努力，没有这个土壤，你也很难成长，所以非常感谢这个董老师，他是我的恩师，他给我这样一个机会让我成长。"点滴的帮助透露着教师的无私，正是这种无私的帮助激励着白老师，把这种无私的帮助传递下去。

学生的促进。白老师提到，学生给了她很大的动力，一方面是“学生以我为标准选择教师这个职业，很让我感动，给我印象很深”。如果学生喜欢一位老师，喜欢他的课，这都是很正常的，但是如果学生能够以你为标准来选择你所从事的教师这个职业，就因为他认为你很优秀，你是他的榜样，他也愿意做老师，这就是一位老师最成功的地方，这也给白老师巨大的动力。另一方面是她在课堂上曾经讲过的一些思维方法对学生以后的生活工作有帮助。“他在工作中能够想起你曾经教过他什么方法对他的思维能力，或者工作方法有某些帮助，我觉得就非常满足了。这也就不断地激励着我去成长。所以，好学生也是促进老师成长的一个动力，会促进老师的发展。但如果没有扎实的专业基础，或不去不断地学习，就可能应对不了这些学生。从这一点上也可以说是学生逼着你不断地去学习，对自己的专业知识要不断地提升。”这真是一个教学相长的过程，在教师教给学生知识和方法的过程中，学生同样也在不断地促进教师水平的提高，是教师不断提升自身水平的动力。

(三)不断学习

白老师认为，能够被评为特级教师跟她自身不断地学习有非常大的关系。“我从小就有一个习惯，就是不断地学习，比如说专业知识、像物理、化学，我有很多内容都是自学下来的。”在平常的备课和教学中，白老师不断地学习和思考，每一年的教学都会有所不同，“你可能年年教初中，但是你每一年的教学都不能一样，要有想法，如果每年的教案都没什么变化，那就只能当个教书匠”。现代经济高速发展，知识的更新也是日新月异，作为教师，更应该紧跟时代的发展，不断地学习，丰富自身知识。白老师正是通过在平常工作中的主动学习与积累，不断地收获着自身专业和教学上的成长。

四、教师应具备的基本素质

白老师认为，作为一名教师，一是要热爱教师职业和学生；二是要有扎实的专业知识。

(一)热爱教师职业和学生

“要热爱教师这个职业，你热爱这个职业才能够有责任心要把它做好，你要不热爱，像你学这个课没兴趣，你可能就学不好它，你不热爱教师这个职业就做不好教师。热爱是很关键的一个条件，不光是对职业的热爱，还要有对学生的热爱。”热爱学生是教师最重要的职业情感，也是处理教师与学生之间关系的准则，是全部教师职业道德的核心和精髓，在很大的程度上，热爱学生就是热爱教育事业，教师的爱岗敬业，必然通过热爱学生来体现。

著名的教育家陶行知曾说过：“没有爱就没有教育。”对于教师来说拥有一颗爱心是很重要的，爱心是教育的前提和基础，只有有了爱心，教师才会懂得怎样宽容学生。学生之所以犯错误是由于他们缺乏正确的判断力。所以，学生有过失的时候，常常是教育最有效果的时机。学生毕竟还只是个孩子，思想各方面都不成熟，老师与学生之间难免会有矛盾，这时就要求教师要有一颗包容的心。白老师说：“对学生要热爱，当老师把学生看作一个孩子时，就能够理解和包容他们了。”

苏霍姆林斯基说过：“教育是人与人心灵的最微妙的相互接触。”试想一下，如果老师没有一颗宽容的心对待这个学生，而是厉声斥责，或变相予以惩罚的话，教育的效果可能会适得其反，南辕北辙。“宽容”教育是一种充满人情味、充满生命力的教育方法，它是教师打开学生内心世界的“通行证”。优秀的教师都善于以自己的宽容走进学生，走进学生的内心，变成学生心目中可亲可近可以推心置腹的人，从而顺利达到教育学生的目的。宽容是一种温柔的力量，它可以穿透人的心灵，让人获得意外的收获。

（二）扎实的专业知识

白老师认为，“老师要有扎实的专业基础，要不断地学习，对自己的专业知识要不断地提升”。具备扎实的专业知识，这是作为一名教师最基本的条件，教师的职责是“传道、授业、解惑”，是运用已有的思想、知识和经验去改变人、培养人和塑造人。所以在教学过程中，要不断地学习专业知识，把现实中的生活现象与课本知识相联系，放入到教材，充实自己的专业知识。

教师要不间断地读书，与书籍交朋友，从而获得较多的知识，苏霍姆林斯基认为课前的最好准备就是读书，要“每天不间断地读书，跟书籍结下终生的友谊”。以前，我们常常引用一句话来劝老师读书，说“给学生一杯水，教师就必须要有一桶水”。后来，又有人说，教师有一桶水也还远远不够，教师必须要有长流水，所谓“问渠哪得清如许？为有源头活水来”。这些都是很形象的比喻，说得直接些，就是教师必须读书，不间断地读书，从书本中获得更丰富的营养，充实自己的专业知识。

五、对当前师范生的建议

在白老师的叙述中，其学习和工作的经历是一笔宝贵的财富，当面对新一代即将走入课堂的师范生时，白老师讲到，当前的师范生本身具备很多的优势条件，接受了系统的教育学习，处在一个全民重视教育的大好环境之中，科技等方面都有很大的提高，但在平时的学习和实践中也要注意一些能力的培养和锻炼：

（一）组织能力

对于一个人来说，组织能力是指为了有效地实现目标，灵活地运用各种方法，把各种力量合理地组织和有效地协调起来的能力。包括协调关系的能力和善于用人的能力等等。组织能力是一个人的知识、素质等基础条件的外在综合表现。白老师认为作为一名教师，关键的能力是要培养自己的“组织能力”。“老师必须要组织教学，要关注方方面面，你嘴里在说着，眼睛要看着，对于所发生的各种情况，你都会有相应的措施，所以老师要有组织教学，组织活动的能力。”一位优秀的老师应该具备较强的课堂组织能力，在课堂上应呈现的是这样的教学情景：每个学生都被老师充分关注，答错误的学生得到的是老师的引导，鼓励他继续思考；偏离教学目标的，被老师巧妙地、及时地拉回来。老师既做到充分重视学生的意见，又兼顾本节课的教学目标。在这样的授课情景中，老师完成了传道者、授业者、解惑者、朋友等角色的扮演，很好地促进了学生的学习。

（二）语言表达能力

除了组织能力，当前师范生需要强化培养的还有语言表达能力。语言表达能力是一个人与他人交流思想感情的能力。教师是传播知识的使者。因此，语言表达能力是教师劳动的特殊工具。教师要把书本知识、教学信息、自己的思想和教学的要求传授给学生，主要通过语言表达。“你要有调动学生情绪的能力，首先最基本的是表达要清楚，你要能把一件事描述出来，说清楚，这是当老师的一个很重要的基本功。”可见，语言表达能力对于教师有着多么重要的意义。语言表达能力既是一种技能因素，又是一种智力因素，因此，教师应重视语言表达能力的培养。语言表达能力不仅仅是指课堂上的教学的表达，还包括以后作为班主任要给人开班会，班会时要说什么，表达什么，这都是应该注意的。

（三）管理能力

教师管理能力指的是教师在为实现教学目标而建立并维持课堂秩序的师生互动过程中的行为表现。教师管理能力的高低直接影响教师教学的质量，也对学生学习产生极大的促进或消极作用。教师是课程改革中的主要力量，是基础教育课程改革的关键所在，而教师管理能力是教师有效教学的重要保障。但是，在实际教学中，大多数教师对于管理还只是停留在基本的“管学生”阶段，没有真正把学生作为一个发展中的人来看待，没有形成全面的管理能力。管理学生是需要技巧的，在他违反纪律的时候，或者他学习成绩不好，或者是不爱学习时，作为老师应该知道怎么疏导他，管理他，除此之外，老师还应该具备跟他谈心的能力，“谈心主要是帮助他，协调他，让他能亲近你，因为你要跟他谈心不是训他，你要站在他的角度理解他，包括心理沟通、疏导、劝解，或者发现他这些问题，帮助他解决问题”，这对于当前师范生能力的培养是很重要的一个方面。

（四）自身的仪表

仪表是一个人的外在形象，是别人见到你的第一感觉，所以非常的关键和重要。如果一个人的仪表非常好，会在第一时间里赢得别人的认可，得到别人的尊重和欢迎。同时，也会让自己调整好状态，信心十足地去工作和生活。教师是一个神圣的职业，自古以来，教师就承担着教书育人的重要职责。也正因为如此，教师的一言一行都必须有一定的规范，不能随性而为。人们通常喜欢用“为人师表”这四个字来形容对教师的要求。而所谓为人师表，除在品德修养、学识的积累上要高人一等外，日常工作和生活中的着装也很重要。有人说，在学生面前，教师应该像一本吸引人的书，既有丰富厚实的内容，又有精美别致的装帧。即是说，教师的外在仪表是十分需要注意的。“可是在师范生上，这方面不是特别重视，作为一个准老师，每个老师的仪表是非常重要的，老师与学生之间是人和人的交往，你必须要有很好的精神状态给学生，这是对学生的尊重，反过来学生也会对你尊重，这是很重要的，同时也是个人魅力的展示。”中小学生常常会对自己的老师有一种崇拜心理，喜欢模仿老师的一举一动，包括老师的穿着和思维方式。如果一个老师的自身仪表不够得体，势必会导致学生们对“仪表”产生错误的认识。所以，教师要注重自己的仪表，为学生树立一个好榜样。

结　语

从白老师的话语中，听到最多的是责任心、感恩、兴趣、特色、思想等词语，她刚从事教师这个行业时，就是想做一名学生喜欢的老师，白无瑕老师说，“作为一个教师，要有明确的座右铭”。而她的座右铭就是“学生因为喜欢我而喜欢化学，因为喜欢化学而喜欢我”。一句简简单单的座右铭，她付诸行动，不甘平庸，一分耕耘一分收获，在平凡的教师岗位上做出了一番不平凡的成绩。

〖寄语〗

我愿学校能为教育事业实实在在地做事，培养出有一定素养和素质的学生，为中学教师队伍输送人才！

坚定理想的耕耘者

——科技特级教师周又红

王天晓　徐丹

周又红老师，1982年毕业于首都师范大学化学系。现任教于北京市西城区青少年科技馆，从事环境和科技教育。凭着坚定的信念在环境教育岗位上坚守三十年，取得了突出的成绩。目前担任中国科协青少年部专家委员会委员、中国科学院老专家演讲团成员等职务。曾获得全国环境教育先进个人、全国先进科普工作者、全国少年儿童优秀理论工作者、北京市科技园丁、全国十佳优秀科技教师等称号，2005年被评为北京市特级教师，2009年获得首都十大教育新闻人物、西城区十佳女教师等荣誉称号，2010年被评为北京市劳动模范和先进工作者。

成为一名教师是周又红老师从小立下的坚定志向。一颗红心，立足三尺讲台，周老师三十几年如一日，坚守在环境和科技教育战线上。一路走来跌跌撞撞，面对着未曾预料到的困难，除了资金困窘、场地有限，更得不到他人的理解和支持，顶着重重压力，凭着从未动摇的信念，周老师像一个坚定的“拓荒者”，在环境和科技教育上一路摸索前行。经过三十年的努力，周老师钟爱的环境和科技教育事业已经走上正轨、稳步发展，而且，在周老师的感染和帮助下，更多的青年教师也走上这条路，将这份事业继续传承和发展下去。在周老师看来，教师应该成为一名传播光明、传播希望的耕耘者，“要具有持之以恒的事业心，保持一颗对世界、对社会、对科学的热心，满怀对未来、对青少年的关心”①，周老师就是这样一位坚定理想的耕耘者。

一、立　志

(一)生根

周老师出生于教师世家，姥姥和妈妈都是教师，耳濡目染，为妈妈无私奉献教育的精神和故事而感动的同时，也坚定了自己成为一名光荣的人民教师的理想。童年的学习经历中，周又红是一个不受老师青睐的学生，总是有无数个“为什么”等着老师回答，看到老师的板书错误也毫不犹豫地指出，如此心直口快的她常常受到老师的批评。周又红不理解老师的做法，同时也下定决心，今后要成为一个受学生爱戴和敬佩的好老师。

(二)萌芽

周老师1977年高中毕业，“在高中毕业时我正赶上恢复高考，于是毫不迟疑地报考了师范学院”。报考北京师范学院化学系，从此成为一名化学专业的师范生，周老师从小埋下的理想的种子终于有机会发芽、生长。

1. 成长中的重要他人

(1)老师——严谨治学

化学系教授讲课、办事的认真、严谨使周老师受益匪浅。如今做科技教育，经常需要测定数据，需要数字的准确性。周老师至今还非常感谢大学期间老师指导做实验、做数据的经历，锻炼了她做事严谨、细致、科学的精神。“上大三的时候有一次我在做分析化学，我从早上八点做到晚上八点，才把数据拿到，但老师说不准确，需要重做，等于十二个小时全白费了，但是老师当时就是这么要求的。”这次经历给了周老师一次宝贵的教训。从那以后，周老师每次做实验都很小心。“当时我们做计算没有计算机，只靠计算尺算数据，这需要特别仔细。”在日后指导学生时，周老师也是严格要求，她的科学严谨帮助学生一次次获得了国际奖、全国奖。

(2)同学——逆境中坚持学习

周老师1978年上大学，而1977、1978级的大学生是中国高等教育史上一

---

① 西城科教名师风采录[C]. 北京：北京市西城区青少年科技馆编：91.

个非常特殊的群体。1966年停废高考，1977年9月决定恢复高考时，社会上积攒了大批等待这一机会的人，可以说，77、78级的大学生都是经历了最激烈的竞争脱颖而出的佼佼者。这两批大学生中，大都经历过上山下乡的磨炼，历尽艰辛等来了改变命运的机会。77、78级学生年龄跨度大，经历和生存状态都不一样。“我们班里同学的成分特别奇怪，其中1/3是30多岁的‘老三届’，1/3是20多岁的现任教师，还有1/3是应届的我们，可以说我们在班里是小字辈，干部都是‘老同学们’当。”周老师班里有很多优秀的同学，他们的经历、在逆境中坚持学习的精神让周老师印象深刻，并成为她学习的榜样。班里的书记毕业后曾在北京市教委任职，现在也在大学担任书记，“我眼中的她很棒，水平高，学习也特别认真，也是党员了，她的身体也特别不好，每天经常脸色苍白地坚持学习”。当时班里还有来自农村的学生，家里条件不好，因为上学就没有了收入，其中有一位放暑假就靠从地上捡西瓜子，回去煮瓜子卖钱……大学四年，她见到了各种各样的人，也了解到他人的不易、生活的艰辛，学会了努力和坚持，可以说同学们对周老师产生了很大的影响。

2. 专业知识储备

周老师认为，大学期间学习的教法、教育学、心理学课程、扎实的实验方法以及教育实习对自己今后的帮助都很大。有了教育学、心理学的知识储备，就更了解该怎样和孩子沟通。“我们实习一个月，这一个月让我当班主任，开班会，讲授化学知识等，我的教育实习让我提高很快，后来到学校工作感觉都很有用。当然我觉得最有用的还是很扎实的实验方法，做不好就不行，你就得重来，多少小时都白搭。当时有一段是开展学生选举，可以看到各个系都在热闹参与，只有我们化学系不积极，因为我们经常一星期要做两整天的实验，哪里有时间去选举?”大学期间获得的扎实的知识，是周老师日后专业成长中不可或缺的一种准备。

3. 活动能力锻炼

周老师性格开朗，热情豪爽。大学期间因为爱好，成立了篮球队，担任篮球队队长，兼教练。后又因为比较活跃，喜欢参加各种比赛，而且经常拿奖，虽然在同学中属于“小辈”，还是被推荐担任化学系学生会主席。学生会主席既可以“折腾各种比赛”，又可以跟其他系最优秀的人接触，所以周老师认为是“挺锻炼人的”。

(三)开花

1. 一颗红心，服从分配

1982 年大学毕业，周老师终于如愿地踏上从教之路。但是，由于毕业生中 2/3 的人都可以回到原来的学校，年轻毕业生分配的学校都在北京周边。周老师家住海淀区，但分配到了石景山区，虽然交通不便，上班路上来回就要 5 个小时，非常辛苦，但一心想当老师的她还是心甘情愿服从分配，“只要当老师，管它分哪，还是挺高兴地就去了，上午给的通知，下午就去了学校”。

2. 初识环保

1985 年，学校改为职业高中，一次重新选择的机会摆在眼前。周老师不愿留在学校改行教自己不感兴趣的焊接，于是进入了石景山青少年科技馆工作。虽然在选择中也有过彷徨，但从教之心从未动摇，只是换个环境，继续教自己喜欢的学科，从事自己喜欢的工作。1985 年，对科技馆毫无了解，更对新兴的环保教育毫无概念，却一“试”就是近三十年，成为一名环保教师，并深爱上环保教育事业。周老师说：“如果说当初我是从一个化学教师比较偶然地走入环境教育的行列，那么，能够扎扎实实坚守在环境教育岗位上，则是我非常清醒和正确的选择。”①

二、守　志

(一)成长困境

1. 环保与环卫

1985 年，环保还是一个新兴的教育领域。周老师也是来到科技馆后，通过到环保局、科协等单位参观学习、接受培训，才慢慢进入这个领域。在这种情况下，作为一个校外教育机构的普通教师，要到学校中去推广环保教育是一件非常困难的事情。周老师形容自己的角色就像一个“拓荒者”，一路摸索前进。“我们拿着小筐到各学校成立环保小组，但是学校不让进，学校认为你是打扫卫生的，他认为是环卫，环保和环卫是两回事。”就是这样一路解释着“我不是来打扫卫生，我只是帮助你们建一个环保小组”，同时又想方设法，设计有趣的演示实验，以“免费表演化学实验”的名义进入学校。进入学校后，还要尝试改变校方认为“学生学习紧、没有时间参加环保小组”的执拗观念，让校方了解环保小

① 周又红．我怎样开展环境教育[M]．北京：北京教育出版社，2001：14.

组对学生学习兴趣激发、创造力培养和环境意识养成的重要性。周老师就是在这种“本没有路”的情况下，一路尝试、披荆斩棘，最终在石景山的四所重点学校成立了课外环保小组，带领学生搞活动、参加夏令营。

2. 物质条件的限制

1987 年，周老师调入西城区青少年科技馆。第一天兴高采烈来上班，然后第一项任务就是“搬家”。从 1987 年调入直至 2011 年新馆落成，这 24 年间一直在“搬家”，“搬了十几个地方，最惨的地点是男厕所，把小便池拿掉，在那刷试管，当实验室”。现在，当我们走进科技馆，看着现代化的新馆、先进的电子设备，似乎很难想象周老师曾经的工作环境，很难想象特级教师周老师就是在一片荒芜的环境中成长起来的。然而，周老师坚信，“条件不是问题，问题是你愿不愿意做”。虽然只能把男厕所当实验室，学生排队在厕所里刷试管，然而周老师的学生却在这个“厕所实验室”完成了国际奥林匹克环境科研项目，并取得一金、一银、一铜的优秀成绩。凭着一股韧劲，即使工作环境不稳定、条件不具备，有时甚至得不到领导的支持，但周老师克服了一切困难，一直坚守在这个岗位上，做出了辉煌的成绩。

3. 缺少理解与支持

教师成长环境中，来自领导、同事、学生家长的理解与支持是促进其快速成长的重要因素，缺少这些因素则会导致教师产生职业倦怠、影响其职业认同。1982 年至今，三十余年的教学生涯，当然不全是愉快的经历。

单位里曾经进过 70 多台“586”的电脑，但是，连续两任领导却都为了避免公家财产的损坏，不允许任何人使用。直到第三任领导上任，70 多台电脑已经过时，还没开封就全部报废了。为了学习，多次反映无效之后，周老师只得自己花上几个月的工资攒了一台电脑，自己报班学习。年轻教师追求自主发展、自主学习，然而在缺乏外部支持的环境中，其成长发展的积极性往往受挫，甚至产生疲倦的感觉。

此外，同事间的嫉妒、非议和倾轧一定也少不了。单位里人际关系复杂，周老师性格直爽，“你作为年轻人太锋芒毕露，老同志受不了，经常给你使点小绊，我也吃了不少亏，但是我属于越砸越精神的那种，砸不倒”。不服输、要强的性格让周老师在复杂的环境中越挫越勇。

除了人际关系，教学上的困难也会导致倦怠感的产生。工作的前三年，初任教师的周老师，虽然付出很多时间、精力，但学生总是教不会、背不会，又得不到家长的支持，满腔热情得不到回应时就会产生倦怠感。周老师认为自己工作的前十年也是“摸爬滚打”走过来的，“所以年轻人一定要经历困顿、疲乏、厌教厌学的过程”。周老师清楚青年教师成长的不易，所以现在毫无保留地培养和帮助青年教师，把更多舞台留给青年教师。

(二)成长助力

虽然面对着重重困难，但坚定的职业信念，通过学习培训自身能力的提高，不断反思、通过理论指导实践，以及学生的成长，这些因素都帮助周老师克服倦怠感，不断获得专业成长。

1. 坚定的职业信念

一个人对职业发自内心的热爱是产生职业认同的一个相当重要的因素。成为一名教师是周老师从小便坚定的志向，对教师职业、对环保和科技教育事业的热爱，是周老师坚守至今的强大动力。兴趣的参与，使得她对工作更加有责任心和主动性，同时将自己的才能运用于平凡的日常教学生活中，为教育事业默默地贡献自己的青春和智慧。

“有的校外科技教育项目兴起晚，退出快。例如各区县青少年科技馆(中心)在20世纪80年代曾经红红火火地开办了环保兴趣班，但在不到20年的时间里，大部分青少年科技馆的环保兴趣班都萎缩、甚至消失，只有西城青少年科技馆环保兴趣班硕果仅存，这和当前社会广泛关注环保的大好形势完全不符。”①即使在其他环保兴趣班纷纷转而做更加针对学校考试科目、更加吸引学生和家长的课外补习时，周老师还是坚守环保和科技教育事业，克服了场地不足、资金短缺、学校参与积极性不高、生源不足等困难。

周老师的一个朋友看到她的工作环境不佳，就感叹说：“曾经壮志凌云的周老师，你就在这样破破烂烂的环境中工作，混得真惨。”很多人也不明白，为什么她非守在这个小破摊上苦苦经营，即使有名校邀请，她也断然拒绝。对此，周老师给出了两点理由：“我认为环境教育很重要，科技教育很重要，必须要有人做。我是平凡人，不伟大，当时确实没想将来会得荣耀。从事环境教育与科技教育可能一辈子没什么荣耀，但是必须要有人做，这是第一；第二是当一个人想做的事情没做好就走了，等于是放弃了自己认为对的事，而且选择待遇还凑合但不一定对的事情做，这不是一个正确的人生观。”周老师能够坚守在这个

① 西城科教名师风采录[C]. 北京：北京市西城区青少年科技馆编：61.

岗位上至今近三十年，就是这两个信念一直支撑她顶风冒雨一路走来，环境和科技教育很重要，需要有人坚持做下来，而且，在这件事没有做好之前，绝不中途放弃。这种不服输、追求完善的信念是周老师从小就养成的，哪怕一件事要一年、十年才稍有眉目，也要坚持把它做好。现在，科技馆的环保和科技教育已经小有规模，步入正轨。即将退休的周老师现在可以很舒服地说："最开始我那个想法还是实现了。"可见，周老师是在将科技和环保教育当作一种事业来做。把教育当作一种事业，而非仅仅当作职业或"饭碗"，这样的老师对教育充满理想，即使遇到困难也善于思考，努力寻找解决困难的办法，这份对教育事业的追求是他们前进的强大动力。

2. 主动参加学习培训

周老师经常主动去参加培训，哪有培训就去哪。别人看见甚至感到奇怪，总是问"你怎么也跑到这来了"，但是周老师就是凭着这一股闯劲，通过不断学习，充实自己。比如全国首届室内辐射培训班，虽然和周老师关系不大，她还是去参加了。没有经费，主办方知道她是老师，就没有收取费用。就这样，周老师拓宽了眼界，成为北京市第一个购买辐射仪器进行辐射测定的环保教师。通过培训、不断学习新东西让自己忙碌起来，不仅在专业上快速成长，同时冲淡了倦怠感，快乐油然而生。周老师自己也认为，自己在教育实践能力上能够有飞跃性的提高是在1994年左右，那时的她已经工作12年，开始有机会参加很多国际培训，打开了视野，一下提升了自己。"我的国际学习有两个方向，一是到国外参加培训，例如在美国一个山沟里学了十天环境教育方法，到德国、日本去过；二是听国外专家到中国讲学，都是挺巧的机会，通过学习，我知道国际有什么样的环境教育，我们应该怎么讲课，可以说对我教学理念的提升很快。"周老师的徒弟说："周老师非常注意收集信息，不断充电，始终保持高超的学习状态，走到哪她都会学到哪。时间再少她也会抽空看些科普文章，去书店买些自己当作'宝贝'的科学书籍。她的教学总能够跟紧最前沿的信息。"①

3. 理论联系实践

周老师喜欢反思自己的教育实践，也喜欢学习接触新鲜事物，通过学习新的理念，改进自己的教育教学实践，并从自己的教育教学实践中反思、提升出适合自己、适合一线教师的理论、方法，从而将理论与实践结合起来。

---

① 西城科教名师风采录[C]. 北京：北京市西城区青少年科技馆编：115.

与她共同学习和工作20多年的同事刘克敏老师曾写道："重视课前教学设计和课后教学反思是周老师一贯坚持的教学原则，在反思的过程中，注意把教学实践的经验进行归纳总结，系统概括、提升成为用于指导校外教学的教学理论，把这种从教学实践中得来的教学理论再反过来用于指导教学。比如在辅导学生开展科学研究的过程中她提出了学生、教师、学校、家长相互促进的四条腿走路的模型——桌子理论。多年来的教学实践证明这种四条腿走路，开展科学研究的结果是家长带动学生，学生影响家长；家长敦促学校，学校联络家长；学校引领教师，教师推进学校；教师指导学生，学生促进教师。"①

周老师的成果意识比较强，喜欢写东西，喜欢反思、学习，正如我们看到的，周老师的著述、科研成果丰富。周老师又特别重视教育教学理论的学习，她曾说："教学者不是一只水桶，而是一个支架，教学不是一个产品的传递，而是创设一定的条件，促使学员主动建构知识的过程。"②这种重视学习者的经验和体验，由教师为学习者提供支架引导其自主建构知识的思想正是体现了建构主义的教学思想。通过反思、学习、参观、考察和与人交流，周老师在获得专业成长的同时释放了压力。

4. 学生的成长

周老师对教师职业、对环保和科技教育事业的热爱，也影响了她的学生，感染着她的学生。当看到学生因为自己而走上这一岗位，和自己并肩作战，周老师心里是充满自豪和感动的。学生杨海燕说："在大学期间，是周老师给了我一个展示自己的社会空间，同时，周老师的言行、先进的环境教育教学理念也让我逐渐爱上了科技教育。大学毕业后，在周老师的介绍下，我加入了校外教师的队伍，成了宣武区青少年科技馆的一名环保教师。"③学生马兰也受到周老师的感染，深深爱上科技教育，立志要成为一名科技教师。④ 学生王华强从小学时起，就在周老师的带领下，第一次走进实验室，第一次亲手做实验。在那个下午他被各式各样的化学变化迷住了，并一直跟随周老师在科技馆学习成长。他说道："在高三填报志愿时，我直接在第一志愿里填上师范类，因为我希望成

① 西城科教名师风采录[C]. 北京：北京市西城区青少年科技馆编：96.

② 西城科教名师风采录[C]. 北京：北京市西城区青少年科技馆编：58.

③ 西城科教名师风采录[C]. 北京：北京市西城区青少年科技馆编：118.

④ 西城科教名师风采录[C]. 北京：北京市西城区青少年科技馆编：120.

为一名教师并追随周老师把我在科技馆学习的快乐传递下去。”①

三、传 承

（一）青年教师的培养

周老师希望在自己退休之后，能够有人顶上来，将环保和科技教育事业继续下去。“我特别喜欢科技和环境，我的理想是让更多的学生热爱科技，热爱创新，热爱环境，保护环境，事实上我教过的五六个学生都愿意从事科技教育和环境教育。也就是说我的两个理想已经实现了，这就是我的教育理念的实现。”

周老师非常关注青年教师的成长，关心青年教师的生活。她总是热情鼓励年轻教师，给年轻教师机会和舞台，帮助他们快速成长。包括周老师的徒弟在内，已有多位教师在周老师的鼓励和培养下，获得了全国十佳科技教师的荣誉。

闫莹莹老师说：“周老师经常拽着组内的青年教师参加各种科研课题研究，我也抵触过，因为这需要付出太多的精力。周老师激励我们勇于挑战自我，并语重心长地告知我们，要想获得自身的提升，一定要走上科学研究的道路。”②

侯利伟老师写道：“记得我去年参加基本功竞赛前的一天，她把我约到单位，一遍遍地帮我修改我的参赛作品，一遍遍纠正我的表达，而当宣布我获了一等奖并上台领奖的那一刻，我看到她激动得比我自己还要开心！”③

俗话说“教会了徒弟，饿死了师傅”，而周老师却无私地帮助青年教师成长，没有半点狭隘之心。相信带着对她的敬重和感恩之心，青年教师们会将这份事业继续传承和发展下去。

（二）对师范生培养的建议

在接受我们的访谈中，周老师也对师范生培养提出了几点宝贵的建议。

1. 创新精神和环境意识

“我觉得师范生最应该体现的是创新精神和环境意识，这两个合在一起就有一个道德观的问题，文明，道德，生态文明。所以应该把他所有的课都作为这两种思想的体验课，教语文，你能不能写出更好的词句和文章；教数学，能不能更有创意地帮我把问题解决了；教历史怎么看待、怎么分析历史现象，都要

① 西城科教名师风采录[C]. 北京：北京市西城区青少年科技馆编：122.

② 西城科教名师风采录[C]. 北京：北京市西城区青少年科技馆编：109.

③ 西城科教名师风采录[C]. 北京：北京市西城区青少年科技馆编：113.

有自己的思想。所以特别希望能够在师范生中加强这两条教育内容。"科技创新的时代，师范生应该具备创新精神和科技创新能力，并且坚持不断学习。在当今信息社会，知识来源多元化，适应时代需要的是知识的筛选、整合、应用和创新能力。而当前环境问题已成为影响全球的重大问题，它关乎整个人类、各个国家和民族、每个人的生存和发展。师范生环境意识的培养关乎未来。

2. 责任心

周老师认为，新一代的教师在知识水平和教学水平方面和自己当初差异并不大，但是责任心需要培养。周老师认为，这在一定程度上也是时代的特点，他们大多都是独生子女，在责任心方面稍微差一点，但却可以慢慢培养。周老师就在平时的工作中，用自己的言行一点一滴地影响着周围的青年教师，帮助培养他们更强的责任意识。

3. 奉献之心

相对于自己那一代人的淳朴、踏实，周老师认为新入职的教师更具有时代特点、年轻人的特点，比较浪漫、比较爱玩，会有一些"变数"。而这种"变数"主要是缺少一种在一个单位踏踏实实做贡献的决心。

4. 教学技巧的加强

周老师指出，现在的师范毕业生在入职后，还是缺少教学的技巧，不够活跃。而有了技巧，课堂就可以很热闹，学生也投入，上课就变得很吸引人。周老师认为这些授课的技巧应该在大学学习中教给师范生，帮助他们平稳度过入职后的困惑期。在这方面，周老师经过近三十年的摸索，已经积累起丰富经验，也出版成书，希望能够帮助在职及未来的教师。

结　语

在周又红老师的成长之路上，有学校的培育，有他人的影响，有自主的学习和努力，而更重要的是坚定的职业理想的牵引。在职业信念的引领下，周老师克服了成长道路上的挫折和困难，有过犹豫和彷徨，而一颗红心育春蕾的信念却从未动摇……

〖寄语〗

首都师大为你打开理想之窗，让你敢想、会想；扎实教学为你搭建成功之桥，让你能用、巧用。

勇于不断尝试

——幼儿特级教师卢珊珊

沈珺　王先妹

卢珊珊老师，1964年毕业于北京市幼儿师范学校。1964年至1989年在西城区鲍家街幼儿园任教师。任教期间，于1979年被评为北京市“热爱孩子赛妈妈”先进个人，1984年被评为北京市三八红旗手，1987年被评为北京市优秀教师。1989年至1993年在鲍家街幼儿园任副园长，在此期间于1991年被评为全国优秀教师。1993年至1996年在西城区教研室任幼儿教研室主任。任教研室主任期间，于1994年被评为北京市特级教师。1996年至2000年任北海幼儿园园长。2000年至2007年，共帮民办园做了13所幼儿园。2007年开始从事导师带教工作，培养市级骨干教师。2011年至今，任北京市名师工作室导师，研究幼儿音乐教育。著有《幼儿音乐活动设计与指导》(与李晋瑗、林静华合著)。

一、入职前的选择和校园回忆

(一)喜欢音乐而选择幼教

卢老师选择北京幼师的主要原因在于对音乐舞蹈等艺术活动的喜爱。因为喜欢这些活动所以她在幼师度过了三年快乐的时光，因为喜欢所以在未来的幼教事业中努力奋进，钻研音乐教育，最终实现自己的理想。当然，除了对艺术活动的喜爱让她最终选择幼师行业，困难时期的经济问题也让她最终选择了师范之路。“我们家的家庭收入就靠我大哥一个人。所以在1961年的时候，我就想‘我考什么学校呢’，当时因为在困难时期，遇到三年自然灾害，很多学校都关门了，都不招生。后来我想，‘我们家那么困难，那我就考师范吧’。当时我们学校有很多来招生的贴招生广告，都介绍自己的学校。我一看北京幼师不错，能学钢琴，还有舞蹈课、音乐课。而我自身特别喜欢音乐，我就决定考这所学校。当时是方明校长、顾校长来给我面试，让我唱歌、跳舞。当时我还是小孩，很大方地又唱又跳。他们说‘行了，你行了，没问题’。我就喜欢音乐、舞蹈、美术，可以说是很天真的这么一种想法，然后就进了幼师。”

(二)充实而美好的校园生活

三年幼师生活令卢老师怀念。优美的校园、多彩的课外活动、专业的老师都令卢老师印象深刻。“我有时候想得晚上都睡不着觉，我就想北京幼师是一个多好的学校啊。”

1. 环境造就艺术氛围

那时候有月牙池，又有假山，还有特别长的一个长廊。有很多琴房，一排一排的，还有画室。校园的环境营造一种艺术氛围，像学习的一个学堂似的。电影《早春二月》就选在我们北京幼师拍的，当时我还当群众演员。《早春二月》是谢芳演的，他们选定了这个地方就说明这个地方很美，而且还有点学堂的味道。

2. 课程内容丰富

我记得当时我们文化课有语文、数学，不是全部高中的文化课。主要的课程有“三学六法”和一些专业课。“三学”是教育学、心理学、卫生学，“六法”是当时的六门学科，六个教学法。专业课包括舞蹈课、钢琴课、绘画课、歌唱课。

3. 活动内容丰富

卢老师在幼师生活很快乐，因为幼师提供了给人展示才艺的平台，只要你有兴趣和能力，你就可以获得展示的机会。“在学校就觉得天天都在快乐地玩似的。学校组织各种活动，一会儿有话剧表演，一会儿有舞蹈比赛，我们当时跳洗衣歌、霸王鞭、双扇舞，跳很多这种有名的舞蹈。那时候十一、五一期间天安门前面都围着大圈，放礼花庆祝。我们幼师在正中间，我们跳的舞都上报纸。五一、十一游行，文艺大军必然是我们幼师的，孔雀舞、霸王鞭、仪仗队，我们都参加这样的活动。还有美术展览，除了吴树勋的个人展览，也有我们学生的展览。齐秉淑，齐白石的孙女，也在幼师。她的画也画得很好，也都在那儿展览。我们有好的作品，也都可以展览。幼师给每个人展示才能的机会，画得好的、跳得好的、唱得好的、弹得好的、演得好的都可以上台。还有各种课外小组。”因为活动多，所以卢老师说这里有很浓的艺术氛围，学生在这里可以有很大的成长。“我觉得这里的艺术氛围特别浓重，从农村来的那些孩子到了这儿以后都变化很大。”

学校课程内容丰富、活动内容丰富，对学生理论学习和技能学习有很大帮助。所以卢老师说：“‘三学六法’对我们的成长也特别有好处。学习美术教学法、音乐教学法等对我们怎么教孩子、怎么运用理论解决实践问题都特别有帮助。课外内容非常丰富，不定期的画展、舞蹈比赛、话剧、仪仗队、文艺大军活动对我们来说都是很好的锻炼机会。”

4. 老师特别有才

卢老师是1964年从幼师毕业的，虽然时隔50年，但她对幼师的很多老师都记忆深刻。“我觉得幼师那些老师不知道怎么挑的，个个都特别有才。我们在这么有才华的老师的培养和引导下，我们觉得特别快乐。周世刚老师教音乐，他特别幽默，对音乐知识和理论掌握得非常熟。教我们练琴，但要求非常严格，所以我们的琴弹得特别好，大曲子都会弹。教舞蹈的是董自恒老师，她是留校学生，但她跳舞跳得特别美，当时她也组织了一个舞蹈团。美术老师是吴树勋老师，他也是特级教师。教数学的是方明老师，有一个男方明，有一个女方明，我们都叫他男方明，特别有意思。还有毕东方老师，个儿特别小，但是他非常干练，讲课特别有层次。还有一个老师叫武淑贤，她特别有文采，讲课一句废话都没有。”对老师们印象那么深刻除了因为他们专业，更因为他们关心学生。“老师们在生活上、学习上都关心我们。他们晚上还看我们晚自习，会到各班去转一转，看我们自习的情况，如果我们有问题都会及时给我们解答。”

二、入职后的不断成长

（一）刚入职——孩子不听话，自愿当一年保育员

幼师毕业后卢老师带着对未来的憧憬踏上了幼儿教师这个岗位，但现实往往并不是那么令人如意。“我刚开始工作的时候，满怀激情，理想化的东西特别多。‘我是你们的好朋友，我跟你们一样，咱们一块儿玩’。我还带孩子们跳‘红色娘子军’，在院子里玩。结果孩子一到睡觉的时候就闹起来，兴奋得不睡觉。

孩子们特别喜欢我，但他们不听我的话。老教师一进活动室，什么事都没有了，我一进去他们就沸腾起来。”后来卢老师就思考问题原因并采取解决措施，于是她找园长谈话，希望做一年保育员。“后来我想了半天，我就找园长谈话。我说，‘园长，我当不了幼儿园老师。起码我现在不能当幼儿园老师，我不是一个合格的老师’。我第一年当保育员，就当一年，我在这一年里好好地向老师学习，掌握好的教育规律。”

卢老师在这一年中主要看一日生活中各个环节的常规和要求。“我在这一年当中好好地看，发现老师对每个活动环节都有要求，要求很精练，但是要求到位。我看在眼里，记在心里，这样我就学会了很多东西。保育员要擦玻璃、拖地、搞卫生。擦玻璃的时候我就看老师怎么带班，分饭的时候就看老师怎么组织洗手。孩子出去玩的时候，我就跟在后面看老师怎么组织户外活动。”

卢老师在幼师毕业，属于那个年代的高材生。但是却在毕业后当了一年保育员，面对他人的“指指点点”她也感到很有压力。“但就是这一年的经历，为我后来的成长奠定了非常好的基础。我觉得这个特别难忘，这是我工作的起点。”

(二)工作的转折——论文获奖

卢老师写的第一篇论文就获了北京市二等奖，这开启了她的音乐研究之路。“当时让我们投稿，我就瞎投。投完以后没想到就通知我参加北京市音乐教育学会的一个年会，这是一个论文研讨会。张啸虎先生，以前是中国音乐家协会的主席，他还找我聊天。他说‘你很了不起啊，从幼儿园开始就教小朋友有表情地唱歌，还去研究’。当时我还懵懵懂懂的，我就是喜欢音乐，我就研究，就写了论文。我没想到得到了这么一个大人物的重视，他这么重视幼儿音乐的研究和发展，所以我特别激动。参加完这个会后，我看过很多小学、中学、高中的音乐老师发表的论文(他们都是专科的)，眼界一下就开阔了。他们为什么都能做得这么好？因为他们有研究的好习惯。我就以此作为起点，我决定要好好地把音乐这门学科研究下去。”其实这也成了卢老师成长之路的转折点。从这之后，她在音乐研究之路上越走越远，获得各种奖项。

(三)职业生涯的发展

1. 有魄力的园长

卢老师在教研室任主任几年后于1996年成为北海幼儿园园长。在四年的园长任期内，她以自己的人格魅力征服了同事，提拔了很多优秀的老师，表现出自己独有的魄力。“我当老师的时候，把所有的孩子都认为是好孩子，我当园长了，我也把所有的老师都认为是好老师。我相信‘老师们都会成功的，不成功我要推你们一把，让你们成功’。我一点架子都没有(到现在这些老师还经常来看我)，而且我自己带头干，我要求老师们早上七点一刻到，我自己就六点半到。到幼儿园以后我就自己打扫卫生，扫院子，然后组织教研。有的老师曾经犯了错误，但是我仍然相信她们，给她们机会。这些老师很多都当上园长了，西城区几个幼儿园的园长都是我当时抽出来当年级主任的。”

2. 为民办幼儿园出谋划策

卢老师是一个对工作充满激情，喜欢不断尝试，不断接受挑战的人。从北海幼儿园退休后，她并没有安逸地享受退休后的生活，而是将精力投入到民办幼儿园。“教育应该公平，因为阳光总是照到这些市里幼儿园、政府幼儿园。民办幼儿园没有人去关心、去管理，我觉得它们太需要帮助。”所以她努力为民办幼儿园的发展筹划。“我退休以后到分园去做，这样是为了把北海幼儿园好的资源弄到民办幼儿园。在这7年当中，我帮助民办幼儿园办了13所幼儿园。从一无所有(就是开发商刚刚把这个地方定为幼儿园开始)，从设计到购置，到组织人员，到培训、招生，这一路我全都熟悉了。办成了13个幼儿园，包括北京、广州、深圳好多地方。”

但是，“后来万科分园就交给中国教育协会了。我想帮助民办幼儿园做点事，所以我就又到了其他教育机构。现在叫布朗教育机构，它有好多幼儿园，我帮他们培训，也是从无到有建立起来的，现在都非常好”。

卢老师是成功的，她的努力也获得了回报。“我的第一批在万科城市花园的老师，现在全部是各个民办幼儿园的园长，我觉得这也是一件值得欣慰的事情。她们拿我过去那一套东西进行管理和培训，包括定章定制、提升品质、梳理课程、整合教育，她们还做了一些课题研究，最终取得了家长的认可，而且这些园长也培养了一大批业务骨干。”

3. 培训骨干教师

从2007年卢老师就开始培训北京市政府园的骨干教师。“这些骨干力量，我觉得她们成长得都特别好，都是市级骨干教师。去年还是前年，开展了一次全北京市的评优活动，一共有10名特级奖教师，我的学生占4个，还有一名被评为特级教师，现在是正职教授。所以我觉得我也没白辛苦。”

4. 名师工作室

从 2011 年开始，卢老师被聘为名师工作室的主持人、导师。这个工作室一共有 22 人，到现在共 3 年了，今年是最后一年。“都是北京市各个区县优秀的、喜欢研究音乐的老师跟我在一起。音乐教学方面(好多是音乐专科学校的研究生)、理论层面、专职教师层面的和我们一线教师的都有。从泛泛的、大面的研究转向比较专科的研究。第一年我让他们在思想上和理论上学扎实，第二年是实践研究。我带着她们一个园、一个园地去做实际研究，把她们自己研究的成果展示出来。就是看课，每个人都要做课，每个人都要为别人点评，每个人都要有自己的论文等等。第三年我们就该出成果了。我把她们都组织起来，最终要出很多的东西，我们现在一套一套的东西都已经出来了。在这套成果里我们收集了一些小朋友爱唱的歌曲，精选 100 多首歌曲。还包括每个人自己的介绍、每个人的工作总结和学习体会。除此之外，还包括几个重要的专题，这些专题是工作室所有成员最终达成的共识。我们准备要出书，然后工作室成员写论文……虽然一直都在忙碌，但是非常充实。虽然上上下下各种路都走了，有时候上坡，有时候下坡，但是我觉得我最后还是非常幸福的。”

三、师幼关系

(一)融合在音乐教育中的师幼关系

卢老师强调音乐的重要性。“我们那个时代非常重视音乐课。你看我们这些特级教师很多人在音乐这块儿都非常出色。音乐课如果掌握好了什么课都不难。音乐有唱、弹，这都是技能，而且能在孩子最兴奋的时候，把他们组织得这么好，这是一种能力。所以，特级教师里面，优秀特级教师的音乐都非常好，所以音乐课很重要”。

1. 音乐为孩子一生奠定良好基础

“我觉得音乐教育在幼儿一生中起的作用非常大，对促进孩子的情感、发展孩子的创造力、培养孩子的素养有很大帮助，能为孩子一生发展奠定良好的基础。”卢老师举了一个例子。有个孩子从家里带来了一只鸟，在幼儿园养了很久，有一天死了。在卢老师的建议下孩子们在后院给小鸟立墓，大家都参加它的葬礼。“我选了一首音乐叫‘洋娃娃的葬礼’，这是很悲哀的一首曲子。我用录音机播放这首音乐，小朋友自觉地排成一队，有的小朋友拿一片叶子，有的小朋友抱一堆小土，低着头默默走到那儿去，轻轻地放下。然后又低着头，有的掉着眼泪，离开了。我完全没有用语言去教他们。东西不是教的，而是要靠心灵的触动。音乐使孩子的心灵得到触动，使他们流露出自然情感，使孩子真正懂得什么是爱，应该怎么去爱。”所以卢老师说：“我觉得音乐的力量是无穷的。”

2. 音乐使孩子改变性格

我们班有一个小男孩，叫刘艺。生下来后爸爸妈妈就出国了，把他放在姥姥家，平时大门不出、二门不迈。到了幼儿园以后，他老拉着我的衣服，出去玩的时候也不离开成人，很胆小。他也不参加音乐活动，平时总是走在最后。就这样的一个孩子，我通过音乐不断培养他。后来有一次电视台要录音、录像的时候，他第一个举手，我特别惊讶，这还是电视台的录像。我说：“你真棒，你很勇敢，这次你一定要好好表现。”他说：“行。”我把这个录像的节目给他保存起来，寄给他爸妈。他爸妈特别高兴，他们说：“真没想到我儿子还能上台了。”这都是音乐教育的结果，音乐能使孩子有自信心，还能增强孩子的自信心。

卢老师继续说：“我觉得音乐教育特别好，能使孩子享受快乐，抒发情感，开启智慧，能使孩子改变性格。”

(二)相信每个孩子都会成功

“我相信每个孩子都会成功，在我的教育生涯里我一直贯穿这条主线。我相信所有的人都会改变。包括大人，只要有良好的教育，用爱心去扶持，他就会变成一个成功的人。我们班有一个小朋友叫阎川龙，是独生子，被惯得特别厉害，而且他个性强，不合群。从来不跟小朋友在一起玩，还经常搞破坏。比如喝水的壶，他就拿小朋友擦手的布把壶嘴给堵上。”卢老师并没有责怪他，而是以说悄悄话的方式让这个孩子主动找她，并让孩子明白自己的行为是不可取的。

对于这个孩子卢老师还举了一个例子。“在画画的时候，我发现这孩子画的全是骷髅和人体内部的器官。我说‘阎川龙，你是不是有特异功能啊？你的眼睛能看见我的心脏在哪，胃在哪’。”后来卢老师就当着全班孩子的面表扬他的独特之处。

我去他们家家访的时候，送他一盒彩笔，我说：“你画画真棒，你以后一定会有出息的。”我就说了这么句话，没想到这个孩子就记住了。后来我给他办了一个个人画展，从此他在我们班就有威信了。

(三)孩子们的感恩和成就

若干年后，卢老师在北海幼儿园工作。阎川龙从鲍家街幼儿园跑到教研中心，再从教研中心跑到北海幼儿园，终于找到卢老师。因为他考上清华了，感恩卢老师的那句“你会有出息的”，所以来找卢老师，“要把这个喜讯第一个告诉您”。

除了他的感恩和成就，卢老师的很多学生也很有成就。“其实我的学生很多都发展挺好的。方舒，演‘小萝卜头’那个，就从我们班出去的，方慧也是从我们班出去的。还有奥斯卡奖《末代皇帝》作曲的苏聪也是我们班的小朋友。还有江珊，最近电视剧还有她，我给她很多的爱，对她特意的爱护，她的音乐也挺好的。在艺术教育方面我尽量地培养他们。有作曲名家、演员、还有一个画家王迪。挺多挺有名的人，而且考上北大、清华的都很多。所以我就感到特别欣慰。”

四、奉献和启示

(一)幼儿教师应该具备的最基本条件

幼儿园这份工作是阳光下最光辉的事业，为什么？你接触的都是天真无邪的孩子，他们是一张白纸，很重感情，跟你心贴心地交流，所以你感觉特别快乐。走进幼儿园，你觉得进了一方净土。在这方净土里，你是园丁，培育的是花朵，你看到他们成长，开花结果，你心里就高兴。这份工作也挺辛苦，但是苦中有甜，我乐在其中。

1. 爱心——没有爱心就没有教育

首先是爱心，这个特别重要，爱心是做好这份工作的原动力。没有爱心，用什么力量去推动你做这件事？你得奉献，没有爱心，你舍得花自己的时间给孩子们做教具？舍得花自己的时间不去玩？我星期天不出去玩，而是写总结、备课。在幼儿园根本就没有时间备课，要回家备课。有时候在骑车的路上备课，我带自己的孩子出去玩时，我就想怎么带我们班的孩子来，给孩子介绍到什么程度，我无时无刻不在想着备课。所以必须要有爱心，没有爱心就没有教育。

2. 责任心——忠诚幼儿教育事业

第二个是责任心。当时我们的教育是要忠诚于党的幼教事业。现在起码你得忠诚幼儿教育事业，对家长负责，对孩子的发展负责。我以前看过宋庆龄说的一句话，“世界上什么都可以等待，教育孩子不能等待。因为此时此刻的孩子正在生长和发育，过了这个佳期，就耽误他的一生”。所以作为一个有责任感的老师，你必须要抓住孩子的每个敏感期，及时给孩子丰富的营养，给他更好的教育。

3. 各种能力

能力是培养好孩子、教育好孩子的基础。爱心是原动力，能力是基础，你没教育能力怎么去教孩子？就说音乐，你自己唱歌都五音不全，你教的孩子能好吗？现在有很多大学生(我培训的这些大学生)，什么是节奏什么是节拍都分不清楚，你说你能培养孩子的节奏感吗？开个舞会，三拍子的舞步、两拍子的舞步你都听不出来，你能培养好孩子吗？所以必须要苦练基本功，不断提升自己的教育技能。有哪些方面的技能？比如设计教育活动的技能，目标的制定必须准确。现在给孩子制定的目标大、中、小班都能用，什么都是激发孩子的乐趣，太宽泛了。要有针对性，有可行性，要研究孩子，备课其实就是备孩子。

在活动当中掌控孩子的能力。不能让孩子全都兴奋起来，又不能让孩子呆呆地坐在椅子上，老师讲孩子听。怎么调动孩子的积极性、主动性？怎么让孩子蹦一蹦能够得着？要有针对性，这种能力要不断地积累才能够获得。

语言表达能力也很重要。老师说话生动，有高有低，重点突出又有孩子气，能抓住孩子的心理，你的语言就能一下子把孩子都吸引过来。所以我们老师也要培养这种说话的技能、表演的技能。

眼观六路、耳听八方的技能。这边干着活，那边就看孩子，这边梳着小辫，那边就组织孩子起床，这种技能我觉得必须得有。

观察孩子的能力，随机教育的能力。在你走路的过程当中，干活的过程当中，随时去发现孩子的优点和长处，如果发现不好的地方你又该怎么教育孩子，老师要有这种随机教育的技能。

创造环境的能力。现在幼儿园的环境创设有很多，比我们那时候丰富多了。

动手操作能力。弹琴，跳舞，乐感等等，这些都属于教育技能，要有这种能力。

4. 职业道德

再有一点就是要有职业道德。因为孩子小，是在老师的潜移默化中成长的。你的语言、你的语气、你的行为都会给孩子造成很大的影响。老师为人师表，会关爱别人，那么孩子也会关心他人，也会感恩。老师整天喊叫，回家后孩子也喊叫。学校教育要靠我们老师，老师要为人师表，这个特别重要。

(二)刚入职教师最大的困难——带不了班

刚入职教师最大的困难是带不了班，而带班的前提是读懂孩子，培养孩子的养成教育，在这个过程中需要专业思想贯穿始末。

1. 读懂孩子

我觉得首先要读懂孩子。因为你的教育对象是孩子，你必须要了解他们，要懂得他们的心理特点，知道他们喜欢什么，知道怎么跟他们说话他们才能听得懂，知道怎么才能让他们喜欢你。

2. 专业思想

你得爱这个职业，那时候幼师最巩固的教育就是专业思想教育。专业思想就是说你一定要干一行爱一行，既然你选择了幼儿教育工作，你就要爱这个事业，你就要干一辈子。

专业思想是怎么形成的呢？跟教育有关。幼师那时候老强调干一行爱一行，行行出状元。带我们去看好老师的课，到幼儿园去参观。参观完后就觉得幼儿园老师还能做得这么好，我做好了也能像她那样，自己快乐，孩子快乐，大家都快乐。我记得那时候看了很多特级教师的课，包括康德瑛、王继芬、琚贻桐、李培美的课。她们都是我的前辈老师，比我大很多，我当学生的时候就看她们的课，我觉得特别有意思，心想"她们能讲好，我学幼教我也能讲好"。

3. 常规教育

其实要做好工作很重要的一点就是带班。刚开始工作的时候，我没有这个概念，什么叫常规，不懂。常规的制定比学什么都重要，凡是常规好的班级，干什么都顺。常规培养属于养成教育，有来园的常规，有进餐的常规，有洗手的常规，有入睡的常规，有游戏怎么开始，怎么进行，怎么结束的常规。比如美工区域，这么多材料你怎么拿，怎么放回去，东西怎么收拾，这都是常规，这是养成教育。定下来以后，你就把这种养成教育贯彻始终。刚毕业的老师一般不太注意这个，就觉得教好课就行，其实不是这样。把这些基础的东西(养成教育)打好以后，才能上好课。

一定要有良好的常规。跟孩子要多接触，多聊天，多听听孩子们的想法，多了解孩子，读懂孩子。其实刚入职教师最大的困难就是带不了班，你再有知识，再有能力，再有本事，专业技能再好，不懂孩子，你就带不好班。

(三)对师范生培养的建议——幼师毕业后或者工作后再往上读

卢老师认为初中毕业后再学习技能比高中毕业后再学习技能的学习效果好。"高中毕业后升入大专学三年，我觉得这个有点问题。因为比如弹琴、唱歌、跳舞最佳期是我们风华正茂的时候，十五六岁的时候初中毕业，学生对这些感兴趣，一学就会。高中要学那么多复杂的课程，学生毕业后差不多十八岁了，毕业后再来学这些技能就很难了，过了学习的最佳期。”

由于技能技巧的问题很多园长不喜欢本科毕业生。“(大专生和本科生)技能方面再努力也不如幼师毕业生。为什么？技术不过硬，技能方面掌握得不是那么好。所以这是个问题，你们要研究研究。有这样的情况，现在大部分园长不喜欢本科毕业生，来了不好使。她们也发愁，说‘将来都是这样的，来了不好使’。为什么不好使？理论多，离孩子距离太远，还需要重新培养。幼儿园老师是实践型的，不是理论层面的。大专也好，研究生也好，都是学习理论的，一下子让她们带班，她们也带不了。”

“所以我的建议是还应该有幼师。幼师念完后再进入你们这样的学校，从理论层面更提高一步。或者是上了几年班之后，再进入你们学校去提升理论层面。”即念完幼师后马上念大专或者工作几年后再上大专或者继续念本科、读研。其实是理论和实践相结合的过程。卢老师认为这样可以节约资源，更有效用。“上完了幼师后就实践，实践后再上大专。有更大提升空间的老师让她们读研，读研后就真的特别管事。不同层面有不同的工作方向，不同层面有不同的要求，这样才能够把幼教这个事业串联起来。”

(四)实现梦想——将50多年的心血谱写成书

卢老师发表过很多论文，但她的最终梦想是将自己50多年的心血写出来供后人学习和参考。《献给宝宝的好声音》和《幼儿音乐教育实践与研究》这两本书即将出版。“我最近要出几本书，一个是《献给宝宝的好声音》，把幼儿一日生活当中7个环节里所有的世界名曲整理好。让孩子在一日生活的各个环节里，都在音乐的伴随下，快乐地度过每一天。这是我的职业理想，所以我想把这些都整理出来。我自己教学研究这么多年，跟李晋瑗教授研究‘音乐素质能力的培养’研究了9年，我把我们的教育思路、教育方法、教材的运用和在音乐培养过程当中的各种要素，整理成一本书，也是今年就要出版。因为我去幼儿园讲课的时候，老师们觉得特别需要这样的内容，觉得特别好，特别实用。而且我讲得比较通俗易懂，会把理论和实践结合起来，所以老师们就特别爱听，也特别想要这些资料。”

将多年的研究心血以书的形式呈现出来供后人学习，这是卢老师的梦想。“我的梦想就是把这些东西完成以后，也完成了我50年整个过程的积累。现在都讲中国梦，我把这个梦想实现以后，我觉得更快乐了。”

结　语

卢珊珊老师的工作历程充满了传奇色彩。幼儿教师、园长、北京市优秀教师、全国优秀教师、北京市特级教师，甚至帮忙创建多所民办幼儿园、成立自己的工作室，带自己的团队做科研。她那勇于不断尝试的精神值得我们学习。作为北京市幼儿特级教师，她用自己对音乐教育的独特研究、对幼教事业的不断追求和实现自己梦想的努力奋斗来诠释幼儿特级教师这份荣誉。而她对师范生培养的独特见解更值得我们深思。

〖寄语〗

首都师范大学是培养教师的摇篮，我衷心希望学校继续为幼儿教育事业培养出一批又一批热爱教育事业、爱孩子、既有专业技能又乐于奉献的优秀人才！

梅香自苦，业精于勤

——幼儿特级教师梅永勤

张晓敏　王娟

梅永勤老师，1967年7月毕业于北京幼儿师范学校，毕业后在北京市怀柔县幼儿园任教师，1981年7月—1985年7月于北京玻璃总厂幼儿园任教师，1985年7月—1987年8月于北京怀柔县第二幼儿园任副园长，1987年9月—2003年8月于北京市怀柔区第二幼儿园任园长，并于1994年9月—2003年8月兼任北京市怀柔区第二幼儿园党支部书记。

一、累累硕果

思想先进、工作成绩突出的梅老师曾任怀柔县第九届人民代表大会代表，常务委员会委员，中国共产党怀柔县第九次、第十次代表大会代表。

此外，梅老师曾在多个学术团体任职。1987年她在北京市怀柔县师范学校幼师班任课，1999年6月担任北京市幼儿艺术教育研究会理事，1998年12月担任北京市怀柔县教育学会常务理事，1998年12月，担任北京市怀柔县教育学会幼儿教育研究会理事长，1994年担任北京市怀柔县教育科学研究所科研员。

更为重要的是，梅老师在众多的工作之余，仍坚持不断学习，提高自己的理论研究水平，由她组织开展的课题研究均获得较好的研究成果，共发表教育论文30余篇，其中多篇论文获国家级和北京市市级奖励。代表论文有《3—6岁幼儿家庭教育环境调查报告》《创设环境、开展家园同步教育研究报告》《以音乐教育为突破口推进幼儿素质教育的研究报告》等。

梅老师曾获得市区级荣誉70余次。她多次被评为“区先进教育工作者”“优秀教师”和“怀柔区科技管理拔尖人才”等；连续10年被评为“怀柔区优秀园长”，连续7年被评为“怀柔区优秀党支部书记”；获得“北京市教育系统德育先进工作者”“北京市家庭教育工作积极分子”“舒而美恩师奖”、第四次世界妇女大会中国组委会授予的“特殊贡献奖”等。正如凌寒盛放的梅花让人心生赞叹，梅永勤老师在工作上所取得的成就以及这些成就背后她所付出的努力也让人由衷钦佩。

二、菁菁校园

提起北京幼儿师范学校，梅永勤老师记忆犹新：月牙池，小石子的走道，木制的东斋、西斋，一个又一个的琴房等都留存在她的心中，“幼师特别美，从人文环境到物质环境，都特别好”。

1964年9月，16岁的梅老师带着对幼儿的喜爱，对幼师生活的向往，走进了北京市幼儿师范学校的大门，悠扬的琴声、美妙的歌声、婀娜多姿的舞蹈、青春动感的体操，校园浓郁的艺术氛围立刻深深吸引了她，使她更加坚定了成为一名优秀幼儿教师的信心和决心。

幼师的生活是紧张、充实、快乐的。专业素养深厚、敬业奉献、亲切和蔼的教师们为梅永勤老师打下了良好的基础。“记得一丝不苟的曹老师曾告诉我，概念是抽象的，但只要多听、多看、多记、多分析，就一定能学好乐理知识。”曹老师的鼓励，使当时对乐理一窍不通的她，很快掌握了音乐理论基础知识，让她爱上了音乐，为她工作后做幼儿音乐教育的研究和实践提供了条件。另外，教舞蹈的董老师也给她留下了极深的印象，“还有一个董老师，当时她教我们律动，她跳舞可美了，我记得特清楚，两个小辫，圆圆的脸”。为参加1965年国庆阅兵的文艺大军方队，董老师为学生排练，每天利用自己的休息时间不辞辛苦地从步伐、动作、表情等各方面对学生进行精心指导。当梅老师英姿飒爽地走过天安门时，她为自己是北京幼师的一名学生感到无比的骄傲和自豪，教师们对艺术、对完美的追求也在她心中打下了深深的烙印。除此之外，班主任悉心的照顾也为她的青葱岁月增添了一抹暖意，“还记得那次我生病了，班主任李老师带我去医院看病，为我买来水果，陪我聊天，悉心的照顾让我感受到了慈母般的温暖”。这种无私、不求回报的爱让梅老师铭记在心，并在以后的工作中传递给了自己的学生们，“老师对我们浓郁的关爱，在我们心中播下了爱的种子。爱孩子们，成为我整个职业生活不变的信条，感觉是一件自然而然的事情。这大概得益于老师们潜移默化的影响”。

在母校度过的那一段青春时光是纯真烂漫的，良好的校风和令人敬重的教师为梅老师的幼教事业打下了坚实的基础，也为她在人生成长的关键时期创造了一个健康、温暖、积极、和谐的环境。母校的哺育，让她更加坚定了自己的人生目标，于是，北京市幼儿师范学校，成为她幼教生涯的起点，她就是从这里起步，无怨无悔地把一生都献给了她钟爱的幼教事业。“母校的培育让我与幼教终身结缘，使我在幼教生涯中的每一步都走得坚实，我自己也充分享受到了从事挚爱的幼教事业所带来的无限乐趣。母校难忘，师恩难忘！我从内心深处感谢我的母校和恩师！”

三、凌寒盛放

(一)无悔的选择

1967年，梅永勤老师从北京幼师毕业被分配到怀柔县工作。当时的怀柔县城很小，处处是残垣断壁，满街上都是土和马粪，街边是窄小的店铺。“我下了火车，背着被褥，手里拎着装有脸盆、饭盒和洗漱用具的网兜，步行三里多土路，才找到了幼儿园。”

梅永勤老师从小在城市长大，实习和见习的幼儿园都是城区的幼儿园，当她第一次踏入怀柔县幼儿园的大门时一下子就懵了，“我进去一看，这真不像个幼儿园，窗户都是一棱一棱的，用纸糊的”。当时的幼儿园只有两排平房，院墙上画了很多白色的圆圈，据说是用来吓唬狼的。在怀柔县幼儿园的第一个晚上，令她记忆深刻，“那天晚上躺在床上我就特别害怕，我老觉得狼来了，被墙上一个个白色的圆圈套住，狼在叫、在嚎。另外，平房有老鼠，吱吱叫，风沙一打窗户纸，哗啦哗啦响。我想睡，又不敢睡，还自己嘱咐自己别怕，但实际上还是害怕。我的心咚咚跳，我想哭，又不敢大声哭，就把脑袋蒙上，满头大汗地睡着了”。老园长察觉到了梅老师的害怕，就请她去自己家里住，梅老师怕打扰园长的生活婉拒了。后来老园长就在孩子们的睡眠室里为梅老师搭了一张单人床，就这样，梅老师开始了在怀柔县幼儿园的工作。

当时的怀柔只有这么一所幼儿园，大中小班60名幼儿，11名教职工，其中还包括会计、伙房大爷。幼儿园里孩子的家长有的在山区工作，孩子一周都寄宿在幼儿园里，挤在木板钉成的大床上睡觉。因此，教师要轮流值夜班，白天是孩子们的老师，晚上是孩子们的妈妈，不仅要哄孩子们睡觉，还要完成值夜班的各项任务。第一个任务是洗毛巾，就是把毛巾放在热水里煮了进行消毒，煮完再清洗。第二是任务是叫尿，每天晚上需要叫两次，分别在晚上 11 点和凌晨 3 点，“女孩子叫起来，在地下蹲着，男孩拿一个痰盂，孩子被叫起来时迷迷瞪瞪的，有时候接不好，就弄得你脸上都是”。还有一个任务就是扫院子，教师们白天带班没有时间打扫院子，只能在值夜班时清扫，以保证第二天早上孩子们起来的时候院子是干净的，而夜班扫院子成了梅老师的一个难题，“尤其是在秋天的时候，哗哗扫，劲小了，怕第二天园长检查不干净，劲大了，那哗哗的声音响着，我老觉得身后有个人”。年少的梅老师每次在晚上扫院子时都会感到不安，但因为是幼儿园的工作，她一直坚持完成。另外一个任务是砸煤生炉子，当时的幼儿园里没有蜂窝煤，全是煤块，需要老师拿锤子一个个砸，孩子们上课和睡觉一共 8 个房子都需要老师添煤，并且添煤要及时，否则煤火熄灭了，教师就要在孩子们来之前劈柴生火。另外，老师每周还要把孩子们的内衣、外衣、袜子等用冷水洗干净，每当梅老师举着冻得像胡萝卜一样的手在炉子上边取暖的时候，每当她值夜班扫院子感到无比害怕时，每当她夜班自己拿着锤子砸煤，然后提着煤桶去这 8 个房间添煤时，梅老师就会十分想家。因为当时交通不方便，园长安排她每月集中 4 天回家休假，而每次回家时梅老师就归心似箭，但要回怀柔时都是恋恋不舍。当时的老园长看出了梅老师沉重的心情，经常请梅老师到她家里跟她谈心：“小梅啊，是不是撑不住了，想家了吧？有什么心里话就跟我说吧！”或许是因为委屈也或许是因为感动，看着老园长慈祥而又期待的目光，梅老师抹了抹眼泪，赶紧说：“没事没事。”而老园长的一席话打动了梅老师：“小梅呀，孩子们希望你留下来，你班里的孩子虽然只有 5 岁，但你知道他们和我说什么呀？他们说：‘大姐姐真漂亮，唱歌真好听，我们喜欢听。梅老师跳舞也好看，我们高兴和梅老师在一起玩。’”老园长语重心长地对她说：“小梅呀，幼儿园需要你，农村的孩子也渴望受到教育呀！”

当梅老师看到天真烂漫的孩子们，看到几十双充满好奇而又纯真无邪的眼睛，听着一声声甜嫩的“梅老师梅老师”的呼唤，她动容了，那些渴求快乐童年的孩子们让她下决心留在怀柔这块土地上，就这样，梅老师扎根在了怀柔，在老园长的帮助下，迈开了人生的第一步，并用自己的知识和力量改变着怀柔幼教的面貌。

(二)情与爱

老园长十分信任梅老师，让初入幼儿园的她带大班的孩子，从1967年到1981年这14年时间，梅老师带了12年大班，只有一年是从小班、中班、大班跟班走。梅老师也从未辜负老园长的信任、理解和爱护，她把爱回报给了孩子们。

当年梅老师班里有一个孩子小明(化名)，父母是骨干老师，在半山区工作，当时幼儿园的孩子需要周六下午接走，周日送回来，但山区的交通特别不方便，小明的爸爸妈妈无法按时接送他。园长跟梅老师商量，能不能让这个孩子跟着梅老师一个月连休四天，梅老师答应了，自那以后，周末其他老师都休假了，幼儿园就留下他们和一个伙房的大爷。因此，每逢周末这个孩子就跟着梅老师，梅老师就带着他去水库抓小虾，或是去爬山、摘野花，晚上就给他讲故事哄他睡觉，小明对梅老师产生了极其深厚的感情，“到后来快毕业的时候，让我印象最深刻的就是，有一次他叫我‘老师，妈妈’，我觉得特开心，我觉得孩子跟老师是有感情的，你对他付出了爱，他就会给你回报。后来他的儿子又上了二幼，他跟他儿子说，这是梅奶奶，你以后记住，你不能叫梅老师，你得叫梅奶奶，因为我是梅奶奶的孩子。他爸爸后来当了教育党校的校长，给预备党员或者积极分子讲课就老提起1967年的事，他说那时候幼儿园对孩子真是爱，对家长的工作特别支持”。

梅老师的爱并不仅仅给予自己班的孩子。1969年，“文化大革命”中有一个清理阶级队伍的阶段，幼儿园另外一个老师的班里有一个孩子小哲(化名)，他有一次发高烧，老师发现之后跟家长联系，他的家长是医院的妇科大夫，当时正被进行隔离审查，不允许回家，他的老师自己也有孩子，无法照顾生病的小哲，园长就想到了那时还单身的梅老师，梅老师毫不犹豫地答应了。在医院陪了小哲7天，输液、喂饭、陪床、给他讲故事，一直到他康复。“记得他妈妈被审查了半个月才回来，特别感动，到现在见面都还是非常感谢我。”

梅老师将自己的爱全心全意地倾注在孩子们身上，虽然当时幼儿园的条件艰苦，但每天和纯真的孩子们在一起，梅老师感到很快乐。真诚的付出和专业的教育教学技能让梅老师深受孩子们的喜爱，孩子们喜欢围坐一圈欣赏梅老师给他们唱歌跳舞，孩子们羡慕、快乐的眼神，让梅老师觉得很自豪，那是他们最高兴的时候，也是梅老师最快乐的时候。

（三）以改革促发展

梅老师不仅有德，更有才，在北京幼儿师范学校的学习为她打下了良好的专业基础，在实际工作中，她将自己的理论知识与实践相结合，积极思考，用自己的智慧促进孩子们健康成长，同时也推动着幼儿园的发展。

当时怀柔县幼儿园并没有专门的教材，教育活动很随机，为了改变这一现状，梅老师先是找来市里幼儿园使用的教材，选择合适的部分内容编写成册，暂时作为怀柔县幼儿园的教学用书。同时，她在教育的过程中搜集、积累适合于农村幼儿教育的素材，白天上班，晚上她利用自己扎实的专业知识，并结合当地教育的特色为幼儿园编写教材。5 年后，（1972 年）她和另外两位教师共同编写了小中大班三个年龄班的教学用书，这套教材考虑了农村幼儿园的实际情况，紧密地结合孩子们的日常生活，具有很强的实用性。一直到 1983 年，幼儿园一直在使用这套教材。

就这样，梅老师逐渐从一名普通的教师成长为骨干教师、教研组长、副园长，1987 年她担任园长。在担任园长工作之后，她更加要求自己不断提高理论和教育科研水平，并努力结合教育工作实践开展研究，如：她结合幼儿园实际进行了 8 项课题研究并亲任课题组长。从 1987 年开始，怀柔二幼逐步开始实施三个“三年规划”，1987 年的第一个三年规划提出了“以良好的教育环境陶冶幼儿身心”的教育思路，从优化精神环境、物质环境和教职工的工作环境入手，为幼儿创设一个充满爱和尊重、平等、接纳、宽松的精神环境和舒适、温馨的物质生活环境，教改经验在幼教工作会上进行了交流，并在《怀柔教育》上发表。第二个三年规划中，为贯彻落实《幼儿园工作规程》，出台了《幼儿园整体改革方案》，同时她还承担了市级“八五”重点科研课题“创设环境开展家园同步教育”的研究，亲任课题组长，改革成果“优化幼儿园一日活动”在市幼儿园教育研究会年会上进行交流，并获得优秀论文奖。

梅老师深知，音乐作为艺术教育内容之一，是孩子们喜欢的活动，在音乐活动中，幼儿可以用耳朵听，用歌喉唱，用手演奏，用身体舞动等，能激起幼儿的兴趣，并给幼儿带来欢乐，在欢乐中，触发幼儿对生活对音乐的灵感，积累美的体验，实现发现美、感受美、理解美、表达美和创造美的艺术教育目标。她认为农村的孩子同样需要艺术的熏陶，艺术发展不起来，孩子的全面和谐发展就无从谈起。因此，从 1997 年开始，她带领教师们确立了“以音乐为突破口，推进幼儿素质教育”的研究和改革方案。研究的过程并不是一帆风顺的，但梅老师从未退缩过，她积极地创造条件，推动着研究的进行。“我们首先创造了硬件条件，班班都配备了钢琴，这在当时的郊区县还是一个很有突破性的举措。同时，我们积极利用‘一园带两园，两园带全县’①的教育扶持政策，在东华门幼儿园王继芬园长的支持帮助下，请到了北师大的李晋媛老师来帮我们做指导，李老师上午来就听课，听完以后大家一块儿座谈，来评析这个活动，然后李老师对幼儿园教师进行指导。”研究开展得越来越顺利，2002 年北京市幼儿艺术教育现场会在二幼召开，得到专家和幼教同行的好评。音乐教育研究成果在北京市幼儿艺术教育研讨会上交流，研究报告获“北京市基础教育优秀论文二等奖”，并收在《幼儿素质教育研究与实践》中，本园教师的 30 余篇艺术论文被收在《北京市幼儿艺术教育文集》中，音乐教育逐渐成为二幼的教育特色，在科研活动中，教师们也得到极大的提高，逐步由经验型向研究型转变。

梅老师将自己的青春和热血奉献给了孩子们，奉献给了怀柔这片土地，她辛勤的汗水浇灌了一颗颗童心，也哺育了一代又一代幼教新人，古语有言：有心人，天不负，梅老师真诚的付出也收获了佳绩：1998 年—2001 年连续 4 年被评为“北京市优秀教研组”；2000 年—2001 年连续两年被评为“北京市教育科研先进幼儿园”；2001 年被定为“国家可持续发展试验单位”；2003 年 9 月被评为“怀柔区科技管理拔尖人才”。

四、殷殷期望

作为一名从教 30 多年的幼教老师，梅老师曾深情地说：“幼儿教育是技艺，是艺术，也是诗篇，更是生命与生命的对话，需要我们每一位教师用心去感悟，用爱去谱写，用生命去拥抱。”因此，她对将从事幼教事业的后来人提出了几点期望：

（一）良好的师德

爱心与责任心是每位教师所必备的品德，热爱幼儿始终在幼儿教师必备的品德中处于核心的地位，是成功施教的基础，是做好幼儿园工作的前提。幼儿园的孩子处于身心快速成长的时期，调皮好动且理解力有限，这就决定了幼儿

① 一园带两园，两园带全县，是指 1985 年实施的一个教育改革项目。即由东华门幼儿园带怀柔县第一、第二幼儿园，使其在全县起到示范作用，并带动全县幼儿园。这项改革获得北京市改革开放成果奖，对提高怀柔的幼儿教育水平起到了积极作用。

园的工作是琐碎繁杂的，既要保育，照顾好孩子们的日常生活；又要教育，促进孩子们的全面发展。这便要求教师一定要有爱心，要爱孩子，只有这样，才能对自己的工作产生认同感，与孩子愉快相处，为孩子们的成长提供支持和帮助。另外，幼儿教师必须具备强烈的责任心，没有责任心一切将无从谈起。幼儿园的孩子年龄小，但又活泼好动，认识能力、辨别是非能力和自控能力都比较差，所以在活动中需要老师的看护和引导。比如在手工活动中，幼儿要使用剪刀等较为危险的工具；室外活动中，幼儿多进行攀爬、奔跑等较为剧烈的运动，若老师缺乏责任心，疏于照顾，就可能会酿成大祸。因此，教师一定要认识到幼儿园工作无小事，出事就是大事。

(二)具备一定的文化知识和专业能力

文化知识和专业能力是教师开展教育工作的基本前提，缺乏文化知识和专业能力，教学活动就很难进行。比如：教师要具备观察和了解幼儿的能力。幼儿的内心活动、身体状况常通过表情、动作或简短语言表现出来，观察是了解幼儿最重要的途径之一，教师要能够理解其外在行为所传递的内部信息，敏锐地觉察出幼儿最迫切的需要，并根据幼儿的特点做恰当的反应，以促进幼儿的发展。另外，教师在教学过程中需要掌握一定的教学方法才能使教学顺利进行。梅老师举过一个例子：比如，教师要教孩子们跳蒙古舞，孩子欣赏完教师所跳的蒙古舞以后虽然认为舞蹈很美，但并没有产生学习动机，满教室跑，手舞足蹈。然而，孩子们还是要掌握一定的技能的，此时作为教师应怎样激发学生的学习兴趣呢？“老师是这样做的，当孩子们稍微安静下来的时候，老师模仿他们手舞足蹈跳蒙古舞的样子，然后问他们，你们觉得这样跳美吗？孩子们纷纷摇头，他们觉得不美，这时候孩子们学习的动机就有了，甚至有几个孩子围着老师，让老师教他们怎么跳蒙古舞，老师在这时候教给孩子蒙古舞的基本舞步，孩子们就跟着压腕，跟着动脑袋，教学顺利地进行了下去。”

另一方面，目前的教师队伍已经由经验型转为科研型，而教师要成为研究型教师，就需要扎实的文化知识和专业理论来支撑。比如，写教学总结需要教师有文化知识的功底，写科研报告需要以理论知识作为支撑等等。因此，文化知识和专业能力对教师的发展至关重要。

(三)具备相应的技能技巧

一名合格的教师应具备从事幼儿教育的知识和技能，弹、唱、跳、画，应面面俱到。比如在音乐教学中，教师要善于运用音乐游戏、歌舞表演、乐器演奏等形式，帮助幼儿理解音乐，听懂音乐语言，培养幼儿对音乐的感受力和表现力。

每一项技能的掌握都需要教师付出大量的时间和精力进行练习。例如：钢琴的即兴伴奏对于音乐教学有着极大的推动作用，也有利于幼儿音乐天赋的开发。但即兴伴奏能力是一种综合性很强的能力，它集理论学习与弹奏技能于一体，需要教师在学习的过程中将两者结合起来，进行长时间的练习才能得到提高。

（四）要有宽容的胸怀和合作的精神

幼儿园中一个班级需要三位教师合作带班，教师之间只有相互配合、相互补充才能保证教育活动的顺利开展，“比如保教的配合，如果我是带班老师，保育员的事我一点都不管，我就觉得拿杯子不是我的事，那还怎么能把工作做好呢？分得太清楚了不行，要在一块儿合作”。但现在即将进入幼教行业的教师普遍是独生子女，以自我为中心的现象较为严重，因此，每个教师都要从自身出发，不断反思自己的行为，学会宽容与合作，只有这样，每个班级才能团结，全园才能和谐，才能保证幼儿的健康发展。

结　语

梅老师对未来的幼儿教育者充满着期望，期望着每一位教师都具有可持续发展的潜能，具有对幼儿教育独立的理解和持久的追求，并逐渐拥有自己的教育风格，成为有特色的幼儿教育专家。这殷殷期望也必将鼓励和引导着众多的幼儿教师在专业成长的道路上不断向前。

在青春年少的美好时光里，梅永勤老师选择在怀柔这片土地上沉淀和历练自己，经过泥泞，也走过坎坷，是不懈的坚持、踏实的努力、积极的思考和对孩子炽热的爱带给她累累硕果与满园桃李芬芳。“不经一番寒彻骨，哪得梅花扑鼻香”，梅永勤老师用她在幼教工作中一辈子的勤勤恳恳为这句诗做出了最完美的诠释。

〖寄语〗

美育之嘉苑，天使之摇篮！

——贺首都师范大学60年校庆

一位优秀幼儿园园长的成长经历

——幼儿特级教师冯惠燕

张晓敏　焦琪

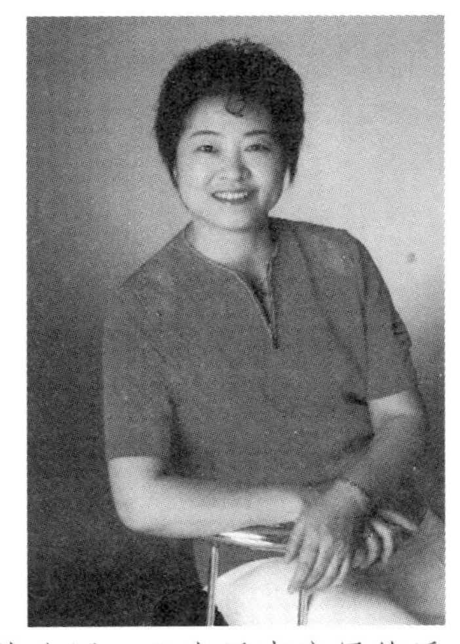

冯惠燕，北京市特级教师。1978年毕业于北京市幼儿师范学校并进入北京市第一幼儿园工作。现任北京市第一幼儿园总园长兼书记。工作三十余年来，冯惠燕老师先后被评为：全国教育系统先进工作者、全国三八红旗手、北京市先进工作者、北京市优秀教育工作者、优秀教师、德育先进工作者、东城区杰出校长、有突出贡献的优秀知识分子等，并享受国务院政府特殊津贴；还先后主持、参与国家、市、区级课题数项，其中亲自主持的北京市教育规划办课题《向幼儿进行中华民族优秀传统艺术启蒙教育的研究》《幼儿艺术教育"四性"的实践与探索》《幼儿园双语教育环境创设的实践研究》《双语在幼儿园一日生活中应用的适宜性研究》等荣获市、区教育科研多个奖项；先后撰写《为孩子的快乐人生奠基》《幼儿园管理的智慧》《幼儿园综合艺术教育探索》《幼儿园汉英整合课程探索》等书籍并出版；发表《园长角色——在园长负责制中的A、B、C》《"人本原理"在幼儿园管理中的运用》《在艺术活动中发挥幼儿主体性的研究》等30余篇文章并获奖。2006年，北京市东城区成功举办"冯惠燕办园思想研讨会"，至此，成为北京市幼教系统第一个举办办园思想研讨会的园长……面对如此丰厚的教育科研经历与成果，冯惠燕老师从未闭门造车、止步不前，多年致力于教育研究成果的交流与分享，"将一幼的教育经验推出去，把别人的教育成果引进来"，不仅推动了北京市第一幼儿园自身的发展，同时也对全北京，甚至是全国的教育教研发展做出了突出贡献。在冯惠燕老师担任北京市第一幼儿园园长的20余年间，北京市第一幼儿园先后获得北京市示范幼儿园、北京市卫生保健示范园、北京市教育科研先进幼儿园、北京市社区儿童早期教育示范基地、北京市文明单位、北京市巾帼英雄先进集体等多项荣誉。北京市第一幼儿园也在冯惠燕老师的带领下成为北京市乃至全国具有较高知名度的幼儿园，并先后发展四所分园：北京市第一幼儿园附属实验园、北京市第一幼儿园(分园)、北京市第一幼儿园魏家分园、北京市第一幼儿园吉祥分园，让更多的孩子享受优质教育资源。

从一名普通教师到五园之长，整整三十六个春秋，冯惠燕老师用爱心与执着书写着“为孩子快乐的人生奠基”这几个沉甸甸的大字。这份心系幼儿教育事业的满腔热情与不懈追求，诠释着冯惠燕老师优秀教师、杰出园长的一生。

一、懵懂憧憬，步入幼师生涯

(一)“糊里糊涂报了名，糊里糊涂入了学”

1978 年，刚刚经历过“文化大革命”的冯惠燕老师高中毕业作为一名留困生已经在家待了一年多的时间，没有上山下乡插队的她碰巧遇到幼师、小学师范、护校等学校招生。“当时我并不知道幼师是什么，也没看到这两个字，老师说我挺喜欢唱歌跳舞，觉得我挺适合选择幼师，于是我就报了名，随后就被录取为幼师学生。整个过程没有准备、没有考试、没有面试，连和家人商量都没有。所以可以说我是糊里糊涂报名，糊里糊涂入学。”

“在那会儿人能留在这儿不去插队就已经觉得很知足了，之后还能有学上，就更加知足了。”冯惠燕老师的幼师生涯就这样在懵懂中开始了。

(二)“明白了幼师就是幼儿园老师后，我好像慢慢有所进入”

抱着一颗懵懂的心，冯惠燕老师糊里糊涂走进了北京市幼儿师范学校的大门，从此开始了她的幼师生涯。“一个礼拜的入学教育时间不长，但让我知道了幼师就是幼儿园的老师，对童年时光记忆深刻的我一下子就被吸引了。”

1.“我特别怀念自己在幼儿园时候的情景”

那个年代，幼儿园还没有像现在这么普遍，一般都是富足人家的小孩才会去，出生于书香世家的冯惠燕老师是幼儿园中的一员。

我毕业于崇文二幼，当我知道自己将来会做幼儿园老师的时候，我满脑子都是对于幼儿园的回忆。

我们那条胡同就我一个人上幼儿园，当时是车接车送，就是平板车钉着箱子，我们一个月交四块钱的接送费。因为我们家住在胡同里，车夫每天诉苦，无奈之下我妈多加了五毛钱。在当时人均工资都很低的情况下，我能上幼儿园还有车接送真的是很幸福。

我清楚地记得我们幼儿园有很多很多的枣树。每当结枣、打枣的时候，我们就去捡枣，特想吃那个枣，特别高兴，因为那会儿生活也没有那么丰足。我记得有一次捡枣，有一颗特别大特别红的枣，想带回家，就偷偷地搁到兜里，因为这件事特别让我提心吊胆，所以我记得很清楚。当时我穿的是一件黄色的衣服，那枣搁在兜里老觉得外头能看见，我就把那件外衣脱了挂在外面，就觉得别人不会动，但是在教室里老惦记那颗大枣，怕被老师发现，一旦被发现肯定挨批评，这是不允许带回家去的，是我特别喜欢，特别想要那颗枣。那一天挺顺利的，把这一颗枣带回家了。所以我对幼儿园的枣树印象特别深。

我们那会儿上幼儿园正是节约粮食的时候，1960 年、1961 年困难时期，幼儿园天天煮点胡萝卜吃，其实那会儿在幼儿园能吃上胡萝卜可能还是不错的。但是天天吃就吃不下去了，所以一到吃胡萝卜的时候我就咬两三小口，然后偷偷把胡萝卜塞进兜里。那时候我妈就怕幼儿园吃胡萝卜，因为胡萝卜素会把衣服染色特别难清洗。所以一直到现在，虽然我引导孩子多吃胡萝卜，但我不怎么吃胡萝卜了。

提起这段美好的幼儿园记忆，冯惠燕老师满脸洋溢着发自内心的快乐，幼儿园的回忆已成为冯惠燕老师童年记事中很重要的内容。或许正是对幼儿园生活点滴的美好记忆，当得知进入幼师将来就是幼儿园老师的时候，冯惠燕老师被深深吸引了。

2.“幼师给我留下的印象还是非常深刻的”

回忆起幼师的生活，冯惠燕老师感言庆幸遇到很多认真负责的老师，和自己同届以及之后几届的毕业生，到现在都是特别优秀的幼教工作者。

那时候读幼师需要修习“三学六法”，专业技能技巧与现在差不多。现在回想起那不到一年半时间的幼师生活，还是历历在目。同学们个个都是很认真地去学习，老师也特别认真负责。我们的班主任李宝玉老师是负责学校工作的，对我们要求很高，很严格。我们的钢琴老师是初一裳老师，非常严厉，但在她的严格教育下，我们真的很受益。马成老师是那时候刚刚毕业的新任职教师，也是对我们严格指导、耐心引导。还有郭兆玉老师我都有很深刻的印象，由衷感激她们的教导与栽培。在幼师上学期间，我一直担任学生干部，做过班长，当过学习委员，还加入了舞蹈队、合唱队等。幼师学生活动非常丰富，我积极主动带头参加各种活动，对自己是很好的锻炼。那时候在幼师上学每个月会有十七八块的伙食费，在当时这样的待遇已经非常不错了，起码不用再向家里要餐费了。

虽然幼师生活只有短短的一年半时间，但至今回忆起来，冯惠燕老师都觉得幼师的老师与同学、幼师的经历对她来说都是一笔财富，为之后成为一名优秀的幼儿教师奠定了坚实的基础。

二、历经坎坷，造就坚韧性格

如果说幼师的学习生活为冯惠燕老师的发展奠定了坚实的理论知识和技能技巧基础，那么冯惠燕老师坎坷的入团经历以及起伏多变的成长环境培养了她坚强果敢的个性，造就了今天这位杰出的特级教师和名园长。

(一)“从初一就开始申请入团，一直到初三，临毕业总算入团了”

自小出身于书香世家的冯惠燕老师，本该有着衣食无忧、一帆风顺的人生，但随着“文革”的到来，冯惠燕老师的父母受到了很大的冲击，打乱了她本该平静的生活。

我是在崇文 96 中上初中，当时我在学校一直是学生干部，体育委员、学习委员我都当过。那时做学生干部，我比别人都突出。比如说挖防空洞，我一定是那个在底下挖，一锹一锹往上扔的。我虽然是女孩子，但因为跟我爸爸妈妈在农村呆过半年多的时间，干过一些农活，所以在学生里边我是那个不怕苦、不惜力的。再比如学生拉练，我总是先遣部队，先一步出发，到目的地帮同学们找住处。我会把老百姓的房子状况都记下来，包括谁家能去住人，能住几个人，我都做好安排计划，等大部队到达后，我就直接念名单安排入住。我们自己支灶台做饭，老师让我把所有同学的钱收上来进行管理，我们十多天的饭自己买自己做。老师把同学交给我特别放心。所以到入团的时候，所有人都觉得我是最合格的，可是那时候由军宣队、工宣队负责审查，一看我的出身和家庭背景没有批我。第一年没批我真哭了，哭得特别伤心，第二年落选我也哭了，但是没像第一次哭得那么厉害。所以我入团入了三年，从初一就开始入，一直入到初三，临毕业总算入团了。

对于个人条件与成绩极为优秀的冯惠燕老师来说，入团本不算是一件困难的事情，但由于特殊的年代特殊的家庭背景，加入共青团对她来说历经坎坷。类似这样的事情对于冯惠燕老师来说，其实只是冰山一角。也许正是这样的人生经历，铸就了冯老师坚韧的性格。

(二)“只要自己想做的，愿意做的就一定会去做”

冯惠燕老师自小过着优越的、让人羡慕的生活，却因“文革”不得不在11岁时离开父母，借住在亲戚家里。没有父母关爱的日子，冯老师只能依靠自己小小的力量成长和生活。

冬天来了，人家孩子该穿棉衣了，可我这还没有，我就得想着自己做棉衣，所以我很小就会做棉衣什么的。人家的孩子不用算计花多少钱，我必须算计，我得把钱节省下来交学费。那时候学费才两块五，其实并不多，但我不能再跟其他亲人要了，我只能省吃俭用自己攒够。所以我那时候每个月都要算计我这一个月应该怎么去过。那时候借宿在亲戚家，即使住在最亲的人家里，我也要听人家的话，看别人的脸色，学会在这个环境中怎么去生活，怎么去做事。那么小年纪，我就认了这种残酷，我想你就是这种出身，就是应该的，没什么。所以一直到现在我也是这样的心态，不管多难的事情，只要到我这就没有难事一说。这些年在办园的过程中遇到很多的难事，当时觉得真是困难，但我相信它们一定会过去的。

这样一段跌宕起伏、委曲求全的生活经历，历练了冯惠燕老师一颗最为珍贵的平常心和坚强、独立的性格与品质。在她的眼中，再也没有了简单困难、输赢胜负的区分，“只要自己想做的，愿意做的，就大胆去做，不奢望有什么回报”。这样一种乐观积极的心态，不但让冯惠燕老师渡过了少年时期的困苦，更助她一路走来，从未被困难击倒，经住了挫折与磨难的洗礼。

三、几经辗转，毕业结缘一幼

1978年12月，冯惠燕老师出色地完成了幼师一年半多的学习生活，告别校园走上工作岗位。她与北京市第一幼儿园的缘分也是几经辗转，一波三折的。按最初的实习分配，冯老师拟被分配到一所公办园，但当时这所幼儿园的风气让刚刚毕业，对幼儿园工作满怀憧憬的冯惠燕老师大失所望。

由于“文革”刚刚结束，幼儿园里的派系还都存在，而且那些老师们还留存着在“文革”中形成的那种吵、打、斗的习惯。所以，我到那个幼儿园以后发现，老师会站在前院跟后院打架，在那个幼儿园实习了半个多月，看到了两次打架，让我感到很吃惊。

实习时看到幼儿园这样的场景让冯惠燕老师伤透了心。“我就感觉这个地方不像我想象的幼儿园，也不像我小时候去的幼儿园。”于是，冯老师就向学校的教导主任提出换地方，之后在东城教委做了八个月的联防，才来到了北京市第一幼儿园。

北京市第一幼儿园是一所历史悠久、文化底蕴深厚的幼儿园，几十年来的教育经验，积淀成了一幼文化的精华，深深影响着每一位一幼人，造就着一代又一代富有一幼精神的优秀教师和孩子们。

（一）“来到一幼以后我特别庆幸，带我的老师都是非常优秀的教师”

在新教师专业成长的道路上，总是少不了恩师的帮助与培养。来到北京市第一幼儿园的冯惠燕老师亦如此，在老教师的谆谆教诲下，在一幼文化的默默熏陶下，不断成长着。

带我的老师可以说都是非常优秀的。刚开始带我的是后来调到朝阳区当园长的吴志慧老师，她的言传身教给了我潜移默化的影响。吴老师各项工作都做得很到位，一日生活各个环节的活动都按部就班有质量地完成，包括班上的观摩活动等，都特别优秀。尤其是角色游戏活动，开展得有声有色，组织幼儿开展角色游戏活动我就是从她那儿学起的。那时我们班的角色游戏活动是“我们的幼儿园”，老师和小朋友们把几张大桌子拼起来，在上面用积木搭建第一幼儿园，还有的幼儿分成小组，有当老师的，有当小朋友的，还有当厨师、保健医生的等等，玩得可高兴了。后来带我的是高铁玲老师，她也是在各项工作中潜移默化地影响我。高老师的“火车主题游戏”，孩子们特别喜欢。正是他们对游戏活动的研究影响了我，所以到后来我独立带班的时候，我们班也是玩了很多幼儿很喜欢的主题游戏，如立交桥、珍宝岛的游戏都玩过，当解放军，孩子抬担架，救护这个那个的，玩得津津有味，在游戏中孩子们获得发展。直到现在，我对幼儿游戏活动的情感都非常深。我很庆幸遇到了这些优秀的教师。

北京市第一幼儿园的老教师给予冯惠燕老师的影响和教育，是身体力行、潜移默化的，他们用自己生活工作中的一言一行，为周围的年轻教师们做着典范。他们不迟到、不早退，认真工作，努力教学，虽然他们从来没有用严厉的话语去要求年轻教师们，却正是他们这种榜样的力量，为青年教师们树立了争相效仿和学习的标杆。“我们的一幼文化，就是这样一代一代传承下来的，是一代一代这么做下来的，没有人刻意地天天跟你讲这个、说那个，但就在这个环境中，大家一步步成长起来。”也正是这种代代传承的文化，潜移默化的氛围，为冯惠燕老师的成长提供了一片环境优良的沃土，滋养冯老师成长为一个卓越的一幼人，一名优秀的幼儿教师。

(二)1972年就开始接触外宾孩子

北京市第一幼儿园在1972年被外交部指定为外事接待单位，这使得1978年入职的冯惠燕老师拥有了较多接触外宾和外国文化的机会，这可能是在其他幼儿园工作的教师所没有的。这份经历不但开阔了冯惠燕老师的视野，更重要的是激发了她对不同国家、民族、种族幼儿的关注与爱，对多元文化背景下幼儿教育的探索与研究。

1978年我来到一幼就看到日本的高档幼儿图书，纸张、印刷非常好，色彩很鲜艳，红的真红，绿的真绿，黄的真黄。图书内容也好。这些图书都是家长捐赠给幼儿园的，基本都是人家孩子看过的、不要的书，但对于我们来说，真的没有见过，很新鲜。比如说折纸，步骤里面都有，那会儿咱们这没有。包括人家孩子每天上幼儿园带的学习、生活用品、玩具等都很新颖，看过后真的特别受启发，能从里面学到很多东西。包括我们接待来交流的中国台湾团、日本团送幼儿园的纸，也都特别好，我们都舍不得用，放在园长办公室保存，哪个班有重要接待任务的时候才能用这样的纸。还有和外宾接触，对我们来说都是潜移默化的影响。包括和孩子们接触，各国的小朋友都有，教育怎么满足不同背景小朋友的需要，怎么让这些孩子融入进来，我们那会儿都是费尽心思，设计许多活动。我们用心去包容、理解、关注、关爱这些孩子们，这个过程中，孩子们发展了，我们也都对教育有了更深的理解，受益匪浅。

冯惠燕老师的成长与发展离不开一幼精神，更归功于她对孩子的爱，对幼儿教育事业的执着追求，这也为她之后许多年的敬业奉献、课程创新埋下伏笔。冯惠燕老师身上处处闪现着一幼人的光芒，她传承了一幼精神并将一幼精神发扬，时刻影响着之后一代一代的一幼教师。

四、超越自我，走上管理岗位

(一)“‘为孩子的快乐人生奠基’是我们的办园理念”

“为孩子的快乐人生奠基”是冯惠燕老师的办园理念，其中的内涵是：让自信自主成为孩子的人生态度，让探究创新成为孩子的思维方式，让审美愉悦成为孩子的性格品质。冯惠燕老师追求用心建立起一种充满真情与关怀的人文氛围，让孩子们健康地成长。

在这里，冯惠燕老师为我们阐释了生活快乐与培养能力的辩证关系："人之所以一生能快乐，就证明他有能力，有能力，他才能幸福。如果他都没有这些能力，他能快乐吗？他就不可能快乐，快乐不是说天天自己笑就完了，只有自己做出成绩，自己认可，周边人对你认可，你才能感到快乐，而不是穷欢乐。孩子们的性格、学习能力，都是从小在幼儿园开始形成和培养起来的，所以我觉得幼儿园就是要给孩子做这种奠基的。"

1. 最重要的是要由爱做这个工作的人来做

教师生活往往是平淡如水的，没有轰轰烈烈，也不会财源滚滚。这个活动和那个活动，今天和明天，也许并没有很大的区别，它需要一个爱它的人，一个能够塌下心来的人来做，只有这样的人才能坚持、才能做好。所以，对教师事业的热爱，往往是最关键的。选择自己喜爱的工作作为自己的事业，于教师行业、于儿童发展、于祖国未来，最重要的是于个人发展才是最有裨益的。对于教师行业来说，不热爱教师行业的教师离开，有利于让热爱教师行业的教师来从事；而对于教师个人来说，选择更为喜爱的工作，也会获得更好的发展和更为快乐的生活。

我觉得如果你根本不爱这个事业，最好不要做这个行业，不是说你不做这个事业，你就不是好同志，你可能更适合于别的事业。比如说我们有一个老师，是九几届的幼师毕业生，当时我找她谈话的时候就是这样，我说你其实能力特强，但是你不适合在班上做老师，你可能做别的事业会有很大的发展，你会有很大的潜力。现在她自己做的事业非常出色。

所以说，教师热爱自己的职业这是非常重要和关键的，尤其是幼儿教师，面对一个个天真活泼的孩子，只有充满爱的教育，才能感化儿童，获得良好的教育效果。

2. 师德更加重要

教师的另一个重要品质就是教师的品德，教师要学会修身养性，把自己的痛苦埋下，然后去给别人带来欢乐。

幼儿园的孩子们就像一张张白纸，天真懵懂，正处于模仿学习的重要时期。成人的一言一行往往会对儿童产生深远的影响，尤其是自己的父母和幼儿园的教师。这就需要教师时刻以较高的标准要求自己，身体力行，率先垂范，为孩子起到良好的示范作用；同时年幼的孩子往往拥有一颗简单而单纯的内心，极易受到伤害，而教师的失态失误，往往会给幼儿的内心造成一定程度的伤害，对儿童的成长造成不可估量的负面影响。

因此，教师必须具备良好的师德，教师时刻都要精于学习，勤于修身，时刻以一名优秀教师的标准来严格要求自己，热爱教育，关爱学生，以身作则，率先垂范。

3. 教育教学能力也很重要

作为一名优秀的幼儿教师，不仅要热爱自己的事业，拥有高尚的品德，热爱不同的孩子，还需要有实施教育的悟性与能力。

综合性是幼儿教师教育能力的一大特点，由于幼儿教师的非专门性，“学前教育五大领域、七个学科你都得拿得起来，哪方面你都得做一个行家里手”。既要会弹、会唱、会跳，会画，还要有语言、数学、社会、科学、健康等多个领域的活动……样样都得拿手，样样都得精通。这对幼儿教师是一项基本要求，又是一项重大挑战。

怀着一切为了孩子，为了孩子的一切的思想，冯惠燕老师对于与孩子相关的每一个决定都很慎重，包括在教师的聘任方面。正如她说的，做幼儿教师，品德、素养、技能样样都不能含糊。

(二)“‘综合艺术教育’是我们的特色”

自建园以来，北京市第一幼儿园就是以艺术教育为特色，而冯惠燕老师则将这种特色传承并发展，将北京市第一幼儿园打造成具有综合性艺术教育特色的精品园、旗舰园。

这个园的园本特色一直就是艺术教育。同时，由于本园是一个对外开放单位，更强调民族传统文化，但是民族传统文化点又太多了，所以我们从民族文化中的艺术出发，研究民族艺术教育。当时研究民族艺术教育，我们做了五年的课题研究，开展得有声有色，最后课题获得教育科研政府奖，政府奖是很有分量的奖项。从“十五”开始，我们又在民族艺术教育的基础上继续探索，借鉴了初高中的综合艺术教育思想，大胆开展幼儿园综合艺术教育，一直到现在“十二五”了，我们不断在综合艺术教育这个选题上深入研究，取得了相当丰硕的成果。

所以，就是在这样一个不断集思广益、勇于实践的过程当中，北京市第一幼儿园形成了艺术教育为重点的教育教学，确立了打造“综合艺术教育”的办园特色。

(三)“我一直想搞‘双语整合教育’”

北京市第一幼儿园1972年开始接收外箱子女入托，与外籍孩子朝夕相处的那些日子给冯惠燕老师心里种下了一颗办双语教学的种子。2000年，民办公助的附属实验园创办，冯老师的想法得到了实践的机会，她立志把实验园办成一所具有浓厚双语教育氛围、幼儿身心和谐发展、与国际大都市相匹配的现代化学前教育的一畦实验田，满足人才培养需求。在这畦实验田，冯惠燕老师大胆改革创新。首先，变“两教一保”为“两教一助”。将幼儿园的保育员换为具有大专以上学历的学前教育专业学生，他们以辅助教学为主，同时兼顾孩子的日常生活。取代了原本学历较低，以卫生清理为主的保育员工作。其次，首创汉英整合课程。

我跑了所有的新华书店，阅览了不下千种的英语教材。我当时就绞尽脑汁研究如何将汉英两种语言整合在一起。经过反复思考、实践、验证，确定了双语整合。就是说在一个主题之下，对五大领域及其目标进行分解，然后设计若干个活动，这些活动一半用母语完成，一半用第二语言完成。比如说这是一个苹果主题，简单易懂的概念如苹果的名称、苹果的颜色、苹果的味道等，这些活动都用第二语言完成。像苹果怎么种出来的、农民伯伯是怎么付出的、小朋友吃了有什么营养等，这些复杂的知识用母语来完成，这两种语言共同完成苹果主题。我们从时间维度上是半天中文，半天英文；从教师维度上，一个中文老师，一个英文老师，中文老师上班的时候，以中文为主，第二语言为辅，英文老师上班的时候，以第二语言为主，以母语为辅。可能大家会问小班孩子刚上幼儿园，还都听不懂，说那么多英文行吗？在老师大量的重复性语言输入渗透下，不需要太长时间，小班孩子听老师的生活指导语言没有问题，也能与老师进行一些简单的问答。随着年龄的增长，孩子对英文的运用能力越来越强，到大班毕业唱英文歌曲、演英文剧、讲英文故事都是很自然的事情。

冯惠燕老师就是这样一位出色的教师、杰出的园长，在冯惠燕老师身上处处散发着先进的光芒。即使拥有无数辉煌与荣誉，冯惠燕老师也从未自满与松懈。正是这样的精神，造就了屹立60年的一幼，影响着一幼的园丁，成就了一幼的孩子们，辐射带动着无数学前教育工作者，为中国的幼儿教育事业做出了突出的贡献。

〖寄语〗

希望首都师范大学培养出更多、更出色的幼儿教师，为北京的学前教育事业做出更加辉煌的成绩！

祝母校六十岁生日快乐！

以德育人，以品塑人，以爱铸魂

——英语特级教师苑玉台

张倩　王芳　张待利

苑玉台老师，北京人，1960—1964年在北京师范学院（现首都师范大学）外语学院俄语专业学习，1964—1980年在北京市宣武区南线阁中学（后改为北京市第一三四中学）任教，先后担任过班主任、年级组长、教研组长和政教处负责人。1980—1990年在北京教育学院宣武分院二部担任外语教研室主任，主要负责宣武区教师队伍素质的培养和提高。1990—2001年担任北京市教科院教材编审部文科教材室主任，编写了北京市九年义务教育小学英语教材、北京市高中英语选修课教材，并且培养了一支北京市小学英语教学的骨干队伍。2001年被评为北京市特级教师。

对苑玉台老先生的采访，是在2014年4月的一个阴雨绵绵的上午。抵达苑老先生家里时，他和夫人已经准备好谈话的桌椅和热茶，还有一张写满了密密麻麻的笔记的A4纸。两个多小时很快过去了，但长久地留在我们脑海中的，是老一辈教育者在时代洪流裹挟下的无奈，更是他们迎难而上、知恩奉献的风采与魅力。

一、生命历程：时代背景下的无奈与个人的成长奋斗

生命历程理论是美国社会学芝加哥学派提出的，所谓生命历程即人的一生

中受到文化和社会变迁影响的随时间变化的年龄角色和生命事件序列。生命历程理论一方面关注宏观事件和结构特征对个人生活史的影响，另一方面又强调人的能动性选择，总是在一定社会结构中有选择地推进自己的生命历程。苑老先生这一代人，出生于二十世纪四五十年代，成长于六七十年代，正好经历新中国成立、反右斗争以及“文革”十年等巨大的社会变迁，他们求学、就业等生命事件也深深打上了时代的烙印。

(一)求学："出身不好"与"我要学好"

1960 年是苑老师参加高考的那一年，由于中学时期成绩优异，并且英语成绩特别突出，苑老师踌躇满志地填报了三个志愿：北京大学西语系、周总理的母校南开大学和北京外国语大学。苑老师对自己非常自信，觉得无论如何会上其中一个，然而录取通知书上写的却是一所让人意外的学校：北京师范学院。“为什么呢？当时的历史背景是阶级路线相当厉害，就是一切看出身。当时在毛泽东阶级斗争学说指导下，处理升学、入伍、提干、入党等问题时，都要贯彻阶级路线。我们有一批人出身不好，我出身是资本家，当时我的同班同学里面有很多也是出身不好，全调到师范学院去了。而且去了以后，我原来是学英语的，底子还不错，把我弄到外语系俄语专业去了。因为北京师范学院外语系成立于 1960 年，我们是首届。当时就两个专业，一个是英语专业，一个是俄语专业。英语专业招收的都是华侨，都是来自印度尼西亚、马来西亚、新加坡的东南亚归国华侨，我们国内的全让你学俄语。”

这样的结果让苑老师很气馁，曾想过放弃，干脆就不上大学了，但随后这样的想法便被抛之脑后，带着既然学、就要学好的心态开始在俄语班认真学习。那一届的俄语专业有五个班，有四个班原来中学都学习俄语，大学就接着往下学，只有五班是中学学英语的，上了大学之后才开始学俄语，苑老师一开始就是五班的一员。“我们班一共二十多个人，经过两年学习之后就把我们五班拆开，分到其他四个俄语班里去。我在班里学习是拔尖儿的，担任班里的学习委员，所以我就分到一班去了。因为俄语专业班序基本是按照成绩编排下来的，一班、二班相对成绩最好。我到了一班以后不久，又担任一班的学习委员，然后到了一定阶段以后，又担任整个年级的学习干事。我整个大学四年俄语全优。当时是什么动力呢？让我学，我就学好。原来我学习英语的，让我学习俄语，我俄语也照样优异，英语我也没丢，把英语作为我的二外，自己看了很多的英语书。”苑老师就是这样刻苦努力、勤奋好学地度过了四年大学时光，学好了俄语和英语，为毕业后参加工作打下了坚实的专业基础。

(二)就业："我成功的原因就两个字——奋斗"

从1964年到1980年，苑老师在中学担任过教师、班主任、年级组长、政教处负责人，但从始至终都没脱离过教学工作。当然像那个时代大多数人一样，苑老师的职业生涯也不是一帆风顺的。"文革"中，学校正常的教学活动被迫中断，教师地位一落千丈，阶级斗争论泛化，读书无用论甚嚣尘上。对于身为教师的苑老师来讲，这段记忆是深刻和难忘的。然而，谈起这段经历，苑老师除了说到难忘之外，更多的是感恩，因为"文革"结束之后，身上的枷锁没了，人感觉解放了。"邓小平主政以后，召开全国教育大会，尊师重教，设立教师节，这一系列活动，使我们这些人心中的坚冰立刻融化了。邓小平解放了我们知识分子，解放了我们教师。我跟我的后代讲，绝对不能忘了邓小平，我得感恩。"

"文革"结束后，国家进入恢复期，社会对教育、对教师的重视也逐渐恢复。一身本领未敢落下的苑老师，此时工作起来，感觉有使不完的劲。1980年，苑老师进入宣武区教师进修学院(后来改为北京教育学院宣武分院)工作，担任外语教研室主任，负责抓全区的外语教学，主抓高中英语教学。为了提高区里的高考命中率，他把工作重心放在两个点上，一是老师的教学，二是全区的尖子生。于是，苑老师从1981年到1990年连续举办了十年的高考英语强化训练提高班，专门给从各校选拔出来的尖子生开班讲课。"当时选拔来的学生主要是师大附中、十五中、十四中这样的重点校。我一共义务讲了十年，我是主讲教师。从高三第一学期开始，准备一年，一共二十多讲，主要是把高考整个的知识点捋一下，然后通过大量的做题讲解。"苑老师回忆了那时的场景："那时每次每年招收两到三个班，每班100到120人，每周每班学习一次，一次两个小时，在区里一个大教室里面。这些学生为了听我的课，中间的过道全坐满了。有一次讲课碰巧遇到师大附中的全校活动，但结果开始上课20分钟之后，学生还是全回来了。"这期间，苑老师的另外一个工作便是成立了宣武区外语学会并担任理事长，抓全区外语老师的教育理论水平，提高教研能力。随后，1985年成立了北京市中心教研组，由东城、西城、崇文、宣武、朝阳、海淀、丰台、石景山八大区组成，由市外语教研室主任和苑老师共同负责。中心教研组开展了一系列活动：面向全国教师举办大型研讨会，到各地交流，在北京举行大型的公开课，各项工作有计划、有效果地展开。"在我工作第二个阶段的这十年中，工作量最大的就是宣武区教师队伍素质的培养和提高，这占了很大的一块。我召开教研活动，举办教材分析活动和专题讲座，编写教学参考资料，举办全区公开课，并且有计划地到各校听课，一个学校一个学校地听课、座谈、指导。这些活动使全区的外语教学水平有了明显的提高。”除此之外，苑老师还担任南城外语补校的校长，主要针对差生的外语补习。因工作成绩突出，苑老师多次被评为市、区先进工作者，并曾担任宣武区第七届政协委员。

1990 年，北京市要编写有自己特色的教材，苑老师便调到了北京市教育局教材编审部。1996 年三局一办(北京市教育局、北京市高教局、北京市成人教育局和市文教办)合并，成立北京市教委，随后设立北京教育科学研究院和北京考试院两大院，苑老师担任市教科院教材编审部第二编审室主任，后来改成文科教材室主任，直至 2001 年退休。在北京市教委的十年间，苑老师主要负责了三项工作。一个是编写北京市九年义务教育小学英语教材。“1990 年去的时候我用了一定的时间，首先走访调研北京市小学的情况，召开各区的小学教师会议，他们反映了很多问题，比如教学没有目标，到底应该怎么教合适，从什么时候开始教，教材也是五花八门。经过调查之后我们拟了一个大纲：北京市想从小学三年级开始实行英语教育，然后召开全市研讨会，进一步听取大家的意见修改。最后成立编写队伍进行编写，书共八册。书编完了以后，从 1997 年到 1998 年，我们就开始做修订版，原来的老版获得了北京市首届教育教学成果奖二等奖。这个新版本比老版本强多了。第二项工作是组织编写了外研社出版的北京市高中英语选修课教材，共三种：《听说》《阅读》《写作》。第三项工作是培养了一支北京市小学英语教学的骨干队伍。这支队伍是抓得比较狠的，从开始召开会议，到教材培训，到教师培训，搞教研活动，甚至包括底下听课等。后来北京市小学英语在全国比赛都是一等奖，所以这批队伍的成员在十年里很多都成长起来了，这为九年义务教育的中学阶段打下了比较扎实的师资基础。”

从学校学习到参加工作，直至退休，这段时期可以说是苑老师被时代潮流裹挟的个人奋斗史。2001 年，苑老师被授予北京市特级教师荣誉称号。在问及成功的原因时，他强调：“我成功的主要原因就是两个字——奋斗，没什么其他窍门，这在我身上体现得比较明显。怎么理解奋斗？我身上始终背负着出身不好的包袱，大学四年是这样过的，参加工作以后也是这样过的，这种处境不是我一个人，是相当一大批人，本来年纪轻轻，想干出番事业来，但是身背这种包袱，有再大的本事，也难以完全施展。‘文化大革命’结束之后，这种包袱就没了，自己就完全不一样了，所以得感恩邓小平。”

“奋斗”两字说来轻松，一路行来却极其沉重。尤其是教材编写工作，从小学开始到初中，再到高中，从大纲到编写到培训，得花费大量的时间。一边编教材，一边还得跟出版社衔接工作，如同与时间赛跑。一年年下来，早已数不清熬了多少通宵，只知道每天晚上为了工作，抽烟提神，结果家里的灯和墙都被烟熏黄了。高强度的工作下，苑老师颈椎和心脏均出现健康问题，如今这位73岁的老人只能睡在客厅的沙发上，四十五度斜躺，因为一旦平躺就会感觉天旋地转、恶心。正是这种奋斗、忘我、知恩、奉献的精神成就了苑老师的成功，也让我们领略到为人师的风采。

二、经验传承：老一辈教育者的思考与寄托

苑老师投身教育事业三十多年，从未脱离一线教学工作，积累了大量宝贵的教育教学经验，对教育事业也有自己的深入思考。虽然已经退休十多年，但仍时刻关注着现今的教育事业发展，他的经验总结对现今的教育工作者来说也具有十分重要的借鉴意义。

(一)如何适应教师职业

苑老师初入职场的时候就面临两个难题，其中一个就是工作繁重。南线阁中学于1963年建校，师资主要由63届、64届、65届大学毕业生组成。苑老师刚到学校，就立刻身兼三职，担任授课教师、班主任和年级组长。作为一个新教师，没有适应和缓冲的时间，工作重，压力大，苑老师克服困难的经验主要有五点：“第一，多动脑筋，多学，多花力气。第二，加强计划性，我干什么都有计划，一般我都有周计划，我这一周需要干什么，下一周需要干什么，我提前就计划出来了。第三是以身作则、身体力行，你别光要求别人，因为你既然是年级组长，对这些老师们，你要自己以身作则，你先带头，先干。第四，多沟通，多交流，有些事多商议，这是搞好关系很重要的一条。你别老自己做主，这么干行不行，我先提出一个初步意见，让大家研究一下，哪些可行，哪些不可行，需要修改，咱们共同商量，最后形成了，就这么干，这一条很重要。第五，一定要虚心学习别人的长处，因为每个人都有自己的长处，不争名利，这条很重要。名和利不是自己争来的，是自然而然形成的，到一定时候人家承认你，自然而然就给你了。”

苑老师面临的第二个困难就是生源差，学生不学习，纪律问题很多。为了解决这个问题，苑老师摸索出的一个办法就是抓两头、带中间。“两头一个是干

部这头，教师需要他们帮助你做全面的工作，支持、配合老师的工作，还有一头就是后进生，过去叫差生。后进生要解决，这是重点，我采用什么办法呢？第一，对话谈心，跟他们交朋友；第二，要有足够的耐心，耐心是很重要的，比如我刚跟你谈了，怎么又犯了，你得允许他反复；第三是家访，让家庭很好地配合起来，家访是一门学问，为什么后来我跟很多家长关系非常好，就是在家访过程里建立起来的，配合得非常好；第四，对这些后进生要进行课外辅导，就是学习上，你得辅导辅导他；第五，对他们要多鼓励，多表扬，这一条很重要；第六，一帮一，先进帮后进，给干部分配任务，谁帮着谁，给他一两个学生，让他在自己有精力的前提下，得多帮帮、多带带后进生。”

（二）如何看待教师职业

谈到如何看待教师职业这个问题，苑老师说：“我认为教师这个工作很光荣，尤其是21世纪，面临的问题比较多，承载的任务比较重，这项工作很神圣。所以凡是从事教师工作的这些年轻人，千万要注意自己身上承担的责任，绝对不能辜负国家对你的期望，辜负党对你的培养。邓小平曾经说过一句话，说一个学校能不能为社会主义培养合格的人才，培养德智体全面发展、有社会主义觉悟、有文化的劳动者，关键在教师。目前中国梦的实现离不开人才，人才的培养就得靠教师。”

苑老师根据自身的经验、观察和了解，提出了六个作为老师必须具备的基本条件。

1. 要具备正确而先进的教育思想和理念

正确而先进的教育思想和理念是一系列的问题，它包含现代的教育观、教学观、质量观、评价观等问题。举例来说，“比如目前关于素质教育，现在贯彻素质教育，提出了以人为本。以人为本在我们教师来讲就是以学生的发展为本，这就是现代教育观。大局一定要服从，但是又要有你的个性发展，不能千篇一律。不能像一个现代化工厂似的，出来的都是一个部件、一样的东西，那是绝对不行的，人要有个性，要有特点。再比如关于培养学生的公民意识，你在社会上生存，首先作为一个公民，公民意识必须要强烈，你考虑考虑这个社会，能给社会带来什么，给别人带来什么，是带来麻烦、烦恼，还是带来快乐，这是不一样的，你要尊重社会道德，这都是公民意识的问题。再比如像学生积极主动的学习态度的培养，过去是被动的，现在比过去好多了，很多老师注意这个问题了。还有良好的个性品格，还有交流与合作的能力，这些都属于这个理念里面需要培养学生的。更重要的一条是创新意识和实践能力，别到时候一干就完了，不会干，光说不练，不会干不行。另外，你老是循规蹈矩，一点创新意识没有也不行，需要不断地发展。像这些都属于先进的教育思想、教育理念”。

2. 要培养智商加情商的教师

苑老师认为，作为一个教师，不但要有较高的智商，而且还要有比较高的情商。因为老师要面对学生，要把感情化为从事教育工作的力量，而且要体现在每个学生身上。老师只有爱学生，才能懂得处处去关心学生，爱护学生，采用什么方法去引导学生，使他们一步一步成长起来，所以这种爱是贯穿于教师的整个过程当中。“我原来在职的时候，接触过一些，有些老师的情商就差，他对周围的一切都感情淡薄。从他的眼光及待人接物各方面，能看出来他这个人是不是爱周围的人，爱这个社会，爱周围的这些美好的东西。比如对一件小事，别人关心，他就无动于衷，这就不行，漠然的态度就不行。”

3. 要注意教师形象问题

教师是为人师表的，对学生的影响是潜移默化的，教师的仪表、言谈举止、待人接物、工作作风、生活作风以及整体的个人修养都会对学生产生重要影响。“有一届学生跟我的感情特别深，因为我跟他们相处的时间挺长的，他们是76届的高中毕业生，今年都56岁了，每年都来。谈起当时上学时，我给他们什么印象，包括我的板书在内，包括我自己讲话的姿态各方面，遇见事处理问题的一些表现，他们都历历在目。有一位学生，他家里面挺苦，弟兄姐妹好几个，爸爸年纪比较大，妈妈身体又不好，我知道这些情况以后，给他买双球鞋，他至今念念不忘。所以教师的形象是非常重要的。”

4. 要具备多元的知识结构和一定的艺术素养

多元就是说除了专业以外，还需要懂得一些自然和社会科学方面的知识。就是经常说的教师知识面广，讲课过程知识丰富，旁征博引，风趣幽默，学生爱听。“师大二附中教历史的那个老师，为什么大家爱听啊，他把相声里的一套东西学会了，他甩包袱，一步一步地引人入胜，课讲得生动，学生爱听。一般历史课要讲好，不是太容易的事情，容易照本宣科。”苑老师认为，有一定的艺术素养也能够增强老师在学生心目中的吸引力。值得注意的是，对于教师来讲，继续学习和积累是很重要的，要不断地接受新的事物。因为整个社会在发展，知识容易陈旧，因此要接受新生事物。

5. 要具备四种能力

第一是教学能力，教学能力包括语言表达能力，切忌啰嗦，要重点突出、言简意赅、深入浅出；讲课内容语言生动有趣，吸引人，亲和力强；思维逻辑性强，条理清楚；恰当使用身体语言，尤其在低年级教学上。第二是教研能力。教研能力从长远来看，能使教师形成自己独特的教学艺术和教学风格。“你别当一个教书匠，就是只能教书，不懂得去研究，到底这个书怎么教好，有什么理论，你用什么方法，一定要有自己的特点，希望通过教研能力，将来努力发展成专家型教师。”第三是教学管理能力，在面对学生的纪律问题时如何处理和应变。第四是对学生的指导能力。在注重个性发展的前提下，每个学生的心理活动是不一样的，要求老师对学生进行及时的心理指导。“老师讲话比你专门在外面请个心理教师，对孩子是不一样的，老师的指导最直接，最方便。你发现学生有些什么心理问题，课下一块儿聊聊天，了解情况，这方面我觉得挺重要的。”

6. 要善于与人交流和合作

教师参加工作以后，要跟学校里面的老师经常打交道，在教学生的过程里，要不断地跟家长取得联系，这个合作是很重要的。“一个是要学会团队精神，不要自己独自干，这是不行的，绝对干不好。到学校里去，什么都想高过人家一头，有什么荣誉你争着去要，那就麻烦了。另外沟通过程中自己首先检查一下自己，听听对方的意见。在交流过程里，你首先得说对方的优点和长处，我向你学习，然后再说一些地方希望你今后怎么样，这种方式就比较好。”

(三)当前教育事业中出现的乱象与建议

作为当年艰苦奋斗、一心一意扑在教育事业上的苑老师来说，现在出现在教育领域的一些问题，比如说学生家长逢年过节送礼成风，或是老师不在课堂上倾囊相授反而在课后开辅导班赚钱等，让他十分不解和忧虑。“我们教课的时候，课上我尽量给你讲会，不会的话下来我给你补。现在好多老师是课上不给你讲懂，然后他在外面举办的收费班里报班讲，课堂内容课外补，市教委三令五申也没用，甚至把学生领到自己家里去补，这个现象我觉得很不好。我们这些老教师当初是不计报酬的，我大学毕业54块钱，这54块钱一直拿了15年，到1979年才第一次调工资。你当班主任的话，别管多少负担，什么都没有，现在班主任有班主任费，是不一样的。所以现在看到条件这么好，有些社会上的腐败风气跑到学校里，赞助费一下收多少万，我们这些走过来的老教师们非常不理解这个现象，这个必须要整顿。”

最后苑老师也向师范教育提出了自己的建议：在师范院校开设国学课。“因为国学课在咱们中国这么多年来一直是被忽略的，中国几千年的传统文化，尤其经过‘文化大革命’，整个完全被否定了，但是咱们毕竟是中国人，一个民族的文化是这个民族生存和发展的基础，你没有文化，这个民族就完了。所以一个民族的文化要是消失了，这个民族也就没了。”

每个人都生活在一定的时空和情境当中，它限定了我们的出身、我们的选择，但每个人又都是历史的创造者，书写着各自与众不同的篇章。苑老师的故事让我们体会到特级教师的魅力与风采，而这条成长之路唯有奋斗二字可以为之注脚，正如苑老师的夫人所说：“那些年怎么过来的，那都是靠他的毅力，靠他的敬业，靠他的时间，靠他失去很多，不管是个人的、家庭的，失去很多，换来的。”这时，我们的脑海中仿佛也出现那幅画面：凌晨三点，一个人还在灯下认真地工作，手头夹着一根烟，烟气缓缓上升，萦绕在屋顶昏黄的灯光下，久久不散去……

〖寄语〗

以德育人，以品塑人，以爱铸魂。

TEJI JIAOSHI CHENGZHANG XUSHI

特级教师成长叙事

【育人之道】

育人有道

——地理特级教师夏芳

王东　王海平

夏芳老师，1957年出生，1979年考入北京师范学院（现首都师范大学）地理师范专业。1983年毕业后，在北京市161中学任教。1992年被破格提拔为高级教师，2001年被评为特级教师。夏芳老师历任北京市地理学科带头人，北京市教育学会学术委员会委员，首师大资源环境与旅游学院兼职教授，首师大特级教师工作中心兼职硕士研究生指导教师，全国地理学会理事，北京市基础教育地理学会理事。曾获“北京市优秀青年教师”“西城区有突出贡献拔尖人才”“西城区十大科技女杰”等荣誉称号。

一、“只有老师受到学生的尊重，孩子们才会争做老师欣赏的学生”：夏芳的教育真谛

“我是做教育的，我是个地理老师，现在新课程改革之后，有一个很重要的教育理念就是关注学生情感、态度、价值观的培养，包括激发学习地理的兴趣和动机、关注我国环境与发展的现状与趋势、国际合作和全球意识教育以及正确的人口观、资源观和环境观等。”作为地理教师，夏芳认为当一个学生掌握的知识与技能、经历的过程、形成的方法，最终升华为情感态度与价值观，升华

为意识、观念、责任、习惯，那么这对于学生的终身发展将是受益无穷的，特别是处于青少年时期的学生，他们单纯富有活力，处于具有多种可能发展的重要时期，对于每个学生来说都是十分宝贵但自己却不知晓其价值的时期，因此教师在这一阶段的作用特别重要。作为一名特级教师，她有一套如何教会学生做人的方法和原则，即奉行著名教育家陶行知先生的名言：学高为师，身正为范。她认为：当学生敬佩你的时候，他会说："我希望做老师喜欢的那种孩子"，自然而然他就会这么去做。

(一)做学生佩服的老师

夏芳老师认为若要想让学生认同你、佩服你，至少要做到两点。"首先是业务，就是你教得好不好，这是最主要的。其次就是你是否用真心去教育学生。作为一名老师，如果业务特别好，又是真心帮学生，为学生好，他们是能体会到你为他们好的，学生是很机灵的。只有业务过硬，才能教给学生一些真知；真心帮助学生，才能让他们感受到教师的正面影响。这两方面都很重要。"作为一名特级老师，夏老师的业务水平是精湛的，但更值得深刻描写的却是夏老师如何真心地对待学生、从点滴小事入手，即使是严厉的批评也能让学生从中感受到老师的爱。

1. 面对"挑衅"的学生

一次，两个班合在一起上两堂课，过道坐满了学生。夏老师考虑到，如果课间休息 10 分钟的话，不仅有可能导致课程内容不完整，还有可能造成教室环境混乱。于是，夏老师说："要不然咱们这 10 分钟就不休息了吧。"其中有个学生站起来说："老师，我要休息，这是我的权利，你不能损害我的权利。"夏老师说："孩子，你先坐下，听我给你讲：你看看老师们到了吃饭时间，你有问题老师都不会说现在是吃饭时间，不解答问题，中午老师也有权利休息，但没有任何一个老师会在你想提问题的时候说'你等会儿，我要休息'，已经过了下班时间了，你有问题老师是不是都会耐心地等着你、给你解答，对吗?"一番话后，那个学生悔悟道："老师，我错了。"

2. 面对"势利"的学生

有几个理科班的男生平时只顾认真地学数理化，根本不把地理课放在眼里。其中，一个男生是这个班的班长。但当临近会考时，这个班长便开始天天缠着夏老师问问题，无形之中把其他同学的答疑时间都占了。于是，夏老师对他说："孩子，你问我没有关系，但是我直截了当地跟你谈句话，行不行?"那个班长说："您说。"夏老师便直言不讳地说："做人不能太势利，如果你活得太势利，将来你是无法成功的，这是我的经验，成年人的经验。太势利、太投机，将来对你的成长肯定是不利的。现在我能包容你，因为你是我的学生，你还是孩子，但将来走上社会，谁会这么去理解你，你如果总是这么投机、势利，早晚有一天会栽个大跟头的。"会考后，这个男孩儿特意找到夏老师，给她鞠了一个大躬，并说："谢谢夏老师，当时您批评得很严厉，有些刺耳，现在我特别接受，我的成绩得了 A。"夏老师说："更主要的不是成绩，而是你懂得了今后怎么做人。"他说："老师，太谢谢您了。"

3. 面对"自私"的学生

夏老师班中有个孩子的考试成绩特别好，但有些自私。高考结束后，有一个老师告诉夏老师，这个学生把夏老师的课件打印后卖给下一届高二的文科生。得知这件事后，夏老师找这个学生谈了话。"你没有经过我同意，就把这个课件作为商品卖给别人了。我是你的老师，我可以包容你。但如果你走上工作岗位，那别人可就不能同意了，这是人家的知识产权，你怎么能拿去卖给人家赚钱呢？你要自己学习没有关系，你卖给咱们的学弟、学妹，这种做法欠妥。"这个孩子认识到了自己的问题，并说："老师，我没有想这么多，实在是对不起。"夏老师认为：这是一个苗头，他(学生)没有意识到这么多，对我而言也不是什么严重的事情。但是如果不关注这件事，可能对学生成长不利。现在的孩子在父母眼中都是很优秀的，父母是看不到这些问题的。但是作为老师，不能漠视这些问题。

当一个老师真心地为学生的成长而着想时，当一个老师善于从细节中指出问题而不讲大道理时，即使批评得再严厉，学生也能从中感受到关爱，并由衷地感谢和钦佩老师。

(二)"告诉学生我欣赏什么"

当学生认可一个老师后，老师的价值观往往会直接影响学生。教师可以明确地告诉学生什么是美的、什么是好的。老师所追求的很可能也会成为学生们所欣赏的。

1. 什么是时尚

夏老师发现有些学生对时尚的理解有些偏差，表现在穿戴上不符合中学生的要求，但如果强硬地制止，学生往往会逆反，效果并不好。夏老师就找机会和同学聊她认为的时尚是什么样的。夏老师问同学们，"你们看看咱们学校哪个老师最时尚？夏老师认为化学冯海燕老师最时尚，她的时尚表现在哪呢？她每次吃饭都自带餐具，从不用一次性筷子，也不麻烦食堂工作人员收拾洗刷；每次组织外出活动，她总走在最后，不声不响地把所有的垃圾收拾走，扔到该扔的地方，我说我欣赏这样的人。”有时候美丑不需要老师去教条式地教授，或直接告诉学生什么什么是不对的，通过向学生表明自己的审美观点，更能起到“润物细无声”的效果。

2. 什么是人性

2011年日本发生了大地震，夏老师在文科班提起这件事时，学生们立即“欢欣鼓舞”一般地爆发出一阵掌声。夏老师突然觉得这个氛围不对，于是问他们为什么，学生们说：“日本沉没了才好呢，日本毁灭了才好呢。”面对无邪童真的回答，夏老师认真地说：“你们若真是这样想，那一定是我教育的失败。关于这件事我们不能这样去想。我个人的想法是应该把政治和我们所说的人性分开。的确，当今日本政府的所作所为，甚至某个官员的无知，或者叫作政治上的幼稚，这个层面的东西作为一名中国人我和大家的心情是一样的。但是就地震而言，我不希望我的学生是极端的、愤青式的人，也不希望我的学生面对复杂问题时是那种极度片面的人。比如像砸车、烧车，肩上挎着日本相机嘴里说着抵制日货的那些人，我觉得特别幼稚。我的学生不能干这种事情。我们要做的是今天学好知识，将来用自己的本领使祖国强大起来。”

做学生欣赏的老师，学生便愿意努力做老师欣赏的学生。这是夏老师的育人逻辑。但说起来容易做起来难。这需要老师身正为范，使自己的理念和价值观成为一种生活方式。夏老师做到了这一点，把她的价值观融入于生活之中。

二、“是母亲，是老师，也是学生”：夏芳的教师观

夏芳老师的教育方式与她对教师的理解是分不开的。在应试教育的大背景下，夏老师对教学生做人的看重与其对教师责任感的高度认同有着密切的关系；她对学生的尊重、使学生信服的教学水平，同她对教师作为反思者和学习者的认同有着极大的关系。

（一）是母亲但更是老师

在学校中，很多学生都亲切地称夏芳为“夏妈”，这既表达了学生对夏老师的亲切感，也表达了学生对夏老师的敬爱。但夏老师认为：“他们管我叫妈，但我知道我不是简单意义上的妈妈，我就是老师。从职业来说，母亲和老师是不

一样的，孩子们想表达跟你亲近，他叫你妈；实际上从角色上来说，教师跟学生的关系首先是师生关系，教师肩负着比母亲更多的责任，教师比母亲更冷静、更客观、更应该懂得教育方法。教师亲学生是肯定的，应当把他们当自己的孩子来对待，但是在真正教育的时候，你就是个老师。”

教师有其特殊的责任，面对这种责任要有强烈的责任感。简单说来，教师的责任就是育人和成才。“培养一个孩子，这个孩子他不是成年人，他是在发展中成长起来的，所以他可能遇到很多困难，很多岔路口，这个时候老师的责任是什么？比如我是地理老师，我在业务上，我要帮他树立起一些该有的理念，还有学习方法，还有应考策略等等，我要把他送入大学，这是一种责任。同时你不能只教你的教材、课本，你还要教他做人，我觉得这就是另一种责任，老师必须要有特别强烈的责任感。”在这两个责任当中，育人第一，成才第二。夏老师认为：“其实功课没学好不要紧，重要的是别把学生的自信弄没了，你让他在别人面前抬不起头，没有自尊了，那么再好的学习成绩也注定是失败的教育。还有，学习成绩非常好，不孝顺父母的，自私的，只知道为自己的所谓的前程去做的话，教育肯定也是失败的。所以做老师第一是做人，同时你教学生也应首先教他做人，第二才是他的成绩。教师肩负的责任不是单一的，这也是教师与其他行业不太一样的地方。”

要担负教师的责任，至少要做到以下三点。

第一，教师要公正客观。公正客观被学生视为好老师的最重要的品质之一。教师不仅要有慈母般的爱心和情怀，还要有伯乐般的眼光，善于发现学生的闪光点和内在的潜力。由于学生的生活环境、学习基础和人生经历不同，学生之间存在着差异，教师的责任就是要使每个学生都能在各自的知识能力起点上获得发展。有个学生在给夏老师的离别留言中这样写道：“我以前不喜欢地理，这也一度成为我学习的阻碍，但您教我的这一年，我改变了对地理学习的看法，我有了自信，我永远记得您的微笑与鼓励，您的一点一滴都记得！更感激您对我的影响，我感谢老天让我有机会遇到您！”

第二，教师要积极乐观。这种乐观指教师要传递给学生积极的、正面的价值观。“基础教育强调生命性，对初中生、高中生来说，他们缺乏生活经验和人生经历，他们正处在成长阶段，有的时候他们的价值观和理念还没完全形成，因此教师在这一阶段的作用特别重大，教师在一定程度上承担着引导他们珍爱生命、懂得生命价值并开发生命潜能的责任。比如对于社会上一些阴暗面的东西，学生毕竟是成长中的孩子，你给他们太多这种东西的话，他们把握不了，他们分析不清楚，所以你给他们的应该是阳光的、积极向上的，这就是老师跟社会上其他人不同的地方。我们可能跟其他行业比如记者不同，我们要选取积极的、阳光的东西给学生。"所以，正如上述帮助学生树立时尚、人性的故事，夏老师一般都会把真、善、美的价值直接传递给学生，告诉他们什么是应该追求的。

第三，教师要宽容达观。这种达观指教师要宽容学生提出的幼稚问题，为学生营造安全的课堂氛围。"当你时刻想着要为学生一生的成长负责任的时候，就不会仅仅是让他学习好。我会想，当他学习完地理的时候，把所有地理的内容都忘了，他得到了什么。比如他会写论文了，他会提出质疑了，他会提出自己的观点了，我要允许他提出这些东西，我的课堂必须是安全的。什么叫安全呢？他在课堂上所说的一切东西都是合理的，我允许他发表自己的不同意见。课堂上学生应该感到安全，而不是很紧张，不敢发表自己的意见，怕说错了。这些都是为学生着想，最基本的就是为他一生的发展去着想，把学生当自己的孩子那样去看，去负责任。"

（二）是老师也是学生

教师是一个在活动中不断反思，在反思中不断成长的职业。一个优秀的教师既是师者也是学习者，即教学相长。要成为一个反思型和学习型教师就要不断质疑和挑战流行的教学观念，并能以学生为师，向学生学习。

第一，对流行教学观的挑战。作为一个反思型的教师，教学中的挑战往往并非源自学生，而是教师自己。比如在教地形中的等高线时。原来夏老师让学生买橡皮泥，捏成山、谷，在上面画上等高线，然后让他们把这些山谷想象成一个平面。后来就有课件了，这种平面与空间的转换可以很快地利用动画实现了。夏老师很是欣喜。但很快她发现，"这个东西不是特别好，为什么呢？它把学生的空间想象堵死了，我让你一眼就看明白了，特清楚。讲半天讲不清楚，他一看就看好了，但是太直接了，学生没有想象力了。发现这个问题以后，我就不那么做了，又回到传统的捏橡皮泥阶段，培养他们的空间想象能力"。当别人都在用课件时，夏老师则及时地反思课件带来的弊端。

第二，以学生为师。作为一个学习者的教师，能够从自己学生身上找到亮点，并认真学习。已经退休的夏老师被返聘回学校，除了一种责任感的驱动外，一心向学也是她的动力之一。"与从事其他行业不同，我这一辈子是和学生一起成长的。跟学生一起成长，你就会觉得学生也是你的老师，我们虽然是大人，但是真有很多不如学生的地方，而且很多学生也让我很感动。比如他对父母的孝心，还有他对公益活动的热心参与，活到我这个岁数的时候，有很麻木的一面，当我看到他们这样努力地去奋斗时，我会觉得人生还可以再继续这么去做，他们就是小老师。”

三、上天的眷顾与自我的选择：夏芳的生活经历

一个特级教师的教育智慧、教育信念必然产生于特定的生活背景和社会背景之中。深描夏芳老师的生活经历、成长经历、教育真谛与教师观的互动，将有助于我们理解教育行动的意义。

(一)求学经历

夏老师小学三年级时爆发了“文化大革命”。和大多数人一样，夏老师把本应该用在教室学习的时间用在了学工、学农、学军等方面。1976 年，夏老师插队当了知青。1978 年一恢复高考，她就报了名，并于第二年考取了北京师范学院。

社会历史条件使得夏老师进入了地理师范这个专业。

首先，在录取比例极低的情况下，能考上大学是万幸。“我们当时 180 个知青，就考上 11 个，比现在考大学难。我们在填志愿的时候，允许你报的学校很少，地理师范这个专业是我最后一个志愿，等于是分配。那个时候插队能上大学就非常高兴了，不像现在还挑，你根本没得挑。”

其次，十年“文革”，大家几乎没有学习过，能考上大学是万幸。“真的没想到能考上大学，因为我们没怎么学习过，这十年没怎么学。后来插队，我记得特清楚，那会儿是 7 月份考大学，正好是农忙，收麦子的时候，不让回去，我们就一边收麦子，一边复习，就是那么复习，也不知道怎么考上的，就挺珍惜的。”

从这个背景走了过来，虽然历经坎坷，但夏老师仍然觉得自己是幸运的。“当时我们那个时代，全是坎。三年自然灾害，活过来之后，人生大事就是十年动乱，没好好学习过。我还赶得特别好，恢复高考我赶上了，就上大学了，运气好，我们好多知青都没有上大学，那些人有的在工厂工作，有的在理发店、小吃店、建筑工地。再回头看他们，有很多人就提前下岗了，50 岁就退休在家待着，有很多这样的人，命运完全不一样。我们那个年代就是这样。”

(二)初当教师时的困惑

夏老师大学毕业后就被分配到了北京市161中学，一直到退休。和很多新老师一样，夏老师也经历了刚入职时的困惑，甚至也做过错事。

夏老师刚入职时凭着一腔热情去工作，任劳任怨，却不太懂得方法。在一次考试时，夏老师发现一个平时表现很好的学生作弊。她无法忍受这种行为，于是就非常严厉地批评了这个学生，并让她在全班同学面前做检查。这件事以后，这个学生很久都是闷闷不乐，并且不理老师。

后来，夏老师在报纸上看了一篇文章，文中说，当文中的主人公还是一个小女孩的时候，喜欢上同桌同学的一块橡皮，于是她就拿回家了。她母亲认为这是种偷盗行为，就把这个事告诉了老师，并且让她在全校师生面前做检查，从此这个女孩儿一直认为自己是有污点的人，一直活在自卑的阴影中。后来这个女孩儿自己做了母亲，她感慨道母亲对孩子的教育方式的选择会对孩子的一生产生重要的影响，她不会选择用母亲当年那样简单的教育方式对待自己的孩子。

这篇文章使夏老师实然想起曾经批评过的那个学生了。“我就觉得，那个时候处理问题太简单了，不经意间伤害了学生，很懊悔。从此以后我总是设身处地地去想孩子们的感受，怎样处理才能使学生接受而又不伤害他们的自尊心，不同特点的学生采用不同的教育方法，比如遇到学生有了问题，我得揣摩这个学生能否直接点名指出他的错误，哪怕是他的卷子上有错误，能不能点名说他，我都得看这个小孩的承受能力和他对这件事情的表现、态度，他能承受，我就能点名，我可以跟他们一块交流，说张三、李四，看这道题是为什么。如果这个学生很敏感、很好强、很要面子的话，我不会点他名。后来我就会慢慢总结，学生跟我的这种直接矛盾也就基本上都化解了。我也因此而得到了学生和家长的认可。”

这件事对夏老师的启示很大。从前文的故事中我们可以看出，夏老师在充分了解事情性质和学生性格的基础上能适时、适度地批评和教育学生。她与学生的关系十分融洽，不仅是学生敬佩的夏老师，而且也是学生爱戴的“夏妈”，多次被学生评为“我心目中的好老师”。

(三)职业生涯中两次选择

夏老师认为她的人生路上没有什么大风大浪，但有时会面对选择。

1. 升职的选择

一次，领导找夏老师谈话，让她做学校领导职务。夏老师婉言谢绝了。“我觉得我这个人没有做领导的素质和能力，还是做教学工作比较适合。”校长再和夏老师谈的时候说：“你再考虑一下，不要轻易放弃这个机会。”夏老师说：“校长，不用再想了，进入这个行业我就想好了，我就踏踏实实做一个称职的老师吧，我适合站在讲台上直接面对学生。”

2. 跳槽的诱惑

在“文革”后的80年代，对教师职业价值的认同不像现在这样高，在改革开放和市场经济大潮的推动下，与夏老师年龄相仿的同事几乎都跳槽了。他们现在有的在做企业，有的在做贸易。但夏老师一直坚持下来了。使夏老师一直安于做教师主要有两个原因。

第一，教师职业环境比较简单。“这个职业不是我主动选择的，但是进入之后我觉得还适合我，因为它比较简单，这个环境比较简单。这个职业适合我，我也愿意做这个，所以一直就坚持下来了。”

第二，一次出国经历使夏老师看到了做教师的希望与责任。20世纪80年代的中国，教师还不是一个很好的职业，大部分人都不愿意当老师。1987年，夏老师到日本探望正在求学的丈夫。她发现日本社会非常尊重教师这个职业。“到了日本之后，我就觉得人家很尊重我这个职业，这是我没想到的。人家问我是做什么工作的，我说是高中老师，他们就会特别佩服和羡慕，从那时起我感到作为教师是很受尊重的。”夏老师认真考察了日本社会和学校，发现日本社会很重视教育，公民的人文素质也比较高。于是，她想：“我要做老师，我一定让我的学生也具备这样的礼貌、文明和素养。我回来做老师，我要把我的学生教成这样”。这次出国经历使夏老师对教师职业的信念更加坚定。“那个时候是受到这样的一个刺激，所以我就想这个职业挺好的。”

面对两次不同选择，夏老师做出了同样的选择，即坚持留下来。正是这种对职业简单的执着和热爱，才使得夏芳老师在事业上有如此大的成就。

四、特级教师的形成条件：夏芳个案的启示

从夏芳老师的教育真谛、教师观和生活经历中，我们可以发现它们实际上构成了一个具有逻辑关系的意义之网。虽然一个特级教师的形成条件不可能被言尽，但从夏芳老师的个案中我们可以总结出一些相对稳定的因素。

(一)成长中的社会环境

社会环境形塑着每个生活于其中的人。夏老师成长在一个特殊的年代。那个年代给了夏老师很多东西。什么活都干过，什么苦都吃过。因此，她珍惜现在的生活，她讲求奉献，并有极高的社会责任感。

(二)重要事件或重要他人

除社会整体环境外，重要事件或他人也与特级教师成长有着极大的联系。关于批评作弊女孩的故事是夏老师经常提起的。这件事对她的反思精神、教育方式等都有很大的影响。此外，去日本探亲的经历也对夏老师的职业轨迹产生了重要影响。

(三)个人品质

虽然社会因素形塑着个体，但从夏老师的生活经历中我们看到了她有很多自己选择的机会。正是基于夏老师对教育的责任感、对生活的热情、对名利的淡薄，才使她坚定了做教师的选择，使她成为一名优秀的特级教师。

〖寄语〗

流水经年不曾忘怀母校的培养，
三十余载耕耘牢记恩师的教诲。
于母校六十华诞，将我收获的满园桃李回报给您！
祝愿母校积历史厚蕴，薪火相传，再谱华章！

师爱无痕，掷地有声

——语文特级教师张红

王东　杨海龙

张红老师，现任北京小学教学副主任。1991年被评为门头沟区首届小学语文学科带头人、门头沟区优秀班主任等。1993年被评为北京市教书育人先进工作者。2000年被评为宣武区骨干教师。2001年被评为北京市中青年骨干教师。2004年被评为宣武区语文学科带头人、北京市中青年骨干教师。2007年被评为北京市支教先进教师、宣武区模范教师、宣武区语文学科带头人、宣武区首届科研带头人。2008年被评为北京市小学语文学科带头人。2009年被评为北京市特级教师。2010年获得西城区首届“霍懋征”奖。2007年，张红老师在大兴支教期间，培养青年教师成绩突出，原国家领导人胡锦涛主席视察该校时，给予亲切接见与鼓励。

“教育没有多少伟大的事情，只有满怀爱心地做好许多细微的事情”，张红老师如是说。张老师是带着满满的爱去教书育人。教师之爱是专业之爱，既有对学生无微不至的关怀，也有对教学一丝不苟的探索。师爱也许不是那么轰轰烈烈，却犹如涓涓细流一般流淌在每一个学生成长的过程中，滋润着学生的心灵。教学方面，张老师用智慧启迪学生的思维，勇于实践创新，构建着自己的生命课堂。教育方面，张老师用情、用心、用爱感动着每一个学生。三十多年来，张红老师始终坚持在基础教育的第一线，用挚爱践行师德的高尚，用智慧书写育人的篇章。半生的执教生涯，张老师以心执教，在点滴小事中展现出师爱的力量！

一、成为教师，从梦想到现实

张红老师是首都师范大学81届的毕业生，说起报考师范院校，成为一名教师，张老师动情地说道："我从小就想当老师，觉得当老师挺幸福的，也挺光荣的。"

在首师大读书的日子里，很多老师对张红老师的职业生涯产生了深远的影响。在这些名师的引领下，张老师的教师专业成长之路得以走得更加坚定、长远。"我的老师在教我的时候，他们的学识、对教育的深度体验，包括他们对专业的引领，都渗透了让我们做一个好教师的思想。他们不是纯粹地教知识，而是在潜移默化中把我带上了教师的道路。所以在师范上学的那两年，我觉得母校给了我一个坚实的积淀，既包括专业上学识的积淀，又包括成为一名好老师的理想的奠基。"两年师范的学习将张老师引领进入"成为教师"的大道，也为张老师在这条道路上走得更远打下了坚实的基础。

1981年，张红老师从师范毕业后被分配到门头沟区，回到了自己上小学的母校，当上了一名小学老师。"当时学校要求全包班，我语文、数学都要教，还当着班主任。后来高年级分科了，本来我擅长的是教数学，但班主任必须教语文，于是我就专职教语文这一学科了。就这样一路教过来，一直教到现在。"张红老师在门头沟一教就是十七年，送走了一批又一批的学生，也取得了不少的荣誉与成就。1998年，作为中学高级教师、区小学语文教研员，张老师从北京郊区调到了北京小学任教。北小先进的办学理念及浓郁的科研氛围促使张老师在教育事业上又有了更高的发展。

谈到对教师职业的热爱，张红老师动情地说："走上工作岗位做教师之后，到现在已经三十多年了。这期间也曾有去搞行政管理的机会，但是我还是留恋讲台，留恋孩子们。直到现在，还在抓着语文教学工作，虽然很累，但我觉得跟孩子们一起上课、学习，是件很幸福的事情，这种幸福感一般人是体会不到的。"

二、用心做教育，点滴小事中的伟大师爱

（一）着眼学生的未来，站得高看得远

张红老师有自己的一套教育逻辑，她虽然是一名小学老师，但在她的眼里，学生们远远不止是一名小学生，他们是将来的中学生、大学生、社会各领域的栋梁。正是站在这样的高度，在教育上张老师看得更远。“教师一定要有很强的社会责任感。我教学生不仅仅是传授知识，更不是只着眼于小学阶段。教师要把目光放长远，思考社会上需要什么样的人，从小学阶段就要开始培养，这是教师义不容辞的责任。我当老师，不是说完成了授课任务就可以了；我教语文，也并不是只简单地教学生识字、读文、习作等。我一定要把国家对人才培养的需要和我的教育教学紧紧地结合起来，把他们培养为社会人。”

在教育教学的过程中，张红老师时刻不忘自己肩负的责任，以“社会人”的标准严格要求自己的学生，抓住教学过程中的每一个机会锻炼学生的能力。“春节开联欢会，每个班都表演节目。有的小组学生一窝蜂站到台上，这个捅那个一下，那个拱这个一下，干什么的都有。于是我就给他们提出了要求。我说：‘孩子们，上台演出台风要正。因为要亮相，上台之后一定要站直了，眼睛看着大家。站在人群面前说话、表演，站姿要挺拔，声音要响亮，要能让人听清楚，这是一种表达的素养。’班级春节联欢晚会不仅仅是一个演出，也是培养学生表达能力的一个机会。”基础教育是素质养成的教育，教师的一言一行都可能会影响孩子的终身。作为教师，我们不应该仅仅止于传授知识，更重要的是在日常生活中逐步培养孩子的素质，教会孩子如何做一个有素养的人，让学生能够有文化地认识和理解社会。

“老师对学生的教育，一定要为他的将来服务。我检查学生背课文时，不是只听听大家是不是背过或抽查一些孩子背的情况，而是常常让学生们以小组为单位，五六个孩子走到讲台前，身体挺直，眼睛看着同学，带着表情或动作来背诵课文中积累的这段话。之后，全班同学给予评价。为什么这么设计呢？我想：将来学生走向社会，是需要和他人交流的。我利用检查积累这个过程也来锻炼学生的胆量，并通过他们吐字清楚，声音响亮，富有自信的展现，一点一滴地培养他们良好的交往与表达能力。”张红老师就是这样在看似平常的事情中寻找着教育的机会，多方面、多角度培养学生的素养，为学生将来走向社会打下良好的基础。

（二）匠心独具，激发学生的学科兴趣

“这是我执教以来获得的最高奖励。”张红老师指着桌子上的一幅略显幼稚的水彩画对我们说。“这是我们班的学生给我颁发的奖状。那天我一下课，一个小女孩走到讲台前对我说：‘张老师，恭喜您，获得我心目中最好的老师的称号。’说完就郑重地把自己画的这个奖状颁给了我。”学生的认可与支持就是老师最大的幸福，看着那幅精心画满了花朵的画儿以及上面充满稚气的几个大字，张老师欣慰地笑了。

思考是智慧的起点，正如张红老师在书中所写的：每天思考一点点，是成功的开始；每天创新一点点，是领先的开始；每天进步一点点，是卓越的开始。在和张老师交流的过程中，张老师躬身指导学生写作、思考如何让学生爱上写作的身影浮现在我们面前。张老师以自己的智慧创新实践，在平凡的三尺讲台上，切实提高着学生的写作能力以及语文素养。

教师非常关注学生的生活，用一双慧眼去发现生活中令孩子们兴奋、悲伤、欢乐的生活素材，匠心独运地创设让孩子们心动的学习体验活动，引发交流写作的欲望，让孩子为了需要而写，为倾诉而写，在学以致用中生成兴趣，逐步养成习作的习惯。在作文评价中，张老师也综合运用了多种评价方式：自我评价、学生互评、群体评价、家长参评及差异性评价、进步性评价、特色性评价、评语欣赏等。多维的评价空间为学生提供了更加广阔的参与平台，更树立了他们习作的自信心。学生们渐渐地爱上了张老师的作文课。有一次，当一个班的学生听说下节课上作文的时候，全班同学都欢呼雀跃地喊着“耶”。

学生对于语文课堂的热爱也许并不是因为某一节课或者某一件事产生出来的，而是在点点滴滴的教学过程中，在平凡的课堂上，一点一滴地浸润到学生的心灵中的。张老师运用教学智慧，在听说读写能力的培育中开启儿童的心灵，让学生在听到要上语文课时欢呼雀跃，让学生爱上每一节语文课堂。

（三）师爱无边界，不让一个孩子掉队

一个班级有几十个学生，学生与学生之间难免会出现一些矛盾，这就需要教师有一颗善良的心和一双敏锐的眼睛，用智慧化解他们之间的矛盾。再有，小学生毕竟还是孩子，心理还不成熟，他们的情感很单纯，说话办事比较简单，常常表现出以自我为中心。对于一些学生的错误认识及不良的行为习惯，教师要及时发现，正确引领，因材施教。

我们班以前有一个小男孩儿，平时比较散漫，上课常常随便说话、打闹，影响班级纪律，让老师和同学特别头疼。但是他很聪明，也知道自己这样的表现是不对的。有一次，我把他叫到办公室，跟他谈话："孩子，你看咱们今天学的知识多么重要，你如果现在不好好学习，将来……"我还没说完，他立刻接过话说："张老师我知道，将来我不能为四化做贡献。"他这一句话把我给说愣了，我没想到他能说出这样的话……

这孩子在班里也老欺负人，同学们都不爱跟他玩，躲着他，课间他自己很孤单。但是他也很想有小朋友跟他一起玩儿，甚至有一次给同学跪下，求大家跟他玩。我听了这个事儿以后心里就像针扎一样痛。他不顾尊严地给同学跪下求玩儿，说明他愿意融进集体之中，不想被大家抛弃。因此，我必须想出一个解决办法扭转这个局面，用集体的力量来帮助他。后来我就设计了一个主题班会，主要是让大家夸夸这个孩子，对他产生好感，从而接纳他，宽容他，帮助他。一天中午，我把班干部召集起来谈了我的想法。小干部们一听就炸开了："老师，他没什么优点啊，上课捣乱，下课也折腾，还经常不写作业。""咱们班总被扣分，都是因为他的表现……"我赶紧打断小干部们的话，讲道："今天你们每个人必须都要想出一条优点来夸他，不说不行。"小班委们一听只好皱着眉头思考起来。后来就有人说："老师，有一次咱们班歌咏比赛的时候他领唱，领得挺好的。"我说："对啊，这不就是他的优点嘛。你会拿放大镜去看同学的优点了，大家都应该向他学习，用放大镜来放大×××的优点。"我这么一鼓劲儿，后来这些孩子们就七嘴八舌地说起来："老师，有一次您上研究课，他发言挺好的，把在场的老师都逗笑了。"就这么交流着，最后大家都能找出×××的优点了。于是，我要求他们回去后做好发言准备，能用一句话或几句话把这些优点清楚地表述出来。

那天中午，这个孩子到操场玩去了。等到下午班会课进教室后，看到黑板上写着"夸夸×××"这几个大字，他当时就呆住了。觉得自己在班里属于被孤立的，大家都厌烦他，不爱理他，怎么会这么隆重地要夸他呢？上课的时候我让他坐在讲台的椅子上，然后小主持人就说："同学们，我们每个人都有优点和缺点。今天的班会，我们就来夸夸×××同学。"小干部们纷纷举手争着说他的优点。×××同学刚开始坐在椅子上还晃晃悠悠，满不在乎。随着大家的夸赞，他慢慢地开始坐正了，小胸脯也挺了起来，脸也变得红红的。到最后，我说："同学们，我们这个班会就要结束了，通过刚才的夸奖，现在你觉得×××是一个什么样的同学呢?”孩子们听后立刻概括道:“他是一个乐于助人的孩子。”“他是一个积极发言的孩子。”“他是一个思维敏捷的孩子。”我趁势说:“孩子们,谁愿意跟有这么多优点的×××交朋友,就请到前面来一起合个影吧。”我当时想着,如果能有几个同学来合影这节班会我就没白开。没想到全班同学蜂拥而上,有的同学还死死地揪住他的胳膊,说:“可抢着你的一只胳膊了!”还有同学说:“是我先抢到这只胳膊的……”镜头里,大家紧紧地依偎在×××同学的身边。

后来,这个同学在作文中写道:“那是我最幸福的时光!我哭了,我看到张老师和许多同学的眼圈都红了……主持人悄悄告诉我:张老师为了这次班会活动还特意召开了班干部会,让班干部带头发言表扬我的优点。我内心的激动无以言表:谢谢您,张老师!您在用各种办法引导我,让我尽快改正缺点啊!”

这个活动开完了以后对孩子的触动特别大,回去就跟他妈妈说了。后来他妈妈给我发短信,特别感谢我没有放弃这孩子。我想,通过一次班会这个孩子就变得优秀了,这是绝对不可能的,但是这件事对他的触动一定特别大。后来他到了高年级后写了一篇关于这次班会的作文,在北京市参赛,获得了一等奖,并刊登在优秀作文选里面。

面对班级的小纠纷小矛盾,张红老师细心地察觉到问题的存在,用真情和道理“润物细无声”地消除了同学们心中的芥蒂,避免了矛盾的激化。师爱需要包容,包容每一位学生的不完美,包容孩子们各种各样的问题。但包容不是无原则的放任,而是把孩子看成是发展中的人,用细心去引导,用恒心去守候,用耐心去等待。在成长的过程中,学生可能会遇到各种各样的问题。面对充满个性的学生,教师需要细心发现孩子们的苦恼、问题,用爱心帮助孩子,在尊重中培育学生的尊严,让每一个孩子都能够健康发展、快乐成长。

(四)师爱无痕,掷地有声

教师作为一种职业相对来说是比较累的,如果再把教师作为一种事业,成为一个好老师,全身心地扑到学生们身上那更是不容易。师爱就是对学生无微不至的关怀。一位好教师对学生的爱,应该出于真心,源于真情,始于真爱,张老师对学生的爱就体现在点滴对学生的关怀中。

一个教师的爱能在学生心中产生多大的影响呢?张老师给我举了这样一个例子:还是在她刚参加工作的不久,张老师就遇到这样一个学生。“我们班有一个男孩儿,上学的时候考试老是不及格。他妈妈去世得早,是爸爸一个人带着他。他爸爸是一位老实憨厚的矿工。有一次他爸爸突然生病需要住院,他告诉我说，这孩子在家没人照管，很担心。我就说：'您放心去医院治疗吧，我会帮助您照看孩子的。'下班后我就把这孩子领到我家去住。我看到这个学生的那双小手黑黑的，手背上全是皴，就用温水一遍遍地给他洗手。现在这个学生已经四十多了，自己创办了一个建筑公司，当了总经理。前几年，有一天这个班的同学张罗着给我过生日，他也参加了。他还是那样不爱说话，但已经变成了一个稳重、成熟的人了。他跟我说：'我这辈子最感激的人就是您。您还记得吗，我上小学时您带我上您家给我洗手，给我做饭，让我在您家睡觉。我睡不着觉，您还给我讲故事……'听着他动情的述说，多年来早已被我忘记的情景立刻在我脑海中浮现出来。我们吃完午饭以后，一些女孩子们非要唱歌去。我看到他挺忙的，一个一个地接电话，都是公司的事，就劝他回去忙工作，可是他却把所有的事都推了，还是跟着我们去唱歌了。在歌厅里，大家都在唱，只有他插着兜，独自坐在沙发上静静地看着，一句也不唱，就在那陪着。我几次劝他回去，但他都不肯，总是说想多陪老师待一会儿，一直陪到晚上六点多结束才走。分别时我才知道，他家里还有一个每周住校，周末才回家跟父母见面的女儿在焦急地等待着他回家团聚呢。望着他远去的背影，我心里暖融融的。"在漫长的从教生涯中，张老师的师爱无痕，但是，就是这些连她自己都记不清的点滴师爱却滋润着与那些与她相遇过的学生们。

师爱是一种力量，不仅能给在窘境中的孩子带去光明，照亮他前行的人生道路。而且，师爱还能激发孩子的生命意志，促使他积极面对疾病。"2003 年闹非典，我们班一个孩子突然高烧不退，只能住院。家长给我打电话，一边哭一边说：'孩子发烧 40 多度，就是不退烧，而且还查不出原因来。孩子老是迷迷糊糊的。那天孩子跟我说想老师了，想同学了，想上学去。'我听后忙说：'您别着急，我抽时间去看看孩子。'家长一听马上劝阻，说：'您别来，一是您忙，二是他的病现在没查出原因，别再传染上您。'家人、同事也劝我别去，觉得很危险。可是，我想来想去觉得还是应该去看看这个病重的孩子，满足他的愿望，并让他感觉到老师和同学们在时刻关心着他，祝福着他。要让那孩子安心养病，跟病魔斗争。于是我就到医院去看他了。孩子朦胧中看到我坐在他病床前的时候，激动地哽咽起来，喃喃地说：'老师，我想上学。'看着孩子蜡黄的小脸，我轻轻地握着他的小手安慰他：'同学们都特别想你，各科老师也都惦记着你，大家都特别希望你尽快把病养好。现在你还发着烧，不能去上学。先耐心治疗，等你病好了，上学后老师们一定会给你补课的，放心吧。'我一边跟他说，一边削苹果给他吃。后来听家长说，我看望孩子之后，这孩子的精神状态好多了，主动要吃我带去的水果了。经过一段时间的治疗后，这个孩子最终病愈出院了。”

经过职业熏陶多年的张老师身上总是散发着积极乐观的气质，与她交谈，她的言语之间始终闪烁着智慧的光芒。倾听着她与学生的点点滴滴，感受到她是幸福的，这种幸福具有传染性，让倾听者感受到教师的伟大。师爱无痕，张老师的师爱虽然不是惊天动地的，但是却让学生获得了力量和希望；张老师的师爱掷地有声，她的每一份举动都散发着教育的魅力，都能结出累累硕果。

三、成为一个好教师，对即将入职教师的建议

(一)立志不渝，甘于奉献

成为一个好教师，不仅需要过硬的教学技能技巧，更重要的是要有执着于教育、甘于奉献的精神。在教师日常的工作中，可能会遇到很多的问题、苦恼，也可能会受到很多的委屈，但重要的是我们能否怀着最初的执着、甘于奉献的精神践行教育。“这么多年的教师生涯也挺辛苦的。我在市里住，原来在门头沟上班，每天来回三四个小时的路程，在学校工作一天也非常疲惫。但是我一直坚持着，因为从做教师的第一天起，我就立下一个志愿：要做一名学生喜欢的好老师，争做一名优秀的特级教师。也许就是这样的一种意念、一种追求，让我在这三尺讲台上始终坚守，在教育这条路上，一走就是三十多年。”

教师这个职业不同于其他任何职业，其对象是人类的未来，是具有情感和思想的孩子，这一职业担负着传承人类文明，塑造孩子心灵的使命。正是这一特殊性，赋予了教师职业超越其他职业的神圣意义。古代中国，“师”的地位仅仅次于“天地君亲”，在当代，人们也常常用“人类灵魂的工程师”、“园丁”等词语来称赞教师。与这些赞美之词相对应的是教师这个职业所需要的奉献精神。教师不能像其他职业一样，每天坐班八个小时，只要完成规定的教学任务就可以甩手回家。教师还必须细致入微地关心学生的情感变化，注意学生良好习惯及思想品德的养成。成为一名好教师，需要“捧着一颗心来，不带半根草去”的奉献精神；需要“春蚕到死丝方尽，蜡炬成灰泪始干”的奉献精神。

(二)高度的责任心

苏联教育家马卡连柯说过：“教师的威信，首先是建立在责任心上。每一个

优秀的教师，每一个诚实的教师，都明确了公民教育的伟大使命，并为达到这个目的而顽强地斗争。教师对待工作必须有高度的责任感，我听然确信，并且一生都这么说，连百分之一不合格的，连一个被浪费了的生命都不准许有。”

无论做什么工作，责任心都是很重要的。但是对于教师这个职业来说，高度的责任心显得尤为重要。一名好老师一定是一名责任心非常强的老师，老师的一言一行都会影响到身边的每一位学生，有的甚至一辈子在学生身上留下烙印。当然，教师一不小心说的一句话、所做的一个举动也可能会毁掉一个孩子的一生。作为一名教师，首要的一点就是要注意自己的言行举止，做到一言一行为师为范。在说话之前多一番思考，做事情之前多一点考虑，认真地呵护每一颗敏感而脆弱的心，用良心来教书，用高度的责任心来育人，帮助他们走好人生的每一步。

(三)扎实的基本功

扎实的基本功是成为教师必不可少的要素之一。然而近些年来，一些师范院校的大学生，却忽略了教学基本功的养成和提高。

首先是“说”的能力，对于教师的语言表达能力在教学中的作用，怎么强调都不过分。“准确、简洁、通俗易懂”，是教学语言最基本的要求；“生动、形象、抑扬顿挫”，是语言表达的理想标准；“庄重典雅、朴素无华”，是教师行业的规范和重要特点。其次是“写”的能力。虽然各种现代化教学手段纷纷走进学校，但黑板仍是教学必不可少的工具。成为一名好教师，一手漂亮的粉笔字是必不可少的，不仅要字迹工整简洁，还要布局大方合理。

教学基本功对于教师而言并不是小事，它是教师综合素质和精神风貌的重要组成部分。从某种意义上讲，教学基本功的展现过程本身就是一种示范，一种教育。优良的教学基本功，不仅能让自己的课堂取得良好的效果，更重要的是会引起学生的争相模仿，潜移默化地影响学生。

结　语

三十年的教育教学生涯，张红老师一言一行，为师为范。当看到学生每一个微小的闪光点时，当学生们听到下节课上语文大声欢呼时，当学生的作文在比赛中获奖并发表时，当家长满怀感激地送来锦旗时，张老师由衷地感受到了教书育人的快乐，我们也从张老师的眼神中感到了她对教育事业的认真和执着。她用自己的真情、真心播撒着教育的种子，用智慧让学生爱上语文课堂，张老师为即将走上教师岗位的我们做出了在教师专业发展上由名师向专家型教师转变的榜样。

〖寄语〗

毕业离开母校，转眼间已经33年。母校的一草一木，老师的一颦一笑，记忆犹新。教书育人，师德为先；厚德载物，学无止境。母校教师的高尚人格与谆谆教诲，点点滴滴浸润心田。是母校给了我做教师的知识与力量，是母校赋予我忠诚于教育事业的源泉与动力，是母校让我领悟到一名小学教师所肩负的责任，更是母校的引领让我坚守小学教育几十年，矢志不渝地编织着七彩的教育梦。

每每回想起这一切，对母校及老师的感激之情便油然而生。正值母校六十年校庆，借此寄语，衷心地表达我对母校最诚挚的祝福：祝贺母校六十周年华诞，祝福母校永远充满生机，为祖国培养更多的教育人才！

一片“苹”心在教坛

——政治特级教师王苹

王 东　谢立里

王苹老师，是北京市陈经纶中学校党总支委员，特级教师。曾获全国先进工作者、全国优秀中小学德育课教师、全国优秀教师、北京市先进工作者、北京市人民教师、北京市师德标兵、北京市巾帼之星、北京市紫禁杯特等奖等荣誉称号。2008年经北京市陈经纶中学校行政会研究决定，在全校范围内广泛开展向王苹学习的活动，“向王苹老师学习，就是要学习王苹老师的‘用仁爱之心面对学生’的师德；学习王苹老师的‘用执着之心面对学科教学’的态度；学习王苹老师的‘用奉献之心面对教育’的敬业”。

初识王苹老师，端庄优雅的她全身弥漫着一股知性美的气质，怪不得学生们亲切地管她叫“苹姐”。访谈过后终于明白原来“苹姐”的魅力既来自于她腹有诗书气自华的渊博学识、思维敏捷的教育智慧，幽默风趣的生活态度，更来自于她淡泊名利、顺其自然的人生哲学。王苹老师的教育哲学总是那么耐人寻味，访谈中有时她的一句话能让人有醍醐灌顶的感觉，同时又让人充满了好奇，心里想着她的下一个宝藏又会带来什么样的惊喜。

一、职业经历：选择她，当好她

(一)认准了教师，选择了师范

1987年，王苹老师从北京师范学院政教系毕业(现首都师范大学政法学院)，从此走上了高中政治教师的岗位，27年来一直耕耘在高中政治教学一线。谈到求学经历时，王苹老师嘴角微微上扬，细数当初校园的点点滴滴，满脸挂着兴奋、激动的神情，仿佛回到了当年20来岁的青葱岁月。“我当初是自己选择的高考第一批的第一志愿，妈妈问我你愿意当老师啊？我说愿意。妈妈希望我学经济，因为她是搞统计的。80年代的教师地位不是很高。”教师行业是王苹老师自己的选择，从那一刻起她与首师大结缘、与教育结缘。

(二)对职业的不舍发自内心，外界的干扰只不过是过眼烟云

过去教师地位不高，而王老师却二十几年如一日在教学一线俯首甘为孺子牛，我们很好奇她是怎样坚持下来的，难道没有想过放弃？王老师向我们谈起这么一段往事。

调到陈经纶中学之前的1991年，当时下海经商还是比较热吧。暑假期间，我去邻居单位打工。公司不大，大约20来人，打工期间我踏踏实实做分配给自己的工作。临走之前，老板找我谈话，认为我的综合素质不错，责任心很强，公司正在创业阶段，我来之后一定会有很好的发展，并承诺让我做管理工作。老板给我描绘好的蓝图确实让我有些动心。征求家人的意见，他们说让我自己拿主意。但是真正打算要走的时候又舍不得了，舍不得课堂，舍不得学生，可能骨子里还是喜欢教师这个行业吧！

我们不得不庆幸王老师没有留在那个公司，不然教坛上又少了一位这么好的老师，该是一件多么遗憾的事。面对现在很多师范生是因为所谓的稳定、相对轻松、其他工作不好找等原因被迫选择这条职业的现状，王老师的建议是如果这辈子不想当老师，那就选择离开。“如果痛苦地在这上课，又不全心全意为学生着想，误人子弟，你留在这干什么呢？既害人又害己。我说的都是实话，没有什么高深的理论。”王老师就是这样，用朴实简单的言语诠释了教育的真谛；也用实际行动展现了她内心深处对教育的热爱，所以她最终坚持下来了，并取得了了不起的成绩。

(三)淡泊名利，水到渠成

王苹老师1989年被评为中教二级，1994年被评为中教一级，1999年被评

为中教高级，2001 年被评为北京市中学市级中青年骨干教师，2004 年被评为北京市中学市级学科带头人，2005 年被评为北京市特级教师，2013 年被评为北京市首批正高级教师。诸多的荣誉，让人觉得王苹老师的职业发展一帆风顺，她就是命运的宠儿。对此王苹老师是这么看的："我并未给自己在职称和称号评定上简单地设置一个时间表，而是通过'专业发展存折'对专业发展现状进行了梳理，清楚地看到自己的成绩和不足，始终保持一个良好的心态，把注意力放在专业水平的提高和学科建设上。当人越想紧紧握住手里的沙子时，沙子反而会漏掉很多，当你轻轻捧着它的时候，更多的沙子却留在了你的手心里。"王老师对名利看得很淡，她把注意力更多地放在如何让学生喜欢政治课，宠辱不惊，闲看庭前花开花落；去留无意，漫随天外云卷云舒。言之如斯人也！

二、教育理念：以学生为本

（一）"有话能说""有话可说""有话会说""有话想说"

在谈到如何结合课程观、教学观、学生观和政治学科特点来营造体现学生课堂主体地位的氛围时，王老师说的最多的就是，教师要让学生"有话能说""有话可说""有话会说""有话想说"。王老师反对教师的一言堂，那么如何让学生愿意参与到课堂教学中来呢？在讲文化与经济、政治的关系时，王老师选择了 2013 年中国电影票房收入的例子，列了前面七个票房排得最高的，依次写上成本投入、票房、排名。学生们特别感兴趣，我看过这个，看过那个，怎么怎么好之类的。王老师设问，能不能说只要我有钱就可以拍电影，拍了就能上映？学生们七嘴八舌地说："老师那不行，得有人管，比如要国家电影管理局管着。"王老师接着问："那能不能是大片我就引进来，大片赚钱嘛！你看票房这么高。"学生们都说那也是不行的。于是王老师引出电影管理条例，引出删减内容的主要依据是思想内容，如煽动危害社会的内容是不允许出现的。就这样，文化与经济政治的关系不用老师一一列出学生们就已经融会贯通了。用王老师的话讲："有话能说、有话敢说是前提，需要有良好的师生关系；有话可说，是教师选择的案例、设置的情景，要结合实际，符合学生的认知水平；有话会说，是教师要引导你的学生，让他学会用学科的语言去说、去分析问题；有话想说，是通过学习后，学生能够主动地去说，主动地去问。"

（二）政治课不只是说教，要能打动学生，才不失政治课的意义

政治课不是说教，它必须能渗入学生的内心，打动学生，反映在其思想行

为的改变上，这是政治课的意义所在。在一堂讲传统文化传承的政治课上，王老师以京剧为例，做了一个现场调查，调查学生对传统文化怎么看，给出了A、B、C、D四个选项，让学生来选。有一个学生问她是不是记名的投票，王老师说不是。问她这是不是宣传正能量的投票，王老师说也不是。这个学生随即说："那我觉得有点假，要我选我就选过时，因为我觉得传统文化对我没有任何影响。"下课后，王老师走到这位学生的身边，问他什么是传统文化。学生答道："京剧就是传统文化，我不喜欢。"王老师告诉他传统文化的表现形式是多种多样的。学生说："传统文化我都不喜欢，绘画我喜欢西洋的。"当王老师问他对西洋画了解多少时，学生摇了摇头。旁边的学生有的说："你别在中国待着了，你走吧！"王老师拍拍学生的肩膀说："老师送你一句话，可能不太好听，不要用自己的无知否定一切，你好好想一想。"学生愣了一下，说："老师，我觉得您说这句话还挺有道理的。"试想一下如果王老师在上课的时候和学生杠上了，一来耽误其他学生上课，二来那位同学也下不了台，也许会对老师心存芥蒂甚至厌恶这门课程；又或者王老师一笑而过，不去追究，学生的错误价值观又因此在孩子心中生根发芽、肆意生长。正是抱定了对政治课意义的理解，王苹老师善于抓住细节，洞察学生细微的变化，让政治课的影响在适当场合都能发挥作用。

(三)成功的政治课，是超越课程之上教学生"做人"

雅斯贝尔斯曾说过："教育是什么？教育是一棵树摇动另一棵树，一朵云推动另一朵云，一个灵魂唤醒另一个灵魂。"王苹老师认为教学生做人才是教育最重要的，教师要跳出分数的怪圈。只关注教育结果，不关注教育过程，对学生的全面、健康、可持续发展是有百害而无一利的。"我把注意力更多地放在学生身上，关注他的需求、他的兴趣、他的情感等等，教师只有让学生喜欢你的课，你才能把这节课的情感、态度、价值观传递给他们，在过程中润物细无声地让他们慢慢接受。"王老师就是这样，以做人第一的态度贯穿她政治教学始终，她的学生在毕业留言中对这位德艺双馨的老师这么写道："您是我这17年生命中对我影响最大的老师。或许几十年后，我不再记得那些政治知识，但我永远会记得您在讲台上的神情、记得您给予我的鼓励、记得您教我的做人态度。"

三、为师之道：有容乃大

为师之道，重要的是处理师生关系。在与学生交往中，王苹老师秉承包容的理念，耐心呵护每一个学生的成长。

（一）忍的力量

处于青春期的孩子，多少有些叛逆，会出现一些极端事件。年轻老师往往气盛，很多气头上说出的话，一不小心就给青春期的孩子造成了伤害，日后也许还会留下烙印。王老师的忍耐性是极强的，在遇到极端事件时不是和学生针尖对麦芒，而是选择冷处理。“每周让学生写周记，我由于工作比较忙，晚了两天发下去。在组织学生周六春游时，一位学生说老师我去不了，我开玩笑地拍拍他肩膀说：‘你有什么去不了的，没问题，肯定能去！’我感觉很正常的一句话，没觉得伤了孩子什么的。第二天这位学生进教室，夹着书包，气呼呼地，噔噔噔就进来了，而且迟到了。我说怎么迟到了，他看了我一眼，把一封信拍到我桌子上，头也不回地坐到座位上。看到他的情绪不对，我没有多说话，接着上课。下课后拆开这封信，气得手脚冰凉。信大概意思是：‘你说我能去，你怎么知道我能去。你周六带学生出去春游，你违反了国家劳动法。周记本现在都不给我们，那是我们的劳动成果，我不要了，几毛钱的本我送你了……’类似这样的话。我平复了自己的心情，通过冷处理的办法来解决这件事，在即将发放的周记本上写道：我本来以为跟你开句玩笑，认为你能参加，没想到伤害到你。因为工作忙耽误周记本下发，王老师在这表示歉意。周记本下发后，我没有再找他谈话，之后的一切都恢复了正常。后来这位学生考上了一所名牌大学，每年寒假都会来看我，有一次他回学校给学弟学妹谈学习方法时，他提到这件事时说王老师特别会做思想工作。”王老师常语重心长地和年轻教师们交心说：“当老师责任太大了，你的一句话可能改变学生的一生，也可能毁了学生的一生。老师教育学生的时候，一定要三思而后行，说出去的话是收不回来的，有的时候，伤孩子就是一瞬间的事。”

（二）泰然处之，耐心呵护

“老师，我们犯错时，您的忍耐有时候比骂我们还让我们自责。”这种忍耐不是装出来的，和王老师强大的内心修养有关。“我在课上发现一位学生没有带课本，正在做其他学科作业。我用手轻轻拍拍他的肩头说，今天没带书啊？没想到，这位同学使劲地用肩膀把我的手隔开。我愣了一下，低身轻声说：其他科作业先收起来，和旁边的同学看一本书。他把作业本扔进桌子，不情愿地把头扭向一边。接着，在我讲课过程中，他的作业本又拿出三次，扔进三次，然后趴在了桌子上。我知道他情绪不稳定，就没有马上教育他。过一会儿，他被同学们的课堂表现所感染，抬起头开始听课，当我们目光相遇时，他把头低下了。下课了，我把他叫到身边，轻声问：‘今天哪不舒服吗?’‘没有。’‘遇到什么不顺心的事情了吗?’‘没有。’‘那为什么这么大的脾气呢?’‘老师您别生气，我自己都不知道为什么，我不是对您的。’‘没事就好，老师不怪你。’第二天，在校园里，这位学生看见我时有些不好意思，我主动和他打招呼。此后，这位学生在政治课上表现一直很好，考试成绩名列前茅，也愿意与我进行交流。”王老师打趣着对我们说：“青春期的孩子，有时候也难免，跟更年期似的，指不定犯点小脾气什么的。因为你这么对他，跟他开个玩笑，给他一个台阶下，他后来就主动找你了，如果你当时比他还火‘怎么回事啊你？一遍、两遍、三遍！’后果可想而知。这都是日常教学的一些小技巧。”听完王老师讲的几个例子，我们不得不佩服王老师的教育智慧，教育是一种艺术，你面对的艺术品是无价之宝的孩子，你的一雕一琢也许决定着孩子的未来，影响孩子的一生，因此，你必须如履薄冰般小心翼翼。

（三）教师是个“良心”活

如今王老师已经桃李满天下，我们很好奇她曾经是怎样用一句话一个举动影响了孩子们的一生，王老师说她已经记不清了，当时没觉得对孩子有那么大的影响，直到有一个即将步入婚姻殿堂的学生请她去做证婚人，聊起往事，她才惊讶原来那些自己认为是举手之劳的小事，在学生和家长眼里看来意义非凡。“我有一个学生叫××，一个有文艺天赋和一定管理能力的学生，当我让他担任班里的副班长时，他告诉我说，他妈妈不让他当干部，让他好好学习，经过我反复劝说他答应了，但是他有个条件，他说他想参加学通社当小记者，但是他的妈妈不让，他答应我当班长，让我保密他去学通社当小记者的事情，当时我答应了他。但是，总感觉这种事情瞒着家长有些不对，就在家长会时和她的妈妈试探性沟通，但是她的妈妈没有同意。之后，我通过分析××的学习成绩、在学校的表现、他的特长和今后走入社会更适合他的工作，和他妈妈几次电话联系和面谈，最后他的妈妈勉强同意了。高三那年，××通过了上海戏剧学院的提前考试，没有参加高考而被提前录取。如今已经是上海东方卫视的节目主持人。在××的婚礼上，我应邀荣幸地成为他的证婚人，他的妈妈对我讲‘您是改变××命运的人’时，我真的感觉到当一名教师的责任是如此的重大。”

四、关于教师教育的感触

(一)对师范生培养的切身感悟

近三十年的教学经历，让王苹老师对师范生的培养很有见地："咱们对师范生的培养应该和中小学紧密结合起来，看看中小学现在到底对教师有哪些方面的需求，让大学生能够尽早地到中小学听课，与一线的优秀教师进行交流和沟通。因为这时候他听课跟当初听课是不一样的，他角色发生了变化，原来他作为学生在听课，现在他要作为一个教师去听课。"凭借她多年的带实习生的经验，王老师给母校的师范生培养提出了"走基层""接地气"的建议，这和"纸上得来终觉浅，绝知此事要躬行"的道理有异曲同工之妙。

(二)师范教育的重点是培养准教师们了解学生的能力，并提高其课堂应变能力

对大多数教师而言，如何上好一节课，往往把精力放在备课、完善教案等方面。对于师范生而言，他们往往也把"登台上课"看作最重要的实践。而我们大学师范教育的实践环节，也常常将教学技能看得很重。王苹老师认为，师范生注重技能训练是应该的，但是在教学实践中需要把教育的重点放在学生身上，而不仅仅是教学技术和教材上。"从技能角度来讲，板书算一种技能，你自己回去练，PPT 等多媒体应用都可以去练，这是容易比较容易做到的。一节好课的标准是什么？关键看学生的反应。对本科生来讲，最难的问题是了解学生，其次是应变能力，这东西不是教出来的，需要在教学实践中一点点培养。"我们的师范教育需要在了解学生、提高课堂应变能力上下功夫。为此，王苹老师还给我们举了一个例子，一位已经相当成熟的教师，在没有对学生进行足够了解的背景之下，在课堂中错过了一次次教育的适当时机。"前两天我听了一位初中老师的课'自我保护'，他课堂上举了一个案例：一个孩子被人劫持了，怎么解救？他列举了几个方法，一是找人打他一顿，然后是通过律师解决，还有其他一些方法……有个孩子回答说'我不选择打人'，老师问为什么？他说'我要打不过他，他把我打一顿怎么办?'这个老师听后没有什么反应，就过去了。跟着又有一个小孩举手附和'我也不选择打人，我怕打完了他被他认出来，过后他报复我怎么办'，老师听后依然没有反应。这就是错过了两次教育时机。后来我跟他聊天，告诉他第一个孩子回答完之后，作为老师可以反问'如果你打得过他呢?'这

一反问，如果学生回答打得过也不会打他……老师可以追问原因，那么法律意识就出来了。后边那位学生就不可能再说类似的观点了。此外，在这节课上，还有个孩子举手说，‘我觉得现在社会坏人太多了’，而老师也没有任何回应。”因此，师范生培养，重在了解学生，重在教育意识的提高，在教学环节中做到随机应变。而这些需要在教学实践中不断的锤炼。

结　语

王老师就像一本经久耐读的书，她的故事充满教育的智慧，让人爱不释手。访谈结束后我将她说过的每一句话像电影一样一遍遍在脑海里放映，心里是一股暖暖的感动。她将母校给予她的爱化为爱心接力棒传给自己的师弟师妹和每一个学生。“学生为本”“生活为根”，罗斯杰的人本主义思想在王老师的课堂里被描绘得栩栩如生。王老师看淡名利，她顺其自然的处世态度让人敬佩。海纳百川的宽广胸襟是当今教师值得一生学习和修炼的功课。“苹姐”是学生对她的尊称，她是学生的良师更是他们的益友，她用心对待每一个孩子，她曾说：“可怜天下父母心，每个家长都希望自己的孩子碰到一位好老师，我也为人之母，将心比心，因此我必须对学生负责，这也是对自己的承诺。”

〖寄语〗

母校是教师的摇篮，我们从这里走向了讲台，您的辛勤培育让我们拥有了当一名人民教师的自信，众多优秀的教师让我们心中有了学习的榜样。由衷地感谢母校！感谢母校的老师！感谢您对我的关怀和培养。60周年华诞之际，我在此献上一个学生最衷心的祝福，愿母校桃李满天下，培养出更多学生喜爱的教师。

教育路上挥就艺术人生

——美术特级教师何大齐

何颖　史保杰

何大齐老师，1940 年生于北京，祖籍浙江绍兴。1964 年毕业于北京师范学院中文系。1964 年至 1988 年为北京市古城中学语文教师，1988 起任北京教育学院石景山分院教科所科研员。为北京美术教育学会理事、中国美术教育学会会员、北京市书法家协会会员、北京市教育科学院教材审查委员、人民美术出版社美术教学参考书副总编辑。擅长中国人物画与书法创作，2001 年获联合国书法绘画大展金奖。在人物画教学和书法教学上有丰富的经验，并编写了十余种教材。主要著作有《何大齐荧屏速写选集》《唐诗一百首隶书习字帖》《老北京民俗风情画》等。在教学方面，他先后被北京市教委授予“伯乐奖”和“北京市美育教育先进个人”称号，1998 年被授予“北京市特级教师”称号，2002 年获“第四届胡楚南教学成果奖”，2009 年获“全国先进老年教育工作者”称号。他的教学成果入编北京市教委编辑出版的《优秀教师教育思想丛书》。

何大齐老师是我国著名的书画家，他在书法与绘画方面有着很高的造诣，取得了辉煌的成就。他创作的《老北京民俗风情画》从 2001 年 7 月起在香港《中华魂》连载，受到了海内外的一致好评。他的书画作品参加 1987 年全国教师书画展获三等奖，参加日本国际书道展入选，2001 年获联合国人口与发展书法艺术金奖、韩国美术大展金奖等。而相较于“书画家”这个令人无限敬仰的称谓，何老师更愿意让人亲切地称呼他为“老师”。我们想，这是因为教师这个职业中收获的点点滴滴，是何老师更为看重的，也是最令他所骄傲的。他的一首小诗很真切地总结了他的教师之路：“讲堂风雨四十年，不觉已是两鬓斑。探索育人路无尽，笑看桃李开满园”。

何老师说他的生活主题一个是始终在创作书画，一个是始终在教书育人。他热爱艺术，也热爱教育，对两者始终孜孜以求。在不断地学习探索中，他将对两者的无限热爱有效地融合在了一起，他是一位散发着艺术光芒的教育者，他在教育中挥写着艺术人生。

一、专业成长路漫漫

(一)耳濡目染，自学钻研

何大齐老师对于书画艺术的热爱，首先源自家庭环境的熏陶。何老师的祖父何裕康是一代大书法家，擅长颜体楷书；大伯父何二水也是一位书法家，真、草、隶、篆诸体皆是上乘，是当代著名书法家刘炳森的书法老师。在这种浓厚的艺术氛围中成长起来的何老师，承袭家学，在伯父的指导下学习书法，看一些相关的书籍，苦练基本功。“那会儿就喜欢看，家里屋子里挂了好多书法作品，所以就耳濡目染，也感兴趣。”除了家中艺术气息的感染外，何大齐老师对于绘画的热爱，还受到黄胄、叶浅予两位当代著名画家的影响。中学时代，他常跑到美术馆观看这两位画家的速写展览。因为感兴趣，也会拿着本子和铅笔去动物园画动物，并由此在摸索中开启了他的绘画之路。他常利用课余时间穿梭于老北京的街头巷尾，用手中的画笔生动真实地记录下老北京的风土人情。而为了练好书法，他对每一种书体的临习研究都基本耗时十余年。访谈中，听何老师讲述自己因为热爱而付出的努力，我们忍不住感叹其辛苦，但在何老师那里，他却丝毫不觉其苦，而全然是一种沉醉于其中的愉悦。

(二)师院教育，奠定基础

高考那一年，因美术学院整风停招一年，何大齐老师选择了报考中文系。说起当时做出如是选择的原因，何老师说道：“文学是艺术的根底，不管音乐、美术、舞蹈，它的根还是在文学，尤其是中国的文学，中国人的美学思想、世界观，都在文学上反映出来了。”基于这种文艺相通的观念，何老师从小对于文学的兴趣也甚为浓厚，并颇有造诣。而在北京师范学院的学习，则更使何老师收获了颇多高屋建瓴的文学理论知识和教育教学原理，培养了有益的思维方式和文艺观。“那会儿中文系开的课有古典文学，有外国文学，有汉语，汉语也讲语法，也讲汉字，讲《说文解字》，六书都讲。也有辩证唯物主义、历史唯物主义，这些我都很喜欢，尤其辩证唯物主义、历史唯物主义这些知识，我觉得教给我们一种很科学的思维方式，用这种观点来分析事物很准确，用这个观点分析事物一针见血，能够看得很准。所以我也经常用这种辩证唯物主义思想给学生讲文学课，分析文章、诗、文。师院的学习还给我打下了正确的文艺观，认为文艺是反映生活的，文艺是源于生活、高于生活的，这是我根深蒂固的一种观念。”在参加工作后，何大齐老师经常带领自发组织起来的美术兴趣班的学生们，在周末和寒暑假到北京郊区的农村采风画速写。淳朴的农民及他们朴实的生产生活场景，成了他们描绘的对象。他们在平凡的生活中发现美，在淳朴的环境中获得滋养。这些教育中的艺术实践与何老师在北京师范学院学习时形成的“艺术来源于生活”的观念必定是分不开的。可以说，北京师范学院的学习经历对于何老师以后的教学和艺术发展产生了深刻的影响。

(三)学高身正，热爱学生

我们常说教师是一个教书育人的活儿，而一位好教师则要将教书与育人完美地集于一身。他既要是知识的化身、智慧的灵泉，也要是道德的典范、人格的楷模。何大齐老师正是一直这样自我要求并且身体力行。在谈及教师的基本素质时，何老师认为，一名教师必须具备以下三个基本条件：“第一，你教的这门课你必须精通，一定要做行家，你得精通你的专业。精通就不是知道一星半点，知识面得宽，知道的东西得多，文史不分家，文史哲你都得懂，你要是教文学的话，你必须懂得历史，懂得哲学，懂得文学。第二，你一定得懂教法，怎么教。你照本宣科，生硬地搬教材不行，你必须想一个办法，学生和教材是两头，你在中间，你怎么做一个桥梁，把教材跟学生连接起来。连接起来就是教师的能动性了，就是你怎么处理，得懂教法。第三，有语言的表达能力，我那时提出直观性教学，我说直观性教学，一个就是你画，把它形象化，再一个就是语言的形象化，还有肢体的形象化，你用一些表情、动作形象化，让学生能够很轻松、很生动地接受他应该懂的知识。”丰富的知识，有效的教学方法，生动的言语表达，这是作为一名教师的基础，也是教师在课本与学生之间架构坚实桥梁的关键。而若是期望成为一名好老师，何大齐老师提出了更高的标准——德。何老师认为，“无德无以为师”，真正优秀的教师，“他应该是为人师表的。为什么叫师范呢，学高为师，行高为范，就是你的行为应该作为学生的一个模子，能够通过你的道德去塑造学生的价值观、道德观。所以老师的一言一行都是有表率作用的，有示范作用的。比如你的工作态度，是认真负责，还是玩忽职守，是对学生负责，还是糊弄人，这都是价值观和道德观的问题。学生会感觉到，感觉得非常清楚”。教师要以言导行，诲人不倦；以身示范，尊重信任，做学生道德成长路上的榜样，帮助学生树立正确的道德观，引领其健康成长。在多年的教育实践中，何大齐老师一直秉持着“学高为师、身正为范”的准则，俯仰无愧天地人心，赢得了学生与同事们的好评和敬仰。

“都是孩子，他肯定有不足的地方，有缺点和错误，你是什么态度，怎么对待学生的缺点和错误。你是指责吗，有时候我听课也发现这个问题，有的教师，他不是站在教育者的立场来教育学生，而是站在一个普通人的立场上，对学生的缺点和错误表示一种强烈的不满，我觉得这是绝对不应该的。学生是一个受教育者，就跟一个病人一样，你是医生，你有责任去引导他走上正路。比如咱们教美术，我就跟他们说，你在课堂上绝对不能挖苦、讽刺学生，尤其对他的作业，你不能拿出来给大家示众，说你看他画得怎么不好。我说，你这一句话，很可能就让他终身不喜欢美术，美术这扇大门就对他关上了。作为老师来说，你最大的成绩是什么，不是你教出几个画家，而是你把孩子引导到热爱美术、热爱艺术上来，这是你最大的成绩。所以我提出，一定要爱护学生，要发现学生的优点，对他的缺点应该指导他怎么改，而不是指责。”在多年的教学实践中，何老师始终关注教育中的“人”。他爱学生，对于学生选择鼓励式的教育，注重培养学生的自信与自尊，为他们打开艺术的大门，送他们走上风光旖旎的艺术人生。他在古城中学所带的美术兴趣班中，很多人后来都从事美术相关工作，这肯定离不开何老师对他们细心的呵护与真诚的鼓励。高尔基曾说，“谁爱孩子，孩子就爱他。只有爱孩子的人，他才可以教育孩子”。教师只有爱学生，才能爱工作，才能爱教育，爱是教育的关键，教育者的责任在于传播爱的希望。

(四)勤勉好学，边学边教

从小在艺术上的耳濡目染，加上师院的教育，开阔了何大齐老师的视野，也为他的教师职业发展指引了方向，但这个专业成长的过程更离不开何老师自身的勤奋好学。何老师1964年毕业后，被分配至北京市古城中学，成为一名语文教师，1988年被调到区教师进修学校担任美术教研员，2002年退休至今，在老年大学从事书画教学。在他几十年的教学生涯中，教育的对象不断地变化着，从学生到老师再到老年一代，不同的教学对象，需要不同的教学内容及教学方式。何老师在种种的考验中，抓住了成长的契机，他采取边学边教的模式，始终在学习和探究的道路上迈着稳定的步伐，不断地提升着自己，成就着他人。尤其在退休从事书法教学后，已过古稀之年的何老师，还是在不断地学习，在研究的基础上进行教学，不断地探究教育的艺术。何老师是一个懂得“因龄施教”的人，为适应老年人学习，他每开讲一个新书体和画种，都要先自编教材，在写作的过程中，不断丰富自己的知识体系，提升自己教学的能力，也为学生提供适宜的知识和教学方式。“比如书法，一说教书法，你首先应该把书法所涉及的知识面做一个归纳，它到底都涉及哪些东西。比如它有几大块，第一块是书法的技法，第二块是书法美学，第三块是文字，第四块是书法史。先说书法技法，书法技法在我脑子里一反映，就是三个大块，一个是笔法，一个是结构，一个是章法。笔法里面有什么，除了横、竖、点、撇、捺以外，还有使转用笔，就是把笔连起来写，像行草都有这个。使转用笔里技法的要点又有多少。我是这样一下一下往里分，从总的往里分，分完之后，我把每一项都做一个题目来讲，然后找典型的例字来分析，对书写的技法我要做一个图示，怎么写，哪顿笔，哪转笔，哪提笔，怎么行笔等等。我是把知识做一个分解，分解完了，我再写，就是写教材。写教材的时候，我还要翻很多资料，找例字，用典型的例字来做分析。”何老师始终在学习，探求新知，他将知识融会贯通，给予学生更好的教育。他与学生在学习的道路上共同地成长，共同地去开辟新的知识天地。也正是何老师这种孜孜不倦、好学上进的精神，才为教育带来感动，带来收获。

二、教学育人蕴英华

(一)“一画一语”式的语文直观性教学

作为刚毕业的年轻教师，在语文的教学上如何处理教材，如何与学生沟通、互动，这都要自己去思考、去设计与尝试。因自身有书法与绘画的基础，何老师就将艺术与语文教育相融合，形成了独具特色的直观性教学方式。“画是一个直观性的，还有一个是语言的直观性，就是语言要形象，用语言能描述出一种情景，让学生能有一种联想。比如我讲诗文的时候，我总是要用画给他描绘这个意境。比如诗文里有一些形象，比如北国风光，千里冰封，万里雪飘，它有一些形象，我就把这些形象画出来之后，让学生去理解诗的意境。有些文章比如像我讲说明文《沙漠之舟》，还有《核舟记》，我都是通过画，结合文章，一边讲，一边把这个画出来。再有比如讲字词的时候，从文字学的角度来分析这个字，让学生有个很深刻的印象，不是就单讲这个字念什么，什么意思，我是从字形讲字义。比如‘步’，学生老写错，老是多写一点，后来我说为什么不能写这点，我就给他们画，甲骨文是两只脚，一个左脚，一个右脚，一前一后，后来到小篆是怎么变的，后来到楷书又是怎么写的，你要加一个点的话，等于多长了一个脚趾，而且通过‘步’字，也能讲出古人对‘步’的理解。什么叫一步，咱们现在认为迈一下就是一步，它是得这个脚再回到原处，交替一次叫一步，这样讲的话，学生就容易记得很深，而且很形象，更深刻。”何老师从艺术的角度去探析文学之美，文学的意境，使学生在形象直观又富有感染力的情境中去接受知识的熏陶，感受语文的魅力。他的教学因充溢着艺术的灵光而更富有韵味和生机。这样个性的教学方式，离不开何老师苦练多年的深厚的书画功底，也离不开他对教育的热爱与付出。双倍的努力，双倍的付出，才使得何老师的教学之路别样的精彩。

(二)文艺相通的书法教学

源远流长的中国书法灵动飘逸，博大精深，蕴含让人心旷神怡的气韵，何老师将这种气韵的培养作为书法教学的关键，他不是单纯地讲授技法，而是将书法的技法、文字学、书法美学结合来讲，着重强调文字富有的韵味与情感。“书法写的诗歌，我一般都给学生先讲一讲这首诗是什么意思，它是怎么表达的。例如韩愈写的一首诗：‘草木知春不久归，百般红紫斗芳菲。杨花榆荚无才思，惟解漫天作雪飞。’用行书写完后我说这是什么意思呢？这篇诗也是中国人观察生活、对待世界的一种态度。韩愈认为，世界上的万事万物都有感情，人都可以跟它交流，他把万事万物都看成自己的朋友，他在写诗、画画或写字的时候，都给它注入一种人的东西。‘草木知春不久归’，草木都知道春天快要过去了，它也跟人一样，想借这短短的几天，争奇斗艳，来表现自己。‘杨花和榆荚无才思’，就是它没有多大的文才，它没有红颜色，没有绿颜色，就知道漫天作雪飞。这完全是把万事万物人格化了。他观察事物很有情趣。而且我说写字的时候，笔法、结构里都要注入人的感情。我跟老同志讲，你看这个书法，线条写出来，一般人认为就是拿毛笔在纸上画一个黑道，其实在书法里面，它不只是一个黑道的问题，它这里包含着很多内在的东西。比如唱戏的，他用嗓音发出声音，给人感觉很有韵味，很能打动人，写字是用线条产生一种韵味，用线形来表达你内心那种韵律感，这个线条里寄托了你很多感情。这个感情是从哪来的？是你的修养，你的修养深，你的线条才能表现出内在的韵味。你没有这个修养，内心是空的，你画出来的就是一个黑道。我经常给他们讲这些道理，除了你会用笔，在纸上运用毛笔的技巧很熟练以外，你必须把它注入一点感情的东西。”何老师的书法教学鲜活灵动，他以书法传递着人文的情怀，探究着人性的修养。他的书法教学给学生以愉悦的体验，身心的滋养。跟着何老师学习书法，获得的东西源于书法，又超越书法，他更能引起学生对人生的反思与追问，体悟生命的价值与真谛。

(三)悉心培育的满园桃李

教育事业有两种趣味，一面是继续做学问的趣味，一面是教育别人的趣味。两种趣味相投相合，使教育孕育着无限的生机。何老师在教育的过程中，体验着这两种趣味所带来的欢乐，尤其是因学生的成长而带来的自豪与感动。虽然已经七十四岁，但他仍旧有饱满的精神与真诚的态度，工作在教育的第一线。追问原因，原来还是在于其对于育人的热情。“一个是越教越有兴趣，兴趣跟教学成果有关系，你有这么多学生，而且学生也都通过你的教课取得一定成绩，确实觉得有一种成就感，你对这个职业的热爱是很重要的，兴趣是由你教学的成果作为支撑的，这种成就感更坚定了你教书的信念。”学生的成长与进步是何老师始终坚持教育的动力，看到学生在自己的引领下，不断地取得进步，使何老师对于教学的兴趣在教的过程中变得愈加浓厚，也让何老师愈发热爱这个能够给他人带来希望与成就的职业。何老师教学的目的在于成就学生，他为学生的成长甘愿付出，不为名利，他的奉献也使得他桃李满园，英才遍神州。且不细数在他指导下走上艺术之路的学生，仅仅看他所指导的美术老师，便是个顶个儿的骨干教师、中流砥柱：马玉宽的《中国山水画赏析》被录成教学篇在电视台播放，吕伟、刘君娜的教案编入《北京市优秀教案选集》，葛金胜、贾丽霞在北京市美术教师教学基本功五项全能大赛上分别获得一、二等奖，骆杰华、马明月获北京市录像课和全国录像课一等奖。

三、寄语高校育英才

“师范学校立，而群学之基悉定”，师范院校作为培养教师的重要基地，是未来教师专业生涯的起点，承载着教育的未来与希望，是教育发展的重要基础与推动力。基于师范教育的重要性，何大齐老师在分享自己专业成长经历的同时，也特别对师范教育提出了中肯的建议，尤其关注了师范院校中教师的教学和学生的学习。

何大齐老师认为，要想培养出高质量的未来教师，大学的教师首先要教法得当。“要了解学生，针对学生，教学必须有针对性，针对学生把专业知识讲得很扎实，而且要讲得很活才行。这些东西对学生的影响很大，尤其要教给他一些方法，我觉得方法就是给人以鱼还是给人以渔，要给渔，打鱼的方法要教给学生。”师范院校的教师作为未来教师的引领者，它须为学生的未来发展打下坚实的基础，使其更快更好地适应社会，传播教育，培养人才。

现今师范院校的实习时间多为一个月。针对这一个月的教学实习如何开展，何老师认为，“应该研究一下，实习阶段要解决什么问题，而且解决这个问题应该恰当。什么叫恰当？提得太低也不行，太高也不行。因为它毕竟是一个月，你要把整个教育实践的问题都在一个月内解决，那是不可能的，解决什么问题应该很明确，要恰如其分”。对于这个问题，何老师的观点是，实习的关键在于让学生熟悉教学的过程，学会教学中的方法，包括分析教材的方法，上课的方法等，“但是必须有一个标准，就是有一个方法，这个方法将来你可以打破，你可以灵活去运用。就像我教他们写字一样，我教你们这个横怎么写，怎么入笔，怎么收笔，你们一开始一定要照着这个做，以后你都掌握了，你爱怎么写怎么写，因为你有这个底子了，你不会出格。孔子说，人到七十岁以后，随心所欲而不逾矩。你可以随心所欲，但是你绝对不会出格。这个方法要活用，不是说大家都用一个方法，那样老师们就等于是一个老师了，教学是一种艺术，个人教法都不一样的”。教学的实践中，学得方法，再将之灵活用，形成自己的特色。没有规矩不成方圆，但不是恪守陈规，而要懂得突破与创新。实习的意义则是学会身为教师的基本工作规范。

四、经验总结传后辈

或许艺术成就的取得，在努力之外，多少还需要些天分，在这个意义上来看，或许何大齐老师的专业成就与成长路径，是他人无法复制甚至无法模仿的。但是，换一个角度，就身为教师的发展和成功来说，何老师的人生故事还是能够给我们以深刻启示的。总结何大齐老师的专业成长经历，我们看到，情感层面的爱和行动层面的探索钻研发挥了重要作用。

(一)“爱”的力量

爱是一切行动的原初动力，凡是取得成就的人，无不对其所从事的事业充满热爱之情。何老师热爱艺术，在艺术的道路上主动探寻求索，精益求精，取得辉煌的成就；何老师热爱教育，热爱学生，他以身作则，身正为范，在教学的道路上尊重学生，呵护学生。即使过了古稀之年，还依旧站在老年大学的讲台上，继续着他对这份事业的热爱，对这份事业的责任与使命。他因热爱，在艺术之路上不断前行，他因热爱，在教育上不断付出。他将这两种热爱完美地结合在一起，用艺术滋养教育，丰富教育，用教育感染艺术，拓展着艺术之美。他的生命因为热爱而精彩，因为热爱而美丽。

有人曾说如果一个教师把热爱教育和热爱学生结合起来，他就是一个完美的教师。何老师不仅将对教育与学生的热爱结合在一起，更倾注着自己对于艺术的热爱，三个热爱相互碰撞，相互融合，迸发出无限爱的力量，营造出爱的教育。何老师因为热爱，才用赤诚之心去追寻艺术的奇迹，去发现教育的奥妙。

(二)好学上进，终身学习

何老师至今还工作在教育的第一线，为老年大学的教育事业贡献着自己的力量。他一路学习，一路成长。任教育对象不断变化，他探索教学的脚步从未停止。他不断地在实践中摸索教学经验，不断地提升着自己的能力，丰富着自己的知识，为自己的教学事业不断地注入着鲜活的动力。他用自己的亲身实践力证着“活到老，学到老”的价值与意义。他的生命也因此获得充实与升华。

何老师是一位颇有艺术气息的教育者，他爽朗而又谦和，好学而又执着。他将一生的时光都付与教育事业，在教育的道路上，继续着他的艺术之旅。他的创新，他的独特，既源于他的热爱，更源于他的勤奋努力。他的教师之路，还在继续，他的教育事业还在前行，他在教育中继续发挥着他的光和热，奉献着自己，引领着他人。

〖寄语〗

师范教育是国家的根本，少年强，中国强，咱们中国的未来希望寄托在教育，教育寄托在教师，教师是教育的核心，一个好学校关键是有好老师。

执着真诚的育人之路

——语文特级教师刘铁铮

何颖　史保杰

刘铁铮老师，1968年毕业于北京师范学院中文系，1970—2005年在北京昌平一中任教；退休后返聘，在学校语文特级教师工作室担任顾问至今，并受聘担任两届昌平区兼职督学。刘老师曾任北京昌平一中语文组组长、昌平区中学语文研究会会长、北京市中学语文研究会理事、中国青少年协作研究会理事、北京市学科带头人骨干教师专家评审组成员；先后被评为昌平区优秀教师、优秀共产党员、科技教育拔尖人才、昌平名师、北京“福田标兵教师”、北京市特级教师、全国优秀语文教师等。刘铁铮老师自恢复高考以来，担任过十几届高考班的语文教学工作，均取得优秀成绩；探索总结出的中学语文“挖坑式教学法”在教学实践中收获了良好效果，昌平区教委还专门举行“刘铁铮老师教学思想研讨会”；撰写教科研论文数十篇，其中获全国一等奖一篇，市特等奖一篇，市一、二等奖五篇，区级一等奖十篇；出版著作20余本，主要有：《以人为本，挖坑导学》《作文辞海》《中国中学生作文成功方略》《攀登的阶梯》《中学语文基础知识全书》《新课程有效教学疑难问题操作性解读》《雏凤声清》等。

刘铁铮老师的专业成长之路是艰辛之路，也是幸福之旅。他勤奋努力，艰难困苦求前行；他甘于奉献，桃李满园育精英。刘老师在教育中默默付出，不问前程，幸福于他人的成长与进步。

一、从师之路

从一名普通的年轻教师成长为特级教师，这个专业成长的过程注定是不平凡的，这必定是一个倾注心血和凝聚汗水的历程。在这三十多年的时间里，刘老师用自己的实际行动历练着自己，更成就了他人。

（一）坚定信念，甘守清贫

刘老师在中学时代文笔不错，甚至因此被老师和同学戏称为“6H”——这是铅笔中硬度最高的一个型号，用以形容他的硬笔杆子。也因此，年少时期，他曾经的梦想是考取人大新闻系。然而由于种种原因，他来到了北京师范学院。中学同班的学生说他还是幸运者，毕竟考上了大学，但刘老师的内心还是带着些许的不甘和遗憾。“因为我当时心好像挺高的，其实并不想当老师，后来，就阴差阳错进了师范的门”。

大学毕业后，先被发到部队锻炼两年，1970年8月刘老师被分配到昌平，成了一名中学语文教师。在教学最初，作为一名志存高远同时才华横溢的青年，他其实尚不能肯定教师职业一定会是自己终生奉献的事业。然而，工作三年多后所发生的一件事改变了他，使他坚定了自己的职业信念。“工作才三年多，就病了一场，得了急性肝炎。当时我带着一个班，初二七班，好像是挺乱的班。当时班主任也当不了了，临时托付给别人。就在我病了以后的第三天，早上起来就听见门口有人叫我，出来一看，门口我教的学生站成一排，他们手里头都拿着东西，有拿报纸包的，有拿塑料袋包的，说我们刚从北山里给您采的茵陈。他们说，老师我们需要您回去，您快点好吧。望着这些可爱的学生，我这么一个二十多岁的汉子，当时眼泪就下来了。那次对我来讲，是个震撼，我觉得我不能辜负孩子。也就是说当你得到某种肯定，不一定是社会肯定，而是你得到孩子肯定的时候，那个情况肯定不一样，所以一下子感动了。”从那以后，点点滴滴的感动汇聚在一起，刘老师愈发觉得教书是个有意思的活儿，更是一个值得为之付出一生的职业。它不仅仅关系教师本人的未来，更关系孩子们的未来。因此，在往后几十年的岁月里，曾有过出版社向他发出邀请，或是“发达了”的同学劝他离开这份清贫的工作，但是他都没有动摇。

教师这个平凡的职业中孕育着无数的感动，但它来自于教师与学生的共同构筑，它需要以真诚换取真诚，以善良换取善良。教师只有拥有真诚善良的品质，才能体会感动，才能发现学生之美，教育之美，生命之美。刘老师真诚质朴的心与学生纯真善良的举动相遇，生出感动，也点燃了未来和希望。一份份难以忘怀的感动，让他变得对教师职业坚定、执着，几十年如一日，甘守清贫，默默耕耘。

（二）艰辛求索，坚持五学

刘老师初上教学岗位之时正值“文革”期间。在重视阶级斗争的特殊年代，学校教育中的知识教学得不到应有的重视，而教师的工作职责也被简化和窄化为维持学校纪律、保证学生安全。访谈中，回忆起那段经历，刘老师笑谈自己开始时也曾鲁莽地“靠强力镇压”过，但逐渐在与学生的深度接触中，开始主动地“跟他们交朋友”，贴近学生、理解学生，并在此基础上进行教育，摸索着积累了有关中学生身心发展特点的经验及相应的德育方法，更培养起了与学生的真挚感情。

1977年恢复高考后，中学教育重整风气，学校工作回归了教书育人的本位，知识教学再度得到应有的重视，刘老师也开始了自己的“转型”之路。在这个过程中，他努力探索，坚持“五学”。“一是向书本学；二是向我的同行学，都是一些老教师，向老教师学；三是向专家学，有些知名专家，或者是后来的特级教师，有专门的理论，向专家学；四是向同事学，向一块儿共事的老师学；最后也是最重要的是向学生学。”当然这个学习过程肯定不是一帆风顺的。在那个交通不便的年代里，刘老师经常抽时间主动找机会到城里其他学校向优秀教师学习，这不仅需要一份坚持不懈的韧劲和好学上进的品质，更是承载着对学生的一份沉重的责任。“我们那个时候，交通不像现在这么方便，现在有高速，那时候回北京我都骑自行车回去，骑一个小时四十五分钟，那会儿年轻，骑得快。我甚至出过事故。有一次天还没亮，我就往城里赶，骑车要想快，你要坐直了骑就兜风，只好趴在车把上骑。突然，前面一个军用吉普停那儿，我没注意，低头猛蹬，就一下，我的身子就趴到人家的车顶棚上去了。人家当兵的出来，还真不错，先问我：‘您在上面干吗呢？您还能下来吗？’把我弄下来，我这才看到人家的车，他车后面都有保险杠，自行车撞了他的保险杠，军用车也比较结实，回头看他的保险杠没问题，但我的大梁整个翘起来了，我是扛着车走了十几里的。”刘老师就这样一路坚持，不断地学习，用毅力克服艰苦环境的束缚。即使在艰苦的环境中，他也积极寻找自己成长的契机，抓住机会，主动学习。从最开始的阴差阳错到最后的无私付出，他的行动和品质不仅很好地诠释了师者风范，更带给我们有益的启发。教师职业貌似平凡，只不过是这世上百千种职业中的一种，但于个人而言，它是沦于平庸还是走向伟大，则取决于从业者本人的信念和行动。当教师在你眼中变成天底下最幸福的职业，并且为此默默坚持、主动求索、持续付出时，那么，纵使未曾一时显赫，仅仅是眼见这许多年轻的生命因自身的努力而走向更灿烂的明天，便是千金难换。

（三）领导团队，合作共赢

由于善于学习、勤于钻研，刘老师的教学水平一直名列前茅。他 20 多岁就开始当学校语文教研组组长，不仅历练自己，更带领着一个 20 多人的团队共同成长。他们在团结合作的氛围中，发挥着各自的潜力，共同见证着一个优秀团队的诞生——该团队曾获得北京市先进教研组和“文明昌平人标兵集体”的称号。领导出一个具有团结向上、勇于开拓精神的团队，刘老师功不可没。为培养大家的团队合作意识，他经常组织一些课题，全员参加，共同参与。“我是强调合作的，我抓教研以后就是强调合作，这里面老中青都有，对老的要尊重，中的要作为骨干要发挥作用，年轻的要虚心。这个过程中，一定要有全组共同的课题。所以我经常搞一些课题，全组一块儿参加。我们曾搞过一个最大课题，全组二十多个老师齐心协力编一套初高中的语文基础知识全书，辞典性质的，两大本，搁在一起大概 100 多万字，用了一年多的时间。大家干劲非常足，除了正规工作完成外，夜以继日，全员一个都不落下。最后出版了，两本厚厚的东西出来以后，全组都高兴，每一个人的名字都写在了上面。我们的老师说真没想到自己这辈子还能出书，所以书出来以后非常高兴，到现在都作为自己的案头书、工具书。”刘老师在培养教师团队合作意识的同时，更是为教师们找到了摆脱职业倦怠、获得职业成就感的好渠道。用刘老师的话说，学校不光是学生成才的地方，老师更应该首先成才。他的独到见解，加上行动的落实，谋得一个好的团体的发展，不仅为教师团队带来鼓舞和动力，更为学生的成长注入生机。从刘老师的身上我们始终看到的是他的真诚与无私。他真诚为人，真诚为团队，积极为大家创造共同成长的机会，与大家携手前行，风雨兼程，是一位值得大家信赖的好老师。即使现在他已经退休多年，但是仍然有许多年轻的教师愿意去找他商量专业问题、探讨课程教学。因为在年轻人的心里，有刘老师在，就像有个领路人，让人内心踏实。

（四）两个四则，引领新人

刘老师是一位真诚无私的人，更是一位懂得分享和甘愿奉献的好前辈。在被评为特级教师、学科带头人之后，他倾力于对青年教师的培养，先后带区内外徒弟二十几人取得了优异的成绩：两人破格晋升中学高级教师，十几人被评为市、区级学科带头人、骨干教师，两人的课被评为市级优秀课。这些青年教师的不断进步很大程度上得益于刘老师的悉心指导和耐心引领。对于青年教师的培养，刘老师有自己的方式，他坚持“四字为纲”，做到“四个公开”。“四字为纲”，即严、勤、导、成。严：严格要求，严格把关。勤：耳勤，多听课；口勤，多问；腿勤，多出去观察(市区)；手勤，多写；脑勤，多思考。导：引导，导道(师德)，导法(教法、学法)。成：指成功，要让每一个青年教师都取得成就。“四个公开”，即课堂公开，经验公开，材料公开，思想公开。他的徒弟们在他的带领下，一路成长，从刚参加工作的教师到骨干教师，到高级教师，再到成为别人的师傅。刘老师不仅仅对徒弟是如此，对于好学的同事或年轻教师更是做到开放教学，自 2001 年被评为特级教师后，他的课就成了全区的推门课，想要学习的教师不用打招呼，直接来听就行。

刘老师总是无私地同年轻的一辈分享着自己实践摸索出的教学经验，我想这个过程中，刘老师定是幸福的。因为于他而言，这种分享不仅意味着自己的成果被同行认可，还能够为青年教师的成长提供有益的帮助，与此同时，更是与年轻一代交流学习、获取新知、更新完善的机会。是的，刘老师就是这样一位虚怀若谷、精益求精的人。在课变成了公开课以后，他的课也从来不是一成不变的，同样的课，别样的精彩。“所以有的老师从高一听到高三，到第二遍再听一轮，他能够听两个三轮，因为我的课今天讲了，明天还是这个课，我必须得有点变化，因为我再按原来那么讲我自己都觉得缺乏新鲜感，我非得弄点新东西。因为不断变化以后，你会有新的资料出现，会有新的想法出现。”刘老师对自己严格要求，不断推陈出新，同样，对于年轻教师的成长，他也主动教导，向上引领。“课公开以后，有些东西你可以借鉴，比如说资料公开你可以借鉴，或者说整堂课你可以借鉴，我的一些论文你也可以借鉴，都可以借鉴，但是你若不提高自己本身的素质，这些都将只是形式上的东西。所以我千方百计地通过让你听我的东西，或者看我的论文，或通过探讨聊天，你最好能逐渐形成自己的风格。我跟青年教师聊了以后说，你必须得学过我，超过我。”形成自己的教学风格，超越老师，也许就是刘老师“四字为纲”中所提到的“成”。刘老师甘愿做年轻教师成长过程中的基石，将自己的教学经验真实地毫无保留地呈现在年轻教师的面前，他的分享精神，他的无私奉献，让我们无比敬佩。

二、为师之行

经过多年的学习与实践，刘老师形成了自己独特的教学方法及育人方式。他的教学，扎根于人文，以人为本。他的育人方式智慧、幽默，与学生真诚交流，亦师亦友。

(一)以人为本，挖“坑”导学

从“五学”到“四字为纲”、“四个公开”，我们看到刘老师是一个勤奋好学的人，一个不断积累的人，也是一个善于反思和总结的人。经过二十多年的学习和摸索，刘老师总结出了自己独特的语文教学法，即坑式教学法。

“坑式教学法”又称“四三二一法”，即狠抓四个环节(挖坑、掉坑、爬坑、填坑)，了解三大心理特征(学生的务实性、求新性、挑战性)，实现双向反馈教学(效果反馈、思维反馈)，创造一种和谐氛围(民主、平等、合作、宽容、幽默、有序)。就是在语文的教学中，依据教学目标和学生心理的实际需要，由教师和学生一起设置一些障碍(也就是“坑”)，然后有计划、有目的地把学生放到“坑”里，让他们去思考、去探索，去创新，从而达到传授语文知识、提高语文能力、陶冶健康情操的目的，而在这过程中，教师要做的是提供条件、提供环境、提供方法、进行引导。(摘自刘老师《中学语文“坑式教学法”初探》)

刘老师的坑式教学法是其多年教学实践中所提炼出的精华，是其教师理念的升华。如同刘老师所说，这个过程就是在教学中从自发的阶段逐步到自觉，从逐步的感性阶段逐渐向理性阶段靠拢，最终得以形成有价值的教学理论成果。他的这篇论文成果获得北京教科论文一等奖，并在全国教育家大会上作为百篇重点论文交流。他的个性教学法体现了他的学者风范及独特的教学理念，他始终将学生放在教学的第一位，透过语文，关注学生、以人为本。

在“以人为本”方面，刘老师重点强调了三个方面：第一，以人为本，送去四季风。春风拂煦，把春风的温暖送到每一个学生的心田；热风吹雨，在火热的成长季节里，为学生吹来阵阵及时雨；金风送爽，让学生品尝到收获的喜悦和成功的快乐；西风孕育，在严格的管理中，培养学生的好习惯、好作风。教育就像四季风，经历过春夏秋冬的洗礼，才能培养出朝气蓬勃的一代新人。第二，以人为本，做好三服务。教师是为学生服务的，在教学中要坚持三个服务。课前服务备学生，充分了解学生的实际水平和心理需求，做好预设工作；课中服务重过程，在动态的教学过程中，以变应变，相机而动，让教学成为一潭活水，使教学水到渠成，渐入佳境；课后服务在提高，在“复盘”中“忆得、知法、思悟、质疑”。第三，以人为本，教人两明白。一个是小明白，一个是大明白。“小明白”指的是具体的、系统的学科知识，“大明白”则是指“道”与“法”。真正的素质教育，要教会学生怎样做人，发展学生的健康个性，形成学生的精神力量。教会小明白，悟出大明白，这是教育教学的理想境界。（摘自刘铁铮《以人为本，挖“坑”导学》）

刘老师的语文教学始终把握着教育的根本，即教育是为人的。正是这种教学根基的所在，才使得刘老师的挖坑导学式的教学能够取得成效，得以推广。与其说他个性独特，倒不如说他抓住了教育的实质和内在。刘老师透过语文，超越语文，最终回归到人文的关怀，也正是这种充满人文的育人方式，才能培养出有大智慧的人才。

（二）育人智慧：与学生诗意地交流

在与学生的互动过程中，刘老师是一位谦和儒雅同时饱含教育智慧的“诗人”，他习惯用富有蕴意的诗句与学生交流，蕴德育和文学素养培养为一体，引领学生成长。有一个学生沉迷于网络，家长无奈，请刘老师帮忙。刘老师在跟学生沟通后，发现学生会写一些禅诗，刘老师就利用禅诗跟他“打机锋”。“比如学生讲，‘空即是色，色即是空，抛去烦恼，我是悟空’。我一上台他就来了这么几句，你别跟他较真，你也回答四句，我说‘色原是色，空未必空，心有西天，我是唐僧’。你是悟空，我是唐僧，我还是你师父，但是我都隐含在其中。他的悟空我就看透了，他是那个悟空，我不搭你那茬，我是唐僧。他还说，‘唐僧不公，专会念经，紧箍一念，老孙头疼’。你当唐僧，当老师来讲，就会念经，哼哈哼哈念经，你念以后，我们学生烦死了。我就回答说，‘和尚念经，非独唐僧，修得正果，紧箍必松’。你修得正果，紧箍咒就分开了，但总有这一个阶段以后，得箍着你。学生又说，‘身处虚幻地，心牵网络台，独善清净地，不愿沾尘埃’。这尘俗的社会我待腻了。你再回他一首，‘虚幻何为地，网络是非台，尘缘原未了，何以脱尘埃’。学生再接着说，‘尘埃复尘埃，俗世不可耐，试问为师者，何处觅天台’。你再说一首，‘人世即天台，奋斗福门开，我劝出世者，亲人盼归来’。其实看起来这里面我简单那么几句，其实中间是经过几十回合的。经过这么一段时间，大概几周，甚至是几个月的时间以后，最后他给我写一首诗，特别让我感动。‘少年多怀苦与悲，网迷今日把家归，只愿春风常化雨，润我心田又一回’。写完以后他给我鞠个躬，开悟了，回家了。这是一个非常漫长的过程，但是这里没有说到任何一点具体的问题，就是在互相打哑谜的过程中心照不宣地解决这个问题。”禅诗的背后是广博的文学功底，也是深厚的教育智慧。刘老师的教育智慧在于他的宽容，在于他的尊重，也在于他的耐心。面对问题学生，他不是严厉的批评，也不是耳提面命式的谆谆教导，而是采取润物细无声的委婉方式，与学生打开心扉，真诚交流，耐心引导。在刘老师的教学生涯中，与学生这样趣味横生又意味深长的诗意交流是很常态的，他用诗句丰富课堂，更增进师生之间的感情。刘老师与学生这种亦师亦友的师生关系，正是新型师生观最真实的写照。

三、对师范生的建议

教师素质，是指教师在教育教学活动中表现出来的，决定其教育教学效果，对学生身心发展有直接而显著影响的心理品质的总和。师范生作为未来教育的中坚力量，他们专业素质的培养不仅关系着学生的未来与成长、新课改与素质教育的落实与成效，也是其增强自身的竞争力，成长为一名合格的新时期人民教师的必需。访谈中，刘老师在回顾自身专业成长和教学实践的同时，还尤其关注了师范生的培养和发展，向这些“未来教师们”提出了许多中肯建议。“首先，心理要足够强，我这几十年锻炼，自己感觉就是随时要能够调节自己的心理，因为你一生有得意的时候，不得意的时候，每天你的喜怒哀乐都会有，但是要善于调整自己的心态。只要一上讲台，我就是一个在讲课的老师，面对的是四五十个学生，其他都放在后面。作为一个教师来讲，面对学生，最重要的是老师的一个平和的心态。除了心态之外，你必须要有过硬的专业知识，因为学生还是佩服有本事的老师，起码在你的专业上，你应该确实有你自己的坚实的基础。另外还得有自己独特的教法，独特的风格，这样才能吸引学生。”除了这几点以外，刘老师认为最为重要的是教师要明确自己的专业发展目标、做好职业发展规划，这才是教师专业发展与专业成长的长久动力。“比如就我来讲，我自己就有自己的一个发展规划，我什么时间达到什么程度，有自己的规划。比如说我每年要写多少东西，我要听多少节课，我学点什么东西，我要自己拿出自己的一个什么东西来，我得有规划。而且有了这个规划以后，比如说这三年我要达到什么程度，我从积累资料开始，到有意听一些课，看一些书，到最后时间节点以后把它们形成文字，从开始设计到中间的过程，出成果。现在课堂全安上多媒体，校长、主任、组长，坐在办公室里面就可以看任何一个教室的情况，你的课随时都在公开，所以你的压力也特别大。在这种情况下以后，我还是建议年轻老师不管怎么样，在你提高抗压力的同时，要有自己的一个规划。因为你要处于应付阶段，那就特别累，如果你有一个自己的规划，出一点阶段性的成果，精神愉悦就可以抵抗住你现在暂时的压力。”就像刘老师说的，有了目标和规划后，你就不会仅仅把教师作为一份谋生或获得荣誉的职业，而是当作一份使命去完成。在目标和规划的引领下，一步步踏实向前，一个台阶一个台阶地逐步提升，这是一个充实的过程，也是一个自我实现、获得成就感的过程。

四、刘老师专业发展的经验总结

（一）主动学习，终身学习

我们常说，要给学生一滴水，教师要有一桶水。在刘老师那儿，我们看到的是一潭散发生机的活泉。他给予学生细水长流式的滋养，超越知识，回归人文。这一切得益于他的勤奋好学的品质、终身学习的态度。他学习的步伐始终没有停止，学习是他成长与前进的动力与源泉。刘老师作为70年代成长起来的优秀教师，他紧跟时代的步伐，勇于接受新的教育思想和观念，通过自身的主动摸索和努力学习，开创个性独特且适合学生的教学方式。刘老师躬身必行，以身示范，他不断进取的精神，感染着每一位莘莘学子，他们与老师同行，一路相伴，相互鼓励，最终师生共获发展，共享硕果。面对瞬息万变的信息时代，知识更新速度之快，让人难以想象，而教师不再是知识来源的唯一渠道，教师只有不断地学习，才能丰富自己，进而为学生传递有价值的知识，与学生形成良好的互动关系。苏联著名教育家苏霍姆林斯基说过：“教育的最低目标是杜绝普通人继续发展为庸人。”教师要想自己不做普通人，更不培养庸人，那学会学习，主动学习，终身学习必定是教师专业发展过程中的必修课，是教师必须践行的理念，必须为之付出行动。

（二）真实坦诚，与生为友

教育的场域是真实地发生着的，教育的美好就在于教育场域中点点滴滴的真实，真实的教师，真实的学生。看似平凡质朴的品质，在教育中是最宝贵的，也是教育最需要的。在教育的过程中，很多教师难以做到完全地坦诚，在学生面前有意掩饰自己的不足或缺点，而刘老师的独特与高尚就在于他的真实坦诚。他以一种完全展开的方式与学生交流，在学生或年轻教师面前不端架子，不摆架子，毫不掩饰自己的缺点，与学生平和自然地相处。在“五学”中，他虚心向学生学习，不以教师身份自居，教学相长，能者为师。正是这种真实坦诚的品格，促成师生亦师亦友的情谊，自然融洽，弥足珍贵。教育中的收获不能单看重教育的成果，更要看重一份情谊的永存与延续，教育者不应该只是学生生命中的过客，人生中的局外人，而应成为他难忘与感激的人，这就需要教师走进学生的内心，与学生成为朋友，而这个关键就在于他的真实坦诚。

（三）善于探究，勤于总结

教师成为课程教育教学的研究者，是教师专业发展的必然要求。为了提高教师的研究意识，使其成长为研究型的教师，很多中小学都开展了校本研究工作，让教师在工作中研究，在研究中工作，这样既能帮助教师减轻职业倦怠感，又能帮助教师获得成就感与幸福感。刘老师既是一位学习型的教师，更是一位探究型的教师，他在工作中始终保持着较强的问题意识，对工作中遇到的问题保持一定的敏锐性。当发现学生对语文学习的兴趣不浓厚时，他采取问卷的方式或者同学生主动谈心的方式，获得启示，反思自身的教学实践，变教学为导学，总结出"坑式教学法"。具有研究意识是其从新手教师成长为专家型教师的重要因素。刘老师善于探究，敏于探究，从探究中获得真知，获得发展，获得幸福感。

（四）认同意义，追求"意思"

纵观刘铁铮老师的专业成长之路，不难发现，刘老师对教师工作有一种近乎执着的追求。根据他个人的解释，这种追求源于他对教育两个"意"的认识：第一，教育是"有意义"的工作；第二，教育是"有意思"的工作。"有意义"这个道理很容易明白，"育人为百年大计"，教师承担着育人的重担。无论教育，还是教学，都要兢兢业业，全力以赴，这需要一种献身精神。而第二点"有意思"，则更为重要，让教育成为一个有意思的事业，让学生在和谐融洽、交流沟通的氛围中成长。教育不是说教，教育本身就是一门艺术，如春风化雨，点点入心。特别是在当下社会，思想的多元化，矛盾的多重性，常令教育工作者感到不知所措，因而是否能够认识到教育的"有意思"，并且让自己的教育教学过程变得"有意思"，于教师个人的专业发展而言是颇为重要的。

〖寄语〗

甲子一季首师大厚德载物着手成春桃李满天下，
奔马五轮众弟子感恩报国破茧化蝶栋梁遍中华。

人生追求需坚持

——地理特级教师许鑫

何颖　曹雪芹

许鑫老师，北京市第八十中学地理特级教师，原任史地组组长，曾兼任北京市基础教育科学院地理学科教研员，获朝阳区教育“先进个人”称号，并担任朝阳区地理学科“导师带教”组导师。许老师注重地理知识结构教学，注重学生综合能力和学习能力的培养，在40多年中学地理教学工作中兢兢业业、严谨治学，积累了丰富的教学经验，深受学生欢迎，地理教学水平享有良好声誉和知名度。

近年来，在实施素质教育改革中，许老师参加并主持了多项教科研活动，勇于探索、努力创新，教科研成果在中学地理教学界产生广泛影响，并受到领导、专家和同行的好评。1994—1998年，许老师主持初中地理考试方法改革的教科研课题，获北京市朝阳区“九五优秀成果奖”，所撰写的课题论文，获北京市地理年会优秀论文一等奖。1999—2001年，许老师主持“初中地理活动课程”的教改实验，根据课程理念，按照地理实践活动自身规律和结构设置活动类型课程，使之与初中地理学科课程相辅相成，实现素质教育的任务。中国科学院资深院士、中国地理学会名誉理事长吴传钧先生对此项改革给予高度肯定。2004年，许老师获北京市第二届基础教育教学市政府二等奖。2005年合作主编《朝阳》地方教材获得市教委肯定和好评，在朝阳区作为统一地方教材使用；出版高中地理新课标特级教师辅导(人教版)VCD。2010 年合作主编《新课程高考地理备考与活动教学》，2012 年主编《高中地理同步综合复习用书》。

一个很温暖的上午，许鑫老师在八十中学特意安排的会议室接待了我们。许鑫老师年过七旬，身材消瘦但腰板挺得直直的，访谈的两个多小时里，他一直精神饱满，热情洋溢。许鑫老师为我们这次访谈做了充分的准备，除了带来他多年的教学科研成果著作外，让我们感到惊喜的是，他用红、黑不同颜色的笔写下了访谈提纲里的所有题目。许鑫老师谦虚地说这是对自己教学人生的反省。当谈到教学与科研方面取得的成就时，许老师总是再三强调时代机遇、团队作用、学校文化的作用；讲起艰难时代的人生往事，他仍笑语不断。访谈的会议室内，在许老师身后的墙上挂着 16 个大字——正身育德，宽容大爱，严谨治教，恒学善研。我们想，许鑫老师的教学经历与人生智慧恰恰可以用这几个字来形容。

一、选择教师，选择地理——误打误撞的缘分

许鑫老师是南京人，10 岁随父母来到北京上学和生活。从小在学校表现并不起眼，但骨子里充满一种不服输的劲儿。“我是南京人，我 5 岁就上学了。因为年龄小，总受同学欺负。感到很自卑，打也打不过，说也说不过，人家也听不懂。但是又不服输，或者说不自弃。”这种打小就有的“不自弃”的个性特质，深深影响了他的职业人生，敦促着他在教育教学之路上持续探索、不断精进。

1961 年，许鑫老师考入北京师范学院的地理系，从此他与地理教师这个职业结下了深深的缘分，而这种缘分的到来却略显曲折。许鑫老师回忆，高考报志愿时，在老师的鼓励下，第一志愿填的是航空学院，但由于时代和机遇的巧合，最后却被北京师范学院资源地理系录取了。“我这个人也比较随和，想想有学校上就挺好的，就去了。还有就是，受我母亲的影响比较大，我母亲是小学老师，虽然辛苦，但每次她的学生来看她，或是一有什么节日，都会收到许多来自学生的祝福，她都非常幸福和满足。所以，我觉得当老师也挺好的，学生对你的认可以给你带来成就感。然后，我想，师范的学费不要，还管吃饭，当时我的家境一般，我又是家里的老大，出于减轻家庭经济负担的考虑，我也愿意读师范。”虽然未能如愿进入最初理想的院校，但出于现实的家庭负担考虑，同时出于对教师职业的敬重和对获得学生认可的钦羡，沉稳淡然的少年并没有

因此抱怨不公，而是欣然接受了命运的安排，踏踏实实地将这个“不知道是怎么回事”的地理专业安安稳稳地读进去了，并在以后的道路上将这份人生的意外转变为一份又一份令人惊喜的成就。人具有很强的可塑性和适应性，按照斯滕伯格的成功智力理论，拥有成功智力的人能够选择、适应以及改变不同的环境。面对既定的情景格局，许鑫老师显然正属于能够运用成功智慧去适应环境的这类人群。也因此，或许时代的安排使得社会少了一名航空技术人员，但庆幸的是，我们同时实实在在地拥有了一位优秀的人民教师。

在北京师范学院资源地理系的四年中，许老师也逐步培养起了对地理学科的兴趣和对今后走上教育教学岗位的期待。许老师回忆，他当时最喜欢的课程是地理课外活动。“我在学校里感到最受影响的就是地理课活动，出去玩，到野外考察，这是最感兴趣的，只有地理系有这个。当时，因为经济条件差，四年大概就去了三次，都是近处的。一次是去天津，化工厂考察和盐场考察。一次是到河北宣化，做了一个野外考察。还有就是北京郊区植物园。”这样的野外考察，激发了青年对地理学科的无限兴趣，满足了好奇心和求知欲，开阔了视野，并为其几十年后将教学研究的目光投向活动课程开发提供了原动力。

访谈结束后，许鑫老师特意通过微信的方式告诉我们，在地理系的四年中，得到了许多老师的关心和帮助，至今心怀感激。

许鑫老师自豪地说：“我们这届是地理系中特殊的颇为自豪的一届。其中有三个特级，五个是研究员，还有当了平谷教育局局长的，另外还有很多艺术人才。”这样一个人才辈出的班级，一定是多种因素造成的，个人的勤奋，同伴之间的激励，老师的辛勤付出，时代环境的历练等等。总之，个人主观上的努力和客观环境的造化，是杰出人才成长成功的必要条件。许鑫老师便是其中的典型。

二、正身育人，坚定教育信念

1965年毕业后，由于当时的时代背景，毕业大学生要到社会锻炼。“那时候，叫‘社会主义教育运动’，第二年就是‘文化大革命’。其中有一个‘四清’运动，清政治、清思想、清经济、清文化。我们刚大学毕业，到农村参加‘四清’工作队，老同志带着我们去密云等郊区县，那一年让我体会到什么是农村。连灯也没有，吃、喝都非常困难。和当地农民要‘三同’——同吃、同住、同劳动。但是新鲜，那时候年轻，吃东西也无所谓，反正只要吃饱就行。”两年的农村生活体验让许鑫老师更贴切地了解了中国农村的落后和农民的辛劳，艰苦的条件磨炼了他顽强的毅力和意志。青年时代的激情是无法被生活贫困、物质贫乏击垮的，真正可怕的是精神的荒芜，许鑫老师显然没有让精神世界成为空白，因为他还有不灭的梦想。

正式参加工作已经是1967年了，许鑫老师被分配到南沙滩中学。由于当时的时代背景，知识教育缺乏，教师的主要精力是带着学生学工学农。“那时候叫‘复课闹革命’。学生不爱上课，搞学工学农，带着学生劳动，拔麦子，种水稻。”1979年，许鑫老师接过了南沙滩中学一个班的班主任一职，他的行为准则是要么不做，要做就认认真真，尽善尽美。因此，他将全部身心投入到学生的培养和班级的建设中，一分耕耘一分收获，这个班集体被评为市级优秀班集体称号。“1978—1981年，校长给了我一个初中班，这个班的学生基础不错。我跟学校提了一个条件，我说我要带，就要带到初三，因为通过两三年，才可以看到学生的阶段成果。学校答应了我的要求。”

教师面对的是一群有独立个性的学生，不能以统一模式对待，因此深入学生，了解学生，是展开学生工作，做一名优秀教师的基础。许鑫老师为了充分了解学生，第一，他进行家访，了解学生的家庭情况，对家庭环境差的学生给予更多的关照。“有几个孩子的学习成绩是不错的，家庭条件也不错，都是知识分子。还有一部分农村的孩子，文化教育背景差，这样混合成一个班。”第二，为了掌握学生的学习进度和学习效果，他随堂听各科老师的课。“我要抓他们的学习习惯。怎么抓呢？我听各科老师的课。掌握学生学习的进度，我知道你听课没听课，我好了解。我也做不到全能，但是至少主科咱们要了解一下。然后了解这个老师的教法，听听学生的反映，老师教得好不好。”许鑫老师回忆总结道：“一个好的老师必须要了解学生。”担任班主任管理所有学生的工作，还要听各科老师的课，了解学习进度，他没有自己的业余时间，投入百分百的热情与精力，将全部身心扑到学生身上。三年如一日的付出，收获的是学生及家长的肯定和支持。

在充分了解学生的基础上，下一步就是激发每个学生的潜能，扬长避短，发挥各自的优势，及时给予肯定，从而坚定学生的信心。许鑫老师坚定地相信每个学生都具有向善性和上进心，教育的真谛无非就是保存孩子身上的善根并使之不断生长。许老师的教育智慧在于他很好地处理了生生之间、师生之间的关系。对待学生产生的问题，他不是指责而是选择疏导和宽容。“我知道孩子们是上进的，让孩子们发挥互助精神，学习好的孩子帮助后进生，我说，你们是干部，你们一定要有互助精神，让他好好听课，他再不听话，你告诉我。但是我从来没有体罚过学生，就是找学生出来谈话。每天就这样盯着，这样过了三年。”与此同时，许老师以体育锻炼的方法来发掘学生的潜能，培养学生顽强的意志，然后将这种意志品质转化到学生的学习上来。“我抓体育，抓课外体育锻炼。我天天早上 6 点就出来陪学生锻炼。当时全校进行赛跑，就是团体跑，我们初二学生的成绩居然超过了高中学生的成绩，夺得了第一名。学生特别有荣誉感和自信心，也增强了班级的凝聚力和集体感。我和学生说你们体育成，学习绝对也能成，你们无非就是学习基础差，学习的方法弱，但只要你有不屈不挠的坚强精神，照样能成。再加上同学之间的互相帮助，老师们的辅导，初三毕业考试成绩，有 6 个考上市重点(高中)，有将近 10 个考上区重点。当时在我们那个学校，可以说是空前的成绩。”与重视体育锻炼相应，许老师并不完全依照学生的学业成绩去评判一个学生，而是关注学生身心健康的全面发展。这样的体悟多少和他在农村劳动的体验有关联。“我觉得体育的精神恰恰是我们人的精神，当时虽然还没有这个意识，但是我觉得，你必须看到学生某一方面的潜能，农村孩子体力好，又有荣誉感。我会表扬学习差的学生，虽然你这科没考好，但是你体育分高，可以将这种精神转化在学习上。”因为许鑫老师的全力付出和努力，受到了市、区领导的关注，所带班被评上市级优秀班集体，他也被评为朝阳区先进个人。

“自信和成绩是互动的，你取得一定的成绩以后，会很欣慰。”学生的优异成绩和表现给了许鑫老师极大的宽慰和鼓舞，加之市领导和学校的赏识和肯定，让青年时代的许老师感悟到付出终会得到相应回报，同时也感到了当教师的乐趣。与地理教师这份职业误打误撞的少年，在责任感与爱的感召下，在用心感悟和体察的经历中，在智慧与心血的付出里，逐渐步入了教师工作的正轨，而工作中获得的成就与肯定，又坚定了他对教师职业和教育事业的信念。

三、严谨治教，勤于反思总结

1984 年，许鑫老师调动工作来到八十中学担任地理教师。在八十中学的第一年就带了一个高三的班级。经过一年的认真钻研、摸爬滚打，所带班级的高考平均分略超北京四中。取得这样突出的成绩表面属于意料之外，但若了解了许老师所做出的努力，则定然会认为这是个必然：1981 年恢复地理高考开始，教学质量重新被重视起来，许鑫老师备受振奋，决心做出一番成绩，一方面“重操旧业”系统梳理地理知识；一方面学习总结教学方法。“一恢复高考，马上就接手，那就是从头弄起，三年期间，一边教，一边学。”在中学听各科老师的课，他虚心学习，悉心反思，探寻一套更适于地理教学的教学模式。“我对各科有一定的了解，特别是一些老师不同的教学方法，略有所知。有的老师教得真不错，深入浅出，循循善诱，应该怎么讲，语文、数学不同的方法，反正学了不少，当时就是观察学习。”

基于教学实践中持续的摸索反思，许鑫老师对教学形成了独到的看法。“我的最基本的认识就是抓基础，基本概念、基本知识一定要让学生掌握透。另外我比较注重图像和空间能力的教学。”在教学方法上，许鑫老师摒弃以教师为中心的灌输式教学，鼓励学生之间互相启发、资源共享。“八十中学的学生理解力强，我就又采取了资源共享的方法，尽量让学生互相启发。课堂上不是老师一个人讲。我觉得他们比我聪明多了，有时候点子比我想的还好。老师不是万能的，老师有很多不如学生的地方，你干吗不让他们来发挥作用呢，而且还能让他们有一种更了不起的感觉，反过来还鼓励他们。”具体到讲课的方式上，许鑫老师提倡教学要具体化形象化。“讲课要有趣味，讲课要生动。我有一个最朴素的认识，就是抽象东西具体化，形象化，另外讲课稍微有点幽默感，这样学生听起来就不太枯燥。”

许鑫老师在教学实践中善于反思总结教学规律，按照学生年龄和个性特点展开教学。他精益求精，边教边学，不断提升自身的教育实践能力。“在知识更新非常快的社会，一边干，一边学，我认为这是每一个老师成长都应该遵循的规律。”为了上好每一堂课，教好每一个学生，许鑫老师一方面努力完善自己的学科知识体系，一方面在探索教育教学方法。“一个是要自己完善自己的学科体系，还有一个困难，怎么教孩子，你懂的东西，不见得能够教会孩子。”

四、恒学善研，荣誉与责任并存

1992 年，北京市暂停地理和生物学科的高考。取消地理高考，意味着副科不再重要，不受学生、家长甚至学校的重视。这无疑会成为大多数地理教师的担忧和困惑。而许鑫老师却以平和的心态对待，并将暂停地理高考看作进行课题研究的重要机遇。因为在高考的重压之下，没有课题研究的意识和精力，“那时候高考暂停一开始，我有时间了，所以要感谢高考停考”。

许鑫老师在多年的教学经历中，形成了一个良好的习惯，就是每上完一堂课，做完一次学生思想工作，结束一项课题活动，都会认真总结反思。趁着高考暂停的机会，许老师和几位同事投入一些课外活动研究，在此基础上，他提出了活动课程理念，将课外活动作为一种课程资源来开发，并带领团队进行初中地理活动课程的教改实验，取得了突出成就。“我们自娱自乐式，没什么功利，真没有功利目的。但我这个人每结束一件事，习惯思考思考总结总结。我通过它，我就想到课程资源的开发，为什么不把课外活动上升为一种课程呢，课外活动跟活动课程，理念就不一样了。活动课程要有体系，有目的和实施过程，还包括育人的功能，还有对老师提出新的要求，关注学生实践能力和参与度的培养。”从 1992 年开始，到 2001 年出版《初中地理活动课程研究》一书，凝结了许老师及其团队的大量心血，调研、总结、调研、总结……十年的寒暑交替，日夜轮换，这份沉甸甸的科研成果真可谓十年磨一剑。该书得到了中国科学院资深院士、中国地理学会名誉理事长吴传钧的高度肯定和评价，认为该书“在初中地理课程教学过程中，能够培养学生们更好地动脑、动手，活学活用地理知识和地理观点，这对加强素质教育无疑会起到积极作用”。在访谈中，许老师一再强调这是集体的智慧结晶，是团队共同努力的成果，同时也得益于八十中学提供了宽松有利的资源和平台，给予了大量物质支持并营造了教科研的文化氛围。

2001 年，在学校的支持下，许鑫老师凭借丰富的教学经验和已取得的科研成果，顺利通过考核，成为朝阳区地理特级教师。58 岁的他，终于获得教师职业中的最高荣誉，这份荣誉或许显得姗姗来迟，但对于他来说，已经是一份意外的惊喜。因为他一辈子勤勤恳恳教学，踏踏实实搞科研，从不急功近利；他为人谦和，总是看到自己还有太多的不足，还需要不断进步，其他老师身上的优点值得他去学习。因此，虽然递交了特级教师评审材料，却并没有太大的自信。“当时因为名额限制，就评一个特级，我根本没往那儿想，我只是有追求，但是我没认为我自己能评为特级。因为好的教师有的是，我真是这么想的。可能我材料写得比较好，人家评审凭材料，所以就赶上了。”面对个人的成功，许鑫老师感悟颇多，而相关的言谈无不谦逊。“在那个环境中，我的机遇占了很大的比重。还有我个人的努力，比如刚才谈的积累也好，基本功也好，教研能力也好，很重要的是我有追求，我的追求还不在于我有多大志向，我只是感兴趣……这个称号的获得，受制于多种因素。但机遇远远大于个人努力，但是不要因为机遇而放弃努力。”

成就和成绩的获得不断激励着许鑫老师的进取心。在许鑫老师眼中，越高的荣誉意味着越重的责任，他也因此愈发努力地追求教学与科研上的精进。“等到评上以后更不得了，没办法了，帽子戴上了，你还得继续研究。特级这个称号是鼓励，是责任，是新的起点。”

2003 年，许老师从八十中学退休。但他精神抖擞、思维敏捷，仍然热情饱满地站在教科研阵地，参与乡土地理教材编写并担任主编；担任朝阳区“导师带教”地理组组长，带领青年骨干教师进行科研活动。

2005 年，在朝阳区教研中心的领导下，许鑫老师和团队老师们着手朝阳区乡土教材的编写。“当时北京市进行地方教材编写，朝阳区是以地理学科为主的。我当时提出了自己的想法，因为那时候我已经有了课程资源的观念了。乡土教材应该打破原来教材编写的思路。第一，不能写像过去地方志的那种地理，那就没劲了，因为教材是要为学生服务的。近几年来，朝阳区的变化比较大，现在的课程标准希望在乡土教材中把家乡的主要变化及其影响反映出来。第二，我又想，我说咱们别光从地理角度出发，不是全方位的。正好我们高考的时候有文综思想，我们可以从历史、政治、社会和地理的角度来介绍朝阳区。上面听了，觉得挺新鲜，说思路很好。然后 2005 年开始集中了全区的优秀老师编这本教材。编完以后马上就首批通过了，通过以后又不断地修改。每一位老师都非常辛苦，到各地调研，进行乡土教材的搜集、加工，这不是我一个人干的，是大家共同的结晶。”乡土教材凝结着教师们的智慧与汗水终于出炉。2013 年，许老师又继续指导朝阳区参加乡土教材电视录课的老师展开了三个月的集体备课和讨论，将乡土教材的成果以电视录像课的形式推向更广泛的受众，实现资源共享。“现在他们青年教师这拨，进行名师录像课、示范教育、BDS，实现资源共享，就说明这个教材编得不错。在朝阳有线、歌华卫视专门播，网上也可以查到。”许鑫老师自豪的言语里，更多的是对青年教师的鼓励和肯定。

“导师带教”是朝阳区“名师工程”的一项具体措施，许鑫老师受工作小组的委托培养几位中青年教师。这些教师都是中学地理骨干教师，有的还是市级骨干、学科带头人。许老师将带教团队的关注点投注于普通高中的课程改革实验，为准确地把握和理解课程标准的理念，最后将注意力集中到高考课程标准中的“活动建议”。“高考课程标准里面的活动建议大家都比较忽略。我带徒弟，和他们说，你们跟我学不着什么东西，咱们一块儿学，咱们分头的一人干几个，一块儿把活动建议做一个学习和总结，这样就成了一本书，也算我带徒弟的一个成果。他们对各个字词和标准进行分析，然后举例，我要求他们每个人每个标准有个案例，基本上用的是高考题。”2010年，该项研究成果《高考地理备考与活动教学》一书出版，在基础教育课程改革和高考改革的背景下，该书从落实地理课程标准的“活动建议”与高中地理教学、高考备考相结合的角度，系统阐述了对地理课程标准的理解，获得广泛好评。

多年的课程开发与研究工作使得反思、研究已然成为许老师的生活习惯与思维方式。在我们访谈时，他不仅能对我们提出的每个问题都给出顺利流畅有深度的回答，还在最后向我们展示了他事先针对我们提供的十二个访谈问题一一梳理撰写的回答提纲，甚至还以此为基础绘制了颇具有理论高度的个人专业成长机制图。在为许老师的这份认真感动的同时，我们也深深感受到了他作为一名研究型教师的专业素养。

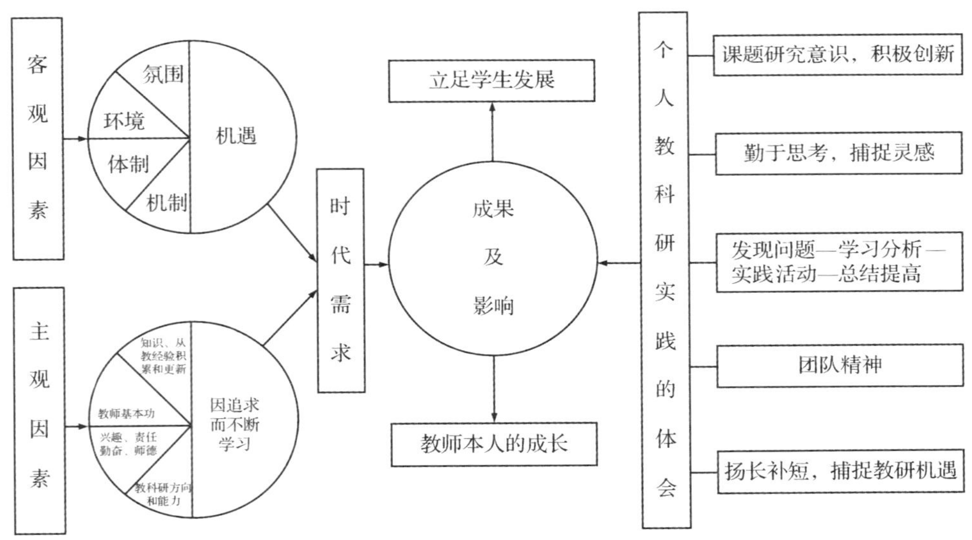

许鑫老师所总结、绘制的个人专业成长机制图

五、寄语青年，实践见真知

从师范生到特级教师，许鑫老师历经近四十年的专业成长之路。他感恩每一次机遇的眷顾，感谢团队和学校的支持；他爱好读书，勤于反思，从不放弃个人努力。面对人生路上的坎坷也好，顺途也罢，他总是以平和的心态对待，

使其成为一个个新的起点。四十年的教学经验与人生体悟，编织成一个个智慧锦囊，被许老师娓娓道来。

教师的专业成长不是一蹴而就的，而是一个不断学习、不断提升自我的过程。许鑫老师总结了教师专业成长的四个阶段，同时他也亲身验证了这一过程。“我把这个老师分成几个阶段。第一叫作入门型，新手教师，不会教，流于形式，停留于模仿阶段。第二是合格型，初步合格，你可以变成初级教师了。然后再进一步就到了经验型，这时候他有什么特点呢，就是他已经业务很熟了，教学、教法融会贯通了。再高一级就是研究型。教师的成长就是这么一个过程。有的老师为什么进步得快，因为他的起点就高。”成为研究型教师是教师专业成长与发展的最高要求，也理应成为教师的职业追求。这个成长过程漫长而艰难，需要树立专业自主发展的意识，培养理论学习与研究的能力与水平，站在更高的起点实现专业成长。

许鑫老师认为，无论对于师范生培养还是青年教师的成长，提高自身的教育教学实践能力是最重要的。“最难培养的专业能力，其实就是教育实践能力。我对实践能力的认识，包含这么几条：业务学习能力、教学教法的应用能力、课程资源的开发利用能力，还有教科研的研究能力和创新能力。第一条，业务学习能力。包括学科专业的融会贯通，这是已经成型的。第二，学科教学理论，这在大学都学了，但偏重于理论，如何把教学理论和学科专业结合，这就是教学教法的应用能力。我上大学的时候，教学法和学科专业联系较浅显，我希望现在的大学能够将学科知识和教学方式方法结合得更深入更实用。第三，希望大学中能够开设课程资源开发利用的课程。第四，要培养师范生，尤其是研究生的教科研研究能力和创新能力。”至于如何形成教学实践能力，许鑫老师也给出了自己的看法和意见。“建议你们(师范院校)要专门开一种课程——教育教学实践能力，这个课程怎么上呢？一是师范生到实践中和一线老师合作编写课程所需的教材。二就是找一些优秀的一线老师，坐堂听课，学习反思。”许鑫老师总结道：“教学实践能力只能在实践中提高，就是在游泳中学游泳，光纸上谈兵是不行的。”

教师拥有了专业实践能力，仅仅是成为一个优秀老师的前提和基础，许鑫老师指出，教师专业能力的发挥关键在于教好和教会学生，这是对优秀教师更高的要求。“难在哪呢？如何把你学的这些理论和学科知识变成学生的知识和能力。能够让学生愿意学习和学会学习。”学生所学知识不是对教师知识的复制和模仿，而是在已有经验的基础上的重新建构。好老师不是教给学生多少知识，而是激发学生学习的愿望并学会学习，在信息更新迅速的时代更需如此。

结　语

苏霍姆林斯基在《给教师的建议》中谈到“用一生来准备一节课”，许鑫老师就是这样勤勤恳恳，兢兢业业。认真准备每一节课，认真教好每一个学生，认真做好每一项科研工作，认真对待生命场域中的一事一物。他潜心教学，关注每一个学生的发展需求。他嗜好读书，勤于反思，将学科知识与教学理论结合，建构先进的教育理念。他谦虚好学，感恩团队的作用与学校的支持。许鑫老师的专业成长经历或许无法复制，但他的实践智慧可以成为青年教师的精神营养，使其受益无穷。

〖寄语〗

值此首师大建校 60 周年之际，谨向母校表示热烈的祝贺！表达真诚的谢意！对为我们服务过的校领导和全体教职员工，对指导帮助我们成长的恩师，表示敬意。你们辛苦啦，谢谢你们！祝贺首师大在党的领导下所取得的丰硕成果！祝愿未来母校取得更辉煌的成绩，成为我们的骄傲！

将教育作为一生执着的追求

——语文特级教师李贺武

林伟　董艳

李贺武老师，1974 年参加工作，在密云县深山区学校任教多年，1988 年调入密云二中担任语文老师兼班主任，1996—1998 年参加首都师范大学研究生课程班的学习，2009 年 12 月被评为北京市语文特级教师。出版《优秀初中语文教师必须知道的 11 件事》《我们怎样积累》等五本专著，主编《中华阅读教程(高一册)》《核心作文阅读教程(高一阅读)》等八册图书。

一、学习，学习，再学习的人生乐趣

李老师在给我们讲述他的学习经历时说："学习，学习，再学习，是我的乐趣。"而在他的整个学习工作历程中也说明了这一点。

1963 年 2 月至 1969 年 8 月，李老师在密云县新城子乡大树峪小学读书学习，由于正好赶上六年制改五年制，小学上了六年半，寒假入学，暑假毕业，这半年没有教材，就在贾伯孝和王延祥老师带领下练习毛笔字、练习珠算。

1969 年李老师升入曹家路中学，由于学校离家有 6 千米，每天往返，有时迟到。但是在学习上李老师从来没有"迟到"过，毕业时取得数学、物理、化学三科 100 分的成绩。那时候他一直以为自己是"学理科的料"。

1974 年 11 月，也就是在高二，李老师老家的学校(新城子中学)有一位老师病了，缺数学老师。校长找到了李老师，要求李老师帮忙代课。于是，李老师开始了自己的教师生涯。

1977年恢复高考，李老师义无反顾地参加了。当时考了个两个公社的第三，但是志愿没有报好就落榜了，1978年再战，差5分没录取，1979年上线了，志愿不如意，便继续做教师。

但是，李老师并没有停下求学的脚步。之后他先后参加了北京电视大学(1983年9月至1985年7月)的大专学习，北京师范大学(1986年9月至1989年7月)的本科学习，首都师范大学(1996年7月至1998年7月)的研究生课程班的学习。

李老师感叹道："在这几次的学习过程中，在首都师范大学的在职进修学习给我留下了深刻的印象!"说起原因，李老师说："第一，电大学习是在职学习；北师大的本科学习地点在通州，真正走进大学校园学习，这是第一次。在大学校园中学习，不仅是从师学习，还受到大学文化的熏陶。"回忆起在首师大上的课程，李老师如数家珍："那时候学习课程有陶东风先生的"审美文化研究"、冯蒸先生的"汉语音韵学"、毛秀月先生的"语言学流派研究"、邱少华先生的"诗词曲联研究"、李银珠先生的"古代戏曲小说研究"、王云峰先生的"语文教育学"等。几门课对我的教益都很大，留下印象最深的是陶东风先生和冯蒸先生的课，他们的特色一个是把中西方文化做比较，求得自己的研究学术成果；一个是把中国古代文化经典作为自己的独门绝活，研究到为我所用的境界，都达到了世界领先的水平。陶老师是北师大黄药眠的研究生，学贯中西。冯蒸先生家的音韵学藏书在领域内应该是很有地位的。另外，饶杰腾先生的指导让我受益终生。"

二、热爱职业，坚持探索

作为一名拥有40年教龄的老教师，李老师有很多丰富和宝贵的教学经验。当被问到如何才能成为一个合格的教师时，他说："我认为，作为一名教师，首先你要热爱自己的职业，再一个就是坚持不懈地教学探索。"

(一)热爱职业

至于对热爱职业的重要性，李老师坦率地说："没有对教育事业的热爱，什么都谈不上。有了这个大前提，才能谈及教师的成长。在这个前提下，要做到三件事：积累、反思、借力。"

第一，积累是基础。教育工作作为一种特殊的职业，实践经验的积累和不断地思考与总结是其必然而切实的职业需求，而积累对于教师的专业成长意义重大。

荀子曰："不积跬步，无以至千里；不积小流，无以成江海。"同样，教师素质也是点点滴滴培养起来的。积累是个天长日久的工作，它也是学习的过程。李老师认为，积累看似容易，难的是长年累月的不断坚持，也只有这种积累才能真正对教师的专业成长有意义。

李老师认为，积累对于写作也是非常有帮助的，写作是成为优秀教师的必备基本功。作为语文学科的特级教师，李老师认为语文老师必须积累一些东西，并且要持之以恒地积累。李老师回忆起当时完成《优秀初中语文教师一定要知道的 11 件事》时，对自己最有用的就是初中执教过程的积累。李老师在教学过程中积累了大量资料，其中 3.5 寸软盘 125 张，备课笔记 48 本，各种资料的档案袋 99 袋，各种版本的语文教材初中 7 套、小学 3 套、高中 5 套。

第二，反思是提高。老师的教学反思是教师教学认知活动的一个重要组成部分，是教师为了成功地实现教育目标，对已经发生或正在发生的教学活动及支持这些教学活动的观念、假设，进行积极、持续、周密、深入、自我调节性的思考。李老师在教学中非常重视反思，他的反思可以说是贯穿在他整个教学过程中。在最初备课时，李老师总是先翻看以前的笔记，查看以前上课时出现的问题；在上课过程中，根据学生的反应随时做出调整；在课后，李老师及时做笔记记录这堂课的得与失。正如赞可夫所说："没有个人的思考，没有对自己经验的寻根究底精神，提高教学水平是不可能的。"

同时，李老师非常重视积累和反思相结合。他说："只有积累，没有反思，收效往往不高。"李老师认为自己的《优秀的初中教师要知道的 11 件事》就是从事初中语文教育的总结与反思。反思和积累相辅相成。李老师说："当你有了灵感一定及时记下来！我这本书的写作是自己长期积累、思考的结果。有许多思考在彼时只有提纲，因为时间紧等原因，当时并没有及时写作成文。可这次全都用上了！比如我几年前关于素质教育的思考有：中学语文备课的三个阶段、上课的三条线索、训练的三个步骤、辅导的三个层次、评价的三种方式等。这次用了'备课''上课''辅导'等思考的内容为重点写作素材。"

第三，借力是平台。美国学者阿瑟·库姆斯等在《学校领导新概念》一书中明确指出："有活力的组织对教育者的个人和职业成长有重要的贡献。"可见，学校是教师的立业之基，成才之本，任何教师的成长与成功离不开学校为其搭建的平台。而平台对于一位老师的重要性，李老师深有体会。

李老师说："在深山区我工作14年，1974年到1988年，这14年不能说不敬业，不能说不够努力。但是真的让自己感觉到进步比较快的，还是在密云二中这个平台上。在这里，名师云集，氛围好，你往那一站，你就能看到自己的差距，从各个方面都能看到你的差距。无论是从知识的积累，学习素养，还是从教的经验，治学的精神，都会觉得自己做得很不足。唯有学，才能弥补自己的不足，跟着老师学，跟着同事学。也就是这样，自己才有了一个很大的进步。"

(二)坚持探索

李老师说："做教师很容易，但是做优秀教师，必须要有坚持不懈地进行教育教学探索的进取精神。"在说到自己的经验时，李老师讲出了自己多年来的心得：

第一，构建自己的教学资料库：备课有自己的讲究，上课有自己的探索，听课有自己的主见，教学资料有自己的积累。

第二，不断更新自己的知识结构：学习读书、考查取经、笔耕不辍。其中笔耕不辍最重要。许多教师忙于事务，不认真总结，不拿起笔来写东西。目前，很多物理化学生物老师不做实验，而是由课件替代；数学教师不做题，而是用现成的习题集替代；语文教师不写文章，而是用"网搜"替代。对于这种现象，李老师认为："这样是绝对不可以的，你不写下来你有什么存留？我对我的要求就是及时把自己的所做、所思、所感写出来。"

(三)大语文视野，小课堂着手

作为一名语文特级教师，李老师对教学有自己的理解——大语文视野，小课堂着手。李老师说："每节语文课只有45分钟，但其中却蕴含着无穷的知识，无限的智慧，无边的能力。"

发现这"无穷的知识、无限的智慧、无边的能力"，首先要做到把教材吃透。"吃透"是个相对的概念，吃透既有相对的极限，又是无穷的境界。

1. 对教材细节的精研。在这里，李老师举了自己关于《小橘灯》的"小"的精研。

2. 教材重点与难点的发掘。如《为了忘却的纪念》刘和珍君在市政府门前遇难细节的描写。

3. 教材单元的重新组合。

其次是教学素材的积累。语文教学素材是无限广大的，就某一篇语文课文来说，语文素材随着时间的推移越来越丰富，需要不断更新。语文素材大概包括：课文写作背景、作者情况、结构分析、思想主旨、艺术特色等教学价值。

再次是教案的建构。上课前预设教学方案非常重要。教案的写法成为了“教育国学”研究课题。我国近些年“学案”的概念出现了，成了显学，并且把它作为教学改革的新宠儿。这有待于进一步思考与研究。

最后是学情研究。进行学情调查，真正实现以学定教，是我们应该重点解决的教改方向。在这四项中，以学定教是最难最重要的。那么怎样才能做好学情分析，实现以学定教呢？李老师在他写的《怎样做好学情分析，实现以学定教》中指出：

首先要把握学情分析的内涵，学情内涵分析的重点是学生身心发展水平和语文学习的特点。因此，对学生身心发展水平进行分析非常重要。同时，要抓住语文学习的特点，把着眼点放在培养学生的语文实践能力上。

其次，要掌握语文教学中学情分析的方法。语文教学的学情分析内容主要包括学生的起点水平、生活经验、学习动机、学习兴趣和学习风格等。李老师非常重视在开学之初的综合性学情分析，因为这是把握学生起点水平的最佳时刻。在此基础上，语文教师要做的就是每一节课前的学情分析，这也是语文教学通往最优化境界的第一步。做好课前准备后，上课过程中要对学生的“学习状态”进行分析，这是重点也是调整课堂教学的重要一步。课后“学习结果”的学情分析也是必不可少的。只有通过全面、准确的学情分析，才能制定出有效的教学方案，最终实现“以学定教”的目的。

三、以学生为本，因材施教

对于教育者来说，教育的核心理念是“一切为了每一位学生的发展”“以学生发展为本”，也就是“一切为了学生，为了学生一切，为了一切学生”。理想的课堂教学应是师生互动、心灵对话的舞台。教学活动应激发学生的学习兴趣，注重培养学生自主学习的意识和习惯，为学生创设良好的自主学习情境，尊重学生的个体差异，鼓励学生选择适合自己的学习方式。这也就是孔子所说的“因材施教”。李老师给我们讲了几个小故事，在这几个故事里，我们看见了一位充满爱心，充满教育智慧的老师。

（一）厚爱学习困难生

在如今“以成绩为一切”的学校中，教师常常抱怨一些学生：“你学习成绩差也就罢了，上课纪律还不好！真是头疼！”教师眼里的学习困难生之所以有这么多的缺点和不足，是由于教师用业已习惯的思维方式去看学生，这种思维方式由于长期的积累和强化，已经深深地扎了根。这是一种什么样的思维方式呢？总的说来是一种横向比较的思维方式，教师习惯于把所有的学生用一个标准去衡量，比如，衡量学生的发展，只用分数做标准，衡量学生的学习方式是否正确，只用上课是否乖乖地听课，是否遵守课堂纪律作为唯一标准。这些学生固然有自己的不足和缺点，关键是老师要如何去引导他们。李老师用他班上的一个小故事，告诉我们该如何对待他们。

故事发生在1991年，市教育局教研部要来校视导，作为班主任的李老师责任重大，负责学生的仪表和教室的卫生。就在李老师信心十足地走进教室时，班里乱成了一片，原来是七个男生一同剃了光头。面对这突如其来的“事变”，李老师像往常一样在教室里走了一圈，站在讲台上。班里慢慢安静下来，等待李老师处理这“七个光头”。出人意料地是李老师并没有勃然大怒，而是夸奖起这七位同学，说他们“心齐”。在有同学要求对这七名同学处分时，李老师拿出“校规”没有规定不准剃光头来保护这七名同学。显然，李老师成功消除了同学的抵触情绪，接着对中学生不适合剃光头进行了有理有据的分析。最后，还与这七个同学在操场上合影留念。

在上级领导来视察的当口，学生集体剃光头挑衅，谁都以为老师会勃然大怒，没想到李老师竟然会“表扬”。通过“表扬”，“七个光头”消除了对李老师的抵触情绪，李老师入情入理的分析，循循善诱的引导，也彻底征服了这帮孩子的心。

（二）体贴学习中等生

每个班级都有一些既不特别好又不特别差的学生。一般情况下，既得不到老师的表扬，也得不到老师的批评，是一些容易被教师忽视、“遗忘”的学生，即所谓的中等生。

中等生占班级多数，一般有两个转变趋势：一是通过良好教育的指导，往优等生靠拢；一是自我放纵受不良影响，滑向后进生。可以说中等生是优等生的后备军，同时也是后进生的预备队。因此，促进中等生进步是确保一个班级整体水平上升的重要条件。

李老师说："对于这些学生，你首先要给予关注。而关注有很多形式，比方说一句表扬、一句肯定，甚至是一个眼神、一个动作对于这些孩子都是非常有意义的。"说到这里，李老师给我们说起了班上的王新宇。王新宇是一个小女孩，家庭比较特殊，跟着母亲和继父一起住，家庭生活条件不是很好。这个孩子学习不是很好，但是非常刻苦努力。由于她家庭情况的特殊，李老师一直很关注她。在高一时有一次，她发烧但还是坚持上课，李老师很心疼。李老师带她到医院看病打点滴，这个孩子只在家里休息了一天又继续来学校上课。李老师说："她现在都大学毕业了，在西安工作。上次我到西安出差，请我吃饭又聊了很多工作上的事情。去年她结婚，还特意从西安跑来让我去给她当证婚人。"看着李老师眼里流露出的骄傲和幸福，我们深深感到了老师和学生之间深厚的情谊。

（三）严厉对待学习优等生

在日常教育教学中，教师的视线往往锁定在几个"问题学生"身上，对优等生总以为他们学习自觉、成绩优秀、遵守纪律，很放心。也正是这样，导致教师情感上的偏爱，很有可能造成教育的误区。

李老师在对待优等生上，也有自己的心得，那就是严厉。李老师认为，对优秀生的过多呵护，往往"折断"了他们原本该坚硬有力的翅膀，使他们经不起风浪，受不起挫折，他们的社会适应能力和社会竞争能力也变得很低。缺乏健康的心理素质所造成的人格、心理上的缺陷使他们成了"庸才"。因此，在教育中，教师应注重对优秀学生进行必要的挫折教育，让他们有一定的耐挫力。还应引导他养成谦虚、谨慎的学习作风，脚踏实地地向更高的目标攀登奋进。优秀生在成长的道路上一帆风顺，在工作学习上得心应手，常深得老师器重。一旦遇到挫折，他们极易产生感情的波动，痛苦、忧郁。这也是造成他们将来社会适应能力和竞争能力不强的重要原因。教师应培养他们坦荡的胸襟，不断地提高其对困难和挫折的认识水平，提高他们抗击挫折的信心和能力。

王鹏是李老师班里一名学习成绩非常优秀的学生，而且领悟能力强，是那种"举一反三"的聪明孩子。但他仗着自己的聪明劲，认为自己可以"不学都会"，有时就偷懒不交作业。起初，李老师考虑到他的自尊，没有当众点名批评。但是后来，不交作业的情况越来越严重。李老师在班上当众点名，对他提出了严厉的批评，并且进行了一定的惩罚。但就在点名批评当天晚上，李老师利用晚自习的时间，把王鹏叫到办公室，与他谈心。就是在这次谈心之后，王鹏意识到李老师对自己的良苦用心，也意识到自己的错误。在以后的学习中，收起那种“不学都会”的骄傲劲儿，踏踏实实学习。王鹏参加高考时，正值非典，学校放了假。但是李老师经常和王鹏联系，关心他的学习。王鹏家住农村，骑自行车找李老师复习，他们在公园里一坐就是半天，最后李老师的腿都麻得站不起来了。在最后的高考，王鹏考了密云二中第一名，升入清华大学。

也正是李老师对学生的这种“因材施教”，使得学生们发挥自己最大的潜力，并与李老师建立了深厚的师生情。

四、以教学研修促进青年教师的成长：硕士毕业教师工作室

一名卓越的教师，不仅影响着自己的学生，更影响着周围的青年教师。很多青年教师就是在这群老教师的“传帮带”下渐渐成长为一名合格的教师。李老师对这点也深有体会，正是在顾德希老师的帮助指点下，才有了更进一步的提高。因此，李老师非常重视青年教师的职业发展，并在密云二中发起硕士毕业教师工作室。

在最初建立工作室的时候，李老师有自己的考虑，这些老师的基本素质特别好，基础知识扎实，但是基础知识不等于育人的本领。因此，硕士毕业教师工作室主要就是把这些有硕士学位的老师组织起来，按照学科划分小组。

第一，注重学习，因为很多教师入职后，自己学习的学科方向就荒废了，非常可惜。为了改变这种现实情况，工作室先对这些教师进行调研，了解他们的诉求以及职业规划。在看教师的问卷过程中，李老师发现这些教师对学习进步的要求还是很强烈的。于是，李老师创建学习型模式，引导青年教师将团队学习与自我学习结合起来，促进教师专业发展。

第二，制定自己和小组的工作愿景，因为小组是按照学科划分的，因此每个小组从自己的学科背景出发找寻自己的工作愿景。

第三，集体组织活动。虽然大家的学科背景不同，但作为教师，教育心理学是必备的知识技能。因此，李老师组织大家一起研修《伍尔福克教育心理学》，并组织大家分享实践体会。这样，不仅增加了教师的知识，而且在切实的教学中也增加了教师对教育心理学的驾驭能力，真正提高了施教能力。

五、施教的艺术：融会贯通的教育心理学

在被问到在教师职前教育阶段最难培养的专业能力是什么时，李老师回答：

“我认为是教育心理学知识的消化和运用。”根据常年的观察和经验，李老师认为目前的新教师在运用教育心理学的知识与技能时有所欠缺。李老师说：“比如教学有三个层次：技术、艺术、学术三个阶段，‘技术’要做到熟能生巧，‘艺术’要做到游刃有余，‘学术’要做到见微知著。这其中贯穿始终的是教育心理学知识的运用与实践，这在职前培养中总有‘雾里看花’的感觉。”

“教育心理学基本原理是稳定的，但也在不断发展。我不知道我的观察是不是准确：大学的知识与实际接轨不够，特别是基本原理有些丢失，新概念知道不少，用不上。怎样把教育心理学的一般原理深入地而不是肤浅地融化在在校生的头脑中，再让他们到实习基地运用，回来谈一谈体会，是非常重要的。”

李老师特别的见解让我们眼前一亮，在当前的职前教师培训中，虽然教育心理学非常重要，但正如李老师说的，教师们的消化和运用还是不到位。真正使教育心理学成为施教的艺术，也正是我们今后所要追求的。

〖寄语〗

首都教师摇篮喜甲子华诞，世界教育孵化器从此新生。

情意涌动，温暖无边

——政治特级教师李英姿

林伟　赵丹青

李英姿老师，北京市顺义一中政治特级教师。1987 年进入首都师范大学政法系学习。1991 年毕业参加工作，先后在昌平二中和顺义一中任教。李老师始终坚持工作在教育教学的第一线，担任班主任工作 16 年，是北京市“紫禁杯”班主任特等奖获得者。1999 年被评为顺义区园丁新星；2004 年被评为北京市骨干教师；2007 年被评为北京市学科带头人。李老师所讲“提高企业经济效益”一课被评为北京市一等奖；2009 年承担了全国示范课“我国外交政策的宗旨：维护世界和平、促进共同发展”；2009 年，李老师被评为北京市政治特级教师。

随着市场经济的冲击，现代教育逐渐被异化。教育的育人功能似乎已被其经济功能所代替，教育沦为了职业的附庸和工具，教育的人文关怀也在逐渐迷失。教学缺乏对学生的关怀，道德出现滑坡，师生关系冷漠，学生精神生活贫乏，一系列的教育危机开始显现。

关怀伦理学家诺丁斯呼唤教育人性的回归，强调关怀与被关怀是人类的基本需要。她认为，关怀是一种关系，是一种关怀者发出关怀行为，而被关怀者给予回应的互动行为。① 因此，教师必须全身心地投入教学，关注每一个学生，尊重每一个学生个体生命的存在。在教育活动中，教师对学生实施关怀与爱是教育人性化的体现。本文将运用叙事研究的方式，讲述最真实的教育故事，审视教师教育关怀的流露与实施，能够帮助我们深入挖掘教师行为背后所隐藏的教育意义。

李英姿老师从教以来，坚持以学生为本，以生活为根，用科学严谨的态度去把握思想政治课的学科特点，用积极主动的行动去探索政治课的有效教学方式，倾力打造真知、真情、真理浑然一体，知识、技能、心性皆得历练的课堂。教学风格独特，教育教学效果显著，深受学生喜爱。通过对李英姿老师的访谈资料以及其他文本资料的整理，笔者发现，李老师的教育关怀渗透在她点点滴滴的教育实践中，本文通过对李老师课堂教学、师生关系等方面的分析，挖掘其教育行为背后的人文关怀。

一、跟随心的方向

目前，纷繁复杂的社会环境不断冲击和碰撞着教师的价值观，有的教师还在保持着自己积极的价值观，有的教师已经走向了迷茫的道路，看不到自己的价值。面对日趋复杂的社会环境，李老师认为，要想当好教师，做优秀的教师，就必须把心放在教育上，踏踏实实教学生，及时了解学生的想法，努力上好每一堂课，让学生愉快地学习。

(一)走出“大科小科”的标准

对多数学生和家长来说，政治这一科目与语数外等主科相比，地位相差甚远，并不受太多重视。而作为政治教师，面对自己热爱的学科，难免会觉得有些尴尬。这种尴尬与难过或许是主科教师无法体会的。“多年以来，初中政治不参加中考，因而，在很多孩子心目中它就是副科。受功利思想影响，绝大多数学生高一开始时并不接纳这个学科，怎么转变它在学生心目中的地位？即便转变了学生的看法，你也很难去改变家长对这个问题的看法，包括我们的语数外老师长期以来形成的印象。”

面对许多学生和家长对政治学科的“误解”，李老师没有放弃自己的学科，

① ［美］内尔·诺丁斯著．始于家庭：关怀与社会政策［M］．侯晶晶译．北京：教育科学出版社，2006：18.

更没有放弃自己的追求，面对这些尴尬，她淡然处之。她认为，各学科都有其价值，教师的作用是让学生体会到所学内容的价值，并学以致用。因此，她非常珍惜四十分钟的课堂时间，因为最有说服力的是课堂，让学生有了兴趣，就会改变他们对政治学科的看法。“我觉得教师必须驾驭好你的课堂。你怎么让学生觉得他学的东西是有用的，这个问题我认为只有我的地盘我做主。自新课改以来，我们使用的教材进行了重新调整，形成了根源于社会生活的模块，这似乎是一个挑战。其实，在没有课改之前，我们政治教师就一直秉承着与时俱进的理念。新教材的使用，更给予了我们挖掘本土及地方的资源的动力，这种课程开发的优势使我们的课堂生发了新的活力和创造力。另外，就是在课堂之外，很多学生，用所学的经济、哲学道理解决了他在生活中、学习中遇到的问题，他就认为老师讲的不是纯理论的东西，确实是有用的。”顺义区有着自己的地方资源优势，许多课本内容可以与其本土资源进行案例整合与分析，帮助学生更多地了解自己生活的环境。这种学习内容与课外资源的结合，使得学生发现，政治这门学科与自己的生活是如此接近，这大大增加了学生对于政治学习的兴趣和热情。在学习哲学时，李老师会将哲学道理用来解释生活中的事件，这使学生发现哲学并不是自己所想象的那么抽象，反而能帮助学生解决自己的现实问题，能够激励学生不断探索。

可见，教育关怀是需要“破冰”的，其关键就在于能够邀请学生一同开启一段有吸引力的旅程。虽然政治科目是“小科”，但是李老师用她的智慧和耐心拉近了政治课与学生的距离，吸引学生的注意力，让学生逐渐喜欢政治。“首先让学生接受我这个人，慢慢地让学生接受我所教的学科，第三是学生在接受的前提下认为，和我在一起的 40 分钟是非常愉快的，这是我一直追求的一个非常简单的目标。”李老师一直在教学实践中不断地朝着自己的教育目标前进。她相信，术业有专攻，任何学科都是以生活为根，帮助学生掌握有用的知识，提升其思维能力。而政治课的教学过程更能让学生感受到跟她在一起的快乐。

(二)教学生所需

教育关怀强调教育的人性化，强调以人为本的教育。以学生为本，教学生所需，脱离工具化教育的链条，李老师在不断地探索和坚持着。她认为，多年之后，课本内容会逐渐走出学生的记忆，但是方法的学习对于学生来说，会是终身受益。多年来，李老师一直在坚持教学生有用的知识，有用的方法，并且引导他们学以致用，而不是死记硬背，学习生硬的内容。

李老师给自己的教学方法起名为“主线串联法”和“中心辐射法”，跟思维导图的学习模式有些相像。“比如说，在《经济生活》中，‘价格’这个核心概念，跟许多内容相关。初学的时候可能就是一个单元才出现一两次，但是你学完一本书以后，它的地位就凸显重要了。学生这时必须要跳出来，把和价格相关的所有系统内的内容都要串在一起，也就是以价格为中心，将与之相关的因素进行整合，找到其间的内在联系，这就要学生整体地把握教材。”李老师认为，帮助学生建立联系的思想是很重要的，她经常告诉学生要把厚书读薄，也就是说，要将庞杂的知识点融为一个系统，帮助学生建构完整的知识体系。李老师将方法的学习融汇于教学内容之中，让学生了解学习方法是如何与内容联系起来的，逐渐引导学生在学习中使用这一方法，使学生从厚厚的课本中走出来，在脑海中形成逻辑明确的思维框架图，在知识之间建立联系，帮助学生更好地掌握整本书的知识点。

这种中心辐射法的学习对学生来说是受益终身的，它不仅适用于政治学科，也会适用于其他学科，甚至会伴随学生的整个学习生涯。“每届毕业的学生都有相应的回馈，他们在我这里学到的学习方法，一直在沿用。比如说，知识整理的方法，从高一开始我就教他们建构知识结构图，实际上这就是整体思维、系统思维的训练。我有一个学生，当年考上了清华中文系，她做笔记、做资料整理的时候，都会用我教授的方法。她的导师非常欣赏我教的这种方法。”李老师善于了解学生之所需，知晓方法学习对于学生的意义，并耐心教授给他们适用的方法。学生学到了方法的精髓，就会将其运用到今后的学习中，他们对李老师充满着感恩与感谢。李老师之所以能够成为优秀的特级教师，是与她对学生的用心付出不可分割的。当学生真正获益的时候，教师的价值就会得到最大的彰显。

二、创造美的课堂

教育是培养人的活动，它不同于任何的技术性活动，教育和教学都不能生硬地教授技巧，而是要能动地去发挥创造性。教育是爱的活动，要将学生视作教学活动的主体。要想与学生建立关怀关系，教师必须意识到，教师—学生不是处在一个制度性的主客关系中，而是处在人与人相遇的对话关系中。

（一）温暖的灌溉

课堂，是联系教师与学生的桥梁，是教师和学生融汇于同一时空的情感互动。它是教师与学生共同展示自己的主阵地，教师对课堂的看法直接影响着教师的教学效果、教师与学生之间的关系。在课堂上，教师在授予学生知识之余，更多的是在渗透着一种师生情感。

李老师在她的文章《创设美的课堂，追求美的教育》之中这样写道："课堂，既是学生汲取精神营养促其生命成长的摇篮，也是教师奉献汗水智慧提升生命价值的舞台。课堂教学不单纯是一种'塑造'，一种'改变'，一种'授予'，它更是师生双方在一定教育情境下的'激活'与'唤醒'。师生对话，和谐自然；师生互动，活泼有序；课堂气氛紧张而轻松。情思随之起伏，身心俱在其中，如沐春风，如饮甘泉，真知、真情、真理浑然一体，知识、技能、心性皆得历练。这就是我心中美的课堂。"

真正好的课堂教学不能降低到技术层面，真正好的课堂是滋养心灵，使学生内心愉悦的。透过李老师的文字，我们能够感受到，李老师的课堂是温馨的，充满温情的。它传递着浓浓的师生情谊，更洋溢着教师对于教育事业饱满的热情。20 多年来，李老师一直在用温情灌溉自己的课堂。在李老师心中，课堂不仅仅要教授学生知识，帮助学生掌握技能，更应该培养学生积极的情感态度，使得教学变得温暖，充满着幸福感，这处处渗透着李老师对于教育的热爱，对学生的关怀。

（二）师生共享和谐之美

课堂教学不是教师单向地向学生灌输知识，它包含着教师与学生的双向互动。课堂，是教师与学生两种生命的碰撞，教师与学生在探讨知识的过程中共同学习，共同成长，形成了对话与理解的教学情境。

教育关怀强调对学生生命的尊重，学生不是单一的"受教育者"，他们有自己的思想，有自己的行为。教师首先要在人格上尊重学生，给学生自由探索的空间。李老师在《创设美的课堂，追求美的教育》中提到："人格上的平等是教育应有的美学价值，平等交往对话、共同参与教学，意味着对学生作为对话一方的独立性和内在的自由的承认，而不是钳制和束缚；意味着教师以平等的态度在与学生共享经验的基础上相互促进，而不是以一家之言去垄断和灌输；意味着通过对话使学生进入一个未知领域共同探究，而不是以教师的先知先觉让学生产生一种先入为主的思维定式；意味着对学生生命个体的内在关注。"多年来的应试教育使得学生个体被压制，学生成了单一的教授客体。课堂中倘若没有思维的碰撞，学生的生命被无情地"抽取"，课堂将会失去创新，失去色彩，教育的意义又何在？李老师关注学生生命个体的存在意义，她打破一家之言的垄断传统，认为每一位学生的想法和观点都有存在的意义，都是这个学生生命个体的彰显。这种平等对待学生的观念，让我们感受到了李老师春风般的温暖。

在“我国外交政策的宗旨：维护世界和平，促进共同发展”这一课的备课中，李老师用心进行了教学设计。她与学生共同选取了58张体现中国外交成就的图片和两段视频作为素材。依照选取经典，可用于深入分析，且适合本校或本班学生实际的材料的原则，并对教学资源的选用进行了反复推敲，设计了如下教学环节：教师从即将迎来共和国的生日导入，引出外交成就是共和国60多年辉煌历程中浓墨重彩的一页，引导学生说出自己印象最深的外交活动；教师创设情境让学生概括出一组体现中国外交主张的“关键词”；学生互动讲述中非关系发展历程以及中国外交取得辉煌成就的原因；伴随着歌曲《中国大舞台》，教师充满激情地引领学生感受中国外交风采。所有这些教学环节的设计，都以开放互动的教学方式呈现。在做这样的教学设计之前，李老师脑海中不断地浮现出中国的政治、经济、文化、外交多个方面发展的画面，这些激动人心的画面激发了她对祖国的热爱之情，她将这种热爱之情融汇于教学实践中，通过视频画面的呈现，将这样的热爱之情传递给了学生，引起了师生之间的情感共鸣。这样，学生自然会“爱上”这堂课，并且感受到政治课堂的魅力。李老师尊重每一个学生，她乐于倾听每一位学生的观点。整堂课，通过师生互动的教学方式，与学生分享自己的感悟，在这样的师生互动中激发学生对祖国的热爱，对国际社会的关注，学生的思想情感在无形之中得到了潜移默化的升华。

三、将真情奉献给爱生

教育关怀，是一种师生关系的建构。教育过程中，一直贯穿着师生的情感交流，这是一种动态过程。师生关系的建立与维系很大程度上依赖于师生情感。师生之间的互动蕴含着教学暗示、课堂合作甚至是矛盾、冲突。通过情感的传递，使课堂变得生动，使教育生活变得充满乐趣，既能激发学生的学习兴趣和创造力，又能够使教师真正享受到教学工作的快乐。

（一）走近学生

随着时代的变迁与发展，现代性的传播媒介不断出现，互联网也在不断增加人与人之间的交流与互动。对李老师来说，要想走近学生，就要学习使用网络，开通自己的网络空间。“自己的年龄会不断增长，如果不学习就更 out 了。

今天的学生首先认为你这个老师心灵上是不老的，他才能接近你，我是这样想。人人、QQ、微信这些现代交流方式是学生喜爱的，而老师如果不‘主动出击’，就会与学生越发疏远。于是，我开始注册人人……学生惊奇地问我，‘老师您还有人人，您太新潮了’。我觉得关系一下子拉近了，于是空间里有了很多好友。”

每个人都有属于自己的空间，那里“住”着最真实的自己。李老师善于巧妙地处理与学生之间的关系，在看到学生在网络上发表的状态时，她认为：“也许他在发表他的状态的时候，他可能忘记了我的存在，但是我觉得那是真实的，更给我一个机会，让我在适当的时候从侧面去引导他一下。”

但是李老师非常重视自己的角色处理是否恰当，她在浏览了学生发表的感想之后，会比较谨慎地与学生交流，因为她认为学生在青春期流露情感是比较正常的，她想要保护学生的自尊，而不是让学生感觉到教师在干涉他。而且教学经验丰富的李老师，对于学生的性格特点也有很准确的了解，她愿意走近学生，却不会去随意干涉学生的想法，这是对学生的尊重的体现。

（二）将幸福传递

20 多年的教学历程，体现着李老师对教育事业的追求，对学生的热爱。她热爱自己的职业，热爱自己所教的学科，热爱自己的学生，她觉得做教师是幸福的。在对李老师的访谈中，李老师总会情不自禁地扬起嘴角向我们讲述自己的那些教育故事，这种微笑感染着我们每一个人，这也更加吸引着我去做一位教师，感受那份我从未体会到的幸福。教师对自己职业的认同，对自己职业的热爱，会在无形中将这种幸福感传递。

李老师带过许多徒弟，她用她对教师这份职业的热爱和坚持，引导着每一个人。“他这么跟我说：‘师傅，我之所以选择留在这里，可能其他的待遇都可以略过，主要是跟您在一起，我感觉幸福。’我说这个评价太高了，他说不是。也许您带给我的，不光是一位教师应该具备的素质，更是作为一个完整的人带给我的影响。这促使我必须把我这份工作做好！”李老师向我们讲述了一位青年教师对她的评价。温情洋溢的教师，对生活充满热爱的教师，已在无形之中将这份情感传递给了周围的人，这是李老师独特的人格魅力，她会引导着更多人成功地走上教师这一职业道路。

（三）母爱般的关怀

关怀是一种互动，是一种情感的交流。当教师给予学生关怀时，学生会自然地流露出对教师的感恩，他们会用最真挚的情感回馈教师。在李老师的婚礼庆典上，学生们无比激动，欢呼声震耳欲聋，他们是在为老师祝福。李老师的女儿出生后，她的学生都会热心地来家里探望，这是学生对老师流露出的最温暖的情感。

您，给我一双翅膀，
七彩的羽翼给了我飞翔的力量。
您，让我学会飞翔，
追梦的路上我看到了更美的天堂。
时间，让您变了模样；
但却带不走我们之间有喜有忧的过往。
今天，当我再一次翻开高中记忆的锦囊，
装满了，您无私的奉献和我的感谢——
亲爱的李老师，谢谢您母亲般的爱！

在我心里，李老师是无话不谈的挚友，是给予我丰富知识的良师，更是对我呵护备至的母亲。我常想，该是多大的幸运，让我在为高考的博弈之旅中遇见这样一位慈母严师，帮我照亮通往梦想的道路，当我颓废时给予我动力，当我成功时告诉我切忌骄傲，当我失败时给予我信心与勇气，让我明白梦想就在前方，让我重拾奋斗的勇气。

（摘自学生刘梦的《我的李老师》）

高三，是我们每个人教育历程中最宝贵的记忆，这是李老师的学生在高三毕业时写给李老师的一封信。她是良师，是挚友，是母亲，在那么多个日日夜夜，给予学生追求梦想的动力。从中我们可以细细体味到学生对李老师的无尽感恩，也仿佛能够依稀看到李老师与学生共同奋战高考的那些瞬间。时光或许可以带走学生对知识的记忆，但却永远无法带走浓厚的师生情谊。

李老师的教育关怀深深地蕴藏于她那看似渺小、朴素的教育行为中，这样温情的关怀是和谐的师生关系的体现，它会在无形中引导学生去追求真善美的幸福。教育的本质是引导完备人性的建构，这种建构依赖于教育关怀。当今社会环境复杂多变，我们却在李老师身上感受到了她那经久不变的温情与关怀。感谢李老师的这份爱与关怀，希望未来的教育之路上，到处都开遍洋溢着幸福的花朵。

四、卓越教师的教育关怀

美国教育家帕克·帕默尔在《教学勇气——漫步教师心灵》中写道："好的教学是对学生的一种亲切款待，而亲切的款待经常是主人比客人受益更多的行为……教师对学生的亲切款待产生一个更亲切地款待教师的世界。"①关怀是教师职业的本质特点，教师的关怀意味着教师对学生的宽容、关心、尊重与爱护。这意味着教师要充满温情地走入学生的生命世界，关注学生的成长。当教师以学生为本，平等对待学生时，学生自然会感受得到那种亲近与爱，他们会牢记于心，存有无尽的感恩。李老师陪伴着许许多多的同学度过难忘的高三生活，帮助他们耐心答疑解惑，失败时给予鼓舞，生活中给予殷切的叮嘱，在看似最为煎熬的高三学习中给予了学生幸福感与爱，让高三生活变得色彩斑斓，弥漫着爱的味道。通过文本内容的分析，我们看到，李老师的教育关怀蕴藏在其教育实践和教育观中，引导她热爱教育，热爱学生，给予她无限的幸福感，而这种幸福感也传递给了她那些可爱的学生。

诺丁斯认为，只有将关怀转化为教育行为时，才真正实现了教育关怀的价值与意义。尊重学生个体生命的价值是教育关怀的体现。当今社会中，应试教育长久以来强调教师的主导作用，忽视学生作为生命主体的存在。我们的教育需要尊重学生，需要温暖，需要关爱。李老师每一次的课堂设计都包括师生的互动，她乐于倾听学生的意见，尊重学生的观点，从不压制学生的思想，不以单一的答案束缚学生，她认为每一个学生都是一个道德发展的主体和完整的人，教师与学生是共同成长的，对话教学会让课堂变得更"美"。这种与学生平等对话的思想一直伴随着李老师的教学。在她的文章《创设美的课堂，追求美的教育》结尾部分，李老师写下了自己从教以来的真实感慨："23年来的思想政治课堂教学经历带给我无尽的回忆，更带给我深深的思考。课堂教学是遗憾的艺术，永远不可能达到完美。但教育始终应该是一种追求美的艺术，教师应该是带领学生在课堂内外体验美、探索美、创造美的人，也许只有这样的教育活动才能引导学生热爱自然、热爱社会、体会人生，进而使学生成长为一名关心人类发展，拥有健康人格，既脚踏实地又仰望星空的人。有人说，教育是一群不完美

① [美]帕克·帕默尔著．教学勇气——漫步教师心灵[M]．吴国珍，余魏等译．上海：华东师范大学出版社，2006：51.

的人带着另一群不完美的人追求完美的过程。我想，正是由于不完美才有了无限的动力，正是由于不断追求才有了无限的生机。”在李老师这篇文章中，饱含着她对政治课堂的热爱，更能让我们感受到李老师的良苦用心。在教学过程中，她充分尊重学生的自主性，将教师的爱与关怀融汇于她的每一堂课。这种师生共享的幸福感，是教师与学生最宝贵的财富。

〖寄语〗

求实求新六十载，全面办学育英才。
为学为师为桃李，成就梦想真情怀。

质朴显真情，平实铸奇功

——物理特级教师宁成

刘帆　田武媚

宁成老师，中学物理特级教师、全国模范教师，现任教于首都师范大学附属中学。曾任北京三十五中物理教研组组长、主持“宁成特级教师工作室”，兼任中国教育学会物理教学研究学会会员、西城区物理学会常务理事，为中国民主促进会会员。他潜心研究教学、勇于改革创新，提出“忆、点、练、总”的高三物理复习思路，倡导“学案导学法”等，显著提升了教学有效性，引发全校变革，相关论文发表在专业媒体。他积极带头示范、无私传授经验；带领物理组全体教师参与教育部课题并发表数篇论文，屡被评为“先进集体”；主持工作室研修，悉心培养青年骨干；坦诚与同行分享经验，积极参与考试命题和教辅编审等，多次荣获各级政府表彰和奖励，获得“2013京城魅力教师”称号。

宁成老师1981年从唐山师专毕业以后就回到母校河北省迁安一中开始了教师生涯，在繁忙的工作中他时刻不断自我提升，分别于1988年和1992年从北师大进修本科和研究生课程班毕业，2004年当选物理特级教师，至今依然活跃在教学一线。采访时，宁老师将我们带到物理实验室，大家围坐在白色的大实验桌边聊了起来。面对几个年轻人，宁老师热情而又随和，不像是高高在上的教学专家，更像是一位相识多年的老大哥。他不事夸张而又毫无保留地介绍了自己从教三十余载的心得与经验。

一、对待职业：平平淡淡才是真

当我们唐突地问宁老师“您特别热爱物理教学吗?”，他微微一笑，朴实地说：“最起码到现在也没讨厌”。宁老师谦虚地说自己“是从农村出来的普通孩子，咱们只能做一些小事情。事实上，你把自己分内的事做好就很不容易了”。宁老师讲到刚当老师两年多的时候遇到一个农村孩子的父亲衣衫褴褛来学校找孩子，让他印象深刻，所以他对职业最朴素的想法就是：“别把人家孩子给耽误了”，“有些孩子求学是很不容易的事，尤其是农村孩子。我得对得起我的良心，到退休的时候不能觉得对哪个孩子有愧疚”。

虽然言语平实，但在工作中宁老师用自己的实际行动诠释了他对教育事业的热爱和对教学工作的喜欢。他的理想就是当一名优秀的人民教师。对待教学工作，他一直扎实严谨，勤勤恳恳；对待教学改革，他一直潜心研究，锐意进取；对待学生，他一贯耐心细致，和风细雨。二十多年的辛勤耕耘，使他从第一次上讲台紧张得满头大汗的新教师，成长为一名特级教师。他坚信教学工作“没有最好，只有更好”。尽管他自己已是特级教师，但课堂教学丝毫不敢懈怠，每节课都精心准备，精雕细刻，决不上无准备的课，决不上准备不充分的课。在“预设与生成”的关系上，他认为：凡事预则立，不预则废；有效的生成根植于精心的预设之中。老师们听了他的课后很是感慨地说：宁老师讲课那么轻松流畅，觉得用到什么便信手拈来，一节课下来整个板面精美整齐，字迹工整，并且条理清楚，重点突出。他的学生对他的评价是：听宁老师的课，像听评书一样，很有味道。

“既要用脑，更要用心”是他工作的座右铭，要跟上时代的步伐，就要不断地学习，不断地充实自己。他不仅自己潜心研究教材、教法，而且积极参加各类教研活动；他不仅虚心向老教师专家学习，而且积极向优秀的年轻教师学习。每次的区教研活动从不缺课。在应用多媒体辅助教学上，不仅能熟练地应用课件，还练就一手能画出“漂亮”图形的好本领，为做好教学工作锦上添花。

宁老师作为一名特级教师、教研组长，始终以培带青年教师为己任，在工作中，不仅事事想在前面、做在前面，而且积极指导青年教师的教学工作，抓时间、挤时间听新教师说课、讲课，本着知无不言，言无不尽，以诚相待之心认真评课。在他的带领下，物理组老师们都能做到：有什么灵感，大家能共同分享；有什么困惑，大家能共同探究；有什么事情，大家能共同承担。

在从事教学工作三十余年中，他凭着对祖国教育事业的忠诚和热爱，默默地奉献着自己的青春年华，在平凡的岗位取得了一个又一个成绩，无愧于“全国模范教师”、“中学物理特级教师”称号。

二、对待学生：实心实意对孩子

宁老师认为建立融洽的师生关系对于教学十分重要，而教师要想获得学生的尊重、信任，教学水平是第一关。“我们都说工欲善其事，必先利其器，如果这个基本功你不过关，学生就不信任你，不信任你他有什么真心话就不跟你说了。教学上认可你了，慢慢地距离就拉近了。”因此，师生交流首要的是学术的交流、知识的交流。

虽然师生学术交流是第一位的，但在一些情况下，教师是可以用情感的交流来促进和带动学术的交流的。宁老师 21 岁就进学校当了老师，当时他觉得自己教学经验不足，应该靠其他方面来弥补，“比如说我多给学生辅导辅导，多沟通沟通，这样跟学生一亲近，尤其是中小学生，他觉得从责任感上来讲这个老师不错，就先做他的作业，你先做这一科和最后做这一科就不一样，各方面都受影响”。

在北京三十五中教学时，宁老师所接手的一个高三普通班物理成绩在全年级排倒数第一，宁老师一方面以自己丰富的教学经验使物理学习对学生而言变得更轻松，“想办法给学生搭一个台阶，这个台阶搭好了，学生一步步就上来了，很轻松。我跟学生说，就好像登山的时候，非得从悬崖绝壁登上去就特别艰难，咱们换一个方式，走一个平缓的路上去，效果不是更好吗?”另一方面，宁老师也经常在课堂上跟学生“逗个乐”，这样“课堂气氛特别融洽，效果好一点”。宁老师谈到有一次他开玩笑说“谁不交作业我们打屁股”，结果有位调皮的男生公然问：“女同学不交作业怎么办?”宁老师并没有生气，而是机智地说：“女同学不交作业也打男同学屁股，你们作为学兄学弟，没有照顾好她们。”“就是跟学生逗着玩，如果师生关系不好，你跟他逗着玩他还不跟你玩呢，这距离就远了。”一学期后，这个普通班的成绩竟然从年级最后一名变成了第一名，对此宁老师并不过多地夸自己的贡献，他半开玩笑地说：“学生突然发现老师还行，也没老糊涂，后来教教就顺路子了。顺路子以后我也奇怪了，突然一不小心，我们期末考试的时候，一下从最末变成第一了。这可能好比吃饭一样，换一个口味，突然感觉好吃了就多吃几口，效果就好了一点。”

跟学生拉近距离，并不意味着“刻意讨好”或“无话不谈”，对于个别老师出于期末学生评教的压力而不敢批评学生的现象，宁老师并不赞同，他说：“不能说学生犯错误的时候你视而不见，该批评得批评，该教育得教育，就是一个方式的问题，用他们能接受的方法，尽量别伤着他惹着他。”同时，宁老师也反对教师把生活中不顺心的事、社会上看不惯的事在课堂上向学生发泄，“毕竟是中学生，你讲这些对孩子负面影响就比较大。而且一节课就 40 分钟时间，你发牢骚发了 20 分钟，就没什么效果了。上课的时候，还是要千方百计把学生的注意力集中到学习上，要对学生多进行正面教育”。

宁老师对学生全心全意，也一视同仁，“(有人)问我，对有背景的孩子您是否给予特别关照？我说家庭条件好的孩子是我的学生，家庭困难的孩子也是我的学生，我们能做师生，这就是缘分。我的职责就是让每个学生都学到知识，都成为社会的有用之材，没有高低贵贱之分，对家庭条件好的孩子也不是特别亲近，对家庭困难的孩子也不能慢待，所以我对孩子是一视同仁的。不管是谁的孩子，你公平了就没问题了”。

谦逊平和的宁老师在谈到师生关系时，不无自豪地说：“这些年走过来我认为，我跟学生的关系一直都不错，学生看这个老师不错，实心实意地对他好，所以说教学中我从来没遇到一个学生跟老师对着干的，还没有这样的孩子。我这么一路走过来，这些学生应该说都比较听话，我也做过班主任，这些孩子我看着都挺朴实的，感觉不错。”事实上，任何老师都会遇到调皮的学生，但宁老师有一颗包容孩子的心，他说：“当然也有气人的，孩子嘛！现在说孩子犯错误，上帝都原谅。他毕竟是孩子，孩子气人和故意找你茬气人的不一样，不懂事的气人无所谓。最后只要你讲明道理，孩子还是比较懂事的。”

三、对待教学：以学生学习发展为本

(一)以学生为本，因材施教

宁老师初到三十五中教学时，可谓临危受命。当时的三十五中，物理学科连续多年成为高考理综的拉分科目，化学和生物老师颇有微词。加之人手不足，宁老师一来便担起两个高三班和一个高一实验班的教学任务。第一年的高三教学中，宁老师便发现“这里教课基本上是一个套路，买一本现成的复习资料，相当于课本似的，例题老师念了，作业题学生做了，做完以后，老师第二节课订正。我就发现这个东西实际上很不顺手，那些复习资料对全国孩子适用，对北京孩子太难，消化不了，效果就不是很好”。于是，宁老师决定自己印复习材料，广泛地寻找资料，从中精选适合学生水平的题目，并且以小专题的形式组织起来，每节课所讲的例题都是为练习题做准备、做铺垫。一开始教师们并不乐意这样教，因为“自己攒东西比较费劲，消耗时间”，但由于宁老师的坚持，学生学习状况渐渐改善，慢慢地老师们也“发现这样效果比较不错，就逐渐地接受了”。物理学科的高考成绩也有了明显提升。而如今，高三不买复习资料而由学校自己印制已经成为区里的常规做法。

尽管已经有了极为丰富的教学经验，但宁老师的教案必定“每年翻新”，“现在有人说你这么大岁数，你也不用费什么劲，教案都是现成的东西。实际上，我今年的教案和去年那个教案绝对不一样。平时都要积累，把我认为合适的东西充实进来，把不合适的东西剔掉”。教案的翻新是针对学生不断调整教学策略和教学内容，这同时也是教师不断成长的一个过程。相信即使不做这些额外的努力，凭借过人的业务能力和丰富的教学经验，宁老师的课堂也会非常精彩，但特级教师的过人之处往往就在于对工作的精益求精、追求完美。他们往往并不胜在起点、胜在天资，而是胜在数十年如一日毫不松懈地坚持对自己工作的高标准、严要求。

事实上，因材施教的道理大家都明白，难的是这背后的态度——教师是否愿意不计成本地付出，教学究竟是以自己省心省力为导向，还是以学生的学习效果真正提高为导向。宁老师说：“你踏踏实实过日子跟稀里糊涂过日子不一样，一天两天看不出来，时间长了就看出来了。就跟吃饭，你一顿不吃饭没问题，一天不吃饭也没问题，这一个月你不好好吃饭，那小孩肯定面黄肌瘦。”

（二）重视学生能力提升

谈到特级教师与普通教师究竟有何不同，宁老师谦虚地讲：“其实就好像下棋划段一样，是个人为的划分，也没有质的不同，有时候教学成绩还不如普通老师”，但是在共同的教学过关之外，宁老师认为好的老师“对教材的理解和挖掘应该比一般老师更多一点，就是如何把知识更好地交给学生，如何找到一个更有效的、更适合学生的途径”；此外，“在知识传授的过程中，如何让学生一方面获得知识，一方面还能提高能力”，宁老师认为中学阶段“知识积累是必需的，但能力更重要。现在的问题是学生积极思考得比较少，能够发散想象力的机会比较少”。

对于当下的高中教学过于强调做题、做难题的现状，宁老师表示担忧。“比如牛顿三定律，知道了不就行了吗？现在非得练到什么程度，最后学生什么也不会了，这个老师高兴了，你看看，我能出这么一个题学生不会了，不会用牛顿第二定律解这个题目了。”对宁老师而言，真正有价值的教学在于让学生动手、动脑，宁老师相信只有这样学生的潜力才能被真正激活，创新实践能力才能得以提升。“现在我越来越感觉到小孩子就应该让他使劲玩、使劲跳，长得高高的，壮壮的；中学生这块知识性的东西让他知道就行，通过知识性的东西让他发挥想象力，动手、动脑，我认为动手的过程中灵感才能上来，你做这个题上不来灵感。死念知识真没什么必要。”

然而，高考的现实约束常常让人觉得有心无力，宁老师也看得很清楚，“让孩子自由发展，散养着，让他长得壮壮的不是更好？但到最后一年的时候，你必须得保证学生考上好学校，学生只有考上好学校才有发展的机会，这是一个最现实的问题。现在每个学校，高一、高二搞教改，热火朝天，到了高三，都是抓高考，老老实实过日子了”。而作为老师，同样只能在理想和现实的权衡中做出对学生负责的选择，“你得为学生终身发展负责，这是长期的。但是你也得为学生解决现实问题，高考这一关，你得把他举上去”。

（三）理想的物理课堂是自由探究的课堂

谈到理想的课堂模式，宁老师先强调没有固定模式。但对自己而言，最期待的课堂情境是，“我的屋里有一大堆实验仪器，我每一个问题都可以一边探究，一边让学生动手做，做完以后老师指导学生探究，把规律总结出来了，这是一个探究过程，我特别希望任何一个规律都能够让学生真实感受。现在基本上还做不到，有些实验就是演示一下。现在至少我希望把老师演示的实验都让学生动手做做，但是你这样做了以后，教学进度、教材安排肯定不合时宜。假设有朝一日让我说了算的时候，我就希望它这样。我还是希望学生多动手，创造力还是通过他动手才有灵感”。而现实是，即使在好的学校里，也往往只是局限于学生完成书本上的实验，真正让学生自主探索、自己做实验是很少的。

因为注重实验演示，注重思考的过程，因此宁老师认为对于高中教师使用PPT应该辩证看待。“有时候PPT的效果并不是特别理想”，因为“学理科这方面，要求得重视亲手操作，能够让学生亲手看到这个东西，物理、化学相通的地方，是实验比较多，这个实验让他亲手做、亲眼看，比做模拟效果好，模拟的东西毕竟是假的，他不信。物理实验也很多，如果说这个实验实在不能做，我们可以做个PPT，或者是实验效果不太好的情况下可以做PPT。”

(四)注重细节，追求完美

宁老师的板画和FLASH动画制作都是一绝。“现在都使用PPT了，板图画得好的真不多了。有的老师不太会使黑板，板书、板图随便一勾一抹的，很有‘大家’的风度。板面跟一个人的脸面一样，你长得好看，(别人)走过去还想回头看一眼，这是人之常情，这是人的天性。字你可以不写得那么漂亮，那么刚劲有力，但你得写得大小匀称一点。你画图的时候让人看着整整齐齐的，别这个图这个高度，那个图那个高度，随便一画就是不好看。接任组长之后，教研组内一项重要的活动是组内基本功比武，看谁板书好。现在我就发现，我们这个组基本上改掉了乱写、乱画的习惯，不良习惯都给他们扳过来了。高三复课，黑板这边写什么，我图画在黑板哪个地方，咱更得有个条理。后来我们有一个老师说，还是得特级教师，你看看人家那个(黑板)，总是有条有理。PPT我们也会用，现在我做的图，都是用FLASH画的，说实在的，我一开始到北京的时候，我还不会画图，后来在我们组老师指导下就会画了，会画以后越画越熟练。现在可以说，我画的图绝对比高考题出题那人画得还好。后来我们学生问我，老师您几月生日？我说你问这个干什么，他说九月份出生的是完美主义者，一看您就是一个完美主义者。其实，就是做什么事情的时候，尽量把它做好一点。你做坏也做了，做好也做了，就差一步的事情，你画这道线，斜着画也是画，横着画也是画，你把它画好看一点就是了。”

四、师范生培养：改进教学实习方案

谈到师范教育中理论与实践的关系，宁老师认为大学阶段的知识储备、高深理论训练很有必要，“仅仅局限于中学课本那点东西，没有最起码的知识储备就不敢讲，你不敢讲这个东西就讲不透，讲不透学生就不信。所以说大学的知识当然有必要，你站在很高的角度看这个问题，跟你从很低的角度仰视这个问题是不一样的，没有一个制高点，你讲课就没底气”。但另一方面，师范教育培养的是老师，“你得把知识教给学生，教给学生要有方法，怎么把知识更快地、在短时间内想办法教给学生，就是如何尽快进入老师这个角色的问题。否则，知识储备很多，没办法教给学生，就白学了”。在新教师求职时，宁老师发现求职者不能很好地考虑中学生的接受程度，过于强调高深知识，因而“不接中学地气”。“现在我感觉最深的就是，老师上来求职的时候，讲那些课应该是深度都够了。有一个老师讲课我印象特别深，就是他用大学的观点讲中学的东西。比如说讲牛顿第二定律的适应条件，他就把这个大的理论导下来了，显得挺高深的。但是用接地气来讲，他跟中学的地气接不上，所以学生听的时候听两句话还可以，听着听着就觉得挺遥远的。还有，没有深入地挖掘教材，这一节课这么几句话就完了。实在没什么可说的了，也没布置问题，就让学生自己看书，一直盼着下课。他这节课学生眼巴巴地等着讲东西，老师一心盼着下课，但是这个下课铃就是不响，老师显得特别难受。”

从工作中接触的实习生、应聘者、新教师的情况看，宁老师认为现在的毕业生比以前要大气，上讲台不慌张，知识面广，眼界更宽，思维活跃，但教学经验不足，对于教材的处理把握不到位。“你现在讲课的时候，包括实习老师，你就发现很从容，很大气。一位试讲的老师，上课前几分钟的时候，PPT，实验仪器都没准备好，人家上课的时候不着急不上火的，把PPT插上，然后打开，就和讲课有多年经验的老师一样，所以现在孩子讲课的时候比过去从容得多了。但是教材处理这方面，一开始试讲可能不太适应。从各个方面看，我觉得新入职的老师还是实践少一点。我建议还是多增加点实习，课本上的东西应该说都够用了，实习上的经验需要更多一点。”因此，宁老师建议师范大学改进教学实习方案，如在集中的教学实习中安排好观摩、讲课、反思的节奏，将讲课的机会分散开来。“我觉得讲一节课以后得好好反思反思这节课，我这节课哪个地方是我的亮点，哪个地方是我准备挺好的东西，怎么没讲出来，或者说我设计得挺好的东西，怎么到学生这配合得不这么好，他反思一段时间以后再来一节课，一边反思一边讲就更好。所以说我还是倾向于多进课堂，多讲课，光看不行。你看着别人都很容易，轮到我们自己做的时候就不那么容易了，多实践。”宁老师甚至建议大学四年均安排实习，“从上基础课的时候就开始实践，别把时间攒到一块儿，就跟咱们家好的东西都攒到过年吃就消化不了是一个道理，就是得把它散开。比如说我第一年实习的时候意识到我有什么问题，我第二年实习的时候经过这么长时间反思，虽然没太多的经验，但是根据已有的经验来看，我应该怎么反思这些问题。可能到下一阶段实习的时候，我就可以把我的特长发挥得更充分一点”。

结　语

宁老师为人质朴，态度谦和，访谈中他没有标榜教师职业的伟大，但却感受得到他在这份职业中所体会到的至高的社会责任感——“别把人家孩子给耽误了”，正因为有这样一份原动力，他“实心实意对孩子”，刻苦钻研业务，无论在何种情况下都不放松对自己教学的要求。数十年如一日地坚持下来，一切成就也显得那么水到渠成。对于当下教育制度和教学现状中的问题，他有深刻体会，但他不剑走偏锋，努力既为学生当下的升学负责，又为他们的能力提升和终身发展奠基。从教几十年，他依然有自己的梦想——做一个“自由探究的物理课堂”，尽管有种种现实约束，但他在有限的条件下争取展现思想的魅力和实验的乐趣。

坚定的责任感、持久的热情、完美主义的细节追求、不褪色的梦想、冷静的思考，所有这些因素编织成一股强大的力量，支撑着宁老师每一日在专业岗位上磨砺、探索和精进。宁老师让我们觉得，或许成为一名优秀教师最大的秘诀在于自我修养。一个师德高尚的人，必定时时刻刻反思自己，事事处处为了学生，出于责任感对工作中每一个细节精益求精。正如他的学生对他的评价那样，宁老师是一位“完美主义者”。

〖寄语〗

十年育树，百年育人；名师摇篮，誉满九州。

祝福首师大越办越好，办成世界第一流的好学校。

让爱在教育中细水长流

——语文特级教师马红民

刘帆 陈然

马红民老师，北京市特级教师，1986年毕业于北京师范学院中文系。1986年至2012年在怀柔区第一中学、怀柔教科研中心工作，2013年调入北京丰台二中工作至今。马老师一直从事语文教学和教研工作。她热爱学生，教学有特色，成果显著。获得的荣誉有：全国五一劳动奖章，全国三八红旗手，首都劳动奖章，北京市五四奖章、北京市教育系统师德标兵，北京市“紫禁杯”优秀班主任特等奖，北京市好家长等，获得北京市政府授予的首届“北京市人民教师”称号。曾是第九、十届北京市政协委员，第三、四届怀柔区政协常委。

1982年，马红民老师从怀柔一中高中毕业，考入北京师范学院。回顾大学四年，马老师觉得师院的氛围很好，“那个年代的大学，在学习的同时，有很多民主的、开放的、自由的东西，有那么一个特别真诚的，能够张扬自己内心情感和思想的天地”。马老师称中文系的专业训练非常扎实，对文艺理论、现代汉语、古代汉语等课程印象深刻。而古典文学是马老师的最爱，投注了最多的精力，直到现在讲课时“还有那时候学的古典文学的影子”，“讲到唐诗，经常能够背诵出来，这些都是读大学时候背的”。教材教法课也是马老师认为对其帮助很大的，而大四的教育实习则对马老师的职业选择有极大影响。

由于中学时以优异的成绩从怀柔一中毕业，再回到母校实习时，马老师颇受一中老师们的信任。实习期间她负责教初二年级语文，还担任班主任，并组织了一次班会活动。马老师似乎天生是做教师的料子，跟学生们短短一个月的接触已经让许多学生喜欢上了她，她也在心里默默地打定主意从事教师职业。从此在怀柔一中一待就是23年。

一、面对荣誉，常怀感恩之心

马老师1986年7月入职，1989年就评上了一级教师，1994年评上高级教师，1997年被推选为北京市政协委员，1999年被评为北京市爱国立功标兵，2000年荣获首都劳动奖章，并获得北京市"紫禁杯"班主任特等奖，2001年荣获全国五一劳动奖章。如此顺利的专业成长历程，马老师认为首先应该感激的是一个好的环境，怀柔一中的老师们对自己爱护有加，无私地帮助，热情地鼓励。初入职时，和马老师坐在同一个办公室的，是自己当年的语文老师也是北京师范学院1969年的优秀毕业生赵淑君老师，马老师盛赞赵老师聪明、漂亮、有才华，非常有语文教师的特质，在教学的同时能够激发人的情感、教化人心，因而一直是自己心中的楷模，甚至自己报考中文系很大程度上就是受到赵老师影响。此外，还有首师大校友、怀柔一中的特级教师孟彦君老师。1983年时孟老师曾教出两个英语满分的学生，一时名动京城，孟老师严谨、敬业，有自己独特的调动学生积极性的方法。马老师回到怀柔一中教书后，有幸和孟老师同年级，因而得到了孟老师的很多"真传"。而高中时代的班主任马东婷老师，当时已经做了学校领导，对马老师也是处处提点，从穿衣到说话，"像自己孩子一样地教"。

马老师做了17年的班主任。对教育充满理想，用心，爱生，有责任，帮助了很多困难学生，教育了很多问题学生，培养了很多优秀学生。2000届的3班是一个普通班，而区理科高考状元640分出在这个班，38人考上重点大学；2003届2班，被评为市级优秀班集体，市级优秀团支部，全班高考平均成绩540分以上，53人中有51人考上重点大学；2006届8班，班长张鹏获"胡楚南优秀中学生奖"，5人考入清华、北大，语文平均分116分，而当年北京市高考语文平均分是96分。面对如此骄人的成绩，马老师首先想到的是对学生的感恩。"还是学生托起了我。你取得的成绩是因为你教的这些学生，如果没有他们考那么好的成绩，如果不是这些孩子品行不错、特别团结，就显不出我的水平。虽然也是我比较用心，但我觉得孩子的天分还是很重要，孩子的品质也是很重要的。家长们愿意把孩子送到我的班上来，所以要感谢学校，感谢学生。”

1997年到2007年，马老师担任北京市政协委员。谈起这段经历，她心中满满的也是感恩。“当市政协委员对我的成长帮助是特别大的，一是在这个群体中见到了北京市教育界特优秀的人，听他们一席话，真是胜读十年书。像顾德希老师，每次开会的机会，我跟他聊那么一点点，请教一些问题，就能够让我受用好长时间。还有一些特别有名的校长，我都不用做什么，就往这一坐听他们说话，就会学到很多。参政议政倒不敢说什么，也做了一点，但是我觉得广交朋友、良师益友，这些对我的成长影响挺大的。”

这种虚心向学、从不自满、懂得感恩的态度渗透在她生活的方方面面，教学经验丰富的她依然会觉得年轻老师身上有值得自己学习的地方。“比如说我现在教课，应该说这么多年的经验以及对教材的熟知度使我的课没有什么问题，但是我每次听年轻人的课，我都觉得有我要学的东西，永远都是觉得人家有比我强的地方，就是因为这点，我也还是在不断努力前进。”调入丰台二中任副校长兼带语文课之后，马老师告诉我们：“这个学校读书的氛围特别好，我总觉得自愧不如，不敢说话了。我就老偷偷地在底下读书，其实有些书老早以前读过的，像弗洛伊德、荣格、康德，但是慢慢都忘了，我现在看他们谈的都是这些，我现在慢慢捡起来。平时也还可以，也比较努力，我觉得每天都努力一点，还是有所收获的。”

马老师总是带着欣赏的眼光看待周围的人，不为盛名所累，常怀感恩之心，毫不自满，虚心向学，辉煌的职业生涯在她看来却是“实际上很朴素的，就这么过来了”。这也得益于她爱读书、读古诗词，她说自己喜欢读古人想透、看开、超然的一面，对人生看得比较豁达。在马老师那里，求知、教学与做人似乎天衣无缝地融合，她不懈地从人类文化的宝库里汲取着精神养分，优雅地在三尺讲台上教化着年轻心灵，从容地在生活的每一个细节中挥洒着自我，从她身上我们感受了一个知识女性独立整全而充满灵性的人格。

二、忠于教职，追求精神自由

马老师在怀柔一中一干就是23年，取得了无数的荣誉，也有不少名校向她伸出橄榄枝，担任政协委员之后也不乏转行的机会，但她都淡然地拒绝了。2009年，区教委将她调入怀柔教科研中心，负责教师培训工作，希望她的经验可以辐射到更多老师身上，在新的平台上为怀柔教育做贡献。直到2013年因为丈夫工作变动，为了家人团聚而转入丰台二中，马老师才结束了在怀柔教育领域 27 年的辛勤耕耘。

马老师说，他们这代人“脑子里没有功利概念，分到哪儿是哪儿，当年有几个同学被推荐保送研究生都不去，要回去当老师”。如今，当年中文系的同学里继续当老师的也不多了，而马老师依然享受着教师职业的乐趣。“当上老师以后，80 年代的时候有很多人选择跳槽，我们那个时候叫‘出口’，真的特别多，但我就没有这心思。”在她看来，做老师“每天做的事情很愉快，很有意义，也挺充实的”，而自己的性格也“比较喜欢独立的精神世界，关上教室的门，这里就是一个独立的世界，教师的思想、情感、学识，可以尽情地和学生进行交流，这种心灵自由，特别是思想的自由，我觉得是别的职业无法比拟的。做个语文老师，虽然没有经国之大业，不朽之盛事，但能够和那些有思想的圣哲、诗者们对话，这种心灵的陶冶和沟通，我觉得是特别让人陶醉和满足的”。在马老师看来教书就是天底下最大的善事。“老师要敬业，心存感激，感谢学生给你这个机会，当你这么想的时候，就没有太多的对学生的这个要求，那个要求了。你会觉得你做的这一切都是在为你自己，修炼自己而做的。我在怀柔的时候教了很多的孩子，家长一传十，十传百，都希望上马老师的那个班，都希望让马老师教，我觉得这本身就是别人对你的肯定、对你的赞美。所以我就在想，把别人的孩子帮上一把，教育上去，就是在做积善成德的事。”

三、热爱生活，用人格感染学生

做中学教师、担任班主任，都是十分繁杂的工作，压力也是非常大的，马老师之所以能够享受自己的工作，得益于她对生活的热爱和对自我精神境界的修炼。

马老师是一个诗意盎然的人。她不但热爱工作，而且热爱生活。她酷爱游泳、热爱爬山；她喜欢音乐，尤其古典音乐，流行歌曲更是听两遍就会；她讲究喝茶、喜欢摄影、爱看画展，对文学更是情有独钟。她的家庭也十分幸福，儿子品学兼优。她的家里总是干干净净，每天她都亲自下厨，为家人做出可口的饭菜。在她看来，保持身心健康，充满激情地工作、生活，就是对学生最好的教育。“态度的教育是最好的教育。我就是要用我对工作对生活最积极的态度去感染他们。”①

马老师对工作、生活的每一个细节都十分用心，在她看来，用心投入是真正的美，“用心之美不在于这份情感能不能够修成正果，而在于它的成长过程，有一些情感是不计得失的，有一些情感是不计成败的，关键是看你的投入。如果不投入，我就会觉得辜负了自己的心，辜负了生活，辜负了学生”。

在她看来，工作中的一切付出“都是为修炼自己而做的”，在投入的工作中，自己的为人处世也会慢慢发生变化，精神境界也就逐渐地提升起来，心境会愈发平和、淡然，思想也变得灵动、智慧。马老师说做语文老师，首先心要静，要充满激情充满智慧，其次还要有教育理想和教育情怀，敬业乐业，心存感激。而这些特质在马老师身上都体现得淋漓尽致。的确，做老师尤其是做语文老师，首先得修炼自己的人格，学习热爱生命、热爱生活。

四、创新教学，陶冶博雅情操

评上高级教师后，马老师经常到外面参加研讨会、学习新方法、浏览专业杂志，更加积极地钻研业务。在研讨业务的过程中还要思考教学，思考如何改变自己的教学方式，如何让语文课上得更好、更有意义，使学生更爱听。她不愿意按部就班、老生常谈，总是希望做些创新。她几十年如一日，激情饱满，兢兢业业，在重复中追求变化，在烦琐中寻找乐趣，在辛苦中品味成功。

马老师认为语文教育必须让学生多读书，核心的使命是使学生有一个博雅的精神世界。即使对于高三的学生，她也不会让他们陷入题海，而是经常在课上带领学生读书。马老师每周都要专门拿出一节课作为读书课，要求学生找名著里自己特别喜欢的片段来跟大家分享。学生们可以在托尔斯泰的《安娜·卡列尼娜》、伍尔夫的《墙上的斑点》、乔伊斯的《尤利西斯》、福克纳的《喧哗与骚动》中流连忘返。

马老师认为，在激发学生阅读的兴趣中教师的引导是非常关键的，教师要想尽办法把学生的情感调动起来，真正吸引他们进入名著的世界，使他们欲罢不能、不得不读。而如果学生信服老师，老师喜欢什么、欣赏什么，会对学生形成一种强大的影响。因此，马老师会真诚地与学生分享自己的读书心得，如

① 秦悦．“态度教育是最好的教育”——记北京市怀柔区第一中学教师马红民[J]．北京教育(普教版)．2008(11)．

意识流小说如何激发自己“不读不行，读又读不懂，读不懂还想读，完全是被它的意识流和语言所吸引，激情澎湃跟着它走的感觉”。马老师注重将教材学习与名著阅读相结合，课上阅读与课下阅读相结合，在课上尽可能激发学生的阅读兴趣。“我记得林黛玉进贾府讲了三节课，我就是在课上跟学生一起来研究里面很多有趣的事。学生第一天说想听宝黛初见，俩人为什么一见如故，为什么心有灵犀，我就跟他们一起探讨，谈出我的很多看法，为什么宝玉那么欣赏林黛玉而不是薛宝钗……学生感兴趣以后，尤其是那些女生，她要不读都不行，很快回去就读了，津津有味地读。”在马老师的感染和带动之下，学生们都热爱读书，班上出现了不少文学爱好者，学生郭志利、唐小娟给马老师发的信息都是用古诗词的形式写的。

在写作方面，马老师也有自己的一套办法。她相信写作的背后是激情，是对生活生发出的真情实感。因此她带着学生观察，通过让学生每周观察一件事，写出自己的真实感受。她谈到有一位学生写自己的表姐生孩子，写自己如何为亲情、母爱所打动，为新生命的降生而欣喜，“这与以前学生自己编很不一样”。

为了创新教育、贴近学生，马老师也不断了解新事物，抓取教育素材、抓住教育机会。“学生不能接受你，就不能接受你的教育。我不能做一个‘守旧老人’，必须了解学生感兴趣的时尚元素，抓住他们的兴趣点。”为此，马老师有许多“另类”的举动。为了能与新时期个性飞扬的学生有“零距离”接触，她到首都体育馆听流行歌曲演唱会，学唱《super star》，收看“红楼梦中人”电视节目……有了这些“共同语言”，她的德育教育与语文课堂就在教师与学生心与心的贴近中充满了思维碰撞；她为学生制作作文网页，为学生“出版”(印刷)作品集，用成功促进学生写作；她有时把男女生分开上课，给女生讲《诗经・氓》和《简・爱》，让她们懂得，放纵情感就会失去女性的独立与人格的完整，给男生讲“古之大丈夫，先立国，后立事，再立家”，正确疏导他们的早恋情结。

为了让课堂上多一些轻松，马老师会在学生打瞌睡时，暂停讲课，献歌一曲；为了抓住学生的耳朵，马老师在讲到贝多芬时，会不经意地提起周杰伦的旋律也不错；为了引导学生的审美观，马老师提醒学生们观看电视选秀节目时审视其中的文化底蕴，琢磨各自心中的“宝钗黛玉”。

马老师还曾经别出心裁地组织吃西餐的活动，让学生体会高雅文化。有一年她带高一年级的一个住校班，所有的孩子都来自较远的山区，马老师发现学生们纯朴、诚实，但却胆小、自卑，或为掩饰自卑而显示出一些自负、狭隘。

为此，她在新年联欢会时组织学生们在教室里吃西餐。先教给学生们怎么做简单的西餐，吃时有什么要求，然后和他们一起在宿舍里做好之后端到教室。大家在教室里摆上长条桌椅，放上歌剧《蝴蝶夫人》的咏叹调，用自备的“西餐具”吃着一道道由学生“侍者”奉上的西餐。后来有学生这样记述当时的感受：在我们不算开放的成长经历里，在我们刚上高中的渴望中，活动的本身就让我们向往不已、震惊不已。我们这些山里孩子第一次知道了还有如此高雅的吃饭形式，知道了公共场合不能大声喧哗，知道了参与的重要性，知道了人的素质体现在生活的点点滴滴中。①

五、带班多年，用真情打动学生②

教育的根本目的是育人。在教学中，马老师除了注重文化知识方面的传授，更从心理、思想上关心同学们的成长，对不同层次的学生分别予以不同的心理辅导及思想教育。优秀的教师不仅会带着良好的愿望和高度的责任感认真地从事教育工作，而且还会遵循学生的心理发展规律和学习规律，借助教育科学理论并运用自己的智慧思考和实践，尽可能让自己的教学对学生产生积极的影响。

马老师曾两次荣获“紫禁杯”班主任特等奖。她觉得自己与别人最大的不同有两点：一是特别喜欢当班主任，喜欢观察学生每天的变化、成长；二是喜欢思考，勤于思考。对自己带的每一个班、每一个学生她都真情以待。

现在的学生，不会轻易地信任任何人，包括老师。独生子女最大的特点就是缺乏感情的体悟，过于自我，交往冷漠。社会流行的利益至上的坏风气，使青少年们很少形成感动、感恩、回报的思想。我做班主任，就要在我的影响范围内，让我的学生们具有更多的情感和思想，让他们成为懂得快乐生活的人、懂得珍惜生命的人、学会感恩回报的人。

每一届的高三新年联欢会上，马老师都会亲笔给每一位学生写一张贺卡，在一次高三年级的新年联欢会上，轮到她出节目，马老师从大信袋里拿出一张

① 彭玉柱．潜心教书永无止境——记怀柔区第一中学语文教师马红民[EB/OL]．人民网教育频道．http：//edu. people. com. cn/GB/8216/133608/7861718. html，2008-09-08/2014-06-20.

② 马红民．真情、真理、真法——我的新时期班主任工作[EB/OL]．怀柔德育网．http：//hrmoral. bjedu. cn/hrdy/28992252454685 9008/20061108/24167. shtml.

张她写的贺卡大声念："杨迪：我荣幸是你的老师。我心存感激。白云躲到了天之一隅，晨光给她披上了霞彩。""李妍：我荣幸是你的老师。我心存感激。腹有诗书气自华。"……同学们一个一个走到她面前，接过贺卡，终于有的学生忍不住了，"老师，我想拥抱您!"那相拥的场景、流泪的时刻、高中的生活、老师的爱和希望，学生会永远记在心间。

学生犯了错误，来到她的办公室，马老师和他们说的第一句话总是："你们有没有要上厕所的?""要不要坐下说?"每天早晨她都先于学生进教室，然后站在讲桌前读书，她每天的班主任工作就是在学生的问候、与学生一起读书中开始的；学生早恋，她不是一味反对、粗暴制止，而是注意观察学生的变化，平等地进行心理沟通；对于成绩不好而有独特才华的学生，她欣赏、尊重、保护、鼓励、帮助；对于身体有残疾的同学，她关怀、照顾，在高考三天甚至让自己的爱人背学生上下楼；对于不幸丧母的孩子，她给予母亲般的关爱，用写信的方式和他谈心，让他代表班级在国旗下讲话，激励他志存高远，替他垫付大学学费；对于迟到的学生，她敞开教室大门，耐心等待学生的改变。

高中阶段学生要学会表达感情，为此马老师组织住校生在中秋节前给自己的父母写一封信，表达他们对亲人的祝福和思念，体现"每逢佳节倍思亲"的感念；她把每一位学生的生日记住，在那一天送给他们祝福；她成立"周日读书俱乐部"，让那些沉迷于电脑的孩子有一个健康充实的活动天地；她带着学生去圆明园、科技馆，让他们去见世面；她带学生登山、骑车郊游、住农家院，在活动中增进师生情谊，增加学生间的交往；高中要学会观察、发现、总结：她鼓励学生多实践，多交往，多参与，三年中必须有一次"独立的经历"(如骑自行车进北京城、打工)，写一篇开放的作业(如调查报告、创作作品)，学一项基本的技能(如游泳、打字)。

"没有阳光的世界是死寂的世界，不会微笑的教师永远不会让学生沐浴到阳光""把学生的自我还给学生，教师的自我才有价值""让美的光辉，照遍青年人的情怀""教育——班级工作的灵魂""宽容——教育的极致""没有批评的教育是没有原则的教育""教室的大门永远向迟到者敞开着""珍惜存在""与学生亲密接触""发挥学生的主体意识，创造性地学习生活""心存感激"。这些格言式的口号都是马老师多年做班主任总结出来并在工作中不断实践着的教育思想，每一条精练的格言背后都有一个动人的故事。

马老师发表在《读写月刊》上的格言"把学生的自我还给学生，教师的自我才有价值”源自于一个特殊的学生：“有一年，我接了一个新班。开学了，班里还缺一个学生。我听说，他是因为家里没钱上不起学而决定不再上高中的。我骑车几十里找到他的家，找到他，希望他继续上学；我动员班里的学生和年级的老师为他捐了一些钱，让他买齐了开学用的东西；我找到校长，说明他的情况，让学校暂时免收他的学费：他上学了。这是一个品格良好，性格朴实，充满才艺的孩子。他会画画儿，而且他的画有个性、有创造。他热爱长城、痴迷长城，只画有关长城题材的画。他的字很独特，充满艺术气息。他写的文章，话不多，但自然朴实，能寥寥几笔再现生活的细节。但是他数学很差，英语很差，语文基础知识很差。按照学校的标准衡量他，他是个不合格的学生，因为他是不可能完成学业的，他会成为各科成绩的拉分者。我作为班主任，太欣赏这个孩子独特的才华了。所以，在别的老师都抱怨他学习差的情况下，我让他出板报，让他给老师做幻灯片，在作文课上读他满是错别字的作文，还时常找他聊天，聊一些艺术上的东西。我们就像朋友一样相处。但是，一年后，他还是坚持退学了，我尊重了他的选择。他临走时，我写了一张纸条连带 50 元钱交给了他。我是这样写的：‘相信你的才华定有施展的天地。’三年后，我的客厅挂上了他的画；5 年后，他把他发表的系列杂文拿给我看；陆续地，他拍的电视片，他写的电视剧本，他举行的画展，他开的画家村一一地都展示在我的面前。十年后的某一天，我们在一起喝茶，他对我说：‘当年您给我的纸条，我一直留着，纸条上的话始终鼓舞着我。您给我的 50 元钱，成了我立业的起点。假如我当初遇到的不是您这样的老师，我不知道今天会是怎样。’”

马老师教着很多山区的孩子，他们的家庭和家乡还很贫穷。从 2000 年开始，她动员了所有的朋友，把他们旧的衣服、书包、文具、棉被要过来，集在一起。“周末了，住校生们就要回家了。我把他们叫到办公室，把大包小包的东西分到他们手中：‘请你们帮助我，把这些送给你们村子里需要的人吧。’他们都是贫困家庭的孩子，他们从我手中得到的并不是直接的施舍和救助，而是一种传递。他们可能自己用，也可能送给他人，但他们得到的是自尊，学会的是爱心，做到的是传递。”

马老师在班主任工作中，真实地展示自我，真诚地对待学生，用正面的思想教育统领学生的观念，用深刻的思想认识开启学生的心智，用丰富的思想内容充实学生的头脑，让学生在思想的洗礼中树立正确的人生观、价值观，使他们成为具有健全人格的人。她每接一个新班都要确立“成长、成熟、成才”三年成长目标、确立“做人、求知、养德、健体”的班训，实施原则教育、宽容教育、感恩教育、回报教育。

在一次高三毕业典礼上，马老师带领全体学生宣誓：“山在、水在、大地在、岁月在，父母在、老师在、同学在、母校在，你在、我在、友情在、信念在：把握今天，珍惜所有，拥抱未来！”嘹亮的声音回荡在会场内，同学们眼含热泪，情绪高涨，群情振奋，这样的一刻他们会终生难忘，这样的教育是最真切的情感教育、道德教育、立志教育。

结　　语

“爱”是师生沟通的渠道，教师只有在心中充满对学生的“爱”，才能真正地走进学生的内心，从而认识学生、教育学生。学生是活生生的有血有肉的人，学生会感受到教师的“爱”，相应地学生也会把自己的“爱”传递给教师，“爱”的相互传递连接了师生浓厚的情谊。在“爱”的氛围下，教育才是成功的、影响才是终生的。而马老师，就是这样一个内心充满了爱的人，她爱生活也爱工作、爱学生也爱自己，满满的爱在她数十载的教育生涯中细水长流，滋润了无数年轻的心灵，也滋润了自己的生命之树。她是一个成功的女性，她更是一个幸福的女性，因为有爱。

〖寄语〗

祝首都师范大学青春永驻，越办越好！

博古通今的教育先行者

——历史特级教师孟广恒

罗爽　刘萌

孟广恒老师，北京市教科院基础教育教学研究中心历史特级教师。1958年进入北京师范学院历史系学习。1962年任教于通县永乐店中学，“文革”结束后被分配至渠县中学担任革命委员会副主任，主管教学。1978年调入北京教育学院从事教研工作，直至1999年退休。退休后，仍发挥余热，担任过三个民办学校的常务副校长兼支部书记。曾任北京市教科院基础教育教学研究中心历史教研室主任，中国教育学会历史教学研究会常务理事兼副秘书长，北京教育学会历史教学研究会理事长，主编、撰写了历史教学手册、教学参考书、学习指导等各类书籍40多部。曾获“全国优秀学会工作者”等荣誉称号。

孟广恒老师为教育事业呕心沥血，不辍耕耘，始终坚持以历史唯物主义的立场、观点和方法来指导自己的教育教学生活，以刻苦的精神和无私的奉献认真钻研历史教学，以高度的使命感和真诚的态度指导和帮助年轻教师，以宽广的胸怀和创新的思维推动历史教学的发展与改革。他就是这样，孜孜不倦地进行着永无止境的教育实践，在教育道路上迈着坚定的步伐不断前行。

一、扎根教育第一线，刻苦钻研历史教学

1962年，孟老师从北京师院历史系毕业后被分配到通县的永乐店中学任教。一到这所边远的农村中学，他就扛起高三历史教学的重担，遇到了极大的挑战。“你想一遍都没教过，自己基础又差一点，所以要靠自己的刻苦钻研。”为了加强自己薄弱的学科基础知识，孟老师努力通过各种渠道收集材料，进行自我提升。“我订报纸，订杂志，买画报。我把所有我认为有用的材料编成类别，根据需要，我一本一本地粘贴，处理画报。弄了以后，全是这么一摞一摞的，特别有用，这些是精心搞的。”同时，孟老师狠下苦功夫，用心备课，认真撰写教案。“我那个办公室的桌子上，我写的教案，把我每一句话都写出来，这也给烧了，要不然留下来的话，从开场白到最后结束，每一句都有。”除了努力提高教学实践能力，孟老师也十分关爱学生，乐于与学生打成一片，成了学生的良师益友。“我教的都是高中学生，比我就小三四岁，那么朴实，不让我走，就给我送了白薯、贴饼子，过年伙食都停了，孩子们就带点饽饽，带点白薯，就那么吃，我就跟着那么吃，我也住到他们宿舍，跟他们摸爬滚打在一起。”孟老师就是这样尽职尽责地刻苦钻研，默默耕耘着。“我没白天、没晚上，甚至过年了我才回来，为了高三的学生，我拼了命。”“我就从来没跟学生说过，你们光看到我的从容劲儿，光看到我的潇洒劲儿，我后面那种苦，那种累，那种功夫，把我师范学院的不足给补上了。”

有付出就有回报。孟老师辛勤的汗水换来了学生优异的成绩，使他不仅赢得了老师和学校领导的信任，更重要的是赢得了学生的拥戴，令他感到无比的幸福。“我扎扎实实教了四届高三，一下子提升了我的能力，我们班的成绩比北京的平均分还高，学生一个一个地考上以后，因为我比他们大三四岁，男孩子给我送吃的，今天给我带二锅头，上我那儿去，很亲热。我就感觉一个老师，用自己的心血点燃的真是一把火。”时至今日，当年的学生们也都是白发苍苍的老人了，但他们仍然不能忘记孟老师的教育之恩。“几十年过去，我的学生都是六十多岁了，有的快七十了。他们中有一个讲着讲着就激动，亲自到黑板前模仿我那个姿势，是写了什么，讲了什么，好像是发生在昨天似的……我的教学思想，我的教学方法，我的教学质量，深得孩子们喜爱。我看他们写那个文章，《我上的第一堂历史课》，实际上都是写我的，我是怎么样上课的，是怎么不带教案、不带课本，就是那么倍儿熟地讲课，另外写字写得多潇洒。那时候的我又黑又瘦，打篮球，干活，比较受农村学生的欢迎。”

二、投身历史教研工作，致力于培养优秀教师

1978 年，孟老师调入当时的北京教育学院教材编写组从事教研工作。为了更好地进行教学指导，孟老师不辞辛劳地跑遍北京市各个区县的学校深入调研，真切地感受到了历史教学中存在的突出问题。“有的教了一辈子的老同志，到那儿听他的课，像语文课似的，把历史书一打开，来，咱们今天讲第几章第几节，打开哪一页，咱们看第一段。就像语文课，各段是什么意思，中心思想是什么。”而一次在延庆的听课更是让他深感历史教师队伍的薄弱和自己肩上的重任。“我在水库旁边，就是延庆官厅水库边上的一个学校，到那儿去听历史课去了，一个小姑娘，真是吓我一大跳。比如说隋炀帝，她也不查字典，她不念隋炀帝，老是念隋汤帝，那个炀是个火字，可她就在那儿读隋汤帝。这一堂课，你想想多乐呀，我又不敢乐，别人跟着我去的，都看我的脸色，我就认认真真地听。一是错字连篇，还有是提前 15 分钟讲完了，讲完了走下来，‘孟老师，您回去休息吧’。让我回去休息，我就一起来，我这一起来，当然别人就跟着我全走了。我心里难过极了。随后没别人在场时，我把这个小姑娘叫来，一块儿聊聊，谈谈心，我也没先说她的毛病。闹了半天，她就是那个学校的初中毕业生。她的老师就是念隋汤帝，她是第二代汤了。我一看，北京市的历史教学，我们的历史教师缺到这种份上。不用说大专，不用说本科，哪怕是高中生也不会念隋汤帝，得查字典，她不知道上课的意义。”

正是带着这种高度的责任感和使命感，孟老师将他全部的精力都倾注在了青年教师的培养上。“我爱历史教学，爱历史老师，他们的酸甜苦辣我太熟悉了。”为了让教师的教学能有更好的依据和参考，他编写了各种教材和教学参考书，包括全国用的人教版历史教材参考书。这些累计超过 200 万的文字，每一个字背后都渗透了孟老师的心血。“白天我上班，跑区县，晚上经常是半夜在那儿写，写的东西挺多，我的眼睛受了些伤。”同时，他一头扎进各个学校，帮助老师总结教学经验，提高教学水平，足迹遍布北京的每一个区县。“听说谁的课有特点，讲得好，我就自己坐公共汽车到那儿去。我听课，耐心地指导，教他们。越是哪儿教学质量差，我用的劲越大，像延庆、平谷、密云，18 个区县都渗透了我的精力。”在评课时，孟老师会用真诚的心充分肯定教师的成绩，明确提出存在的问题，指出教师发展的方向。但在这个过程中，他也非常注重对教师的保护。“我不管到哪儿，尽量不给人家增加麻烦，考虑事情也都是从老师的

角度考虑。比如一听说我去评课了，别的学科的老师也去，学校的领导也去，在这种情况下讲话，我就“两面派”。为什么呢？当着领导的讲话，说他这堂课缺点的时候，我特别慎重。因为我有这种教训，等我走了，前脚给我鼓掌，说我讲得这么好，这么深刻，等我走了，我说了某一个老师的缺点，很可能这一句缺点的话，说孟广恒说的怎么样，拿到会上就把他给毙了，评职称就受影响。所以从那以后，当着学校领导的面，我会充分肯定教师的优点，领导不在时，我再使劲说他的毛病和不足。一句话，出发点好，为了老师，为了他们进步，但做法未必好。”

在帮助教师提高教学水平的同时，孟老师也十分关心年轻老师的成长，热心地为他们排忧解难、答疑解惑。“北大附的小伙子，评不上特级。校长打电话找的我，让我一定要带人听听他的课，说他们那儿有一条规定，不做一个全市的公开课，不能评特级。所以听说这个以后，我就亲自带着人去那儿，果然帮了他。年轻的特级教师，非常可爱，现在还在那儿讲课……还有一次在海淀做全国的培训讲座，我正讲的时候，有一个女同志给我写了个条，想跟我聊聊。聊什么呢？现在她面临选择，她是东北师大附中的，当老师好还是当教研员好，教研员的工作有没有意思。我跟她说，既然组织上那么考虑了，我非常支持你当教研员，因为你有当老师的基础了，当教研员越当越好，从实践到理论，理论结合实践，会把自己塑造得比较成功。所以她真就是按照我说的做了，现在是正教授，还没退呢。”

孟老师对教研工作的全身心投入结出了丰硕的果实，桃李满天下。“我培养了许许多多的名师，我让他们踩着我的肩膀，现在一个个好像都成了特级教师、模范教师、优秀教师。只要听说我在这儿参加活动，他们就在这儿进修，听说我住这个院子，就给我带话，说一定要见见我。北京市许许多多的优秀教师，在他们的成长过程中，几十年来，都有我渗透的心血。”

三、借助各方力量，推动教学发展与改革

孟老师曾任北京教育学会历史教学研究会理事长、中国教育学会历史教学研究会常务理事兼副秘书长。在历史教学研究会这个广阔的平台上，孟老师广泛推广历史教学的优秀做法，为中国历史教学的发展作出了卓越贡献。孟老师借助学会的辐射性力量，不惜长途跋涉，踏遍千山万水，把自己宝贵的教学经验倾囊而出，将先进的历史教学理念和方法传播到每一个角落。“有人写文章说我，我不仅

是北京市一个著名的历史教研员，我还是全国的。我除了新疆、青海、西藏这三个自治区没去过，剩下真是长城内外、大江南北，寒暑假我都是应各地的邀请去讲学，指导老师，给老师讲，有的讲教材，有的讲教学方法的改革等等。因为我是河北人，为了报答我的家乡，他们请我，我会毫不推辞，我就坐着火车，坐着公共汽车，不让他们接我，我就去了，给老师们搞指导。连着让我去两次，石家庄，还有河北省在北戴河搞活动，也得让我去给历史老师讲。”

与此同时，孟老师也积极发挥自身的影响力，推动历史教学方法的改革创新。丰台十二中有位特级教师曾经创造了一个历史教学的图文示意法。“他把各种历史知识，用图、用简明扼要的文字来表述，学生只要脑子里印上这个图了，加上这两三个字、四五个字，整个这一章或者这一个重点就全行了，尤其是难理解的。比如一场战争，我给你们举一个例子，比如曹操，吃过一个败仗，打过一个胜仗，打袁绍，这叫官渡之战，再后面是赤壁之战。他把所有的战争整个过程，比如放上两个X，这就是两把剑。这就是告诉你，你甭写什么战争了，这不是打仗吗？然后下面写上年代，比如赤壁之战208，就写上208，然后那儿画上一个圆。赤壁之战是三方，就用一个三角来表示，曹操、刘备、孙权，完了是两把剑，下面是赤壁，然后是双方的兵力数，写一个大概的数，这就完了。赤壁之战一说谁和谁打，三国鼎立是怎么回事，或者袁绍和曹操打官渡之战怎么回事，复杂的一段过程就全都简化了。所以一边讲，一边画，创造了这么一种方法。这个方法苏联有一个人就搞过，他给它移植过来，结果他一弄，有人说，这个办法真好，学生也觉得不错。”但是这种创新性较强的方法却遭到了“保守派”们的反对。“有些老同志就觉得，这算什么呀，历史就得有血有肉、有感有情地来系统描述，教师的能力就要用情感、语言描述，这才是真正的历史教育。”孟老师虽然认同这点，但也深感这种历史教学新方法的创造性和实用性。“有没有一些内容特别适合于用图式呢？北美独立战争，美国内战，我们搞了个实验，你怎么叙述也达不到这个效果。”为了让争议的两派达成共识，推广新的教学方法，孟老师在大庆组织了一次全国性的历史教学图示法研讨会。“我利用我的影响，在大庆召开了一个会。那时候全国学会我没加入，没到那儿任职，我就用我的名义请老师们，欢迎参加，又不赚钱。大庆的副市长跟我说，你在我这儿开会，要人我给你人，要车我给你车。孟老师，您给我们讲个课，您就在这儿主持这个事，有困难您让人去找我……我在上面讲了话，接着让那位特级教师给介绍。这个事在全国都轰动了，起了很大的作用。”

在推动历史教学改革创新的过程中，孟老师深刻地领悟到创新性思维对于教师专业成长的重要性："成为一个教师的话，一定要善于了解，多弄新鲜的东西，新的思想，新的思路。虽然历史讲的是过去，但是过去、今天和昨天是连在一起的。如果我们把中国古代史比作是前天，把近代史鸦片战争以后的历史当作是昨天，那我们今天是由昨天来的，昨天是由前天来的，绝对是形成了咱们的传统，形成了我们的一些特点，这有什么不好？所以我的第三个感悟就是，一定要把自己放到一个时代的前面，站得高一点，看得远一点，灵活一点，不要生搬硬套。"但他同时也指出，在创新的同时不能忘却传统。"特别现在要注意一种倾向，人们为了追求新，而抛弃了马克思主义、毛泽东思想和邓小平理论。今天看邓小平那几卷文章，我们改革开放邓小平居功至伟，我说毛泽东之后就是邓小平，没有毛泽东的错误也不会有邓小平的成就。因为毛泽东思想里面，那些正确的也好，错误的也好，都有邓小平的份，而邓小平一下子开创了改革开放、解放思想这一套，这绝对是总结了毛泽东晚年的一些不足，或者一些错误，这是咱们中央有结论的……不要忘掉了传统，不要忘掉了马克思主义的基本理论。"

四、从孟广恒老师的教育事迹看教育实践对教师实践性知识获得的意义

教师的实践性知识是教师通过对自己教育教学经验的反思和提炼所形成的对教育教学的认识①，包括教师的教育信念、自我知识、人际知识、情境知识、策略知识、批判反思知识六个方面。与理论性知识不同，它是教师在教育教学实践中实际使用和表现出来的知识，影响着教师对理论性知识的学习和运用，支配着教师的日常教育教学行为，因而是教师专业发展的主要知识基础。从孟老师的教育生涯可以看出，教育实践是教师实践性知识获得的重要途径，尤其对教师策略知识和情境知识的获得具有十分重要的意义。

第一，教师对理论知识的实际运用能力形成于教育实践之中。教师的策略知识主要指教师在教学活动中表现出来的对理论性知识的理解和把握。② 教师对理论知识的实际运用能力是策略知识的重要内容。孟老师坦言，他刚刚进入

---

① 陈向明．对教师实践性知识构成要素的探讨[J]．教育研究，2009（10）：67.

② 陈向明．实践性知识：教师专业发展的知识基础［J］．北京大学教育评论，2003（1）：107.

中学任教时，虽然掌握了一定的学科知识和教育知识，但对于该怎么教仍是十分茫然的。于是他大量地阅读历史课外材料，认真地写好每一个教案和上好每一堂课。在不断的操练、体会、反思和总结中，才逐渐加深了对历史学科的理解，吃透了历史教材，从而将历史学科知识、学科教学法、教育学理论知识进行整合，转化为具体的教学实践。通过多年的教育教学实践，孟老师已经将历史学科的教学知识吃进了肚子里，溶入了血液之中。“这个教材，历史跟别的学科还不一样。昨天的元朝是那么着，你明年再教下一届，元朝还那样，教材有一点变化，一看就明白，所以教了多少遍，哪一年、哪个月的事，哪一页写着，插图是什么意思，全长在脑子里了。特别是历史课本，这么一闭眼睛，哪一年的哪个版本，哪一年怎么写，教材有什么变化，我都历历在目。”可见，持续不断的教育实践是教师实际教学能力形成的重要渠道。“基础一是在师范学院里面学到的知识，但是最重要的还不是那儿。最重要的是在实践当中，那个学习绝对是真家伙，绝对是结合实际的。”只有刻苦钻研和领会学科知识，认真备课和讲课，勤于总结和反思，并一直坚持不懈地践行，才能成为一名真正会“教”的教师。

第二，教师的教育智慧来自于教育实践。教师的情境知识主要透过教师的教学机智反映出来。教学机智是教师做瞬间判断和迅速决定时自然展现的一种行为倾向，它依赖教师对情境的敏感、思维的敏捷、认知的灵活、判断的准确、对学生的感知、行为的变通等。它不是一种按步骤、分阶段的逻辑认识过程，也不是一种简单的感觉或无意识的行为，而是教师直觉、灵感、顿悟和想象力的即兴发挥，在一瞬间把握事物的本质；同时表达了教师对学生的深切关注。①无论是奋斗在教学岗位上还是在教研工作中，孟老师始终都处于教育工作现场之中。他不仅自身积累了丰富的教学经验，而且还从其他教师形态各异的教学情境中吸取了养分，并不断地感悟、反思、沉淀，从而形成了他独特的教育智慧。讲每一次课，他都会根据学生的实际情况采取不同的教学策略和方法。“有一个孩子，哪儿都挺好，就是历史成绩老上不去，最多也达不到70分。在我家，我就让她喝饮料，我就像咱们似的这么坐着跟她聊。我先随便问她两个问题，她觉得很轻松，没有压力。我问这个问题，她只要把问题一回答，我就知

① 陈向明．实践性知识：教师专业发展的知识基础［J］．北京大学教育评论，2003（1）：107.

道她的毛病，我就有针对性了。我对她说你回去什么也别做，你就把这段教材、教科书好好看一看，下次来了我就问你。我一施加压力，这比什么力量都强。下一次来以前，她使了劲地弄以后，我再一问，倍儿熟，我就这么一点一点地推进。一段一段地推进几次，我就检查她，我给她补充，告诉她方法。我就给辅导了两次，一接到那个分，历史是 120 分，结果她过百了。另外有一个孩子就爱玩，不爱看书。后来我一去，我一看这小子，长得也漂亮，特别聪明活泼。我说，我告诉你，你自己一个小屋多好啊，你把这个全写出来，就是用大一点的字号写出来，一张一张地把屋子的窗台上，到处贴得全是这个，一睁眼就是这个题，一睁眼就是那个题。我跟他这么一弄，这小子跟我说，您这个办法真灵。实际上刺激他的积极性，他爱动，就这么干，并不是什么灵丹妙药，而是结合他的实际出发，认真思考。”可见，丰富的教育实践是教师灵活运用教学机智的重要前提和基础。只有在教育现场中多看、多听、多思，才能够形成对教育情境高度的敏感性和对学生敏锐的观察力，从而灵活地运用教学机智，准确地判断教学问题，针对每一个学生对症下药。

〖寄语〗

北京市的优秀中学教师多从首师大起飞。他们呕心沥血，不辍耕耘；承继传统，贵在创新。

——祝贺首师大六十年华诞

在责任和使命的召唤下前行

——化学特级教师黄明建

王天晓　刚荣

黄明建老师，首都师范大学附属中学化学学科的特级教师。1980年毕业于武汉师范学院化学系，1993年晋升中学高级教师，1999年荣获国务院政府特殊津贴，2001年被评为中学特级教师，曾获“黄冈市劳动模范”、“黄冈市十大青年标兵”、“湖北省劳动模范”等荣誉称号。2003年调入北京。曾于2010年被首都师范大学聘为(校外)教育硕士导师。

主要业绩：1. 曾先后参加过人民教育出版社、北京出版社、湖南人民出版社、湖北教育出版社教师教学用书、学生学习用书的编审工作；十余项教学教研成果分获国家级和省(市)级一、二、三等奖。2. 积极参与推动中学化学与大学教育的融合和交流，尤其是在优秀学生的培养以及新科技在中学新课程教学中的渗透方面做了大量工作，曾6次获中国化学会表彰，8次获省(市)级化学竞赛辅导一等奖。所辅导学生在全国化学竞赛中有200余人获奖，1人获第31届国际化学奥林匹克金牌。3. 积极组织学生参加多种形式的科普活动，大力倡导教育与实践相结合，2001被评为“湖北省先进科技工作者”。2013年，知识出版社出版其个人新著《趣谈化学》，本书强调化学教学应回归生活、回归社会，突出了科学思想和方法的教育，并有清华大学教授宋心琦先生亲为作序。4. 积极推动计算机和互联网在中学教育中的应用。1994—1995年被武汉大学软件基地特聘为“学科领域专家”，参加高中化学多媒体教学软件的开发，相关产品由电子工业出版社出版。2002年，为推动黄冈中学优质教育资源走进互联网做出了特殊贡献，是黄冈中学网校主要创办人之一。

我没有骄人的学历，是1980年毕业于武汉师范学院的最后一批工农兵学员；以前我也不擅长演讲，而语言恰恰是教师从事教学工作最重要的工具；更要命的是，我并不是因为热爱教师这个职业而成为教师的一员，因为在走进师范院校之前，我压根儿就不曾想过会干这一行。但是，当我事实上成为了一名教师并面对着讲台下几十双渴求知识的眼睛的时候，一种强烈的责任感和使命感就始终驱使着我不断努力，逐步成熟，最终成长为一名享受“国务院政府特殊津贴”的中学化学特级教师。①

这是黄明建老师在《教学三十年》中对自己的评价，没有华丽的辞藻，用在自己身上的修饰语只有责任和使命，就是这简简单单的两个词，他为之付出了三十余年的激情和努力，成就了他具有独特风格的教学人生。

一、职业生涯

(一)职业抉择：没人会争夺你拿粉笔的权利

1976年11月，黄老师作为下乡知青插队落户已经整整三年，这时他得到了一个被社队推荐上大学的机会。可是，当他接到武汉师范学院的录取通知时，感觉“心都凉了，甚至愤怒了！”当时黄老师的第一反应是：“我不去了，我宁愿回到生产队！”因为他不想当老师，想学工，最初有希望被推荐到工学院，可结果变了。但他年迈的父亲劝道：“当老师好，没有人会争夺你拿粉笔的权利。”这是老人数十年坎坷人生的经验所得。他不担心自己的儿子吃不了苦，但不希望儿子遭遇大的人生波折。黄老师最终顺从了父亲的意愿，走进了武汉师范学院。毕业后，回到母校黄冈中学任教，开启了自己的教学生涯。

(二)职业向导：恩师相伴

回顾个人专业成长经历时，黄老师首先谈到了他对教师职业的特殊理解：教师原本是社会中一个个普通的人，他们与寻常人一样要食人间烟火，也同寻

① 黄明建．我的教学三十年[EB/OL]. http://wenku.baidu.com/link? url= HKI745jUwC_6BAB_y19vg9FW7AacXbakUSbdSrWm8Cp8SFBa3mbpi1JUvuJP7mgmM67CdjHZbJCWXRJTAlrmgQkQz6VxSvQs4NkBsWlEJay，2014-6-30.

常人一样有着自己的喜怒哀乐。教师职业的特征常常被戏称为是一群地位卑微的人干着被称之为“人类神圣的事业”。可是，教师的道德水准、知识素养会较大程度地影响着下一代人的健康成长，所以教师就成为社会中一个特殊的群体。在许多青少年学生的眼中，教师就是他们儿时的偶像、知识的化身，教师的言行举止对他们成长进步的影响力是特殊的、有的甚至是深远的。

黄老师说：“我当初虽然不想当老师，但我并不轻视教师这个职业。我从小对老师都是非常敬重、非常感激的，他们对我的帮助令我终生难忘。特别是罗精亮和林钦良两位老师，对我的影响尤为深刻。他们博学多才，治学严谨，德高望重，淡泊名利。他们是教育的专家，真正使教学成为一门艺术；他们也是科研的奇才，创建过令人难以置信的业绩。走近他们，就能让人真切地感受到什么叫‘高山仰止’。”

黄老师曾撰写多篇文章谈及个人专业成长的经历和体会，并毫不掩饰他对恩师的崇拜和感激。正是像罗精亮、林钦良这样一批优秀教师，使黄老师在心中对“教师”这个职业有了新的诠释。正所谓“榜样的力量是无穷的”，当黄老师也成为一名中学教师后，就时时以这样一些优秀教师为榜样，努力把自己老师做人的思想品质和做学问的科学态度传承给自己的学生，努力将这种精神发扬光大。

（三）职业发展：N个第一次

每个人经历的具有特殊意义的第一次总是难忘的，黄老师为我们讲述了他那N个难以忘却的第一次。

第一次登上讲台的情景。“到正式讲课前，我绕着学校操场转了一圈又一圈，默默地背诵着教案中的每一句话，唯恐讲课时漏掉了当中的哪一段，上课铃响了，我怀揣着一颗慌乱的心走向了讲台，嗓子眼发紧，我不知道学生会不会接受我的方言口音，不知道……好在开始上课几分钟后，情绪逐渐镇定下来。一节课讲完后，感觉好像没出什么大错，只是衬衣早已汗透。”这种经历许多年轻老师都曾有过，并且所有的年轻老师都希望自己能尽快地走向成熟，问题是后面的路该如何走？

黄老师迈出的第一步就是熟悉教材、学习教法、理解考试大纲。与此同时，黄老师在教学过程中不断反思并逐渐形成了一种教育意识，那就是：老师的责任绝不仅仅是帮助学生在中考或高考中取得好的成绩，更要帮助学生学习科学的思想和方法，树立正确的人生观和价值观。这才是老师最重要的责任和使命！

随着教学年限的延长，黄老师的这种意识也越发清晰，前进的方向越发明确，脚步也越发稳健。

黄老师认真教学，潜心研究，热心育人，教师工作成绩突出，收获了许多他人生的第一次成果，第一次荣誉和很高的专业声望。仅举几例可见一斑。

1987年，黄老师率先将"探究性实验"引进中学化学课堂，并在湖北省首次高中化学优质课(录像)比赛中获奖。

1990年，他在中国化学会主办的《化学教育》第5期上发表了第一篇论文《中学化学竞赛训练中几个问题的探讨》。当时，全国中学化学竞赛训练正处在一无教材、二无大纲、三无教辅资料、四无经验借鉴的状况下。该文的发表对全国中学化学竞赛训练的组织工作无疑起到了积极作用。

1992年，他首先以陶行知的教育理论为指导，开始了"学法研究"。

1999年，他辅导的学生为黄冈中学夺得了第一块国际中学生化学奥林匹克金牌。

2002年，他为创办黄冈中学网校做出了特殊贡献，成为在全国早期建构中学远程教育模式的积极推动者。

2013年，他的第一部具有个性特色的科普读物——《趣谈化学》由知识出版社正式出版发行。

二、教学心得

在长期的教学工作中黄老师积累了许多深刻又富有个性的教学心得，这些心得是教师教学教育工作的宝贵思想财富。

(一)多读些书很有必要

黄老师说："多阅读是促进教师成长的一个重要途径，对拓展教师的知识面、提高教师的专业能力和综合素养都很有帮助。比如说，读点哲学，对提高分析问题的能力会有很大帮助。读点地理，会有助于引导学生理解'北半球排放的氟利昂怎么会在南极造成臭氧空洞'等问题。读点历史，会有助于我们用历史的观点来客观评价前人的科研成果、学习前人的科学思想和方法。"对于"如何读"的问题，黄老师曾在《寻找读书的感觉》一文介绍了自己的一些体会和看法。

谈到教育理论的学习，黄老师说："一个缺乏教育理论指导的教师，其教学行为通常是盲目的、缺乏远见和创新意识的，只能是常年混迹于'应试'大军的盲流之中。在读大学时，我对教育理论并不感兴趣。可在工作一段时间后，才逐步感到学习教育理论是很有必要的。尤其在90年代初，陶行知的教育文选，对我的教学思想影响很大。”

比如说，“教师如何教、学生如何学”是一个久盛不衰的教研话题。在陶行知看来：“好的先生不是教书，不是教学生，乃是教学生学。教学生学是什么意思呢？就是把教和学联络起来：一方面要先生负指导的责任，一方面要学生负学习的责任。对于一个问题，不是要先生拿现成的解决方法来传授学生，乃是要把这个解决方法如何找来的手续程序，安排停当，指导他，使他以最短的时间，通过相类似的经验，生发相类似的理想，自己将这个方法找出来，并且能够利用这种经验理想来找别的方法，解决别的问题。”①这就是陶先生早期的“教学合一”的思想，后来，他又进一步主张“事怎样做就怎样学，怎样学就怎样教，教的法子要根据学的法子，学的法子要根据做的法子”，即“教学做合一”。

读过陶先生的相关论著，黄老师认为：陶先生的教育思想对当今的教学和课程改革仍有着非常现实的指导意义。“联想到当前新课程中的‘选修课’，联想到新课改理念中关于教学的三维目标，如‘知识与技能’、‘过程与方法’等。看来，这些理念在90年前已经出现，并且在陶行知时期，对于上述理念就有了深刻的阐述，只是因为后人不容易做到而被淡忘罢了。”②陶行知的这种“教学做合一”的思想对黄老师此后二十多年的教学产生了重要的影响，这在黄老师后来的多篇文章中均有反映，其中“拿做来学”、“拿做来教”的教学设计正是源自陶行知先生“教学做合一”的思想核心。

(二)教学要与实际相结合

“寓学习于生活中，寓思想于知识中”，这是黄老师写在《趣谈化学》的封面语。黄老师认为：老师不能单纯为教书而教书或是为应试而教书，要努力把课本知识与学生的生活体验相结合。黄老师举了几个与现实生活联系非常紧密的例子来让我们更好地了解“教学要与实际相结合”的意义。

比如在讨论能源问题时，如果只是简单地拿出书本中的几个数据，说明我国在煤炭、石油等资源方面并不丰富，在世界人均值的排位中都比较靠后，然

---

① 陶行知．陶行知教育文选[M]．北京：教育科学出版社，1981：4、5、77.

② 黄明建．我的教学三十年：[EB/OL]．http：//wenku. baidu. com/link? url = HKI745jUwC _ 6BAB _ y19vg9FW7AacXbakUSbdSrWm8Cp8SFBa3mbpi1JUvuJP7mgmM67CdjHZbJCWXRJTAlrmgQkQz6VxSvQs4NkBsWlEJay，2014-6-30.

后得出结论：我们需要珍惜能源资源。这时，我们的教学目标果然达到了吗？肯定没有。因为这类信息现在并不罕见，可能有些同学对此已经有点麻木了。

在现实生活中，尤其是对于大都市中的许多学生而言，他们几乎就处在无忧无虑的生活状态(除了学习压力外)，上学时不愁没车，晚上回家时不愁没电，家里居住在十几层高楼也不会担心没有电梯，在家里做饭时也不愁没有煤气……可是，如果告诉他们：

支撑着目前这些能源的资源主要就是煤炭、石油等，并且有专家认为，石油资源可能于2050年面临枯竭，煤炭资源的利用虽可延续的长久一些，可眼前煤炭的开采量和需求量的缺口已经越来越大。如果目前能源面临的紧张状况不能得到有效改观。那么，2050年——对我们在座的各位将是一个什么概念呢？

2050年，大家正好也五十多岁，可日子过得并不开心。因为你会时常“巧遇”上大停电，就像美国纽约人在2003年8月14日的经历：地铁不开，电梯不动，电灯不亮……许多人滞留在街头，有家不能归，有饭吃不上，夜幕降临时，全都淹没在伸手不见五指的黑暗之中……

这种情境的关联是不是会让学生的能源“危机感”更强一点？

讲到这里，黄老师还为我们解释了两个有趣的现象：

(1)为什么长白山的石头能浮在水面上？“那是火山爆发时，喷出了大量的裹挟着高压气体的熔融岩浆，在冷凝时形成了多孔性结构，导致石块的密度比水还小，所以能浮在水面上。如果你把这些石头碾碎了，再撒到水里，一样会沉到水下。”

(2)为什么长白山的温泉煮鸡蛋，蛋黄比蛋清先熟？“那是因为蛋黄与蛋清的物质组成不同，蛋黄的凝固温度(约83℃)较蛋清(约90℃)低，所以在温泉中蛋黄先于蛋清凝固。但是，我们在日常生活中为什么总是看到蛋清先熟呢？那是因为加热的温度在100℃左右，已经超过了蛋清的凝固点，且日常煮鸡蛋的温度上升较快，蛋清又不是热的良导体，所以蛋清总是比蛋黄先熟。”

黄老师说：“这些现象都能很好地说明物质的性质与物质的组成结构有着密切的关系，物质性质的表现又与物质存在的环境有着密切关系。因此，生活中处处有学问，这就要求老师要善于把学科知识与生活实际相联系，这样，学生理解起来就变得容易而有趣了。”

(三)理性对待每一位学生

如今，社会上有种流行的说法——没有教育不好的学生(或者是“没有教育不好的孩子”）。黄老师认为这种说法缺乏科学依据和评判标准，是“教育万能”的翻版。“学生的生活环境多复杂，你不可能使庞大的学生群体处在一种绝对理想的教育环境当中——学生的一切思想、言行和生活环境完全在老师和家长的掌控之下；我们也不能保证——当学生接触到不良的人或事后，我们有绝对的能力消除其影响。”另外，老师和家长也都是这个社会的客观实体，这些实体的整体素养不可能达到理想化，我们也不可能杜绝家长和教师群体的某些缺陷可能对学生产生的不良影响。所以，黄老师认为“没有教育不好的学生”这种说法很不科学，在客观上会导致教育思想的混乱，表现了一种浮躁的炒作教育理念的心态。

那么，老师在教育学生的问题上应该持一种什么态度呢？

黄老师的观点是：公平、理性地对待每一位学生，努力为每一位学生的健康成长创造条件，这是教师的责任和义务。借用孔子的教育理念就是“有教无类”。同时，黄老师强调：“在教育学生的过程中，虽然必不可少的是爱，并且这种爱可以转化为促进学生学习的强大动力，但是这种爱应包含着更多的责任意识和理性思考。”特别是有人提倡“把学生当作自己的孩子来教”，对于这种观点，黄老师认为是值得商榷的。因为当人的情感超越理性时，其结果就可能适得其反。在现实中，许多老师对教育自己的孩子缺乏耐心而对自己的学生教育则要得法得多，这样的事例不胜枚举。也有些老师因为对学生（尤其是心目中的优秀学生）过于苛求，容不得学生的失误或过失，这种思想和行为显然也有失偏颇。我们说，教育是一门科学，而科学不仅需要情感的投入，更需要理性的支撑。我们说，教育是一门艺术，但绝不要把学生当艺术品，因为人们对艺术品的期待就是完美。

黄老师认为，“中学生都处在人生的一个特殊成长阶段，无论是生理还是心理都是处于不成熟时期，这时过分地追求完美是不现实的。我们只有形成一个共识——学生不是艺术品，才有可能理性地包容学生的某些缺陷，包容他们的不成熟，包容他们在某段时间里走一段弯路。同时，也有必要让学生理性地认识自己的不成熟，才有可能使学生在陷于困境和挫折时有勇气去面对它、战胜它”。

三、教师素质

经过长期职业生涯历练，黄老师形成自己对教师素质的深刻理解和认识。

这种理解和认识对于教师的专业成长很具启发意义。

(一)职业操守

黄老师说："《中小学教师职业道德规范》就是教师的基本行为准则，尽管我们处于市场经济的大环境中，无法回避住房还贷、医疗保险、子女教育和赡养老人等实际生活问题，也难以摆脱名利的困扰。但教师作为一个特殊的群体，担负着'教书育人'的特殊使命，就必须时时告诫自己要'为人师表'，因为高中生正处在形成世界观的关键时期，作为教师在向学生传播科学知识的同时，不仅要关注学生学习能力的提高，还得身体力行地引导学生树立正确的人生观和价值观。所谓'做事先做人，树人先树德'就是这个道理。"

(二)专业能力

师以能为本，有能，则可大有作为。现代教育要求教师要有良好的认知能力、表达能力、实践能力、交往能力和教学能力等。黄老师认为，教师的专业能力不是一个静止的概念，随着时代的进步，其内涵需要通过学习不断地充实、不断地更新、不断地提升。"作为老师，仅仅熟悉教材和高考要求是不够的，要有自觉学习的意识，时时关注学科专业知识的新变化，实践教育理论的新经验，在教学中渗透科学技术的新突破以及社会变革中的新信息。也就是说，我们除了需要学习专业知识，专业技能外，还要注意学习与这个专业相关的各类知识，并在教学实践中不断地探索，这样才能促进教师自身和学生综合素养的共同提高。"才能做一名自信、自强，不断挑战自我的教师；做一名追求卓越，富有创新精神的教师。

(三)责任和义务

在访谈黄老师时，听黄老师提到次数最多的也是"责任"。黄老师说："我们每个人无论是在家庭、在学校还是在社会，不论是做人还是做事，都要有责任意识。你既然答应了做一件事情，就得对这件事情负责，就要想办法把这件事做好。作为老师，你就有做好教育的责任；作为学生，你就有好好学习的责任；作为家庭成员，你就有维系家庭幸福的责任；作为社会一分子，你就有维护社会和谐的责任。"

黄老师还说："我觉得对学生进行责任教育也是教师的一项重要义务，在教学中，我总是努力让学生也懂得什么是责任。'责任'能够让他们进行更多的思考，让他们在学习科学知识的同时，又在为未来成人做心理准备，我希望他们将来也能够成为一个对家庭、对事业、对社会有责任心的人，成为一个敢于担当的人。”

四、教学寄语

黄老师对青年学生、同行教师和教学教育工作寄予热望。他提出了很多中肯的想法。

（一）“教书”与“育人”相结合

黄老师说：“我常想，现在的高中生未来的职业大多与化学专业没有多大关系，那么三年的高中化学教育究竟要学生学到一些什么呢？如果仅仅是给他们一块考大学的敲门砖，其作用未免太狭隘了。古人云：‘师者，所以传道、授业、解惑也’。很形象地概括了教师的职责——教书育人。所以，有必要思考我们的学科教学如何能够与帮助学生成人成才紧密地联系在一起。”作为教师，不仅要传递给学生知识，更要教给学生做人做事的道理，是学生成长的引路人，是学生人格的塑造者，是学生心灵的陶冶者。

只有把“教书”和“育人”结合在一起，不仅授之以鱼，更重要的是授之以渔，这样才能真正做到“传道，授业，解惑”。

（二）思维方法的建构

思维方法是人们通过思维活动为了实现特定目的所凭借的途径、手段或办法，也就是思维过程中所运用的工具和手段。科学思想和方法在处理不同问题时有其相通性，所以老师在讲解一个理论，一个概念的时候，特别要注重科学思想和方法的渗透。黄老师认为，“科学思维方法的建构，不应该以一种模式交给学生，让他们去模仿、去运用，而应该是引导学生在生活中、在学习中和各种实践活动中去发现、去归纳、去提炼。这样形成的思维方法才能更容易被学生理解并成为真正属于他们自己的东西，即便以后不从事化学专业研究，在其他方面也能灵活运用”。

（三）注重社会实践

社会实践是假期实习或是在校外实习。对于在校大学生具有加深对本专业的了解、明确职业发展方向、增强就业竞争优势等多方面的意义。“实践出真知”也是科学的基本原则。但当前部分师范生较少参加社会实践活动，所学知识基本停留在书本上。黄老师说：“现在科技发展很快，有些新课程教材上讲到的东西，老师和学生都没有见过。我们读书时还经常参观一些与化学有关的工厂企业，比如到水泥厂、造纸厂、炼铁厂，化肥厂、石油化工厂等等，而现在有些大学生对这些一无所知，他们接受较多的是快餐文化，这样他们在讲授知识时就没有那么深的体会。”因此，黄老师建议当前的师范生还是应该多参与社会实践，把课本知识与实践相融合，这样才能对课本上相关的东西有一种新的感知，会加深对知识的理解，对以后所从事的教学工作会有非常大的帮助。

结　语

“人生旅途有驿站，精神之舟无码头”，在责任和使命的召唤下，黄老师仍在校园里、在三尺讲台前挥洒着满腔的激情。人都说教师是“园丁”，可黄老师说他更愿当“护林人”，他希望自己的学生不要成为温室的花朵，而是一棵棵能够经风雨、见世面的参天大树，成为建设国家的栋梁之才。

〖寄语〗

六十年桃李芬芳
八万里绿荫成林

一辈子学做教师

——数学特级教师童嘉森

王天晓　刘芳

童嘉森老师，数学特级教师，现任北京市第八十中学教研室主任，《高中数理化》杂志特约编辑，首都师范大学数学科学院硕士生导师。在教育科研和培养青年教师课堂教学方面成绩突出，曾获北京市优秀教师、北京市学科教学带头人、北京市“五一”劳动奖章。

童老师从1992年开始主持并参加多项省部级课题。其在2001年主持的北京市朝阳区“十五”课题《中学生数学阅读能力培养的研究》被评为朝阳区“十五”优秀科研成果，同年他被评为特级教师。从教四十年来，童老师不仅在学生培养和青年教师培养方面成绩显著，而且其著述颇丰，参加了《高中数学复习精粹与练习》《高中数学题库》《最新中学生数理化公式学习手册》《高中数学知识应用问题》《学习目标检测》《高考综合科目备考与题解》《数学阅读与欣赏》《走向优等生》《乐学易考》《特级教师的教学艺术》《中学生数学阅读能力的研究》等书的编写。多篇论文发表在《中学生数学》《高中数理化》《中小学数学教学》《中学数学教育研究》《中国教育报》《中国教师报》等报纸杂志上。

童嘉森老师是一位踏踏实实、认认真真做事的老师，他用行动阐述了自己的宗旨：造福学生，成就教师，成名学校。从童老师的言辞间，我们能读出他为教师这个平凡而又伟大的职业奋斗一辈子的幸福。

一、感恩首师

童老师1979年进入首都师范大学学习，但他与首师大的缘分则是开始于上中师的时候。“我上中师的时候赶巧了，最后半年是首师大的老师教，那时候是大学老师下到基层教课。当时印象最深的有那么几个老师，其中有一个叫冀振楠，教我们的时候他已经70岁左右了。老先生精通四国语言，治学非常严谨，那时候是‘文革’期间，没有教材，他就自己给我们编教材，我是负责帮他画图，那时候画图用硫酸纸，用鸭嘴笔画，画一幅图费很长时间，即使我画得已经非常认真，但老先生仍觉得不行，给我很多指导，非常严格。他治学之严谨，令我今天想起来仍然佩服不已。”

中师毕业后，童嘉森老师到大山子中学任教，五年后考入首都师范大学读本科。也就是说童老师进入首都师范大学的时候已经有五年的教龄了，从事一线教学的经历使童老师的学习更具有针对性，也让童老师更加珍惜在大学的学习机会。对于本科时候的老师，童老师记忆犹新。“我读本科时候的班主任叫那桂珊，那老师也是非常认真的一个人，工作非常敬业，对学生平易近人，从来不严厉地训斥谁，我从来没见那老师跟我们发过火。教文化课的是李世新老师，还有佟武老师，李希宽老师，李玉佩老师等等，我确实从他们身上学到很多，他们在教学上应该说是非常严谨的。这对我后来的教学起了很大的作用。”

大学毕业后，童老师又回到大山子中学。而对于母校，童老师一直心存感恩，“我特别感谢母校，我这些年的成长也离不开母校，特别是数科院那些老师们的帮助”。“认真”“严谨”也是童老师谈到母校时用得最多的词。毕业三十多年，童老师与母校也一直没有断了联系。“我毕业以后曾经找过原来教过我的那些老师，他们都非常热情。数科院后来还聘请我上研究生的课，带研究生，我觉得这对丰富我自己的人生，特别是教育的人生也起了很重要的作用。”

童老师说，一提到首师大的领导和老师自己心里就特别激动，也希望首师大越办越好，将来能培养出更多的优秀教育工作者。

二、造福学生

(一)认真准备课堂40分钟

当老师不难，但是当一个让学生敬佩、喜欢的好老师却不容易，这取决于你的态度以及付出程度。尤其在资源落后、基础薄弱的农村学校，老师对学生的影响更大，但是学校对老师的要求却不那么高，那么老师对自己的定位与要求便有了更大的选择空间。童老师即使在恶劣的环境里，也坚持画投影片、编教材，自己动手做教具，费尽心思提高教学效果，改变农村教育落后的局面。

教师的活儿伸缩性特别大，可以说是一个良心活儿。同样一节课40分钟，你可以轻轻松松完事儿，也可以认真准备，精益求精，但不管对于学生还是对于自己收获肯定不一样。对你来说这个内容一辈子得讲很多次，但是对你的学生来说可能这一生就听这一次，所以你得非常认真，得对学生终生负责。

童老师就是本着这样的想法，坚持认真备好每一堂课，干好每一件事。从教四十年，童老师没有故步自封，而是紧跟时代步伐，了解学生的特点，不断改进教学。

"以前当老师就是按照课本讲，现在课改以后，要求老师得有整合教材的能力，得有补充教材，调整教材，拓宽教材，甚至自己挖掘，自己编写教材的能力。所以教师的工作，越来越需要创造性劳动。你得有大量的精力投入，得创新。同样是教书，你得让学生喜欢你，喜欢你所教的学科。"正是这种认真负责的态度和不断进取的精神，不断地造福着学生，也成就着童老师。

(二)所有孩子都值得认真教

有这样一个说法：好学生教好了，不算好老师，差生教好了，才是好老师。在童嘉森老师眼里，所有的孩子都值得认真对待，尤其是有问题的差生更需要帮助。

以前有个孩子，不爱说话，基础很差。快高考前，不知道受了什么影响，去偷人东西，被抓了，整个学校都知道，后来保出来以后谁都不愿意教他。那时候离高考还剩三个月，他妈妈急得要死，哭着跟我说，童老师你看怎么办，救救我这儿子。我说那必须得救，他也是我们的学生，还未成年，可能受到某些干扰，这样的孩子要是懂事以后可能努力得更好。后来我坚持给他补课，最后他考了个大专，三个月考了个大专，那是很不容易了。我想他要早点努力，本科肯定没问题。

教师要尊重学生的独特体验，尊重智力发育迟缓的学生，耐心等待他们的成长。要尊重学生的人格，不伤害学生的自尊心。要学会宽容每一位学生，宽容学生的过失，宽容学生的错误，宽容学生的弱点。要学会期待，期待每一位学生的转变，期待每一位学生的成长，用持久的耐心去等待。童嘉森老师用行动诠释着“一切为了每一位学生的发展”。

我就觉得，我们做教师的应该这样看待我们的教育对象。往往我们老师都盯住那种好学生，盯住那种容易成才的学生，却忽视了对这些问题学生的教育。但是我确实感觉到，如果是这样的话，可能我们这个社会就会抛弃很多能成才的人。按道理来说我是这样想，他本来就是基础比较好的学生，让他自己去发展，他本来是比较弱的学生，倒需要我们老师给予更多的关心。

在城乡结合的大山子中学，条件落后，生源较弱，但是童嘉森老师没有放弃他们，把他们当成弟弟妹妹，像家人一般负责。他坚信，“人是可以发展，可以培养的，不因他在不同学校，结果便不同，而在于老师的引导和自身的努力。只要你认真教这些孩子，把他们当作最优秀的学生教，他们就会成功，会记住你”。事实上，学生们也用自己的成就回报了童老师的真心付出，证实了童老师的“预言”。

“一个优秀的老师应该是不管他教的是什么样的学生，是多么低水平，或者是多么高水平的学生，他总能通过自己的努力给学生设计一条路，让学生从现有的知识水平爬到应该到达的高峰去。正如一个设计师，能根据你的特征和现有水平，设计出让你成才的路。”这是童老师对于一个好老师的定义。

教育意味着一棵树撼动另一棵树，一朵云推动另一朵云，一颗心灵唤醒另一颗心灵。教师的力量主要不是来自于知识，而是来自于心灵和智慧，那是影响学生一辈子的。一位能够影响学生，让离开多年的学生还能记得的老师，绝不是因为这位老师曾经教会过学生某种知识，而是因为这位老师的人品，这位老师的人格魅力，这位老师自然坦露的种种真情。

(三)因地制宜，因材施教

“文革”后期，学生们根本静不下心来念书，读书无用的观念盛行，童老师便组织学生开展各种活动：做无线电模型、收音机、模型飞机，联系附近的卫生所、警卫部队，让学生学习打针、打靶、投弹等，甚至还和学生一起为生产队捡过粪。正是在这些活动中，培养了学生的社会责任感、价值观，让学生在做中学，学中做，重新生发了学习的欲望，也建立起了师生之间的信任感。

当时学校做投影是自己画投影片，我还有一本书《怎样制作投影片》。自己画的时候特费时、费力，我当时就在想，有的图就是书上的图，要是能把书投上去多好。结果偶然间发现有一本书，讲的就是那种反射性投影，也就是现在实物投影的雏形。后来自己模仿着做，记得当时宿舍里有一个没人要的鱼缸，我就想办法把周围封上，做成投影。

对于偏科的学生，童老师总是帮助其找出原因，重新激发其学习兴趣。“有一个学生干部对物理老师有看法，便不爱学物理，同时觉得物理不好学。我知道后，就去做她的工作。当时我有一个本事，因为我父亲是一个出色的电工，在他的熏陶下我在小学二年级的时候就自己独立装过五个管的电子管收音机，有点无线电基础。那时候叫半导体收音机，后来我教她安装了一个四个管的半导体收音机，并且当时就响了，使她对电学产生了兴趣，进而提高了对物理学习的兴趣，纠正了自己原有的错误认识，便开始好好地学习物理知识了。”

教师要相信学生的潜能，要因势利导，审时度势，引领每一位学生走进知识的天地。做每一位学生学习的促进者，要善于了解每一位学生的学习情况，有针对性地开展活动。做学生学习能力的培养者，使每一位学生在教师的尊重、赞赏、引导、激发、期待中，获得新知识，形成新能力。不管在哪所学校，不管是什么样的环境，不管是什么样的学生，童嘉森老师总是能因地制宜、因材施教，引领学生走进知识的天地。

(四)对学生的培养要着眼于其未来的发展

在素质教育越来越受推崇的今天，教师的职责不再仅仅是教书，育人的角色越来越重要。童老师对于学生能力的培养，有自己的见解。

我们培养了半天到底培养的是什么？学生从幼儿园、小学到中学，从不懂到懂，这是我们当老师的任务，但这不是根本任务。因为学生迟早要离开学校，要离开老师，那他离开以后学习的能力哪里来？不是天生的，而是我们的后天教育加上其自身的努力而得。而我们在教学中，是不是给了他这种能力，大部分老师可能都没有考虑到，只是你现在给我把分提高了，你现在把我学的通过了那就完了，我认为用这种模式的不是最优秀的老师。最优秀的老师一定要想到学生将来的发展，想到他离开你以后应该具备了什么能力。

对于如何定位培养学生，童老师谈道：“我们教育的目的不应该只是为了培养一两个高考状元，而是要培养出一批杰出科学家。如果我们能够把我们的教育目标定位在这儿，可能我们的思路和视野就宽多了。”

在数学的教学上，童老师不仅仅局限于数学，还提倡将数学用到生活中，提高数学阅读能力。

一个人仅具有语文、外语阅读能力是远远不够的，如有些人看不懂产品的使用说明，看不懂股市走势图等等。这些事实表明现代及未来社会要求人们所具有的阅读能力不再只是语文和外语的阅读能力，而是一种以语文、外语阅读能力为基础，包括数学阅读能力、科技阅读能力在内的综合阅读能力。所以在中小学教学中不能仅仅重视语文、外语阅读能力的培养，还应该重视对学生数学阅读能力的培养。高中生数学阅读能力的培养可以通过常规训练，抓住课前预习指导读、课上研究深入读、课后复习全面读这三个重要环节，有意识、有计划地进行。

童老师还注重培养学生的组织领导能力，他主张学生干部最好能够轮流做，这样对于培养学生的文字和语言表达能力，培养学生的观察、思考能力，分析问题和解决问题的能力，提高学习效率也都有好处。

三、成就教师

(一)勤于反思，发扬研究精神

我国心理学家林崇德提出教师成长的公式：优秀教师＝教学过程＋反思。教师应善于反思，它是成长为一名专家型教师的必要条件。只有通过反思才能提高教师的教学水平，才能把潜意识的活动纳入有意识的活动，才能提高教师的教育科研能力，从而使教学水平迈向更高的台阶。成功的教师一定是勤于反思、善于总结的。

那么如何把自己的反思和总结体现出来，转化为科研文章，这对于很多一线教师来说是一个不小的难题。童老师在这一方面也走过很长一段时间弯路。“起初我也很想写一点儿东西，想发表点东西。但是投稿以后总是发表不了。我一直带着这种疑惑，有一次高考去判卷，碰上西城教研中心的方珊老师，正好回家时我跟她一块儿坐车。我就跟她说：‘方老师我有一个问题想请教您。’她说：‘什么问题?’我说：‘我想写点东西但就是总发表不了。’她说：‘是吗？有这回事?’我说：‘是’。她便让我拿两篇稿子给她看看。当天晚上我就拿了三篇稿子找她去了，因为我都有现货，写了好多文章。第一篇文章我写了很多数学中的解题技巧，那些技巧我都以为很棒，可就是发表不了。她看后对我说：‘你知道为什么不能发表吗?'我说：'不知道。'她说，'现在高考讲的是通性通法，你写的这些技巧都挺棒的，但是考试用不上，学生要想到这些技巧得花很长时间，所以这个方向不好，因此不能发表。'我一听确实有道理。"

第二篇文章写的是有理数的性质，是有一次学校让童老师给竞赛班讲公开课后童老师写的论文。当时的情况是：该班教普通课和竞赛课的老师都已经讲完有理数了，在这种情况下学校让童老师上一节有理数的公开课，童老师想："有关有理数的知识教普通课和竞赛课的老师都讲了，我还能再讲什么呢？竞赛课老师讲课，无外乎就是把有理数那些题目上升到竞赛的程度，找它的规律、技巧。我还能发挥多少？后来我猛然一想，有理数是群，有理数是环。为什么不能从高观点往下看，从近世代数的观点来看一看有理数呢？我立刻就把近世代数和高等代数拿出来，从群、环的角度看有理数。因为有理数本来就是群和环，所以群和环的性质都适用。我便考虑这些性质在初等数学里面可以怎么用。结果第二天的课讲得非常精彩，所有听课的老师都叫绝：我们就没想到你从这儿钻个缝能讲出这么多内容来！讲完后我就赶紧写，文章取名为'有理数的性质'，我以为这是高观点下的初等数学，但问题是还是没能发表。我跟方老师说，讲课时我讲得浑身热血沸腾，听课的老师和同学也都说好。为什么写出来却不能发表？方老师问我：'这篇文章，你想写给谁看?'我一听，坏了，我想写给谁看？真没想过这个问题。她说：'你这文章写给老师看，一般老师不看，因为你写的是教实验班的内容。写给学生看，一般学生看不懂，没有阅读对象，怎么给你发表?'"

可见，就科研文章的发表来讲，仅仅是自己教学过程的总结和反思还不够，还要联系到读者群体，也就是说要把自己的反思和体会分享给什么人看，这是非常重要的。

正是童老师积极主动、锲而不舍的探究精神，才有了后来惠及无数人的150万字著述。他参与了《高中数学复习精粹与练习》《高中数学题库》《最新中学生数理化公式学习手册》《高中数学知识应用问题》《学习目标检测》《高考综合科目备考与题解》《数学阅读与欣赏》《走向优等生》《乐学易考》《特级教师的教学艺术》《中学生数学阅读能力的研究》等书的编写，多篇论文发表在《中学生数学》《高中数理化》《中小学数学教学》《中学数学教育研究》《中国教育报》《中国教师报》等报纸杂志上。

在教育教学过程中，教师应当与学生共同成长，共同发展。没有教师的发展，也就没有学生更好的发展。教师的教育研究，可以使教师真正成为有思想、有能力、有智性、有悟性的教育实践主体。通过教育教学研究，教师才能不断找到专业发展的新的基点。衡量一个教师有无科研意识，主要标志就是看其在教学工作中是否自觉自愿地主动地给自己提出科研的任务要求。

在述说自己的科研之路时，童老师也充满了对帮助过自己的人的感激与感恩，更多的是希望将这份帮助与感恩传递下去。“自己的努力探究、其他教师的帮助以及领导的支持是教师成长、成功路上必不可少的三个因素。”

教师要成为一个“研究者”，不能被动地等待别人的研究战果，更不能不假思索地把这些成果应用到教学中。教师要以研究者的眼光审视和分析教学理论与教学实践中的各种问题，不断对自己的教学过程反思。积累、总结经验，这是教师角色适应与发展的必要条件。

(二)名师工作室：青年教师成长的摇篮

2007年，八十中成立了由童嘉森老师牵头的特级教师沙龙，支援基础薄弱学校，他们分别与门头沟区西辛房中学和朝阳区崔各庄中学建立手拉手关系、举行师带徒活动。部分特级教师认为自己是教高中的，初中学校帮不上，而童嘉森老师在这个条件恶劣的初中学校一待就是五六年，学校先后两次更名，换了四任校长。童老师坚持每周都去听课，指导青年教师做公开课，做科研课题，发表文章。崔各庄中学的生源几乎全是打工子弟，校长迫切想改变资源缺乏、学生厌学的局面，于是学校成立了数学实验班。童老师号召学校数学组的老师一起努力，共同为培养优秀学生做贡献。

为培养实验班学生学习数学的兴趣和能力，在童老师的带领下数学组为实验班开设数学专题讲座，老师们通过教研组选题，个人备课、集体备课，为实验班的同学准备了一个数学系列专题讲座。目的是扩大学生的视野，利用课外知识引发学生学习数学的兴趣。

我把题目定了，分下去，给青年老师们压力，让他们干活。我们集体备课，备课完以后让他们试讲，我们这个圈试讲成功了，再到实验班去讲，讲得挺好。后来我想得给他们一个成功的机会，就跟区重点校——和平街一中的校长联系，我说我在温榆河学校(就是过去的崔各庄中学)带了一批年轻老师，现在有些课外兴趣小组的内容非常好，我列举了一些讲座内容，例如“不定方程”“莫比乌斯带”“整数与整除”等等，能不能在你们学校讲讲，给你们的学生听听。他们校长也是学数学的，一听这些内容非常感兴趣，就答应了。结果老师们一去讲效果也非常好。后来我说干脆再大胆点，把这些内容拿到八十中去试试。结果八十中的数学老师听后都惊了，绝对不敢相信这是温榆河学校的老师能讲出的内容。我说，好，达到效果了，就让男老师穿上西服，系上领带，女老师穿得特别漂亮，给他们在演播室录像，录像完了刻成光盘送给他们自己保存。

童老师说："要改变落后的局面，总需要一些人去带动、去奉献，能克服困难，认真钻研，坚持下去。"就这样，童老师凭着不怕麻烦不怕苦的精神，锲而不舍的毅力，勇于尝试的胆量，带着青年教师们一起进步、成长、成功，将支援基础薄弱学校的工作落到实处，干出成绩。在青年教师们需要帮助的时候，他义不容辞，在这个契机下，不断努力，不知不觉中顺应了之后国家提出的教育均衡的口号。

2009 年，名师工作室成立时，童嘉森老师提出了培养目标：助力青年教师从经验型转变为科研型。一是团结引领朝阳区一批中青年数学骨干教师，投身数学教学改革的理论和实践探索；二是形成一个数学教育、数学教学科研、新课程培训探讨交流的平台和基地；三是形成较高学术水平的骨干教师培养的基地、高层次教师成长的舞台，为朝阳区、北京市乃至全国进行数学教育改革提供可借鉴的经验；四是建立科研团队，以解决新课程实施中及中学数学教学中出现的问题；五是建立一个关于数学教学及有中高考特色的资源库。

蜡烛在奉献了自己的能量后就不再具有原有的作用了，而教师在促进学生发展的同时，自身也得到发展。可以这样说，教师这个职业的特点是，索取知识越多，奉献的能量就越大；而奉献的能量越大，提高也越快。要做一名优秀的教师就必须不断获取知识，不断"充电"，这是教师职业和我们这个时代对教师提出的要求。

(三)给青年教师的建议

在童老师还是青年教师时，他主动拜师，学得了默默无闻、踏踏实实的做事态度，几十年后，他又将这种精神传扬下去。

在教师的职前教育中，青年教师们需要培养这么几条：一是敬业精神。一个人不爱自己的事业，他不可能为这个事业奋斗，也不可能为这个事业做出什么东西来。二是不断学习。我觉得我们职前教育，能不能在这方面给学生带来一种熏陶，或者做一种引导，让他觉得自己到了一个岗位上不是自己这个专业研究的结束，而是刚刚开始。三是吃苦。做中学的班主任可能比较苦，但是你必须经历这个，别人谁也替代不了的。班主任肯定要多牺牲一点自己的时间，把家里的事情安排好，既然做了就要做好。四是经得起诱惑。现在有的毕业生到工作单位以后，可能会受到各种各样的影响，只把一半或者不到一半的精力放在工作上，大部分精力放在家教或者辅导上，这样经济上可能会得到一些补偿，但是他失去了良好的钻研时间，没有去积累自己的东西，最后剩不下什么东西。

对于青年教师与学生的相处技巧，童老师结合自己的经验给出了自己的见解。“我要布置任务就布置给班干部，班干部再往下布置。不仅适当保持了学生和老师的距离，还培养了班干部的能力。但是，比如说有些学生你想了解他，他却疏远你的时候，你需要主动，让他觉得你不可怕，愿意接近你。这个度确实是需要把握的。但是有一点我觉得是最重要的，你无论如何要让学生佩服你，这个佩服不仅仅是你的业务能力，还有你的人品，包括你处理问题的方式。”

对于教师各方面素质的培养，童老师也有自己的看法。“作为教师，基本素质一是师德，业务基本功；二是表达能力，特别是现代化的教师，应该具有一定的写作能力，口头表达能力；三是待人接物，包括和学生、同事、领导、家长的关系。我觉得一个基本素质比较好的老师，不管你在，还是不在，这个班都这样，尤其是你不在的时候更应该好。你不能把学生只当作是你的，给你表现好就行了，至于别人都不管，那肯定不成。所以我觉得教师的素养，除了能教书，敬业，处理上下级关系，和学生的关系、家长的关系以及周边老师的关系，一些基本的礼仪，基本的常识都应该知道。”

教师的培养模式，教师专业的发展越来越多样化，那么到底哪些才是比较有用的？童老师也有自己的想法。

教师自身的培养和发展，更多的、更有效的还是教师自己的反思。名师工作室也好，听个讲座也好，同课异构也好，搞各种各样的活动，那都是为他成才设计外衣，给他一个环境。至于能不能成才，还是取决于自身的努力，取决于他想不想做一个优秀教师。

榜样的力量是无穷的，一个地区要想发展，必须得有自己的榜样，得有自己的典型，如果没有，光靠引进、挖人，只能是拆东墙补西墙。教育事业是培养人的事业，除了培养学生就是培养教师。我希望各地区能够树立起一批靠自己努力成才的典型，比如说，我看孙维刚老师就是我的榜样，他教数学，我也教数学，他能教好我为什么教不好？

四十年如一日的教学生涯是枯燥烦闷的，但也是充满真情与感恩的，每一日的认真，点滴小事的尽善尽美，便汇聚成伟大的事业。

四、不放弃，不抛弃

在学生眼里，童老师是热情洋溢、慈祥平易的；在我们眼中，童老师永远那么乐观、那么热情、那么和蔼，而事实上童老师的生活却也是坎坷的，但是，童老师并没有向生活低头，向困难屈服，而是迎难而上。

我的两个孩子，老大是残疾，因为医疗事故。现在想想，那段日子非常艰苦，不知道是怎么熬过来的。当时家里雇两个保姆，因为任何保姆不看两个孩子，老大每次看病要花两三千，可是那时候我每月才挣89元，怎么过呀？当时就是一个信念，这个孩子如果我不救他，他就会死掉，我要是不管他就没人管。

有时候，在学校和学生在一起时，或者工作的时候，会把这些事忘了。但是回到家里，面对现实时，我就坚信一点，我要不去克服这个困难，解决这个问题，这个问题就解决不了。不管自己的孩子，还是学校的学生，人家的孩子，我都要对他们负责，对他们终身负责。

正是童老师这种不放弃、不抛弃，负责到底的信念，赢得了学生的敬佩与感恩，赢得了家人的信任与感激，赢得了领导的肯定与支持。

结　　语

“教师是一座‘桥’，架设在昨天与今天之间，架设在童年与成年之间，架设在耕耘与收获之间。学生从教师脊背的‘桥梁’上，跨过人生幼稚无知的江河，使彼岸不再那么遥远，让理想变为现实。

教师像星星，没有太阳那么强烈，没有月亮那么温柔，没有朝霞那样炫目，没有白云那样浪漫；但从来无怨无悔，与世无争，总是在一个不显眼的岗位上，奉献他的那份光和热。”

这是童嘉森最喜欢的名为《教师之歌》的一首诗。

多年来，童嘉森一直为成为这样一座“桥”而努力着：40年的教学生涯，他教出了无数优秀学生，带出了几十名优秀青年教师。

他在总结自己的成功时提到过三点：奉献，事业的需要；关爱，成长的沃土；积累，成功的前提。是的，在奉献中，在接受关爱和关爱他人中，在学习和积累中，他不仅收获了成功，也为他人的成长搭建了一座“桥”。

〖寄语〗

建校六十载，为国育英才。
学子齐努力，母校添异彩！
——贺母校六十岁华诞

用智慧和孩子相处

——幼儿特级教师琚贻桐

沈 珺　王先妹

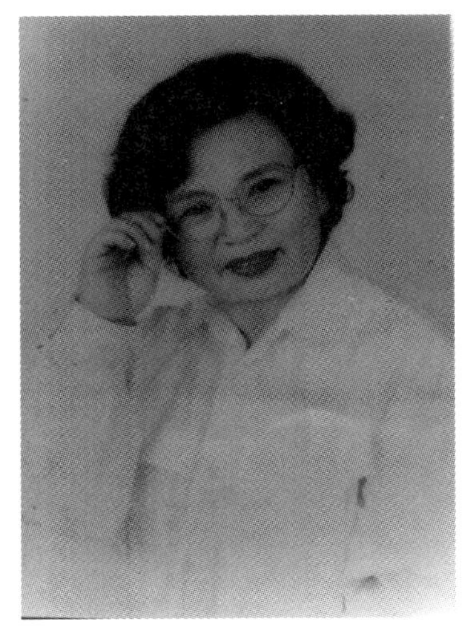

琚贻桐老师，著名幼儿教育家。主要研究幼儿品德教育与幼儿音乐教育，主要作品有《教师教育资源手册》《习惯与学习品质：幼儿入学准备》《哈佛多元智能：婴幼儿人际交往智能开发训练》。于1961年毕业于北京市幼儿师范学校。1961年至1991年在北京市西城区棉花胡同幼儿园任教师。任教期间，于1983年被评为北京市教育系统先进个人，1984年被评为北京市劳动模范、三八红旗手，1991年被评为北京市特级教师。1991年至1996年于西城区棉花胡同幼儿园任副园长。1996年开始在西城区教育教学研究中心任幼儿教研室主任，直至1998年退休。曾任北京市第八、九、十届人大代表，北京市第十届人大常委会教科委员会委员。

一、入职前的选择和校园生活

(一)喜欢孩子而选择幼师

琚贻桐老师选择念幼师并不是偶然的，最大的动力来源于对孩子的喜欢，而这种喜欢从小学开始在她心中扎下了根。“我特喜欢小孩。我为什么喜欢小孩呢？跟我们小学老师有关系，我们小学有一个黄老师特别喜欢孩子，她带我们去马鞍山下玩，去参观炼铁的矿石，她是那样认真又和气。”黄老师除了在与学生相处中给琚老师留下深刻的印象外，更重要的是她绘声绘色的故事触动了琚老师，让她领悟了人不能贪婪的道理。而正是这些影响促使琚老师想成为一名教师。“到现在我还记得，黄老师给我们讲太阳山的故事，那时候我就知道人不能贪婪，一贪婪就坏了。故事中爸爸妈妈都死了，只剩兄弟俩，弟弟厚道，哥哥又懒又贪婪。后来有人指点弟弟去太阳山拿珠宝，说太阳一下山回家，你就得回家。弟弟也不贪婪，太阳落山就回来了。后来他哥哥一看，弟弟怎么过得好了，就问他，弟弟一说，哥哥去了。‘哇！那么多珠宝啊’，哥哥特别贪婪，太阳该下山了，他也不愿意走，结果太阳把他给晒死了。所以，那时候我就觉得人不能贪婪。受黄老师的影响，那时候一写作文我就写我要当一名人民教师”。

琚老师喜欢孩子，而且想成为一名教师，所以当幼师的老师去中学动员时，琚老师选择了念幼师。“1958 年，那时候我们女三中的学生该毕业了，后来幼师的李燕怡老师上我们学校去动员。我第一次听说幼儿师范学校，我一想，‘反正也是师范，也是教小孩’，我就特别高兴。而且我还是保送，不用考试，所以我就很高兴地去了”。“而且我那时也养成了认真做事和坚韧的性格，不管别人怎样看我，我认为有意义，就坚持下去。”

所以，琚老师选择念幼师，毕业后愿意成为一名幼儿教师，主要原因在于她喜欢孩子，而这种对孩子的喜欢很大程度是受小学黄老师的影响。这个选择和对事的态度、性格铸就了她后期的成就。

(二)三年校园生活

1. 难忘校园环境

谈到三年的幼师生活，琚老师对幼师的环境和老师印象深刻。“就因为我们的环境特别好，而且老师也很好。”对幼师环境她并没有细细描述，但从言语间可以看出她很怀念幼师的校园环境。她选择了在幼师接受访谈，就是想看看让她留恋的母校。“我很喜欢学校那些花草，小时候我在马鞍山钢铁公司里面住，家家门前都有一棵杏树，所以我对杏树很熟悉。而且家家门口都有一棵月月红(月季花的一种)。”谈到校园环境琚老师回忆起小时候的时光，而她对花草这些植物的喜爱来源于小时候的经历。“我家后门是推拉门，推拉门后面家家都有一个大院子，前面给你规范得都一样，后面可以随便种。种点花，种点菜，就跟试验田似的。靠近乘凉的地方就种花，种各种各样的花。北京叫十样锦，我们那儿叫剑兰，还有虞美人。好多好多花，什么江西腊、步步高(现在叫五色梅)我都是那时候知道的。有时候还种点蚕豆、黄豆、萝卜、西红柿，我觉得特别好玩。所以我对植物就特别喜欢。”喜欢植物，喜欢幼师的环境，琚老师工作后也特别重视自然角等可以种植物、养动物的地方，让孩子喜欢动植物，用动植物对幼儿进行教育。

2. 幼师的老师——特别爱学生

琚老师首先谈到了作为班主任的武淑贤老师，这是一个很严格的老师。琚老师的语言水平提高跟她有很大的关系。“给我印象最深的是幼师的老师特别爱学生。那时候我记得武淑贤老师是我们班主任。她教语文，本身说话特别脆，写板书又特别有劲，她的那些外在气质都特别得吸引我们，她对我们要求也挺严格的。我记得很清楚，有一篇课文是《日出》，让我们每个人扮一个角色，她挑角色也是挑跟个性有一样的地方。让我们演什么就得像什么，也不许笑。我们觉得很好玩，就爱笑，虽然她平时对我们很和气，但她不笑。说苏霍姆林斯基说了，你们就应该创造，还得说二十个不一样的，‘你过来’。所以我觉得她对我们要求挺严格的，我觉得语言水平的提高跟她挺有关系。”

幼师的老师不仅能够传授琚老师知识和技能，更让她感动，甚至感激。“后来何秀香老师当了我们的班主任，我觉得她更不容易。何先生为什么不容易？因为何先生个儿很矮，我们都很不欢迎她。但是下课铃声一响，她准保就结束说的最后一句。她的板书还特别漂亮，对学生也充满爱。当时我就记得，我为什么感动了呢？就是二年级的时候，她放寒假了，刚好她爱人从沈阳过来。因为当时我家在外地，那时候又刚好是困难时期（三年自然灾害），所以那年寒假我没回家。他们就商量带我一块儿去厂甸，那时候还有大糖葫芦，要带我上那儿去玩。我就特别感动。”

在幼师的任课老师中，琚老师还提到了在她成长中起重大作用的方明老师。方老师主要是给学生介绍各种新思想和理论，这对琚老师的专业成长有很大帮助。“她是教音乐的，我们特别喜欢这个老师。她老唱西波涅，一边弹，一边唱。后来她当了我们西城区的幼教科长，后来又升为主管幼教的局长。方老师特别注意对老师的培训，把全区的骨干老师一个月叫一次，给大家介绍新的教育思想。我觉得在我成长中，她起的作用挺大。那时候苏霍姆林斯基的书、赞可夫的书和维果斯基的理论都是她介绍的。”

除了幼师的老师令琚老师感动，幼师的大师傅也令琚老师感动。回忆困难时期的食堂师傅，琚老师满心都是感激。“还有当时的大师傅，不知道叫什么，那时候因为是困难时期，很多地方都出现浮肿病，可是幼师没有，因为他们老想法给我们吃好的。当时我记得，我们还参加文艺大军，去游行，穿的都是五四的衣服，很多同学都扣不上扣子。我念幼师的时候好像才一米四几，七十二斤，挺瘦的。游行的时候我们小个儿的站在文艺大军旁边，后来人家说，‘看！幼师的学生多苗条’，马上有人指着中间说，‘没看中间夹的都是胖子’。就是因为幼师的师傅老变着法地给我们弄好吃的，他们还特别乐观，老开玩笑。”

二、入职后的不断成长

(一)刚入职——孩子不听话，自己出现轻度焦虑

带着对孩子的喜欢、对幼师这份职业的热爱，琚老师开始了她的职业生涯。她有理论知识，也有相应的教育技能，可是面对一群围在身边的孩子，琚老师发愁了，孩子不听话，闹腾。“开始带班的时候孩子不听话，我们班孩子闹着呢。一问就说是喜欢琚老师，有时候我都怕，是不是我处理错了，干吗要跟我捣乱？吃饭不好好吃，睡觉不好好睡。上家里去家访，家长说没听说不喜欢琚老师，就知道喜欢琚老师。后来我发现，咱们老说要正面教育，不说反话，倒是要求自己从来不说反话，但是没对孩子们提要求。”经过一段时间摸索，琚老师发现孩子不听话的主要原因是自己没有对孩子提要求。“没要求，更别提检查啦，说完就忘，自己还像小孩似的，特随便。所以孩子根本不听你的。你要说他不喜欢你嘛，家长说‘他回家就老说喜欢，最喜欢琚老师’。那时候都大班了，我开始带的时候是中班。”

琚老师对孩子有爱，可是孩子不听话。出现这样的情况，琚老师有时候也会感到害怕，甚至有时也会流泪。和很多人一样，琚老师在刚入职时也遇到了困难。“我记得在中班的时候，有一次下雨，我们那个是四合院，大北屋，特别黑，还得开着灯。后来几个男孩子一嘀咕，搬着桌子、椅子往上摞，有一个叫江滨的上去了，上去摸电灯泡。我心里很着急，于是就把他抱下来，把他抱下来以后他又上去。后来我说‘这要出事了怎么办’，当时也没经验。不像后来，知道该怎么处理，如：可以问问孩子想干吗，是证明自己勇敢还是怎么样，会去了解孩子的想法。我当时什么也没问，就怕出事，就把他抱下来，想抱到办公室。我刚抱着他，旁边的孩子喊‘救江滨啊，救江滨啊’，就把他给救下来了。当时我都哭了……另一个家长是教中学语文的，挺配合，我就老跟家长告状。后来家长跟我说，孩子看见我都跟耗子看见猫一样。有一次孩子生气了，说‘我舅舅是大夫，我让他把你的血抽干了’。”出现这种情况，琚老师也很难受，曾经

出现过轻度焦虑的情况。“当时我要是上上午班，我就一夜都睡不好。我要是上下午班，我就一上午都过不好。害怕啊，老害怕他们闹，我睡觉睡不着，吃饭吃不下，什么都干不了。”

(二)入职的适应阶段——做课题和换配班老师

孩子不听话的状况困扰了琚老师一段时间。后来她跟着老教师做课题，再加上换了个配班老师，这些让她逐渐适应了幼儿教师这个身份，并且在这个岗位上越做越好。“一就是梁老师的那些课题，还有就是得感谢幼师的孙静孙老师，她跟我们园长是同班同学。她到我们园带实习去了，当时我老跟一个老师配班，她说：‘你们怎么这么配班呢？一个教态好的老跟一个教态不好的，这俩老师一点都不一样。这个就特尊重孩子，那个就特不尊重孩子，老是管卡压。’我们园长说：‘是，两个管卡压的搁一块儿，那孩子还不受死罪了。’说归说，但是从那以后，80 年代初开始，就不让我跟那个老师一个班了。搞课题，梁老师每次来也都评，我也慢慢知道该怎样要求孩子了。”

(三)职业生涯的发展——做科研

琚老师职业生涯的发展主要和做科研结合在一起。是科研促进了她的发展，也是科研让她在幼教领域越走越远，越走越顺。而科研之路上对她帮助最大的是梁志燊老师和李晋瑗先生。“那时候梁志燊老师，还有李晋瑗先生，他们两个人同时在我们班。一个是做我们园里的课题，一个是做区里的课题。李晋瑗是区音乐教研组聘请的老师，后来都在我们班做科研。”

梁老师和李先生在科研方面对琚老师帮助很大，因为他们有自己的研究思路和方法。“后来我觉得两个老师的做法也是不一样的。像梁老师，她研究品德教育，在我们幼儿园前后做了六七个课题，我一直参加她的课题。她一般跟老师们一块儿先研究课题目标是什么，研究好了，她就把原则告诉你，至于用什么教材、什么方法让老师们自己去想。她说首先得尊重孩子，尊重孩子的年龄特点，孩子就是孩子，不能用大人的想法去约束孩子。再一个，研究品德教育就是用人道主义教育孩子，人道主义就得用人道主义的方法。不能够讽刺挖苦，不能够体罚、变相体罚。所以，我创编了很多教材。李老师帮我们选好教材(怕我们了解的音乐教材，尤其是欣赏音乐的教材太少)，方法、教法由教师自己想。我就深入地聆听李老师选的教材，然后结合孩子的实际情况用适宜的方法对孩子进行教育。”

三、成长路上的重要他人

琚老师成长路上的重要他人除了热情善良、对工作特别认真的姨和姨父，给她启迪的小学老师黄老师，令她感激的幼师老师武淑贤、何秀香、方明先生和食堂的大师傅等。“我觉得这几个人对我影响真是挺大的，不同方面的”。

(一)刘姒秀园长——把幼师工作当事业来做

“一个是刘姒秀，她是我们园长，是很严肃、很古板的一个人。也是幼师毕业。但是她跟我们说的话我永远记得。她说，‘幼教工作不能当成一个谋生的职业来做，要当作一个事业来做’。所以，她高瞻远瞩地在70年代就把北师大老师请来。她以身作则，做得特别好。虽然她家住得远，但她每天早上都是7点以前准时到园。我们不寄宿，7点半上班。到园后她就带头做卫生，先打扫园长办公室的卫生，再打扫老师的备课室卫生。一边做卫生，一边和同事打招呼。记忆中有一次下雪，交通都断了。她四点多就起来了，两个孩子，背着一个，领着一个，但还是7点以前赶到了幼儿园。”刘园长以身作则的精神令琚老师感动，“把幼教工作当事业来做”的思想也深深烙在她脑海里，琚老师也是这么做的。

(二)梁志燊和李晋瑗老师——科研之路的引路人

琚老师在70年代就开始做科研了，在科研之路上她很感谢梁志燊和李晋瑗老师。梁老师提倡爱的教育，重视老师独立思考能力的培养；李老师重视培养孩子的音乐素质，强调让孩子主动的发展。这两位老师是琚老师科研之路的引路人。

我觉得这两个老师给我教育上的影响真是挺大的，他们都是北师大的。我们园长刘姒秀特别好，好在70年代就把梁老师请来了。那时候就跟师大定了合同，我们园做实习基地、科研基地，我们提供老师、孩子、地点，我们也可以去旁听他们所有的课，学习新的知识。

梁老师，我觉得她特别提倡爱的教育，要寓教于乐，寓乐于一日生活之中。她说别光盯着那几堂课，课才几十分钟。大班一天才一个多钟头，剩下的时间都浪费了。要寓教于一日生活之中，寓教于乐。孩子就是孩子，你别老掐着他，你得让他高高兴兴的。

李老师也有句话我记得特别清楚。她说让孩子生动、活泼、主动地发展，最关键的就在发展上。如果不发展，再花哨有什么用，还是要重视发展。但是这个发展是孩子自觉、高兴的发展，不是掐着他脖子去发展。记得那时候我们培养孩子的音乐常规，她说："常规是什么，是让孩子生活更好的必要保证，而不是束缚孩子的绳索。"

（三）副园长宋志婧——她的前一步就是我的后一步

宋老师是琚老师的榜样。宋老师为人和蔼，对孩子有爱，琚老师从宋老师身上学到了对孩子的行为不能主观地判断，而是要询问孩子的想法。"我们的副园长是宋志婧老师，她特别和气，我们是好朋友。她和蔼可亲，每走一步，都给我做出榜样。她的前一步就是我的后一步，我就踩着她的脚印走。她对孩子很有爱。她带班时，有一次班里少了一块糖，问来问去，是一个孩子偷偷拿的。那孩子为什么拿呢？宋园长没有直接说他，而是私下去打听。原来孩子爷爷病了，那是困难时期，都是高价糖，孩子发的两块糖，自己只吃一块，给爷爷还留了一块。他给他爷爷拿了两块，所以班上就少了一块。宋老师知道后没有马上批评孩子，而是首先肯定他爱爷爷是对的，再告诉孩子怎么去爱爷爷。这让我印象特别深，我明白了对孩子的事要注意了解，不要主观武断，孩子犯了错肯定有他自己的想法。"

四、爱的付出和爱的收获

（一）家园合作——解决孩子大便问题

孩子的大便情况可以反映孩子的健康情况。上幼儿园后幼儿的大部分时间在园里度过，如果孩子在家里连续几天都没有排便，那他在幼儿园的排便情况会怎么样？所以很多家长都关心孩子在幼儿园的大便情况。孩子是很敏感的，如果他从老师身上感受到老师对于自己排便的不喜欢，那他可能会控制自己的便意，形成不在幼儿园排便的习惯。不在幼儿园排便，那孩子很有可能在家里或者在路途中排便，假如在回家的路上要大便，这对男性家长来说，带女孩大便就存在一定的困难。琚老师用自己的办法解决了一位男家长的困难。"我们棉幼的老师那时候都家访，老师有个提纲。最后一个问题都要问家长有什么困难需要我们帮助解决。有一次访问一个叫杜雪的小女孩，她妈妈在大兴工作，爸爸在附近的小学，离我们幼儿园挺近，每天由她爸爸接送。她爸爸说：'琚老师，能不能让她在幼儿园大便，以前孩子在托儿所都不大便的，每天从托儿所接她回家走到路上都要大便，我一个男同志带她上男厕所还是女厕所。'我想，家长要不说，我真没想到。我觉得这是家长的困难，如果不问，根本就不知道家长有这个困难。于是我想了个办法，就给孩子编木偶戏《小兔肚子不疼了》，告诉孩子不憋大便，憋大便容易肚子疼。孩子们都很爱看这个木偶戏，当天下午配班胡老师说：'杜雪，要不要大便，我陪你去。'（因为当时厕所是长条坑，有的孩子害怕）杜雪愣了，胡老师看她没有大便的意思，说那就待会儿吧，先玩会儿，待会儿胡老师再问你。过了一会儿，孩子就顺利大便了。结果我没想到，那天她大便以后，爸爸来接她时，孩子很高兴地说：'爸爸，我在幼儿园大便了，老师说最喜欢在幼儿园大便的孩子。'她爸爸特别感动，说你们幼儿园真不愧是好幼儿园，我两年没解决的问题，到你们这儿，第二天就解决了。所以，以后我们班需要去参观小学什么的，都是他爸爸帮忙去联系，特支持我们。"

(二)透明儿童也需要爱

透明儿童也叫被忽视的儿童，这类儿童就像透明的一样，孩子们甚至是老师都很容易忽略他们，但他们也需要关心，需要爱。以下这个例子让琚老师开始关心这类孩子，让这类孩子得到老师的同等关注。

那时候我教过一个叫李华琴的小女孩。这个孩子不爱说话，这班上有她没她都差不多，我对这样的孩子不太注意。直到有一天她对我说："琚老师，是用自己杯子喝水吗?"我说："是用自己杯子喝水"，顺手摸摸她的头，我就走了。第二天又来问我，我又回答了她："是用自己杯子喝水"，顺势摸摸她的头。当时我就想，这孩子也不糊涂啊，怎么昨天问了，今天还问呢。第三天又跑来问我："琚老师，是用……"我这时候就注意看她了，她不是一种疑问的不知道，而是一种期盼，期盼我再摸摸她。当时我就想，那么点的孩子，让她用这样的可怜巴巴的方法想得到老师的抚摸（因为孩子都喜欢抚摸，尤其是小班孩子），所以一有机会我就尽量多地抚摸他们。你别看有的孩子好像不爱说话，有他没他差不多，但他也特别渴望老师喜欢他，关注他。

后来，我就注意多关注孩子。原来不关注，不是因为时间，是因为我脑子里没这根弦，忽略了这类孩子……孩子们跟我很亲近，幼儿园毕业后也经常来看我。有的有工作了，有高兴事了，也经常来看我，把这些事告诉我。

(三)特捣乱的孩子我也喜欢——孩子是不正确教育方法的受害者

在幼儿园里，还存在着一小部分让老师头疼的孩子，这类孩子具有攻击性行为，或者经常做出一些与大家不一样的行为。很多老师不喜欢这类孩子，但是琚老师给他们同样的爱，她认为孩子是不正确教育方法的受害者，要从情感上接纳这类孩子，让他们有归属感。“给我印象特别深的，有一个孩子叫小纯。他拳打脚踢，什么都敢，还敢咬老师，谁都不喜欢他。他不喜欢的事，你让他干，他就不干。比如他最不喜欢上课，只要出去了，你就别想让他回教室。后来不让他出去了，他怎么办？他坐在桌子底下叫唤，老师让他出来，一拉他，他就拳打脚踢，开始咬人，开始闹腾了。全园老师都知道他。”

后来到大班时，琚老师接手这个班，她打算从家长方面着手了解情况。“这孩子 7 个月就上爸爸单位的托儿所了，由于他爸爸人缘不错，人家就对他特殊照顾。其他孩子都放在床里面，就这个孩子给搁地下，爱爬哪爬哪去，就这样，想要什么就给什么。而他妈妈是家中老大，他是姥姥的第一个外孙，惯得一点样都没有。虽然宠着，还得了气管炎，有一次气管炎发作了，就没上托儿所了。他在家里待不住，还特爱跑。没办法，家长给他买了 5 只鸟关在屋里面。他就逮鸟玩，逮着拔毛，养成了以自我为中心的性格。”

对这种情况，琚老师花心思想办法，了解他的特点和爱好。“后来我想，反正不能伤害他。通过观察我知道他活动量特别大，但他又老跟人拿拳头说话，谁也不敢不跟他玩，谁也跟他玩不长。他最爱玩的是马缰绳的游戏。是用书包带做的，缝一个大套，一个小套，小套套在当小马的小朋友的身上背过去，大套是赶马车的人或者骑马的人拉着。他就愿意当小马，可以使劲跑，没人挡他。玩这个游戏时，他把后面的人都拖地下了，自己还跑得很快，小朋友都哭了，就不跟他玩了。我就对他说：‘小纯，你当我的小马。’他当时都愣了，说：‘行。’后来我们就玩马缰绳的游戏，我一会儿说‘吁’，一会儿说‘驾’，让他按口令行动着。我怕他跑累，老跑也不行，就编了一些情节，如装货、运货、卸货等，并告诉他吁就是停的意思，驾就是快跑。他当时看着我，很佩服我，觉得这个老师真厉害，连马的话都懂。”

对于特别的孩子，琚老师总说：“要发现这些孩子的优点，相信他们也愿意做好孩子。”她非常认可苏霍姆林斯基的看法。“我觉得苏霍姆林斯基说得特别好，尤其是对不好教育的孩子，他说不是因为这些孩子不好教育，而是因为我们的教育在沿着错误的途径进行。什么是错误的途径？老想帮孩子改缺点。大人想帮孩子改缺点，就得讲道理。道理讲得越透彻，孩子越被证明是不对的，他迈的步伐就会更好。于是，我就利用小纯热情、喜爱虫子的优势让他为集体做事。真的，小纯变了，他不再用虫子吓人了，而是用他的优点为大家做了许多好事。如除虫、帮助受伤的小朋友等，这样的转变是没有痛苦的。在教研中心工作后，一次碰到小纯的爸爸，他兴奋地告诉我：‘琚老师，小纯被山西武警部队录取了，还说多亏了琚老师……’我听了之后感觉特别欣慰。”

五、用智慧待孩子

琚老师是一个爱琢磨，很有智慧的人。在谈到与孩子的相处之道时，她也强调智慧。用智慧处理孩子在生活和学习中的问题，用智慧满足孩子的不同需求。“老师的爱虽然要看得见、摸得着，但是你不是带一个孩子，你带好多孩子，你还得用你的智慧。”

(一)用游戏的方式满足孩子喜欢身体接触的需求

小班孩子一般都喜欢老师的爱抚，但你不能天天老搂着孩子，孩子大了也不能老搂着，三十多个孩子你搂得过来吗？所以我就想，如何在游戏中让他们满足。比如开火车的游戏，大家拉到一块儿开火车了，我就快速地摸摸有几节车厢，这一数，15 秒钟都用不了，就数完了。然后我就看看火车有没有毛病，敲敲他们的肩膀，跟他们的身体多接触。这时候老师就有个别教育在里面，你看谁分离焦虑比较严重，就说“你这节车厢的玻璃怎么脏了，哈点气吧”，于是可以多摸他几次。然后可以通过通耳朵眼、紧紧螺丝(反正在游戏中随便设计)等满足孩子。

除了玩开火车的游戏还可以玩其他的游戏。“有时候我们利用吃饭前玩骑大马的游戏来满足孩子的需要。叫一个孩子上老师跟前，坐在老师腿上，并随语言节奏颠着，然后就‘骑、骑、骑大马，骑到哪里去’问大家，大家说‘骑到动物园’。那时候我们班孩子老爱说‘骑到动物园’。‘骑到动物园做什么’，‘去看大老虎’，这个孩子就走了，又叫下一个孩子。整个游戏一共才 15 秒钟，几天下来孩子就全抱了一遍。这个游戏既亲近了师幼关系，又练习了孩子的口语、对话。我觉得老师得有自己的智慧。”

(二)解决孩子刚入园时哭的问题

孩子刚上幼儿园特别容易产生分离焦虑，老哭，家长就怕把孩子哭坏了，一哭就不吃饭。所以我就觉得，我们老师得关注这些，你的爱是看得见、摸得着的。这些都是孩子存在的问题，得通过你去改变。孩子一般上幼儿园都哭，为什么哭？你得了解。哭和哭还不一样，有的孩子大吵大闹的，怎么叫也不起；有的孩子是不好意思，老藏在桌子底下，一天不吃饭，等着你不注意再偷偷吃一点；有的孩子老是哀求(有个孩子的姥姥是小学老师，坚持要送他去园，也懂得教育，他就求邻居“替我说说话吧，跟我姥姥说说，甭让我上幼儿园，我在家一定乖”)；还有的孩子拉着妈妈的手说：“晚上第一个接我回家”，说着眼泪不断地掉。总而言之，好多孩子哭都是因为没有安全感，有焦虑的心。

找出孩子哭的原因，有针对性地解决问题。一方面多利用游戏让孩子与老师、小朋友亲近，另一方面利用幼儿园优势，让孩子喜欢上幼儿园。“现在家里玩具也多，玩具根本吸引不了孩子。我们就用幼儿园的优势，用投影、幻灯片、木偶戏和桌面表演，这些家里是没有的。有一次听见我们班的徐佳说‘明天我不来了’。于是我就特意准备了一个投影，演一个大森林，还有小兔子，好看极了。我说‘明天咱们才演，今天不演，今天我就试试’。之后我就问他‘明天是你不来了吗’。他说‘明天我要来的’。这样不用多说，孩子就高高兴兴地来园了。比如桌面表演，上哪找道具？我们幼儿园旁边就是丝绸厂，找点焦渣子，把它洗干净就是假山，搁点皱纹纸就是花草，都是挺简单的，而且桌面表演孩子都很喜欢”。“我还结合孩子的情况，编了许多小故事，演给他们看。他们高兴极了，争着上幼儿园，说幼儿园比家里好玩，老师比妈妈还会玩。”

(三)让孩子喜欢食物，解决挑食问题

挑食问题在幼儿园尤其在小班比较突出。孩子挑食很有可能受家长饮食习惯的影响，也有可能受食物本身的特点和食物口味的影响。对于挑食问题，琚老师也花了很多心思解决。“对于挑食，有的是全班都不爱吃的(有气味的不爱吃，还有黑不拉叽的，比如海带，嚼不动，颜色又不好看；木耳、茄子都不爱吃，说黑乎乎的)，于是我就针对都不爱吃的(比如海带)来解决孩子的挑食问题。跟厨房的大师傅说，海带越煮越不爱烂，蒸软了再煮就容易烂，让他们改进一下。另外，我看食谱要吃海带了，在这之前，我就告诉孩子‘有一种病可厉害了，是大脖子病。有一种菜本事可大了，能治大脖子病，这个菜的名字叫海带’。而且在活动中让孩子使劲闻‘好香啊，好香啊，海带炖肉，多好闻啊’。当天，小班的孩子吃得比大班的还快，孩子觉得海带可好吃了。”

对于孩子挑食问题，琚老师主要从两个角度采取措施。一方面，让厨房师傅把食物做得适合孩子特点；另一方面，老师通过言语让孩子喜欢这类食物。

(四)想办法解决孩子尿裤子问题

小班幼儿刚入园可能出现不适应的情况。有些幼儿性格内向不爱说话，想上厕所不敢说，或者尿裤子了也不敢和老师说。这会造成孩子感冒或者发烧，对于这样的情况，琚老师秉着对孩子的尊重和爱为孩子解决了这类问题。“有一次门亚丽小朋友生病了，我们上她家去看她。问家长：‘孩子怎么病了?’家长也不说，害怕给老师提意见，老师会不高兴。我们就告诉家长：‘为了不让孩子受罪，还是跟我们说说吧。’这时候家长一看老师那么有诚意，就说：‘因为孩子昨天尿裤子了，她不敢跟老师说，回家的时候，坐自行车上一吹着凉了。当时是11月底了，所以孩子夜里就发烧了。’当时不是我带班，但是我想，我作为班长有责任告诉同班老师，得多观察孩子。年轻老师没孩子，不会观察，也没那么多工作经验。但我应该告诉她，孩子尿裤子一般都爱叉着腿走，会走得不自然。”

琚老师从两个角度来解决这个问题。“一个是让老师多观察，一个是发动小群众。我们就跟孩子说门亚丽病了，把她生病的情况和原因跟小朋友说，并告诉小朋友玩的时候也要记得上厕所，如果不小心弄到裤子上要赶快告诉老师。老师帮你弄干，省得生病，生病多难受啊，老师也不会批评你，下次注意就行了。”后来孩子尿湿一点也会告诉老师，“老师就赶紧给他垫一块小毛巾，这以后我们班生病的孩子确实很少。”

琚老师采取这些措施对孩子、对老师都有利。“第一，孩子养成一个好习惯。游戏的时候不憋尿，而是会去上厕所。第二，因为及时上厕所孩子就不尿裤子了，这样老师也减轻了负担，要不然天天尿，天天换也不行。”其实幼儿园老师每天的工作量很大，除了要做好保育和教育工作外，还要忙着环境创设、科研、开会、写教育计划和笔记，甚至是学习和外出参观。所以，尿裤子的孩子少能减轻她们的工作负担。

结　　语

幼儿特级教师在全北京市很少，琚老师就是这少数人之一。她用自己对孩子的爱，对幼儿品德教育和音乐教育的不断研究，对幼儿教育事业的执着和自己的智慧来诠释幼儿特级教师这个名词。她的成功不是偶然的，具有一定的必然性。在与她的访谈过程中，从琚老师诚挚的眼神、和蔼的笑脸以及对幼儿教育侃侃而谈的行为可以看出这是一位具有很强吸引力的老师。是她用自己的坚持，用自己的人格魅力征服了孩子，也征服了大家的心。

〖寄语〗

感谢母校培养了我。特别是使我生活在充满爱的校园里，使我更推崇“爱的教育”，成为有特色的北京市幼儿特级教师。在这校庆之际，对母校深表感谢。同时预祝母校在与时俱进的同时，继续发扬“爱”的优势，结合当前幼儿教育实践的需要，培养出更多品学兼优、符合幼教实际需要的幼儿教育工作者。

感受职业的魅力，享受工作的幸福

——幼儿特级教师沈心燕

沈 珺　王先妹

沈心燕老师，1977 年毕业于北京幼儿师范学校，在曙光幼儿园任幼儿教师，1997 年调至西城区教研中心任教研员、学前教研室主任，后任教育研修学院学前部主任，期间她曾经担任中国学前教育游戏与玩具专业委员会秘书长。1998 年被评为北京市幼儿特级教师。2012 年被评为西城区突出贡献人才。

多年来她参与过多项国家级、市级重点科研项目的研究，这使她在幼儿游戏、幼儿语言教育，教师的专业发展、幼儿园园本教研、幼儿主动学习等方面取得了丰富的经验。结合实践研究她有多篇论文获国家级、市级一等奖，她主持的研究项目曾获得北京市基础教育科研成果及政府奖一等奖和二等奖，主编了《教研支持方式的实践与思考》《迈开教研支持的第一步》《让幼儿在主动探索中学习科学》等丛书。

一、走入幼儿教育

1974 年底，沈心燕老师走进了北京幼儿师范学校的大门，成为“文革”后的第一批幼师生。

很多人出于对孩子的喜欢或对唱歌、跳舞等技能的喜欢才选择幼教。但沈老师不是这样，选择这一职业实属无奈。事实上当她到学校报到时，她才知道毕业后要去幼儿园当老师，由于她不喜欢唱歌、跳舞、弹琴，自知没有做幼儿教师的天分，为此在跨入幼师大门的第一天，她就下定决心一定要脱离这个行业。然而是什么使她对幼儿教师这一职业从被迫无奈到享受其中，并成长为幼儿特级教师的？她说："首先是与我朝夕相处的孩子们改变和成就了我，让我感受到这里的世界无比纯真和美好，是孩子们的行为让我懂得了幼儿是怎样的、幼儿教育是怎样的、有效的幼儿教育是怎样的。其次，是研究帮助和提升了我，让我感到：当我们用研究的方式去工作的时候，平凡小事也会变得有意义、有价值。研究可以帮助我们将经历变成经验、将经验变成经典。再次，是伴我同行的恩师、领导和同事们支持和影响了我。多年来，她们对事业安于平凡的奉献精神、不甘平庸的执着精神和追求卓越的专业精神，给予我许多终身受用的精神财富，让我理解了在幼儿教师这一貌似平凡的工作中蕴含了极大的智慧与艺术。在她们的言传身教下，我懂得了'一切为了孩子'并非只是一句口号，它需要教育者用智慧和爱心读懂孩子这本书。她们身体力行地让我感悟到先进的教育思想和教育方法，正是她们这种无私的帮助、耐心的指导、严格的要求和坦诚的批评，不断地提升了我的专业素养和个人修养。因此，对于幼儿教师这一职业，我是因为加入而了解，因为了解而理解，因为理解而热爱，因为热爱而享受其中。"

访谈中我们被她真挚的情感所感染，她的转变和成长源于她对幼儿的理解和深爱，在工作中她把孩子作为自己的老师，向孩子们学习，让自己不断地理解和走进孩子们的世界。她说："人们常说幼儿教师是启迪智慧的人，但是我感觉启迪智慧是相互的，双向的，幼儿同样可以启迪我们的智慧。我的教育经验和智慧都是从孩子身上得来的。为此，我感觉幼儿教育这一职业是最具价值感的职业，是能够每天让我们充分享受创造的快乐，成长的快乐的职业。"

二、走入孩子的世界

人们常说"教育事业是爱的事业"，热爱孩子是教师的天职，没有爱就没有教育。初任教师的沈老师认为"爱孩子不难做到"，于是她每天微笑地面对他们，亲切地接近他们，尽心尽力地组织活动，她以为这就是"爱"，就是"教育"。是孩子们让她逐渐知晓爱孩子不是一件容易的事，日复一日的教育实践，让沈老师对什么是教师的爱，教师应有怎样的爱有了更深层次的领悟。

沈老师首先向我讲述了至今让她记忆犹新的两个孩子的故事：

故事一：从飞飞的“闹”说起

记得在我刚开始带班的时候，最让我头疼的就是一个叫飞飞的男孩子。别的老师带班时他好好的，但只要是我一带班，他就兴奋过度，经常是出怪声扮怪样，做出点影响集体的举动，使我不由得说他几句，渐渐地我俩之间的关系越发紧张，我感觉他总是有意地和我作对：越是我不让做的事情，他越是要在我的眼皮底下做给我看，然后，睁着大眼睛等着我的批评指责。好像不说他几句他就不会安静，我呢同样是不说他几句心里就不舒服……结果每天精心准备的活动都被他搅得无法正常进行。为了改变现状，在班上老师的指点下，我开始学着控制自己的注意力和情绪，上课时无论飞飞做出何种举动，我都尽量不去注意他和故意冷淡他，这种方法虽然有些见效，但是，让我百思不解的是：究竟是什么原因导致飞飞在我面前会如此之“闹”？

日复一日的教育实践丰富着我对幼儿的理解、对教育的理解，多少年以后我才理解了飞飞行为背后的原因：事实上他在用自己独有的方式，引发我对他的关注。然而，每当飞飞以“闹”的方式来满足被关注的心理需要时，只可惜我看到的只是他的外在行为。给他的回应不是批评就是冷淡，而我关注的态度与方式又在不断地强化着他的负面行为。

回想刚刚工作的我，每天最紧张的事就是能否顺利地组织各项活动，为此，怕出问题的心理使得我格外关注活动中的点滴问题，面对问题而我又常常分不清，哪些问题来自于教师的组织和方法，哪些问题出于幼儿的年龄特点和个性特点。事实上，对飞飞这种负面提示和批评，都在有意无意地伤害着他的自尊心和上进心，不断强化着他的负面行为，帮助他建立着消极的自我概念，而不良的自我概念又是导致飞飞负面行为的内在原因。

现在每当想起我对飞飞造成的伤害已成为无可挽回的事实时，就会对飞飞怀有深深的愧疚。它让我意识到：老师最不该伤害的就是孩子的自尊心和自信心。为此老师的责任就是要帮助孩子树立良好的自我概念。

故事二：由清清的“疯”感悟到……

随着我对孩子们的不断理解，我逐渐意识到孩子们的世界并不是像我们想象的那样无忧无虑，孩子自有孩子的忧虑，教师的不适当的教育，也会成为孩子们的忧虑。

清清小朋友是班上非常文静懂事、凡事都不用老师操心的大姐姐，不想有一天，她反常地“疯”起来。晚上问起她妈妈我才明白，原来前一天我与老师们的闲聊被清清听到了，晚上她郑重地告诉妈妈："我们沈老师说她特别喜欢淘气的孩子。"为做一个淘气的孩子，她在家已经"疯"了一个晚上，清清的话让我十分难过，同时也让我明白，虽然我十分爱清清，但我的爱是藏在心底里，并没有让她感受到。

为此，我努力做到走进每一个孩子的内心世界，帮助每一个孩子树立良好的自我概念，使每一位孩子能够感受到老师给予的独有的爱。

首先，教师的爱应从心开始，教师的爱既是细微的、一点一滴的，又是让每个孩子能够感觉到的。

教师不仅应关注孩子们的行为，更应用心关注每一位孩子特殊的情感需要。因为作为老师来讲，你对每个孩子的关注，可能只占你关注的几十分之一，然而，你的关注对于每个孩子来说却是百分之百。为了每个孩子的百分之百，我们的老师不应该忽视每一个孩子。

如何让全班每一个孩子感受到老师的关爱、理解、欣赏和期待，我注意在游戏和生活中亲近他们，观察他们，了解他们。每天都有意识地利用一日生活中来园、游戏、散步等各种机会和每个孩子说几句只属于我们之间的悄悄话，以使他们感受到教师的关注与关爱，渐渐地孩子们成了交谈的发起者，致使我在周末、假期都会接到来自于小朋友的聊天电话。

班上的其他老师都不解地询问孩子们："怎么沈老师一到班上来，你们就有这么多说不完的话?"在这份平等、信任和友情中，我了解到了他们的喜、怒、哀、乐，走入了他们的心理世界，寻找到了属于他们各自进步的小径。我与孩子最终达到了一种心灵、情感上的默契，并使他们所需要的爱能通过教师的情感流露、言谈举止表达出来。

其次，教师的爱不应该只有一种方式，而应该是让每个孩子都能够感受到老师给予他的爱是一种独有的爱。

一个班的孩子，虽然年龄相同，但他们个性不同，情感需要不同，他们虽然生活在同一集体中，但是他们又有着各自的天地与需要，因此，教师的爱就应有不同的情感、不同的方式、不同的层次。

要爱孩子就要尊重和接纳孩子的不同，所以，教师的爱不应该只是一种方式，应该是让每一个孩子都能感受到的一种独有的爱！

为此，我努力将正面教育情感化，情感教育个性化，注意根据每个孩子的特点，更多地给予他们独有的爱。如：对于胆小的孩子——爱在亲近与鼓励中；

对于性格孤僻的孩子——爱在关注与支持中；对于个性强的孩子——爱在理解与接纳中；对于顽皮的孩子——爱在尊重与宽容中；对于能力弱的孩子——爱在欣赏与期待中；对于能力强的孩子——爱在信任与激励中。

教师的具体的、独特的爱如同催化剂，使每一个孩子在集体中形成了良好的我概念，具有了良好的心理环境，使人人头上有蓝天，人人能够抬起头来走路。

教师不能依靠自己的权力来教育孩子，正面教育不一定能取得正面的效果，而情感教育却胜于正面教育。幼儿教育是以爱育爱、以情激情、以行促行的教育，它可以帮助幼儿在情感体验的过程中，形成良好的情绪情感。

再次，教师的爱是一种积极的关注，在关注当中创设一种宽松、积极、且让学生感到舒服的心理环境。

苏霍姆林斯基曾讲过："教育者的任务在于发现每个受教育者身上一切最美好的东西，并发展它们。"

教师的关注点决定教师的教育行为。我们怎样看待孩子，就会用怎样的方式对待他们。如果我们关注的是孩子的优点，就能让孩子感觉到老师对他的一种欣赏，这就能够帮助他建立一种良好的自我概念，由此增强他的自信心，而且他的这种感觉会帮助他成长。

面对孩子身上的问题和错误，我感觉孩子的弱点和问题正常的，这是他成长过程当中的一种必然经历，而非错误。他要学习就是要尝试错误，尝试错误是孩子学习的一种方式，如果孩子没有缺点和问题，就真的不正常了。活动室就是允许孩子犯错误的地方，这样你就会用对孩子有接纳、有包容、有等待、有欣赏，而教师的责任就在于要永远对孩子有新的发现。

在谈到孩子时沈老师满是感激。她觉得是孩子成就了自己，没有孩子就没有自己的成就。这种想法很少见，从她的言辞中足以看出她对成功的独特看法。"孩子离开我的时候我都会跟孩子们说'老师谢谢你们，因为有了你们，老师才会一点点的进步'。我这句话绝对不是空话，在每天与孩子们共同面对他们的快乐、烦恼、困难、问题时，是孩子们帮助我积累了教学经验、丰富了教育策略，让我懂得什么是幼儿，什么是幼儿教育，什么是有效的幼儿教育。"

三、走入研究的世界

在访谈过程中，沈老师提到最多的内容除了孩子就是研究。她一直在努力让自己成为自身实践的研究者。她强调研究孩子、研究教师自己行为的重要性。“教育就是一种专业服务，教育要服务于每个孩子的发展需要。为此教师就要研究孩子，研究孩子的行为，研究孩子行为背后的原因。同时，教师还要研究和改善自己的教育行为，研究自己的行为背后的原因，研究自己的教学行为对幼儿产生的影响。这样才能让自己的行为能够更好地适应、支持和促进孩子的发展需要。”

“因人而教”是施教之始。为此，在游戏中沈心燕特别注意观察每个幼儿并针对其特点、特长，选择和创造与之相适宜、适度的游戏内容、游戏环境，以调动幼儿的内部积极意识，使幼儿个性得以完善，特长得以发展，潜质得以发挥，缺点得以抑制。例如，沈老师向我们讲述了这样一个故事。

故事三：由一份自我评价引发的思考

记得在一次“教育新观念和新方法”的系列讲座中，我第一次听到了“自我概念”对人的影响。当时正值我接了一个新中班，班上个性强的孩子多，于是，我想用这一理论来解读班上的孩子们，并尝试改变我的教育行为。

于是，我设计了调查问卷，并请家长帮助询问和了解孩子真实的想法。记得问卷中有这样的问题：你是班上的好孩子吗？你有哪些优点？老师喜欢你吗？喜欢你什么？你喜欢老师吗？喜欢老师什么？

通过问卷调查，我得知全班100％的孩子认为老师喜欢自己和自己喜欢老师，并能讲出喜欢的理由。但是全班有两个孩子认为自己不是班上的好孩子。其中一位叫小鹏，他自述的理由是自己爱打人。孩子们的自我评价，引发了我的反思。

小鹏因父母离异造成心理障碍，对谁都怀有敌意，常常莫名其妙地动手打人。为此，经常不断地在集体中引起纠纷。望着小鹏的自我评价，我心里有一种说不出的滋味：虽然自己从未讲过小鹏不是好孩子这样的话，但是他的这种感觉一定是我给予的。小鹏爱打人这是事实，问题在于对他的优点我看到了多少？表扬了多少？我只关注问题，关注缺点的行为带给小鹏的就是这样一个心理阴影。为此，要改变小鹏的行为和对自己的评价。首先应改变的是自己教育的关注点和教育的方式。

当我将帮助小鹏树立良好的自我概念作为教育的出发点和落脚点时，我的教育行为就随之发生了变化。

当小鹏又像往常一样头戴大檐帽，玩着他最喜欢的警察游戏，举着指挥棒满院子追汽车要打司机的时候。我利用娃娃家妈妈病了的游戏情节，引导他们去找警察求助，使得小鹏将追车的蛮横行为转化为助人行为，并亲自指挥着车辆把妈妈送到了医院。

为了让小鹏获得积极的情感体验，在把病人送医院以后，我提议娃娃家应该每人想一条理由去感谢警察，在游戏分享时，我又特意通过娃娃家成员的讲述和感谢，强化孩子们“有困难找警察”的意识。结合小鹏爱当警察的特点，在日常游戏中我利用角色意识帮助他纠正不良行为，启发他想一想警察叔叔会怎么帮助他人。

于是，小鹏走东家、串西家，帮助娃娃家换煤气，为司机修车，替商店送货，俨然是一位受人尊敬的人民警察。他的主动服务赢得了大家的赞许和肯定，也为他改善同伴关系、建立良好的自我概念、感受人与人之间的友好关系打下了良好的心理基础。同时，让他从中感受到：帮助别人也会给自己带来快乐。

为了使小鹏将游戏中的模仿行为转变为生活中的主动行为，同时，也为了帮助小鹏消除对周围环境的不安全感，我注意营造关心、友爱、互助的班级氛围。我和孩子们共同开展了“中一班的故事”“天天进步”等活动。请小朋友们共同感受、发现和讲述发生在我们集体中间的好人好事。每天的讲述和反馈活动，帮助我和孩子们将关注点集中在发现他人的优点和需要上，也使小鹏和全班孩子一样天天在感受来自于集体的温暖，感受自己的进步，天天对自己抱有希望。

一次，小鹏的手戳了在家休息，孩子们怕他独自在家闷，于是我们共同给他写了一封热情洋溢的信，同时又集体录制了一盘磁带，里面有孩子们的祝福，讲的故事、笑话和小朋友唱的歌曲。我们希望这盘磁带带着大家的关爱能够伴随小鹏度过独自在家的时光。

小鹏被感动了，小鹏的妈妈也被感动了。在小鹏病好后，妈妈特意带着一封发自肺腑的感谢信，亲自到班上向全班小朋友表达谢意。

小鹏在感受着来自方方面面的爱心和肯定的同时，也学着传递着自己的爱心，每天午睡起床时，他总是忙不停地帮助别的小朋友叠被、抬床；在游泳返回时，他主动把自己的帽子戴到忘记戴帽子的小朋友头上……

就在这一件件小事发生的过程中，小鹏在一点点地改善着自己与同伴的关系，一点点地确立着良好的自我概念。

良好的自我概念对孩子成长至关重要，但自我概念的形成却源于成人的评价。为此，作为教师是关注孩子的优点，还是关注孩子的缺点？它会影响我们的教育行为和幼儿的心理感受。关注优点就会使孩子感受到来自他人的欣赏，这种感觉会帮助他们成长。

对于那些沉默寡言、胆小孤僻的孩子，我注意在游戏中更多地亲近他们、帮助他们，同他们一起玩、一起乐，为他们创设更多的表现机会和与他人交往的条件，使他们从中感受到集体的温暖与快乐，从而变得开朗起来，活泼起来。

在研生、研学、研教的过程中，沈老师了解了幼儿的学习特点和学习方式，由此使她的“教”能适应和支持幼儿的“学”。“在教学中我注意：尊重幼儿的年龄特点和学习特点——为幼儿的创造适宜的学习环境；抓住幼儿的兴趣点——让幼儿当前的需求成为教育的来源与资源；了解幼儿自身的经验点——让幼儿的原有经验成为主动学习的起点；利用幼儿间的差异点——让教育适应每一个幼儿的需要；关注幼儿学习的疑惑点——让问题情景引发幼儿的主动探究；提供幼儿适宜的体验点——让有效的学习方式适应幼儿的年龄特点和学习特点；把握与幼儿互动的介入点——让教学过程符合幼儿的个体差异与学习节奏。”

研究让沈老师对自己的工作有了全新的职业体验，同时真正感受到职业的魅力，享受到工作的快乐，这种快乐源于研究带来的成长和自我价值感的获得。沈老师当老师的时候，基本每天都要写教师笔记，她认为：“教师笔记不是给园长看的，而是自我梳理和自我反思的过程。每天借此机会想想今天有哪些事让我获得启示，遇到哪些问题，我运用了哪些方法、策略，它是否有效，有效和无效的原因是什么，明天我应怎么调整自己。有了这样一个反思的过程，它让我对第二天的工作充满期待！”

沈老师说：“用研究的眼光去看待问题，用研究的方式去工作的话，再平凡的小事也会让我觉得有意义。让我每一天都会有新的发现、新的感受、新的收获、新的进步。研究可以让我从平凡的小事中发现异常、发现价值、发现经验；研究可以帮助我从成功或失败中发现意义、发现规律；改变我的工作心境，让问题成为促进我成长的台阶，并使我在解决问题的过程中，调整和改善自己的教育行为，积累教学的经验。”所以沈老师说“研究可以帮助我们把经历变成经验，把经验变成经典。”

四、走入教师的世界

初当教研员的沈老师诚惶诚恐，尽心尽力，总是拿自己当教师时的感受去要求教师，而每每收获的总是挫折感，这时，沈老师走进了项宗萍老师和方明师主持的“九五”国家级重点课题“促进我国幼儿师资素质的研究”。在专家的影响下，沈老师学着如何与老师们相处，懂得了教研员只有尊重教师的心理感受和个体经验，尊重教师的实践体验和实践反思，客观地分析接纳和顺应教师的原有经验，帮助教师形成自身的认知冲突并主动建立新的认知，才可能真正支持教师的专业发展。

为此，在她做教研室主任期间，她和教研室的老师们致力于探索引导教师主动学习教研支持方式，并在刘占兰、郭春燕、徐明、王瑜元等专家的指导下，从改变自身角色和教研工作方式做起，实现了如下的转变。

1. 关注点的转变——认识层面的转变(重建研究的价值观)

(1)研究价值观的转变

关注幼儿的发展——关注幼儿与教师的共同发展；

关注教师的问题——关注教师的研究能力与实践智慧的提升；

关注研究层面上的改善——关注实践层面上的改善。

(2)研究视角的转变

研“生”——研究幼儿，解读幼儿的实际行为，帮助教师将关注点引向儿童的原有经验、发展需要和个体差异。

研“学”——研究幼儿的学习方式与学习过程，引导教师关注儿童的学习过程和学习方式和个体差异，帮助教师能够按照“儿童的大纲”去支持他们的主动学习，让教师的教更好地为幼儿地学服务。

研“师”——研究教师：在与教师共同经历教育与研究的过程中，了解教师的真实想法与需要，关注教师在研究过程中的点滴经验与困惑，尊重和挖掘教师的原有经验并将此作为引发教师主动学习的基础，进而对不同的教师适时地给予不同的支持。

研“研”——研究有效的教研过程：在了解教师的基础上，让教研过程能贴近教师的实际需要，让教研方式能有效地引发教师的认知冲突，支持教师自主发现问题、解决问题，使教研的过程成为促进教师主动学习和自主发展的过程。

2. 角色的转变——关系层面的转变(重建研究中的人际关系)

(1)角色定位上的转变

变管理者为服务者——体现了教研观念的转变；

变指导者为支持者——体现了教研方式转变。

(2)角色行为上的转变

变讲授者为倾听者——体现了对教师的尊重；

变评价者为质疑者——体现了与教师的共同思考；

变检查者为挖掘者——体现了对教师的专业引领；

变要求者为建议者——体现了对教师的具体支持。

教育观念和教育行为的转变是一项系统工程，只单纯要求一线教师做出改变是不行的，它需要一整套教研支持和管理保障机制的形成，需要教研员和幼儿园的管理者们在思想观念、工作方式和研究方式上进行整体的调整。在实践中沈老师注重转变研究视角，重构支持策略。

教研员与幼儿园教研管理者的尊重与支持、合作与引领，点燃了老师们的研究热情，将教师原来的“要我研究”转变为“我要研究”。这种人际关系的变化，为全区形成平等、民主、开放的研究氛围打下了良好的心理基础。

3. 教研方式和策略的转变——行为层面的转变(重建教研指导方式)

(1)教研方式的转变

共同经历：在共同诊断问题、分析原因的基础上，教研员与幼儿园共同经历研究、实践、反思、调整的行动研究过程。

适时介入：在幼儿园自主与研究的基础上，把握介入的适宜性，即把握介入的时机、介入的内容、介入的方式。

减少替代：尊重教师的研究主体地位，发挥幼儿园的主动性，放平自己的心态，放慢互动的节奏，放开幼儿园的手脚，放大教师的进步，从单纯关注问题的解决，转向关注在解决问题的过程中增强幼儿园的自主研究意识和能力。

合作研究：通过多种方式促进教研室与幼儿园之间、园所之间、教师之间的合作研究，并通过合作引发幼儿园内部发生变化，促进教师自主研究，实现从他人促进到自我促进。

(2)研究教研过程中的支持策略

问题诊断策略——旨在寻找教育实践中的真问题；

方案设计策略——旨在实现教师的主动学习；

现场互动策略——旨在形成教师的认知冲突；

日常指导策略——旨在支持和跟进教师常态研究；

成果转化策略——旨在自下而上地形成制度；

资源整合策略——旨在有效利用显性和隐形资源；

组织保障策略——旨在保障园本教研的可持续发展；

制度保障策略——旨在保障研究成果向常态实践的转化。

总之，教师是在不断的自我反思、自我否定、自我调整、自我超越中，实现从观念到行为的转变，再努力实现到文化的转变。

坚持不变的是：

研究、引领、服务、培训的工作定位不变；

促进教师、幼儿、园所共同发展的根本任务不变；

研生、研学、研师的研究意识不变。

沈老师在教研工作的管理中学习管理，她将管理视为一种专业、一种研究、一种引领、一种服务。为此，她在管理中注重内抓素质、外树形象，重心向下，有效服务。在2007年11月，沈心燕老师作为全国实践层面的唯一代表，参加了国家教育部主办的各大部委“儿童与发展”的高层论坛并做了专题发言。

五、奉献和启示

(一)工作是一种快乐

在访谈时沈老师一直带着一脸微笑，并用轻松的语气谈论自己的工作。从她的言语和表情中透出自信，透出对工作的喜爱。她把工作当成是一种享受，她享受着和孩子在一起的时光，享受着工作带给她的快乐。“我觉得工作是一种快乐，工作的过程就是学习、成长的过程，无论做幼教，还是做教研员，每天都可以享受成长的快乐、创造的快乐！尤其我在一线做了19年，教师这段经历是我一辈子可以享受的精神财富。人家都说老师有瓶颈期、高原期，我没有，因为教育没有最好只有更好。和孩子在一起我每天都在成长。面对工作中的遗憾，总感觉还可以做得更好，这就是教育的魅力所在。”

其实这是一种心态，在心态方面，沈老师说：“我觉得心态特别重要，你郁闷是一天，积极也是一天，我觉得积极的心态，真得能帮助人成长。”这种心态对幼儿教师，尤其是对刚入职的教师来说是很重要的，也是需要向沈老师学习的。

(二)对师范生培养的建议

1. 观察了解孩子是幼儿教师的基本功，关键在于培养了解孩子的能力

沈老师认为观察了解孩子的能力是幼儿教师的基本功。教师的反思和研究，也应建立在对孩子的观察和了解基础之上。“从我个人成长的经历看，我觉得做一名幼儿教师弹琴、绘画的技能不是最重要的。因为孩子的年龄小，不像大学生一样，能够充分准确地表达自己的想法。为此，最重要的是教师应具备观察了解、支持应答幼儿的能力；以及延伸和促进幼儿发展的能力。这是作为幼儿教师最需要的基本功。幼儿教师应学会站在幼儿的角度思考问题，深入地了解孩子的年龄特点、学习特点、学习方式、个体差异。因为每个孩子都是独特的。因为教师的教不等于幼儿的“学”，我们只有关注幼儿的学，关注幼儿在怎样学，学得怎样，才能使我们的教育能更好地适应、支持、促进幼儿的学习和发展。”

2. 注重实习过程——认识、实践，再认识、再实践

特别希望我们的学校能够开放办学，加大理论与实践的联系。开放教室、开放教学过程，让学生入学后先去接触实践，进行一段的实习。就如同我刚到幼儿园面对那么多孩子，在我束手无策的时候，在我教学无效的时候，就激发起我学习的欲望。有了实践的体验，就会很珍惜学习机会，同时学习目的不再是为获取标准答案，而可以激发学生的积极思维，并与其原有经验产生认知冲突，进而通过对原有经验的重组主动建构新的认识。同时学习不再以学生的听为主，而能从教育实践出发，使实践成为领悟相关理论、理解学习意义的基础。其实就是毛主席说的那句话“认识、实践，再认识、再实践”，这样可以有效构建学生主动学习的过程。

在师范生培养上沈老师给予强调实践。认为学生要带着问题去实践，将理论与实践结合，形成一种螺旋上升的模式。对于实习，她也有自己的看法，强调研究性的学习。“我觉得这种实习，它应是一种任务式的。让师范生通过实习进行反思，与理论建构关系。这是研究性的学习。那种具有研究性的学习才对师范生有意义、有价值。”

3. 用培养研究生的方式培养大专生

教师是一项需要终身学习的职业，需要培养我们的学生具有自主学习的意识和能力。我们能不能用培养研究生的方式培养大专生，即能不能用主动学习的方式去培养我们的学生学会学习？因为教师的学习和基础理论学习不一样，应该是反思性、情境性、研究性和建构性的学习，这是一种主动学习的方式。是否可以让学生实习时像~~研究生那样带~~着自己的课题下来，这样就激发了学生自主地学习、观察的需求，为此，要学生自己去查找资料，获取信息、寻找问题的答案。从而培养学生学习与研究的意识，这对她们来讲，以后会更快地走进幼儿教育，走进幼儿。这是一种心理层面的走进，而不只是一种行为上的走进。

沈老师不仅是幼儿教师，也是一名教研员。在探索引导教师主动学习的教研支持方式上已经研究了十余年。她说："我们的学校教育也应立志于研究学生、研究学生的学习、研究有效的教学过程和教学方式，帮助我们每一位学生成为主动的学习者，成为未来有思想的幼儿教师。"

结　语

作为北京市幼儿特级教师中的一员，沈心燕老师有很多值得大家学习的地方。她有很多经典语句值得我们深思。她的"研生、研学、研师"的研究精神、"研究可以把经历变成经验，把经验变成经典"的研究态度、"工作是一种快乐"的工作心态、"孩子的特点不是缺点"的儿童观、"是孩子和研究成就了我"的大度胸怀以及"用培养研究生的方式培养大专生"的师范生培养策略都是她专业成长的宝贵财富以及对后辈的重要启示。

〖寄语〗

愿我们的学生成为一名：

能走进孩子们心灵，能被孩子们所接纳的教师；

能在平凡的岗位上享受教育，并能和孩子共同成长的老师；

能精心地培育和陪伴每一朵花儿成长的老师。

愿我们的学校能培养出更多有思想的幼儿教师。

为了更美好的明天，让我们共同努力！

平凡又伟大的爱

——幼儿特级教师李玉英

张晓敏　焦琪

李玉英老师，1961 年毕业于北京市幼儿师范学校。1961 年至 1984 年在北京市宣武区实验幼儿园任教师。1984 年至 1987 年在北京市第四幼儿园任副园长。1987 年至 2001 年在北京市宣武区实验幼儿园任教师。李玉英老师先后获得区首届学科带头人、十佳优秀教育工作者、有突出贡献的科教人才、市教育系统先进工作者等光荣称号，并于 1989 年被评为全国优秀教师；1991 年被评为全国教育系统劳动模范并获得人民教师奖章；1994 年被评为北京市特级教师；1998 年荣获国务院颁发的政府特殊津贴专家奖；1999 年被授予北京市“人民教师”荣誉称号，并曾任第八、第九、第十届北京市人民代表大会代表。

初见李玉英老师，她给我们的第一印象是：娟秀、文静而慈爱，聊天的过程中，她脸上总是挂着暖暖的笑，语调轻柔、语气温婉，举手投足间散发着幼师特有的温情与关怀。从生活琐事到教师梦想，李老师细心地为我们讲述着她的成长故事和教育心得，那清瘦的身体中迸发出来的巨大能量，让在座的我们，感到深深的震撼。

一、"你将来的工作是一名幼儿教师，那么你的工作是平凡伟大的"

（一）"你上幼师好"

据李玉英老师所说，在她选择做一名幼儿教师之前，她甚至不明白什么是幼师，连幼儿园都没有见到过。而她与幼师之间的缘分是由初中的班主任封璞老师搭建起来的。

封老师不仅人长得漂亮，还特别和蔼可亲，是我非常钦佩的老师。她家就住在我们中学的旁边，有时候晚自习之前的时间，她女儿宁宁时常会到学校来玩，宁宁年纪小，还没上幼儿园，看到学校里这么多大姐姐，就总是跟在我们后面玩，但人家谁也不理她，只有我特别喜欢带着她。没想到，这一切都被封老师看在了眼里。毕业前，封老师建议我报考北京幼师。我不明白什么是幼师，老师还耐心地帮我解释："幼师就教宁宁这么大的孩子，你特别喜欢她，你也准能喜欢将来你工作环境里的这些孩子。"

于是，带着封老师母亲般的嘱托，李玉英老师进入了北京幼儿师范学校。1961 年毕业后，又进入北京市宣武实验幼儿园，从此与幼师职业结下不解之缘。

（二）"环境对我的教育非常深，是磨灭不掉的"

回忆起自己的在校学习时光，李老师脸上洋溢的满满都是幸福的笑容。

那时候，老师对我们都特别好。班主任涂修芳老师教我们政治课，她要求我们很严格，对同学们很亲切，我很喜欢涂先生。董自衡先生教我们舞蹈，美极了，同学们都特别喜欢她。我总想，将来上班一定把她教我的这些儿童舞都带到幼儿园去。武淑贤先生教语文特别棒。一到过节就想听她朗诵《向左向左》，好像这首诗永远都听不够。数学老师男方明先生，听他讲课概念清楚。有时候我要求方先生给我出一道难一点的题解一解，解对了特有成就感。毕业以后，我做梦梦见方明先生在教室讲课，特别高兴，误以为自己还是幼师学生。还有女方明先生，她是声乐老师，也教钢琴，我们也非常钦佩她。

1958 年大跃进，我们下乡劳动，女方明先生是我们的带队老师，带着我们下乡劳动，晚上睡觉了，我因为热，还没睡着，就感觉到有人进来了，侧着眼看，原来是女方明先生，她挨着个地给大家盖被子，怕大家被蚊子叮。当时我特别感动，就眯着眼睛，假装睡着了，不想让老师分心、劳累。

"在幼师都没有学够"，道出了李玉英老师内心最真实的声音，那时候的北京市幼儿师范学校，拥有着一批认真负责，修养颇高的教师们，他们技艺卓越，关爱学生，用自身的一言一行，向同学们诠释了"什么是幼师"。正如李老师所说："幼师老师给我印象最深刻的，印在脑海里的就是，你将来的工作是一名幼儿教师，那么你的工作是平凡伟大的，这句话都刻骨铭心了，觉得自己的专业选对了，将来的工作是一件平凡伟大的事情。"

1961年，怀着满心的感谢与不舍，李玉英老师从北京市幼儿师范学校毕业，进入宣武实验幼儿园，成为了一名幼儿教师。"我觉得特级教师的成长过程就是环境育人的过程，首先是学校的教育培养。工作后幼儿园的环境，又再次给予了我深深的教育。"据李老师所说，身边的老师们都非常爱孩子，他们从来没有偏爱哪个孩子，或是对哪个孩子不好，对所有的孩子都是像妈妈一样细心呵护，这样的环境让李老师再次感受到了属于幼师的平凡而又伟大的爱。

我们的李秀璞老师，她爱孩子，教态亲切。那时我们幼儿园的老教师有点像《早春二月》里的老师，喜欢穿竹布色的旗袍，看起来大方、得体。有一天，李老师班里的一个孩子拖着两条大鼻涕，李老师看见了，就从自己的口袋里拿出一条干干净净的手绢，给孩子擦鼻涕。擦完了以后没有立刻去洗，而是把这个包着大鼻涕的手绢揣回兜里，可能想等休息的时间再清洗。这个举动深深感染了我，像她那么爱美，那么爱干净的人，却一点都不嫌孩子脏，看得出她是特别爱孩子，把孩子当成自己的家人，自己的孩子一样。李老师对孩子真诚的爱对我教育非常深，是永远也磨灭不掉的。她们是我工作中的榜样，特别感谢那些老教师。

从初中、幼师再到工作的幼儿园，李玉英碰到了一批积极而又充满爱心的教师们，是他们用自己的言传身教，使李玉英老师懂得了幼师的真正含义，明白了幼师的平凡而伟大，李老师说："特别感谢封老师帮我选了这个职业，也是事业，特别适合我。"同时，幼师行业也会特别感谢李玉英老师，谢谢她成了一名优秀的特级幼师，给孩子们带去了平凡而伟大的爱。

二、在学校努力学好专业技能技巧，工作中会更得心应手

"老师怎样做人，我觉得很重要。专业技能技巧也不能忽略，在学习期间，我觉得专业技能技巧课，还是应该努力学好的。"这是李玉英老师在谈到教师的基本素质时，除教师品德之外，又提到的另一项重要素质，也就是教师的一些

基本知识和技能。“我觉得新入职的教师，他们的水平有些参差不齐，有的能力很强，工作以后，展示了他们的业务能力。但也有的年轻老师，工作中会遇到一些问题。如组织音乐活动，琴弹不下来，磕磕巴巴；组织体育活动，口令、动作不像样，只好再边工作边学习技能技巧。这样，你就会失去了很多思考教育工作的时间。”

1981 届的吴欣萍，现在的四幼园长，她一毕业跟我合作三年，我们教研室主任、老师看课后都说：“李玉英，你带的这小老师跟你一模一样，说话的眼神、那个手势、动作、做派，太像你了。”我说：“她模仿性太强了，她模仿谁像谁。而且一来，音乐就特别好，唱歌好听，跳舞美，表现力强。她刚毕业，音乐活动组织得比我好。她会带着孩子们在音乐活动中体验美、欣赏美、表现美。”后来我跟园长建议：“再开放半日活动，她上音乐，我上常识，或者是数学，保证我们俩合作打响炮。”园长说：“行，听你的试一回。”试了一回就成功了。所以，在学校学好专业技能技巧课，对做好幼儿教师工作是有好处的。

在幼师学习的时候，我最佩服我们班的文艺委员了。她去幼儿园实习，组织小朋友活动表现得最棒，她的眼睛都会跟孩子们说话。后来，我们班编排的演出节目，就是她当老师，找几个同学当小朋友，上一节幼儿园的模仿课，既是同学们的文艺活动，又体验了怎样当孩子的老师，效果非常好，乃至对我后来的工作都有帮助。

预备教师时期的师范生们，在宝贵的学校期间，一定要认真学习科学文化知识和培养技能，各个同学之间还应团结互助，互相学习，做好教师工作的前期准备是极为重要的，这样一来，才能面对不断变化的教育环境和教育对象而应对自如，才能不被突发的情况和内心的紧张恐惧束缚住手脚，做一名合格而优秀的教师。

三、要理解孩子，站在孩子的角度思考问题

(一)淘气是孩子的天性，是宝贵的，要正面引导，要鼓励教育

幼儿园的孩子们正处于最富有童心的年龄段，有时候可能会比较淘气和顽皮，但李玉英老师常常将其视为宝贵的财富。“有的年轻老师会跟我抱怨孩子顽皮，但我不这样认为，有时候我也会跟家长说，到十五六岁，十七八岁，二十几岁，你想让他再有小时候的表现，让他淘气，他有吗？没了，再也没有了，所以这时候的顽皮是珍贵的，但是不好的地方你要引导他。他淘气表现的是活

泼可爱的地方，你应该会欣赏他的童真。”

淘气，活泼，是孩子的一种性格特征，这个年龄的他们没有自制力，想玩的时候就要玩，想笑的时候就要笑，有情绪就想发泄出来，这事实上是十分宝贵的，随着年龄的成长自我约束能力会越来越好。但同时也要注意对孩子不对的地方进行积极引导，不能放任不管，而且要注意方法，要避其锋芒，等孩子冷静下来的时候，再循循善诱地引导。

有时候跟家长沟通也是这样，家长经常会说："我们家孩子总是给您添麻烦。"事实上不是这样的，上课思维最活跃、发言最积极的往往都是这些淘气的孩子，"他们是我的台柱子"。如果我下课再夸夸他们，鼓励一下，他们上课的时候表现就会更好，参加学习活动会更积极。所以有的老师说："李老师，您上课的时候孩子怎么很少有闹的。"我说："平常他们在我这儿其实也淘气，有时候他们之间也会发生争执，也需要我解决问题。组织教学活动时要注意：教学内容设计要符合儿童年龄发展水平，得是儿童乐于参与的；教学形式有趣味性，能吸引儿童参加。平时引导大班孩子学习要专心、要认真，鼓励孩子会听、会思考、会回答、会提问。当孩子表现好、有进步时要及时表扬，给予鼓励，比如'你真行！''太棒了'！"等等，让孩子有自信，有学习的表现欲望。

鼓励的言语是教师和孩子交流过程中重要的一项语言，年幼的孩子拥有一颗纯洁而脆弱的内心，他们极度热爱表现，渴望得到赞扬，而又容易受到伤害，作为一名幼师，必须抓住这个年龄阶段孩子的心理特点，多多表扬孩子的闪光点，而对孩子的小缺点也要小心引导，以故事性、童趣性的语言，循循善诱，帮助孩子分清对错，扬长避短。

(二)站在孩子的角度，循循善诱

九十年代，我们大一班有一位小朋友，名字叫刘啸，聪明又淘气。平时，总爱蹦蹦跳跳的，有时，还会给小伙伴们捣个乱，只有在动脑筋思考问题、搭积木、积插玩具时他才会安静下来，那样投入，那样专注，还真讨人喜欢。

这几天，刘啸一下子变得沉静了，大眼睛里好像藏着一个要急于说出的秘密。老师发现后关切地问他："你怎么了？不舒服吗？还是有什么事情，能告诉我吗？"孩子的眼睛含着泪："再过几天，我就和爸爸妈妈去美国了。"孩子的眼里充满了对小伙伴和老师的留恋……刘啸像突然长大了一般，他流泪了。老师的眼睛也湿润了，轻轻地告诉刘啸："珍惜这几天的时间，每天都来幼儿园，和小朋友一起学习、游戏，好吗？"每天孩子们都热情地为刘啸制作小礼物，画漂亮的图画送给他，还不时地问："刘啸，你还回来吗?""刘啸，你别忘了我们!"……刘啸认真地倾听并回答小伙伴们的问话，非常珍惜这最后几天的集体活动，直到乘机离开北京的前一天妈妈才给他办理退园手续。晚间离园的时候，我送给他一支钢笔，小盒子里刻着"中国北京"。我告诉他："去美国定居，别忘了我们祖国，别忘记首都北京有你好多好多的朋友。以后，用老师送你的钢笔写中国的文字。"刘啸用力地点了一下头。

第二天，刘啸妈妈特意陪他来幼儿园，非要送给我一个望远镜，我们婉言谢绝。正推辞不下，孩子的妈妈说："李老师，您听听孩子是怎么想的。昨天，我听了都很惊奇。"刘啸立刻说："李老师，我这个望远镜是聚焦的，看得可远了。您想我了就用这个望远镜看看我。"我激动地说："谢谢，好孩子。不过，你还是带走吧，到美国想老师、想小朋友了，用它试一试，要是看不清楚，你要好好学习等长大了再发明一个看得更远的。我们还是愿意你坐飞机回祖国看我们。"小刘啸用力地点了一下头说："好!"立刻把望远镜套在脖子上，不给我们了。

这虽然是好多年前的事情了，谈起来，李老师总是记忆犹新，犹如小刘啸就在眼前。

这个年龄的孩子是最简单纯洁的，他们富有一颗天真的童心，里面藏着自己的小小心思。作为一名教师，想要进入儿童的内心世界，搭建沟通的桥梁，就必须要站在孩子的角度，用孩子易于理解的，富有童趣的语言进行引导，循循善诱，这样才能拉近彼此间的距离，实现师生心灵的沟通。

四、这是一种无声的语言，无声的教育

初任教师刚刚进入工作岗位，往往会遇到许多意料之内或意料之外的麻烦，比如教法问题、纪律问题等，李玉英老师亦没有能够幸免。1961年，初到北京市宣武实验幼儿园的李玉英老师，只是上第一堂音乐课就遭遇了突如其来的难题。

那时候刚工作，总想把活动都组织好。那天，我们班上音乐课，我一弹琴，孩子们发声练习，都唱起来了。但小晶晶跑了过来，站在我旁边说："小李老师你还没钢琴高呢，你靠边，我弹吧。"她本来就是小巧嘴，这吧嗒吧嗒一通说，弄得我特别不好意思，心里想，是不是她爸爸妈妈常说小李老师怎么这么矮?我不由自主地站起来，把椅子让给她。小晶晶就坐在椅子上了。因为脚踏风琴

有挡板，她看不见老师脚踩踏板的动作，她坐下就弹，可是按哪里都不响，就看看我，看了那么三两回以后，自己就起来了，悄无声息地回到自己位子坐着去了，坐得特可爱。她可能觉得，老师会，我怎么按不响？孩子们从这件事上又感受了一下，老师行。从此以后他们就听我的多了一些。事后成了我的一个教育经验，这是一种无声的语言，无声的教育。

事实上，面对以上这种情况，很多老师，甚至是很多拥有多年教龄的老师，可能都会感到手足无措吧，也许置之不理，或是大声制止，或是严厉批评，而李玉英老师却选择了尊重孩子，保护孩子，用无声的语言去引导孩子和教育孩子。幼儿园里都是三到六岁的儿童，他们内心充满童真，分辨不清善恶是非，但他们却有着属于自己的想法。对此，希望老师们能多多倾听孩子们内心真实的想法，也许有的时候，这些想法和做法会与成人世界的准则或认识有所偏差，但请先不要忙着制止或评断，善于发现其中的闪光点，积极鼓励；发现问题时，迂回引导，尊重孩子的想法，用饱满的爱心去保护孩子们幼小的心灵。

五、做学习型、反思型的教师

(一)“孩子都跟我淘气，组织不起来，我那会儿老想求助于别人”

1961 年，李玉英老师从北京市幼儿师范学校毕业后，被分配到了宣武区实验幼儿园，那时候的她刚刚 17 岁，带着满身稚气就正式成了一名幼儿教师。离开幼师校园，刚刚接触真正的幼儿工作的那一段时间，李玉英老师最常说的一句话就是：组织不起来。

有一个叫王黎的孩子，特别淘气，很聪明，他经常假扮大灰狼。有一天下课后孩子们喝过水，该户外活动了，刚拉好圆圈，王黎一声大喊：“我是大灰狼”，全班小朋友吱哇喊叫地四散乱跑。当时幼儿园还是个小四合院，又有高台阶，我真怕跌倒一个孩子，急中生智，大声对孩子们说：“我是兔妈妈，小兔子们快到妈妈这儿来。”还好，大部分孩子回来了。可是还没等全回来，又有孩子跑了。

这时的我深感缺少教育方法，和老教师的工作对照，真有天壤之别。实际工作使我悟到，学校学习的书本知识和将知识运用于实践是有距离的，消除这段距离需要艰苦的努力。

我刚开始带的小班，看孩子们午睡最困难，我都看不了。拍拍这个、拍拍那个，刚把这个淘气的孩子哄安静了，另一个淘气的孩子又坐起来不想睡了。

那个午睡简直是特别折腾，一下没注意，休息室里就乱成了一锅粥。后来中班的老师可能看不过去了，也许是想帮帮我。她就走到我们班门口，对小朋友说："谁呀，谁还没躺好呢？我看谁躺的最好？"那些淘气的小朋友滋溜就都躺好了，躺好了以后，她就走了。她一走，这半高跟鞋一响，滋溜大家就又都起来，你逗我，我逗你，闹个不停。那时候的我，特别幼稚，竟然跟这位老师说："您能不能来的时候让高跟鞋响着点，上我们班窗户那去，等让他们发现以后，您蹲下来，藏在窗户底下，然后您走的时候让高跟鞋轻轻的，没有声音，好让孩子们以为您还在，孩子们就能乖乖睡觉了。"

"刚工作的时候，不知道怎么组织孩子，孩子也觉得你好像没有别的老师棒，不听你的，认为怎么闹都可以。当时的我心里急得恨不得掉眼泪。"刚刚离开幼师校园的李玉英老师，这时深感自己在工作方法方面的缺乏，虽然学了很多的专业知识，却无法真正用出来，在现实的幼师工作中深深地感受到了与老教师之间的差距，好像自己难于解决的问题，老教师轻而易举就解决了，这大大地加深了新教师对于老教师产生的依赖感和信任感，因而，这时候的李玉英老师总是试图求助于老教师的帮助。

(二)发现谁的长处就跟谁学，这样才能进步得快

刚入职的教师由于缺乏经验，往往会遇到一系列的困难和麻烦，老教师教学技巧娴熟，所以新教师往往会向他们伸出求助之手，但这并不是长久之计，在以后的工作中，新教师需要自己不断地学习和努力，才能逐渐成长为一名真正合格的教师。所以此时的李玉英老师就向园长请求援助，想要多看看，多学习学习，这个请求得到了园长和各位老师热情的支持和帮助。于是李玉英老师就开始积极地跟各位老师学习。

那时候，我们幼儿园在每个教室门口都有两条老北京的长木板凳，左边一条，右边一条，孩子吃完饭会在那里玩翻绳，或坐在那里看书。上课了，我就会拿着笔和本也坐在那里听班里老师怎样组织教学活动，以及课后老师怎样给小朋友提出户外活动的要求。那个时期。我看过刘兰芳老师的看图讲述，老王老师的数学游戏，王平老师的音乐，杜老师的计算，对我帮助很大。

园长还多次给我机会去东城区东华门幼儿园观摩语言教学活动。王继芬老师组织的教学活动语言精练、准确、生动、形象，培养的孩子口语表达能力非常强。看王老师的语言课真是语言艺术的享受。我看过王老师的"学雷锋总结性谈话"、诗歌"站在雷锋叔叔的像前"、快板剧"萝卜回来了"、诗歌表演"乌鸦的

奶酪”。每次看完王老师的教学活动我都会清楚地看到自己的差距，找到自己的欠缺与不足之处，并在自己班上模仿着，领悟、学习着本园、外园老师们的教育教学方法。

那时候的李玉英老师心里想的全都是看哪位教师的教育教学活动组织得好，老想着自己什么时候也能像这些老师一样组织好孩子们的教育教学活动。怀着这种心态，李老师认真观察每一位老师的优点，谦虚地向每一位老师学习，从最初的“模仿”开始，再根据孩子们的实际情况，慢慢加入自己的想法，不断努力不断进步。正是怀着这种精神，李老师才逐渐克服了刚入职时的一系列困难，成长为了一名出色的特级教师。

(三)工作以后加强学习，反思工作，不断充实自己，不断进步

作为一名教师，李玉英老师从来没有停止过学习和前进的脚步，正如她所说：“工作以后我很重视专业学习与反思工作，不断地补充自己。”她不仅总是用一双善于发现美的眼睛去观察别人身上的优点，并积极学习，把它转化为自己的美，同时她还紧跟时代趋势，去图书馆看书，积极地吸收各方面的养分，能够成为一名学生喜爱，教师称颂的优秀特级教师。

我在退休前有时候星期天，就会跑到图书大厦，在儿童图书区翻看图书，有时候翻着几句小儿歌，我就记下来，把它变成跟孩子互动的教学游戏。例如，书中有个儿歌“一只山羊几只角，一只山羊两只角，两只山羊几只角，两只山羊四只角”，我跟孩子互动的时候先问孩子：“一只山羊几只角?”有的说四只脚，有的说不对，是两只角。有说四只，有说两只，我就继续问孩子们：“谁能告诉我，为什么有人说四只，有人说两只?”他们说：“四只是走路的脚，两只是头长的犄角。”我说：“太聪明了！所以你们两种答案不一样，说得不是一回事，但都是正确的。”然后再告诉孩子们：“我们今天用山羊头上的犄角做游戏。”下面我来问，小朋友一起回答。“一只山羊几只角?”我边问边贴出一只剪纸山羊。孩子们回答：“一只山羊两只角。”因为要为后面的游戏做铺垫，我提问：“山羊的两只犄角长在山羊头的哪里呀?”有的说：“长在头顶上。”有的说：“头的左边一只角，头的右边一只角。”我给小朋友归纳为：“头顶左边一只角，头顶右边一只角。”然后请小朋友边打手势边回答问题(左手伸出的手指表示左边的犄角数，右手伸出的手指表示右边的犄角数，两手所出手指靠在一起表示一共多少角的意思)。孩子们非常聪明，边做动作边回答：“一只山羊两只角。”

游戏继续，“两只山羊几只角?”我边问边贴出第二只剪纸山羊，和第一只错

开一些，直线叠放。孩子们回答：“两只山羊四只角。”我提问：“怎么算出来的？”小朋友说：“第一只山羊有两只角，又来一只山羊也有两只角，2＋2＝4。”我先给予肯定，然后引导孩子发现：2可以表示有两只山羊，也可以表示每只山羊有两只角。再让孩子们观察发现排好队的山羊画面，左边有几只角，右边有几只角，并请小朋友打手势表示两只山羊左边一共几只角，右边有几只角。边做手指动作边回答：“两只山羊四只角。”

游戏继续，“三只山羊几只角？”边问边贴出第三只剪纸山羊，和第一只、第二只错开一些直线叠放，并请孩子伸出手指做动作，有节拍地回答：“三只山羊六只角。”当老师问到他们怎样算的，孩子们顺畅地说出：“左边三只角，右边三只角，3＋3＝6。”进而又启发孩子们发现有几只山羊排一队左边就有几只角，同样右边也有几只角。这样，孩子们就能边打手势边回答游戏提问，并且还讨论出游戏结束语“五只山羊河边喝水，水上、水下多少角？”的手势动作。后来孩子们能玩到“十只山羊几只角？”并能准确地配合手指动作，算加法，孩子们玩得可开心了。

从这个游戏可以看到，同样一个小儿歌用不同的学习方法，孩子们会有不同层次的收获。如果只是平平淡淡地背诵儿歌，孩子们获得的是理解记忆的过程。如果老师探索创造性地进行启发式教学会让孩子们的学习更有兴趣，更能展示孩子们的聪明智慧。

李玉英老师最擅长的就是数学教学，她总是能让复杂枯燥的数学，转化为直观有趣的游戏，让孩子们在玩中学，在学中思考，所以幼儿园的孩子们都爱上李老师的数学课。就是这样一个对自我有不断要求的老师，总是想着能把课再上得好一点，再上得有趣一点，她不断地学习，不断地创新，朝着更高的要求不断努力着，从不自满，从不懈怠。像一棵不断成长的参天大树，尽更大的努力，爱护着身边的孩子们，给予他们更多的平凡而伟大的爱。

结　语

“我觉得我也就是喜欢这个工作，愿意跟孩子在一起，我就觉得这一辈子做幼儿教师工作好像永远做不够，而且我身边都是五六岁的孩子，孩子给了我无穷无尽的乐趣和回味，让我的心态更好，孩子们让我忘记了自己有多少岁，我觉得良好心态是孩子们给我的，工作中的幸福和快乐是孩子们给我的。”这是交谈过程中，李玉英老师自始至终述说的话，我相信这也是李老师最大的心声。

而岁月似乎也没有在李玉英老师脸上留下什么痕迹，年近 71 岁的李老师看起来仍是那么年轻硬朗，她会像孩子一般手舞足蹈，也会像小姑娘一般羞涩地笑，仿佛拥有着无限的活力和满溢的幸福，这也许正是这位像妈妈一样的老师所表现出来的，对孩子们平凡而又伟大的爱吧。

〖寄语〗

回眸往事，六十载桃李芬芳；
放眼未来，齐努力再创辉煌。

辛勤园丁路，桃李满芬芳

——幼儿特级教师王继芬

张晓敏　王 娟

王继芬老师，1979 年被评为北京市第一批特级教师。她 18 岁从北京师范学校毕业后，至今已有 59 年教育生涯，她将全部精力投注在学前教育第一线。1955 年分配到北京市第一幼儿园任教，担任教研组长。1961 年调往北京市东华门幼儿园任教师、教研组长、副园长、园长。1993 年退居二线，继续在东幼搞教科研工作，成立了语言小组，传承东华门幼儿园语言教育特色，培养优秀青年教师。2000 年 63 岁的王继芬老师退休。

一、累累硕果

王继芬老师热爱学前教育工作，热爱幼儿，勤奋学习、刻苦钻研业务。取得了优异成绩。

她说："学前教育是一门科学，我们要以科学的态度对待!"她注意以教研、科研带质量，勤学习、勤实践、勤反思、勤总结。主要论文和论著有：《大班幼儿口语表达能力的培养》《教幼儿说普通话，培养幼儿正确发音》《丰富幼儿生活，发展幼儿语言》《培养兴趣，发展个性》《怎样组织故事教学活动》《怎样教幼儿朗诵诗歌》《怎样写工作计划、记录与教育笔记》。

2012 年，王继芳老师总结了"幼儿语言教育与教师语言技能"，在北京师范大学网络教育学院做了系列讲座，录音、录像，并发表。她说：“幼儿语言教育，是我终生研究的课题，也是我永久的初探，要教出自己的特色。”

她写的教育工作逐日计划、记录、教育笔记、制作的教具、学具等，曾在北京市托幼工作会议上展览、交流、推广，受到好评。

王继芬老师除了担负教育工作外，还曾担任北京市第七、八、九届人民代表大会代表、常务委员会委员以及教育科技委员会委员。她具有参政议政能力，关心北京市工作，关心教育事业，听取群众意见与呼声，努力做好人民的公仆。她严格要求自己，注意以身作则，身体力行，北京市人大常委会讨论改变贫困山区面貌时，王继芬老师认为要从教育抓起，她带领东幼的老师们深入远郊区县，在怀柔进行无偿培训，总结了“一园带两园，两园带全县”的经验，受到市委重视，被评为北京市改革开放的一项成果。如此缤纷的人生经历也给她带来了许多的荣誉和光彩：1965年王继芬被评为东城区“热爱孩子赛妈妈”的先进个人，1976年到1978年连续三年被评为北京市东城区教育系统先进个人，1978年被评为北京市的教育系统先进个人，1979年被评为北京市特级教师和全国“三八红旗手”，1983年被评为全国儿童少年优秀工作者，1984年被评为全国五讲四美为人师表优秀教师，1992年被评为北京市东城区有突出贡献的优秀知识分子以及全国优秀教师，1993年被评为北京市十杰教师，荣获“北京市人民教师”奖。2000年退休后，2007年获北京市教育委员会幼儿骨干教师培养特殊贡献表彰。王继芬老师在北京乃至全国有相当知名度。她曾是：中国学前教育研究会学术委员会委员；中国老教授学会学前教育研究所副所长；北京市语言学会理事幼儿语言研究会会长。

从入学时的稚嫩到如今的白发苍苍，时间在王继芬老师的记忆中留下了太多印迹，同时也赋予了她满腔的自信与成熟。在平凡的岁月里，这位慈祥的老人用毕生的精力钻研幼师教学之道，创造了不平凡的成就。在五十多年园丁般的辛勤工作中，这位幼教工作的老前辈用自己的勤奋和认真、坚持和努力培育了满园一季又一季的芬芳桃李！

二、缘系母校

(一)母校里的青葱岁月

1952年，年仅15岁的王继芬凭着优秀的学习成绩、良好的操行被保送到了北京师范学校。面对新的环境，当时的王继芬不过是刚过豆蔻年华的少女，怀着对未知前途的朦胧憧憬：什么是幼师？幼师毕业到什么地方当老师？这一切全然模糊不清。提着入学行李，走在校园的林荫道上，一路上她都惴惴不安。可当迎面跑过来的大哥哥、大姐姐抢着帮她拿行李、背书包，引领她找宿舍、整理床铺、收拾物品时，她满腹的紧张一下子消失得无影无踪了。师哥师姐们的热情、真挚、亲切，让这个认生的小姑娘感到温暖和安心。同时，和谐的人际关系也让每一个入学新生心里种下了美好的种子。三年的师范教育，在老师和同学共同的帮助下，王继芬对未来有了新的认识和期望：她逐渐懂得幼儿教育的重要性，刻苦学习使她掌握了幼儿教师工作的技能技巧，参观见习幼儿园使她增强了实践的信心。在人生最关键的三年中，奠定了她终生从事幼教事业的坚定信念。

(二)成长中的点点滴滴

良好的教育环境固然重要，但小树苗要想长成参天大树也需要自身的努力，使自己渐渐变得粗壮、强大，成为栋梁之材。

要想做好一名优秀的幼儿教师，首先要有扎实的专业知识和相当高的文化修养。学校安排学习了高中的全部课程：代数、几何、物理、化学、语文、习作，还有美术、音乐、体育，无一遗漏，为他们奠定了坚实的文化基础。除此之外，学校还安排专业课学习与技能技巧训练，为他们以后走入社会成为合格的幼儿教师做了充分准备。另外，良好的心理素质和课堂表现能力也是不可或缺的。学校为了让学生能将学到的知识理论付诸实践，为他们搭建各种平台以提供展现才华的机会，例如歌咏比赛、舞蹈比赛、戏剧比赛、篮球比赛等等各种比赛的举办，学校还请来专家进行评分和讲评，提高了学生们的艺术欣赏和表演能力，并增强了他们的荣誉感。

王老师回忆起在学校期间，刚入学不久，她被学校推荐，参与演出了由作家刘厚明创作的剧本《幸福的花朵，光荣的园丁》。在剧中她饰演了一名乖巧的少先队员，向老师述说自己长大后的理想。这个节目还应北京人民广播电台邀请，进行了演播。她还被三年级师哥、师姐约请，合演了《猎人和兔子》，她扮演了小白兔；她们班同学一起排演了大型歌剧《果园姐妹》，她扮演了“二门鼻”的角色，等等。这些活动确实锻炼了王继芬老师的胆略和表演能力，也发掘出了她的特长，使她对文学艺术产生了浓厚的兴趣，为她终身研究语言教育埋下了伏笔。

三、情牵幼教

(一)初出茅庐遇挫折

1955 年，18 岁的王继芬从学校毕业后被分配到北京市第一幼儿园。带着满腔的热情，在教学前一天，她还专门准备了一段与孩子见面的演说词。可没想到的是，那天到了班上，演说词还没说完，一个小男孩就冲着她大声喊道：“你不是老师，你是姐姐。”另一个小男孩见状也叫嚷起来：“小阿姨不厉害，咱们不怕她。”这时班上的孩子呼啦一声都站了起来，有的在地板上爬来爬去，有的翻跟头，有的围着桌子跑，从没见过这局面的王继芬老师惊呆了，一时不知所措。正在这时，配班老师进来了，她一看这场面说了一声“坐下”，孩子们乖乖地都回到自己的座位上。第二天，王继芬老师依旧怀着初到的热情给孩子们用绒布教具讲故事。可刚开始还没一会儿，与昨天类似的状况又再次重演。一个孩子跑到讲台，一把拿下了绒板上的灰狼。王老师对他说：“别动，老师还给你们讲《狼和小羊》的故事呢。”他好奇地问：“它怎么粘在上面，不掉下来呀?”没等王老师回答，孩子们都跑到前边来，你拿一个小羊，他拿一棵树，在屋子里跑起来。王老师无可奈何，无计可施。面对着混乱的课堂秩序，她真的想哭。1955 年分到这里有四位幼师生，她们都遇到了同样的困惑。她们觉得：我们在学校学的理论，为什么在这里用不上？孩子为什么不听我们的话？我们用好听的声音跟他们说话，他们为什么不能接受？王继芬老师在心里画了个问号：我适合这个工作吗？我能做好这个工作吗？在走向工作岗位，刚刚起步时，她有些失望和动摇了。

看着这四位刚从学校毕业的年轻教师，幼儿园园长耐心地做工作。为她们分析现实：“第一幼儿园原来是第一托儿所，这里的阿姨们，在管理孩子生活方面都做得很好，有丰富的经验，但在教育方法上她们没有系统的学过，只在保训班进修了几个月。孩子们习惯了保育员的管教方法、说话语调。见到新老师，他们就兴奋，有些调皮，你们不要灰心，要用你们学习的理论和方法联系实际教育幼儿，关心孩子。他们会信服你们，尊敬你们的。”园长的一席话，给了王老师很大信心。在领导和大家的帮助下，王继芬老师放下幼师毕业生的身架，虚心向大家学习，尊重保育员老师，与老师互帮互学，配班老师帮王老师组织孩子，到了晚上，王老师帮保育员给孩子洗澡、换衣服、冲洗，细心照料每个孩子。班上的老师们团结合作，互相帮助，孩子慢慢稳定下来。王继芬老师认真备课，将自己的特长与工作相结合，她给孩子们绘声绘色地讲故事，说儿歌；教他们唱歌、跳舞、画画，和孩子们一起玩游戏。渐渐地她走进了孩子的心里，建立了威信。孩子们喜欢王老师，他们向王老师竖起大拇指说："王老师，真棒，您什么都会，我喜欢您。"

就这样，王继芬老师用自己的努力和真诚赢得了孩子们的信任和爱戴。她说："北京市第一幼儿园是我初出茅庐的摇篮。挫折教育了我、锻炼了我。"王继芬老师深深体会到"世上无难事，只怕有心人"这句话的含义，她说只要对工作认认真真地做，虚心地去学，就会成功。

(二)在"红旗园"里成长

1961年，王继芬老师被调入荣获全国三面红旗的东华门幼儿园，被誉为"红旗园"，遇到影响她一生的景晏茹园长。景园长把全部心血都献给了幼教事业，是北京市模范教育工作者。她的工作态度、工作方法以及她的献身精神，都是王继芬老师学习的榜样。在教学中，景老师要求王继芬老师能够做到"一专多能"，什么都要会，什么都要懂，全面掌握业务，又要发挥个人的特长，把自己的特长和教育工作紧密结合，教学有特色。

王继芬老师认真严谨、一丝不苟、刻苦钻研，对日常生活，游戏，对每一个教育活动，她都周密计划，认真准备。备课的时候，她特别注意自己语言的表述。她从孩子的角度设计，力争自己说出的话既简明扼要，又通俗易懂，能够让孩子喜欢听，听得懂。同时她还要根据孩子的发展随机应变，即兴发挥。比如，有一次王继芬上班，正好赶上外面下大雪，王老师就将课堂教学改成接雪花的游戏，引导孩子们直观地看到雪花的形状，探究雪的特性，欣赏雪后的美景，发展幼儿语言，丰富幼儿词汇。如：白茫茫、鹅毛大雪、一团团、一片片。让生活实景和游戏教会了孩子书本上的知识。勤奋的王继芬老师在每年接一个班时候都要对孩子进行语言调查。她用测查、调查、观察三个方法来了解孩子的语言基础，并根据每个孩子的发展情况，考虑教学如何进一步开展。对每一个孩子自身出现的问题，王继芬老师都能及时地因材施教。例如，王继芬老师曾经教过的一个小女孩，聪明可爱，就是舌尖中音：d、t、n、l发音不清楚，总管"姥姥"叫"袄袄"。于是王老师耐心地教她发音，还创编了绕口令：

谢姥姥

姥姥喜欢宝宝，
宝宝更爱姥姥。
姥姥拿糖给宝宝，
宝宝接糖谢姥姥。

回到家里，家长也帮她练习发音，最后在大家的帮助下终于能正确发音。

会叫“姥姥”了。

王继芬老师在工作中还特别注意尊重孩子，了解孩子。“有一次我发现书架上的书被撕了，我说多可惜，新书就被撕了，是谁撕的，没人说话。但是玩游戏的时候，一个小朋友跟我说：‘王老师我跟您说一个秘密，这本书是小强撕的，他说他把这书拿回家去，让他妈妈给粘上，他不让我告诉您。’我觉得应该尊重孩子们的友谊和隐私。虽然是一件小事，但要尊重幼儿之间的友情。所以我说：‘你放心吧’，然后又问道：‘你能不能告诉他让他来找我呀？’他说行。他就去找他去了，他说：‘你还不跟王老师说去，王老师也能帮助你粘上’。小强就主动找我来了，他跟我坦白是他不小心把书皮撕了。我说没关系，下次小心点，咱们俩一块粘上，把书粘好了，减轻了小强心里的压力。还有一次，我看见孩子打开水龙头，用手接水，让水哗哗地流。我过去说：‘手洗干净了，就把水龙头关上。’他说：‘我做实验呢！水不是流动的吗？不是没有形状的吗？我看它现在是什么形状……’观察孩子，了解孩子，才能用正确的方法去引导。如果不观察不了解他，上来就生硬地批评他，那就损伤了孩子的纯真好奇。在教育孩子方面我很注意这一点。另外，老师与幼儿要交朋友，平等相待，引发孩子有话愿跟老师说。在交谈中了解幼儿。每天我都要跟每个孩子进行交谈，亲近每个幼儿。”王继芬老师尊重幼儿，一视同仁，不忽视每一个孩子的成长与发展。

做了园长后，王老师感到自己肩上的责任更为重大，她重视家长工作，将老师、家长、孩子紧紧联系在一起，形成一个金三角，老师和家长既是教育合作伙伴，又是朋友，以和谐的关系共同促进，这样的设计得到了家长们的全力支持和配合。在大家一致努力下，幼儿健康成长。东幼被评为北京市家教工作先进集体。总结的材料《做好家教工作，实施同步教育》在全国妇联组织的国际会议上发表。

王继芬老师曾经这样说过：“人生在世不应为了索取，而应做出奉献。奉献青春，奉献心血，奉献自己的爱。奉献是师魂，爱是师德。奉献爱是我人生的目标，是我做人的准则，是我工作生活的乐趣。”她就是这样努力地实践着自己的诺言，从 1955 年至今，59 个春秋她从未离开过幼儿教育事业，王继芬老师在岁月中兑现着她对祖国、对幼教事业、对自己的庄严承诺。

四、寄语后来人

新时期幼儿教育事业对幼教师范生提出了更多、更新的要求，对后来人寄予了新期盼。对于踏进幼儿园的幼教工作者，王继芬老师提出了几点建议：

第一，幼儿教师要具有良好的道德品质和行为习惯。处处为人师表。要具备良好的师德和职业道德、热爱幼教工作、热爱幼儿。促进幼儿健康成长。要时时处处严格要求自己给幼儿做出榜样，身教重于言教。许多年后，长大成人的孩子们可能已经记不清老师的姓名，但在记忆里、睡梦中，总会想起曾有一位文雅和气的老师给他们带来温馨和快乐。

第二，要具有语言修养与语言技能。语言有两种：一是口头语言，也就是有声语言；一是书面语言，也就是文字语言。作为幼儿教师，要有语言的表达能力。既要能说会道，语言丰富会表述，又要有讲话的语言技巧。发音准确、会说普通话，吐字要清楚，音量要适度，语速要适中，语气要温和，态度要自然，使幼儿爱听、听得懂。婴幼儿时期是语言发展最佳期，他们学习口语的途径主要靠模仿，因此成人的语言要规范，成为幼儿学习口语的榜样。幼儿教师要具有相当的写作能力，我们天天都要动笔、动电脑，写计划、写记录、写总结。文学水平不够，词汇不丰富，就不能很好地表达你的思想感情、要求、愿望。另外要有一定的文学修养，在工作中常常需要我们创编教材，理解分析文学作品。因此幼儿教师的语言修养与语言技能要不断提高。

第三，要具有扎实的专业理论基础，丰富的文化储备，要不断充实自己，学无止境。王继芬老师说："要读万卷书，行万里路"，做一个有文化、有知识、有道德、有修养的人。给孩子一杯水，自己要有一桶水。时代在前进，勤奋学习，不断充实自己。

第四，要有宽容博爱之心，尊重谦虚之态。"作为一个幼儿老师，要学会宽容，能与他人合作。要尊重他人，虚心向他人学习。不懂就问，戒骄戒躁。"要关心爱护集体，关爱集体的每一个人，有集体荣誉感。齐心合力，团结一致，教育才能取得成效。

从一名师范生到如今满头银丝的名师，王继芬老师一路走得坚定踏实、无怨无悔。王继芬老师用真挚的爱，铺撒幼儿心田，灌溉着祖国幼小的花朵。将自己的全部精力交给幼教，交给一拨又一拨年幼的孩子们，用心血和智慧，培育了一季又一季的桃李芬芳！

〖寄语〗

育人孜孜不倦；
桃李满园芬芳。

TEJI JIAOSHI CHENGZHANG XUSHI

特级教师成长叙事

【学科素养】

与新中国共同成长的历史教育者

——历史特级教师张增强

丁永为　赵胜男

张增强老师，北京教育科学研究院基础教育教学研究中心历史学科特级教师。出生于1949年，与新中国同龄。1978—1982年曾在首都师范大学学习。毕业以后到北京百年老校北京二中工作，教授高中历史。1997年以后调到北京教育科学研究院基础教育教学研究中心工作。曾主持过北京的历史高考命题，做过两年的学科秘书，担任过七年的高考命题工作，并作为命题组的核心骨干。2005年其发表的论文《关于抗日战争史教学几个问题的思考》获中国教育学会历史教学委员会学术年会论文评比一等奖；2006年8月，被北京市教委授予"高考内容改革研究突出贡献奖"。

对于母校，曾就读于历史系的张增强老师评价说："首师大历史系在全国很有影响，母校对我的影响，不仅仅是我在那儿学习的四年(1978—1982年)，可以说影响是终身的。更主要的是母校教会我学习，教会我做人，教会我养成了终身学习的习惯。"

一、和新中国一起成长

张老师出生于1949年，出生地距离天安门广场一千米，呱呱坠地半个月就听到开国大典的礼炮声了，和新中国一起成长，堪称幸福。"一切历史都是当代史”，作为生命与国家年轮同步的历史教育学者，从新中国成立60多年的历史视角透视古今中外五千年的文明，寻找借鉴与展望的经验与教训，自然成了他历史教育思想的特色。

我们国家现阶段是处在一个进步的过程中，尽管当前社会上仍然还存在很多问题，国民也存在着文明素养不高的问题，但是与之前的那个时代对比，我们能够明显感觉到时代在进步，越来越多的人开始追求一种独立的意识。比如批评政府的失误，批判偶像权威等思考方式，如果在“文革”的时候，这是不可能的。可是在今天，探讨这些问题很平常，这恰恰说明了时代的进步，国家和社会都在进步。

（一）秉承实事求是的精神

做历史，做教育史，我们如果想在现有的情况下继续有所进步，要秉承实事求是的精神，允许说真话，对说真话的言者无罪，如果能够再有这样的一次思想大解放，就像1978年、1980年前后所进行的思想解放，对我们这个民族真正实现中国梦，实现国家富强、民族振兴、人民幸福，是有助力的。也许真如西方学者所说，21世纪将是中国人的世纪。

张增强老师这些年对于历史教育、历史教学始终秉承着实事求是的深度思考，并且一直有对于国家、民族深刻的焦虑。这是一种对于民族和国家很强烈的责任意识，它不是空洞的口号，它就落实在张老师点点滴滴的工作和思考当中，这是对于母校六十周年校庆的一份大礼，我们给母校的就像母校给我们的一样，是一种精神的馈赠。

实事求是是一种科学精神，张老师说：“实事求是是一种深层次的科学的追求。一名优秀的老师，应该有自己的独立观点，这就是一种独立的人格所在。我赞赏和倡导青年教师讲课不能照本宣科，对史实的评述，不能够只从一个角度来看，同时要建构其他角度。科学地解读历史需要运用多种史观和方法论。一位物理教研员曾说，讲一个公式、科学定理不会有错误，但是论证得过于简单和跳跃，其过程就缺失了科学态度和科学精神的渗透，教学效果会有灾难性的一面。这件事对我影响很大，因为类同‘讲一个科学定理能产生灾难性的效果’，在历史课堂同样严重存在。历史课讲新中国社会主义探索史时，常听到‘伟大’‘大大解放了生产力’等简单的结论，缺乏对社会主义曲折性的客观理性认识。在全市教学设计比赛中，郊区的一位老师讲到农村改革实施‘联产承包责任制’时，结合本地区实际提出‘联产承包责任制解决了农民的温饱问题，为什么没能使我们共同富裕’。课堂师生的互动可以让你看清改革开放走过的历史，体会到建设新农村的出路是坚持改革、不断深化改革。这样的好课在我的坚持下获得了最高奖。”

(二)绝望中寻找希望

人的社会经历不同，对一些问题的感受是不一样的。张老师经历过“文化大革命”那个黑暗的时代。对历史以及人生的看法与我们现在的青年有很大不同。

莫言刚获奖时，曾对记者说，饥饿、孤独、恐惧是他年轻时经常出现的精神感受。面对有人质疑莫言时，张老师相信莫言的感受是真实的表达，不是危言耸听，炒作自己。比莫言大六七岁的张老师也认为，莫言的青少年时代，和自己应该有许多共性的地方。“‘文革’开始的时候他大概 10 岁，我 17 岁。在那个时代，我比他还惨，除了饥饿、孤独、恐惧之外，我还有一种感受是绝望，看不到前程。莫言起码出身好，他还能参军，我的出身也不好，连参军的资格都没有，上大学，高考制度已经破坏，当一个工农兵学员，同样没有资格。1973 年，高校招生要考试了，可是‘白卷英雄’张铁生一闹，考试作废，我的希望再次成为绝望。改革开放让祖国绝处逢生，先于开放前高考改革，让我燃起了对生命新的追求。一个绝望的人有可能做出荒唐事，1975 年，我在内蒙古兵团的战友，一个很有思想的小伙子，自己勒死在马棚里了。在那个时代，这并不是个案，后来有人说他是抑郁了，但谁也不能排除这是他绝望中的冲动所为。2012 年我校终身教授齐世荣在参加历史系 78 级校友聚会时，声色俱厉地谴责和批判了当下泛滥的为‘文革’翻案的错误思潮。齐先生的话高屋建瓴，足以让人懂得中国必须远离那个时代。中国和每个中国人都应该有美梦，每个人都应该有梦想成真的机会，无数的中国人圆了自己的梦，也就是中国圆‘中国梦’之时。”

张老师说的话让人感到沉重，但这不是一种负面的东西，而是能够引发一种深入的思考。深入的思考是一种负责任的思考。他所思考的不是个人的问题，而是涉及整个国家、民族的大问题，所以这样的问题会让人觉得“沉重”。我们把它理解为是叔本华所说的悲剧意识。即使过得很好，但是自身也有一种悲剧的意识，这种悲剧意识使得人们看问题的时候，不总是看到像别人一样的喜剧的方面，更多的是要去思考其背后的价值。

因为悲剧受时代的制约，常常有很深的思考的力量在里面，喜剧常常是不需要你思考的，因为是肥皂的，是泡沫，它不需要你思考。能够写出悲剧的人，是很了不起的。几乎所有的思想家，都是有悲剧意识的人，包括像萨特这样的人也是这样。

二、历史教育的学术人生

(一)最好的教育是做到引发学生独立的思考

张老师说，学习历史，不仅仅是要了解历史知识，更重要的是如何用历史的方法继续探索更多的问题，我们在校时很多首师大历史系老师，课上渗透了这种科学方法、科学精神，潜移默化地告诉了我们，什么是历史教育。

他回忆就读的1978—1982年，国家开始拨乱反正，很多老师的课可以说是站在思想解放的前沿了，当然在今天看来也许这些思想算不上“前沿”，但是在当时已经是难能可贵了，这些对我们的历史教育观也影响很大。

当时有的老师谈一些学术的问题，例如对太平天国的解读，和所谓的传统的正统思想是不一样的，有了教师自己的新观点。讲课当中虽然就几句话，甚至1分钟不到，但这是一种思想上的解放，我们就感到其中的震撼力。和多数的学术著作比较，重要的不是说谁的评价对与不对，这些观点提示了我们看问题应该有多元的角度。

张老师由此感悟说，最好的教育是做到引发学生独立的思考。“倡导老师要有自由之思想、独立之精神，但是做到这个是很难的。这个提法最早是陈寅恪题写在王国维的墓碑上的，在学界引起了高度的关注和共识。陈寅恪是20世纪中国历史学界泰斗，‘文革’中去世。母校一方面从对我们的培养出发，另一方面为了学术上的交流，面向全国请了很多名师来校授课，其中就包括陈寅恪的关门弟子、北大的王永兴教授。不同的学术视野启发了我们的新思考。”

(二)历史学科应教会学生用变化的观点看待历史知识

张增强老师说：“时代的进步和它的思想、精神的进步应该是一致的，从农耕文明过渡到工业文明，世界发展的历史，体现了这一过程”。“人类社会从农耕时代进入到工业时代，思想方面与时俱进确立的是契约精神。契约精神包含契约自由精神、契约平等精神、契约信守精神、契约救济精神，它与社会主义核心价值观是一脉相承的。要使社会主义核心价值观深入到我们的骨子里面去，需要学生科学地认识和接受契约精神，这是一个复杂的整体工程，其中历史课承担着重要任务。在这方面的思考，我们有所缺失。近代以来，世界经历了蒸汽时代、电气时代和信息时代，也见证了早期资本主义原始资本积累的野蛮和工业化时代的贫富分化，资本主义制度的自我调节和社会主义运动都是抑制野蛮的时代进步。但是简单地套用100多年前伟人的历史认识解读当代资本主义、社会主义，不仅违背了马克思主义哲学，也和马克思用生产力标准评价社会形态的理论相悖。历史课堂上，这种以僵化解读变化的现象，貌似坚持了正确的价值判断，其教学效果恰恰相反。当代中国的改革开放，是对社会主义的探索、创新和发展，也是对当代资本主义的重新认识和评价。跟上时代，需要老师更新知识，用变化的观点认识历史。”

历史学科应教会学生用变化的观点思考历史，坚持实事求是。“文革”结束以后，随着思想解放和拨乱反正，我们可看到的历史文献资料越发丰富，新的资料必然让我们对原有历史事件产生新的认识，任何史学方法都离不开实证。张老师还说，编写大纲，编写课程标准，编写教材的人，要有实事求是的精神，让课标、教材成为坚持实事求是精神的精品。

（三）一个历史教育者该有的素养，就是能够对学生的认识、学生的品格，造成一生的影响

张老师肯定地说：“一个历史教育者该有的素养，就是能够对学生的认识、学生的品格，造成一生的影响，能够见证一段历史，并且在这段历史当中创造自己的历史，这个是极为有趣和极为幸福的一件事情。”张老师教学一生所经历的痛苦与幸福可能我们感受得不深，但是从一个旁观者来说，我们对他们这代人充满了尊敬，同时也很羡慕他们那代人所拥有的幸福，是在那个时候出生的人才会有这样的传奇的经历。

那种幸福包含物质的，更主要的是精神的感受。母校对张老师的影响教会他学习，也教会他做人。在做人方面，张老师格外强调了作为一个学生应该具有什么样的风格和精神。工作以后遇到一些问题的时候，也会经常回忆起求学时候的经历，能够影响自己坚持下去，或者追求更卓越的表现。

三、推动教育改革之路

（一）抗日战争这段历史教育，没有把我们民族的这种精神、全民族抗战的这种精神，真实地展现出来，所以没有实现它应有的教育效果

自从1997年调到北京教育科学研究院基础教育教学研究中心以后，张增强老师开始参与指导全市历史教学工作。在教研的过程中，要听很多课，他发现给目前学校老师呈现的“好课”，大多数是停留在“多”那个层次上，能够讲到

“少”的课，那就是凤毛麟角，非常少。

一次听课让张老师感到震惊，并引发了他反思。这是名校名师执教的一节课，课的创意很好，课前让学生网络查找资料，课上讨论对中国抗日战争胜利的认识。学生积极参与，课上活动也很充分，但是令人惊诧的一幕出现了。学生在讨论“中国抗日战争在世界反法西斯战争的历史地位”时，中国抗日战争在世界反法西斯战争中作用甚微的观点占据了课堂的主流。这是抗日战争史教学结束后，学生的即时性学习反应。

张老师认为：“课堂出现的这种情况并非偶然，近年互联网时常出现否定中国抗日战争取得胜利的文章，此观点已波及中学历史课堂。导致这一现象出现的社会因素是多方面的。社会和课堂出现的问题已经说明中学抗日战争史教学德育渗透的不成功。抗日战争史的教材内容和教学方法需要根据新的学术和理论观点进行调整、改革，以实现有效的德育渗透。”

张老师还说，中国的抗战意义不仅是我们中国人民，包括世界人民，像美国总统罗斯福，都给予高度的认同。可是我们教学之后，年轻人居然没有对中国抗战给予认同，甚至是一种否定，这是历史教育的失败。导致这种后果的深层次的原因就是，我们教材处理得有问题，而且我们从学术研究的角度看也有问题。他说：“后来我在这个问题上做了一些研究，写了一篇论文，提出了现行抗日战争史历史教学的教育功能不容乐观的立论，指出教材和教学对全民族团结一致，共同抗战展示不足，对日军的侵略暴行和对沦陷区的残暴统治揭露不深刻，教材缺乏介绍中国抗日战争对世界反法西斯战争胜利具有重大贡献的史实。建议从全民族神圣抗战的价值取向出发，‘史论结合’调整观点；还原真实的历史，实事求是地展现和评价两个战场的抗战，客观地看中国战场一些战役的失败；抗日战争史的教学要着眼中国、亚洲和世界未来的和平与发展，客观再现中国抗战在世界反法西斯战争中的地位，树立民族自尊心。”张老师这篇论文在全国历史教学研究会上得了最高奖一等奖，在北京教育科学研究院的学术年会上，也获得了最高奖。

(二)高考历史命题的价值取向既要体现课程理念、实现课程目标，又要正视学科特点、彰显学科价值，还要符合教学实际、引领教学方向

对于整个历史教育的反思，张老师开展了一系列工作实施教育改革。他曾

经七次主持过北京市历史会考命题，参加了七年的高考命题工作，做了两年高考命题的学科秘书。作为一个主持过历史高考命题的核心骨干，对于素质教育怎样与命题改革和高考改革同步深入，他有着自己的改革思想。

我自己就想法很多。咱们学校的一名著名校友北大的郑也夫教授，曾说我们国家现在提出的素质教育，对比现实的客观情况是名不正、言不顺、行不通的。他的观点是对我们现在提出素质教育以后十几年成绩的否定，我觉得他否定得不无道理，就是我们搞了十几年，我们现在讲推进课程改革，成绩很大，但是从现实来看，整个的教育围着考试转，你考什么我就教什么，十几年前大家一致批评的现状没有根本改变。媒体报道，很多名校在民众心中仅仅是个"高考工厂"，教育质量的现状，远没达到对合格公民素养的要求。

素质教育和应试教育并非是对立的，如果我们的考试考的都是这种应有的人文素养的东西，考的是素质，那么这种对立就不存在了。

张老师认为，新课程高考历史命题的价值取向不仅关乎历史课程改革的成败，也影响历史课堂教学的方向，因此高考历史命题的价值取向应该是：既要体现课程理念、实现课程目标，又要正视学科特点、彰显学科价值，还要符合教学实际、引领教学方向。

在新课程背景下，高考命题既要体现课程理念，又要实现课程目标。新课程的理念很多，客观地讲，一套高考试题不可能体现课程理念的所有要求，但一定要体现其核心思想。就历史学科而言，倡导新"课程观"是高考命题者必须特别关注的核心理念之一。

(三)素质教育与应试教育不是对立的

张老师有一个愿望，那就是在他的有生之年，要完成一本书，一本关于历史考试考什么、怎么考、教什么、怎么教等由考试引发出来的一系列历史学科教学问题。

这本书实际上是对素质教育的思考，在张老师看来，素质教育与应试教育不是对立的，考试中应该体现素质教育的精神。他说："现行的高考制度始于1977年，迄今为止，它良好地完成了高校选拔人才的任务。这一制度相对公平，成为广大平民子弟求得人生发展的个人可把握的最主要的途径。很快，公平的选拔却不自觉地将基础教育绑架在'繁难偏深'的战车上，20世纪80年代，北大历史系主任邓广铭教授坦言面对高考历史试卷只能得三成分数；北大钱理群教授说名作家答高考150分的语文卷只能考出六七十分。'繁难偏深'题目有区分度，貌似命题人有水平，自然成了高考命题的走向。‘繁难偏深’对中小学教育导向是灾难性的，国民人文素养的低下，教育负有重要责任。好的命题，不仅其测量数据有着便于选拔的区分度，更主要的是其题目主体考查了学生最基本的素养和能力，前者容易，易如反掌，后者困难，难于上青天。纳税人认为，每一个命题人理应具有肯攀登的觉悟。2010 年新课程实施后北京首次高考结束，北京核心城区一位资深历史教研员说道：‘你们拿了这么多钱，好吃好喝好玩，就把题出成这样……’不满之情溢于言表。”

张老师继续谈道：“高考恢复几十年，改革从未中断，但做的事始终是些易如反掌的，素质教育反而沦落到了‘名不正、言不顺、行不通’的地步。当前，更大规模的高考改革即将实施，国民期待。但我赞成一些对此并不看好的业内人士的见解，仅凭一纸红头文件解决的只能是些易如反掌的小问题，对素质教育不过是隔靴搔痒。1996 年，教育部负责人柳斌面对素质教育与应试教育的矛盾，直白地说：如果高考考的都是素质，两者对立就不存在。柳斌悟得明白，他看到了素质教育障碍的源头，也看到了素质教育瓶颈的出口，只可惜他很快退休了，他若年轻 20 岁，便会亲眼目睹素质教育的实施过程。如今 18 年已过，变化如同天上人间。”张老师认为素质教育在很多人眼中是雾里看花，能否找准节点，奋力推进，不仅是对教育科学的考验，也是对国家行政权威的考验。

四、结　论

(一)秉承实事求是的精神，和新中国一起成长，在绝望中寻找希望

实事求是是种深层次的科学的追求。作为一名优秀的老师，应该有自己的独立观点，这就是一种独立的人格所在。和新中国同龄的张老师正是秉承着这种实事求是的精神，与新中国共同成长。尽管经历过人生的低谷，黑暗的时代，但依旧坚强向上，在绝望中寻找希望，牢记母校的校训，在母校各位名师的影响下，成为一名经验丰富，对历史学科有自己独到见解的优秀教师。

(二)历史教育的学术人生

时代的进步和他的思想、精神应该是一致的，从农耕文明过渡到工业文明，世界有它发展的过程。作为历史教育工作者，张老师的人生本来就是一种学术人生，他对历史教育教学的一些学术观点，本身是给母校最好的献礼。

(三)推动教育改革之路

国际著名教育改革理论专家哈维洛克(R. G. Havelock)教授曾对“教育改

革”做过如下定义：“教育改革就是教育现状所发生的任何有意义的转变。”教育改革是一个系统工程，应该包括各级各类教育。各级教育有其自身的特点，即使是“以人为本”，在不同阶段有不同要求。张老师以身作则，认真研究《普通高中历史课程标准》，了解中学历史课堂的教学实际，使命题思想与新课程教学实际保持一致。他认为理想的命题思想应该是在课程标准的指导下，以主干知识为载体，以学科能力为目标、以学科素养为导向，将历史知识、史学观点、史学方法、人文素养、教育功能巧妙地糅合在一起，这样，就能实现历史学科的教育目的和高考测试的选拔功能。张老师不断努力学习，使自己成长为专家型教师、学者型教师，为创造首都基础教育的美好明天而不懈奋斗着。

〖寄语〗

百年之计，教育为首；
花甲之年，功在京师；
祖国之梦，惟此为大。

美丽人生

——语文特级教师杨红兵

何颖　徐梦晗

杨红兵，北京市特级教师，从事教育事业33年，现为北京教育学院石景山分院教育研修中心副主任兼语文教研员，曾被评为北京市优秀青年教师、北京市小学语文学科教学带头人、北京市魅力教师、石景山区优秀人才，2005年被评为特级教师。2001年以来，杨红兵老师曾主持研究北京市教育科学“十五”规划青年专项课题“联系现实生活，开展小学语文实践活动的内容、途径与策略的研究”，该课题于2004年获北京市第二届教育教学成果二等奖；同时出版课题研究专著《小学语文实践活动研究》，该成果于2008年获北京市第五届教育科学研究成果二等奖。2012年在北京市数字课堂录制工作中，杨红兵老师作为市级专家核心团队成员，指导北京市10多个区县百余位教师进行备课、录课，取得显著成绩。2008—2013年带领语文研修团队在全区开展经典阅读实施模式与策略研究，该成果荣获北京市第四届教育教学成果二等奖。

从什么时候开始我们不再关心身边的美好，而是急功近利地生活；从什么时候开始我们不再留恋山川美景，而是忙碌地穿梭于钢筋水泥；从什么时候开始我们的学习不再是为了美的体悟，而是为了纯粹的应付。科学技术的进步给人类带来丰厚的物质成果，却也使得我们失去了一些最原始的美好，我们越来越少地关注生活世界本身。胡塞尔的《欧洲科学危机》正是看见了人们在科技之路上的本末倒置，才向世界发出强有力地呐喊“回到生活世界”。胡塞尔认为生活世界“是人类生命存在的基础，以最直观的面目呈现”①，科学世界是生活世界的衍生，真正的科学世界从来不应该脱离生活世界。然而，反观当前的教育，我们不难发现学生正逐步脱离他们的生活世界。我们太过注重传授给他们科学知识，却忘了他们学习这些知识的目的是为了生活。教育脱胎于社会生活的需要，教育的目的之一就是要让人们能够感受生活世界之美，体悟生活世界之美，创造生活世界之美。在杨红兵老师的教育人生中，我们欣喜地看到，对生活世界之美的追求是一以贯之的。杨老师坚信生活世界之美，不仅把“美”作为自己教育事业的价值追求，把“美”用于教学、教研的实践，更把“美”当作自己人生理想的追求，在教学的道路上不断地积累美、传递美。

一、基于“美”的教学与教研

杨红兵老师在教育教学中始终奉行的一条准则是把教学和美育结合在一起，她认为教学的目的是让孩子们体悟到学科背后的美感，并且把这种学科美自觉地迁移到生活中，最后创造生活中的美。可以说“美”的教育观一直贯穿着杨老师的教育事业，不管是前期的一线教学，还是后期的教研工作，杨老师一直用自己的行动告诉我们：“美”无处不在。

(一)语文教学：美的养成

如何避免最美好的文化精髓变成孩子口中的枯燥无味，又如何使得朗朗上口的优美词句不至于成为孩子们的机械记忆？杨老师给出的解决方案是，建立语文教学与美育之间的连接。在访谈中，她告诉我们，她在步入教学岗位之初，在教育教学的实践中便努力“让孩子们能够体会到语文教学中的美”。在多年的教学实践中，杨老师悉心发现语文学科中的美，把语文教学和美育结合起来，最终打开了语文教学尴尬的局面，创造出一套属于自己的语文教学理念。杨老师认为语文教学的美应该从教学内容出发，引导学生具体感悟课文的语言美、结构美和情感美，把感受美贯穿于语文课堂的始终，最终让孩子在这种美的熏陶中拥有美的心灵，创造美丽的生活。“1994 年我参评中学高级的时候，所讲的课文是小学语文“井”这一课。当时评委问，杨老师在你的语文教学中怎样去

① 候莉敏．儿童生活与儿童教育[J]．广西师范大学学报，2005(4)：91—92.

渗透美育教育？我说，首先是通过语文教学能够让孩子们认识到祖国语言文字特别美好，其次是通过这样一些美文去孕育孩子非常美好的心灵，使其将来做一个能够创造美好生活的人。我想是这么一种思路吧。”孩子们有了对文字美好的感觉，一颗美好的心灵也就逐步地孕育，最后他所创造的一定是一个美丽的世界。杨老师并不单单是让孩子们感受到语言的美妙，更重要的是把这种美带到自己的生活中，让它服务于自己的生活，使自己的生活能够越来越美丽。“所以我的一个理念就是，首先要热爱生活，然后通过写作去抒写生活，最后是创造生活，始终是在生活美的链条上发展。”

学生对语文的“美”的体验来自老师的引导，所以老师首先要认识到语文教学的美好和神圣。杨红兵老师站在文化文明传播与民族传承的高度理解语文教学之美，见地颇具深度。“文字是文明得以传承的载体，身为语文教师往大了说身上肩负的是民族传承的重任。这种神圣是任何一个行业都无法比拟的，所以我们有什么理由不热爱它呢?”“在给一所学校语文教师进行培训时，我由衷地说，‘咱们不要把眼界放得那么窄，遇到一点小事就不高兴，遇到一点挫折可能就不前进了。为什么要教我们的孩子学好汉语？就是让我们的孩子要有中国人的骨气。学习语言文字就是文化的一种传承，一种精神的传承，就是让我们的孩子成为有根的中国人。这个民族没有了语言，民族就不复存在了，咱们责任多大呀。一想起这些，就觉得咱们是在做一件非常有意义的事，就不会为那些鸡毛蒜皮的小事去计较什么了。咱们的天职就是，把这些孩子教好了，教好了，中华民族的未来就有希望。’……一想起这些，你就会觉得教孩子们学好语文太重要了。”教师有了这种神圣的责任感的驱使，对自己所教的学科一定是越来越热爱，越教越会发现其中的美好。正是看到了语文学科背后的巨大意义，杨老师在语文教学中不断地体悟到语言文字的美感，并且身体力行地把这种美感传达给自己的学生，使自己的学生能够不把语文学习当成一种负担，而是当成一种美好的享受。

(二)课题研究：美的实践

在长期的一线教学实践中，杨老师发现，就美的培养而言，课堂教学往往是有限的：语文课堂上的讲解大多培养的是学生欣赏美的能力，而鉴别美和创造美方面的能力培养则有所不足。事实上，对美的鉴别和创造也并不是课堂讲解能够完成的，这二者来源于具有生动丰富的具体情境的生活实践。因此杨老师认为，语文教学不光要在课堂上展开，更要在学生的生活中展开，使得美的培养融入学生的生活，让学生能在美的道路上越走越开阔。基于这种认识，自1993年由于教学表现突出而调任石景山区小学语文教研员后，杨老师积极整合全区的教育资源，展开了一系列以语文实践活动为主题的研究，包括“联系现实生活，开展小学语文实践活动的内容、途径与策略的研究”、“阅读工程”等等。在研究的过程中，她注意将科研和教学相结合，既让科研指导教学，又使得科研不脱离教学。

2000—2005年，杨老师结合当时新课程标准的要求——“让学生回归生活”，并且借鉴我国教育家叶圣陶和陶行知的教育理念，展开了“联系现实生活，开展小学语文实践活动的内容、途径与策略的研究”。之所以选择叶圣陶和陶行知的教育理念，得益于杨老师在其工作之余广泛地学习教育理论知识，并联系工作实践进行思考。“我觉得教育家叶圣陶、陶行知的教育思想，对于语文老师来讲比较受用。因为叶老说：‘课文无非是个例子。’我在研究培养学生自主学习能力时，就在想怎样发挥例子的作用，引导学生在学习中举一反三，最终能达到自我迁移和运用呢？在这个方面叶老的教育思想对我的启发是非常大的。陶行知的教育理论知行合一、教学做合一也使我受益匪浅。后来我当了教研员，这一理论给了我很大的指导与帮助。”在对理论的学习和运用中，杨老师带领石景山区16所学校80多名一线教师积极开展语文实践的活动，探索语文实践的途径、内容和策略。学生们不仅从课堂上学会课本上的语言之美，更重要的是他们学会了如何把课本上的美迁移到自己的生活中，如何来鉴别自己生活周围的美，如何创造自己生活的美。“美”不是束之高阁的画卷，而应是随手的写意。

杨老师以“联系现实生活，开展小学语文实践活动的内容、途径与策略的研究”为起点，在把语文的美应用于实践的道路上越走越远。2008年杨老师凭借自身优秀的科研能力升任教研中心的副主任。这次升迁给杨老师带来了一个很好的契机，一个一直在她心头规划却苦于资源有限而无法实施的计划借此机会正式被提上了科研规划：语文美的培养光依靠课本的阅读量是不够的，但是强迫孩子阅读一些课外读物又会额外增加孩子的负担，这就和杨老师最初的愿望背道而驰了。那么怎样能够既增加了孩子的课外阅读量同时又不让孩子觉得有负担呢？杨老师带领语文研修团队，在石景山区长期推进经典阅读工程。以经典阅读为基点把国家、地方、校本三级课程结合起来，走综合实践的道路。经典阅读被纳入区域地方课程，课程分两大部分，一是学科的拓展延伸，二是实践活动类。“全区各个中小学校都要参与进来，一年中我们会有序推进经典阅读课程的实施。上半年我们会进行全区大型经典诵读展示活动，还同时推出各种各样的评比，比如读书故事、读书征文等一系列评比活动；下半年我们开展经典阅读论坛，论坛时引导学校推出经典阅读的课堂教学展示课，课堂教学可以是读国学，读名著，读美文，各种课型都可以有，要引导教师带领学生读书、实践。我的想法还是在实践。现在全区已经初步形成小、初、高一体化的阅读整合趋势。最近，我区已推荐适合小、初、高学生进行经典阅读的书目。书目分四大板块，有诗歌、国学、美文、中外名著。"杨老师带领一线教师跳出语文学科的局限，让学生把课内学到的美的欣赏用于课外的阅读上，使得学生美的迁移能力得到有效提升。而"经典的东西能浸润人的心灵，它本身就是一种美"，学生展开经典阅读，这本身也就是在享受美的熏陶。所以不难发现，不管是前期的小学语文实践活动研究还是后期的经典阅读工程，杨老师一直在美的实践之路上前行着，从来不曾偏离。

(三)引好路，搭好台，唱好戏：美的传递

访谈中，杨老师说道，当教研员要甘做"人梯"，自己要多奉献，这样一线教师才能更快地成长，教育事业才能更好地发展。她这么说，在多年的实践中也是这么做的，还总结出了做好"人梯"的三大法宝：为教师成长引路、搭台、唱好戏。

教研工作很多时候像是摸着石头过河，对教研人员来说，"怎样科学地探索"往往是一个常问常新的难题。但是最根本的准则是，教研不能脱离教学本身，同时教研工作应该是教学的引路人而不是指挥者。所谓"引路人"，应该既理解一线教学又掌握相应理论，能够帮助一线教师做好教研规划，使他们知道怎么走并且走得踏实。在长期的教研工作中，杨老师踏踏实实地做好教研准备和规划，很好地践行着引路人的角色。"我把总课题分成若干子课题，比如说我要构建一种网络式的语文实践活动，这一活动可分为真实网络环境下的实践和虚拟网络环境下的实践，学生的学习方式有网络环境下的阅读、习作的实践。每个实验校都会承担一个专题开展研究。每一次课题研讨，都会请老师们汇报上一阶段的进程，并提出下一步的任务。所以老师们说：'在您的带领下我们知道了这个课题该怎么做，明确了下一步该做些什么。'大家就觉得，这样的课题研究有实效。在完成这一课题研究之后，有的老师感慨地说：'跟着您走踏实，这个课题结题了，可能又一个新的课题开始了，杨老师，您还得带着我们做，您可不能丢下我们不管。'"一个好的引路人能够带领一线教师不断地创造新的教育成果，能够让教学和科研结合得更加紧密，能够让一线的教师更加积极地参与教研工作。

引路人的角色要求老师踏实、严谨地做好科研规划，使一台好戏的前期工作有序进行。一台好戏还需要一个好的戏台。搭好戏台就需要教研人员能够统筹管理好各方面的工作，能够起到一个很好的协调作用，这样戏台才能搭得牢固，最后戏才能唱得好。杨老师作为教研员，每一个课题她都需要统筹管理大量的一线教师，这个工作听起来威风，但是实际上工作难度非常的大。很多参加课题的一线教师在教学上都有自己独到的见解，所以很容易产生分歧。面对这种工作局面，杨老师积极展开沟通交流，有问题及时解决，细心聆听老师们的心声，使得团队的工作很顺利地展开。“我觉得做教研员需要一种管理、协调能力。首先是作为教研员与老师做教学研究的时候，必须要俯下身子，了解老师有什么样的需求。一定要根据他的需求来看他的课堂，然后给他进行指导。不是把我的整个想法套给老师，而是要把我的想法和老师共同地去探讨，来去之间有针对性地解决实际问题。还有就是让教师将研究过程中的一些困惑提出来，有的时候电话里跟老师就能交流半个小时到一个小时。老师们研究的积极性特别高。”在工作中杨老师总是能和一线老师待在一起，积极参与他们的讨论，听取他们的意见，及时针对他们的课堂问题提出建议。遇见意见不合的情况，杨老师也总是不厌其烦地一遍遍和老师们解释。一个团队要想取得成功，毫无疑问和谐的团队关系是基本，杨老师用自己的耐心、细心、爱心打造出一个个优秀的教研团队。

有了前期的引路，有了好的戏台，现在只等大戏开演。在杨老师的带领、鼓励之下，石景山区的教师们在这个大戏台上唱出了一幕幕精彩的大戏。“我们区最西部的麻峪小学，以前做课程心里没底，我鼓励校长及教师针对学校实际努力构建课程体系。校长在假期里带着十多个老师到山东尼山圣源书院学习国学经典，后来又送第二拨老师去学习。回来以后老师带着孩子们诵读《论语》等经典，在师生及家长之间形成了较为浓厚的读经典的氛围，学校对课程的思考与实践又向前迈了一大步。”因为前期杨老师已经在经典阅读上做了很多的研究工作，再加上整合区域资源，统筹管理人力资源，所以麻峪小学这个相对比较薄弱的小学能够发挥自己的优势，取得让人瞩目的成绩，在教育教学上开辟出新的天地。一幕幕好戏不光包括学校教育教学成果，也包括老师们在这其中突飞猛进的成长。在“联系现实生活，开展小学语文实践活动的内容、途径与策略的研究”课题中，杨老师一共带领了来自16所学校的80多名教师。通过课题的展开和磨炼，这些教师在后来大多成长为石景山区的教科研骨干，有的甚至成长为北京市的教科研骨干。杨老师在指导一线教师时，总是如春风化雨般潜移默化地浸润、滋养着老师们的专业成长。在指点老师们教学中的问题时，她总是不用批判的话语，而是给予建设性的意见。很多跟着杨老师做过课题的老师都盼着能够和杨老师多多合作。因为他们知道，在杨老师这个“大戏班”里他们能够唱出属于自己的精彩大戏。

二、教育之“美”何以生长

事物的发展是内因和外因共同作用的结果，但是内因往往是事物发展的根本原因。在专业成长的道路上，杨老师非常幸运地得到了前辈的引导，但教育之“美”的最终长成还得归因于杨老师个人在情感上与行动上的不懈付出。

(一)对教育事业的热爱

杨老师对教师职业的选择源于她从小的教师梦。或许，小学时站在家中方桌上给家人讲课的那一刻，便为她今后的职业生涯写下了注脚。在求学的过程中，这个教师梦日益清晰明了，也最终成为了现实。“在回忆我的小学、中学，甚至是师范的老师授课的时候，我有很深的感触，有一些老师课教得特别好，我很喜欢，所以就偏爱这个学科；有的老师教得不太好，不能将学习的规律传递给学生，甚至出现明显的知识性错误。在我的中学时代，并没有什么辅导班，只是妈妈给我买了许多课外辅导书，我可以自学一些东西，看到老师讲课有误的时候，我能及时思考并做出正确判断，并没有人云亦云。有时我想，如果我作为一个老师，我得把学生教好，不能误人子弟，在我的心里时常萌发着一种纯洁而美好的愿望。”在学习中产生的这个愿望，不仅决定了杨老师的职业选择，还一直激励着杨老师在教育事业上越走越远，将最初懵懂的“喜欢”升华为基于深刻理解的“热爱”。在多年工作的过程中，杨老师曾有多次机会转岗提拔至行政领导岗位，但每一次她都三番五次地拒绝，选择主动留在教育研究的一线。这份热爱，成为她在教育工作上总是热情高涨、不知倦怠的原动力，也最终成就了她这如诗似锦般追求美、传递美、践行美的人生画卷。

在访谈中谈及老师应具备的最基本的职业能力时，杨老师反复向我们强调“热爱”两个字，“作为一个教师，首先一点是热爱，很爱自己的职业，另外是他要爱孩子，要有母亲一般的情怀，没有对孩子的那种母爱的天性，当起老师来是很困难的”。她说如果没有最基本的对生活的热爱，那么索性不要当老师。是啊！没有热爱生活的心，如何能发现美，如何能使学生感悟美？热爱生活，才能抒写生活之美，才能创造生活之美，一切都在美的路上。

(二)强烈的成就动机

成就动机是一种内驱动力，是人们争取成功，希望做到最好的需求，是人在追求个人价值时的状态。从入职之初杨老师就坚定了自己的教育信念和信心，这份信念一直支撑着杨老师走过了近33个寒来暑往。“我作为一名老师，我得把学生教好，我有一种愿望。”每每谈及教育教学和课题研究，杨老师总是用坚定的目光给我们以肯定的回应。杨老师说人要有一份坚定，这样你做事的时候必然会有信心，只要你敢于去做，就一定可以做成，“只要想到了咱们就可以做到，不要怕做不好”。三分天注定，七分靠打拼，爱拼才会赢。我们从事一项职业的时候应该把它当作毕生的事业去追求，不能这山望着那山高，很多时候人的一生只做好一件事就功德圆满了。“坚定自己的道路，认准了就去做，一定能做出成绩来。”

(三)卓越的行动力

在杨老师的专业成长中，我们可以看到她卓越的行动力。在面对工作中的困难时，杨老师总是不断地自我挑战，可以说教育之“美”的生长过程就是杨老师的一部“行动史”。在走上教育道路之初，杨老师自己也有很多的疑惑，但是她说：“不要怕做不好，先做起来，做的过程中再逐步完善。”通往真理的道路有很多，但是只有我们“做”了，才能找到属于自己的那一条。同样，教育教学的方法有很多，杨老师“做”了，所以她才拥有了独一无二的教育之“美”。杨老师为了能够找到属于自己的教育之“美”，不放过任何一个学习的机会，先后进修了本科和研究生课程，又积极参加了华东师大和北大的培训。在学习上杨老师的脚步不曾停歇，在教育研究的路上她也不曾停歇。语文教学和美育的研究，联系现实生活展开小学语文实践活动的内容、途径与策略研究，阅读工程，特级教师工作室等一个个研究、一个个命题，正是杨老师卓越行动力的表现。成功是行动的果实，杨老师的行动力成就了她教育上的卓越。

(四)自觉学习、反思、迁移和研究

作为一名教育者，首先是一名学习者。教育之所以可行，正是因为教师的学识，所以终身学习对于教师来说是必需的。一名好的教师首先是一名好的学生。"在我的中学时代，有三位数学老师教过我，其中两位老师对我影响很深，因此我喜欢上了数学。但后来换了一位队派教师，数学课上得令学生糊涂。那时并没有什么课外辅导班，只是妈妈给我买了许多课外辅导书，我可以自学一些东西。遇到老师讲课有误的时候，我能及时思考，并做出正确判断，并没有人云亦云。"学生时代的杨老师就已经养成了善于学习、主动学习的好习惯。走上工作岗位后更是首先把自己当成一名学习者。"学校当时有一个小的阅览室，星期六、星期天我就跟管理员要钥匙进去学习，大量地阅读那些杂志什么的，做一些摘抄。"杨老师一直把自己当作一名学习者，不断追求，她在参加工作以后又进修了本科和研究生课程，并积极参加了华东师大和北大的学习和培训。

教育者是知识的传播者，不断学习的根本目的是为了教学。在学习的基础上用自己的所学对所教进行反思，这是对自主学习能力的升华，更是一名优秀教育工作者必备的思维品质。"所以自己当老师以后也在反思，不是从一个做老师的角度，而是把自己作为一个学习者，反观我们的学习过程，然后再传递给孩子，我始终用这种换位的思维方式来从事研究教学。所以我觉得这方面琢磨得多一些，对自己的教学也应该说是有极大好处的。陶行知提倡教学做合一，教师了解了自己是怎么想、怎么做的，还要让学生知道该怎么想、怎么做，把这两者要结合在一块儿。"以学的眼光来反思教，这样才能迅速抓住教学的重难点，做到事半功倍，有的放矢。

通过自己不断的自主学习，杨老师在自己所学的基础上对自己的所教进行反思，在反思的基础上自觉地对所学进行迁移和研究。正是拥有了这种良好的思维品质，杨老师在教学教研中都能够迅速地把自己的学习内容和教学、教研结合起来，真正地做到学以致用。不管是前期研究语文教学和美育的"混搭"，还是后期对一系列有关语文实践课题的研究，都是杨老师充分调动自己所学知识并做出合理迁移的结果。杨老师将自己在学习中学到的"高大上"理论知识以一种"接地气"的方式迁移到教育教学实践和教学科研工作中。拥有这种自主学习、自觉反思、随时研究和合理迁移的思维品质，杨老师的教育之"美"何愁不能生成？

（五）名师指导

在访谈中，杨老师多次表示她很幸运，因为不论是在学习中还是工作时都遇到了很多给予她重要帮助的前辈和老师。这一对自身成功的"外归因"固然体现了杨老师的谦逊，但另一方面，杨老师所列举的经历也确实反映了前辈的指导与引领在教师专业成长中的重要性。参加工作之初，杨老师就幸运地遇上了两位有丰富经验和良好平台的好师傅。“我的师傅经常指导我备课，多次带我参加市里的教研活动，让我能够接受很多市级专家的指导与教诲，同时给我搭建成长的舞台。1989 年和 1991 年，能够参加北京市录像评优的教师极少，我连续两次参加评比，并都在北京市获奖。”此后，在大专、本科及研究生课程班求学期间，她的导师对于美学的深刻见地又恰好契合了杨老师从小对于美的热爱和追求，从而影响她走向了将语文和美育相结合的道路。“进修大专期间，有一位张老师专门讲美学，他主要讲《红楼梦》中的美学，我受到老师的影响，毕业论文就是写《浅谈中国饮食文化中的美学》。还有一位高华老师是讲影视文学的，他带着我们去看电影，或者是电视剧，那时候演《黄土地》、《红高粱》，然后搞影评，我们还看话剧《天下第一楼》。这种丰富的文学鉴赏活动，对于我的评价、鉴赏能力的提高有很多的帮助。我上了首师大研究生课程班，遇上一位挺年轻又很有学识的陶东风老师，他的课诙谐有趣，耐人寻味，特别是关于美学的讲解，使我又有更深刻的思考与感悟。此后，在 2001 年我积极参加到华东师大为期一年的国家级骨干教师的学习培训，在听取多位名师讲课、开阔眼界的同时，又有幸得到了专家导师的悉心指点，从而使我当时所负责的课题在研究设计、团队建设与新教师培养等各个方面都有了质的进步。”正如杨老师所说，在职业生涯中每一次与前辈专家的因缘际会总能给她以启发，使她在教育教研之路上不断前进。

结　语

雕塑家罗丹说过：“生活中从不缺少美，而是缺少发现美的眼睛”，而杨老师恰恰拥有这么一双能够时时发现美的眼睛。她总是能够洞察到那细微但是直击人们心灵的小美好，她也总是能够把这种美的感受带给学生。杨老师说过语文教学就是要让孩子们都能拥有欣赏美的眼睛、鉴别美的判断、创造美的能力。她也因此以“美”的培养作为自己教育事业的价值追求。爱因斯坦曾经说过“不要去尝试做一个成功的人，要尽力去做一个有价值的人”。成功往往是别人赋予的，而价值的衡量则在我们每个人的心中。教师作为人类灵魂的工程师，其价值和意义更是不言而喻的。一个有价值追求的老师往往能够带给学生不一样的教学内容，不是因为课本变了，而是因为心变了；一个有价值追求的老师往往能够在教育事业的道路上走得更加坚定和从容，因为她始终明白什么才是自己的终点；一个有价值追求的老师总是能够把握住每一次学习和教育的机会，因为她坚信每一次的学习都会带给她无限的启发。总结杨老师的成长，我们不难发现，杨老师对于教师事业的价值追求不是一蹴而就的。首先，她对教师事业抱有高度的热情。其次，在前行的道路上不管遇到什么阻碍她都秉持着坚定的信心和信念。最后，她时时刻刻都抱有一颗学习者的心态，敏锐洞察教育动向。我们相信，杨老师的成功经历并非不可复制。于新教师而言，只要拥有了对教育事业的热爱，并找寻到自己教育事业的价值追求，同时将这种追求付诸行动，坚持求索，也定能像杨老师一样拥抱属于自己的美丽人生。

〖寄语〗

岁月如流水般逝去，掩不住匆匆的脚步。离开母校 30 多年了，仍忘不了在母校的岁月。是母校，是恩师用温暖的情怀，亦如和暖的阳光照耀我们成长，犹如无声的春雨滋润我们的心田。母校是我们梦想起航的地方，是母校教会我们面对风雨努力拼搏，面对挑战迎难而上，面对成败不骄不馁。无论我走到哪里，身在何方，母校永远是我心灵栖息的港湾。感谢母校的教育之恩，感谢母校给予我们的一切。在这个春光明媚、鸟语花香的日子，祝福我的母校生日快乐，蒸蒸日上，桃李满园，再创辉煌！

爱，是教育的基础

——历史特级教师谷玉荣

林伟　董艳

谷玉荣老师，1959年生，北京市历史特级教师。谷老师1979年7月从昌平桃洼中学考入首都师范大学（北京师范学院）历史系历史教育专业学习，1983年7月毕业后被分配到昌平区阳坊中学任教7年，1990年至今在昌平区第一中学从事历史教学工作。1994年，被北京市破格评为中学高级教师，2004年被评为北京市学科教学带头人，2008年再次被认定为北京市学科教学带头人，2009年，被评为北京市特级教师。

见过谷玉荣老师的人，总会有种特别的亲切感，这种亲切感是她眼角眉梢的笑意，更是令人向往的幸福感。这种幸福感来自内心深处，她的幸福感和爽朗的笑声感染着身边的每一个人。当问及她的幸福感来源于何处时，她说："我喜欢教学，能做自己喜欢的事当然就是幸福的！"随即又是她朗朗的笑声。

一、投身杏坛，无怨无悔

谷玉荣老师，1979年考入首都师范大学历史系历史教育专业学习，1983年毕业后，被分配到昌平县阳坊中学担任高中兼初中历史老师。阳坊中学是一所农村中学，教学和生活条件都非常艰苦。说起阳坊中学的艰苦岁月，谷老师感慨地说："那时候虽然艰苦，但那是我走上教师岗位的第一站，也是得到锻炼成长最多的第二故乡。"

1990年，谷老师被调到北京市昌平区第一中学从事历史教学工作，如今她已到了退休年龄，但仍向教委申请了延长退休继续坚守教学一线。多年来的教学使她积累了丰富的经验，她所带班级的历史成绩始终名列前茅。

在30多年的历史教学中，谷老师始终兢兢业业、勤勤恳恳地工作，对于自己的教学永远充满活力，对自己的学生充满关爱。

当被问到有没有后悔选择教师这个职业时，谷老师说："我从来没有后悔过，我今年也该退休了，假如我还有十年、二十年甚至我能有一个重新选择的机会，教师依旧是我的不二选择。我喜欢这个行业，我喜欢我的教育对象——这些青春活泼的孩子们。因为教书能给我的精神带来一种愉悦感，因为天天和孩子们交流接触，使我的心永葆青春。"简单的话语，真情的流露，谁能不为她的无悔而感动呢？

二、坚持学习，超越自我

古语云："冰冻三尺，非一日之寒。"谷老师之所以成为一名特级教师，首先是因为她擅长学习、注重积累，为自己的逐步发展提高奠定了坚实的基础。区教委副主任、昌平一中校长杨保红在谷老师所著《无言的历史，有情的教学》一书中这样评价谷老师："昔日的农村中学生，后来的大学佼佼者；昔日农村中学的普通教师，如今昌平一中的中坚力量、昌平的名师、北京市历史学科教学的领军者……一个人源于内心的追求是她的永远的动力。不断给自己提出更高的要求，这一点似乎已成为谷老师的习惯。也正是在这种习惯中，谷老师如夸父一般朝着自己心中的'太阳'奔跑。"

(一)千里走单骑，七载学习路

1983年，谷老师以优异的成绩从首都师范大学毕业，被分配到昌平区阳坊中学。阳坊中学是一所公办农村全日制普通中学，地处昌平西南地区，与海淀区相邻。在20世纪80年代，郊区的教学条件、教学水平、师资队伍、生源质量等，与中心城区相比有一定的差距。面对这样的环境，谷老师说："环境虽然不尽如人意，面对这种环境你只能改变你自己，自己走出去，进修学习。"

谷老师回忆刚分配到阳坊中学时，生活条件艰苦，冬天还要自己攥煤球取暖。由于学校比较偏远，信息也比较闭塞，在最初的三年里，谷老师主要是自己钻研上课内容，上完课，自己反思哪儿讲得好，哪儿讲得不好，进行修改整理。谷老师回忆说："那时候，根本不知道有进修学校这种机构，更不知道市里有什么教研活动。”

一次偶然的机会，昌平区历史教研员白益三老师听了谷老师的讲课，非常认可谷老师的教学水平，并给谷老师讲起进修活动。谷老师非常感兴趣，希望有机会可以参加，教研员被谷老师那种渴望学习的态度打动。从那以后，只要一有进修活动就给谷老师打电话。

阳坊地理位置比较偏远，交通也比较闭塞，每天只有几班长途汽车到达北郊市场，去县里或者进城进修学习错过就没有了。于是谷老师便骑自行车沿着京密引水渠到昌平进修学校参加各类进修活动，风雨无阻。后来又被选拔为北京市骨干班成员，参加了系列学科技能的培训。谷老师感叹地说：“正是参加了这些进修活动，看到了自己与北京市名师的差距，才给自己打开了视野，也更给自己增加了学习的动力。”

（二）青年教师教学评优赛，巧制教具征服评委

1989年10月，谷老师代表昌平县参加了北京市中学青年教师评优大赛，在北京市排名总分第二，郊区县第一。比赛是现场听课、录像、测评学生并答辩。当时，谷老师讲授的内容是初一年级“秦的统一和秦末农民战争”。

20世纪80年代末期，当时的教学条件根本就谈不上使用计算机，甚至连个投影仪都没有，只有一块黑板、几支粉笔、一本教材和一本《教学参考书》，教师手头再也没有什么备课资料可拓展使用。这种艰苦的环境逼迫老师用自己的智慧教书。谷老师感叹道：“由于我曾经参加过20世纪80年代北京市青年骨干教师班的培训活动，积累了一些诸如地图制作与使用、教具模型的制作等经验，为我这节课做了铺垫。”

谷老师向我们讲述了“战国形势图”和“秦统一形势图”的制作过程。首先用一张白纸绘制出战国形势，在七个诸侯国相应的位置上划开一个横切口，插上曲别针，再制作出七个诸侯国的桃形卡片。在演示秦统一的过程中，找七个学生把这七个诸侯国按照地理位置插好。在学生们插的时候自然考察了他们对战国七雄的名称及地理位置。之后谷老师依次讲述秦国强大、六国灭亡的过程。每灭亡一个国家就撤掉一个诸侯国的卡片，最后用一个特别大的圆形“秦”字卡片标在秦朝疆域的中央，表示秦完成了中国历史上的第一次统一。

谷老师为了上好这节课，专门跑到昌平博物馆借来了燕国的刀形币、赵国的铲形币等当时的币种。上课时把这些鲜活的钱币展示给学生，让学生自己总结秦国货币半两钱的优势。这样学生在课堂上不再是被动的接受者，而是主动

的思维建构者。

在讲秦统一文字时，谷老师充分发挥了班上的一个书法特长生的优势，演示了由战国七雄“马”字的不同写法到统一为小篆的过程，非常生动形象，引发了学生极大的学习兴趣。

在答辩环节，谷老师依靠平时的知识积累，回答流畅、科学准确，赢得了各位评委的一致赞赏。

谷老师说：“这堂课还有个小插曲，我是八点五十五上课，学校的电不给力，还没上5分钟就停电了！”因为阳坊中学地理位置比较偏僻，供电紧张，一天时不时地要停几次电。没办法，碰上停电，只能休息等待来电。折腾了大半天，从学校旁边的一个小工厂接了一根线。正式上课时已经十一点十分，老师们都知道，在备课时每个部分讲授都要划定时间范围，这下全打乱了。但是谷老师并不慌张，把手表仍然调回到了八点五十五，像原来备课一样，讲完了所有内容。当谷老师宣布下课时，正好45分钟，一分不差。

在那样的条件下，我们不禁为谷老师精彩的教学设计叫绝，也为谷老师的沉着、冷静、机智应变而赞叹！

(三)与时俱进，FLASH点名器

在信息技术时代，如果教师不能很快认识、了解学生，进行情感交流，师生之间就会存有陌生感。教师在接新班时，往往存在认不清学生的问题。而作为历史这样的小学科，一个教师往往要教几个班级，叫不上学生名字的情况更加严重。为此，从2005届学生开始，谷老师在教研组内带头设计了FLASH课件——教师点名器。它以图像文字资料的形式，让任课教师很快认清自己所教的学生，使教师能够专心致志地研究学生、研究学科资料，提高教学能力。

教师点名器FLASH课件由学生姓名和学生照片组成，操作简单，只需按“开始”框，点名器便开始高速运转，当按到“停止”框时，点名器则出现被点到学生的名字和照片，几次下来教师只要稍稍用心，在短期内就会认清学生。

对于教师而言，使用点名器不仅可以很快认准学生，而且可以使教师对学生一视同仁，更客观、全面地了解每一个学生的学习状况，避免教师只注重优等生而忽略学困生，使教师的提问更具客观性、民主性、公正性和公平性。

对于学生而言，尤其是对于高中生来说，点名器解决了学生不积极回答问题的毛病。在课下学生能积极主动预习复习，在课堂上也能保证学生的课堂参与，从而调动学生学习的积极性和主动性。

(四)在反思中不断创新

“反思”一词，在西方哲学史中通常是指精神的自我活动与内省的方法。反思是人的心灵以自己的活动作为对象而返现自照，是人们的思维活动与心理活动，是思考者把自身行为当作对象，进行检测、分析、研究、评价的一种高级思维活动。

教师的教学反思行为是一种面对教学中出现的问题进行内心自我反省的过程，是一种主动、全面发展的方式，是教师责任感、谦虚和坚持不懈、上进、发展等个人品质的一种体现。孔子的“吾日三省吾身”，给了我们一个参考的标准。如果教师教了一辈子书，只知道年复一年日复一日，埋头苦干，不进行反思，那么充其量只能是个教书匠。

谷老师自己非常注重反思，并认为“只有在反思中才能不断创新”。而在 30 年的教育教学生涯中，谷老师也有自己的一套路子。

1. 对比反思——在找出差距中创新

20 世纪八九十年代，谷老师不辞辛苦，克服孩子小、工作负担重等重重困难，坚持参加北京教育学院、北京基教中心、西城教研中心等组织的各种活动，接触到了许多北京市历史学科老一辈名师、学者，如孟广恒、朱筱新、赵恒烈等，以及当时历史学科的特级教师、专家、教研员，如张桂芳、张增强、张静、齐玉华等。如今，谷老师依然坚持不懈地参加市基教中心、海淀区教师进修学校组织的各种教研、新课程培训活动。通过和专家、学者的接触，再比较反思自己的教学过程、教育理念，受益巨大。谷老师说：“如今在我的教学风格与特色中就聚合着他们的‘影子’。”

2. 坚持写教学日记——在日积月累中创新

教学日记有助于教师将教学反思持久进行下去，而对于记录的内容，谷老师认为，首先要记录自己的教学经验和教训。自己在这段时间的教学中成功的经验有哪些，感到最自豪的、最值得发扬的教学活动是什么，遗憾与不足又有哪些，今后要做哪些调整，以便“悔过”“思进”。谷老师说：“我独自创造的一些知识记忆法、复习法、提问法等都是长期记录的结果，这样才形成了我的教学风格。”

其次，记录学生的情况。教师要善于观察和捕捉学生的反馈信息，把学生在学习中遇到的困难和普遍存在的问题记录下来，以利于有针对性地改进教学。同时，学生在课堂上发表的独特见解，可以拓宽教师的教学思路，及时记录在案，师生相互学习，才能实现教学相长。

3.“欣赏”课堂实录——在自我评价中创新

在百忙的教学中，谷老师经常给自己腾出一段时间，静下心来，重温自己的教学录像资料，观察优点，反思不足。就是在“欣赏”的过程中，谷老师一次次地发现不足，改进教学，不断提升。

4. 同伴互助、迸发智慧——在相互借鉴中创新

谷老师目前在昌平区属于本学科里年龄最大的教师了，但她仍然不放过每一次和同伴互动交流的机会。在历史学科的教师群体中，各种年龄段的教师都有，大家来自不同类型的学校；每个人有不同的思想观念、教学模式、教学方法，这些都被谷老师视为最大的、最宝贵的精神财富。谷老师经常向同仁们介绍自己的教法，与老师们进行切磋、商讨，互相学习，互相借鉴，共同成长。

下面是谷老师写的一首诗，也是谷老师对“反思”的最好诠释：

感　悟

反思持续日翻新，
教学相成鉴往今。
广纳博闻宽世路，
不断攀登证金心。

三、无言的历史，有情的教学

2009 年 6 月，北京出版社出版了谷老师的个人专著《无言的历史，有情的教学》，当被问及为什么取这个书名时，谷老师回答：“历史是过去发生的事情，它本身并不会说话，有的学生认为历史学科不外乎死记硬背，没有意思。但我作为一个历史老师，特别又是情感教学特色突出的老师，我热爱我的职业，热爱我的学生，课堂上我总是充满激情。再者，历史教学有一种比较特殊的教育功能，包罗古今中外政治、经济、思想文化等诸多方面，它能帮助学生形成正确的人生观、价值观，开眼看世界，提高人文素养。所以‘教师情’，加上‘学科情’，能让本身‘无言的历史’奏出时代的乐章。”

简短几句话，流露出谷老师对自己学科的坚持和热爱，更流露出她作为一名人民教师的人文关怀——那就是对学生的爱。

(一)以情养情，培养学生学习历史的兴趣

师生情感的融洽，关键在于相互了解和沟通。因此，每次给新生上第一节

序言课的时候，谷老师都非常注意自己的形象，精神饱满，语言亲切，板书整洁，态度谦虚和善。谷老师首先让学生们了解“历史”的含义、内容和作用，然后再进行问卷调查，如：你喜欢历史课吗？你喜欢什么样的历史老师？你对历史老师有什么好建议？这样一节序言课培养了良好的师生关系，为以后建立良好的教学关系奠定了基础。

为了进一步沟通师生之间的感情，针对学生的心理特点，在师生相处一段时间后，谷老师会组织一次师生之间的书信交流。学生非常珍惜这样的机会，他们纷纷把自己心中的苦闷、问题、疑虑一一向老师倾诉。谷老师对每一封信都认真做眉批反馈给学生，学生非常激动，有的学生又给谷老师写第二封信，有的甚至找谷老师面谈。这种书信交流是一次心与心的撞击，诚挚坦荡，师生的感情进一步深化。

同时，谷老师也非常关照特殊的学生，如父母离异、父母一方病故、特困生等，这些学生的家长也深受感动，非常感谢谷老师。

就是通过这样的“感情培育”，学生对历史的学习态度也变得相当重视、认真，并产生浓厚的兴趣，爱上历史学科。

（二）以情引情，培养学生学习历史的愿望

知识与情感是融为一体的，教师的情感对学生的情感起着感染作用。在教学中，谷老师以最大的热情、干劲投入工作，对学生不仅仅以知传知，更注意以情引情。

谷老师给我们讲述了一个小故事：“一次，班里有领导来听课，讲述内容是八国联军侵华战争。我带着愤怒讲述了八国联军在京城的屠杀、抢劫、镇压义和团将士的罪行。教室一片寂静，突然我话锋一转，‘而慈禧太后却派人带着瓜果、冰块、食品等到使馆去慰问联军’，话音刚落，坐在最后一排的一名男生拍桌跺脚口中狂骂‘真可耻’，把周围的同学和听课的领导惊得目瞪口呆。他自己觉得有些失态，脸涨得通红。”

而且，在教学过程中，谷老师也经常使用一些直观形象的图片、表格、影视片段、歌曲、伟人讲话录音等，多角度调动学生的感官，激发学生的学习情感。

（三）以情激情，培养学生对历史科学的追求

谷老师现在所在的昌平一中主要是高中年级的学生，面对这群学生，谷老

师认真研读现代心理学，并了解到高中学生的心理特点是：感知水平较高，做事有明显的目的性、自觉性，能发现事物的本质和主要细节，思维具有更高的抽象概括性、深刻性、独立性和批判性。抓住这一特点，谷老师常常通过历史材料、历史文物等，诱发学生的好奇心。学生一旦对它产生了兴趣，就会自习观察并试探，或询问他人或查阅资料、史籍。

在文科班的教学中，谷老师还特别注意培养学生的高考意识，结合所学知识部分，剖析往年的高考试题，培养学生独立思考的意识和不断追求的精神。

四、润物无声，花开灿烂

一位优秀的教师，不在于他自己拥有多少知识，多少能力，而在与他能够影响多少人，改变多少人。谷老师一直在用自己不知疲倦的学习精神和乐观向上的态度影响着周围的人。不论是刚入职的青年教师，还是青涩的学生们，在谷老师的影响下，他们都在改变，在成长。

（一）一花独放不是春，百花齐放春满园

同一个办公室的老师这么评价谷老师："她几乎没有忧愁，教学中出现的各种问题都在谈笑间被她一一化解，我们老师都以她为榜样。"

作为特级教师，谷老师充分发挥了"传帮带"的作用，各种形式的教研活动她都积极参加；作为学校教研组组长、备课组组长，她认真组织好每一次教研活动，通过研讨、听课、评课、学习等形式，带动教师队伍整体素质的提高。谷老师说："在我的成长过程中受到了一批市、区教研员及专家、老教师、老领导的指教，我终生都不会忘记他们的谆谆教诲、耐心辅导与引领。如今自己也排到了老教师的行列，培养与指导新教师是我的义务和责任。"

第一，教学理念上的帮助。谷老师强调：要想做一个好的历史教师，必须"抓课标，抠教材"，要全面、准确地理解课标和教材，在教学理念上不断更新。她还专门给新教师们讲了"文明史观""现代化史观""全球史观"等对新课标和教材的影响。

第二，资料上的帮助。一位新教师说："不管你是要备课还是想找资料参加比赛，只要问一下谷老师，总能找到你需要的。"而这些资料，是谷老师多年来积累下来的，只要有人需要，谷老师都会毫无保留地拿出来。

第三，细节上的指导。常言道：细节决定成败。谷老师是一个做学问极其严谨的人。不论看教学设计还是听试讲，谷老师总是一丝不苟，甚至一个标点

符号都逃不过她的眼睛。

和谷老师合作过的班主任黄艳老师说："在与谷老师的亲密接触中，我感到她不是那种架子大得吓人的'名师''市学科带头人'，而是和我们这些成长中的老师一样，备课、上课、研究教法、诊断学生、和班主任沟通、找学生谈话……不同的是谷老师总是能保持从容、淡定。在我接班之初，我正绞尽脑汁地想办法了解学生的时候，谷老师和我介绍每一个学生的特征，学生的学习情况、脾气秉性、认知水平、发展潜力她都娓娓道来。从谷老师微笑并带着骄傲的眼神中我感到谷老师对学生的欣赏和钟爱。也正是这样，我了解到一个真正的好老师对学生的热爱。"

(二)"谷妈"和她的学生们

这样的老师，不只是同事们喜欢她，很多学生也敬慕她。一位学生说："谷老师什么都懂，她总是用我们身边的例子来帮助我们分析历史问题，好多本来难以理解的知识点，经她一讲解我们就明白了。我们现在都喜欢学习历史。""谷老师很幽默，我们班的同学都喜欢她，喜欢她的教学方式。就因为我喜欢她，还和班里其他同学抢着当她的课代表呢!"还没等这位女同学说完，另一位男生抢着说："她从来不发脾气，待人很随和，就像亲人一样，沟通方面没一点问题。"

谷老师说："教师要视学生为自己的孩子，教师要善于用父爱、母爱、师爱去唤醒孩子的梦想，激发孩子的追求。没有爱，就谈不上教育。"

面对单亲家庭的孩子，谷老师特别关注他们的心理健康、情感变化，并适当走近家长，以获取学生的一些信息，尽量满足学生的心理需求。面对特殊贫困家庭的孩子，谷老师在调查摸底之后，向校长提出申请，免去该生的学杂费，并在暗中帮助该生。面对个性偏执的孩子，耐心做思想工作，改变他的不良行为。这些行为都是源于爱，只要有爱的原动力，每一个孩子都会受到感化。

在高三紧张的学习生活中，学校两个星期才放一次假，学生的学习压力大，精神极度紧张，一到周末就特别想家。尤其是节假日来临的时候，住校生情绪波动大，有时甚至影响正常的学习生活。五一劳动节放假期间，一些住校生不能回家过节，谷老师在晚自习的时候来到教室，给他们带来了视频、水果、饮料；跟他们一起聊天，缓解他们对家人的思念。有一个学生一把抱住谷老师，动情地说："在家里，我妈妈也是这样疼我的，谷老师，您真像我的妈妈!"

元旦前夕，一位学生在给谷老师的信中这样写道：

感恩历史老师

谷老师"谷妈"：

光阴似箭，岁月如梭。转眼间，我们和您从相识到相知再到相伴已经快三年了。在高中学习生活的最后时刻，耳边响起的是您的谆谆教导，眼前浮现的是一幕幕您对我们的悉心照料。您是那样慈祥、有耐心，总是把自己全部的心血用在我们身上，从不说累，从不喊停。再过不久，我们就要背负着您的期望、您的嘱咐，迎接人生的第一次考验——高考。在剩下的日子里，我们一定能在您温和的笑容中、饱含期望的目光下，取得更大的进步。新年之际，祝您幸福安康！

冰心老人曾经说过这样一句话："爱是教育的基础，是老师教育的源头，有爱便有了一切。"爱是教育的源泉，这份爱是对教师职业的热爱，更是对学生的热爱。因为爱，所以会有创造的喜悦，也是因为这份创造的喜悦，所以对教育对学生才更加充满爱。真正的教育，正是这种爱与创造的良性循环，这也是谷老师对教育事业的最好诠释。

〖寄语〗

那是1979年的秋天
一个青涩的农村姑娘走进了师院
远观校园是座座高楼片片绿荫
近看是学哥学姐们灿烂的笑脸

那是1983年的夏天
离别时的相拥使我柔肠寸断
四年的苦读拼搏求知探索
让我的知识储备更加丰富

同学那一张张稚嫩与成熟的脸
时常在睡梦中相逢续缘
老师那殷切的期望与谆谆教导
激励我克服困难执着向前

今年是你的六十华诞
在我心中你仍保持着灿烂容颜
祝福你亲爱的母校
愿你桃李芬芳美名永传

朴实无华，追求卓越

——物理特级教师张福林

林伟　赵丹青

张福林老师，北京市顺义一中物理特级教师，1983年毕业于首都师范大学物理系，2004年从北师大研究生课程班结业。张老师从教31年来，一直奋战在教育事业的第一线，先后被评为区先进教育工作者、物理竞赛市级优秀指导教师、市级骨干教师、北京市优秀教师、顺义区首席教师、北京市中学市级学科教学带头人、北京市先进工作者。张老师迄今已有多篇论文获奖或发表，其中获市级或国家级一等奖论文6篇，在国家级刊物上发表文章8篇。参加了《高中物理总复习》《物理实验员培训教材》《北京名师导学丛书》《北京市物理学科德育指导纲要》《物理选修课教材》《新课程理念下物理教育研究与实践》《物理教学探索》等书籍的编写工作。其所带毕业班的物理高考成绩突出，多次获得区平均分第一和单科状元，受到学生与同事的普遍认可与赞赏。

一、专业成长路上的重要他人

在我们的生活经历中，处处存在着对我们影响深刻的某个人。教育社会学家吴康宁教授将“对个体的社会化过程具有重要影响的具体人物”定义为“重要他人”。在迷茫的时候，他能够帮助我们指明前进的方向；在困难的时候，他能够给予我们渡过绝望的力量。张福林老师于1979年考入首都师范大学物理系。在首师大读书的几年时间里，张老师加深了对物理学科的热爱。之所以对物理学科抱有如此大的热忱，不仅仅是因为个人兴趣，也是因为在生活经历中接触了某些重要他人。

听说母校将要进行60周年庆典，张老师很是感慨，他带着我们一起回忆了在母校的学习经历。在访谈中，张老师提到了几位对他影响较大的老师。

一位是教他原子物理的甄长谭老师，那时候甄老师都已经50多岁了，而且那时候教学手段、教学媒体不像现在这么丰富，没有投影仪，没有电脑，只有黑板、粉笔。但是甄老师都很认真地用自己的方式准备每一节课。“甄老师特别认真，因为讲原子物理需要画很多图，如果你现场画肯定来不及，他事先把图画在一张张大纸上，在上课的现场去翻，像一页一页幻灯片。应该说甄老师上物理课是很讲究的，这体现了甄老师的敬业精神。”

另外一位是教数学的李老师，他家住在东四。在一个飘着雪花的冬天，第一节课是数学课，同学们等了好久李老师都没有来，大家很诧异老师怎么会迟到。后来大家就耐心等待，说老师肯定会来上课，只不过是因为今天雪天不好走。过了一段时间，李老师终于来了，并对自己迟到深表歉意。但是下课了大家才明白，原来路面太滑，李老师胳膊摔折了。当时，张福林老师就觉得李老师真的好伟大，为了不耽误自己的学生上课，都会忍着伤痛坚持讲课。李老师的敬业精神深深打动了张福林老师，或许这就是教师职业的力量所在，不管自己怎样，有什么困难，都不会去耽误学生的时间。

在物理教学中，张老师之所以非常重视物理文化，是源于他在首师大的学习经历。“有一位叫申先甲的老师，那时候讲物理学史，他在北京市甚至全国都是很出名的讲物理学史的老师。当时他没有做我们必修课的老师，上的是选修课。我觉得学物理，应该了解一下物理史、物理文化，不能天天老是算题，就选修了他的课。应该说他的课对我将来参加工作，利用物理课对学生进行思想教育、物理规划起了很好的作用。这是印象比较深的一位老师。”申老师的物理教学方法给予了张老师很大的启发，也在张老师的心里埋下了一颗探索物理文化的种子。物理并不只是客观的学习和教授，它还蕴藏着更深刻的物理思想和物理文化，教师只有将这些精髓渗透给学生，才是最完美的教学。

这几位老师，都是张福林老师在母校学习期间的重要他人，他们对张老师今后的物理教学以及对教师职业的看法都产生了重要影响。在张老师学习期间，几位教师身上的优秀品质和德行都深深感染了他，也为他今后从教提供了重要的指引，树立了榜样。对于在教育事业中奋斗了31年的张老师来讲，他一直在努力地向前辈们学习，本着对教师职业的热爱和对物理学科的热忱，去影响更多的学生。

二、探索教学方法

在物理学科中，存在着许多的兴趣点，怎样将这一兴趣点变成学生的兴趣点是很重要的。学生在课堂学习中，学习的不仅是知识，更多的是思维训练的方法，这样才能够做到举一反三。张福林老师在教学中，坚持探索教学方法，他将学生的思维训练作为重点，认为学生不能学习死的知识，而是要活学活用，在思想上绝对不可懒惰。

(一)冲破束缚，启发教学

教育，是生动的，是给人启发的，更是鲜活的。在当今应试教育影响下，教育出现了许多弊病，诸如死板教学、填鸭教学……这些弊病严重阻碍了学生的自主思维，忽视了学生作为能动个体的主体性。张福林老师在物理教学中，并没有将物理课堂设置得死板、无趣，而是坚持“物理教学必须要激活学生的思维”，而且他还提出了“创设情景、启发思维、领会思想、掌握方法”的教学策略。

张老师提到，在教学中，教师一定要关注学生的思考，每一位学生都是有主体思想的个人，在课堂上要充分重视学生主体性的地位及学生创造性的发挥。“教师要在各个方面关注学生。比如跟学生聊天时，我说允许你做题做错，没做出来，但是绝对不允许你不思考。你没思考对都不要紧，只有你思考了，我再讲你才有收获。如果你还没思考我就讲，你只是机械记忆。”可见，张老师非常重视学生思考能力的培养，这些年，他一直在坚持通过创设情景，启发学生自主思考。

另外，在教学上，张老师将学生看成是学习的主体，认为学生的学习活动应是积极的、主动的，而不是被动的，绝不可以进行灌输式教学。“我觉得最重要的是在思想方法上点拨学生。我和学生开玩笑：要激活你的思维，这是物理要干的事。如果物理学习靠知识堆叠，你的思维很累，而如果激活你的思维，你思维焕发出来，你就可以解决很多的问题。我对高中三年一直有这样的规划：高一我一定要改变学生的被动学习状态。在高一我就强调学生自主思维，每年高一的第一学期学生很不适应我的课，说老师不给讲得极细，给我们提出很多问题让我们想，我们也没想出来，还有的人干脆不买这账，没理解到。但是高二、高三，越觉得这个老师讲得有味道，给我们留下思考的余地。”

张老师在教学方面，非常注重培养学生的自主思维，给学生留有思考的余地。当学生遇到难解的题目时，张老师不是拿过来就讲，而是先问学生卡在了哪一步，然后通过讲解将这个问题解决。他告诉学生“绝对不允许你们不思考”。而且，张老师在讲课时，非常赞同学生及时指正老师的错误，让学生“敢挑老师的毛病”。这对于学生来讲，学到的不只是课堂的知识，更是做人的道理。作为教师，要实事求是，敢于面对错误和改正错误，教师以自身行为向学生示范，自己的学生也会敢于面对错误。

教育是培养人的活动，它不同于任何的技术性活动，教育和教学都不能生硬地教授技巧，而是要能动地去发挥创造性；教育更是爱的活动，要将学生视作教学活动的主体。张老师在教育事业中，一直坚持学生的主体地位，尊重学生的想法，重视学生的主体意识，通过对学生思维的训练和开拓，让学生对物理逐渐有了浓厚的兴趣。

(二)重视物理方法教学

在多年的教学过程中，张老师一直都在不断总结自己的教学经验，一定要在物理教学过程中，以知识为载体将物理方法教授给学生。

很多年前我就说，我上物理课的一个基本标准就是：如果这节课只讲知识，没讲方法，我的这节课就是失败的。我就是这样从思想方面给自己定位。但是很多物理方法是隐性的，所以老师有没有感悟能力，把这个东西提炼出来，渗透给学生，这是很重要的。这就需要教师对物理教学进行深入的研究。我平时跟其他老师也多次谈到，都到高三后期了，如果学生越来越离不开老师，就代表教师三年下来没教好，因为到了高三后期，学生应将教师所教的东西真正内化成自己的东西。

可见，张老师非常重视引导学生领悟学习方法以及内化所学内容。要做到这两点，张老师也付出了很多。多年来，他一直坚持终身学习，不断挖掘物理学科中所蕴藏的思想方法，在教学中渗透给学生，教会学生用心学习。

(三)将物理文化融于物理教学

谢世雄先生在《物理文化简论》一书中将物理文化定义为：“物理文化是世界

历代物理学家在创建物理学过程中，发现、创造和形成的物理思想、物理方法、物理概念、物理定律、物理语言符号、价值标准、科学精神、物理仪器设备以及约定成俗的工作方法的总和。"①在传统的物理教学中，学生被动地接受客观知识，失去了教育活动的主体地位。而在新时期，物理教学开始重视学生的思维，尊重学生对知识的不同理解和见解。物理教学不仅仅是一种知识传授的过程，也是一种文化交流的活动，教师应该培养学生自由的学科态度，了解物理知识的根源，从根本上把握知识的内涵，建构一套丰富的物理知识体系。

张福林老师非常重视物理文化的传授，这不仅能够帮助学生更深入地了解物理知识，更能够让学生深入了解物理学科和学科文化。张老师在访谈中提到："讲伽利略自由落体运动，中学课本老把亚里士多德当成反面人物批人家，但是你读物理学史的时候，就会发现亚里士多德是伟大的科学家、思想家、哲学家，他讲的很多话是有道理的，有些话是你可以辩证看的。我就告诉学生，你要是在那个年代可能不如亚里士多德，你要辩证地去认识。我在上自由落体这节课时是这样设计的：以物理学史为线索，在知识探究的同时，强调思想和观念上的探究。本节课的前半部分是思想上的探究，后半部分是对自由落体运动规律的实验探究。在思想探究方面，注意展示落体观念的演变过程，充分展示伽利略对落体运动研究的思想方法。有了前半部分的思想上的探究，使学生在用打点计时器研究自由落体运动时更有情感基础。在得出自由落体的运动规律之后，通过用刻度尺测反应时间这个小实验，在巩固了自由落体规律的同时进一步增加了学生的学习兴趣。在本节课的结尾阶段，注意引导学生体会伽利略的思想方法——理性思维和实验相结合，并且还介绍了伽利略对亚里士多德的评价，这样更有助于对学生进行辨证历史唯物观的教育。本节课充分体现了启发与探究相结合原则，突出物理教学的文化品位，取得了很好的教学效果。"

为了传授给学生物理文化和物理思想，张老师用心良苦，一直在坚持收集物理文化的相关素材，展示给学生，开拓学生的知识视野，领略物理文化的精髓和内涵。高一的时候不分文理班，学生到了高二开始分班、分学科。有的学生特别热爱物理，张老师会及时了解到学生的兴趣点，通过兴趣点的引入，为学生提供更丰富的物理营养。因为，在张老师看来，物理学习并不只是教会学生解决物理难题，更重要的是重视品味的养成。"对理科班学生，我就把杨振宁

① 谢世雄．物理文化简论[M]．重庆：西南师范大学出版社，1996：1—12.

在清华给学生讲的《美与物理学》视频给同学放，让学生们感受感受物理学的大气、物理学中的美。在物理学里面有很多哲学观点，比如说辩证的观点，否定之否定，运动观，物质观等等，我都会在平时的物理教学中有意识地把它们渗透进来，这也是我引以为豪的地方。”能够将物理文化和物理思想在物理课堂上渗透得淋漓尽致，离不开他在首师大学习期间申先甲老师的教导。“首师大的申先甲老师，为我在中学物理教学中渗透物理思想、物理文化以及提高物理教学品味打下了很好的基础。自那时起，我一直在留意这些事情，前几年，我也关注了大学老师在这方面的努力，比如说他给文科学生讲物理，叫文科物理，你不能给他讲物理公式，你得讲物理思想，我也有所借鉴。”

从以上的谈话中，我们可以感受到张老师对于物理文化的重视。物理学科并不单单只是物理知识，它其中还蕴藏着物理科学思维和科学态度，只有将根源性的思维方法渗透给学生，学生才能够更深刻地了解物理学科，并将物理知识与社会文化结合起来，形成科学的文化态度。

（四）创造生活化的物理教学

张老师认为，生活中处处隐藏着知识，我们需要去细细观察，需要细心体会，更要学会将课堂与生活融合。在多年的教学过程中，张老师总是会关注生活中的物理常识和物理事件，将这些常识性的知识引入课堂，不仅能激发学生的学习兴趣，更会让学生懂得知识的实际意义。

张老师刚参加工作时，是教初二的学生。那时候，学生没有接触过关于天体物理的知识，但是老师要把科普的东西介绍给学生们。“当时我印象比较深，有一次学校要求年轻老师组织一次学生集体活动。那时候咱们国家也有卫星，但是美国已经有航天飞机了，我就把人类航空航天发展史，从物理学的角度和近代科学史的角度给它理一下，向初中学生介绍一下。我搜集很多素材，但是我要让很多学生参与，把要讲的内容分成古代的、近代的，飞机的，卫星的，航天飞机的等几个部分，然后由几组学生给全年级的学生讲。那时候需要把要讲的内容画在胶片上用幻灯打在墙上。所有这些都让学生做，但是背后我要参与指导，效果特别好。当时讲的题目是：人类怎样步步登天。”

在我们生活的周围，处处存在着吸引我们的景观、事件。如何将这些生活中的事件与课本知识联系起来，需要我们的细心观察与深刻反思。张老师细心地关注着他的生活，用心搜集生活化的素材，将生活常识带入课堂，不仅开拓学生的思维，更重要的是让学生对物理产生浓厚的兴趣，让学生了解到他们所学习的知识是与生活紧密相连的，是充满意义的。

三、专业路上的不倦追求

教育教学是连续性的，教师需要不断地学习和深造，积极汲取新鲜知识，并将知识精髓传授给学生。从教31年来，从普通教师成长为特级教师，张福林老师一直在坚持着，奋斗着，探索着。通过以上两部分的访谈叙述，我们能够深深感受到，张老师一直在不断地向更高层次追求，不断地提升自己的知识和教学水平。

（一）因为热爱，所以选择

张福林老师认为，热爱自己的学科是做教师的基础，只有热爱自己的专业和学科，才能够深入地学习，才会有探索的动力。“热爱自己的专业，才可能将其变为热爱的事业。首先我教物理，我对物理本身是热爱的，如果作为物理教师的你都不爱教物理，那就无从谈起热爱教育事业了。”是的，从教31年，张老师仍然在心中保存着那份对物理学科的热爱，给予他不断探索和追求的动力。

读大学之前，张老师就已经对物理有了感情，在首师大读书期间，他遇到了对他影响很深的几位老师，这更加坚定了张老师对物理的追求。“实际上上大学前自己对物理就很感兴趣了，1978年顺义县（当时不叫顺义区）成立高考培训班，把全县学习成绩好的学生招在这个班里，我有幸成为其中的一员。教我的物理老师就是‘文革’以前首师大毕业的学生，他对我的物理学习很有影响。原来我就比较喜欢物理，通过他的影响我对物理更感兴趣了。我工作以后，他从这儿调城里边去了。在我上大学以前，他说的一句话我记得特别清楚，他说你上大学以后，还是要多念书，不要过于贪玩，我印象特别深。”

多年来，张老师一直铭记恩师的谆谆教诲，在张老师的专业探索道路上，不仅仅有自己对学科的热爱，还包括受教育经历中的那些重要他人，他们都在影响着张老师，激励他不断学习，坚持探索。因为热爱物理，所以选择物理，这就是张老师最初的梦想。

（二）因为选择，所以终身学习

终身学习，是指每个成员为适应社会发展和实现个体发展的需要，贯穿于人的一生的，持续的学习过程。在现代化社会中，我们越来越重视终身学习的理念。所谓“活到老学到老”，知识的海洋是浩瀚的，需要我们不断地为自己“充电”。既然选择了物理，张老师就没有想过放弃，他一直用他对学科的热爱去追求更完美的物理世界，多年来他一直在坚持终身学习，对自己的专业进行深入探索。“一个是终身学习意识。应该说大学毕业以后那么多年，我一直坚持不断学习，不夸张地说，我们学校图书馆物理书的种类可能都没我们家物理书的种类多。”从这里可以看出张老师对物理的热爱和对自己专业的不倦追求。既然选择了这门学科，就要扎扎实实地去研究，学习得越透彻，越能够将知识更好地渗透给学生。

在追求物理专业的同时，张老师还参与了许多的课题研究。在强调素质教育的今天，张老师一直在潜心研究，如何将科学素质教育融入物理教学，在《如何在物理教学中实现科学素质教育的常态化》一文中，张老师提到：“一种教育模式是否成功，关键看它能否融入日常教学活动之中，成为教师的一种便于实施评价的习惯性行为。”对此，张老师表示，要想实施物理教学中的科学素质教育，“必须充分挖掘物理学内在的科学养分，发挥它在培养人的能力品质方面的优势，变一般性的科学素质目标为有具体内涵的物理素质要求”。他提出许多物理教学的关键点，需要教师的引导与学生自主学习相结合，这样可以通过师生互动和交流让学生体会到学习的愉悦。

在 31 年的从教经历中，张老师秉承着终身学习的理念，在教育事业的道路上追求卓越，怀着带给学生更有乐趣的物理知识的想法，将物理学科的真正意义渗透给学生。

四、给新教师的建议

张老师认为，做教师的基本条件是：心——术——道。心包括爱心、良心、用心。爱心——爱学生，爱自己所教的学科，热爱自己的这份工作；良心——教师的工作是良心活，是否用心自己最清楚。教师要从良心上对得起学生，不可误人子弟；用心——用心才能出高质量。术，即教师要掌握专业知识，具备扎实的学科功底，并且灵活掌握教学技能、策略和方法。道，是指教师要提高教学境界，充分发挥物理学科的育人功能，教师要在思想和观念上启发学生，帮助学生树立正确的人生观、科学观、世界观，解放学生的思想。为此，他对新教师提出了非常重要的几点建议。

（一）重视生存权和发展权

作为特级教师，张老师非常注重教师的生存权和发展权。做教师，做优秀的教师，除了提高学生成绩以外，更多的是教师要坚持自主学习、终身学习。

作为一线老师来讲，应当非常重视两点，一是生存权，二是发展权。可是现在很多老师关心到生存权，没关心到发展权，你所带学生的高考成绩好只能说是有了立足之地，获得了生存权，但不要忘记自己的发展权。我也跟年轻老师探讨过这个事情，一是要用好的教学质量使自己获得生存权，基本教学质量都不满足学校和家长的要求，肯定不行。二是教师得搞一些研究，或者是琢磨一些事，落实自己的发展权。在“八五”期间我们学校就有些老师承担区级的研究课题，我也有幸跟一些老师一块儿参加了，从“八五”到“九五”，一直到现在，一直在参加课题研究，也给教学质量的提高及教师的成长提供了一些很好的帮助。教师的成长一定要处理好生存权、发展权的关系，使两者和谐统一、相互促进。

张老师一直坚持参与课题研究，承担“八五”“九五”“十五”“十一五”“十二五”等多项课题，坚持以教学质量立足，以教育科研促发展，不断地提升自己的教学水平和理论水平，从而提高教学质量与教学境界。作为优秀的教师，不光只是教好课本知识，更重要的是要将知识背后的思想与方法渗透在教学过程中。

(二)不断提升自己

张老师的物理课，强调的不仅仅是课堂知识，他还非常重视物理文化和物理思想的渗透。课堂不只包含知识，它应当是全面的，融合的。教师通过科学研究等途径，全面深入地把握物理教学，在知识中渗透思想，在思想中渗透文化，将最全面的物理还原给学生。

还有就是不断提高自己的教学水平，教师有生存权了，就有了进一步发展的基础。提高自己，搞科研是一个途径。另外教师把课上到什么程度，自己应该心里有个谱，把知识讲得很清楚，这是低层次的水平。更高的要求是把物理课上得有境界，把物理文化、物理思想、物理观念这些东西渗透出来。可以说，对于物理教师，要不断提高物理教学境界，注意将知识境界、科学境界、哲学境界、艺术境界和谐统一。

这不仅仅是张福林老师一直在追求的，也是张老师对于新任教师的中肯意见。作为教师，要时刻关注自身的发展，关注学生的发展，不要停止追求卓越的脚步。

(三)夯实学科功底

在被问及当今新任教师教学以及教师应聘的相关问题时，张老师提到有的教师自己本身学科功底就比较弱。也就是说，要想成为一名教师，首先要扎扎实实打好学科功底，这是最基本的也是最关键的一步。若是学科功底本身不扎实，如何去教会学生呢？因此，教师要打下扎实的学科知识功底，积极参与学科课题的研讨，不断加深对自己学科的认识和理解，为下一步的教学实践打好基础。

以上宝贵的三点建议，是张老师在教育实践过程中的总结和反思，对于新任教师和即将走上教师岗位的学生，是很有帮助的。我们需要学习张福林老师的反思精神和追求卓越的精神。

31 年的从教经历，已经足够长久，但是张老师仍然认真着去面对一切，继续去追求属于自己的物理世界。在与张老师访谈的一个多小时中，我们似乎进行了一次精神的洗礼。张老师的语言非常朴实，为人亲切，让我们感受到了教师的职业魅力。他不需要多么华丽的外表，多么令人骄傲的成绩，能够在 31 年后仍然对自己的专业有着那份与 31 年前同样的热忱，就已经足够伟大。

〖寄语〗

感谢母校对我的培养！祝母校永远有自己的特色，永远是特级教师的摇篮，争取培养出教育家！

用爱灌溉，用心追随

——政治特级教师崔占国

林伟　赵丹青

崔占国老师，北京市特级教师，现任教于北京市平谷中学。崔老师目前担任北京市平谷中学政治教研组长、北京市基教中心兼职教研员，北京市教育学会德育学会理事；人民教育出版社思想政治教材专家培训团队成员，北京教育考试院考试评价专家组成员。崔老师同时也是区、市、国家级教材培训骨干；先后承担了多项重点科研课题，如“信息技术与学科教学整合”“高中德育途径与方法”“优化课堂教学结构”“新课程教学中学生自主学习”等课题的研究。

教育是人类生活不可或缺的实践性活动，作为教师，要想使教育变得更有意义、更融于现在的生活，教育信仰的地位是举足轻重的。随着市场经济的发展，教育的发展越来越偏离其最初的轨道，教师的教育生活似乎被功利性所占据，教育也陷入了支离破碎的尴尬境况——师生关系冲突加剧、教育观念功利……如今的教育困境，很大程度上都源自于教师教育信仰的缺失。

教育信仰，是教师在多年的教育生活中积累的教育经验和教育观念，以及自始至终贯穿于教师教学活动中最具有价值的一股精神力量。它形成于教师日常教育生活，发展于教师的教育实践活动，对教师的教育行为起着积极的引导作用。在教育生活中，只有教育信仰内化于教师的教育观念和教育行为之中，教育活动才具有了真正意义。

在首都师范大学即将迎来60周年校庆之日，我们有幸和北京市特级教师崔占国进行了访谈。在访谈过程中，崔老师的亲切温和深深感染了我们。除了对首师大往昔经历的回忆，崔老师说得最多的就是让她引以为豪的学生们。同时，我们也感受到了崔老师的教育信仰——“做好人，上好课，教好书，育好人，带好徒”。

一、我的教育心

走入大学校园之初，崔老师的梦想并不是要做老师，恰恰是在崔老师大学期间，政教系主任冯卓然认定了崔老师一定会从事教师职业：“小崔，你天生就是当老师的料。”这句看似简短的话语，却给予崔老师很大的鼓励。从此，崔老师铭记恩师的教诲，“做一名优秀教师”的信念开始植根于崔老师的心中。

温家宝总理说过：“教师不是雕塑家，却塑造着世界上最珍贵的艺术品。”对此，崔老师非常赞同，她热爱教育事业，对自己能够成为一名教师感到自豪和骄傲。“教育充满了阳光、充满了鲜花，教育不是一块贫瘠的土地，热情的教师，才能收获教育田园中的一片芬芳。”崔老师对教育事业的这份热忱，深深感染着我们。在这样一个物欲横流的社会中，崔老师仍然保持着自己最初对教师的看法，仍然能够坚持做自己，本着教师最初的准则，用爱浇灌着她的学生们。提起自己的学生，崔老师脸上总是洋溢着喜悦，她很自豪地给我们讲述她与学生的密切关系：“我跟已经毕业的学生一直有联系，第一届学生跟我联系特别密切，几乎每年都要聚会，共叙师生之情、同学之情。去年是学生们给我过的生日，有两个学生的生日跟我挨着，他们说崔老师，咱们三个一块儿过吧，我说行。”

崔老师在《做教师真好》这篇短文中，自豪地写道：“我就喜欢当老师，因为只有老师才能天天和有血有肉、有思想有感情的富有青春和活力的正在成长着的人打交道。教师是善良的使者，是挚爱的化身，是学生健康成长的指导者和引路人。这是对教师多么高的褒奖啊！我庆幸我是一名教师。”这样值得我们赞颂的教师观，就是崔老师最朴实的想法。她为自己是一名人民教师而感到骄傲和自豪，并且，她将自己的教育信仰也带入了自己的教育实践之中。

二、打造完美课堂，一切以学生为本

崔老师非常重视自己的每一位学生，作为教师，她认为必须要平等对待每一位学生，教学要一切以学生为主。她认为每一位学生都有着自己的个性，作为教师，必须要细心观察每一位学生，了解学生的性格、知识的接受能力，尽可能地在各个方面顾及每一位学生。她强调学生在课堂上的主体作用，并且也在自己的教学实践中探索新的学习方法，让课堂变得生动，让每一位学生都能感受到政治课的真正意义。随着新课程的改革，在教材、课堂设计等多个方面，崔老师一直在想方设法，将课堂创造得更完美，使学生能获得更多的知识。

(一)教学贴近学生

在强调素质教育的新时期，教学越来越重视知识与生活的联系。崔老师认为，新课程的理念是为了实现每一位学生的全面发展。而政治课程的学习是与生活实践紧密结合的。因此，崔老师认为政治教材的取材来源于学生的生活，同时将理论观点的阐述融汇于学生社会生活之中，这样才使得学科知识与生活现象有机结合。

教学要贴近学生生活精心设计。新课程强调要立足于学生现实的生活经验，着眼于学生的发展要求，把理论观点的阐述寓于社会生活主题之中，构建学科知识与生活现象、理论逻辑与生活逻辑有机结合的课程模块。这就要求教师在课堂教学中做到贴近学生的生活、贴近学生的实际，创设关注学生生活经验的情境和问题，以社会生活主题为基础，以思想政治观点为统领整合教学内容。

崔老师的教学时刻关注生活中的一切资讯，并将这些生活化的事件转换为学科知识，传授给学生，使得政治课程与学生生活实际有机结合，学生在学习过程中打破了原有的死板模式，变得积极主动，真正了解政治课本的内涵。

崔老师在《贴近学生，精心设计》一文中，对自己的教学方式进行了解读。“我在引领学生学习第六课‘投资的选择’第一框题‘储蓄存款和商业银行’时，一上课我就提出了以下的系列问题：咱们同学家中有没有不参加储蓄的？咱们家为什么能有钱存起来，参加储蓄呢？咱们家为什么要把钱存起来呢？都把钱存到哪儿去了呢？咱们存的是哪种类型的？是活期还是定期？为什么会做出这样的选择呢？学生看到这些内容觉得非常亲切，非常熟悉，他们有话可说、有话能说、有话会说，而且学生说出来的恰恰是课标和教材要求学生所掌握的内容。”真正有意义的课堂，并不只是教师单方面地将知识传递给学生，而是要将学生带入教学情境，引发学生的积极思考，这样的知识学习才是有意义的学习。

（二）创造师生学习共同体

教育过程中，一直贯穿着师生的情感交流，这是一种动态过程。师生关系的建立与维系很大程度上依赖于师生情感。师生之间的互动蕴含着教学暗示、课堂合作甚至是矛盾、冲突。通过情感的传递，使课堂变得生动，使教育生活变得充满乐趣，既能激发学生的学习兴趣和创造力，又能够使教师真正享受到教学工作的快乐。

崔老师认为，新课程要注重师生学习共同体的创建，师生之间应相互鼓励，平等沟通；学生之间要懂得分享、勇于参与、共同发展提高。教师作为课堂教学环境的设计者、学生学习活动的组织者、引导者和合作者，要积极为学生搭建学生互动、师生互动的平台，鼓励学生在学习中畅所欲言，掌握合作技巧，在合作中实现共同发展。因此，作为教师，要将自己的身份放平，积极鼓励学生发表不同观点，因为每一次思维的碰撞，都能够擦出新的火花。

崔老师向我们描述了她的教学过程："我在指导学生学习'树立正确的消费观'时，就给学生讲了这样一个故事：西方一位经济学家曾以蜜蜂作比喻，说在蜜蜂的'社会'里，奢侈之风盛行时，各行各业都兴旺；当节俭之风代替奢侈之风后，'社会'反而衰落了。由此他得出结论：个人的奢侈会推动社会的繁荣。然后设问：你认为应该如何评价这一观点？问题一出，学生们就自觉按以往惯例组成小组展开热烈的讨论、甚至是辩论，在讨论交流中他们很快懂得：作为消费者应该理智消费，即量入为出，适度消费；艰苦奋斗，勤俭节约。"

教育，是具有能动性的主体和客体之间的相互学习，教师面对的是具有生命力的个体，教学根本不是所谓的灌输和说教。当今的教育似乎都被冠之以"支离破碎"之名，也就是失去了主客体互动的整体性。教师和学生是教育活动中的人，作为"人"，就必须有自己的思考和思想，如果只是灌输教学，那么教育就不是一种有意义的活动，而成了一种死板的说教。作为教师，一定要用自己的教育信仰来支撑自己的教育生活。这种精神信仰形成于多年的教育实践中，并且最终又回归于教育实践。

（三）坚持自己的教学习惯

为了能在课堂上传递给学生更丰富的知识，崔老师从做教师之初，就每月订刊，从学科刊物上剪取适合学生的知识，融于自己的课堂教学之中。在她看来，订阅专业报纸杂志、剪报已经是她不可改变的教学习惯了。在这些权威的专业报纸杂志上，会出现许多高考的热点重点。崔老师都会将专家强调的重点部分剪取下来，在政治课上传递给学生。

通过这么细小的教学习惯，我们能够感受到崔老师的良苦用心。长期坚持剪报，只要能够让学生拓宽知识视野，灵活运用知识，自己再辛苦都要坚持。这正是崔老师"上好课，育好人"的教育信仰的完美彰显。

(四)鼓励每一位学生

学生的学习方法、学习成绩都是有差异的，有的学生或许因为这门学科的学习成绩不好而失去信心，这时候，教师的一个眼神，一句鼓励的话语，或许就能够给予学生无限的精神动力，让学生重拾信心。

崔老师的一位学生在《红烛颂》里这样写道："每次上课，每当我想回答问题时，崔老师那敏锐的眼光仿佛看透了我的心思，都把我叫起来给我这个机会。这时，那碰撞的目光充满了鼓励与肯定，也许这就是心与心交织起来的沟通吧。初中时最不爱上的政治课竟成了我的最爱。"

只有细心观察每一位学生，教师才能够抓住鼓励学生的"关键时刻"，给予学生勇气与信心。崔老师在课堂上，不仅是话语的交流、眼神的交流，更是心灵的交流，只有足够了解学生，她才能够懂得学生所需。

三、用真情构建和谐的师生关系

(一)我是学生的"崔妈"

师生互动，不只是课堂中的互动，同样包括生活中的互动。这种互动的基础是师生情感。教师是教的主体，学生是学的主体，教育是在人与人之间展开的活动，那么互动则是"人与人"之间的关系。著名的教育哲学家马丁·贝布尔认为，教育过程中师生双方是主体间的"我—你"(I and you)关系，而不是把双方看作是某种物品的"我—它"(I and it)关系。师生间这种"我—你"的关系，是一种互相对话、包容和共享的互动关系。① 无论是按照孩子们的兴趣进行课堂创新，还是在平日生活中与孩子们的融洽相处，都体现着师生互动中教师和学生的主体性。

---

① 李瑾瑜．关于师生关系本质的认识[J]．教育评论，1998(4)．

不管是在日常的教学中还是生活中，崔老师都非常喜欢与学生们聊天。通过交流，师生可以互相倾诉，老师也能够了解到不同学生的需要，更加深刻地了解学生。“我想，教师只要学会倾听、善于与学生交流、懂得欣赏学生、尊重学生，学生就会亲近你、听你的、信你的。正所谓：亲其师，信其道，学其理。”这就是崔老师作为教师最真实、最朴实的想法。崔老师与学生之间，一直保持着非常和谐融洽的关系，她的学生都会叫她“崔妈”。可想而知，崔老师在学生心中是多么的平易近人，这样的师生关系也是非常令人羡慕的。

在崔老师的手机里，一直都保存着学生发给她的短信。“我都不舍得删，没事我就翻出来看看，他们要管我叫‘师奶奶’，我就叫‘孙女’，一般都叫‘崔妈’，这些小孩儿都挺有意思的。”

每逢过节，崔老师都会收到许许多多学生发来的信息。在访谈过程中，崔老师跟我们分享了许多。由于信息篇幅比较长，在这里我们仅选取两条进行呈现。

亲爱的崔老师：最近好吗？新的学年，学生还听话吗？肯定没我们可爱吧，嘻嘻。会不会偶尔想起我们呢？听说您又当领导呢，也要注意身体啊。时间过得真快，眨眼的工夫，我的高中生活就这么结束了，步入了大学校园。时常还会想起我们17班一起学习的日子，一切的一切都是那么美好。您那亲切的笑容仿佛就在昨天，爽朗的笑声还在耳畔。难以忘记升国旗时您站得笔直的身影，难以忘记一堂堂紧张而快乐的政治课，难以忘记高考前您给我们的人生启迪。在我心目中，您是一个直爽、亲切而又正直的人，您的身上有很多积极的正能量，我想我不会忘记有一位如此优秀的高中政治老师。感谢您一路以来给予我的帮助与关爱，感谢缘分让我们这个大家庭的每一位成员相聚，陪伴彼此度过一段如此幸福难忘、意义非凡的时光。教师节来了，真心祝愿您节日快乐，身体健康。再次相聚时心里会依然温暖。

午后的阳光总是那么惬意，回想起高三的点点滴滴，真的会有一点悔恨，悔恨自己为什么不再有一年高四的日子。记得12月31日那天鑫弟问了我们一个问题，他说记不记得去年的这天，上的最后一节课是什么？您还记得吗，最后一节课是您的政治课啊。这个问题说出后，多少个孩子默然了，我们都很想回去，都想穿着校服重新进入校园。到了大学我才发现高三的那段时光有多美好，那帮老师有多可爱，和那群朋友在一起有多幸福。2013年的最后一天让我回想起了很多。崔老师谢谢您，把这一年点缀得如此美好，谢谢您让这一年变成了最美好的回忆。

从中我们可以感受到学生们对崔老师的喜爱，这种喜爱充满着温馨与感动。学生们与崔老师共同度过的那些时光，是他们人生中最美好的记忆。

(二)课堂里的歌声

崔老师热爱唱歌，因为歌曲中不仅蕴藏着某种意义，同时也传达着深刻的情感。有时在课堂上，崔老师都会答应学生唱一首歌，这时候学生也会跟着老师一起唱。当崔老师讲到这里时，我们的脑海中仿佛出现了这样的画面——师生微笑着，饱含情感地共同歌唱。

1986 年 9 月的一个下午，崔老师到高一(1)班上第一节课，这可是学生正犯困的时候。当时，课代表就提出来："崔老师，您给我们唱首歌吧，要不然我们都提不起精神。"话音刚落，掌声响起。课堂上能唱歌吗？又不是音乐课，学校允许吗？崔老师犹豫了一下，说："那好，但是我有一个条件，就是以后的政治课你们必须要有精、气、神，不能犯困，要好好学习。"学生愉快地答应了。崔老师问："那你们想听什么歌？"同学们异口同声地回答："《让世界充满爱》。"《让世界充满爱》是一首 1986 年录制的中国公益歌曲，也是为了纪念"国际和平年"，由郭峰作曲，陈哲等作词，100 多位中国流行音乐歌手演唱的。其实，崔老师本身特别喜欢唱歌，而且音准音质都很不错，曾经还有人把崔老师的歌声当成是收音机里放出来的歌声。在崔老师唱《让世界充满爱》的时候，学生们也跟着节拍一起跟崔老师唱，整个课堂气氛既温馨又融洽。唱完，崔老师就提出了一系列的问题：你们为什么喜欢这首歌？词曲作者是谁？你们对他们了解吗？他们这么年轻为什么就能如此有成就？他们为什么要写这首歌？你们从歌声中有何感悟？等等。瞬间，这节课就变成了一节时政讨论课，学生们很受启发。崔老师用唱歌的形式给学生们上了一节非常精彩的政治课。

崔老师一切以学生为主，通过唱歌的形式提高学生们的兴趣，这样学生也对崔老师有了新的认识。崔老师通过唱歌，给学生讲述歌曲的时代背景、意义以及内涵，增加了学生对于这首歌曲的认识。同时，我们也能够感受到崔老师的聪慧，她不会错过每一次让学生获得知识的机会，她让学生明白：生活中处处都存在着知识，我们要善于挖掘，细心品味。

(三)师徒结对共成长

2003—2004 年，平谷区开展了跨校范围内的师徒结对活动。通过这次活动，崔老师的徒弟也感受到了崔老师的教育信仰。在师徒结对学习了一段时间后，崔老师的徒弟也写下了自己内心真实的感想。

崔老师的徒弟认为：参与新课改以来，我听课的机会很多，组内老师的轮流课、市里的研讨课、迎接各级检查的展示课等。每次课后崔老师都要求我进行评课。因为崔老师一直告诉自己的徒弟，评课是对上课老师的一种礼貌，也是不断提高自身教学水平的重要途径。崔老师一直以来也在坚持听课评课。每次与她一块儿听课，她总是能给上课老师提出中肯的建议，同时提出一些问题与听课老师们共同探讨，其理念之新、想法之好，令同行们深感佩服。尤其对自己的成长更是受益，通过评课对教学整体的设计构思、教学过程的调整、教材的处理，教材教法的处理等都大有裨益。

另外，只要教师们在教学中存在任何疑难问题，都会积极向崔老师请教，而崔老师也会耐心地帮助他们。不管是在上课、备课等方面，还是在学校做公开课，崔老师都会积极给予他们指导和讲解。而且崔老师一直在鼓励她的徒弟随时记录自己的感想，这对新教师教学能力的提高起到了很大的作用。

这样的师徒结对活动，使得年轻教师感受到了崔老师丰富的内心情感，并且也提高了年轻教师的教学能力等各个方面。她所带的徒弟在交流汇报中这样写道：我感到师徒结对像一条无形的纽带联结在师徒之间，使我们在有意无意之中增加了交流和学习的机会，从而使各方面得到提高。我要衷心感谢学校为我提供了这样的机会，衷心感谢崔老师以及同组老师对我的帮助和关心，使我成为师徒结对活动的受益者。

做好人，上好课，教好书，育好人，带好徒——这就是伴随着崔老师教学实践的教育信仰，这种信仰深深浸润于她的教学实践中，伴随着她不断地成长。只有怀揣着教育信仰的教师，才会有动力去为学生创造完美的课堂，才会细心观察每一位学生，给予他们真诚的爱。我想，作为崔老师的学生，一定是最幸福的！

结语：用心追随教育信仰

教师的教育信仰不是一蹴而就的，教育信仰的形成是多年的教学经验的积累，作为教师的专业生活和实践的精神支撑，它的形成是多种因素相互影响的结果，也是教师与其成长环境互动的结果。在首师大读书期间，政教系主任的一句话，便深刻影响了崔老师今后的生活，使其能够走上人民教师这条道路，崔老师也受到了多位教师的鼓励和支持。并且，崔老师从首师大毕业以后，一直在坚持学习，1996—1998年，崔老师回到了首师大学习管理学，并且也参与了北京市的教师培训等多种学习活动，不断提高自己的学科专业水平和教师专业能力。在这样的学习经历以及后期的教学实践中，崔老师逐渐找到了自己的教学方法、教学理念，她的教育观念逐渐发展为自己的教育信仰，并且将自己的教育信仰融于她的教学实践。

此外，教育过程具有整体性、教育性的特点，若是没有教育信仰，教育生活只是毫无意义的碎片。如何使教育变得有意义，靠的是教育信仰的支撑。教育信仰在教育事业中有强大的凝聚力，它会激发教师的热情和激情，使其热切投身于教育实践。无数的教育性书籍、教育纲领、教育方法，如果不能内化为教师的教育信仰，没有融入到教师的内心之中，都是空洞乏味的。崔老师热爱学生，善于与学生沟通和交流，并且强调政治学科知识与学生生活的融合，不管自己多么辛苦，只要想到自己的学生，崔老师就忘记疲惫，忘记劳累。正是那份心中的教育信仰，给予了崔老师源源不断的精神动力。

在这样一个美丽的夏天，我们非常荣幸地与崔占国老师相识。仅仅一个多小时的时间，我们就被崔老师优秀的教育品质所感染，她是如此地热爱自己的学科，热爱钻研，更重要的是关爱她的每一位学生。在崔老师的话语之间，永远都传达着非常充沛的正能量，同时，也让我们感受到了教育信仰对于教师专业发展以及个人成长的重要性。通过与崔老师的谈话，我们都很羡慕崔老师的学生，他们真的是足够幸运，足够幸福。唯愿有更多的老师像崔老师一样，带着心中那份教育信仰，坚持为教育事业奋斗，培育更多的优秀人才！

〖寄语〗

教育不仅是知识的传授，还是一门艺术，更是爱的奉献。愿首都师范大学继承传统，锐意创新，为社会培养出更多的有知识、有爱心、熟谙教育艺术的教育人才！

用爱灌溉希望

——化学特级教师李佳

林伟　孙婧

李佳老师，1956年出生，中共党员。北京市化学特级教师。1975年从教，1983年毕业于首都师范大学化学系，任北京十四中化学教师，北京市中青年学科教学带头人，北京市化学奥林匹克教练，兼北京市教育学会常务理事，北京市化学教学研究会常务理事，2002年获“首都‘五一’劳动奖章”，2003年被评为“北京市化学学科带头人”，2004年被选为宣武区人大代表，同年成为享受国务院政府特殊津贴专家。

走进李佳老师的办公室，春意扑面而来。窗台上、地上的大大小小的绿色植物，映衬着整整一墙的书，还有家人的照片和各式小玩偶，让人一下就感觉到李老师对生活和教育事业的热爱。

自1975年成为一名教师，李老师从教三十多年，一直奋战在中学教学一线，用心上好每一堂课，准备好每一个实验，用爱教诲着她带过的每一个学生和青年教师，在行动中播种希望，收获明天。

一、机遇成就梦想，缘分情牵化学

李老师成长于20世纪六七十年代，由于当时的政治原因，学生在完成基础教育后能继续留在城市里读书的指标少得可怜。李老师在初中毕业时以优异的学习成绩考入了高中，但在高中的学习过程中，学校的秩序受到政治运动的严重影响，李老师在混乱中坚守着对学习的认真态度，以优异的成绩从高中毕业。高中毕业后，李老师又再次面对可能下乡插队的命运。但李老师的独生子女身份恰好符合了当时可以留城的一个政策，班主任老师对自己的这位学习委员青睐有加，亲自到李老师的家里做工作，劝说李老师留校做老师。从小就外向活泼、喜欢组织班级活动的李老师，欣然答应了班主任的请求。就这样，在那个特殊的年代，李老师经过10个月师范班的培训后，走上了化学课的讲台。

然而一句话的诺言，却需要不尽的心血去实现。虽然刚刚入职，没有任何经验，但学校需要这样开朗大方的年轻教师做班主任。于是，在那个宣扬“读书无用论”的时代，在那个被禁止考试的时代，十九岁的李老师面对着仅比自己小三岁的学生，费尽了心思。受社会上政治运动的影响，班里的很多学生上课不愿意听课，李老师就把他们安排在教室后边，让听课的学生坐得离老师近一些；社会上的尊师重学的传统被推翻，学生对老师不够尊重，李老师就用尽可能大的声音“镇”住学生。无力改变的大环境和教师对学生真挚的爱，让李老师工作不到一个月就急得患上了肺炎。也许是时代给了李老师一个机遇，但李老师却从此开始孕育一个关于教育的梦想。她说：“无论哪一个年代，无论这个时代怎么与时俱进，教师的本职工作永远是教书育人。”

学然后知不足，教然后知困。李老师一方面在教学实践中精心照料着自己的教育之梦，另一方面又深感自身知识的不足，想通过高考和大学教育获得更多的养分来灌溉希望的种子。在第一次高考时，李老师冒险报考了英语专业。但每日繁重的班主任和任课教师的工作让李老师在白天很难有空闲时间用在复习上，在每晚和困意互搏的复习之后，李老师以2.5分之差与大学里的英语专业失之交臂。在她第二年准备开始继续复习的时候，善意的老教师劝说她改报了当时正在教的化学专业。于是，机缘巧合，李老师最终还是考入了北京师范学院(现首都师范大学)的化学系。在三年教学经历的影响下，李老师在大学学习的过程中，慢慢爱上了化学。虽然李老师说，她其实特别喜欢外语，但我们却觉得，幸好李老师当时考取的是化学系，不然哪来的十四中的实验教学特色，多少学生又将会有失去在实验室里体验化学学科性质的机会？中国有句老话：“干一行，爱一行”，李老师的这段经历就是对这句话最好的诠释。

二、风雨中激流勇进，阳光下播种明天

李老师1983年从首师大化学系毕业后，一直在十四中担任高中化学教师。

刚分配到十四中的时候，学校里人才断档的问题十分严重，她们这批刚毕业的大学生就成了重点培养对象。当时的化学组组长是著名的教育专家、特级教师陆禾先生。李老师有幸拜陆老师门下。陆老师十分欣赏李老师的教态、表达能力和业务基础，认定这是一棵好苗子。在她的身上倾注了大量的心血。为了给李老师做示范，陆老师在连续六年的时间中，从高一到高三教了两个循环，而且把自己的课和李老师的课错开。李老师就一节不落地听了陆老师六年的课。

为了接触不同的教学风格，李老师在陆老师的带领下，奔波在东城、海淀、西城等各个区的学校之间。她谦逊好学，在听课交流的过程中，主动向各位优秀的老教师学习、请教，从不错过任何一个可以提高自己教学水平的机会。作为当时化学组里唯一一位年轻教师，李老师毫无怨言地接受了每一次做公开课的任务。她坦言道："我心里并没有想着我去要争一个什么荣誉，将来它会给我带来什么利益，那个时候不是这样去想的。每次上公开课都是一个和其他学校、其他地区同行交流的机会，所以只要有做课的机会我就去。"李老师甚至还因此得了个"做课专业户"的绰号。随着教学水平的日渐提高，她曾多次在市区青年教师评优课中获优秀课程奖。1997 年在"宣武区中小学提高素质教育总结大会"上做公开课。1998 年 8 月在"全国中学素质教育经验交流大会"上代表北京市做公开课，并制成录像带向全国发放。1996、1997、1998 年三次在全市化学教学交流总结会上做公开课，其中一次为双语教学，均受到市教研部领导及观摩教师的好评，并制成录像带在全市交流。李老师根据重点中学的特点，结合教材内容设计了许多实验。她制作的分子结构模型和仪器装置填补了多项教学空白。李老师曾两次代表北京市参加全国化学实验汇报表演并获奖，独创的实验受到与会代表的好评。

但其实，除了工作上的奔波和忙碌外，李老师还承担着来自家庭的巨大压力。三年多的工作经历和四年的大学学习，让她在刚分配到十四中时就到了应该结婚生子的年龄。孩子上初中前，李佳住在北京师范大学，家离学校较远，每天早出晚归。为了保证不迟到，李老师从不坐公共汽车。她有两个双胞胎女儿，每天都要送她们上学。骑自行车带不了两个孩子，她就每天蹬着三轮车，接送她们上下学。除了孩子，李老师还要照顾年迈的父母。作为独生女的她，很想多陪陪父母，但她将周末时间都用在了进修、学习、上课、教研活动和参加学术活动上。有时感觉生活很累，每晚都要工作到深夜。虽然她也曾动摇过，想过调到离家近的海淀区或者像公婆、小叔子那样到国外定居，但出于对学生的爱和不舍，她还是咬牙坚持了下来。李老师说："有的时候就是要咬牙，要坚持，面对人生的时候要保持一种平和的心态，而且要保证一个积极的心态。当我很累的时候我就说这是减肥运动，当我压力很大的时候我就说这是人家信任我，给我一次机会。"

就这样，李老师克服着来自四面八方的种种压力和困难，在陆老师的严格要求和自己的努力下，练就了一身扎实的教学基本功，成了教学骨干。她严谨的教学风格、明确的教学目的、风趣幽默的教学特色以及灵活多变的教学方法深受学生们的喜爱。很多学生反映：上李老师的化学课真是一种享受。她教的十届高三学生在高考中均取得优异成绩。

随着老教师们的退休，化学组长的担子落到了李老师的肩上。她意识到，要保持和提高化学组的整体教学水平，就要有一批高水平的青年教师接班。根据组里青年教师的特点，她为每个人制订了培养计划，像当年陆禾老师带她那样，言传身教，帮助他们提高业务能力。平时给他们锻炼机会，必要时给予他们及时的帮助。她参与指导的青年教师沈军曾获得全国青年教师评优课特等奖，孙文艳、于鹰获市青年教师评优课一等奖。另有 3 人获区青年教师评优课一等奖。凡是新来的大学生她都要亲自为他们安排师徒关系，并通过听课对其教学过程进行细致讲解示范。为他们创造一切学习锻炼的机会，使他们能很快地提高教学水平，胜任教学工作。她十分关心每个青年教师的进步和成长，在教学中手把手去教。帮助他们做公开课，认真听他们试讲，并指导他们搞科研，写论文，设计计算机辅助教学课件。除了学科上的帮助，李老师还细心指导他们做好班主任工作，使他们在学校的教学中承担重任，全教研组有 6 人做班主任，2 人做年级组长，近年来已培养出三名高级教师，两名区骨干教师，一名区希望之星。十四中学化学教学成绩每年都能进入全区前三名。化学教研组连续两次被评为区先进教研组。李老师还指导了多名本区外校青年教师，近年来共有 8 人以师徒挂钩关系，长期坚持听她的课，她还抽出时间到外校听他们的课，帮助他们在教学中快速成长。

现在李老师还负责十四中的教学管理工作，她培养的新人从化学组扩大到了全校的范围。她每年听青年教师的课超过一百节，而且听完每一节课之后都要用至少一节课的时间和讲课教师交流。她说，因为在这个过程当中，每一个人有自己的风格，每一个人有自己的想法，她在听课的时候不是把想法强加给谁，直接把自己的思路告诉青年教师。通过大家互相切磋和交流，可以从不同学科的视角看问题，互相提升。作为老教师，可能在组织教学和考虑学生学习的过程中有更多的经验，在这方面对青年教师的指导就多一些。

在指导各学科青年教师的过程中，李老师还在不断丰富着自己的教学理念。她在听评课的过程中不仅给青年教师以指导，还在不断地丰富着自己其他学科的知识。尝试着在自己的课堂中融入其他学科的元素。她说："这样的课不仅能吸引学生的注意力，还能提高他们的学习效率。虽然老师给学生讲的课是她的专业，但实际上它只是一个载体，你的目标是通过你所讲的知识培养学生各方面的能力。如果老师能博学多才一些，在讲课的过程中自然会把他的一些思想、理念传授给学生，所以我们现在也鼓励老师尽量跨学科学习。"

三、实验锻造学科特色，思维教育桃李芬芳

提起自己关于实验教学的发展，李老师颇为自豪。她强调，现在讲学科素养，那么理科性的课程，尤其是化学学科，如果不做实验，怎么培养学科意识，怎么提升学生的学习兴趣？除了亲自动手做实验，她还要强调教师要有在黑板上画实验装置简图的能力，老师有画图的习惯和素养，学生也耳濡目染地进行学习和模仿，这就是对学生的想象力的一个很好的锻炼，只有拥有了想象力，才能谈创新能力和创新意识。

从教三十多年来，她始终坚持把实验教学放在教学的首位，只要条件许可，就尽可能把实验引入课堂，让学生在直观感受中加深印象，提升对化学学科的兴趣，培养他们多方位思考、勤于观察、善于分析的能力。几乎课本上的每一个实验，李老师的学生都到实验室里亲自做过。李老师还为很多对化学感兴趣的同学设计、指导了课外的实验。她鼓励高一、高二两个年级的学生每星期必须抽出时间到实验室进行研究性学习，在她的指导下，十四中的学生用自制的反应器提炼出了近 20 种金属。这些都浸透了李老师很多心血。一谈起化学实验，李老师的话匣子就打开了。看得出来，她热爱化学，她说自己是个生活在化学世界里的人。

"一个称职的化学老师是从实验室里走出来的。"这是她的座右铭。她说，一个化学老师不在实验室里面扎着，很多东西都没有体验，都不熟练，就不可能成为一个好的化学老师。此外，化学体现的就是千变万化，体现的就是条件结构决定一切，老师要想把这些东西融入到学生的脑海中，学生就必须从实际中得来，而化学的实际就是实验。

理想虽然美好，现实却并不是一帆风顺的。这条实验教学之路是李老师几十年的心血打造出来的十四中的特色。由于受到应试教育思想的影响，刚开始有些家长对她的教学方式存在一些疑虑。但是良好的教学效果说明了一切。每当讲“物质的组成和结构”这一章节时，李老师就会让学生每人准备好面团和牙签，在课上自己动手组合甲烷的分子结构，由于同学们对此都很感兴趣，因此往往记忆深刻。做实验要有实验材料，要有实验室老师的陪同，一般的学校由于种种条件限制，不可能有这么大的课时量在实验室中进行。但李老师用每一届高三毕业班的优异成绩证明了自己的坚持是对的，学校逐渐加大了实验室的投资力度，配备了更多的实验室教研员。

除在实验课上强调动手能力，李老师在化学课理论教学中也不断进行探索性、研究性教学尝试，并取得了良好的教学效果。她要求学生们无论是做化学实验，还是做练习题，都不要急于知道标准答案，应该多想想还有没有其他更好的解题思路。通过这些训练，可以培养学生勤于观察、善于思考的能力，收到举一反三的效果。李老师强调：“其实应试和素质教育并非必然对立，处理得好，既可以提高学生的综合素质，又能让学生考出好成绩，在这个过程中，教师的作用很重要，他们要学会换位思考，多从学生的角度考虑问题。上好化学课关键是训练学生的思维习惯，使他们养成一种批判性的思维方式，多观察、勤思考。在化学学科中，这种训练要尽可能通过化学实验来完成。”

化学老师的目标不是培养出整整一班的化学家，而是培养具有化学学科素养、具有科学素养的各行各业的工作者。李老师有个非常得意的学生陆鹏，学的是理科，考入了北京大学，研究生时也学的是理科，毕业后留在北大，却干起了文职工作。对此，她表示理解：“老师的职责是把有用的知识和科学的思维方法教给学生，最大限度地赋予学生‘能量’，至于学生将来干什么，不应过多指责。陆鹏曾经告诉我，他做文职工作总有使不完的劲儿，这也证实了他更适合做这种工作。”良好的思维习惯是成功的重要因素，无论在何种工作岗位上。李老师的辛勤耕耘，让每一个她教过的学生都获得了这笔必将终身受益的财富。

作为一名从事基础教育的老师，李老师对基础教育的重要性和方向性有着很深刻的思考。“都说中国人聪明、能干、刻苦、勤劳，但从改革开放到现在都36年了，中国大陆培养出来的科学家，有获得诺贝尔奖的吗？可是在中国香港和台湾学习的，在美国的华裔，那么多都获了奖，咱们中国人这么大的分母就推不出来，肯定是和教育的模式、思想和理念有直接的关系。”她的话语中透露着深深的遗憾，也带着强烈的使命感。正是这种强烈的责任感推动着李老师克服来自各个方面的压力，坚持着自己的实验教学特色和思维教育的理念。

四、心烛照亮三尺讲台，真情温润学生心田

金生鈜教授在《理解与教育》中指出：“教育是一种精神的播种，它收获的不仅仅是知识和能力，而是精神。”李老师为了能让自己各方面的知识更加丰富，给予学生更多的知识内容，开阔视野，训练思维，不断地阅读大量的书刊、杂志。她认真备每一节课，做每一道题，准备每一个实验。细心学习总结全组老教师的教学方法和对教材的处理方式。努力钻研业务，对每节课和每个实验仔细推敲。李老师用精湛的专业知识感染着学生，用温暖的爱心感动着学生。每每谈起自己的学生，李老师都是带着一种十分欣赏的口吻，言语间满怀深情，你听不到一句责怪或抱怨学生的话。她说，在课堂上，不宜大声批评学生，如有影响他人的学生时，只需指出来就可以了；有学生睡觉时，最好的办法就是把他轻轻唤醒。“学生睡觉，要么是他睡眠不足，要么是老师的课讲得不好。”她轻轻地说，“教师要多从自己身上找原因，不宜过多地责罚学生，好孩子是在赞扬声中长大的。”李老师曾在1992年接了一个全校最乱的班，经她调教一年后，这个班被评为了校先进集体。

师心化雨，润物无声。李老师在担任班主任工作的十三年里，言传身教，不仅在课上用精湛的专业知识提升学生的学习兴趣，而且在课下从一点一滴做起，教学生如何做人，帮助学生培养良好的品德和顽强的毅力。她经常利用课余时间与学生及家长谈心，拉近与学生之间的距离，站在他们的角度去思考问题。她觉得：老师要将自己的爱心、理解和尊重全部给予学生，教育每一位学生，如同培养自己的孩子。李老师说过：“我深爱我的两个女儿，我当然希望她们的老师同样的喜欢她们。每一个家长都会有同样的想法，因此作为一名教师，我也爱我的每一个学生，他们走过的每一步都会深深地印在我的心中。”

毕业于1995年，现在大洋彼岸留学的一名学生讲述了二十年前一段令人难忘的往事。他毕业那年，不小心从学校楼梯上摔了下来，李老师亲自把他送到医院检查。虽然医生告知没有什么大伤，还可以正常上学，但是他非常害怕，因为他的姐姐在18岁那年也像这样摔了一跤，就再也没有爬起来，一年后就离开了人世。他害怕自己和姐姐一样再也爬不起来，甚至因此不想再上学了。李老师了解到这个情况后，就主动去找他的父母商量，希望尽量能让孩子到校上

课。得知这位同学的父母工作繁忙，她主动提出每天上完课后送孩子回家。就这样，李老师每天用接送自己女儿的那辆三轮车接送这名学生，风雨无阻地坚持了三个月。三个月后，这名学生顺利参加高考，并以优良的成绩考入首都师范大学物理系，大学毕业后又赴美留学。三个月的接送不长也不短，当提起这件事时，李老师淡淡一笑说："高考对学生太重要了，我只是尽到了一个教师的职责——教师要对得起自己的学生。"这样的付出，李老师并没有在意，但却在这位学生和其他同学心里留下了深深的印迹。他在美国读书时，有一次英文写作的题目是"让你终生难忘的事情"，他终于有机会把这段深埋心底的往事写了出来。教授把他的佳作在课堂上读给大家，并留下这样的评语："这是一个真情动人的故事，去爱所有教过你的老师吧！"他感慨道，没有李老师的无私帮助，就没有他的今天，是李老师对学生无私的爱，把他推进了大学的校门。

五、激昂文字忆年少，殷切期望寄母校

人间的温情总是跨越无数岁月，将记忆烘烤得蓬松而馨香。回忆起自己在首师大（当时的北京师范学院）的日子，李老师的脸上洋溢着青春的光芒。接任自己高中时的学生工作，李老师在大学期间又担任了四年的学习委员，优异的学习成绩和刻苦钻研的学习精神，让同学们很是敬佩。在首师大的日子，她不仅在学习上认认真真，在课外活动中也积极踊跃。除了参加一些体育活动外，李老师还加入了相当于现在学生会的文艺宣传队，经常和同学们一起参与接待外宾等活动。

当然，大学留给人的记忆中，总是要有那么几位难以让人忘怀的教授，李老师也不例外。李老师说："当时化学系最权威的施如谷老先生教过我们。我感觉到他在做人、做学问和行为习惯各个方面都是言传身教，他自己率先去做，一言一行感染着我们。施老先生对学生的要求是宽而紧，松而严。"李老师回忆道："他告诉我们说，读书的时候你们要海阔天空，他给你们讲这个东西是个引子，但是实际上并不是引你走某一条路。路有很多，要自己去走，而且不要沿着一条路走到底。他给我的印象是非常深刻的，因为他的老父亲是咱们中国著名的老中医，所以他学化学，给我们讲化学，但是他自己还有很多的这种值得人敬佩的人生见地。"

施老先生在做人做事上引导着李老师要有更宽广的思路，同时也在教学方面启发着她。李老师回忆起施老先生给她的另外一个影响：不要以为这书上讲

的内容是固定不变的。在日后的学习和工作中，李老师牢记着这句话，也在不断地体会着这句话。“什么叫化学？化学反应？化学变化？首先它是有自己学科的思想，但是自己学科的素养的养成要持之以恒。所以我就记住他这一句话了，因此在我教学的生涯中，始终把握着一件事，就是永远学习，学习到底，而且是什么都学，包括其他各个学科。”

李老师在大学的学习期间，一方面踏实地积淀着化学的学科知识，另一方面结合自己已有的从教经历，和老师、同学积极探讨着教育原理。三年多的教学经历让她面对一些问题时，可以从更全面的角度去分析和梳理。每次课上发言，其他同学表达自己的想法时只能说出三到五分钟的内容，而她却能将理论结合实际，条理清晰地讲上半个小时，颇受各科老师的喜爱。

首师大给予李老师的是一个发展的平台和起点，现在她将对母校的爱汇聚为对师范生真挚的建议中。

随着市场经济浪潮的涌起和大学的扩招，师范生的择业和就业问题成为了教育行业开始关心的热点。提起对师范生和教育硕士的培养，李老师强调：“培养师范生，首先要让他们真正热爱这个职业。除了学科知识和科研能力，思想、品德和职业精神的培养同样不可或缺。”

李老师认为，有了对教学和教师工作的热爱，师范生在学习的过程中才能带着一种意识和理念去学习。师范生和其他大学的学生学专科知识的最大区别是，师范生在读书的时候是要想着在未来，怎么凭借书本知识作为桥梁，把这些知识同学生的思维、能力的培养融在一起，而不是简单地把知识学会。

结　语

春风化雨，默默地滋润着整个大地。李老师用发自内心的爱灌溉着希望，教育着学生和一代代的同行，在她身上，我们看到的是一代卓越教师的缩影。

〖寄语〗

衷心祝愿母校蓬勃发展，为首都和国家教育事业的发展再添新的辉煌！

科学教育三十载，细微之处显真知

——科学特级教师曹春浩

刘帆　陈进美

曹春浩老师，1964年出生，中共党员，1984年参加工作，中学高级教师。1984年7月至2009年8月在后南仓小学担任自然科学教学工作。2009年8月至今，在通州区教师研修中心任小学科学教研员。1999年代表通州区参加首届北京市专任教师基本技能竞赛，在课堂教学比赛中，以丰富的材料、生动有趣的研究过程、细心调控的活动细节、扎实的教育教学功底，取得自然学科的全能一等奖。在通州区首届“秋实杯”教学竞赛中获得“秋实杯”一等奖。指导的学生在国家级、市级科技创新大赛中获得一等奖。2004年被教育部授予“全国优秀教师”称号；2005年5月被北京市人民政府授予“北京市先进工作者”；2009年12月被评为“北京市特级教师”。

曹老师1980年考入北京通县师范学校（首都师范大学初教院前身），该校前身是1905年创办的河北省通县师范和1915年创建的河北省通县女子师范，拥有悠久的历史。1962年，学校由河北省移交北京市管理，是北京市首批办好的重点中师之一。当年通县师范的录取分数线高于通州最好的潞河高中15分，农村地区最优秀的生源才能进入师范系列，而曹老师就是这些佼佼者中的一员。

曹老师为人低调，毫不张扬，但内心却是一个不服输的有心人。读师范时，评三好学生需要德智体全面发展，体育课也必须达标才能参评。虽然文化课始终名列前茅，但体育对身材瘦弱的曹老师却是个不小的挑战。但是，他并没有放弃，而是扬长避短，“短跑不行，速度上不去，就主攻长跑，每天早晨起床第一件事是到操场跑步，坚持下来，也经常能在运动会上拿到名次；引体向上我上不去，就练双臂屈伸，做够15个；急停跳远需要快速助跑，很难达标，于是我就练习立定跳远”。当时班级设立了全勤奖，其他同学似乎并不在乎这样一个“小奖项”，但曹老师觉得自己能够做到的事情，都应该努力争取。“全勤奖似乎很简单，可是到期末很少有人能拿到这种奖，那时候管得比较严，只要迟到一次，就记上了。我觉得这个我能做到，就是早起一会儿，晚自习别迟到嘛。能做到的事情，那我一定就努力给它做到。”

就是以这样的恒心，曹老师认认真真度过了四年师范教育时期，最后以全班第一名的成绩毕业，并被分配到通州后南仓小学教授自然课，一教就是25年。这些年里，自然课先后更名为常识课、科学课，也有许多教师把这样一门不重要的副科当成跳板，走向主科教学。但任凭外界风云变幻，他人往来如梭，曹老师依然像当年那个争取“全勤奖”的男孩一样，踏踏实实地坚守在小学科学的教学一线。

一、教学准备：处处留心皆学问

曹老师说教书这么多年“从来没有觉得上课是一种负担，因为我觉得跟小孩一起做实验，讲科学故事，跟玩儿似的，感觉挺好的”。也因为有这种纯然的兴趣，对科学教育的热爱成为生命价值的核心，渗透到日常生活的方方面面。科学课需要做大量的实验，曹老师喜欢自己准备和制作实验素材，因此，他在生活中处处用心，马路上不起眼的螺丝帽、装修工地上废弃的一束铁丝、办公楼下扔的几个旧灯泡，各种别人看来无用的东西他都默默捡起来收藏在自己的柜子里。“实验器材学校不会给你准备得那么齐全，平时你就得积攒，可能现在还不知用不用得上，都没有关系。记得学校里教室装修的时候，有一些三合板扔在后面了，我就收藏了起来，结果讲斜面的时候，刚好就用上了。到黄河去参观，我想老跟学生讲流沙，拿矿泉水瓶灌上几瓶黄河水，给学生讲课的时候就可以拿出来看看所谓一瓶水半瓶沙。到天池那儿去，旁边是火山，装一口袋的火山灰回来，给学生看一看。”

除了收集素材，曹老师还自制实验工具。比如，做力学实验时，曹老师发现学校的教具小车重量不够，拉力计变化不大，于是他用饮料瓶、小药瓶等灌注洋灰，添加滚轴，自制小车。

十年前当科学课还是常识课时，小学一二年级有剪纸的活动。读师范时曹老师做过剪纸，当时一些细节都是用刻刀刻出来的，他一直很好奇剪刀怎么能够剪出如此细致的图案。“后来我恰好在北京工艺美术大楼，看到有一个人在四楼一边剪纸一边卖，我去了好几次，在旁边看着人家剪。当时就觉得纳闷，她拿一张纸，那个剪子是怎么伸进去的，她是怎么能够直接在纸上剪的。后来我又去看了好几次，老去看就跟她熟了，我说，大姐，能看看您这个剪子什么样吗？她说，这剪子可不能给我摔了。她拿过那个剪子，那个剪子的尖特别细，跟针似的，这么一扎就剪过去了。回来之后我也磨了一把剪子，之后便开始剪，最后我也能剪得像模像样地去教学生了。从那之后，我也学会了一门技术，能够剪纸了。”虽然，在小学教学中绝对用不到如此高水平的剪纸，但一旦自己生出疑惑和兴趣来，哪怕没有什么实际的用处，也一定要凭着一股韧劲去钻研，直到把它做成。这不正是科学家所需要的非功利导向的“琢磨”状态吗？科学教师不也应该有这样一种琢磨的精神，才能把这种科学态度在无形中传递给学生吗？

曹老师强调小学科学教学要给学生丰富的体验，因此他十分注重实验，经常会自己补充一些小实验。而这些有趣的教学实验设计，也是来源于日常生活中的用心搜集。曹老师会从图书馆找来科技小实验方面的书籍认真研究，平时也喜欢看“我爱发明”“走进科学”等电视节目，时时处处寻找教学的灵感。有一次曹老师在某个中学生智力竞赛节目上看到一个托气球的游戏，用到了电荷同性相斥、异性相吸的道理，于是加以借鉴并自制道具，准备了一个新的课堂实验。“我觉得他这个游戏挺棒的，后来我就自己弄了一块吹塑板，然后把小纤维绳子做成小毽子，摩擦生电，小毽子就能够飞起来，挺好玩的。这个实验比咱们书上的实验要有趣多了，我就把这个实验挪到课堂上，整一节课，学生就做这个，怎么做成功了，再思考为什么成功。他做成功这个，比你给他讲道理印象就深刻多了。”

二、实验教学：让学生不惧失败自由探索

有的老师不喜欢在科学教室上课，因为要准备实验工具，维持课堂秩序，科学教室里学生往往格外活跃，似乎给课堂管理增添了额外的负担。但曹老师却是常驻科学教室，跟别的老师不同，曹老师觉得“干讲一节课”才是负担，而设计出精巧的实验游戏让学生去做，老师和同学都能乐在其中。

曹老师钟情于实验教学，对于讲授型的知识点，他会压缩课时，并通过抢答游戏等强化学生学习动机。而对于实验性内容，即使在教材中所占篇幅不多，他也会给学生充分的时间去探索。他善于利用多种形式创设问题情境，鼓励学生发现问题、提出问题，为学生提供充分的观察实验材料，并且给予学生充足的时间和空间，让学生进行自主探究，使学生能人人动手、动脑、动口，感受和体验科学。

曹老师注重实验教学的竞技性、趣味性，不赞成老师将设计好的实验步骤交给学生，让学生按图索骥，而特别强调学生主动探索、经历失败、自我调整而最终成功的体验过程。比如在斜面教学中，教师通常会设计为，搭不同高度的斜面让学生测量拉动小车的拉力，然后汇报交流、总结斜面有什么特征，在这个过程中教师需要一步步指导学生。但曹老师则独辟蹊径，“我把实验设计给改了，就给你一个斜面、一个小车，然后我规定一个力，比如0.3牛顿，你用这个力把小车拉上来。学生自己去摸索，头几次可能拉高了或拉低了，学生就自己不断调整，最后终于合适了。再问，在你拉的过程当中，你发现什么了？这一节课且忙呢，有的组可能很快成功了，成功之后我再说一个数，再调，最后达到说一个数，马上就给你调出来，准着呢，他这就是找到规律了。他已经会应用了，就是理解了，这个时候还用你讲吗？”

在讲空气时涉及制作热气球的实验，这个实验想象中不难，但是真正做成功还是有许多讲究的，如塑料袋是什么样的塑料袋，应该点几根蜡烛，塑料袋放多高等。曹老师在学生中组织比赛调动积极性，并且给学生充分的时间去钻研。第一节课大部分小组没有成功，大家就共同找成功的小组取经，第二节课更多的小组成功了，但第一名的小组还要不断改进看能否保住自己的荣誉。“其实这节课上，我也是在跟学生一起玩，根本就没有负担，一点也不累，领着学生做实验就特别有兴趣。学生也没有那么大压力，玩的过程当中就培养了探究的能力，比如蜡烛最后是怎么调整的，由一根怎么到几根，这个塑料袋放到多高合适，放低就烧着了，学生都在探究的过程当中，失败的过程就是一个探究的过程。”

多年的教学经验让曹老师发现，按照“提出问题、设计方案、开展实验、验证假设”的线性思维让小孩子做实验未必是最佳的教学方式。“他是小孩子，可能一做起来就把你的方案给忘了，他一定是在做的过程当中不断地更正自己的方案，在失败中才能有深刻的体会。如果他没有经历失败的过程，而是由老师告诉他一个完整的实验方案，去掉一切障碍，按部就班完成，这恐怕不适合小孩子。我记得在南京培训的时候，培训教师发给各组一个小玩具，让大家研究小玩具当中有哪些运动方式。这个玩具一发给参与培训的老师，大家就都玩起来了。培训教师就说，停停停，你们先想它有哪些运动方式，你们猜想一下，制定一个方案。你看，成人都惦记着玩呢，更别说小孩了。”

在多年的教学中，曹老师积累了丰富的经验，更确立了自己的重视实验、不惧失败、自由探究的科学教育思想，而这样的教学思想也带来了丰硕的成果。在一次北京市教委对后南仓小学的验收评比中，随机抽取 8 名学生当场实验操作，成绩均为满分，曹老师辅导的学生曾获得全国自然智力竞赛一等奖、全国船模比赛小学组第六名，2006 年北京市第 12 届中小学科技知识竞赛中获小学组团体亚军，2007 年 3 月在北京第 27 届青少年科技创新大赛中，曹老师辅导的科技活动也获得科技实践活动优秀奖。

三、科学教育：从兴趣到志趣

对于新课标中知识与技能、过程与方法、情感态度价值观并重的教学目标，曹老师认为虽然全面，但可能造成小学科学的教学实践中“胡子眉毛一把抓”，忽视了这一阶段的教育重心。而小学科学的教育目标，曹老师自己精炼地总结为“从兴趣到志趣”。

曹老师主张通过“浅而丰富”的教学内容、大量的动手实验和亲身体验来培养学生对科学的“兴趣”，如果这一兴趣能够延伸到课后，乃至未来的学业、职业，则渐渐地就成为学生的“志趣”。“志趣就是学生学完这节课了，下课之后还想着这节课有意思的地方，并且以后可能还想去做。老师能不能做到自己上完这节课了，下课学生还愿意学这个知识，学得更深了，最后真是愿意从事科学了。”曹老师讲了一个故事，区里的一位教师在自己班上组织种植比赛，让学生种植小西红柿，结果到教师节的时候，一个孩子把自己种的西红柿结的三颗小果实送给了老师做礼物，并且说这学期还愿意继续种。曹老师兴奋地说，这就是学生科学志趣的萌芽了。在小学阶段，保护儿童心中这种科学志趣的种子是最重要的。有了这颗种子，以后在合适的环境中，它就会自然地发芽、开花、结果，在小学阶段就用枯燥的教学扼杀了学生的科学兴趣是最可悲的。

正因为如此，曹老师认为在小学阶段过分强调科学概念的教学可能会带来一种危险，这一阶段学生是以感性知识的学习为主，感性知识积累到一定程度才上升到理性知识，即形成他们头脑中的科学概念。“比如大气压力的概念，原理是一样的，但实验很多很丰富，这么多实验，我都让他们做，都让他们玩，感性知识储备充分以后，到初中一讲大气压力的科学概念是怎么回事，他马上就明白了。如果在小学阶段讲很多知识都围绕科学概念，什么是大气，围绕这个讲完之后，可能只花很少时间讲一个实验，围绕科学概念拔高，学生在头脑中就难以建立起框架，倒不如把这些实验都做得丰富了，然后到了初中，老师一点拨，学生马上就明白了。”

四、课堂管理：事半功倍的“托拉斯法”

虽然没有担任过班主任，但在管理学生上，曹老师也善于思考，有自己独到的一套方法。他借鉴了大学时学政治经济学中的托拉斯垄断的原理，即分层管理。曹老师负责的两个班，平均每班 60 人左右，人数虽多，但改学生作业对曹老师来说一点也不头疼，甚至在课堂上就可以完成。“我就用这种托拉斯的方法，分了很多层，我批改组长的作业，12 个组长，而且这 12 个组长不是固定的，比如我这节课讲了哪些知识，布置了作业，这个组谁先做完了，第一个人就到我这儿来批改，我批改完了给他打红花，他就成了组长，负责管他们组的另外四个人。距离快下课五六分钟的时候，组长的作业我就批改完了，而且还写上好，打上红花。我会给组长很多权力，他可以像老师一样写好、奖红花，组长就负责盯着本组的其他四个人。他们都愿意当组长，很积极。别的老师都说看不见我回来批改作业，我说课堂上就完成了。”这种独特的批改作业的方式，不仅节约了时间，学生也得到了适当的锻炼。

科学课涉及较多实验，课后整理实验用品、打扫卫生是个费时费力的活儿。曹老师也用这种托拉斯式的管理方式，使学生高效地完成任务。以至于在非典时期，曹老师所负责的班级总是一打铃就可以走人，教室非常干净可以不用打扫直接消毒。“我就有一段经历，‘非典’的时候，把一个班分成两个班，让我负责一个。我记得我那个班训练了很多方法，比如打扫卫生的方法。因为最后放学的时候，工作人员要消毒，有的班老师走的晚，而我们班到放学时间就走了。消毒的工作人员说我们班挺干净的不用打扫可以直接消毒，其实就是平时训练好了，一放学各组就开始检查自己座位下的卫生，那个教室自然就干净了，就不用扫了，一打铃，我们就第一个走了。”曹老师谦虚地说：“干什么都得想想，包括学生培养，有一个省力的方法，就找呗。其实就是懒人，懒人才找省力的办法。”事实上，曹老师一点都不“懒”，他只是将自己的“琢磨”态度用到了生活中的方方面面，善于寻找规律、解决问题。

五、赞赏教育：让学生体会到教师的爱

在师生的情感互动中，曹老师强调对学生的关注、赞扬和鼓励。他在日常教学中经常给学生打红花，期末的时候就会做一个统计，红花多的孩子进一步评为“科学小标兵”。赞赏教育的思想现在已经并不陌生，但课堂内外教师和学生斗气的现象却依然屡见不鲜。曹老师说，很多老师感叹学生体会不到老师对他们的爱，跟老师对着干。但反过来，教师应该多想想，自己是真正的爱孩子吗？自己是否让学生体会到这份爱了呢？俗话说“打是疼，骂是爱”，但这样的爱孩子很难体会到。“我们老师有这么一句话，我教育孩子，我是爱他们，但是孩子体会不到你爱他们，你都是在说我，在批评我，你不是爱我们。正是因为他没有体会到你对他的爱，所以他才跟你对着干。只有他体会到你真正爱他的时候，他才会服你，才真正听你的。”

科学教师往往一人担任多个班级的教学，难免会有一些学生被老师忽略，而曹老师有自己的一套方法去尽可能关注到每一个同学。“我平时会给学生打红花，到期末就会做一个统计，结果有一次就注意到有个孩子一朵红花都没有，我觉得这是一个工作失误，下学期我就特别关注他了。他确实是一个特别不显眼的孩子，我当时就让这孩子做一个科学小报，做一张，就给他打一个小红花。为了积累小红花这孩子做了四五张，其实做得并不好，但是我也给他打红花，打完之后在班里的一个小墙报进行展览、表扬。这样一来那孩子兴趣特别高，学我的课的时候就特别积极主动。”

曹老师说自己也曾经担心过红花会不会给太多了，但在实践教学经验中发现，“红花真不怕给多了，可能老师觉得很廉价，就是表扬学生一句，给个红花，但学生确实挺看重的。对学生应该以表扬、欣赏为主，让学生真正感觉到老师在欣赏我、在爱我、在关注我、在对我好”。到期末评选科学小标兵时，往往一个班一半多的孩子都可以评上。早年曹老师自己刻一个橡皮图章给学生颁奖，后来有数码相机了，他就给科学小标兵拍照，放在班里的电脑中，学生可以随意拷走。通过这样的方式，一方面调动了学生的积极性，另一方面也使得家长看到了孩子的荣誉，更愿意支持科学课，帮助孩子准备实验素材等。

六、教师培训：点燃激情是第一步

2009年8月曹老师调入通州区教师研修中心，任小学科学教研员，开始了培养科学教师的工作。我国小学科学教师的专业化培养仍然处在发展初期，目前小学科学教育科班出身的教师极少。曹老师介绍说，很多学校是其他专业科目教不好的老师才被“打入冷宫”教科学，由于大量转岗教师的存在，科学教师本身的科学素养不容乐观。

因此，在担任教研员之后，曹老师延续多年的教学经验，也用“竞技实验”来点燃教师的科学热情。近年来，曹老师在通州区组织了“教师科技运动会”，每年一个主题，至少三个项目。其中保留节目是“鸡蛋撞地球”，将鸡蛋从楼上扔下去，要想办法使其不碎。比赛有具体的标准，如鸡蛋的重量、整个物体的重量等；教师们充分发挥想象力，有的用泡沫胶做成飞碟包裹鸡蛋，有的制作滑翔机，有的制作降落伞，不一而足。同样的素材，巧妙地改变一下规则，就是一个新的项目，如一个鸡蛋改为两个鸡蛋，比投准改为比空中飘浮的时间等。科技运动会大大激发了科学教师的探究热情，在他们的课堂中开始出现这些主题的教学内容。而以往尽管培训中也会涉及诸如“制作小电动机”等内容，但由于这一实验难度大，教师没有以比赛的形式真正投入其中，就对其缺乏透彻的理解，很少将其真正用到自己的课堂中。曹老师说，科技运动会设置了电动机项目之后，第二年就在好几位老师的课堂上听到了这节实验课。科技运动会点燃了教师的兴趣，培养了教师的科技实践能力，而只有教师自己对科学研究有兴趣，才可能进一步激发出学生的兴趣。

为了让教师热爱科学教育，曹老师也使用“鼓励法”，在教师培训中经常设置奖项，给教师荣誉、奖励，使教师有自豪感，比如种植活动中的评比和奖励等。对于青年教师和骨干教师设置不同的奖项，一年中开展不同的活动，争取使大多数老师在期末都有获得奖励的机会。“在学校当中，教科学的老师，年终的时候能拿出两三张证书来，教别的科，一张证书没拿着，我教科学就觉得自豪了，也就愿意当科学老师了。我们的种植活动，我发了种子之后，作为科学老师，你都去种，端回来评比，即使你得三等奖，也能拿一个证书。其他科目可能没有大面积的每个人都能得一个证书的机会。这样，他觉得在学校里当科学老师，还是一件比较好的事，虽然很累，但是他能够得到一个成功的结果，累有所值，他就愿意做科学老师。”

七、寄语新教师：在挑战中成长

对于新入职的教师，曹老师回顾自己的成长之路，认为要敢于抓住机会，多做公开课、观摩课和研究课，在不断的自我挑战中成长。“当时我在的后南仓学校是一个重点小学，做课的机会就特别多。做公开课、观摩课、研究课，做这样的课，做一次课就是一次提升，跟平时上课绝对不一样。我那时差不多每个月都得做一节课，做课就得充分准备，语言、环节各方面就得细想，这个对我的帮助挺大的，在做课过程中，领导、专家给你点评的时候，不好的地方一定要多听，教学能力就会有所提升。上研究课的那节课，肯定跟平时上课不一样，收获也不一样。有了这个锻炼，你再上平时的课，就要高一个台阶。”

曹老师也特别强调新入职教师更应该建立强烈的职业认同感，主动积极地做好本职工作。“我常跟年轻老师们说：‘你们要是准备好一节课，马上给我打电话，或者给我发个短信。’但是很少有这样做的，我必须要求他们，他们的主动性比较低。后来我分析，可能是他们的这种职业认同感比较弱。”曹老师当年以全班第一的成绩毕业，尽管同班同学日后纷纷转行，但他坚持耕耘在自己所热爱的教育事业中。事实上，无论在哪个行业中，没有充分的职业认同感，没有长久的努力，都不可能取得优异的成绩。

结　　语

对曹老师的访谈结束后，他带我们去办公室参观了窗台上他养着的各种植物。给学生和老师们上种植课，曹老师必定亲自种植，而且反复钻研如何让小西红柿长得好长得旺。窗台上有今年的苗、去年的株，还有预备用作花肥的果。曹老师将它们从一个牛皮纸文件袋中倒出，五颜六色，活像一颗颗玛瑙。我想，这些小西红柿对他来说可能比任何玛瑙宝石还可爱吧！在曹老师的身上，我们看到了一个优秀教师对教学事业的热情与坚持，对学生的尊重与关爱，更重要的是，我们看到了科学学科内化在他身上的对事物本身的兴趣和钻研、创新的热情。我国科学教育的发展正需要许许多多像曹老师这样热爱科学、潜心钻研、全心全意投身教育的人。

〖寄语〗

2014 金秋时节，首都师范大学将迎来 60 年华诞。六十年，岁月如歌，回忆过去，在校园里，我们手握春光烂漫的年华，编织着人生的七彩之梦。在这里，我们第一次离开父母，学着自理，试着开始独立；在这里，我们学着怎样踏踏实实做人，怎样认认真真做事；在这里，我们丰富了自己的头脑，建立自己的人生观，开始勾勒自己的人生旅途；在这里，我们度过了人生最青涩的年少时光，建立了至纯的友谊。由衷地感激母校的栽培，感谢老师们的谆谆教诲，让我们拥有智慧、勇气和力量，迈向我们理想的彼岸；在校庆六十周年来临之际，奉上最诚挚的祝福，祝我们的母校以创新的理念、开拓的魄力，为社会培养出更多的品德高尚、意志坚强、思维活跃、具有创新意识的优秀人才。祝校友们学习进步，事业辉煌！

孜孜不倦的探索者

——数学特级教师刘国刚

王瑞霖　彭帅

刘国刚老师，首都师范大学附属中学特级教师。他1957年出生，1975年参加工作，恢复高考后考上大学，毕业于河南大学数学系，1993年晋升中学高级教师，1998年被评为特级教师。

在30多年的从教生涯中，刘国刚老师陆续领导过多个学校的数学教研工作，其所在的教研组曾被评为省级优秀教研组，所执教的《二次函数在闭区间上的最值问题》获得北京市一等奖，有多篇论文获得省市级一、二等奖。他编辑出版《初中数学竞赛习题选》《高中数学题组教学》等书籍，在各类刊物中发表专业论文20余篇，指导学生多次获得初中数学竞赛国家级一等奖、高中数学竞赛省级一等奖，先后获得“省级骨干教师”“省教育学会先进工作者”“市优秀教师”“市学科带头人”“拔尖人才”“十杰青年”等荣誉称号。

我们对刘国刚老师的第一印象是一个思维严谨的教师，在众多荣誉的背后，默默支撑着他不断努力和进步的是多年来未曾改变的孜孜不倦的探索精神。从刚步入教师队伍之时，刘国刚老师就开始了他的漫漫探索之路。他努力思考和研究数学的思维方式，探索如何将这种思维方式传授给学生，探索如何更高效地解题，探索如何培养学生学习数学的兴趣，他的每一点探索都让自己在中学数学教育的道路上走得更远。

一、勤于思考，探索初为人师的方法

（一）高中毕业后意外回母校任教

说起自己是如何步入教师行业的，刘国刚显得很轻松，仿佛上天早就瞒着自己把这条路给安排好了，自己就是那么没有任何心理准备地被推荐去试一试，一试就中了，从此人生就与教师结下了不解之缘。“我一开始教书的时候是很意外的。高中毕业以后，我的母校缺老师，校长就想起我了。可能因为初中是在那个学校读的，又给校长留下了比较深的印象，校长就推荐我过去。过去一试，学校就接受了，于是我就开始做代课老师。做了大概两年的代课老师，到了1977年高考，很多人都忙着复习，当时我在学校里主要精力还是放在教书上，也没怎么做准备，那年去考了也就考上了。报专业的时候，因为考虑到自己是老师，也就还是想往这个方向走，就报了师范学校了，被顺利录取了。在大学里面学了四年，然后重新回到中学里开始教书。”

（二）一本书带来的思考

刘国刚回忆自己小时候的经历，他说那个时候自己上学成绩好，很多同学都会过来问他这些题目是怎么想的，怎么就解出来了。那个时候自己还是学生，也没想这么多，好像拿到题目自然就做出来了，搞不清楚自己是怎么思考的。然而事情就是这么巧，多年以后刚刚成为教师的刘国刚所面临的第一个问题与多年前同学们的疑问是那么一致——这些题目到底是怎么想出来的？这些问题一时也想不明白，于是刘国刚只能想办法借助书籍来寻求答案。那个时候正是“文革”时期，资源很少，难得找到一本数学相关的好书，但一次偶然的机遇给刘国刚带来了希望。

有一次在教师培训班里，我遇到了一个准备参加高考的年轻人，他拿了一本《平面几何的钥匙》来问我，我一看到这本书就喜欢上了，他白天要读，我白天要去培训，到晚上的时候，我就拿过来抄那本书。那书不厚，我大概用稿纸抄了一百多页。我把那本书特别有价值的地方，包括文字叙述部分和题目，还有它的解题过程，甚至图，都抄下来。那个培训班只有一周，我就利用晚上抄，愣是把那一整本书都抄下来了。

让刘国刚自己也没想到的是，在后来的考学过程中，就是那本自己花了一个星期抄下来的《平面几何的钥匙》给了自己很大的启发。也就是以那本书为起点，不管是后来在大学求学还是在中学教书，他开始认真地思考这样一个问题——数学解题到底是怎样一种思维活动？“最开始我还局限于数学的解题方法，后来我开始探索同类题目都有哪几种思考方式，其中哪几种思考方式可以解决对应的问题，这样的结论又有多少种证明方法，然后比照中学教学内容做比较系统的总结，自己慢慢地理出了一个头绪。”

二、寻寻觅觅，探索数学思维方式的奥秘

(一)领略数学思维的魅力

教师行业本身是一个很辛苦的行业，每天要备课、上课、批改作业、为学生解答难题，经常忙得喝口水的时间都没有。老师们年复一年做了很多重复的工作，教了一批又一批的学生，其中一些人会觉得这种工作可能有点枯燥或者看不到尽头，于是就退缩了或者干脆放弃了这个岗位。但是刘国刚在岗位上从来没有退缩过，他几十年如一日兢兢业业地工作在数学教育的最前线。当谈到是什么支撑着自己在教师岗位上不断探索不断进步时，刘国刚说得很明确，那就是数学思考问题的魅力——这是支撑他的根本。“数学有什么样的吸引力？人类的思维是怎么把这事想清楚的？想明白，你就会发现这其中有一个很闪亮的东西——原来他是那么思考的！这能激起你的那种惊讶、羡慕、赞叹，原来人家是这么想问题的，这让我感觉到特别有意思。”

数学思考问题的魅力在哪儿？刘国刚在跟我们谈起数学吸引他的地方的时候显然非常兴奋，就像一位收藏家带领客人来参观他一生最得意的收藏品时的那种激动与自豪。“最让我着迷的是数学思考的品质，在答案没有明朗之前那种追着不放，锲而不舍的精神。这种精神是从哪来的，它的动力在哪？我想，最大的动力在于，自然界中所有的规律，人类都是可以认识的。这个东西太给人以诱惑了。不光是数学，自然科学的很多东西、很多规律是可以不断被人认识的。”

回到数学当中，刘国刚认为经过正常训练后，人们通过数学思维是可以解开很多数学问题的。数学思维就是人的大脑中一种加工信息的能力，这种能力是无形的，看不到的。但这种能力就像一种连通工具，把问题拿过来，经过它的连通，对面就是答案，很神奇，很有吸引力。

(二)洞察数学思维的核心

刘国刚所谓的数学思考问题的魅力或数学思维方式的魅力，正是在这种魅

力的吸引下他对数学产生了浓厚的兴趣，也激起了他对数学思维方式的思考和探索。从刚开始步入教师岗位，刘国刚便已经在思考自己或别人在解题的时候到底是怎么想的，是如何一步一步通过题设推出结论的。事实上，在日后几十年的教学和研究工作中，刘国刚从来都没有停止过对这一问题的思考。数学的思维方式太丰富了，针对每一类问题就有很多种思考路径可以选择，而每一个具体问题更是包含了更多的可能性。在访谈中，刘国刚用简短的话语总结了他关于数学思维方式的一些思考。“数学的思维方式最基本的是承认客观规律是独立于人的意识之外的，是不可战胜的，然后尊重自然，尊重客观，这是数学的第一个问题。一个人只有尊重自然了，在使用定理的时候才会谨慎，在运算的时候才会把握好精确度，在表达的时候才会把内容写明白，这是第一个层面。第二个层面是，数学要带给人一个发达的头脑，让他学会基本的数学素养——有步骤地、严谨地去处理问题。先得训练他有序，然后训练他严谨，别的学科也会给他这种训练，但是远远没有数学给的印象深、价值大。除此之外，数学还会带给人一种灵活性，因为我们在面对一个数学问题的时候，解决方法很可能不止一种。在这几种中，你能不能很有洞察力地选择那个最简洁、方便、快捷的方法，而不是选择那个复杂的、带来大把出错机会的方法，这是数学思维中灵活性要解决的问题——只有灵活才能达到方法的优选。”

三、马不停蹄，探索数学思维的培养模式

（一）自己清楚是一回事，学生明白是另一回事

在不断探索与思考的过程中，刘国刚逐渐总结出了一套他自己关于数学思维方式的理论，但是在后来的教学实践中他又发现问题并不是那么简单，因为他的这套关于数学思维方式的理论总结的是自己的思考。自己想清楚是一回事，把这些东西交给学生又是另外一回事。如何让学生也能够明白这套东西呢？这是摆在刘国刚面前的一个新问题。这一次他又选择了向书本求助，为了解决这个难题，刘国刚一边在教学实践中不断尝试，一边想方设法寻找相关书籍，希望从中找到答案。后来他找到了由中央教科所的李镜流老师负责编纂的《教育心理学新论》系列丛书，其中有一本是关于教育心理学的，它主要介绍了当时国际上最流行的教学理论。拿到这本书以后，刘国刚认真研究了很久，书中谈到的数学的能力结构给了他很多启发。后来他在读别的书的时候，又接触到了数学的思想方法结构，于是他反过来想，数学的解题方法也必然是有一定的结构的。

在这一想法的驱动下，他和几个同事就打算做这方面的探究。

当时为了把这个问题弄清楚，1989 年刘国刚还专门来了北京一趟，找到教科所的教研员李镜流，在他家里谈了一个小时，谈自己的想法，谈自己应该往哪个方向走。李镜流听完后很有兴趣，鼓励他们继续研究下去。于是，谈完以后他和几个同事回去就成立了一个教学研究组，在一个小范围里做了这方面的研究。

（二）数学思维能力教学的研究很诱人

通过什么样的训练方式才能让学生具备数学思维能力，对于一名中学教师来说，有关这一问题的探索似乎比对数学思维能力本身的研究更加复杂而且重要。数学思维方式其实是相对稳定的东西，而针对学生的训练方式则是因人而异的，需要更多的尝试。

作为老师，你要明白的是你能通过什么样的训练方式让学生具备这个能力——数学思维能力。它结构到底是什么样的，怎样才算具备了能力，每一种能力应该怎么培养？这个课题很大，很诱人。是不是有这样一条途径，通过训练让你的学生具备了这种思维能力？是所有的学生都可以，还是一部分学生可以，或者有些学生永远就不可以？你如何知道一个学生经过训练已经具备或者不具备这样的能力？这个测评的方式是什么，标准是什么？无穷无尽的课题等待我们去研究。再者我们能不能深入到学科内部，想想在教学当中该怎么做。比如数学的计算能力，学生要具备什么能力才能进行正确的计算；可能这个范围有点大，缩一下，高中数学要求学生具备哪些计算能力？如果还感觉范围大，用高考的标准，课标的标准，它对计算能力有哪些要求？如何来培养学生使他具备这个能力呢？训练后如果学生没有这个能力，原因是什么？是学生先天缺乏这种素质还是由于你的培养方式不正确？怎么去界定这些？太多的可研究的方向，特别诱人。

刘国刚说对于这个问题，他一直在实践中进行研究与尝试，也获得了一定的心得，但是这个课题过于庞大，加之自己平时在教学一线上牵扯的精力太多，仅凭自己的力量无法取得大的成果。他希望有更多的教育界研究者能够接地气，走进中学课堂里来研究这些现实的问题。

（三）无理论，不成器

在刘国刚看来，教学生数学的目的有几个层次，让学生获得数学知识或者说会解题，这是浅层次的目的。而更深远地来看，通过训练学生，使他们拥有发达的头脑，能够用数学的思维方式来解决问题，这才是更深层次的目的。刘国刚认为数学的思维是可以潜移默化的，一个拥有数学思维的人会更加尊重自然规律，在解决其他问题时会更具有次序性和严谨性。

那么什么样的教师才能担当起教授学生们数学思维方式的重任呢？刘国刚给我们谈了教师修养中理论的重要性。在他看来，一个没有理论支撑的教师，他的教学活动很可能是盲目的、漏洞百出的。“如果一个老师对数学的知识结构、能力结构都理不清楚，自己遇到一些问题还解不出来或者学生说了一个解题方法自己还反应不过来，那一节课就会经常难以继续下去。因此一个教师需要在这方面研究得很透彻才敢说这话，才敢判断自己对不对。如果自己还没理清楚，就盲目地说自己对或不对，这些都不客观，都违背了数学的那种尊重自然规律的习惯。”

刘国刚认为，作为一个中学老师，特别是作为一个中学的数学老师，能不能从一个试题的背后来看它的价值是很重要的。不管是拿着给学生讲还是给学生去做，一个优秀的老师要能够看透这个题目具有什么作用。自己看透还不够，还要能够引导学生看透问题的本质，这就需要教师具备一定的能力了。具体来说要具备什么能力呢？“第一，知识结构，教师要有相当广而深的知识结构。第二，解决问题的方法结构，这个结构自己要完备，能看出一个题目涉及了哪些解题方法，涉及了哪些知识。第三，能力结构，这个题可以训练学生具备哪些能力，或者具备了哪些能力才能解开这个题。第四，思想方法结构，这个题用来训练学生哪些思想方法，学生具备了哪些思想方法他才能解开这样的题目，才能进入到这个思维的层面上去。”一个教师要培养这种能力，需要实践和理论的结合。教学理论有很多方面，除了知识系统的理论外，还有学习理论，那些国际上流行、国内专家提出的、甚至自己总结的东西都可以用。当然光靠自己肯定是不行，视野一下子被限制住了，那就要通过大量的阅读来丰富自己的理论体系。

四、意外收获，探索途中获评特级

刘国刚于 1993 年晋升为中学高级教师，1998 年被评为特级教师。说起自己被评为特级教师的经历，刘国刚觉得这种荣誉是可遇不可求的。其实自己并没有想方设法去争取这个职称，而是想着怎么把书教好，把学生带好，在某一天省里要评特级教师的时候自己正好符合要求，又有一点“小”成绩，于是就顺利评上了。

(一)一步跨越到竞赛层面研究平面几何

1992年，因为住房等方面的问题，刘国刚从一所学校的高中部调到另外一个学校教初中，而且校方让他一边管理一边教书。在新学校的教书过程中他发现了一个问题：课本上的平面几何题居然有时候做不出来。这在他以前的高中教学中是很少出现的，经过几番思考，刘国刚下定决心暂时放下教学研究，而专门解决数学解题的问题。

因为当时的老教材里有些平面几何的题还是挺难的，而刘国刚又想在比较短的时间里把这些问题搞清楚，于是他当时就给自己定了目标——直奔全国数学竞赛，研究其如何命题，然后一步跨越到竞赛层面去研究平面几何。“在新的学校里，学生的学习素质比我以前那个学校的要好，初中那会儿尽管我还对教材不熟悉，但是学生热情很高，我一边领着他们搞竞赛，一边自己往前走，这样一埋头就是两年多时间。”

(二)小地方赛出好成绩

到新的学校组织学生搞竞赛，其实刘国刚心里也没底，毕竟是第一次尝试，当时也不知道自己把竞赛推到了什么程度。直到两年后，一个区级的市组织了一次数学竞赛，整个市范围内选前30名，刘国刚带的学生进了28个人(他总共带了30个学生)。“就是这个成绩让我知道，我做了多少工作，我前面教学的研究，那些教学理论的琢磨，其实在新的教学当中也都在起作用，才能取得这么好的效果。”后来这一届学生在参加全国数学联赛的时候，在河南省一个不太显眼的小地方，他们取得了一个一等奖、两个二等奖、三个三等奖的好成绩，这在省里面也受到了一定的关注。一个比较小的学校能出这样好的成绩，其中一定有老师的作用。就是那一年，刘国刚所在的教研组被评为河南省的优秀教研组，而刘国刚也被评上了省教育学会的这一系统的先进工作者。在访谈中，刘国刚谈到，那一年就是竞赛的事情出了一点名气，算是小有成就，他自己不是很有意地做这件事情，但确实是竞赛给自己奠定了基础。

(三)水到渠成，获评特级

在那个学校，刘国刚整整做了六年。前两年搞了竞赛以后，学校整个初中的成绩也都上来了，因为数学这个学科出了效果以后，学生的思维能力就活跃了，其他的学科成绩也都跟着上来了。学科成绩提上来以后，学校的名气慢慢也上来了，学校在周围的影响力很大。正是由于竞赛带动了学校的整体发展，刘国刚在其中功不可没。但是访谈中刘国刚却非常谦虚，在他看来自己只是做了该做的事情，而正好机遇找上门来了。

就是竞赛出了点小成绩，评特级也是一个可遇不可求的事。我并没有想过评特级，因为它有一个推荐指标，人家把东西弄过去了都不合适，在高级职称的系统里扒完了就找到我了，问我这高级多少年了，我也符合这个硬性条件，他说那你有没有证书，我说要什么证书，论文、讲课、竞赛、辅导，这些证书你有没有？优秀教师的证书，我说有啊。我就回去拿自己的证书，我拿给人家回去一看，说前面的都不行，都没法跟你这比，你这刚好全都符合那里的条件。然后就报上去参加评审，最后顺利评上。有个事我评审的时候不知道，后来往这边调工作的时候我才发现，那个评审表里有一个投票，全票通过。

五、心系学生，探索过程中的感动

刘国刚认为在教学过程中，学生的反馈信息是非常重要的。如果仅凭自己的感觉去教学，而忽视了学生的反馈就不知道自己教得是好还是不好，有效还是无效。在他眼中，作为一线的老师，教学是实实在在的东西，学生有反馈就要落在笔头上，落在他的成绩上，而不只是空谈教学应该怎么做。在访谈中，刘国刚给我们讲了几件自己的教学过程中印象比较深刻的事情，通过这几件事来说明了学生反馈的重要性。

（一）学生鞭策着自己不断进步

“1992 年我第一次调换工作到一个新学校教初中，一个初一的小孩问我几个数学问题，我一看问的是很顶尖的问题，就问他是在哪读到的，小孩说是在一本杂志上读到的。我说你喜欢数学吗，他说特别喜欢，我说你再有问题还拿来问好吧。”刘国刚说这个小孩给他的印象非常深刻，也就是那一班人让他燃起了领着他们一起搞竞赛的念头。他感慨道，遇到求知欲望很强的学生最能够鞭策自己往前走。

（二）兴趣是学生和教师不断进步的根本因素

2003 年的时候，刘国刚来到北京，第一次接触这边的学生。在班上他发现很多学生想数学问题想不明白，他就开始思考为什么会出现这种情况，他反问自己，把思维方式传授给学生不就行了吗？后来，跟学生交流过以后，他才发现事情不是他之前所想的那样。“在那里，很多学生并没有找到学习数学的乐趣，而是把数学当成一种负担。要知道兴趣是一个教师坚持往前走和一个学生不断进步的最根本因素，没有这个，恐怕二者会非常辛苦，不管是在精力还是体力上。”

于是刘国刚开始采取措施，通过言传身教来培养学生们对数学的兴趣。后来这个学校2009级的毕业生，在留言本每人都给他写了一句话。有人说听刘老师的课是一种享受，刘老师带给了他们不一样的数学；有人说在他的数学课里面，他们能体会到老师对数学的那份热爱，这些热爱也感化着他们，让他们感觉到数学不是一个受累的学科，让他们体会到数学的魅力；也有人留言感谢刘老师让他的数学成绩得到巨大的提高。这本册子刘国刚至今还保留着，他说同学们给他的留言让他很感动。

这些留言让我明白了自己琢磨的这些东西是对的，学生承认你。你给学生提供的那些帮助，让你感觉自己是有价值的。学生给我的评价都让我很感动。但是自己还是对一些东西有期待，我总是在想一个问题，有没有更好的方法来教这些学生，或许这个方法来了，学生学得很轻松，我们也很愉快，学生学习的效果也会很好。但是所有的方法不经过实践都是“白玩的”，就得拿到你的学生当中去实践，去感受。

六、给师范生的建议

对于师范大学应届毕业生的能力问题，刘国刚的看法多少有些与众不同。他认为从应届生中招聘数学老师的时候，最主要看的是一个人最基本的数学素养，而不是看他的教学水平有多高。因为一个刚毕业的学生不可能对教学方式很有见地，但他处理问题的态度和思考方式，以及切入问题的角度是其以后发展中起决定作用的方面。“当然，基本的教学能力是需要具备的，但其中的语言表达能力、板书水平、课件水平，这几个最基本的能力不是核心能力，关键是要看他在讲解这个题目时的切入点在哪儿，看他能不能洞悉这个题目的本质。有些新教师试讲的时候，一看这节课他引入、展开和抓的那个点，就可以很清晰地看到他的基本素养。尤其当学生参与进去的时候，由于各种不确定性的存在，很能反映一个老师处理课堂的能力，也可以看出他坚持的是什么。你可以训练他，让板书写得很好，训练他语言很流畅，训练他课堂结构是什么样的，但是这个点没法训练，因为这是突发的。”

基于对一名优秀教师的悟性、应对能力以及数学本质的要求，刘国刚认为师范大学在培养学生的时候应该让他们把数学背后要带给学生的东西搞清楚，而不仅仅局限于数学该如何解题。他说现在大学里面没有这样一门课程，很可惜，他也多次提到这是一个特别大的课题，是一个很好的研究方向，但由于自身处于教学一线，工作压力太大、精力无法分散，很难集中时间参与到这样的课题中来。他也希望有更多的人能够参与研究这些问题，为数学教学实践活动提供理论指导。

结　语

刘国刚老师的从教经历，就是不断思考、探索和实践的过程。数学教学是一个充满挑战性的课题，要在实践中把这个课题做好着实是一件不容易的事情。刘国刚老师从刚步入教师队伍就开始探索如何运用数学方法去思考问题；此后他又结合自己在教学实践中遇到的问题着重研究了数学思维方式以及如何向学生传授数学思维；当在教学中发现自己还有平面几何题做不出来时，他又下定决心探索解题的奥秘，并带领学生冲刺数学竞赛，这一赛就赛出了成绩，并为自己获评特级教师职称奠定了基础。

一名教师对于自己本职工作的深入思考与探索能让学生受益良多，能为自己的教学生涯铺平道路，或许还能带来意想不到的收获。刘国刚老师孜孜不倦的探索精神令人钦佩。

〖寄语〗

祝首师大人才辈出，越办越好！

求知路不忘初心，教坛上绽放华彩

——数学特级教师王文杰

刘帆　陈进美

王文杰老师，1946年生。1977年考入首都师范大学数学系；1982年首都师范大学数学系毕业，获得学士学位。1982年起先后在北京东直门中学、北京第二中学任教。1991年被北京市政府、市教工委授予北京市优秀教师称号。2004年被北京市教育委员会评为北京市中学骨干教师。2005年被北京市人民政府授予北京市特级教师称号。2005—2010年曾经任北京市东城区教委名师工作室第二届、第三届“王文杰数学教学研究工作室”的主持人。自1988年以来，长期担任北京市东城区研修中心的高中数学教学的兼职教研员，为东城区的教学、考试命题、编写练习用书等做了许多工作。自2010年以来，担任北京市朝阳区教委的数学学科的顾问，指导教师的教学工作。

一、曲折大学路：学习是一种信仰

王文杰老师父母都在大学工作，他从小跟随父母在大学家属宿舍生活，在大学校园玩耍，就读于大学的附小、附中，求知问学于他是深入骨髓的文化基因。“在我的脑子里，人就得学习，就得有知识，浑浑噩噩过一辈子，有什么意思。”高中毕业上大学对他而言是那么自然而然的事情，王老师说：“没有想过上大学干什么，只是觉得必须得上大学，哪有不上大学的啊。”然而，时代风云的变幻打碎了本来触手可及的梦想。1966 年 5 月，王文杰老师高中毕业，6 月 1 日开始“文化大革命”，王老师还坚持复习功课，到 6 月 11 日，革命小将的一封建议废除高考的公开信使得王老师简单的大学梦瞬间化为泡影。自此，中国 10 年未再高考。

接下来，和无数知识青年一样，王老师也经历了“上山下乡”。幸运的是，他并未远离知识，在山西偏远的乡村，他当起了教书先生。“到了山西以后赶上全国搞复课闹革命，北京的复课闹革命基本上是闹革命，但是因为我在山西农村，基本上是复课不闹革命，真的上课。挺有意思的，它那儿原来是一个县一个高中，一个公社一个初中，几个大队一个小学。一复课闹革命，就发展成每个公社一个高中，几个村一个初中，每个村都有小学。虽然办了那么多的中学，但是师资不行，就从插队的学生里选老师，我就当老师去了。一开始教复读班，很多‘文化大革命’前上初二、初三的孩子，甚至还有上初一的，想上高中，就给这些初中学生办复读班。”

1972 年，在山西当了近三年初中数学教师后，因为是家中独子，王老师按政策回到了北京，在北京工具厂做了一名工人。1977 年恢复高考，此时王老师年龄已经不小，但上大学依然是心底最深切的渴求。“因为我想上大学，一看有个机会，别看年岁大了，可是能考，我就报名了。”王老师一开始选择了自己最钟爱的北京邮电大学无线电专业，并且以优异的成绩顺利通过了高考，却因为年龄原因，没有如愿以偿。此时首都师范大学向王老师抛出了橄榄枝，因为前期做数学教师的经历，王老师选择了数学系。

读大学的机会来之不易，像那个时代的很多大学生一样，王老师格外珍惜这读书的机会，开始了如饥似渴的学习。而首师大数学系学习氛围尤其浓厚，王老师说：“当时每个系有一台彩电，搁在一个大教室里，像中文系什么的，人家看电视的教室根本坐不下，就跑到我们这边来，说我们看你们的电视吧，我们就把钥匙给他们。而数学系几乎没人看电视，都在学习，舞会很少有人参加，学校放电影好多人也都不看，就在教室里做功课，学习气氛可足了。”

四年的大学学习，对知识的渴望促使王老师从未停下脚步，昔日师长的谆谆教诲仍历历在目，时至今日，王老师依然记得当初童武老师、李世新老师课堂上由浅入深、循循善诱的教导，在王老师初踏入教师职业时一直影响着他讲课的方式方法。说到自己特别敬重、让自己受益特别多的童武老师的数学分析和实变函数课，王老师说：“童老师教学由浅入深，讲得特别明白”，对于自己到中学以后，如何教数学课特别有启发。“还有一个教高等代数的李世新，主要是这两个人我印象特深，李世新老师后来当了副院长。童武老师，我觉得他教书特别好。”

王老师甚至对于大学时所听的一些讲座也记忆犹新。谈起大学时听中科院的大数学家杨乐、张广厚等的讲座，王老师对这两位中国土生土长、取得了世界顶尖级成就的数学家赞叹不已，同时也感叹由于国内宣传不足，“连数学老师都很少知道他们两个了”。“我记得张广厚说他在高中的时候数学没低过98分，上了北大第一学期考试不及格，他就急了，就买了一本《吉米多维奇习题集》，把这本书从头做到尾，以后数学就好了。他这么一说，我们大伙儿都买了《吉米多维奇习题集》，人手一本。”

当时首师大也曾邀请北京市教育局局长韩作黎为学生作过一次报告，王老师说：“韩局长是在部队里边当老师的，据说有一个电影，叫《马背上的摇篮》，就是一边带着孩子转移，一边教课，讲的就是他们。‘文化大革命’以后，就让他当教育局长了。他给我们作报告，讲北京现在教育的情况，讲了很多笑话，说老师没文化真不行。他讲得很生动，最后说希望你们将来毕业以后，都去当老师。”动荡年代给教育事业造成的破坏亟需一批有专业素养的新教师担起重建的责任。王老师是作为工厂工人带薪读大学的，按照政策还应该回到原厂工作。但毕业之际，北京市为了给中小学补充优秀师资，专门针对首都师范大学的毕业生下发了文件，鼓励大家都去当老师，于是，王老师于1982年进入东直门中学教高中数学，此后又于1993年调入北京二中工作，直至2011年正式退休。

二、教师生涯：拥抱挑战，磨砺技能

谈到自己的专业成长，王老师先讲了自己从教第一学期的一个小故事。“那时候用上海教材，教到三角函数部分，公式特别多，题也不好做。因为我在上高中的时候，我的教三角函数的老师老跟我们说，你们得多做题，熟能生巧。这个话我就记住了，后来我也这样教导他们。大家说三角题怎么做，我说熟能生巧。下课了我回到办公室，把备课本和教材往桌上一放，刚想站起来去洗手，一抬头面前站了两个女生，一个是学习委员，一个是生活委员，俩女生的名字我还都记得，一个叫陈怡（音），一个叫陈俞（音），这俩人名字很像。俩人说，老师您说得不对，生活委员态度还挺冲。我心想哪讲错了吗，赶快就要翻书。学生说，不是课讲错了，您说的熟能生巧不对。她说您看您就教一门数学，您知道我们学多少门课吗？我们不算体育就九门课，怎么做到熟能生巧，您应该告诉我们怎么想，为什么这么想？我一想对呀，从此我就开始琢磨。第一年就有学生跟我说这个，所以从那时起，我就开始研究解决各类问题的数学思维方法。教学相长这个事我遇到的多了，但是我觉得老师确实得是这样，学生说的意见，老师真的得认真去想一想，如果认真想一想，真的这么去做了，恐怕老师提高就快了。”

新教师总是不自觉地沿用自己学生时代老师的经验，然而这次学生的小小挑战却使王老师即刻反思自己的经验，并开始独立思考和认真琢磨，注重对学生数学思维的培养。王老师说从教多年来教学相长的事情遇到很多，如果教师能够“认真对待学生的意见，思考改进教学的方案，那么一定会有很大的提高”。

由于这种谦虚、认真的态度，加之扎实的专业基础，王老师从教不久就取得了优异的成绩，1987 年他所带的文科班高考成绩在重点校云集的东城区名列前茅。于是，次年王老师开始崭露头角，被聘为区里的兼职教研员，从事全区命题和教材分析等工作。负责领域也经常变换，从立体几何到解析几何、从函数到数列，每次都要仔细琢磨如何编出让别人觉得“用了特别好”的素材。而为区里教师做“教材分析”工作也很有挑战，当时听课的老师很多比王老师资深年长，他们会很直接地说“这个不行”，“那里还要再讲讲”，这种挑战使得王老师必须把这些东西都研究得特别好，并且不断与有经验的教师讨论切磋。

无论是学生的需求、同行的意见、工作的挑战，王老师都是谦虚而认真地对待，不断地磨炼自己，追求卓越。

三、教学心得：一点一滴渗透数学思维

爱因斯坦曾说：“所谓教育，就是当一个人把在学校所学全部忘光之后剩下的东西。”王老师对数学教育的理解正是如此。“教数学，学生将来把什么公式、定义、定理这些都忘了，他留下来的应该是老师教给他的，留下的就是思维方法。”王老师深信数学思维的魅力与价值，见多识广的王老师津津有味地讲起在欧洲，哲学家都必须有极高的数学素养，“不说别人了，就说恩格斯的自然辩证法，打开来看也尽是数学……老外认为中国到宋朝才有哲学，就是因为宋朝人用八卦推演时间，西方人觉得这是二进制数学”。说起李政道先生的逸事，王老师说：“别人说他是物理学家、诺贝尔奖获得者，他不觉得什么，说他是哲学家他特别高兴，哲学是最高的学问，而数学就是培养人的思维的。”

王老师还用叶圣陶先生的一段话来说明数学思维的价值。"'学数学的人写出文章来一定是逻辑清楚，条理清楚'，这是叶圣陶的话，确实是这样。"

对于数学思维到底是什么，王老师举了一些例子。"现在中学数学主要是定义、定理、公式、法则。比如说我们学一个概念，你从什么地方去认识它？一般来说，一个老师让学生把定义背下来，说说就完了。其实一个定义它的代数含义是什么，几何含义是什么，从逻辑含义上说又该怎么理解，它都有什么应用，我们怎么用它，这样多角度地去理解，学生对概念的认识就拓宽了。比如说在中学，很多时候需要求最大值、最小值、取值范围，在中学有多少求取值范围的方法？分析一下也没什么。因为用中学学的知识解决这些问题，第一是学过函数的单调性和极值，学过均值定理，不等式，再一个是有些几何的方法，像几何不等式等，比如说一个点到一条直线距离什么时候最近，就是点到直线的距离。随着所学知识的增加，一点点地给学生剖析。"

王老师在教学中发现，很多学生延续初中的习惯，"拿到题目先看已知，把已知分析半天，还不知道这道题要干什么"，针对这个问题，王老师从高一就开始培养学生良好的解题思维方法，即"先看求证什么或求什么，确定解题目标，再看你具备了哪些数学知识，有哪些数学方法，结合起来确定解题路线，这样学生就学会了怎么想问题。经过一年的训练，学生到高二就比较善于思考问题了"。为了让学生了解这种解决问题的策略，王老师还给学生举一个形象的例子："比如说我告诉你们，谁有公交卡，谁有自行车，谁带的钱多，有公交卡坐公交车，有自行车骑自行车，带钱多的可以打车，然后下了课以后出发。我的这个要求大家听了一定很茫然。我不如说咱们今天下了课，比如说三点半下课，四点半到西单图书大厦集合，咱们在西单图书大厦第几个门外边集合，至于你们怎么去我可以不管，你按照你的条件去。就是先告诉你目标，然后每个人再根据你自己的已知条件看怎么设计路线。"正是因为王老师的有心训练，学生们经常会给出一些参考答案都没有的、甚至老师都没想到的解题思路，令王老师感到十分快慰。

数学思维看起来不如具体的知识点、解题方法那样直白可教，但王老师坚信思维是可以训练和培养的。他以自己的亲身经历为例来说明这一点：

人的思维习惯是可以培养的，我就有体会。"文化大革命"前，我对文科不是很喜欢，虽然我也不是学得不好，但不是那么喜欢。但是"文化大革命"中没什么事干，看报纸、看大字报什么的，报纸看完了以后我都能复述，他们都管我叫“百科全书”了，人家问苏联的总理叫什么，哪国的外交部长叫什么，我都能说出来。就是因为整天没事，就看参考消息、看报纸，就记住了。等后来1977年一上大学，前半个学期，我发现我的数学思维不行了，我看《红楼梦》之类的小说看完以后就能给人讲，但是学数学就不行了。等到半个学期以后，恢复了，数学行了，但是那些又不行了，说明人的思维是可以训练和培养的。

四、教育观察：视野开阔，心系社会

访谈的过程中，王老师古今中外信手拈来，就像一部百科全书。他博闻强记，善思敏行，又有多次出国交流学习的经历，因此，王老师对于教育问题有着许多精辟见解，这里略谈一二。

首先，王老师认为我国教育事业要想获得更大发展，必须进一步提高教育经费投入水平并注意教育资源的均衡配置。王老师并没有谈太多大道理，而是讲了几个小故事。“有一次，我们去日本访问北京二中的一个友好校，它是一个比较偏僻的山上的学校，出发前组织者告诉我们，他们全校的教职员工都会到门口欢迎你们，你们必须得穿西服打领带，大夏天，那么热，大家也没办法，只好穿西服，打领带。结果到了门口一看，怎么才这么几个人，是不是瞎说呢，等下车了，人家说我们学校就这么几个人。我们去参观他们的实验室，实验室很小，实验台很少，他说我们这就够了，但是实验仪器却一样不少。还有电脑室，电脑也就这么几台，但是他说就够了。他的课都开全，什么都一样。后来校长跟我们座谈的时候就说，为什么他们能够愿意在这里工作，他们说我们的工资跟在东京是一样的。”王老师常去德国，德国也是特别重视教育投入与教育均衡的国家。“德国的腓特烈大帝有一句名言就是，花钱办教育不会把国家办穷的。在德国学师范的，不是自己找工作，而是国家分配，分在哪里就在哪里。但是有这么一点，你在一个小镇子里当老师和在柏林当老师，如果是同一年毕业的，工资待遇是完全一样的。但是在小镇子的老师，因为我认识的人在小镇子里当老师，她说：‘我不愿意上大城市去，我在小镇子里谁都认识我，人家到哪都跟我打招呼，我到超市买了东西，该排队交钱了，大家马上就让开，老师来了，老师先交费。我去理发，一进理发店，等候理发的人就会说，老师来了，老师先理，什么都让。’德国小镇子里就尊重三种人，因为他们是天主教区，一是神父，二是医生，三是老师。走到哪儿大家都特别尊重这三种人。”相比之下，国内的教育发展不均衡问题越来越严重，即使同在一个城市同一个区，不同学校的资源配置、教师收入都有较大的差别。对于这种现象，王老师痛心疾首，他坚信："教育不能产业化，教育这个东西应该是国家投入，应该是属于福利的，应该是一个对老百姓的公共福利事业，不是为了挣钱的。"既然是公共服务，就必须给全体国民提供优质均衡的教育。王老师建议师范生定点培养改善远郊区县师资，"能不能这样，专门给顺义培养师范生，专门给延庆培养师范生……从哪里考来的，签了协议还回哪里去当老师，提高一下远郊区县的教育水平"。

谈到师范生的培养，王老师还特别注重"生源质量"，王老师认为只有国家重视教育投入，社会尊重教师职业，切实改善教师待遇，才能吸引更多的优秀人才投入教育事业。由于从教多年看到过许多自身专业知识不过关，素质不过硬的教师，王老师语重心长地说："如果中国对师范的待遇真的好起来以后，我希望能有比较优秀的中学生去学师范，甚至小学老师都需要一些比较优秀的人去教。老师都不聪明的话，怎么能教出聪明的学生呢?"王老师从自身的经验和日常的观察总结出，人的聪明与否，主要不是先天因素所决定的，而是后天父母、教师的影响。"我在东直门中学的时候曾经调查过，我教高中，后来到高二，文、理分科，愿意学文的，很多都是黑芝麻小学的，因为黑芝麻小学的语文老师特别好，语文老师力量特别强，不是一两个，而是一批老师的教学特别强。我自己的女儿上小学的时候，从三年级到六年级，语文都是特级教师教的，我的孩子到现在，虽然她后来学计算机，但翻译德语书，我觉得都翻译得挺好的。翻译是一个再创造的过程，她都写得挺好的，我觉得她的语句通顺，语法正确，用字对。老师好，对孩子的影响特别大。"因此，王老师认为中小学教师对孩子一生的思维能力和综合素质影响重大，必须让"优秀的人才"承担为祖国培养下一代的重要任务。

五、寄语师范教育

在首都师范大学60周年校庆即将来临之际，王老师对母校的师范生培养也提出了一些建议。首先是建立师范生的职业认同感和从教责任心。"我们过去上学的时候，真的是找好多人给我们讲，鼓励我们，现在好好学，将来好好教，但现在好像没有那么多人讲这些了，其实这是挺好的一个事。"其次是注重师范生的知识深度与广度的平衡。"如果说不是为了将来考研的话，有些数学知识可以降低一些难度，但是要普及更多的东西。比如说数学可以多开几门，让学生见得更多，但是每一门课不要讲这么深，你到中学用不着这么深，但是他需要知道，真的需要知道很多东西。比如说数学系的物理课，你要是讲点相对论没什么坏处，虽然这个东西你到了中学，你也不教物理了，也用不着了，但是你学点相对论真有好处。知识不用深，但是必须得广，知识面得广。老师知道东西越多越好，因为他不搞科研，所以他不需要钻得特别精深，但是他真的需要知道很多。”再次是改进师范生实习效果，使得师范生了解中学教学特点，学会教中学的技艺。“是不是可以有长一点的时间实习，让这些学生知道上课到底是怎么回事。大学老师和中学老师上课不一样，我不知道别的科，(大学里)数学老师上来就是证定理，证两个黑板，然后就下课了，学生根本没听懂，就完了，都是这样的。中学老师这样就不行，所以要多看看中学是怎么教课的，实习不见得非教那么长时间的课，比如说实习两个月，听一个月的课教一个月的课，这都可以，甚至教两个星期的课，听六个星期的课都可以，但是要了解中学是怎么教学的，将来怎么上中学教学去。”针对师范生实习过程中难以取得实习学校老师的信任、讲课机会少等问题，王老师认为，“你可以不讲那么多课，多听点课，这是一个。再一个，我不连续地教这个课，比如说这周我跟这个老师分配好，我教三节，你教三节，老师可以通过那三节弥补一些东西。就是你不要连续教，也不太影响他的教学的情况，当然有影响也不会影响太大。再一个，可以让这些学生去实践一下。但是好多学校老是想不清楚这件事，其实大学生具有很多新的知识，讲了以后，就带来更新鲜的东西，好多知识是中学老师已经不知道的东西了，这些大学生一讲，有好多新鲜的知识。而且有些内容特别适合大学生讲，因为跟大学联系密切，更适合大学生讲。有些跟大学生联系不太密切的，不太适合大学生讲的，可以避开一点儿”。

对于数学师范生培养，王老师也特别强调了数学史的重要性，要使师范生了解数学内容自身的发展过程。“我跟好多老师说，历史上是先有的对数，后有的指数，教数学的老师不知道。啊？咱们不是先学指数，后学对数吗？……需要让老师知道数学知识是怎么来的。比如说有一些很重要的定理是怎么发现的。再有，这些知识现在的一些发展、应用，比如说唯一的一个数学家得诺贝尔奖的，他得的是经济学奖，就是纳什。他研究的博弈论，这是数学的东西，现在经济学广泛应用它，中国不太说这个，在美国广泛应用它，这个东西你可以介绍介绍，有哪些应用，至于到底怎么应用你都不用管。”

结　语

近三个小时的访谈结束时，我们意犹未尽。王老师经历过时代变迁、穿梭在欧亚大陆，丰富的人生经历和渊博的学识、广阔的视野令我们赞叹，而当他将一切娓娓道来时，又是那么质朴和平实。在王老师的身上，我们看到了一个优秀教师的厚积薄发，举重若轻；也体会到一个人面对历史和命运的嘲弄可以以怎样一种平和而顽强的态度坚持梦想。

对于王老师的成功，我们认为，家庭因素是一个重要方面，虽然王老师没有多谈，但父母大学教师的职业，从小受大学的求知氛围的熏陶，使他有很好的学术功底，更是对学习、求知、进步有一种骨子里的信仰。尽管经历了时代风云的变幻依然没有放弃读书求学；个人的努力和不断在挑战中磨砺自己也非常重要，他在教学活动中肯钻研、善思考、虚心接受他人的意见建议，形成以高屋建瓴的数学思维统领知识教学的特色；此外，广博的视野、强烈的社会责任感也使得他对于教育现象有诸多思考，一个渊博而深刻的老师必定是一个有个人魅力的老师，而这种魅力也必然会在课堂中流露，成为吸引、教化年轻学子的无形力量。

〖寄语〗

希望母校越办越好，为中小学的教育事业培养出更多的优秀教师，为祖国的教育事业增光添彩。

为学为师，不忘初心

——数学特级教师王燕春

王瑞霖　许芳杰

王燕春老师，1982 年从首都师范大学数学系毕业，1997 年在北师大数学系硕士研究生课程班进修结业，2005 年被评为中学数学特级教师。王老师为中学数学教育事业已经奋斗了 30 多年。现在北京教科院基教研中心从事中学数学教育教学研究工作。

王燕春老师长期从事基础教育教学的研究工作，有着深厚的数学造诣和理论功底，他熟悉中学数学的教学规律，具有新的教育观点和教学理念。另外，他还长期主持北京市高中毕业会考命题工作，主持北京市中考命题工作，主持北京市义务教育监控评价工作。王燕春老师有着丰富的实践经验和较高的业务素质，多年来一直在指导北京市基础教育数学教学的各项工作。

每一个时代都会有一个时代教书育人的典范。说到典范，毫无疑问我们首先想到的是特级教师。正如首师大的校训，“为学为师，求实求新”，而王燕春老师就是从首都师范大学走出来的一个典范。

一、为学为师——教育之路上不同角色的转换与发展

(一)为学——求学路上，恩师相伴

王燕春老师1978年进入首都师范大学数学系学习，是“文革”以后的第一届学生，当谈到他的求学经历的时候，王老师总是显得很兴奋也很激动，眼神和话语中无不透露着对前辈的敬仰，这些数学教育前辈们给王老师带来了深刻的影响。正是因为求学路上，有着恩师的谆谆教导，才在王老师心中种下了对于数学执着和热爱的种子。

王老师说道：“我们是‘文革’以后第一届，我的老师们都有渊博的学识，他们的底蕴非常深厚，基本上实力是最强的。数学分析任永浩老师、杨守廉老师，讲初等数学的吴起老师，这些老师对我的影响都非常大。那时候，他们讲课一板一眼，非常有首师大的风范，过去叫北京师范学院。北京师范学院过去培养老师，培养学生都是一板一眼，教得非常细，抠的东西也特别死。教会学生很多东西，包括对知识的理解、能力各方面等。过去首师大的教育延续的是很多年前的理念，有着岁月的积淀。让我印象最深刻的也是我学得最好的专业课，比如说基础数学、数学分析，这些基础类的课程，我的老师教得特别好。”王老师谈到了在求学路上，他的这些恩师都有着自己独特而个性的教学风格，对于数学也都有着自己个性化的理念，对王老师以后的教育教学生涯产生了深刻而长远的影响。正如教育家苏霍姆林斯基说的：“教师的个性之所以对学生集体产生影响，其艺术在于，当教师谈到某件事情时，仿佛轻叩学生的心扉，激发他们考虑自己，并为自己然虑，最后把他们领进生气劲勃的教育源泉——志向。”正是首师大这些伟大的数学名师们，埋下了王老师的数学志向。

王老师还谈到他当年求学的时候，很努力很刻苦地学习的经历，这些经历在现在的大学生中都是很少见的。王老师当年在首师大努力学习数学学科的理论知识，正是因为这些，让他对于数学学科的把握才准确而深刻，为他日后开展中学教育教学工作打下了坚实的基础。“在首师大的那几年，我的基础打得还是很好的，大学的那几年，学习几乎是我全部的生活：一天的生活很简单，就是上好每一节课，然后就是食堂、教室和图书馆之间的穿梭。每天会有固定的时间段用来看书和做题。学生每天都要做题，课本还有自己买的参考书，从头做到尾，不会漏掉一个题，有不会的题就会追着老师去问。在考试的时候，如果考了80多分，心里就会特别的难受，总觉得没脸见老师，在同学面前也抬不

起头来，自己心里就会反复琢磨，怎么能考这么低呢？大家都希望自己考高分，当时老师还都特别纳闷，你们这些学生，怎么这么重视那个分呢？”

另外，王老师也谈到了当年在母校读书时的实习经历：“首师大当年的实习做得特别好，要求我们必须去中学听课，参加学校的教研活动，而且还要去上课的。我记得当年我去的实习学校是二十八中，还记得当时我上了一节课，现在仍然深刻地记得，当时上得不怎么样。其实我原来也上过课，在上大学之前我教了几年书。这段经历对于我来说是一种锻炼，更是一个重要的过程。”

谈到实习，王老师强调了实习对于一个师范生的重要性，对于师范生来讲，不仅仅是一种锻炼，更是通过体验整个教育教学的过程，获得对于关于教师全部内容的理解，师范生的教育实习对学生来说是有很大帮助的，能够提高学生的能力，让学生在学校学习的理论知识转化为实践。

王老师在首师大求学的那几年，很努力也很认真地学习学科专业知识，他在求学的那几年的学习状态在现在的大学校园都很少见了。王老师对当代的大学生还提出了殷切的希望：我们应该继承母校优良的学习传统，在自己的求学期间，真正能够学有所获。另外，正是母校恩师的影响，使王老师在自己中学数学教学之路上，对于数学学科形成了深刻的理解，也有了自己的独特而个性化的教学风格。

(二)为师——教师生涯，潜心钻研

王老师的教学生涯是从1982年开始的，到现在已有30多年了，经历了中国教育教学改革的很多过程。从初为人师，到2005年被评上特级教师直到现在，王老师始终以一种积极的态度和不断探索、求实求新的精神执着地热爱着数学教育这项事业，努力让自己为师为范。

我们是1982年毕业的，1982年1月我被分到了通州一个偏远落后的学校。当时分到那个学校以后，由于地处比较偏远，那里的改革形势还没有全面普及，位置闭塞，各种条件都很落后。学校对于教学并不是很重视。那时候每天上六节课，每周都有政治学习，而且学校很多方面都用政治标准来要求你。我从大学里看到很多改革开放的信息，接触了很多开放的知识，而在农村那种环境中，感觉到非常压抑，因为改革的形势还没有普及到农村。

在这种闭塞的环境中，王老师把心思放到了钻研数学教学上，试图让自己对于数学学科的把握更加准确。“同时分配在城里的同学，他们不坐班，只要把他们的工作完成了即可。而到远郊区县的同学都坐班。每天早上八点钟你必须到，每天下午到了时间才能下班。”王老师充分利用这段时间，潜心研究数学。初为人师，环境对王老师产生了重要的影响。“成长过程中，周边的环境对于一个人的发展起着重要的作用。不管是顺境还是逆境，对于你的成长都是有价值的。过去我们常常说人的一生非常幸运的是能够碰到一个好老师，一个好领导，一个好家庭，但不一定能碰到。你能碰到一个好老师么？不一定。如果能够碰到一个好老师，对于这个孩子一生都是幸福的。如果能碰见一个好领导，这个领导在很多地方会给你正确的指引，他会引导你去做有意义的事。”

在通州偏远的学校里，王老师努力让自己成为一个好老师，如他自己所说，让他所教的学生都能成为既幸运又幸福的孩子。1988 年，王老师从通州的学校调入了现在的单位，原来叫北京市教育局教工研究所数学教研室，现在改为了北京教育科学院。从 2002 年王老师开始从事教育教学研究工作，从此教育教学研究工作一直伴随着王老师的教学生涯直到今天，虽然离开了一线的数学课堂，但是中学数学教育教学研究工作，让王老师站在另一个高度去审视数学学科和数学学科的基础教育教学。

另外，他还长期主持北京市高中毕业会考命题、北京市中考命题以及北京市义务教育监控评价工作。他还做了很多教师专业发展的工作，负责教师进修班。虽然工作很繁忙也很劳累，但是王老师对于数学的热爱和研究却一直没有中断过。他努力用自己的行动去提高中学数学教师的教育教学能力。教学生涯上，他努力为师为范。

二、不忘初心——数学教学专业成长的根基与动力

(一)数学教什么之“退到不能再退的时候”

“对我个人，在一定程度上，特级教师反映的并不是一个教师的水平。它不是职称，只是一种荣誉。”谈到“特级教师”这个称号的时候，王老师一直很谦虚。但是对于数学学科的理解，王老师却有自己独特而又深刻的见解。而数学到底要教什么，王老师引用了数学家华罗庚的说法：一个问题解决不了，那么后退，再解决不了再后退，当你不能退的时候，那么就是最后你应该教的东西。一个中学数学老师必须要自己心里清楚，也是某种意义上的“不忘初心”，要知道自己教的是什么，不仅仅是书本上的数学概念、公式和定理。

“作为一个中学数学老师，首先要知道数学学科本身研究的东西是什么，对于数学学科的基本内容和理论要有准确的把握。对于数学的课标要有准确的认

识。数学的教学目标是什么，老师必须要清楚的是教数学到底是要让学生学到什么。数学是一种规律性的学科。现在的考试改革对于数学也很有争议，很多白领，其他行业的人也说‘我根本没有学过数学，一点都没有上数学啊，我除了算工资以外，数学对我来说根本没有什么用’，所以这给我们提出一个问题：数学到底要教什么，学了数学的人和不学数学的人到底存在什么区别?”王老师认为，一个人他自认为不用数学，但是在说这句话的时候大概就用到数学了，因为这句话里面有条件，有结论，还有判断，这个东西从哪来的？培养一个人的逻辑思维能力最重要的学科就是数学，这些东西从哪学的？难道不都是从数学学的吗？所以一个人能力的形成，以及能否应对社会，能否在生活中很好地生活，这离不开数学，很多都靠数学，比如说估算的能力，也是从数学中来的。所以我们现在要求教师教数学、用数学。

王老师认为，数学教学真正要教给学生的东西实际上是可以落实的。他认为，数学教学首先要做到理念落实，你的数学理念到底是什么？在数学教学中，要关注每一个学生的发展，要关注每一个学生在学习数学中是否有积极的学习态度，还要关注学生的探究、交流、合作学习。解题只是技巧，而不是数学的本质。王老师谈道：“现在我们一定要做一个标准，做我们的学业标准，做教师的教学标准。到现在为止，连个具体的标准都没有，你教什么，你教到什么程度，你心里没有数，那怎么能教好呢?”

(二)数学怎么教之“促教师专业成长”

数学怎么教？这个问题不是指怎么教学生去学数学，而是教数学教师怎样成为优秀的教师，也就是教老师怎么当好数学教师。王老师已经从事数学的教育教研工作多年，对于教师专业发展也有着自己独到的见解，他还经常去很多学校做有关教师专业发展的报告，也多次辅导教师进修班。

王老师认为，数学教师上每一节课，除了落实一些记忆、书写、叙述、阅读、规律、方法等，必须要对学生有一个发展。因此，教学是有深度的。数学教师要提出一些问题来，这些问题有可能跟这节课没有关系，但是要提出一些探究性的想法。“80 年代的时候研究数学思维，后来觉得数学思维简单了，就改为研究数学能力，数学教学要培养学生数学能力，研究出一大堆东西，这能力，那能力，计算能力，其他能力。后来觉得数学能力研究高度不够，于是研究数学思想，能力的形成完全是一种想法，其中很多也是数学思想。现在也提转化的思想，数形结合的思想，函数的思想等等，这些都是老师在平常教学中的一些想法，无可厚非。”

王老师谈到，素质教育研究到现在应该回到根本上，数学教师必须清楚，数学应该研究如何培养学生的基本数学素养，学生到底应该具备什么样的数学素养。“比如说我们经常问，小学六年级的学生毕业，初中三年级的学生毕业，高中三年级的学生毕业，你能说出三个阶段学生毕业以后，他应该具备什么样的数学素养么？能说清吗？说不清，或者我们只能大概说清，所以现在我们回过头来研究数学在实际生活中有哪些应用，我们要让学生具备什么样的素养，这个东西我们也做过很多研究，这个东西跟我们现在学生的学业标准也有很大关系。”

每一个学科都有自己学科的学科性质特点和每一个学科的核心内容。王老师还由数学学科说到了其他学科，各科教师需要首先清楚，该学科应该养成学生何种基本素养。“我们的学生的基本数学素养体现在很多方面。刚才我们谈到数学到底有什么用，数学的核心内容把握清楚了，很多问题就迎刃而解了。”

王老师也从事辅导教师进修班的工作，弄清楚数学是什么以后数学怎么教的问题就自然而然地成为需要考虑的问题。教师的专业化发展该怎么去做。“我写了一个东西作一个报告，给老师们一讲，老师们一听，我感觉这样收获不大。或者只是请教育专家讲一讲教师的发展，这样收效也不大。收效大的一定是教师带着任务去研究，后来我们改变这种形式了，比如说他们现在分成若干个组，一个组研究一个单元当中若干个主要问题，初一半年教学中，一本书中，我想提出若干个问题，它们对整个后面的影响比较大，每个人都要提出问题。比如说中高考涉及一些问题，哪个方面的题型，我们按照这个方面的题型要求大家。大概分成三组人员，每一组人员，你们每个人负责一个题型，编一套题，给你时间，然后合理地布置任务，提要求。到最后讨论的时候，每个教师拿出自己的题来，每个人都要把自己的说一遍，最后把所有东西都结合起来，大家互相提意见并讨论各自存在的不足，经过这样几个轮次，老师受教育了，因为他们做的事情对他实际工作有很大的指导性。”王老师在谈到教师专业发展的时候，他提出了成为教师的过程中，很多实际而又中肯的问题。

王老师在数学教学上对于数学教师有着这样的建议，他并不是要求数学老师每节课都能上得非常好，但是必须能上好一节课。“这是我的标准，你必须得能上好这节课，我给你时间了，我给你两个月的时间，你给我上一节课，你这节课拿出来，保证能让大家基本上说很好，有小问题，不影响大局，你得能上这个课。”王老师强调数学教师应该具备这样的能力。但是在实际的教学中我们还要求老师在其中的重要环节上采用一些常规，教学中有来龙去脉，还得有发展。

王老师在谈到教师专业发展的时候滔滔不绝，对于怎样成为一个数学教师，对于教师专业发展的策略，多年从事教育研究工作以来，王老师积累了自己丰富的经验，因此提出了很多实际的见解和做法。他虽然已经离开了中学数学的讲台，不在黑板上种庄稼，而是站在了更高的视野，去耕种教师队伍这亩田。这一切正是为了让中学数学老师们在课堂上种出更多的庄稼。这样的期望也正是源于王老师对于数学和教育的一份热爱和执着，“不忘初心”的信念让他坚持了三十多年而乐此不疲。

三、为师之道——师范生专业素养的培养

在谈到母校的师范教育的时候，王老师表现出了殷切的期盼。他说道：“在我的内心深处，有很多对母校的情意，我真心希望母校能够越办越好，能培养出更多优秀的教师。”大学培养的师范生经过四年的学习，能够突破大学与中小学的围墙，能够很快适应教师角色，把所学理论应用于教育教学的实践中。

（一）师之所存，热爱之所存

如果没有热爱的成分，任何一项事业都不能称其为事业，顶多不过是一份职业。正是因为对于教育和数学学科的热爱，王老师才在这漫长的三十多年中，如此艰辛地跋涉。求学路上，正是因为对于数学的热爱让王老师更加努力刻苦地学习；初为人师，在逆境中，依然对数学教育教学几十年如一日地付出，保持着那份热爱；从事教研工作，始终不忘初心，保持着积极向上的心态，不断进行数学研究并改进教育教学。宁虹教授常说：“热爱，是教师的专业存在状态，热爱是对构成教师专业意识具有根本意义的成分。热爱，不同于兴趣、喜欢、喜爱、爱好，不仅仅是一种情感，也包含着对于所教授学科的深刻的理解、准确的把握、强大的信念，并且它们都是一体的。”因此，既然选择了师范教育，既然想要做一名教师，那么就让这分热爱充实自己，努力加深对于所教学科内容的学习，以达到深刻理解和准确把握，让这份热爱化为教师起点的向学与向善。师之所存，热爱之所存。

（二）勤学是良训

王老师在谈到他在母校读书的时候，那种极为认真和好学的态度深深地感

染着我们，这也启发我们师范生应该重新审视自己，每天是否有收获。古往今来，那些令人尊敬的老师，没有一个不是孜孜以求的学者。“善歌者使人继其声，善教者使人继其志”，因此，既然选择了读师范专业，既然选择了要当一个老师，那么就应该在大学期间不虚度，学习必要的教育教学理论知识，不断加深对于所教学科的认识和把握，并且努力让自己变成一个博学的人。

如今的科技发展日新月异，网络发展飞快，多媒体信息传递更加快捷，再也不是教师有“一桶水”就可以给学生倒出“一杯水”的时代了，这是一个学生需要“一杯水”，而老师就得有一个“为有源头活水来”的“小溪”的时代。苏霍姆林斯基强调一个教师的品质在于三方面：一是爱。把每个学生都视为“自己的孩子”，去爱他们，去了解他们。这一点前面已经谈过。二是知识渊博。知识渊博不只是指知识的数量多，更是指教师要具有寻找知识源泉的能力。三是教学方法。教师能通过适应学生个性和集体规范要求的有效方法，提高教学质量。这样的教师才能去尊重孩子，才能发展良好的师生关系，才能实现教育的目标和意义。这一切都是需要师范生在大学期间努力去学习和培养的素养。

王老师回忆着自己当年在母校里刻苦学习的经历，殷切地希望当今的大学生要谨记，为了未来能够当好一个老师，勤学是良训。

(三)实践中磨炼自己

王老师还强调了实践对于师范生的重要意义，以此来勉励我们要重视实践的意义。“学生如果说学了师范专业，那么这一批学生以后一定会选择当老师。教育实习也绝不是到了中学，可以上课也可以不上课的，绝不是可以听课或者可以不听课的，这都是必须的。而且这种实习要进一步加强，还要进行一些具体的实践。比如说我们应该如何细化培养教师的经验措施。”

另外，还要加强师范生实践性课程的设置，实践性课程除了教育实习，还有很多在校开设的一些课程，它“不能狭隘地理解为以训练动作技能为任务的课程，应理解为以发展人的实践智慧，形成人的实践能力为任务的课程。”①实践性教学是“相对于理论教学的各种教学的总称”，“旨在使学生获得感性知识，掌握技能技巧，养成理论联系实际的作风和独立工作能力”。②

王老师肯定了当代的师范生包括教育硕士存在的优势。“现在师范学生优势

① 徐国庆．基于知识论的职业教育实践课程观[J]．全球教育展望，2002(12)．

② 顾明远．教育大辞典[Z]．上海：上海教育出版社，1998：711．

在什么地方，第一是他们外语好，容易以一种开放的态度面对国际教育；第二是技术能力强，在教学中包括多媒体等其他技术手段，使用得更加顺手；另外是现在师范生的接受能力比较强，对于新知识和信息接收得更快。这些是和现在的老师以及过去那些老教师相比，他们所拥有的优势。”王老师对当今母校的师范生提出了殷切的祝愿，希望现在的学生利用自己的这些优势，不断去增强自己的实践经验，努力去补自己的短板，为成为教师做准备。

〖寄语〗

祝愿首都师范大学成为培育人民教师的摇篮，桃李满天下。

为孩子插上科学思维方式的翅膀

——生物特级教师高付元

马蕊　弓正

高付元老师，毕业于首都师范大学生物专业，1986年1月至今在北京教学植物园从事科技与环境和植物栽培学的教学与管理工作，曾获得“北京市优秀教师”和“北京市特级教师”称号。现担任北京市东城区政协委员和科协委员，北京教育、植物、动物学会理事；中国和北京青少年科技教育专家辅导团成员。多年来辅导学生完成科技小论文200余项，其中有50余项获得北京市青少年科技创新大赛和金鹏科技论坛一等奖，其中全国青少年科技创新大赛一等奖6项，美国英特尔工程大奖赛二等奖一项，中国科学主席奖一项。主编、参编科普图书和大专教材10余本。发表青少年科技项目辅导方法文章六万余字，撰写一百多篇多科普文章，其中科普文章《北京市花——菊花》点击率目前约60多万次，被全国多家科普网站转载。

北京教学植物园隶属于北京市教育委员会，是全国唯一一所专门为中小学相关学科教学实习、科普及环境教育、中小学师资培训、生物实验和劳技实习材料繁育供应、校园绿化美化提供服务的教育教学单位，是“全国科普教育基地”“北京市科普教育基地”“北京生态道德教育基地”。高付元老师就是一位从北京市教学植物园走出来的北京市特级教师。作为校外教育机构的老师，高老师坚持对学生进行小课题辅导、科学研究等方面的教学，致力于培养学生的科学素养和科学思维方式，指导学生在全面完善专业知识体系的基础上发挥创新性思维，为孩子插上科学思维方式的翅膀。

一、角色转化——从植物栽培引种专家到科技教师

(一)与教育结缘，在首师大充电

1986年在北京教学植物园(后文中简称“植物园”)筹备的时候，学林业出身的高付元老师就在这里从事植物栽培和引种的研究。与这里的同仁共同进行科学研究的几年，为他自身专业知识的学习奠定了坚实的综合实践基础。随后，植物园强调其功能应更多地与教学相联系，服务于教学，于是随着植物园职能的转变，高付元老师开始与教育结缘。

高老师首先觉得既然要与教学相关，就必须要了解教师、了解教育，至少要学习教育学、心理学相关知识，而自己在这方面是一片空白。另外，由于是林学专业出身，所以高老师觉得自己对植物学、栽培学知识还较为精通，但对生物学其他分支学科知识的掌握还不够。于是，为了真正能为教学提供优质的服务，高老师参加了首师大举办的师资班，以充实自己相关方面的知识。凭借长年良好的自学习惯与出色的学习能力，高老师较为轻松地通过了入学考试，成功考入了首师大。

1992年到1995年，高老师在首师大系统学习了与生物教学相关的知识，使自己的知识结构更加丰满，从而为顺利实现从研究人员到教师的角色转变提供了前提保证。“应该说，跟生物教学有关的、原来我没有学习过的一些系统的专业课程在这三年都得到了解决，比如微生物学、基因工程、数理统计，还有植物的系统分类。”通过3年的学习高老师对生物教学有了较为全面系统的了解，结合他丰富的研究工作经验，为后来的教学和科技指导工作打下了坚实的基础。

虽然只是短短3年的夜大学习，但高老师对当时的授课老师印象还都很深，比如植物学的胡东老师、动物学的高武老师、基因工程的刘祥林老师、微生物的周孟津老师等。特别是当时的基因工程课，基因工程在当时是一门新兴学科，大部分学校还不具备进行相关实验的条件，因此只能是理论知识的讲授，但仍使高老师感觉收获颇丰。“就是那样的一个了解过程，在后来我辅导学生进行关于转基因或者基因技术的一些小课题中，也还是有很大的帮助的，至少有了相关的理论知识基础。有了这个基础，我再去看一些基因工程方面的书，辅导学生的时候就比较容易。所以后来我辅导的学生课题，有很多都是基因工程相关的课题。”高付元老师还非常感激当时指导他完成毕业论文的周孟津老师。高老

师的毕业论文是关于如何利用海带制作美味可口的果茶，首师大当时的实验室条件还不够完备，所以从原料、试剂的采购到实验设备的准备都由高老师自己完成，有些内容甚至是在家里完成的。遇到问题时，他就向周老师请教，周老师还为他提供了很多参考文献和理论指导，最终高老师成功地完成了课题的研究。这个完成论文的过程对后来高老师指导学生的课题研究有着很重要的启发。“现在学生做实验的时候，不可能像国家级实验室的实验设备那么完善，那么没有条件的时候怎么去做一个实验……小学生做实验更多是有一个想法，有一个思路，可是怎样将实验设备和生活中的物品结合起来，来解决实验的问题，他们是需要指导的。因为那个毕业论文，为后来情况类似的，也就是同样缺乏完善实验条件下的小课题的辅导打开了思路。”

(二)坚持学习积累，准备厚积薄发

20 世纪 90 年代初，高考取消生物科目，随后为了不影响中国学生生物学素养的发展，在包括中国农学会在内的几家生物学会的共同建议与支持下，由中国科协牵头，面向中小学生开展了一项教育部认可的竞赛活动——生物与环境科学探索活动。曾经的科研实践经验，结合在首师大对生物学知识系统的学习，使高付元老师具备了一名科技活动辅导教师的专业素养，于是高老师抓住这一机遇，开始着手校外教育的小课题辅导工作。为了能更科学地开展辅导工作，高老师连续 10 年参加全国和北京市面向科学辅导教师的各个培训，同时将培训中收获到的好方法及时应用到实践中，就这样边学习、边辅导、边改进，迅速提升了自己在科技辅导方面的能力。

高付元老师对自己在教学方面的要求也很严格，从首师大毕业后，不仅自己通过阅读相关理论书籍来学习，还抓住教师进修学校的学习机会，提升自己在教育教学方面的素养。“北京东城教师进修学校有一些课程很不错，包括教学设计，还有一些教育理论的学习。那时他们还专门开了一个‘走进教育家’的课程，就是学习不同教育家对教育的理解和认识，以及相关的理论，让我觉得收获很大。”

就这样，在从首师大毕业后的十年间，高付元老师一直在实践中不断学习，不断提升自己的能力和专业素养，并在科技活动辅导方面积攒了丰富的经验，逐渐成了一名校外生物学教育活动的专家。随后，为了使校外活动更有活力，在领导和同仁的帮助下，高老师组建了中小学生课题俱乐部，并且取得了斐然的成绩。“当时我找到北京东城、西城和海淀区大约五六所学校的专门做小课题

辅导的老师，我们一起筹划组建了这样一个活动俱乐部。现在大概是北京市中小学生在参与科技竞赛类的活动当中，获奖数最高的一个俱乐部。到去年为止，俱乐部获得一等奖的课题应该有150多项，其中我直接辅导的大约有100多项。”

二、辅导小课题研究——为孩子插上科学思维方式的翅膀

（一）从知识传授到探究式教学的转变

教学植物园属于校外的教育机构，其与中小学生物教育相关的工作经历了从知识传授到探究式、研究性教学的转型，高老师跟随着这种发展变化一起成长，也由此从一名普通的科普教师成长为北京市特级教师。

在20世纪80年代末90年代初，北京教学植物园的课外教育方式主要是“生物小组”，主要以知识传授为主，为对生物学感兴趣的学生提供课本以外的生物学知识服务。“那个时候的小组活动是比较系统地学习知识……包括生物夏令营，主要做一些昆虫和植物识别，采集，标本压制，基本上以这类为主。”那时的高老师为了能使自己较为薄弱的教学技能得以提高，只要有空闲就去观摩其他有经验的老师上课，从中学习教学经验，巩固专业知识。高老师认为，虽然现在看来这种课外教育方式有些过于强调知识学习，但在后续的跟踪了解中发现，经历过这些活动的学生的基础还是很扎实的，这种课外活动对学生的后续发展起到了良好的引导作用。

后来随着教育的不断发展，尤其是素质教育的推广，校外教育也开始转型，教学植物园的校外教育活动也随之发生了转变，进而导致高付元老师的工作角色也从传统型教师转向了科技活动辅导教师，中小学生课题俱乐部也就是在这一时期成立的。在辅导学生课题的过程中，高老师结合实践，对生物教学的改革、探究式学习和研究性学习的推广做了深入的思考，发表了一些相关的文章，给相关教师很多启发。高老师认为这种学习方式、教学方式的转变非常必要，而且生物学科也非常适合改革的推进。“生物活动，特别是有关植物和环境的内容，是学生比较容易上手的，也符合这个年龄段学生的特点……小孩子非常愿意接触大自然，去观察，所以在这种情况下正好可以做一些植物和环境相关的探索活动。另外是做研究性学习的时候，生物的这些活动，更容易让孩子能够以一个案例的形式来做小课题探索。”在这种认识下，高老师更加坚定了走这条道路的信念，将更大的热情投入到科技课题的辅导中，以期真正发展学生的兴

趣特长，培养学生的科学素养。

(二)从校外走进校内，培养学生科学的思维方式

高付元老师在谈到对学生的辅导时，反复强调要注重科学素养的培养，特别是科学思维方式的培养。“科学思维方式，就是面对一个问题从科学角度怎么去解决的思路……学科基础知识的系统学习是必要的，但是在这个基础上必须有一个科学解决问题的思路。现在很强调创新思维，但光有创新思维好像也不够，前提还是要有科学研究的系统思维方式。”对此，高老师还进行了相关的教育科学研究。“根据个案的研究，我写了一些关于如何培养学生科学素养的文章，包括如何训练这种思维方式，以及其他辅导方法，大约有七八万字。”他希望能够通过自己的努力帮助更多的学生去形成这种思维方式，以便能够更有效地做好科学研究，更好地适应社会发展。高老师提到，如果能把校内的课堂与校外的实践活动结合起来，将是培养学生科学素养的有效方式，比如小学的科学课、中学的综合实践课和研究性学习课程都是很好的切入点。

高付元老师与很多学校的老师做了使科学实践活动从校外走进校内的工作，有效地将学生课堂的知识与实践结合起来，在实践中培养创新能力和科学思维。在这个过程中，有一个男孩子给高老师留下了深刻的印象。这是一个狂热喜爱蝴蝶的孩子，初三的时候找到高老师，想在高老师的指导下进行小课题研究。“他不仅对各种蝴蝶都很精通，而且对我们本科时才会学到的昆虫学的内容都很清楚，能说出很多具体的昆虫种类、特征、翅脉名称等等。他家里也收集了很多昆虫，到各地旅游去都会捉一些昆虫制作成标本，还和国际友人去交换。”高付元老师没有直接建议给他一个与昆虫有关的研究题目，而是结合他的爱好，耐心地引导他从兴趣爱好中发现问题，提炼成可以研究的课题。“我建议他说：‘你可以从科学角度，或者从你的爱好角度，为他人做一点有意义的事情，做一点科学研究。’后来他到台湾去旅游，看到了很多没见过的蝴蝶品种，但我启发他说：‘单纯介绍蝴蝶知识不能算科学活动，你是不是可以想想从应用的角度，如何把你的爱好服务于其他人。’后来他根据我的启发，选择做了一个台湾地区暑假期间主要旅游景点常见昆虫种类的手册。”这个课题在当年北京市青少年创新大赛中获得了二等奖的好成绩，并获得了中考 5 分的加分，使这名学生如愿地考取了理想中的高中。在高中阶段，这名学生的特长仍然得到了充分的发展，学校还允许他给初中的学生开设了一门关于昆虫的选修课，课上他可以拿着自己做的标本，一种种地去介绍，讲述每种昆虫背后的故事，收到了良好的效果。

这不仅促进了这名学生自身特长的发展，还促进了他在生物学、其他学科以及多方面能力上的进步，可以想象这也必将作为一个榜样促进该校的其他学生在科学素养、知识学习，乃至自我价值实现等方面的发展。

这种校内外的结合，不仅使学生受益匪浅，一定程度上也促进了一些教师甚至学校的发展。在这个过程中，高付元老师指导了很多学校的老师在教学中进行了这方面的尝试，指导他们怎样从学校利用校外教育资源，怎样将生物课程与社会实践相结合。一些老师在这方面获得了不小的成绩，例如在全国青少年创新大赛中获得十佳指导教师的荣誉，还有的老师经常被外省市的学校聘请去做相关的培训指导。有一些学校在做了相关尝试后，进一步开发了很多特色活动，转化为学校的校本教材，发展成相关的特色校。

(三)科学活动引导未来发展方向

在工作中，高老师看到了这种科学的小课题活动给中小学生带来的影响是十分深远的，甚至对他们的职业选择都有很大的影响。“有很多学生在初中，甚至高中阶段的时候，对自己未来做什么也不是很明朗，没有明确的职业指向的学习。但是参加科技活动以后，多数学生就选择了跟生物有关的专业、职业，比如与植物有关的，微生物方面的，还有些学医的。”高老师在这里又想到一个印象很深的学生，这名学生在一开始对生物学并不是特别喜爱，只是为了参加比赛，所以活动中不是很主动。但随着小课题的进行，他发现了生物现象的奇妙，发现了生物学研究的趣味性，便慢慢地喜欢上了生物学。最后不仅出色地完成了课题，获得了北京市创新大赛的一等奖，而且在后来的专业选择上毫不犹豫地选择了与生物联系密切的医学，目前还在香港浸会大学攻读十二年一贯制的医学博士。提到这名学生，高老师也是带着满满的自豪与欣慰。通过这样的经历，孩子们可以深入地去认识一些专业与职业，并对自己未来的规划进行认真的思考，不得不说是科技教育中蕴含人文教育的一种体现。

三、对师范生培养的思考

(一)重视科学思维方式的培养

谈到师范生的学习，高付元老师强调了两点非常重要，一是自学能力；二是要注重自身科学思维方式的培养，养成用科学的思维方式思考问题、解决问题的习惯。这两点对于师范生来说是会受益终身的。高老师认为特别是科学思维方式的培养目前还有些薄弱，这点在毕业论文的完成上就有体现。在与一些刚毕业的新教师接触的过程中，高老师发现了这样的问题。“很多老师刚毕业，在辅导学生写论文的时候，不能对论文有一个理性的认识，包括论文到底应该怎么写，为什么这样写，写论文的过程与学生的思维过程是什么关系，一个活动怎样通过论文的方式科学、准确地呈现出来等等，都不够清晰。”高老师认为这可能与目前高校学生毕业论文的选题方式有关，大部分的论文题目都是导师给定的，学生通常只是通过一些参考文献，模仿着做一个实验，写一篇论文，对所研究的内容、过程甚至论文的撰写并没有深入的思考。而从毕业论文的选题到论文撰写的全过程正是培养科学思维方式、培养研究性思维的最佳途径，但可惜的是现在的高校教育在这方面略显薄弱。

这样的问题不仅体现在新教师辅导学生论文的力不从心上，也体现在其自身教育科研成果的匮乏上。“教育系统也有论文征文的时候，为什么总是征到很少的文章，或是很难征到质量很高的文章。一是老师们的教学工作负担较重，没有足够的时间来写，但更多的时候，是因为我们很多老师没有思路，就是找不出有待研究、有待思考的问题。”所以，对高校学生科学素养的培养是值得高校重视的。

首先可以从学生的毕业论文方面入手，在毕业论文的完成上似乎应该更加强调过程，而非结果，真正发挥这一环节在学生科学思维方式培养方面的作用。“为什么我国现在研究生的数量比较庞大，但是创新能力比较差，提不出问题，我感觉跟培养方式有关，我们太强调论文的结果，而忽视了发现问题、提出问题、确定课题的过程。”对此，高老师建议可以让学生自己选定论文题目，自己设计、完成，即使最终呈现出来的不是一个高水平的论文，但是学生自己经历了完整的研究过程，对其科学素养的提高将会有更大的帮助。

高老师谈到在目前这个信息高度发达的时代，如果高校教师仍将工作重心放在知识的传授上是事倍功半的，而更有效的做法是将重心放在如何培养学生科学的思维方式，提高学生解决问题的能力上，他建议在本科阶段为学生开设项目申请方面的课程。根据工作实际体会，高老师认为这门课程对学生将来走向社会，更好地迅速投入工作将会有很大的帮助，比如现在无论是校外还是校内的教育工作者都会在工作中涉及项目的申请。“你得阐述项目开题的新意，论证必要性、可行性，实施完成后还得有明确的目标指向，最后你的期望该怎样检验……”高老师认为这与学生的小课题研究在思维方式上是相通的，而老师们的现状不容乐观。“很多老师一写项目报告就发愁……他自己做一个项目都做不好的时候，我就很难想象他怎么去辅导学生把一个项目做得很好。”

此外，高老师在科学素养的培养上，还提到了学习一些工具知识的重要性。例如统计学和实验设计的知识，“这是无论哪个学科都应该掌握的，而这方面在本科生阶段非常缺乏，应该加强”。再如摄影技能，无论是科研过程的记录，还是一般性教学的照片资料的收集，或是对学生活动的记录，都需要教师能够从纪实的角度、艺术的角度，将要表现的内容充分表现，所以说这是科学教师所必须具备的一种实用技能。

（二）重视对生产实践活动的了解

特殊的经历，让高付元老师认识到了生产实践活动对于一个教师的重要性，从植物栽培引种的一线工作经验，到师范学校系统地学习理论知识的经历，让他认识到了，实践性教学，尤其是生产实践活动的意义。高老师认为现在的师范院校学生对生产实践了解得很不够，这一点也会在后来指导学生进行课题研究的工作中，体现出很难启发学生在生产生活实际中发现问题这一短板。而对一线生产实践的了解在进入教师岗位后是很难再有时间弥补的，加之缺乏科研方面科学思维方式的训练，于是在这种情况下，对学生科技活动的辅导就会困难重重。因此，如果能够增加师范生到生产单位的实践环节，或者加强与应用类研究院所的合作，对解决与生产实践脱节的问题可能会有较大的帮助。

（三）作好成为优秀科技辅导教师的准备

在总结了多年科技辅导教师的经验基础上，高付元老师对如何做一名优秀的科技辅导教师进行了深入的思考，并通过发表文章与所有教师分享与探讨。他认为做好辅导工作起码要有“四到”，即要能想到、做到、写到、说到。首先要有理论知识基础和实践经验，从而能想到要做什么内容，再引导学生提出问题。其次，要能够指导学生根据问题提出可行的实验方案，并且扎扎实实地完成。再次，指导学生撰写小论文或者报告，并且教师对自己如何辅导也能写出教学研究论文并发表。最后，要能够鼓励学生对研究成果进行对外交流与宣传，并且教师敢于将自己的辅导成果、经验在各种教育相关会议上与同行进行面对面的交流。

从目前现状来看，教师在后两方面做得还不够。一些老师认为辅导学生就是为了发展学生的兴趣，培养学生的实践能力，而不是为了获奖等等。但实际上这是“缺乏对孩子做一件事情终端指导的表现……结果只是使学生又多积累了一些零散的知识”。一些老师在各种会议或培训中，只是听取别人的发言，而不愿讨论交流，不愿表达自己的见解，这些都不利于个人能力的发展与提高。

对于这“四到”，高老师建议师范生在大学学习阶段就应该有意训练，以便在向教师转化的过程中可以更加顺利。

在与高老师的交谈中，他一直强调的是要注重自身专业理论知识的完善，在此基础上培养自身的科学思维方式。这种思维方式不仅在他自身的成长过程中意义十分重大，而且也是一名科学教师、一名科技活动辅导教师所必备的基本素养，并将使人受益终身。

〖寄语〗

祝愿首都师范大学成为培养创新型教师的摇篮！

琴音童心　静水流深

——幼儿特级教师林静华

张晓敏　王娟

林静华老师，1955年毕业于北京市幼儿师范学校，毕业后，在北京市六一幼儿院任教师，1986年至1988年在北京市六一幼儿院任副院长，1988年至1992年在北京市六一幼儿院任院长。在工作期间，林静华老师获得诸多荣誉：1979年被评为“北京市模范教师”，1983年被评为“全国三八红旗手”，1990年被评为“北京市模范园长”，1991年被评为“北京市特级教师”。

一、印象·琴音童心

初识林静华老师，印象最深的有两点，其一是她身上的艺术气息，酷爱音乐的她从小学习钢琴。初中时，又师从艾碧伽老师，继续学习，少年时代的理想之一是做一名人民音乐家；其二是她对孩子的关爱，提到幼儿园的孩子们，林静华老师总带着温暖而幸福的笑容，她说：“或许就是孩子们的那一份童心稚趣‘成全’了我，使我能够专心致志地投身于所热爱的事业”。我们不禁思考：究竟是什么让林静华老师选择了幼教事业？她又是怎样坚守在孩子们身边，坚持所钟爱的幼儿音乐教育的？这诸多荣誉的背后又有着什么样的奉献呢？

二、回眸·母校岁月

(一)革命积淀孕育教师情结

1949年，林静华老师还是一个12岁的孩子，就读于贝满女中，就是现在的166中学，接受的是新中国成立初期的政治思想教育。林静华老师讲道："我们的政治课，给我们讲政治课的老师都是地下党的同志，给我们讲老前辈、英雄人物的故事。另外，就是讲共产党是怎么一步一步地领导着中国人民，使中国获得了解放，建立了新中国。"在林静华老师的性格形成期，正是这样的教育将"一个人应该要有自己的理想，要为祖国作出自己的贡献"的观念深深埋进她心中。虽然当时她还是一个非常年轻的学生，但深知我们的新中国来之不易，每位新中国的人民都应该为这个国家的建设作出自己的贡献。热爱文学的林静华老师当时接触到了大量的苏联小说，如：《卓雅和舒拉的故事》《少年们》《古丽雅的道路》等等，这些优秀的作品不仅提高了她的文学素养，还为其从事幼教事业埋下了种子。小说《少年们》和《一个女教师的笔记》中塑造的女教师可亲的形象，使林静华老师萌发了要做一名人民教师的理想，而这个愿望比原来的做一名音乐家或文学家的理想更加强烈。这个理想引导着她走上幼儿教师行业，为孩子们奉献自己毕生精力并乐此不疲。"到了三年级的时候，突然各班的班主任跟各班同学说：'现在北京幼儿师范学校到咱们这招收保送生。'我们当时也不太了解北京幼儿师范学校这所学校，更不清楚当一名'师范生'意味着什么，只是觉得师范生将来肯定是做老师的。当时看了小说《少年们》，书里面介绍了一位女老师是怎样教育各种各样的学生，使得学生以后走上了很好的道路。我觉得老师是很神圣的职业，也没跟家里人商量，自己就报了北京幼儿师范学校。由于我学习成绩优秀，在校各方面表现良好，班主任接受了我的申请，并问我：'你上幼师班还是上普师班?'当时我就愣住了，我说幼师班是干什么的？普师班是干什么的？班主任老师解释道'普师班是培养小学老师的，幼师班是培养幼儿园老师的。'一开始我说上普师班。我觉得《少年们》讲的是中小学里面的故事，还是做小学老师更好。但是班主任老师说：'你还是上幼师班吧。我看你喜欢唱歌、跳舞，平常也比较活泼，还是挺适合当幼儿园老师的。'我觉得班主任老师说得也有道理，便答应了，这就算是正是迈入了幼教的大门。"

(二)魅力校园锻造全面人才

作为一名教师，高尚的职业道德和扎实的专业能力缺一不可，如果说初中时培养了林静华老师的革命信仰，使她成为有理想和信念的人，那么在北京幼儿师范学校的学习和生活则为她成为一名出色的幼教工作者奠定了基础。“你必须有最基础的文化知识，专业知识和专业技能才能做一个好老师，这是在幼师就打下的基础。”

在北京幼儿师范学校的学习和生活给林静华老师留下了深刻的印象。首先是幼师良好的校风。入学当天高年级学长主动帮助新生搬行李，怕他们想家，晚上陪他们聊天。这些温暖的细节都留在了林静华老师的心中，至今想起仍觉温馨亲切，这也是她对母校的第一印象。

随着幼师生活的开展，林静华老师感受到了母校的另一个特征，那就是认真负责的老师和良好的教学秩序。生活在现代社会中的幼儿，面对着社会的飞速发展，会不断地接触到更多更新的事物。教师若想调动儿童的求知欲，满足他们的好奇心，更好地促进儿童的发展，不仅需要掌握广博的文化知识，还需要有专业的教育学、心理学知识及音乐、舞蹈、美术等方面的技能。

林静华老师正是在幼师学习期间打下了扎实的文化课和专业课基础。认真负责的老师、严格的文化课要求使她受益匪浅，而当年那些知识渊博、辛勤奉献的老师也一直留存在林静华老师的心中，“教我们的文化课老师都非常优秀。代数方先生可认真了，让学生都得掌握，都得学好；教我们几何的冯先生，也是非常认真，他还组织我们四五个同学成立一个几何小组，学习在实践中如何利用几何知识；语文老师也是很有经验的老师”。

幼儿教师要掌握娴熟的专业技能。教师音乐、绘画、舞蹈、语言等技能的掌握运用情况直接影响着幼儿的发展，林静华老师从小学三年级开始学习钢琴，有扎实的童子功，幼师专业技能的训练使她的钢琴技能更加娴熟，也使林静华老师在后来的幼儿音乐教育中更得心应手。“技能技巧这一点，应该说是无止境的。比如说音乐，你钢琴弹奏的要求是无止境的。有人问，幼儿园老师用得着弹大的奏鸣曲吗？孩子们懂得欣赏吗？但其实你这方面的技巧越熟练，对你将来的工作就越有利。有时候他们看我教学，特别羡慕，觉得林老师弹琴很熟练，其实我弹的也不是很深，但是就是熟练，这就是因为我从小学过钢琴。自己搞即兴伴奏，虽然我的即兴伴奏不是很复杂，但是比较和谐，听起来好听，能够表现出每首歌曲的不同的性质，不同的风格，能够运用一些技巧。我就觉得，你的这些基本功越好，将来你工作就越有把握。我们那时候组织一个音乐活动，这一个活动里你就要运用好多的曲子，为什么要非常熟练，就是因为从孩子一进来，到每个活动，有时候都要用钢琴，当然现在他们有的不一定弹琴，有的用录音，这样是简单一点。但是实际上，老师弹琴和听录音还是不太一样，尤其是孩子唱歌的时候。比如说你自己弹琴，可以跟着孩子的速度，可以有变化，甚至音高都可以有变化。”

青葱岁月的校园生活里，严格认真、渊博又和善的教师不断奉献着，年少的林静华老师也在耳濡目染、潜移默化中学会了为师之德、为师之道，母校在林静华老师的成长中留下了浓墨重彩的一笔。

三、感悟·“六一”记忆

(一)初入“六一”的磨合

随着教师学历层次的不断提高，他们掌握了更多的专业知识和理论水平，科学研究的能力也不断提高，但却很难将自己的知识在实践当中得以运用，指导实践活动，理论与实践的结合成为我们关注的问题。尤其是新入职教师，在刚进入幼儿园时，往往会感到手足无措，林静华老师在初入六一幼儿院时也不例外。“我刚工作的时候，孩子有时在户外活动时跑到很远，该吃饭了，得回来洗手，洗干净手才能吃饭。但我叫不回来，那时候跟我一起配班的是一个从老区来的老保育员，有一个叫小明的男孩特别淘气，我说：‘小朋友都回来吧！咱们洗手吃饭了。’但越说他越跑得远远的。跟我合作的那个老教师，一看我叫不回来他，就赶快站到门口，‘小明’，就这么一嗓子，他就回来了，可欺负人了。”

刚刚进入六一幼儿院的林静华老师，虽然经历着挫折，但她并没有退缩，她深知幼儿园是保教结合，需要教育也需要保育，孩子有自己的个性，与孩子的磨合很重要。“孩子有共性的东西，还有个性的东西，等你真工作的时候，你会发现有各种各样特殊的孩子，性格上的特殊，能力上的特殊等等，你怎样与这些孩子相处就很重要。”怎样让孩子健康快乐地成长，怎样让他们养成良好的行为习惯，怎样与孩子愉快融洽地相处，这些是林静华老师一直思索探求的。经过反思、磨合，不断地摸索，她逐渐找到了与孩子沟通相处的方法。“慢慢摸索，就能和孩子建立一个良好的关系。我发现孩子其实特别懂事。那时候我们带孩子去音乐教室，那时候还没有像现在这么好的条件，班上都还没有电视机，就在音乐教室放着一个电视机，各班可以轮流看。有一次我们带他们去看一个电视剧，我说你们想不想看，他们说想看，想看，都想看。我说那咱们就得安安静静地去看，不能吵别人。因为看完这个电视剧，旁边的班都睡觉了。我说你们能不能做到，他们说能做到，我就带他们去看。看完回来的时候，我说旁边那个班都已经睡觉了，我们要悄悄地，先上厕所，然后悄悄地去睡觉。如果我们回来以后还不好好睡觉，还吵着人，让夜班阿姨那么操心，以后再想去看电视，夜班阿姨就不同意了，他们冲我点点头，后来都上床了。第二天早上，我问夜班阿姨他们怎么样，阿姨说没事没事，他们一会儿都睡着了，跟孩子交流沟通，给他们讲清道理，你会发现孩子们是很懂事的。”

(二)不忘初心，坚守“六一”

虽然工作中遇到了各种困难，但林静华老师从不退缩，靠自己扎实的专业功底和善于思考的品质逐渐适应了一线工作。在林静华老师的职业生涯中，也曾有诸多离开幼儿园一线工作的机遇。1956 年，北京市为促进教育发展。在职的一线教师，愿意继续深造的可以提出申请，报考高师，林静华老师当时所在的六一幼儿院就有人报名，但她却放弃了这个机会。“我首先要做一个很好的老师，我觉得还不够，所以我现在还不能去上学。而且，那时候如果我报名参加了高师学习，很少有机会继续分配到幼儿园工作。我当时认为自己刚进幼儿园工作，我得做好自己的本职工作。就这样，我没报名，继续在六一工作。”

此后，北京市教研室、海淀区妇联也想让林静华老师调过去工作，但林老师始终没有离开六一幼儿院，她愿意在幼儿院工作。更重要的是，她不愿意离开有很深感情的“六一”。就这样，面对众多人生际遇，林静华老师从不曾忘记年少时的信念：一个人应该要有自己的理想，要为祖国作出自己的贡献，为了“我要做一位好老师”的承诺，脚踏实地的坚守在一线岗位上，在她爱的“六一”奉献了 37 年 9 个月，从不忘初心。

(三)琴音童心，润物细无声

林静华老师自幼学习钢琴，在六一幼儿院，她用音乐给孩子们带来快乐，伴随着孩子们的成长。在教学中，林静华老师非常尊重孩子的个性，善于观察孩子们的不同特点并因材施教，她的教学总以孩子的兴趣为出发点，培养孩子们对音乐的热爱。“要让孩子在音乐中感受到快乐，首先要了解孩子需要什么，喜欢什么。你在引导他们、提高他们的过程中，还要不断地去满足他们的种种兴趣、爱好，使得他们能够感觉参加音乐活动是很快乐的一件事。我记得曾经组织过一个小班的活动，完全是从兴趣出发的，不给他们灌输什么，不要求他们学会什么，简单地让他们走一走，玩一玩。老师给他们唱唱歌，跳个舞，让他们感受到在音乐活动中的开心快乐。孩子们看见你就高兴，觉得你带给他快乐了，所以我觉得儿童是否有愉快的情绪体验，就在于老师如何引导。”

林静华老师非常注重创造性教学，她认为教师的创造性很重要，这是无法从书本上学到的，只能自己根据对孩子的理解，对教育的理解去感悟。她始终坚持为孩子准备合适的教学内容，探究最合适的教学方式，没有满意的教材就自己编写，方法不适合就及时更换。“我做专职音乐教师的时候就曾经接触过各式各样的孩子，有的孩子唱歌特别好，接受能力特别强，音准什么都挺好的。有的真是所谓五音不全，还有的根本学不进去，一到学音乐的时候就根本提不起兴趣。你怎么培养孩子的兴趣，逐渐提升孩子的音乐素质，这些都是教学中的难题。在实际教学中不一定马上就都能立竿见影，使所有孩子都有明显的提高，但是随着教学的深入孩子们会一点一点地发展。比如说像小班孩子，唱歌时容易喊或者念歌词，其实就是他不太会用自己的声音表达出不同的音高。教师怎么办？你就得一点点教他，如果你的教育方法得当，就可以让他们有所提高。比如：小孩容易啊—啊—地拉长声唱歌，你怎么办？你从一开始就把他带进一种意境，让他明白应该怎样唱，我创造了一个教他们唱小钟的方法，滴答、滴答、滴答、滴答。跟孩子们说，你听小钟怎么说话，滴答、滴答、滴答、滴答……需要唱得有一点顿挫，你们会吗？你们会学小钟吗？跟老师一块儿学学看。他们就滴答、滴答、滴答、滴答……通过他的感知，他知道是这样的，你每次都这么强调，他再唱这个歌的时候就不拉长声了。所以说教学方法，需要老师根据孩子的实际情况不断地去创造，去琢磨。”

为增强孩子们对音乐的感受力，林老师自编了很多音乐活动，“大象和小鸟”就是其中一个。“孩子们很喜欢模仿动物，动物本身的确又有它们自己的特点，大象的动作肯定是比较笨拙的，小鸟就是轻快、灵巧的。所以我就选择了这两个动物形象给孩子们编了一个音乐游戏“大象和小鸟”。大象用的是我认为可以表现大象的低沉的音乐；小鸟用了一个很灵巧的三拍子音乐，所以孩子们听了以后就很有感触。一开始让他们听，他们有的说是大熊，有的说是大象，他们至少能够感觉到它是比较笨拙的动物。而轻巧的三拍子的，孩子们一般都能猜出来是小鸟，因为他们可能也有一定的经验，所以一听就说，小鸟小鸟，就是像小鸟在飞。”

正是在林静华老师创造性的教学中，孩子们对音乐的感受和理解不断地丰富、提高，渐渐地，在听到音乐的时候就会有自己的感受了。“那时候我给他们对比听《骑兵进行曲》和《摇篮曲》。他们其实从来没有接触过，你也不用告诉他们这是《骑兵进行曲》，就让他们听，他们就会在椅子上动起来，他们会有一种奔跑的感觉，而且是快速的，这就是孩子对音乐的一种最本能的感受。你再给他们听一些比较优美的《摇篮曲》，他们就能够发挥自己的想象，就觉得这是妈妈在哄孩子睡觉，他们会有自己的想象，有自己的感受。我觉得孩子喜欢什么，不喜欢什么，老师也能发现。小孩一般来说比较喜欢活泼的、雄壮的、欢快的音乐。对于缓慢的，尤其是比较长的一些曲子，有时候他们听一会儿就没耐心了，这就是他们的特点。后来我曾经实验过，让孩子选择他们想听什么音乐时，他们都举手高喊《解放军进行曲》《骑兵进行曲》，或者《运动员进行曲》等。”

对于小班的孩子来说，节奏的感受和掌握并不是一件容易的事情，林静华老师创编了音乐活动“小铃铛”。孩子们拿着小铃铛在活泼快速的音乐中做小碎步，又在音乐速度渐慢、渐弱时慢慢蹲下。当音乐出现摇篮曲风格的变化时，孩子们将小铃铛放在小椅子上，表现出小铃铛在睡觉。此时，幼儿也安静地模仿着睡眠时的动作。之后，音乐出现急促的颤音，幼儿又拿起小铃铛快乐地摇动。孩子们根据铃铛的节奏来做动作，什么时候跑，什么时候坐下，什么时候要睡觉，慢慢地孩子们就知道节奏快的、急促的时候是跑，当节奏慢、缓下来的时候，动作也是缓慢的，孩子们的节奏感就有了。

正是在这种创造性的教学中，林静华老师将音乐的无限魅力带给孩子。

在林静华老师即将退休时，见到了北京幼师的何君颀老校长，她动情地拥抱了老校长，激动地流下了眼泪。“见到何校长，我想起了36年前，他宣布毕业分配方案时的情景，心里默默地想，亲爱的校长，我没有辜负您的期望，始终铭记着您和老师们所给予我的教诲，下决心要成为一名出色的幼教工作者，始终坚守在自己的岗位上，尽职尽责。当我即将退休的时候，我可以问心无愧地对自己也对您说一声：我以我的全部赤诚和热情实现了我的承诺。我没有辜负您与母校对我的厚望！”

在一线工作的37年9个月里，林静华老师从来不曾忘却初心，始终坚守着自己的信念：做一名出色的人民教师。她的琴声，为孩子们带来朗朗笑声。她指尖流动的音符，她对艺术的诠释，如一汪静水，深深地感染和浸润着每一颗童心。

〖寄语〗

祝愿母校在一个新的甲子年，为祖国培养出更有理论高度、富有实践能力、勇于创新、热爱幼教事业的一代新人。

山肤水豢的艺术人生

——职教特级教师赵子余

张燕　华孟席

赵子余老师，1984年毕业于北京师范学院中文系汉语言文学专业。先后在延庆县永宁中学、延庆县师范学校、延庆县第一职业学校任教。2004年被评为北京市优秀教师，2010年被评为首都名师，2005年被北京市人民政府授予“北京市特级教师”荣誉称号。编著《中式烹调技艺》《烹调基础知识》《家常健康汤》等近20部著作。

《乐府诗集·燕射歌辞三·隋元会大飨歌》曰：“道高物备食多方，山肤既善水豢良。”可见人们对美食的追求由来已久。印象中，厨师这个行业与语文老师无论如何都不搭界。语文老师转行搞厨师培训？更是不可思议。赵子余老师却用三十年的时间，完成了他对于山肤水豢艺术人生的追求，向我们展示了一位语文老师对于美食的热爱与坚持、对于厨师职业的尊重与理解、对于饮食文化的传承与发展，同时也使他成为“烹饪王国”极为特殊的一员。

一、从语文教师到厨师：转变成为必然

赵子余老师是北京市延庆县人，中共党员，出生于1961年，是八零级师范学院汉语言文学专业(即现在的首都师范大学中文系)的学生。1984年，赵老师顺利毕业。当年，大学本科毕业生很是稀缺，研究生更是凤毛麟角，赵子余老师毕业时，延庆县只有三人从师范学院毕业。作为延庆县的高材生，赵老师毕

业后回到家乡工作，曾分别任教于延庆县永宁中学、延庆县师范学院、延庆县第一职业学校，身兼语文教师以及班主任工作。

职业身份的转变发生在1991年，那时赵老师还是延庆县第一职业学校的一名语文教师。由于学校的专业课教师十分匮乏，经商讨，该校决定培养自己的专业课教师。此时的赵子余老师作为职业学校里仅有的几位专职教师之一，根据自己对烹饪的兴趣，毅然选择转去学习烹饪。同赵子余老师一起转行的还有一名英语教师和一名化学教师，分别去学习服装与美容美发。转行，就意味着一切都要从头学起。那时，恰逢北京教育学院办大专班，那是培养职业教育师资的全日制专科教育，有服装、烹饪、美容美发等多种专业。已经大学本科毕业了的赵子余老师又去参加1991年的成人高考，初试成绩过线以后又经过专业加试。一路过关斩将，赵子余老师终于被北京教育学院职教系中国烹饪专业录取，进行了两年非进修式的脱产学习。

1991年至1993年，赵老师完全脱产投入到烹饪学习中，学习烹饪的理论、实践。“我们去学习的时候，一共是18个人一个班，大部分是从北京市各职业学校上来的，都是正式教师，但是这里面有像我一样转向比较大的，还有一部分是职高毕业又考入专科学习的。给我一个很深的印象，就是不适应，自己不太能融入烹饪这个大环境……当时我学这个的时候岁数比较大，我30岁才开始学，过去叫三十不学艺。他们大概都是二十三四岁、二十五六岁，年龄都比较小，我们班里像我这么大的有七八个。跟这帮职高上来的孩子相比，我们在很多方面都有挺大差距，包括思维方式，行为习惯。”刚开始上课时，赵老师认认真真地坐在教室里，环顾四周，都是些较活泼的“小兄弟”，内心中充满着对职业选择的疑惑。到底这个转型对他来说意味着什么？这一步到底走得对还是不对？当时的赵老师自己也不知道答案。渐渐地，随着课程的深入，赵老师察觉到了烹饪中潜在的文化气息。“后来感觉到烹饪学里面有很深的东西。其实我到后来才发现，烹饪里面恰恰是一种很深的文化，很多有价值的东西需要总结下来、传承下来。因为我学了烹饪，又是中文专业，我把两者很好地结合起来，我找到了这样一个非常有意义的点。从这开始，我才真的正视烹饪这一行业，我才觉得这一行里面真的是很有意义的。这些年来，烹饪的课几乎我都教过，而且一直教到现在。我现在除了做一些行政的工作以外，每周还要上六节课。”至此，赵老师在人生最重要的转变阶段找到了职业追求的意义。

或许有很多人不能理解赵子余老师的转行。大众的传统观念认为语文教师是文雅的儒生，而提及厨师，则很难不联想到满身油垢，整日与油烟打交道的画面。事实在一定程度上确实如此。仅拿当时赵子余老师就读的烹饪班来说，相当一部分学生是职高毕业参加了专科考试，很少有像赵子余老师这样大学本科毕业，转变如此之大的。赵老师也和自己的思想进行了激烈的斗争，经历了从最开始的有些迷茫，到后来的发现其内涵，并且爱上烹饪的过程。1993 年从烹饪专科班毕业后，赵老师就完全接手了延庆县第一职业学校的烹饪专业，出任专业组长，与学校共同设计专业课程，并亲自任教。自此，赵子余老师顺利地完成了从语文教师到烹饪教师的完全转变。

二、厨师培训者：发现烹饪教学的意义

对于赵子余老师来说，烹饪教学并非从最开始就是有趣的、吸引人的，而是经过很长一段时间的学习，赵老师才发现烹饪学中涵盖着很深的东西，逐渐地发现那恰恰是一种很深的文化。将烹饪经验与文学素养进行完美的结合是件十分困难的事情，正因为如此，才使得这个行业有很多东西需要被总结，进而被传承。后来赵子余老师发现确实是有这样一个问题存在，他感到很有意思，很有意义。赵子余老师就从这里出发，找到一个烹饪与文学的结合点，将其中的精粹总结凝练。因为有专业的烹饪学习，又有中文本科功底，赵老师把两者很好地结合起来。也正是从这里开始，赵子余老师终于将自己完全融入烹饪行业，发现这一行是真的很有意义。同时，也让语文焕发了另外一条生机，语文的教育，这是一种知识的升华，或者就是对教育工作者生命的延续，是很有意义的事。

烹饪教学到底要教给学生什么？赵老师在一次市级示范课上带给学生深切的体验。戴着白厨帽，穿着白工服，精神抖擞的赵老师边给学生示范，边进行详细的讲解。“炸鲜贝串是用牙签把鲜贝串起来以后，用面包渣裹起来一炸，就这一个菜本身没有什么，但是如果只教这一个菜，你们只学这一个菜，脑子里也永远是一个一个不成体系的菜品。但是扩展以后就大不相同了，比如给它配上鱼香汁，那它就成鱼香鲜贝串了，要给它配上番茄汁，那就是茄汁鲜贝串；如果变换一下外面裹的原料，就可做成软炸鲜贝，如果把鲜贝换成其他原料，还可做成另外一个菜。一个菜可以变化无穷。其实教给你们的是什么呢，是一种方法，菜品之多是永远学不完的，但懂得了方法，就可以举一反三。有了这样的思维方式，就能触类旁通。”学生们听得津津有味，听完后都若有所思。从

赵老师的话中，学生们体会到，赵老师教的不仅是一道菜本身的技法，还有学习的方式。

三、饮食文化：语文与烹饪的完美结合

提及最初的中文专业对现在烹饪教学的影响，赵子余老师认为没有中文的基础，就不会有现在的认识程度，换句话说，就是把从中文里面学到的素养用另外一种方式激发出来。

中文专业的影响是潜移默化的，会渗透到个人思维以及讲课方式上。实际上一个人学什么专业，总是带着这个学科的烙印，中文系的人表述、说话、做事，也必然带有这个学科的特点。赵子余老师的课一讲出来，就跟其他的老师不一样，这对学生有很大影响。比如在给学生上课的时候，他们能明显感觉到赵子余老师的语言表述是比较概括的，说话简洁、到位。还有一个显著特点，就是做事利落。所以赵老师工作的时候，干净利落，麻利爽快。这些都是逐渐形成的个人特点，可以说专业素养影响一个人的行为，这对学生是一种潜移默化的影响。再有，赵老师所讲的不仅是单纯的菜品，而是不断总结规律性的东西。中国的菜品种类繁多，永远学不完，所以要以点带面，将其中的规律总结出来。语文也好，数学也好，这是工具的东西，关键在怎么样把它们转化成一种对别人有用的东西，不仅仅是知识本身，更多的是总结别人的经验，通过一些方式使这些经验让更多人共享，比如发表文章，这是非常有意义的事情。除了教学，赵子余老师这么多年主要完成的工作就是编写了中职或者高职的烹饪专业教材，大概编了十几种教材，并且仍在使用。要静下心来琢磨，要推敲，要证实，这是赵老师认为的学习必经之路。经过仔细琢磨的想法才能被称之为自己的观点，比如赵子余老师的《在刀工训练中融入美学思想，培养创美能力》，是一篇发表在《中国食品》上关于刀工教学法的文章。

这篇关于刀工教学法的文章，实际上就是讲怎么切土豆丝，怎么切土豆片。学习刀工的过程是很枯燥、单调的。就是重复练习，不断地重复。重复是必要的，由量的积累到质变。但如果认识上也只是重复，恐怕练习就没有意义了。所以认识层次上不能重复，动作练习一定要重复。赵子余老师就将这样枯燥的练习和美结合起来，形成了自己对于饮食文化的独特认识。“比如剁馅，很多老师傅打出马蹄点，既有节奏感，剁出来的东西还匀。再比如切土豆丝，切得过长，既不好看，又不方便食用。切得太短，容易炒碎。数学里面有一个黄金分

割点，这就很重要，要找到这个点。厨师切出的肉片、肉丁、肉丝要永远让人看了是美的。”正因为赵子余老师具有良好的文学功底，他找到一个完美的结合点，把语文与烹饪结合，才能写出很多带有文学影子的文章。这一切都必须慢慢积累文化才行，这些既不是纯烹饪的方面，也不是纯文化的层次，而是将这两者结合、升华以后的一种认识。

四、厨师与厨匠：用“心”的艺术

赵子余老师上烹饪的第一节课就是讲“师与匠”的关系，年年如此。赵老师说，首先要让学生认识到厨师的内涵，了解自己在民族文化传承过程当中具有的重要作用。要明白自己传承的不仅仅是一道菜品和一道面食，而是饮食的文化，是中国人对饮食的一种认识，要能够站在更高的地位看待自己，看待这个行业。

赵子余老师要求每位学生都努力去做一名厨师。厨匠缺乏创新精神和与时俱进的能力，世易时移，往往容易被淘汰掉。相反，厨师有创新和自己发展的过程，就能跟上时代的发展，所以才能永远站在前沿领域。二者的差别，一个是跟着走，另外一个是引领变化。赵子余老师认为：“厨师学菜，不仅学习技术，还要逐渐培养职业素质。菜品里面包含着很多思想和文化。所以每讲一道菜，除了讲技术，还要讲文化。地域、性别、年龄都是做菜要考虑的重要因素，这些因素上的差异反馈在饮食上都是有所区别的。正所谓‘南甜北咸、东辣西酸’，‘春酸夏苦、秋辣冬咸’。身为厨师，首先要了解你的服务对象。为谁服务，就应该做到全心全意、精益求精，不能对任何人都使用同样的做法。同一道菜，在不同的地方做法是不一样的。川菜鱼香肉丝在当地做得非常辣，一般人刚开始去的时候根本就受不了。几天以后适应了，不吃这么辣的，反而觉得不习惯了。这道菜来到北方，辣度减了许多，到了广东，甜味增大了，辣度更轻了。这就是所谓的一道菜，不同的地区就有不同的加减，就像中药一样。在烹饪教学中，老师教给学生的应该是这种饮食中潜在的文化意识，学生对这种文化有了一定认识，便会慢慢去关注。”在赵老师看来，厨师和厨匠的最大区别，就在于有没有用“心”去做，有没有把服务意识贯彻到底。

赵子余老师还通过实践总结了一个五环教学法，即讲、演、练、品、评五环教学法，并在《中国食品报》发表。这五个环节的目的，就是培养学生对烹饪的认识，鼓励学生去做厨师，而不是止步于做一个厨匠。赵老师说：“教学，首先得演示，得讲。五步教学法里面的讲，就是先给学生讲相关的知识和原理，让他自己得带着问题、带着思考或者带着认识去学习，所以要把讲放在第一位，要讲这道菜的文化，要讲这道菜的营养，讲这道菜的形成，讲这道菜的关键在哪里。”可以说，饮食文化的传授时时贯穿于赵老师的课堂中。“比如宫保鸡丁这道菜，实际上是有典故的。它是一道川菜。宫保鸡丁，有些人写成‘宫爆鸡丁’，为什么会把它写错了呢？是因为不知道这道菜的来历。为什么叫宫保鸡丁呢？宫保是过去古代的官称。清代，有个人姓丁，叫丁宝桢，曾任山东巡抚，后任四川总督。他一向很喜欢吃辣椒与猪肉、鸡肉爆炒的菜肴。据说在山东任职时，他就命家厨制作‘酱爆鸡丁’等菜，很合胃口，但那时此菜还未出名。调任四川总督后，每遇宴客，他都让家厨用花生米、干辣椒和嫩鸡肉炒制鸡丁，肉嫩味美，很受客人欢迎。后来由于他戍边御敌有功被朝廷封为‘太子少保’，人称‘丁宫保’，其家厨烹制的炒鸡丁，也被称为‘宫保鸡丁’。宫保鸡丁必须要以鸡丁为主料，花生米为配料，必须要以花椒、辣椒的味道作为它的基本味，以咸、鲜作为它的辅助味，最后以白糖、米醋，形成小荔枝口味，就是酸甜，固定下来这样一个口味，这就是宫保鸡丁必须要遵循的原则。了解了这些东西，学生就知道宫保鸡丁原来是这样，也就不会再说成宫爆鸡丁。”放在以前，如果一个语文老师，只教授“宫保”的字怎么写，这就是匠气，如果给学生讲解了中间的文化，烹饪的文化便可以渗透到学生的生命里面去，这便是“师”。

正是基于对饮食文化的深刻理解，赵老师对于传统菜的认识也有自己的独到见解。赵老师说：“传统与现代的结合也同样是饮食文化中的重要领域。传统菜就像中国京剧一样，是经过多少代人的心血，最终形成的这道菜，它已经流传了数十年、数百年甚至上千年，它融入了很多精华，真是一种国粹的东西，所以这些东西是必须要保留的。当然墨守成规也是不行的，必须得有变化，但是不能变它的根，最根本的东西不能变。就拿鱼香肉丝来说，现在有些地方做鱼香肉丝，加入胡萝卜丝、青椒丝，这就不叫鱼香肉丝了，把它变成这样的时候，就把这个菜变了。这个菜怎么变，鱼香肉丝，肉丝是主料，冬笋是配料，木耳是次配料，而不能说冬笋贵了，干脆用胡萝卜丝、青椒丝来替代。所以要清楚可变的是什么，不可变的是什么，定不能变其根本。还是有能坚持的东西，最根本的东西要留下来，然后再在这个基础去体会它，应因时代的变化给它一些创新。”林洪的《山家清供》说：“食无定味，适口者珍。”本来做吃的是没有定法的，每个人对味道的偏好不太一样，众口难调。但只要大家接受这个菜的味道，大家喜欢这个菜中蕴藏的文化，大家都爱吃，这就是饮食行业发展的硬道理。这也许正是赵老师对于饮食及饮食文化最朴素、最真诚的理解。

除了对饮食文化本身的认知，赵老师还认为，厨师更需要良好的烹饪实践能力。从单纯的刀工里面就能找到音乐美，找到劳动美，这就是一个好的厨师。站姿要美，厨师要站，站得要好。歪着身子，弯着腰，时间长了，一个是造成身体伤害，变形了，另外是难看，首先给人的形象不好。姿势不端正，切出来的东西肯定是歪的，影响成品。所以从站姿到每一个动作，其实都充满了一种乐趣，充满了对烹饪的热爱，这是做厨师最重要的。有了这个，才能成为厨师，而不是厨匠。从这儿一点一滴地训练，像刀法技能这些，是需要操练的，其他一些内化的东西，要不断地传授给学生们。

归结到底，赵子余老师把自己的成功转行总结为是把学到的知识真正运用到生活中的过程。把知识和学生结合起来，影响学生一生，这才是最重要的。赵老师最大的成就感是通过自己讲授的课程，帮助这些孩子改变了自己的人生轨迹，改变了自己的整个生活状态。学生从延庆县第一职业学校毕业后，有的在当地有名的酒店当上了大厨，有些成为酒店的副总。他们表示：“很感激学校，感激像赵子余老师一样的老师们。原本职业学校的学生都是文化基础比较薄弱的，但职业教育给我们提供了一条新的途径，让我们仍然拥有改变自己的命运的权利和机会”。职业教育培养的多样化，为不同的孩子提供更多的学习机会和工作机会，正是职业学校存在的重要价值。赵子余老师不禁感慨，与过去教了七年的语文相比，现在教授的二十多年烹饪专业所具有的意义要远远大于语文本身。

所以知识必须要转化成应用，否则的话知识就是死的。按赵子余老师自己的话说，“如果我继续教语文，教到现在，应该还是个语文教师，跟字词、句子打交道。现在我转行来教烹饪，用自己对烹饪的理解来引导学生，来诠释烹饪的文化，将其转化成一个新的东西，去引领、塑造学生的价值观，这是作为教师的一种自我蜕变，我觉得应该有这样一个过程、一个变化，这就是教师的一种认识，是真正的匠与师的区别所在”。

五、收获的途径：静守己心

2004 年，赵子余老师被评为北京市优秀教师，2005 年被授予“北京市特级教师”荣誉称号，2010 年被评为首都名师。赵老师主编了北京市中等职业学校

《小餐饮业的创业指导》《地方名小吃欣赏》《宫廷菜制作工艺》《宴席设计与菜点开发》《潮州菜制作工艺》《厨房管理知识》《餐饮业经营与管理》《宴席设计与菜品开发》《上海菜制作工艺》等书，编著了营养保健丛书《夏季养生汤》《秋季养生汤》《家常健康汤》，主编了地方民俗餐饮教材《延庆饮食文化》《精品农家菜式指导与欣赏》，参加编写中等职业教育教材《烹调基础知识》《中式烹调技艺》。在谈到收获的这些成果时，赵老师觉得这和在首都师范大学中文系的学习经历大有关联。提到当时的学校教育，赵子余老师的言语表情之中全是赞扬。“没有那时中文学习的底子，要想出版这些饮食专著是不可能的。80年代的学校教育非常单纯，学校学习的风气特别浓郁，和社会接触得很少。那时候觉得上大学太不容易了，又能在大学里面学到很多东西，除了学习知识以外，还能感受到求知的一种大环境，影响深远。现在的教育，要让孩子们真正静下心来，不要太浮躁。这个社会充满了诱惑，现在的机会也有无数，但是还是要做一个有准备之人，准备好了，再开始大踏步地前进。潜心准备很重要，要准备什么呢？首先要有认识，意识要到位，然后才能起到引领作用，业绩自然就会有。荣誉、业绩是伴随产生的，不是专为了荣誉，追求荣誉而做事。在你的意识、认识引领之下，这些东西随之而来，不知不觉水到渠成，其实它更是一种附加产物。更多的是我们的生命不能仅仅被定格在这几个荣誉上。”赵老师如是说，如是做，所以才会有这样显著的收获。

人无论做什么，都能找到自身的价值，但是要琢磨，要研究，找到发挥自己特长的关键点，这才是最重要的。八十年代，上大学还很不容易，赵子余老师从首师大中文系毕业后转行做了厨师，很多人不理解，但至少赵老师本人认为这是很对的，至少是很有意义的。他做了很多有意义的事，发挥了自己的价值。赵子余老师深情地说：“曾经在首师大求学的四年经历，对我的一生特别重要，我很感激这个学校，对这个学校也是充满了感情。曾经在这个学校念过书，是特别荣幸的一件事，它传授给我很多东西，不仅是学历、知识，更多的是一生的影响。大学的学府，这种学府本身对人生的影响，比知识影响还要深，尤其是我们回过头来再看。等现在的学生到我们这个年龄的时候，就慢慢有体会了。所以千万不要把大学当成求职就业的工具、门槛、资本，这就看低了自己曾经上过的这个学校，同样低估了自己的能力，看低了学府与人生不可分割的东西，都说人要有感恩之心，首先就应该感恩曾经教育过我们的大学，它是会改变我们一生的地方。”在感恩中前行，无论是作为语文教师的赵子余，还是作为职业学校烹饪专业教师的赵子余，都始终坚守教育的本真，而这，也正是他对于山肤水豢的艺术人生的不悔追求。

〖寄语〗

无论我们身在何方，无论我们经历多少风雨辉煌，母校永远是我们心灵深处的圣地，是我们生命中引以为豪的地方。在母校六十华诞之际，请接受一个学生最衷心的祝福：愿母校桃李遍天下，明天更辉煌！

TEJI JIAOSHI CHENGZHANG XUSHI

特级教师成长叙事

【名师引领】

立足基础教育，做一名辛勤耕耘的教师

——物理特级教师苏明义

王海平　杨海龙

苏明义老师，是一位在教育教学界辛勤耕耘了31年的物理特级教师。从1983年走上教育教学岗位以来，苏老师始终牢记自己肩负着教师传道、授业、解惑的神圣使命。苏老师现为北京市海淀区教师进修学校物理专职教研员，曾经获得北京市中青年骨干教师、学科带头人的荣誉称号，并曾担任中国物理学会科普委员会委员、《求学》杂志资深顾问等职。现任北京市物理学会理事，中国教育学会物理教学专业委员会常务理事兼副理事长，首都师范大学特级教师研究院研究员，《高考》杂志学科主编，《中学物理》杂志副主编等。

1983年苏明义老师毕业于首都师范大学物理系，从此一直从事中学物理教学与研究工作。1993年被破格评为北京市中学高级教师，1998年被评为北京市学科带头人，2000年参加国家级骨干教师培训，2005年被评为北京市特级教师，2008年被评为全国优秀物理教研员，2010年被聘为教育部"国培计划"培训教学专家，2011年入选全国中小学教材审查专家库。

1991年参与编写《中学物理教师教学基本功讲座》，担任副主编；1992年参与北京市义务教育初中物理教材；1997年参加了国家教委教育科研规划研究项目的研究，并参与该项目的《初中科技活动选编》的编写和试教教师的培训工作。

1998年参与编写了《彩图中国青少年自然科学丛书(物理卷)》，担任主编之一。1999年参与“高中物理课程改革与实验”课题研究，该课题为教育部基教司重点课题，并参与《全日制普通高级中学物理教科书》的编写工作；2001年开始，参与主持了“国标初中物理教材”的编写工作，任副主编。2002年主编《中小学学科教学建模丛书》中的《中学物理分册》；2003年参与编写《初中物理新课程教学法》，担任副主编；2010年主编《普通高中物理课程分析与实施策略》。

2002—2005年，主持中国教育学会物理教学专业委员会的重点资助课题“新时期培养青年中学物理教师的途径与方法”的研究工作。2005—2009年主持中国教育学会物理教学专业委员会的重点资助课题“全国中学物理优秀教学模式、教学法研究”的研究工作。2005年至今，主持中国教育学会物理教学专业委员会的重点资助课题“全国中学生应用物理知识竞赛研究”的研究工作。

在30多年的教学研究中，苏老师在《物理教师》《物理教学》《物理通报》《中学物理教学探讨》《中学物理教学参考》《中学物理》《学科教育》《中国考试》等教学杂志上发表了《如何利用学史进行科学方法教育》《教学改革的关键是要将新教育理念转化为教学行为》《浅谈科学探究的教学设计与实施的几个问题》《关于现代教学手段与传统教学手段的思考》《从课程目标的角度谈物理习题的讲练》《对如何提高物理试题命制质量的新思考》《理论联系实际，提高分析和解决问题的能力》《关于综合性科学(理科)课程的思考》《对一些联系实际问题的辨析》《高考物理试题特点演变的成因及对策》等数十篇教学论文。

苏明义老师回首30余年的工作实践历程，深感自己的成长、进步离不开老教师、同事和有关领导的关心与帮助。从走上教学、教研工作的第一天起，对各个工作环节的设计、准备都从不敢懈怠，有如履薄冰的谨慎态度，有如负泰山的神圣责任感。因为我们承担的是对人的教育，常言道：十年树木，百年树人。

苏老师热爱教师这个职业，热衷于基础教育研究工作，今后也还会一如既往地积极学习、努力探究、不断创新，在中学物理教学研究领域取得更大的成绩，为我国的基础教育改革与发展而不断开拓进取、贡献出更大的力量。正是凭借着一种愚公移山的精神和埋头苦干、默默奉献的毅力，苏老师不仅教出了一批又一批的优秀学生，也培养了众多出色的教育工作者，苏老师的严谨治学的态度和教育教学理念也在这些教师中传承发展着。

了解、学习苏老师的教育教学方法和理念，就让我们从探究他的学习工作的成长经历入手吧。苏老师出生于1962年，1979年考入北京师范学院物理系（首都师范大学前身）。从此，便与教育结下了不解之缘。

一、问渠哪得清如许

（一）坚定自己的选择

苏老师从小就对生活中的物理现象和问题充满了兴趣，升入初中学习物理后，老师做的实验、讲授的知识，解开了他的许多“为什么”，更激发了他对物理学的兴趣。儿时对物理的兴趣促使他立志做一名物理教师。然而，在当时的社会环境下，教师的社会地位和经济地位相对而言并不是太高，但苏老师还是坚持了自己的选择并在教育教学这条道路上越走越稳健，越走越宽广。在谈到兴趣爱好和工作的关系时，苏老师坦言：“当一个人的兴趣爱好和他所从事的工作刚好一致时，这是人生的一大幸事。但是如果你的兴趣爱好和你的工作并不完全相同，我们该怎么办呢？我觉得这个时候就要看你能不能够坚持，能不能把你的工作变成兴趣爱好。在坚持前行的过程中，你会感受到不一样的各种风景，各种积累也逐渐增多了。特别是你感受到所学的专业使你在教学中如鱼得水，面对学生提出的各种富于挑战性的新奇问题，又促使你不断学习，汲取新知，提升自我……在这一曲折、螺旋式上升的过程中，经历了很多酸、甜、苦、辣，也感受到了获取成功的喜悦，这时你就会越来越坚定当初的选择，把兴趣爱好与工作合二为一。面对每一届学生，不再是简单地重复教书，而是从中获取教书育人、教学相长的乐趣。”从苏老师的话中，我们也能看出，选择有时候并不是多么轰轰烈烈、斩钉截铁，关键在于做完选择之后是否能为之坚持，为之奋斗。哪怕是在荒无人烟的戈壁中踽踽独行，我们也绝不能在半途中妥协。这个时候选择与坚持就成为一个主体，在选择中坚持，在坚持中选择，才有可能最终获取通往成功之门的钥匙。

（二）难忘恩师的言传身教

在回顾30多年的教学与研究经历的过程中，苏老师一直强调说：“我是一个很幸运的人，因为在我的前进道路上得到了太多关心我的领导、前辈教师对我的帮助与指点。”在谈到前辈教师对他的影响时，苏老师像讲故事一样谈起了他的成长经历。

大学毕业刚走上工作岗位，就遇到了我的中学物理教师——明伦老师作为我的教研组长。师生在一起共事，老师关心学生的天性使我顺利地迈出了从师范生到教师的第一步。明伦老师从如何走上讲台到如何把握演示实验的设问与操作节奏，从课堂上例题的呈现方式到课下答疑时如何与学生交流等，都给了我细致入微的指导，使我顺利地完成了从“学生”到“教师”转变。后来到师范学校任教，教研组长赵汝兴老师仍是一位老师辈分的老先生，在平凡的日常教学工作中，老先生通过言传身教，从治学的严谨、做人的踏实、处事的诚信、业务的进取等方面对我进行了全方位的影响与引导。

1990 年我调入海淀区教科所，面对一个与物理教学完全不同的工作内容和环境，是所里的领导、同事给我指明了学习、研究的方向，使我顺利地适应了教科研的工作，并通过参与“未来教育研究”“28 校群体科研”等课题的研究，丰富着我的教科研经历。在深入参与教科研工作的过程中，我深切地认识到自己的教学功力还显不足。这时我有机会到首师大附中进行教学实践，我将自己的想法向教科所的领导汇报，得到了领导的理解与支持。因此从 1993 年到 1998 年我在首师大附中进行了长达 5 年(一个中学物理教学的完整周期)的教学实践。

在首师大附中期间，我有幸与特级教师唐朝智老师同头共事，当时我向领导提出了想听唐老师的课的要求，领导给予了全力支持，将我的课全部排在唐老师的后面，为我提供了宝贵的学习机会。唐老师对我的关心、爱护、指导更是从大处着眼、小处着手，与专家型教师长达 3 年的零距离接触，使我从教学技能、对学生能力培养的途径与方法等方面都有了长足的进步，对中学物理教学也有了更深刻的理解。

1998 年调入教师进修学校任专职教研员。面对全新的工作内容，洪安生老师、蒋宏涵老师从如何听课、评课，如何组织教法活动，如何命题、校对等方面给了我细致、具体的指导和帮助，特别是当我第一次负责高三物理教研工作时，恰逢要去华中师大参加骨干教师国家级培训，在学校领导的关心下，安排已过退休年龄的洪安生老师对我进行传、帮、带，使我得以圆满地完成第一次负责的高三物理教研工作。

在谈到母校对他的影响时，苏老师认为在首都师范大学物理系的学习经历，为自己获取物理学的系统知识储备和教育教学理论，以及他在工作中取得今天的成绩奠定了坚实的基础。如今，工作了 30 多年的苏老师取得了骄人的成绩，除了自己的辛勤努力之外，更离不开多位恩师的帮助。他曾在自己的一篇文章中提到：

在我成长的过程中还有一位始终关心着我的人，那就是我的授业恩师——首都师范大学的乔际平教授。从大学四年级的教法实习到毕业后走上教学岗位，不论是在教学方法与技能、教学研究方向与方法、教学理论的提高还是做人以及治学的态度，乔先生都给予了悉心的指导、帮助。可以说是乔先生最初将我带入了中学物理教学研究的殿堂，并在后来的一系列教学研究活动中给我指明了前进的方向。

苏老师1983年毕业后从事中学物理教学工作，到1988年，经过5年的教学实践，对教学中的一些问题有了一些感悟，对有些物理实验和教学方法进行了探究和总结，他做了许多教学随笔和教学反思，写成教学研究的文章，请乔先生指导、帮助，并开始跟着参与乔先生主持的编写初中物理教材的工作及其他中学物理教学研究的工作。苏老师回忆时讲道："有机会能跟这样高层次专家教授一起开会，参与他们的讨论，从他们身上学到的不只是如何做学问，更多的还有如何做事、如何做人，从中受益匪浅。这些专家、教授，并没有因为我比他们小二十多岁，就不注意我的发言与思考。如果我跟他们讨论学术问题，可以很直接正面地跟他们平等对话。所以我觉得我非常幸运，能够赶上和这么一批老先生一起共事，并且可以毫无顾忌地把我的想法拿出来和他们的思想进行碰撞。"正是首师大的老师们的谆谆教导，平等、民主的学术交流，和谐的文化氛围，让苏老师短时间内即在理论和实践上有了很大程度的提高。而且，首师大的老先生们身体力行地践行教育、严谨的治学态度，也让苏老师佩服并且直接影响了苏老师在教学过程中的风格与态度。

可以说，在首师大读书的日子是苏老师学习和成长过程中一个非常重要的阶段，这里的文化和理念深深植入了苏老师的骨髓。正是苏老师执着向学的态度和首师大老师们的帮助，使他在教育领域获得了巨大的成功。

(三)传道授业，赤子其人

苏明义老师在努力学习、不断充实丰富自己的同时，也在用实际行动践行着老前辈们对教育事业的尊重与严谨，以及对学生的包容与培养。

对于教学，苏老师一向都是秉承认真、严谨的治学态度。他认为老师可分为几个类型，有些老师属于"抽风型"的，有些老师属于"事业型"的，有些就属于"职业型"的，还有一些就是"混日子型"的。苏老师认为："关键就是你做这件事想不想把它做好，如果你的状态就是这点题我会做了，课上完了我就回家，该干吗干吗。如果就是这么个状态，老师这个职业其实是很轻松的。但是如果一个老师，今天这个题讲得不好，回家就睡不着觉，一直琢磨这道题，这也是教师的一种工作状态。比如说今天这节课讲得不如意，我马上就改好了，哪怕今天这课已经上完了，四个班的课全部都上完了，再上就得等下一轮了，可能是三年以后了，那我也得改好了搁在这儿，以备下一轮教学之用。在教学的过程中可能会遇到各种各样的问题，不同的人态度是不同的，如果遇到就放过，而不去深究该怎么办？凑合过去就行，那就是混日子了。但是有的人可能不是这样，今儿个遇到这个问题抠明白了，明天再遇到一个问题也抠明白了……可能你不觉得他今天把这个事抠明白了有什么收获，他自己可能也没有什么体会。但是这一个个的问题积累起来之后力量是很大的。这里面有两个问题：将教学中积累的问题都思考清楚了，找到了解决的办法，便可使日后的教学更加自如；再有一个问题，就是工作态度的问题，长期以来允许问题放过去，那问题就永远放过去，最后形成的工作态度，就觉得放过去是很正常的。其实所有的老师在教学中都会遇到很多疑难问题，完全可以躲着走。但是有责任心的教师、一个研究型的教师就会迎难而上，让教学中的每一个问题都不再是问题。”

苏老师非常感谢母校给予他的为师理念，即探究学问、传播知识、教书育人、实事求是、开拓创新。在谈到这么多年的教育教学的心得体会时，苏老师用了“敬畏”这两个字来总结自己对待教育教学的态度。苏老师的解释很质朴也很简单：“假如说我在一个普通学校当老师，所教的学生水平不是很高，那学生可能难不倒我。但是如果我教的学生水平已经很高了，那我就要考虑，我能教给学生什么。现在我在物理教研室，来问我问题的都是中学教师。他们问我的问题肯定都是一般老师不会的问题，这包括专业知识及教学法问题，他们不会才来问我。”苏老师给自己提的要求是，有什么问题必须要及时解答。要达到这个高度，就需要不断提升自己的专业水平，练好内功。现在学生的思维更活跃，获取信息的渠道十分丰富，懂的知识也越来越多，他们经常会提出一些老师们平时意想不到的问题。这个时候老师一定要走在前面，不断补充和提高自己。苏老师有这样一个观念，就是教师的最大“威胁”来自于学生，这种“威胁”却又反过来促使教师进步，这恰好是实现教学相长的重要途径，因此一定要把握好机遇。

苏老师谈到在首师大学习期间，物理系老师们的谆谆教诲，让他终生难忘，同时老师们严谨治学的作风也深深地影响着他。在实际的教学工作中，他认真总结学生在学习过程中容易出现的问题，换位思考，从认知心理学的角度分析学生学习困难的原因，寻找思维障碍的难点和突破方法。

在对待学生的态度方面，苏老师总结发现，大学刚毕业的教师，对学生比较有耐心，教学过程中以鼓励和赞扬居多。经历了几年教学实践后，基本教一轮了，经验也差不多有了，这个时候教学生就开始疲倦，可能上课的时候就会对学生发火，也就是通常我们所说的职业倦怠期。等再过五年，再过十年，自己也有孩子了，自己孩子上了学，又发现孩子学不会很正常，那时候对学生又开始有耐心了。对学生来说，当然是赶上老师最后一种状态更有利于他们的发展。找到这个规律后，就要在每个阶段注意及时引导和帮助老师正确对待学生，从而更好地提高教学效果。

针对班主任工作，苏老师也提出了自己的看法："做班主任是要下很大工夫的，因为每届学生的情况不同，人是在发展变化的。那种经验的积累，可重复性几乎为零，比教学的可重复性更差。然而人的精力毕竟是有限的，你不可能样样都行。对于学生来说，老师首先要把课上好了，学生就很容易跟你配合，很容易听你话。如果你是高压政策下的班主任，但是课反而上得不好，这个时候学生就会逆反。所以作为教师，我认为将教学工作搞好是做好班主任工作的重要基础之一。当然，班主任工作千头万绪，一个好的班主任需要有更高的综合素质。"

正是凭借着对于教育工作的执着以及对学生的高度负责，苏老师才能够在自己的工作岗位上游刃有余。在他的信条里，教师就是一个传道、授业、解惑的人，而做一名合格的教师，自己必须先有"道"。这个"道"就是自己对于教育事业的热爱与专业精神。其次，在"业"上，教师必须是专家，绝不可以业余，自己拿不出业绩就不能让别人信服，就传不了自己的"道"。最后，才是最高境界——解惑。人非生而知之者，谁都有不明白的地方，学生不明白就要问老师，老师不明白就会去问教研员。而作为教研员，必须要能尽最大努力去帮助这些老师和学生。苏老师始终对自己的理想，对自己所从事的教育事业怀着一颗拳拳赤子之心，去实现一个老师应该有的价值，在平凡的岗位上辛勤耕耘，默默奉献着。

二、道之所存，师之所存也

作为特级教师，苏明义老师在访谈中无数次地表达了自己对于前辈教师们无私帮助的感恩。他始终不忘自己的教师身份，对即将步入教师行列的准教师们提出了殷切的期望和严格的要求。教师是一个需要接力和传承的职业，是一个需要一代人接着一代人为之奋斗的伟大事业。

谈到对未来教师的素质和能力的要求时，苏老师首先从“说话”开始谈起。他认为教师是需要通过自己的言传身教来启迪和引导学生的，因此教师必须重视自己的说话。他说：“怎样才能让学生爱听你说话，爱听你讲的课呢？作为教师，授课时的语音、语速、语调要适中，给学生以反应、吸收、消化和思考的余地。一个好教师应做到用简练的语言深入浅出地把难懂的知识、难理解的物理规律给学生讲明白，给学生搭建好思维的台阶。所以作为一名合格的教师，首先必须要经过各方面的专业训练，尤其是在语言表达方面，要综合运用各种语言技巧，使自己说的话让学生爱听。这正是每个师范院校在学生的培养方面应该注意的问题，也是师范类院校的学生成为一个准教师所必须具备的素质和技能。其次，就是要言之有物，不能净说些假、大、空的话。内容为‘王’，这里的内容既包括老师说话时所涉及的内容，也包括对于内容的一种创新性的表达。更高层次的要求是教师应具有一定的幽默感，幽默是一种智慧，在教学中辅助以幽默的表述，可以达到事半功倍的效果。试想如果一个学生连你说的话都不爱听，你又怎么能做到诲人不倦呢？”

而当我们问到，对当下高校在培养师范生的时候还有哪些建议时，苏老师沉思了一会儿，之后很坚定地给出了我们他的答案：

我觉得师范院校就是要名正言顺地突出师范特点。在培养师范生的过程中，第一，要尽早见习，比如说大一、大二就应该有见习的经历，或利用课余时间参与中学教学的实践活动。在学习了文化课之后，到中学见习一下，把理论和实践结合起来，知道国家的课程标准是什么，知道当老师是怎么回事，知道现在的学生是什么状况，知道现在考试的要求，等等。

第二，加强实习的实效性，实习的过程绝不能走过场。教学法的课我觉得可以分两段上，可以在实习之前先上一小段，能应对走上讲台上课的基本要求。实习一段后学生有了初步的感性认识，再继续学教学法，学生的感受就更深一些，他们带着实习中遇到的问题学习教学法，就会更加积极、主动，学习成效就会更好。

第三，在教学法课结束后，再安排一段学生实习，这样可以使学生在走出校门前达到走上讲台能基本应对自如的水平，这也是师范生走上教育教学岗位后能尽快成为教学能手的优势所在。

苏老师对于教师人才的培养，有着自己独特的见解。他认为，教师的思想品德、治学态度、行为习惯都会影响学生。所以教师要严于律己，言行一致，以身作则，为人师表，要有高尚的师德，正确的世界观、人生价值观。同时教师一定要有精深的专业知识、教育科学知识和文化基础知识。师范院校有自己的优势，也许在学科知识的深层次方面与综合大学还有一定的差距，但是，作为专门培养教师的学校，师范院校还是应该在自己的“专”上下功夫。学校可以教出硕士和博士，但是特级教师和教育专家是需要在实际的教学过程中产生的。不能只是纸上谈兵，实践出真知，实践锻炼人。

学高为师，身正为范。苏明义老师用自己的实际行动为我们诠释了师范的真谛。一方面，教师要不断地丰富自己的学识，要潜心做好相关的学术工作；另一方面，也要身体力行去践行自己的教育之“道”。虚心竹有低头叶，傲骨梅无仰面花。苏老师就像是开在冬天的腊梅，俏也不争春，只把春来报，用自己的默默奉献，为中国的教育事业守望着春天的到来。

苏老师和许许多多工作在教育教学一线的老师们，用实际行动践行着母校的校训“为学为师，求实求新”。他们甘于奉献、勇于创新，脚踏实地，为中华民族的伟大复兴，为培养祖国的栋梁之才，在基础教育这片广阔的土地上辛勤耕耘着……

〖寄语〗

师恩难忘，祝福母校！

“一扑纳心儿”

——政治特级教师董晨

王东　李枫

董晨老师，北京市特级教师，北京市优秀教师，全国“五一”劳动奖章获得者。1985 年毕业于北京师范学院（现首都师范大学）政教系。原在顺义区牛栏山第一中学任教，2004 年任顺义区教育研究考试中心高中思想政治学科教研员。参与了教育部新课程改革中《高中思想政治课程标准》的研制、教育部委托人民教育出版社出版的全国《政治生活》必修模块教材的编写、《国家与国际组织》教参的编写；是《政治生活》教参的副主编和作者，《政治生活》学生用书的主编和作者，北京市初三教材、教参的副主编和作者。

“重剑无锋，大巧不工”是说越平凡的东西越可能蕴涵着极致的精巧。用它来形容董晨老师应该是很合适的。董老师初次见面的礼貌接待令人印象深刻，对话过程中的谈吐举止和学识更让人油然而生敬佩之情。在整个访谈过程中董老师给人一种实实在在的力量，自然平和地将自己的求学、工作和科研之路娓娓道来。在她身上我们看到一名优秀教师该有的素质——稳重。

一、“一扑纳心儿”的求学、从教

（一）遵照父母心愿报考了师范大学

董老师说，她当老师更多是父母的意愿。在那个年代，父母的意见是权威，不容更改。可是没有自主选择并不代表做不好。董晨老师用她的行动告诉我们当我们没有选择的时候，我们应该做好眼前的事。“那时候糊里糊涂的，因为我赶的学制都短，小学五年，高中两年。所以我上大学 17 岁，毕业的时候 21 岁，那时候根本没有什么想法。我后来回想一下是两个原因，一是因为我父母都是老师，所以可能有一种家庭愿望。二是那个时候我们工作还是属于分配制，北京师范学院和北师大是不一样的，北京师范学院是北京市分配，北师大是全国分配，所以我父母可能有一个愿望，希望我在他们眼前，不能分到外地去。那时候自己没有明确的个人规划，不像现在的孩子这么自主。总之，报考北京师范学院，也没有愿意，也没有不愿意。”稀里糊涂地上了师范的董老师，可不是稀里糊涂地成为一名好老师的。做一行、爱一行、精一行，这种理念始终与董老师的职业发展相伴。

(二)生活在一个读书时代

董老师说她的大学生活并没有特别突出的地方，在那个年代，整个社会的学习风气很好，大环境大背景是积极向上的。董老师认为自己仅仅在是完成了她应该做的事。“80 年代初期，跟社会的风气也是相吻合的，社会上也没那么多诱惑，上大学就是专注于读书，所以我觉得我们那会儿读书都是很专注的。那时候(就业)方向性很窄，就是面向学校，面向中学，所以大家也就没有那么(分心想其他事情)……我要努力干这个(当老师)，就是一心地念书，念书回去(回牛栏山一中当老师)……因为我原来在牛栏山一中毕业的，我们那时候牛栏山一中特别缺老师，高中的母校也做了很多工作，我们头毕业之前他们就到师范学院给我们进行一次次座谈，学校缺老师，希望我们毕业后回去。于是我们按部就班地又都回去了。所以我觉得我的成长线就是一条直线，老在学校，没有变化。”董老师从牛栏山中学毕业，在首师大读了师范专业，面对中学母校的就业邀请又回到母校任教，又从任教到科研。从最基层的教师到区级的科研人员，她在学习和教学中逐步提高，达到本领域的最好的水平。

董晨老师的学习历程没有太多的波澜，有的只有一种踏实稳重的态度。“一步一个脚印地走好每一个阶段，做好每一个阶段应该做的事”是董老师经常挂在嘴边的话，她也正是这样一路走过来的。一条河一条江，它们的波澜壮阔经过无数的支流汇聚而成。“水到渠成”这个成语很好地形容了董晨老师的学习历程。

(三)不畏现实困难，克服“小科”尴尬

作为一个政治老师，有一个帽子是丢不掉的——小科老师。在学生的眼中，

政治课远远比不上语文、数学、外语这些课。作为一名政治学科的教师，董老师刚当老师也避免不了这种尴尬。政治老师最大的困难就是学科困难，政治老师如果对政治学科没有一个全面的、正确的认识，孩子对政治学科也没有一个全面的、正确的认识。跟别的学科不一样，别的学科知识只要老师努力就可以见到成效。政治学科面对的阻力首先却是学生是否接受它。董老师认为让学生接受政治这门学科是她教学开始遇到的最大障碍，也是最苦恼的事。其实这不是一个小事，这也是一个困扰大多数政治老师的普遍难题。如何才能让学生对政治课感兴趣呢？也是长久以来董老师思索的问题。从学科的重要性来看，董老师认为这种学科尴尬，应该从教师自身寻求破解的突破口。她认为很多政治老师其实就没有形成对政治学科的正确看法，他们在潜意识里对政治学科也抱有一些偏见，因而直接导致学生对这门学科的不重视、不认同。董老师认为，政治学科的价值就在于它能够帮助人们树立正确的观念，使人们获得正确的认识方法。具体表现是通过学习政治学科知识，学生应该获得透过现象认识本质的能力，基本认同一些现代社会所倡导的平等、宽容、利他和双赢的观念等。一名政治老师只有从心底里认识到这个水平，并以此为出发点去开展教学的时候，才有可能去扭转学生对这门学科的偏见，调动起他们的学习兴趣。

正是一种对教师价值的追求，促使董老师认真思考如何破解政治学科的尴尬。“初为人师的一段时间，对政治学科的认识不够深入。认为不就是备备课、翻翻教参、上上课吗？时间一长，我发现一个问题，我教过的学生见到我连个招呼都不打，连个头也不点。经过细心观察，我发现学生对教师态度是有差别的，他们对有的老师很尊敬，见面就打招呼甚至鞠躬行礼；对有的教师亲如兄弟，无话不谈；而对像我这样的，则跟没看见一样。这对我是一个很大触动，我知道自己的工作没有被学生接受，他们并不认可我的工作。”正是从这个经历出发，董老师开始琢磨如何上好政治课，并一门心思地去解决这个问题。在做了教研员之后，她也常常引导年轻老师首先面对这个事。董老师认为根本的解决之道就是兴趣问题，让学生能够发现政治课的学科价值。她说：“一开始我们年轻老师可能用一些辅助手段，比如文字的东西，她用生动活泼的视频来呈现，吸引学生注意等。但是这些形式的东西必须依附于学科价值之上，否则很难有持久性。只有教师自己认识到这个学科的价值，然后在跟学生教和学的互动中，让学生们也发现了学科价值，他们才有兴趣，这个兴趣才能保持，也才能是持久的。有些年轻老师急功近利，给学生放个片，学生喜欢看大片，一节行，两节行，高中孩子都不傻，我上学了您老给我放大片，这不是糊弄我吗?”董老师认为这是一个慢慢地悟道的过程，一开始也得走一段弯路，但是只要老师用心去发现问题，就一定能少走弯路。总之，董老师觉得真正的兴趣还是建立在学科价值的挖掘、发现上以及怎么样让它呈现出来，这是最主要的。“那时候我们区拿我做典型，让我总结教学思想。谈教学思想我不敢当。不过在教学过程中，我始终坚持‘三点一线’的原则。即以理论联系实际为主线，激发学生兴趣点、触动学生存在问题的焦点、提高教育情感点。”在“三点一线”原则的指导下，董老师形成了自己的教学风格，教育和教学方法能够贴近实际，贴近生活，贴近未成年人。在长期的教学实践中，做到尊重每一个学生、关爱每一个学生，建立了良好、平等的师生关系。

这么多年的经历让董老师认识到，“一个老师的好不好，不是在于他教的学科，而更多的在于他教的水平，‘小科’老师一样可以当特级老师，一样可以教出别样的风采”。因此，知识无“小科”，教政治的董晨老师告诉我们作为一名教师，你自己教的学科并不代表你的水平，通过学科价值来体现教师的自我价值才是关键。

(四)成功的秘诀是“一扑纳心儿”地做事

访谈中我们谈到董老师成功的秘诀，她笑着说没有什么秘诀。“……如果真有什么秘诀的话，可能也就是扎扎实实地去做事吧……这可能也跟性格有关系……记得小时候奶奶经常说我是‘一扑纳心儿’地念书。现在想想自己从事教师这个职业又何尝不是一步一个脚印，‘一扑纳心儿’地去做的呢?”短暂的沉思过后，董老师说：“其实我倒觉得做老师没有什么秘诀可言，教师这个职业很特殊，它在一定程度上就是‘一个人的事业’，需要自己去慢慢体会、细心总结、不断积累才有可能成功。任何一个老师的经验都不能照抄照搬。只能依靠自己去做”。“一扑纳心儿”，一句普通的方言，描绘了董老师求学时的平凡历程，又提纲挈领地概括了董老师从教的心路历程。

二、“一扑纳心儿”让她脱颖而出

教师是中国从业人数最多的职业，然而做到特级教师水平的人是极少的。谈及成功的关键，董老师总是谦虚地说自己就是普通人，就是在踏踏实实地去做这件事(当老师)。此外，她还提到良好的成才环境对个人成功的重要性。“我觉得最重要的你得有一个成长环境，成长环境是靠你自己努力得不来的，必须靠你所在的单位，所在的环境给你创造，搭建……我们老校长刘存孝(1984—1994年)很有眼光，早在90年代初就开始组织给年轻老师拜师，也正因为有老校长的推荐，我有幸认识了沙福民老师。”作为“师带徒”最早的受益者，董老师回忆起诸多名师、名家之时，充满了感恩。然而，作为听者，从董老师的叙述中，我们又能深深地感到，那些名师之所以能够接受董老师，也正是看重了董老师那股“一扑纳心儿”做事的精神。

(一)“一扑纳心儿”的认真劲被师傅认同

谈时在场的刘德水老师这样评价董老师的拜师行为：“……同样搭平台(牛栏山一中的组织教师拜师)，有的人就成，有的人不成。”

沙福敏老师是北京市第一批特级教师之一，得到像沙老师这样的名师的认同不容易。“沙老师要求比较严格……她也不是随便收徒的……在我拜师之前，她并没有面试我，也没有直接听过我的课，她最先是通过市教研中心的徐老师的介绍了解我的，因为徐老师听过我的课，所以我就被推荐给了沙老师。”

拜沙福敏老师为师的年代是90年代初，那时候这种拜师还停留在个别学校的行为，没有正式的制度和操作规程，顺义区教育局举办了一个拜师仪式，剩下的事情就是“师生之间”的个人行为了。尽管如此，董老师认为既然拜沙老师为师了，就得像个样地学。“……沙老师有什么好讲座就给我打电话，我就去学，去听，有什么活动也是让我去……那时候交通不方便，牛栏山进城的班车一天四班，还要转多趟车才能到海淀区，早上四五点钟就起床，参加完一天的活动很晚才能回到家……我记得刘德水那时候写过一篇稿子叫《我们要进趟城》，我觉得写得特别生动……”可能正是这种“一扑纳心儿”的认真劲儿让沙老师接受董老师为徒，真心教了她很多东西。

(二)师傅领进门，修行在个人

现如今“师徒制”已经制度化，成为培养教师的重要制度。现在拜师容易了、简单了，但是与那个时候相比，“容易得到的东西不会去好好珍惜了”。“我非常珍惜拜沙老师为师的机会……沙老师在我的成长过程中起决定性作用，除了师范学院的培养，她的影响在我整个的成长过程中有再造的作用，非常重要。每有重大事项，沙老师都会耳提面命地指导我，从那个时候开始一直到现在，20多年了，我们的这种关系一直持续着。”拜师之后，董老师认为自己的眼光开阔了，看问题的角度和层次发生了重大变化。通过这个平台，董老师参与到高中教材、教参的编写，又通过这些工作结识了政治学科领域里更多的同行和名家，这是一个良性循环。而其中的关键，还是董老师做事情的精神获得了其他同行和名家的认同。

董老师在职业生涯中碰到了多位像沙老师一样的“师傅”，在谈到他们的影响时，她说：“我觉得这些老师们首先在学科上有深厚的理论功底，让我能不断地学习新东西。再有就是做人这方面，他们都有优秀的品质。对待青年教师他们能做到义不容辞，我原来写的文章里也用了义不容辞这四个字。也正是受了这些老师们的影响，我自己也是这样做的。有人总是怀疑我们这个时代是否有真正无私的人，我认为真的有，你同这些老师接触真的有切身体会，他们有什么东西都给你，不遗余力的，没有任何保留的。”

俗话说“师傅领进门，修行在个人”。但是，在董老师成长的过程中，这些师傅们并不是大撒手，他们的言行具有渗透力，让每一个愿意学、希望学的人都能被“渗透”。“修行在个人”此处便意味着，作为徒弟，你是否用心、用力去接受师傅们的“渗透”或“影响”。

三、教育的力量在于“为人”

在不少人眼中，特级教师都是教书能手，学生的考试成绩肯定是他们引以为豪的事情。然而，在访谈了多位特级教师之后，发现他们的境界早已超脱于此，他们都倾向于认为教育在于教人们如何做人，而不仅仅是教授知识，更不是教学生如何考试。董晨老师也莫不如此，作为老师，她享受与学生思想上的交流和碰撞。

(一)享受与学生思想交流的快乐，引导学生成长是教育的内在要求

访谈中我们有一个常识性的逻辑，即特级教师都是好老师，他们与学生之间建立了超越于纯粹师生关系的私人感情。因此，当这个特级教师要告别学校，离开学生之时，学生肯定舍不得。但是，当我们向董老师提出这一问题时，她却没有着重描绘学生的依依不舍之情，而是谈了她对教师职业价值的感受。我们访谈中的这一个常识性逻辑在董老师这里被否定了。“……我真的跟他们(学生)有思想的交流，这种快乐，比感情的那种，比如我说给他弄个衣服什么的(更重要)。我觉得政治课，主要就是思想的交流(通过你的课，让学生真正地去思考才是最重要的)……政治课都是下午上，每次上完课从教学楼出来，在回办公楼的路上，我都有幸福的感觉，我觉得真好。就是那种感觉，上完课的满足

感，跟学生有思想的沟通和交流，他们说的很多观点我就觉得真好。我认为在自己的政治课上，与学生有了思想的交流，学生因此而获得了成长，这比什么都快乐。”董老师是从教师的专业性去认识师生关系的，在她看来，通过自己的专业教学，引导学生在人生路上前行才是教育的内在要求。

(二)真正的爱不是给予，而是引导你成长

在谈到沙老师对自己的触动时，董老师首先想到的就是第一次参评特级教师的事情。“……我是2001年评的特级，2001年前三年应该是1998年，我们区就让我报了……行政上的要求吧，必须得报。我说我不够格，你想我刚30多岁，刚评完高级，而且北京市特级教师要求特别严格……但是，当时就有不少人认为，沙老师被评为了特级教师，我又拜沙老师为师，评上应该是水到渠成的事情……我如实向沙老师说，行政上压下来的任务，不报不行，您别那什么(为难)。然后沙老师说知道，明白，果断地就没给我评……然后三年以后，我再报，那又不一样了(又经历了三年的积累和历练，整体有了更大的提升)，再评，我反而觉得我受益了。沙老师说，你这样才能真正立得起来，不是沙老师评你，是真是。”这是沙老师对评选的看法。“特级不是评上的，而是自己做出来的!”这句话很有分量，我们听着董老师的讲述，都能感受到这句话的力量。真正的爱不是给予，而是引导你成长。在与沙老师的交往中，董老师获得了实质性的成长。

(三)向师傅学业务，更重要的是向他们学为人处世的哲学

在与沙老师的接触中，董老师不仅仅学习到了业务知识，她对沙老师的“吸收”和学习是全方位的。董老师是一位有心的徒弟，沙老师是一位言传身教的师傅。下面这个例子就是很好的证明。

“2004年我调到顺义教研中心，工作对象换成了全区政治课老师。有一次，我邀请沙老师给我们区青年教师开讲座，他一口就答应了，后来按计划就来讲了。讲完了以后，就在我们食堂吃午饭，沙老师说不吃，让我赶紧给她找车送她回去。但是，自沙老师从我这里做完讲座之后就找不着了人了，电话没人接，家里也没人，彻底找不着了。沙老师在我们思想政治圈里是名人，好多外地的老师也问我，沙老师哪去了？我说我也不知道，我电话也打不通，家里我去了，也没人。大家都说是不是出国了，那时候他儿子在国外，我说没准。我想出国你也得打个电话跟我们说一声吧。大概得有半年多，突然有一天打我电话了，

我说您可出现了，哪去了？她说她做一个大手术，她特意切断全部联系。她从顺义讲座结束之后就直奔医院，她女儿给他联系的医生。我说您那天做手术还非得到我这儿讲座干什么，她说：‘我已经答应你了，青年教师培养这事我义不容辞。再有，你刚到教研中心，我应该支持你的工作’。我说：‘什么比您的健康更重要啊?’后来我问她：‘您怎么也不告诉我们啊?’她说：‘说了你们都会担心我。再有，我说了之后，这个瞧我那个瞧我，我也不能安心养病，所以才把与外界的联系全切断。’后来见到沙老师，看她恢复得特别好。”信守承诺，答应的事情一定要践行，哪怕当天要去接受手术；对青年教师培养的义务不辞、对自己徒弟工作的支持，以及理性地“玩消失”、准确地把握工作与生活的关系，这一切都在赞扬沙老师。然而这个故事是董老师叙述的，这个故事至今已经十余年了，我们有理由相信它加诸董老师身上的影响是巨大的。一个有心的徒弟碰到一个言传身教的师傅，塑造了我们今天看到的董老师。

〖寄语〗

祝愿我们的母校厚德载物，更续辉煌誉五洲。

广泛涉猎的“杂家”

——语文特级教师刘德水

王东 李枫

刘德水老师，北京市语文特级教师。1963年3月出生。1986年毕业于北京师范学院（现首都师范大学）中文系本科。同年参加工作，执教于牛栏山一中。现为北京市顺义区教研员。北京市学科带头人，顺义区语文学科首席教师，北京版高中《语文》教材编写组成员，北京市杂文学会理事。几十年来，刘老师读过的书不计其数，大凡文史哲范围的，他都广泛涉猎。直到现在，他仍然读书不辍，家里的藏书达到万余册，并被评为2005年度北京市十大藏书状元之一。主编《超越阅读》《新概念阅读》等十余部图书，出版个人文集《三余斋杂写》，著有《闲话八股文》（与张中行老人合作），编有《说梦楼里张中行》（与孙郁合编）、《诸子百家新读》（鲍鹏山原著，刘德水评注）等，在各类报刊发表文章数百篇。

作为一名语文学科特级教师，刘德水老师依旧谨小慎微地处理自己学术上的每一个问题，努力充实自己的知识底蕴，使自己的学生得到最深刻的语文教育。从1986年到2014年，刘老师从教26年，这26年里他用自己的行动诠释着一名老师应该有的品德——诲人不倦。

一、我的大学生活

（一）无奈的选择，无悔的事业

提起自己为何报考师范专业，选择当一名教师时，刘德水老师回忆："那时候都是生活所迫，家都是农村的，父母岁数大了，师范那时候是给助学金的，读师范，不用再从家里拿钱了。我们同学一直撺掇我上北大，好几个考北大的，（他们对我说）你应该上这来，我说师范给钱，别的不给钱。到后来才知道困难也给钱，那时候不知道。"寥寥数语道出了当时选择的无奈。然而从刘老师的叙述中我们真切地感受到他对自己这份选择的珍惜，为自己最后够成为一名教师而自豪。被北京范学院中文系录取，对刘德水来说也许是误打误撞，也许是命中注定，但是最终的职业发展证明这条路走对了，叙说着自己的从教经历，刘德水老师给我们的感觉是幸福的。

（二）遇得良师，夯实专业基础的良机

80年代初的北京师范学院，大师云集，学风浓郁。改革开放伊始，当时北京师范学院的一批老教授如沐春风，他们是有真本事，一心扑在教育上的一群人。回忆起那个时代的母校校园生活，刘德水老师觉得自己是幸运的、是幸福的。在学生时代遇到一位良师，无疑是最幸运最幸福的。刘德水老师很幸运地遇到了不止一位良师。在首师大上学那会儿，除了师院的教师，刘德水老师经常前往北京大学、北京师范大学去倾听诸位名师的课。"王世征老师，跟我关系特好，现在我们关系还特好，我经常去看他。也是生活上关心你，学问上关心你，我那时候学古汉语，他教过我们古汉语。我写字，练篆字，他说你写篆字没文字学基础不行，他说文字学师院（首师大前身）中文系现在没人教，他就把他到北大听课的讲义、笔记都给我，我的文字学基础都是从那本书上打下的基础。……后来我又学音韵学，师院没人专门搞这个，那会儿王世征老师告诉我说，北大汤做斑（音）先生有一门课，汉语史，里边带音韵学，你要去听。于是，我那时候半年去北大听课。……王景山先生教我们比较文学，觉得最有意思的是，王先生跟我们讲，上课你可以不听，可以干自己的事，可以睡觉，就是不要影响别人，别人想听你不要影响别人，甚至你都可以走。那时，我们班真有同学背着书包起来就走……王先生什么反应也没有，到后来我们觉得，真民主，不是说假招子，就跟没有一样的，先生该怎么讲还怎么讲。而且你课上去问老

师问题，绝对不会对你有意见。这些老先生的风骨让人受益匪浅。……廖仲安先生是咱们师院的学术领袖，那时廖先生跟我讲杜甫……张燕瑾老师也是那时的名师，他给我们讲元曲，开了一个长长的书单，我都读了……”在刘德水滔滔不绝的话语里，列举了一个长长的名单，这些老先生无论是做学问，还是做人，能够让忆者记忆犹新、历历在目的原因，肯定是回忆者从中受益良多。

二、“杂家”刘德水

在刘德水老师看来，当一名合格的语文老师，必须要涉猎广泛。他自己就是一位“杂家”，其语文教学多受益于此。

(一)他有多“杂”

(大学时代)我爱好特别多，除了语文、写作都是本科要学的，我喜欢古典文化，喜欢京戏，那时候我们在师院成立京剧爱好者协会，我们那时候排戏、演戏，在北京市大学生中还得过一等奖，现在剧照还留着。我喜欢写字，写毛笔字，那时候欧阳中石先生刚调到师院，那时候大学里都有一个书法领袖，现在欧阳先生不得了，一张得好几十万，我们那时候随便上他家里去，晚上聊会儿天，学了不少东西。那时候的师生关系非常亲密，互动也很多。在我看来，关键是学习的自主性，在课堂上要学，按部就班能够接受不少系统的东西，但是更多可能还得在课下依据自己的爱好开辟点儿天地。

刘德水老师还爱好写作，从 20 世纪 90 年代开始给《中国青年报》《北京日报》等报刊写过不少杂文。他还是北京杂文协会的理事，是协会的活跃分子，直到互联网的兴起，协会的活动在 2005 年前后才停止了。

刘老师还组织过戏曲评论学会，参加过诸多书画赏鉴评论活动，书画鉴赏专家就是其名头之一，他还爱探访古迹，具有浓郁的文人气质。

(二)“杂”的价值

也许有人会说作为一个语文老师，刘德水搞得这么杂，有点不务正业。但是，在刘德水老师看来，恰恰相反，这才是一个语文老师应该做的事情。

多读书、读杂书是一个人修炼自身的过程。刘德水老师说：“我觉得学东西多了，实践能力自然就有了，你读了那么多东西才能跟人(专家、文人、学者)聊到一块儿，……要你刚毕业那时候肯定不行，不是说你的实践能力不行，而是你的底子(底蕴)不够，而且读书必须是非功利性地读书，你不知道将来能用上，就是纯粹喜欢，你要去做，绝对没有错，将来早晚有一天会成为你知识结构里最重要的一部分。”

广泛的兴趣，使一个人可以超越自己的职业身份，上升为一个文化人、一个学者的层次。“没有功利地去满足自己的兴趣，做自己喜欢做的事情，最后会给一个人产生深远的影响。我那天给北京学术带头人上课，名师班，准备评特级的，给他们讲的是文房四宝和书法文化，这些都不是语文的，但跟语文又都有关系，语文老师应该是一个文化人，应该是文人……上次搞活动，他们还给我在主席台上弄一个签，他们都不介绍我是语文老师，介绍我是北京学者。”

甚至，在刘德水老师看来，杂家理应是一个合格语文老师的特征之一。“我老说，我这儿就是杂货铺。我女儿有一次回来，那时候高中毕业去上海，她住在我一个朋友家，就是《百家讲坛》讲《水浒》的鲍鹏山，我们是好哥俩，我女儿上上海住他那，他的儿子到北京住我这。她说您看我大爷的书，人家《论语》一系列的，一书架都是《论语》，从前到后；她说您这儿跟杂货铺似的，我说我这儿就是杂货铺。我说中学跟大学不一样，大学你搞先秦的就是先秦，你搞《论语》的就是《论语》。但是，在中学老师这就不行，你今儿《左传》《曹刿论战》，明儿就《鲁迅》，用的时候再去翻书谈何容易，所以必须得杂。杂，再努力得深一点，肯定你在课堂上跟学生讲就不是说书本这点东西，还可以有自己的东西。”

此外，当一个杂家，才能更全面理解语文教科书上的一篇篇文章，引导学生获得正确而全面的知识。“在语文上我一直提三个词，语文、语文学习、语文教学，语文教学是最后一关，但是现在大家把精力放在语文教学上，搞了太多设计，怎么做教案，这么教，那么教。但是，我说语文本身才是最重要的。例如，徐志摩的《再别康桥》，你（老师）对徐志摩不懂，对诗也不懂；前两天海子去世，好多人又炒海子的《面朝大海、春暖花开》，其实好多人都没读懂，现在在教材里，我听这么多课都没读懂。海子跟我是同龄人，我跟海子还见过，接触不多，我一个同学跟海子特好，对海子后来的生活也特熟悉。我们在一块儿一聊，海子的面朝大海、春暖花开就是海子生活在自己的精神世界里，他也感觉痛苦，他也觉得世俗很美，也应该过一过世俗生活，所以从明天起关心粮价问题，劈柴，喂马，向陌生人问好，原来他是在自己生活的天地里，现在他忽然醒悟，也觉得世俗生活好，但是最终还没走出来……如果这些背景的东西你（老师）都不了解，你怎么给学生讲，那面朝大海、春暖花开，多么美的什么，在这胡说八道。所以我觉得一个语文老师还是要多读点书，多懂点东西。”

因此，“杂家”刘德水是一个合格的语文老师。在做好自己工作的同时，他也因自己的“杂”而享受语文带来给他的精神满足和快乐。

三、结缘大师，受益匪浅

访谈中，刘德水有一句话始终挂在嘴边，“不怕贼偷，就怕贼惦记着”，说的是，一个人心里要永远有个目标，这个目标会引导这个人执着于某事。比如，惦记着谁谁有一本好书，惦记着哪哪有一处古迹，惦记着谁谁是大师，一定要“拜师学艺”等等，不一而足。概言之，大概说的就是一种“执着精神”吧。就是这种对学问的执着，使他结缘张中行、陈启功等诸位大师。

(一)结识张中行

在谈到对自己职业生涯最重要的人物时，刘德水老师提到了张中行老人。他认为自己在文风、学风等方面受益于老先生颇多。如何能结识这样一位德高望重的老先生，也得益于刘德水的“好学”，是他的“好学”获得了张中行老先生的认同。“那时候读他(张中行)的文章，每周报纸上都能读到几篇，老先生一发不可收，那时候是文坛老旋风一般。在 90 年代初(读书圈的人没有不知道张中行的)，读他的东西就想了解这个人，那时候对他一点都不知道，多大岁数，干什么的都不知道。刚才我说‘不怕贼偷，就怕贼惦记’吗？一惦记，后来博览群书看到，有一个四川的记者到北京来拜访他，说他在人教社工作，80 多岁了。知道他在人教社……后来给老先生写封信，知道他出过书，但是那时候交通不方便，买书也买不到，信里我就说您手里要有书，我给您寄书费，您匀我几本，结果过一个礼拜张先生给我回信，告诉我哪有他的书，哪卖这书，然后就去买了，上人教社还见着老先生了。1992 年 12 月我第一次见到他，后来交往越来越多，熟了……”

在与张中行的交往中，刘德水在学问上获得长足提升。交往中，老先生不经意的点拨，总能点醒有心之人。“……去念书，学写东西，张先生后来对我的影响特别大，第一次去聊天，(张中行)问我最近读什么书，那时候读《巴金随想录》，巴金先生被我们青年人当作领袖，解放思想，他地位又高，结果张先生说巴金人挺好，但说真话他的见识不高。当时我们觉得，我们是从来不敢想这样的话，居然还是我崇敬的一位大师级人物这么说，当时也没法问，回头再想，后来一点点想明白了，他给你破了好多东西。那时候我就开始熬夜写文章，爬格子，也没有电脑，一稿我能写五六遍，写完了抄，一看不行，改，再抄，想寄出去应该是比较干净的。别人有时候说点灯熬油地费这劲干什么，那时候写一篇，稿费给五六十块钱，现在看五六十块钱也不少，我家里一个月菜钱够了，但是人家喜欢玩的就觉得你不值。那时候我还问张先生，张先生说人活着干什么，当时就点了我这么一句‘后来想人活着都有自己该干的事’，他喜欢踢球，他喜欢打麻将，人家挺快乐，挺好，让你去干那事你快乐不了，他看你这个也不快乐，但是你要干这个快乐，就踏踏实实去干，你觉得高兴就去干。到后来好多这方面的东西，比如说我们在教学上讲朱自清的散文，其《背影》《荷塘月色》都是历史上有定评的，有划时代意义的，给白话文争得地位的作品，但是张先生都给我们破了……”跟着张先生，刘德水能在不同的角度看待一些已经有定论的东西，培养了他的反思意识和能力。

(二)与陈启功的交往

“我上中学就崇拜他(启功)，上大学时也崇拜他。上大学的时候想听先生的课，都听不着。后来 1985 年，我记得特清楚，1985 年 5 月 31 日，北师大书法社搞一次活动，为了拉人，把启先生打出去，说启先生参加。我那时候在师院是书法社的社长，信到我这，我去了，其实不是为了参加活动，是为了见启先生。到后来，下午搞活动，启先生中午睡觉睡过了，跟他们学生会书法社的社长，我们俩一块儿去启先生家请启先生，那次知道启先生住哪。认识了启先生，后来常去，但是启先生家门庭若市，他记不住我，他也知道来过，倒是能进门。一直到九几年，我跟张先生认识了，交往多了，他们老哥俩是半个世纪的交情，启先生问张先生，德水跟你交往多，这孩子怎么样？张先生也跟着介绍介绍，启先生算是认识了。后来先生出一本书就送我一本，有时候我买了找他签名。特珍贵的有一本书，我有两本一样一样的。那时候(1994 年)我上启先生那去，启先生送我一本。等过了几年，1999 年又去了，启先生临走总得给你带点东西，因为老北京的习惯：你要带东西来去看他，他不让你空手回去，最后上里屋床底下，这还掸点土，剩最后一本再给你，我说启先生这本书我有了，您送我了，几年前您就送我了。那我再送你一次，没东西送你，再送你一次，又给我签个名，那两本书一样。好多人都说你给我一本，两本书一样，都签过名，我说这不行，这两本书一分开就没故事了。”启先生在待人接物等方面令刘德水老师受益匪浅。“到启先生那儿去，一敲门，小保姆会对屋里叫‘爷爷，刘德水老师看您来了’。她不能开门，启先生得亲自过来给你开门，这是礼貌……等走的时候他得把你送到楼底下、出了门。到后来出不来了，就送你到楼道口。张先生也是，一定得送你出去，有时候找个理由，我下去买块烤白薯去，其实是为了送你。到后来卧床不起，就是恕不远送，叫家里人送送，这些大师做人如此谦恭有礼！我一次去看启先生，启先生中午睡午觉，我听说他病了，就坐了一会儿，我说别叫他，让他睡吧，他晚上睡不着，白天睡，我也没什么，就是来看看，走了。结果启先生后来醒了，知道我来看他，觉得不礼貌，给我写封信，说你来看我，我睡觉呢。好多这样的故事。”

(三)做大师的学生，受益终身

与大师交往，刘德水老师认为：“(大师们最看重的)有一样，就是年轻人得好学，他们也看重我这一点，当老师的有一大特点，他要看见好学的，他什么都舍得给你。我也不聪明，就是好学。读张先生的书，有时候一去他送我一本书。我一开始是买，到后来他说老让你买书不合适，《顺生论》，我现在有好几本，都是他送的……你读(他们的书)，读完了真提出问题问他，那时候写信、打电话，他觉得你真读了，真在想这些，对你就好。我那时候每次上老师那去回头都写日记，跟启先生，跟张先生见面，他们都是博士生导师，他们招博士生，我没资格考博士生，但是我能进这门，我也不比博士生待遇差，我特别珍惜学习和聆听的机会，回来他们说了什么，讲了什么，不理解的我记下来，大概写了十几万字，跟他们见面再谈这些。他们也看到这些，所以就特疼你。”

除了获得大师们的关爱，与张先生和启先生交往，刘德水老师认为，自己在做人方面也感触颇多。“……我名不见经传，既不富也不贵，就是因为好学，他们能这么对我，所以我对自己的学生不能差。后来我体会，这叫受之于前，施之于后。启先生当初也是这样，他到陈垣先生那，跟陈垣先生也是素昧平生，就是因为好学，陈垣先生看上他了，然后悉心地教他，情同父子一样，所以他调过头来也这样对自己的学生。我想我在启先生、张先生这得到了恩惠，我也得好好对我的学生。到后来我体会，文化的东西靠人传播，人传是亲的，文字传是死的，是不亲切的……我就觉得启先生、张先生他们当初怎么对我的，我也应该怎么对学生。现在不教书，有时候学生给我写信，还有的学生找上门来，通过关系什么，这孩子作文需要您说说，绝对认认真真给人说，你自己少休息会儿就少休息会儿，而且不要钱。我这么多年没收过，他们都说特级教师当家教挣钱，我说我没挣过……就是因为受之于前，施之于后。”

另外是在学问上也受益匪浅。“过去中学语文老师好像不谈做学问，就是教书，教书匠，把这点东西教熟了，可实际他还是需要学问做根底，我到现在也很惭愧，没做出学问，但是我知道应该做学问，学问对中学很重要。例如，原来我发表过一篇语文教学的文章，中学课文里讲的庄子寓言《秋水》，河伯在黄河觉得自己怎么伟大，顺着河一下去，到大海那，一瞅大海不行了。(老师们讲解这篇文章的时候，经常教导学生要谦虚)让学生认识到，人外有人，天外有天，人不应该骄傲。可是你要读了《庄子》就会发现，庄子的意思恰恰跟你的讲解相反，庄子讲的是齐物论，河伯与大海比显得很小，大海要跟整个地球比又小了……其实《逍遥游》也是，鲲鹏展翅不过借着风大，小鸟飞那么高是借着风小，没有本质区别，是讲统一的，齐物。但如果你没这个学问，你还拿传统的看法给学生讲《庄子》，正好讲反了。中学还有一篇《荀子劝学》，我们一般会说这篇文章是励志的，让你不断学……可是荀子为什么讲这个呢？与传统儒家孔子、孟子不一样，荀子是性恶论，认为人生下来是恶的，怎么变成君子呢，就是要不停地学，所以他举了好多例子打比喻，诸如冰是水变的，它不断地动，反复动，最后性质就变了；木头很直，但是你烤它，经过煨制，后天的外力作用，最后'虽有槁暴，不复挺者'，改变了原来的特性；那个刀本来很钝，你在磨刀石上不断磨它也很锋利，都是在强调后天作用能够改变本性。所以人生下是恶的，你要不断地学，最后你能成为君子，压根不是讲咱们现在一般意义上的学习。如果你不懂荀子的哲学思想，你不可能给学生讲透，只是传达一个很浅层的教条知识而已。因此，教师不做学问真的不行。”

正是在与大师们的接触中，耳闻目染，刘德水老师在为师、为学上获得了长足的进步。另一方面，大师们的眼睛是雪亮的，刘德水老师也不愧为是一个爱学、好学的“好学生”。与大师相识，一方面是幸运，另一方面，也是最重要的，是刘德水老师内在的气质和想法被大师们所认同。几十年来，刘老师读过的书不计其数，大凡文史哲范围的，他都广泛涉猎。直到现在，他还是一如既往地读书，家里的藏书达到万余册，并曾于2005年被评为北京市十大藏书状元之一。他认为课堂只是一个开头把人引进门，更重要的还是后面自己的阅读。语文教学有语文独特的学科底蕴，这种底蕴必须通过大量阅读积累而来。

四、为师之道：为了那一字之差

听了刘德水老师的故事，有些传奇色彩。我们不禁要问，刘德水老师是如何一路走过来的呢？他向我们讲起1986年9月1日他的第一堂课，那是一堂令他终身难忘的课。为此他写成一篇短文《为了那一字之差》。“那天，学校的老师和领导都到教室听我讲课，尽管做了充分的准备，但初登讲台，心里难免紧张。一上讲台，面对台下紧盯着自己的几十双眼睛，原先备好甚至背好的东西，一下子全都跑到了九霄云外。四十几分钟，稀里糊涂，连我自己也不知是怎么过来的……当然，这第一节课也就在这稀里糊涂中上砸了……课后，看着我一脸沮丧和茫然不知所措的神情，老师们七嘴八舌地帮我分析失败的原因，有些还教给我改进的方法。说实在的，对他们的热情有加，我心里确实感激不尽。但对他们所讲的，我也实在是似懂非懂……但是有一句话却在我的脑海里深深地印记下来，以致成了我此后萦绕于心的不解的情结。那是一位白发苍苍的老教师说的：'德水，你要好好努力呀，否则诲人不倦也可能变成毁人不倦呀！'是呀，'诲人'与'毁人'，虽只一字之差，结果却相去千里啊！然而这'诲'与'毁'的区别究竟在哪里，如何才能从'诲'避'毁'，对当时的我来说，却是全然不知。因此，在后来的岁月里，这两个字始终存留在我的心底，挥之不去，促使我不断地思索。"

如何做到诲人不倦，而不是毁人不倦？正是抱着这样的问题，刘德水老师在阅读、写作中去发现自己，去探求答案。也就有了前面我们描述的那个杂家刘德水、与大师结交的刘德水。

在为师之道的思索中，刘德水老师谦虚地说："说来惭愧，时到今日，对'诲人'二字我也还是不明所以。唯一明白的倒是不断地发现自己曾如何'毁人'。比如，教古文，开始，我总是让学生把每一个词的词性、用法搞得清清楚楚，甚至把我在大学里学习的古汉语知识搬到中学的课堂上来，结果，欲速而不达，甚而南辕北辙，不仅对学生的阅读能力无丝毫助益，反而无形中增加了学生的负担。再比如作文课，总是一味地教给学生写作的方法，还曾总结了记叙文开头'十法'，结尾'十法'，议论文、说明文也都照方抓药，总结出多少法式，根本没有考虑到作文的实践性，结果也是收效甚微……"这些反思就是一种鞭策和指引，使刘德水老师不断接近其诲人不倦的职业理想。

思索的过程中，刘德水老师有过无数的不眠之夜，"睡不着，想不明，对于没有什么其他嗜好的我来说，只有一个打发的办法——读书……因为是消磨长夜，不是什么做学问，所以也就随心所欲地读，碰到什么是什么，除了过于专业的理科教材和流行的时尚作品之外，大凡文史哲范围的，甚而相面算卦如《麻衣神相》《卜筮大全》这样的书，都曾拿来浏览一遍"。无心插柳柳成荫，广泛的阅读不但消磨了时间，对一个语文老师而言，还增加了其知识的广度和深度。

是否广泛阅读就够了呢？刘德水老师对此有自己的见解。“……语文老师，当然读书越多越好。可是，读书不是为了‘讲’——在这一点上我走过弯路。读书多，讲台上有了资本，于是开讲，自己讲得起劲儿，学生听得带劲儿——因为我读的课外闲书多，学生往往不知道，好奇心促使他们听得很认真，我作为老师也带有成就感。可是事实证明，这种教学方式效果并不好。语文，是一种能力，绝不可能仅仅靠听而具备。要让学生自己去实践，教师的讲授，要为学生的实践服务，而不能取代学生的学习——我这里说的不是不讲，讲是很重要的，学生能够进入一种语文课堂的境界，受到教师的感染，这很重要。但是一旦说到能力，那就得非练不可。比如作文，重要的是引导学生动笔去写，而不是怎么写。怎么写，很容易知道，你一说他就明白，比如‘开头结尾要呼应一下’，可是提起笔来，他还是不知道怎么呼应。所以陆机《文赋》序言中说：非知之难，是能之难。张中行先生生前也曾说过：学语文，就四个字，多读多写。凡作文法，对不写文章的人来说，都是空的，没用！”刘德水老师一直践行着这些话，“要求学生写的作文我也写”。从1993年开始刘德水老师发表东西，这不仅能起到表率的作用，“发表东西，学生也能看见……给学生念念，他对你特敬重，我们老师的文章也发表，你再说同样的话他就听了，就管用了”，更重要的是，通过自己的行动，刘德水老师在教育理念、教育方式上形成了自己的特色。

〔寄语〕

四年的青春，有笑有泪有汗水，都尽情地挥洒于北京师范学院这块土地上。现在，俱成往事，消逝于岁月的河流中，令人不胜今昔之叹。只有对母校的依恋与怀念，对老师的感激，永存于心中。

这些人，那些事

——语文特级教师黎松龄

罗爽 张薇薇

黎松龄老师，现任北京市161中学语文特级教师，北京市语文学科带头人，西城区兼职教研员、区中语会理事。1978年就读于首都师范大学中文系，1982年进入北京七中工作，1992年调入161中学。2000年，作为北京市语文骨干教师，被选送参加了"跨世纪园丁工程"中小学骨干教师首批国家级培训。2009年被评为北京市特级教师。曾被评为"北京市首批中学市级中青年骨干教师"及"西城区先进个人"。作为一名新时代的研究型教师，黎老师十分重视教学与科研的紧密结合，曾担任国家级、教育部、西城区的重点课题负责人，多篇论文在全国、市、区获奖，并在国家级刊物上发表。

在黎松龄老师的娓娓道来中，我们能够真切地感受到她在教师成长历程中的所见、所闻、所感，同时也深刻地体会到：正是这些平凡的人，那些细小的事儿，推动着黎老师在专业发展的道路上不断前行。

一、报考师院：高中校长的关怀与鼓励

黎老师与师院的不解情缘始于"文革"时期。那时候，黎老师的父亲被批斗，不懂事的孩子时常会用石头砸他们家的窗户玻璃。在这种情况下，刚好黎老师妈妈的一位在师院外语系工作的朋友才生了孩子，又没有老人帮着带，就请她

的妈妈过去帮忙照顾孩子。于是，黎老师和妈妈搬到了师院的9号楼。“那个楼那一层基本上都是当时的归国华侨，都是比较年轻的老师。在‘文革’那样一个环境下，当时打招呼是‘你好’。而当我回到我们家，西外那块儿，听到邻居家的孩子们喊口号也好，骂人也好，反正就会感觉和他们已经格格不入了。这里面有一个老师是在图书馆工作，那会儿我可以从师院借到外面看不到的书。所以对我来说，在师院住的那几年对我的影响非常大，有时会感觉冥冥之中有种必然的因素在里面。”

生活就是这样将黎老师的命运与师院紧密联系在了一起。但彼时，黎老师从未想过会报考师院，也从未想过会成为一名教师。直到高中毕业前，一次与校长江长风的偶然对话才让黎老师开始认真思考自己的人生方向问题。“我中学在五十六中，就在天文馆后边，‘文革’期间也属于武斗比较厉害的。当时五十六中的校长叫江长风，被打残了。他的右手跟周恩来总理似的，只能这么待着，他后来写板书只能是左手托着右手在黑板的最下边写。有一次在楼道里，他叫住我说：‘黎松龄你报师范了吗?’我说没有。他说了一句：‘你报师范，挺好的。’一个‘文革’中被学生打残了的校长，一个还在‘文革’中靠边站的老师，对一个也没教过的我，就用那么平静的口吻说了一句‘当老师，挺好的’。现在想，我才觉得特别感动。我不知道我们上一代人，他们真的是有一个什么样的精神支撑着。反正要是现在，我们肯定觉得这活不能干。”就这样，黎老师将师院中文系作为了她报考的第一志愿。

生命就像一条大河，时而平静，时而汹涌，偶然是舟，必然是岸，小舟总要靠岸，只是不知途中将遇到怎样的风景。如果没有江校长的关怀与鼓励，没有江校长的榜样与示范，也许，黎老师就不会选择教师职业作为她停靠的彼岸。

二、师院时光：老师们的谆谆教诲

1978年，黎老师踏入北京师院中文系的大门，开始了新的人生征程。时代造就了77、78级这一特殊的大学生群体。他们中的很多人曾在‘文革’中被迫中断学业、上山下乡，拥有丰富的人生阅历。当他们得以重获学习机会，自然是格外珍惜，对知识如饥似渴。能够与这些人为伍，共同学习，黎老师感到受益良多。“所以和这些人一起做同学，在我的人生经历中，应该又是一个很重要的阶段。包括老师和同学之间的那种关系，那是很特别的。我们宿舍的大姐报到的时候，当时我还不知道我们一个宿舍，就听见她和别人聊天说，我女儿今天也报到，我上大一，我女儿上小学一年级。我在我们屋最小。所以在这个过程中你和很多学识、阅历、年龄都要比你高很多的人在一起，我觉得这种经历实际上远远超过了我们从课本或者自己从其他什么地方所经历和领悟到的东西。”

在师院的美好时光里，最让黎老师难忘的莫过于中文系的授业恩师们。其中，对她影响较大的有三位：第一位是讲古典文学的李燕杰老师。“有一次是一个作业，因为他正好讲唐代文学，主要以诗为主，交一个作业。”“李燕杰老师在讲评我作业的时候说了一句，就是这样的一个作业，以后当老师没问题，能够做一个合格的老师。”正是李老师的这句评语，充分浇灌了深埋于黎老师心中的教育的种子，令她对未来的教师之路信心倍增，教育信念愈加坚定。第二位是教授形式逻辑的张泽高老师。“他当时给我们讲，在中学语文课本里有一部中国古代文学史，藏着一部中国现代文学史，还有一部西方文学鉴赏史。当时也没觉得怎么着，后来这课讲了一轮，再讲一轮时，发现确实是这样。后来在自己讲的时候，包括后来给老师做教学辅导的时候，都会有意识地告诉老师帮助同学，这篇课文在文学史上应该挂靠在哪。其实对于后来孩子建立这样一个历史的脉络，是有好处的。”张老师的教诲让黎老师深刻领悟到潜藏于语文教学中的玄机与奥秘，启迪了她对于语文教学的理性思考。第三位是讲授教学法的饶杰腾老师。“他有一句话说得特别好，现在我还不断地给学生重复，‘作者要为读者想，读者要为作者想’，特别到位，特别简洁。”黎老师将饶老师这句简单而又深刻的话语作为了日后指导学生阅读和作文的经典法则。黎老师指出，学生阅读的最大问题是不能按照作者和文本真正要表达的意思来进行还原性阅读，于是她用“读者要为作者想”的道理来纠正学生的阅读习惯。“一千个人眼中有一千个哈姆雷特，我说考试的话能考这个吗？不是不能考，大范围考试不好考，因为没法评判。”“所以首先要考你的是这一段所描写的哈姆雷特，反映他什么性格，他是什么人，首先是还原他。我说当然，语文考题一定有部分是开放的，现在也有阅读延伸题，即使是这样，也有长期以来作为语言交际必须遵循的规律。你要亮明你的观点，那么你的观点从哪来？因为是从文本延伸出来的，所以阅读延伸题，你要先还原文本，它和文本勾连，这是向内延伸；还有向外延伸，它激发你现实生活中的联想，让你有所感悟，你一定要联系社会生活，然后再分析。这个基本思路是不能抛弃的。”同时，她也运用“作者要为读者想”的原理来指导学生的作文写作。“我说你们老想作文得高分，这其实特别简单，你们把阅卷老师伺候舒服了。就是作者要为读者想，就像那个作文是你的产品，你不管是生产者，还是销售者，你如果不能让你的服务对象满意，他怎么能购买你的产品，怎么能掏这个钱，怎么能给你这个分？怎么为读者想？我们会发现，社会上对我们中学作文教学的批评，把孩子们都那什么了，其实这个话真的比较偏颇，因为一定有一部分是规范的。打个比方，就跟体操比赛似的，这一部分是规定动作，那一部分是自选动作。你自由写作，更多地张扬了自己，张扬了个性品质。而那种命题的，或考试的规范文，你更多的是生产别人需要的产品。而真正好的是既符合别人的需要，又能够充分彰显自我品质，这是最佳的。”

三、初入职场：老校长的指引与挽留

1982 年，黎老师从师院毕业，被分配到了北京七中。黎老师无疑是幸运的，初入职场，就遇到了一位经验丰富、胆识过人的老校长——刘凤梧。

从 1983 年开始，刘校长就领着黎老师等众多老师一起搞教学改革。“我们的改革看起来不是什么创新。就是‘文革’前曾经有一段时间，把语文课分成了文学和汉语，当时刘校长就让语文组开展分科教学。没有教材，全靠自己油印。那个过程我觉得，坦率地说，包括很多文言文，比我在大学学得要多。因为它更具体了，而且面对的是学生，而且你在编写这个教材过程中认识的深度，和你当学生学一篇课文肯定不一样。我觉得那几年对我在语文，尤其是文言文这块儿的成长，作用特别大。还有一个，当时也没有感觉，跟着一块儿弄，就是整理了北京市 50 个特级教师的成长规律。”刘校长的锐意改革和悉心管理营造了一个良好的学校环境和学习氛围。“语文组的老师属于特别兢兢业业，特别认真的老师。大家一起真的坐在那里头琢磨、备课、抠字眼。”就这样，在一个优秀校长打造的优秀团队中，黎老师的教育教学能力能到了迅速提升。

正当黎老师逐渐找到当中学老师的感觉时，巨大的诱惑和考验又摆在了她的面前。当时各行各业都亟需大学生，她的很多同学都选择放弃了教学岗位，转投他行。虽然黎老师也曾收到报社、出版社的调动邀请，但她都一一回绝了。直到刚成立的北京青年政治学院招聘老师时，黎老师动心了。一来是苦于在七中一直不能解决职称问题，二来是新建校能够给刚结婚无房的她提供一套住房。于是她去试讲，并顺利地得到了录用。但在办调动手续时，刘校长把她的档案从教育局拿了回去，“用一种我们现在看起来很残酷的方式去留住他认为的人才”。黎老师知道后马上去找刘校长拍桌子，但最后还是留下了。如果没有刘校长的执意挽留，那么一位具有良好潜质的教育人才就将流失，也就没有后来的特级教师黎松龄了。

时至今日，黎老师谈起刘校长仍是心怀感激，满怀敬意。“我觉得在七中这十年，尤其是刘凤梧当校长期间，真的给了我很大的影响。昨天看微信上一个小故事说，李嘉诚的司机给李嘉诚开车开了30多年，准备离职。李嘉诚看他兢兢业业干了这么多年，为了能让他安度晚年，拿了200万支票给他。司机说不用了，一两千万还是拿得出来的。李嘉诚很诧异，问：‘你每个月只有五六千收入，怎么能存下这么多?’司机回答说：‘我在开车时您在后面打电话说买哪个地方的地皮，我也会去买一点，您说要买哪只股票，我也会去买一点，到现在有一两千万的资产!’我今天给我们同事讲了这个故事，且不考证它的真实性如何，说的是一个道理：跟对人非常重要。”

四、语文教学的改革与探索：教育改革者们的引领

1992年，黎老师从七中调到了161中学。在这里，她又遇到了一个新的契机，将她引入事业发展的高峰期。20世纪90年代初，全国中小学掀起了一股实施“创造教育”的热潮，并在各地开创了不同的模式，目的在于训练学生的创造性思维，培养学生的创造力。在北京，161中学的刘文明老师正是创造教育的主要推动者。他将161中学变为了创造教育实验的主战场，主张打破学科界限，解放教育思想，从而营造出一个敢于打破常规、勇于教育创新的良好氛围。身处其中的黎老师受到这种热烈气氛的感染，亦开始探索作文教学的创造教育新模式。“有一次说上课，做课，我说行。我把他们拉操场上去，孩子们新鲜，语文课怎么跑操场上去了。后来让孩子们把眼睛都蒙上以后分组，给他们绳子，拉成五角形。我说旁边听课的老师你们可以做参谋，孩子们要问你们，你们可以给指点，但是你们不能动手。所以老师和学生上的可那什么了，各种各样的，等到最后让他把眼罩摘下来，看看规定时间完成的情况，然后就地在操场上席地而坐，分小组讨论，再拉回班，再讨论。实际上是不同的层次，那个更多是他的体验，到班上要谈感悟，后来写那篇论文，体验、感悟、合作，最后完成的是小组合作，一篇记叙文，一篇议论文。记叙文就是记叙这个经过，一篇议论文是通过体验谈感悟，还有一个是活动报告。一个组完成三篇，不同样式的一篇作文。后来孩子们的反馈特别强烈，语文课可以这么上。蒙着眼睛以后，感受到的是什么，当你有真切感觉的时候，孩子们再写出的文章再也不是那样

的。”黎老师深感刘文明老师的教育改革对161中学自由、开放的环境形成的重要作用，让她可以放开手脚做各种大胆的尝试，从而造就了她专业发展和成长的黄金时期。

在锐意改革的同时，黎老师也在不断累积语文教学的经验，探索和总结其中的规律。在此过程中，西城区教研中心中语室主任章雪来老师给予了她莫大的帮助。章老师嘱咐黎老师做历届语文高考题中现代文阅读的试题分析。在几乎没有资料可参考的情况下，黎老师将十几年的高考题全部翻出来。“真的在那儿玩命地琢磨，不同的考点，怎么去解说，相当不容易。在这个过程当中，你就懂得高考，你懂得现代文阅读的考查点以及文本的选择、题干的设置等等，里面有很多玄机。”如果没有章老师的引导和推动，也许黎老师不能那么迅速地找到打开语文阅读大门的钥匙，也不能下定决心完成如此繁杂浩大的工程。

五、从黎松龄老师的成长之路看教师专业发展中“重要他人”的作用

从黎老师的专业成长之路可以看出，教师的专业发展关键在于自身的内驱力，但内在力量的发挥也需要外在因素的激发。其中一个十分重要的外在因素就是那些直接或间接推动教师专业成长的个人或群体，即美国社会学家米尔斯所称的“重要他人”。教师专业发展中的“重要他人”具有多元性，涵盖范围较为广泛。黎老师成长道路中的“重要他人”就包括了高中时代的校长、大学同学、大学时代的老师、初入职场时的校长、同事和教研员。同时，“重要他人”也呈现出阶段性的特征。由于教师的专业发展一般可分为新手、胜任、熟练、专家等多个阶段，处于不同专业发展时期的教师有不同的困惑，因此不同的“重要他人”会出现在教师发展的不同阶段，为他们排忧解难、答疑解惑。在黎老师的专业成长过程中，高中时代的校长、大学同学和大学时代的老师陪伴她度过了教师职前培养的阶段，初入职场时的校长见证了她由一名新手教师到胜任教职的过程，此后的同事和教研员则共同推动她向熟练和专家型教师迈进。

不同类型的“重要他人”在教师专业发展过程中的促进作用是不同的。黎老师的专业发展历程表明，以下三类人群在教师专业发展过程中发挥着最为关键的作用：

第一，教师教育者的启蒙作用。这里的教师教育者主要是指教师教育机构中的教师教育者，他们是教师教育知识的生产者和教师教育文化的推动者。黎老师大学时代的老师们担当了这一角色，他们对黎老师专业发展的作用是奠基

性和启蒙性的：一方面，通过学科专业知识和教育教学知识的传授，使黎老师具备了教学必备的专业知识和技能，为她的专业发展打下了坚实的基础；另一方面，通过适当的赞许和鼓励，启迪黎老师的教师职业意识，激发她对教师职业的热情和信心，帮助她树立坚定的教育信念和远大的教育理想，为她的专业发展注入了精神内核。

第二，校长的引领作用。校长作为教师的直接管理者和领导者，对教师专业发展的作用是最为关键的。黎老师初入职场时遇到的刘凤梧校长就对她的专业发展起到了至关重要的引领作用：一方面，通过营造积极向上的学校文化，将进步向上的发展意识与观念内化为教师的习惯和共识，从而增强了黎老师专业发展的自觉意识，使她的专业发展走上了持续健康之路；另一方面，在黎老师面临人生选择和专业发展的困惑时，及时充当人生导师和专业引导者的角色，领导她走上正确的专业发展道路。此外，黎老师曾谈及一位退休校长的事迹，还表明校长能够通过自己身体力行的教育示范，对教师起到激发教育热情、调动专业发展积极性的作用。“我们学校有一个副校长，退休了，现在在四中的丰台璞瑅分校当校长。因为是新建校，老师都是新招的。我们的副校长，当时跟志愿者差不多，一分钱没有，还得自己开车，但是干得其乐融融，因为他在实现以前的一个教育理想。而且一个团队的人都特别有朝气。他们有一个饮茶室，这里面的所有东西都是老师们从自己家里拿来的。大家在这一起喝茶，一起讨论一些问题，热情特别高，一个活动大家出谋划策，考虑怎么把它做好。”

第三，领袖教师的带动作用。这里的领袖教师主要指学校中相关学科的带头人和资深教师、教研工作者等，他们一般都拥有丰富的教育教学经验，掌握相应学科的教育教学规律，并具备先进的教育理念和规范的教学行为，能够在“专业”内部对教师的专业发展发挥示范引领作用，供专业发展中的教师们效仿或创造性地继承。161 中学的刘文明老师和西城区教研中心中语室主任章雪来老师在黎老师的成长过程中扮演了这一重要角色，他们的带动作用十分明显：一方面，通过推动教育改革，为黎老师的教育创新活动做出良好的示范并营造宽松的环境，从而激发了她专业创新的热情和智慧，加速了她向专家型教师发展的步伐；另一方面，通过自身教学教研经验的总结和传授，引导和推动黎老师进行教学研究和反思，从而进一步夯实了她的专业知识基础，有力地提高了她的专业实践能力。

〖寄语〗

四年，对于母校只是十五分之一的时光，但对于母校的学子而言却是人生最重要的四年。

这里有我的人生和学业的导师，这里有我的爱情和终身伴侣，这里有我的同窗和职业伙伴，这里有我的青春和永远的中文781班！

祝愿母校——杏坛春色逾花甲，桃李芬芳续华章！

甘做人梯，无怨无悔

——生物特级教师裘伯川

马 蕊　张尚雅

裘伯川老师，1964 年毕业于北京师范学院生物系。北京市中学特级教师。原北京市教育科学研究院基础教育研究中心生物教研室主任。中国教育学会生物教学研究会常务理事兼秘书长，北京市教育学会生物教学研究会副理事长。现任清华同方教育技术研究院生物研究所所长。

裘伯川老师大学毕业后曾先后在北京市昌平县的农村中学和海淀区的钢铁学院附中任教 17 年。“文革”期间，主要在农村中学教授“农业基础知识”课。“文革”以后，特别是恢复全国高考后，主要担任高中生物课教师。在此期间，作为当时的市、区兼职教研员，他钻研教材，向专家求教，在分子生物学、生态学等新兴学科的教学方面成为当时中学生物教师中的佼佼者，曾多次在市、区进行教材分析，带动全市生物教师提高专业水平。

由于裘伯川老师在教学一线取得了令人瞩目的成绩，1981 年，他被选调进入市教研部门，从事对全市中学生物教学的研究与指导工作，并从 1989 年起担任北京市生物教研室主任。在从事北京市中学生物教研工作的 20 年间，裘伯川老师深入到全市 18 个区县、百余所中学的教学第一线听课。通过深入的调查研究，有的放矢地指导教学工作。从教研部门退休后，他仍在为生物教育事业的发展发挥余热，2000 年被首都师范大学生物系聘为客座教授，目前还在清华同方教育技术研究院进行现代信息技术与生物教学相结合的课题研究。

作为教师，裘老师呕心沥血，以其深厚的理论功底和丰富的实践经验取得了优异的教学成绩；作为教研员，裘老师甘为人梯，注重培养中青年优秀教师，为北京市中学生物教师队伍的建设立下汗马功劳。纵观裘伯川老师从入职之初到退休后的今天，无论身处顺境还是逆境，无论是位于巅峰还是低谷，他始终心怀感恩，始终保持清醒的头脑和坚强的信念，从未松懈过。

一、以感恩为成长的前提

（一）感恩老师，传承师德

“几十年以来，我对我的母校，我对我的这些老师，还是非常感恩的，尽管当时的师范学院并不是我最初的选择，但是进来以后，这些老师给我的印象还是很深刻的。”裘伯川老师已经毕业几十载甚至退休也已十几年，但是当裘老师谈到他的大学老师的时候，他能清晰地说出大学老师的名字、所教科目甚至是课程特色。相信如此深刻的记忆不是因为裘老师的记忆力好，而是源于裘老师对母校、对恩师深厚的感恩之心，这种感恩是一种真正的发自肺腑的感恩，这样的感恩才能持续不断，才能成为践行的动力。

在与裘老师的交谈中，我们发现，裘老师对工作认真负责，具有终身学习的理念以及能够深入实践等优秀的品质，这部分是源于裘老师懂得对老师们的付出感恩，同时也有一部分是源于恩师们对他潜移默化的影响。

在专业学习方面，一些在相关领域有较高建树的老师们的渊博的知识和优秀的科研能力，为裘老师在生物学专业知识方面的发展起到了很好的引领作用。“我学得比较好的一门课就是植物生理，这跟当时的赵微平老师有很大关系。赵微平老师当时在北京市的植物生理学界有一定的地位了。他的实验做得非常好，当时我们有一批同学，我也是其中之一，一是慕他的名，二是看他做实验非常有意思，所以就自愿在课下跟着赵微平老师做实验。后来他把我们这几个对植物生理学有兴趣的学生，组成一个小组，经常跟他做实验。这对我后来从事的生物教学工作，以及教研工作，帮助是非常大的。”可见，教师在专业方面的能力有效地激发了学生的学习动机，并对学生后续的学习、工作产生了积极的影响。

在教学技能方面，有一些老师，如教植物形态学的刘捷平老师、教微生物学的秦祝询老师，都为裘老师做了优秀的示范，在他心中种下了一颗“认真负责”的种子并为他指明了前进的方向。虽然当时大部分老师都是年轻教师，在学术领域名气还不是很大，但裘老师回忆道：“在当时的那种政治环境下，他们真的很敬业，对于教学工作非常认真负责，他们的教学非常吸引人。”

裘老师还提到了一些老师，他们不仅对裘老师的学习、研究等方面有很大的帮助，而且在教师育人功能方面的态度也对裘老师有很深的影响。“教植物分类学的老师叫李丙栾老师，他在分类学上的造诣是很高的。但是这门课我学得并不好，觉得没劲，天天去认植物，还得背……李丙栾老师，真是很值得我尊敬的一个老师。虽然我对他这门课的学习不是很认真，不刻苦，但是他始终没有放弃过对我的教导，从各个角度来帮助我认识这门课的重要性。”“后来的事实证明，这门课非常重要。作为一名中学老师，面对这么多的学生，大自然当中千奇百怪的很多种植物，当他们提问的时候，你不能说这个我也给你查查，那个我也给你查查。”可见，李丙栾老师对学生的教育方式以及对学生耐心教导的态度使得裘老师受益匪浅。“我认为很多老师，像教分类的李丙栾老师，赵微平老师，王淑颖老师……不仅是教知识，而且教了我们很多做人的道理，怎样去不断取得进步，怎样克服自己身上的娇骄二气，真的是教书育人。”

访谈中，我们可以一直感受到裘老师对在首师大学习期间的师生间的情谊的怀念与感激之情。“有一年在‘文化大革命’中，那天我因为重感冒发烧，没有上课，躺在宿舍里，突然有人说，来了一些师范学院的老师来找你。我一开门，是赵微平老师，他正好带着生物系的老师到远郊区县去，就想起来看看我，当时同去的还有我同班留校的同学赵家珍老师，这个事我记得很清楚。在那时的政治环境下，作为一名‘离乡背井’的学生，还赶上生病，没想到生物系的老师会来看我……所以我始终觉得，这种师生的感情是很珍贵的，也是很值得回忆的。我也希望今后代代首师大的毕业生都能够对母校有一种感恩之心，珍惜这种师生之情。”

(二)感恩母校，回馈母校

“我觉得任何一个人，将来不管他在社会上取得大的成绩也好，或者一般也好，他在社会上工作，不能不感恩他的母校对他的帮助，我觉得这是一个起码的做人原则。”裘老师对母校的感恩之心，使他更加感激和怀念那些有恩于他却不言回报的人和地方。正是母校和恩师的培养，才有了裘老师今天的成就和名誉。同时，拥有感恩之心使得裘老师以“甘做人梯”为己任，在回馈母校、帮助年轻一代的同时，使自己获得心灵上的满足，精神上的愉悦。

所以裘老师在后来的工作中，依然为母校奉献着自己的力量。作为首师大的客座教授，经常到平谷、密云、怀柔、延庆等远郊区县参加中学生物教师的培训工作，甚至一同参与首师大西部地区的合作项目，培训青年教师，分享自己的经验，给一线的教师们指明方向。

二、以挫折为成功的资本

对于裘老师一辈的人们来说，他们半个多世纪的人生路总是磕磕绊绊，似乎命运有意在考验这些与共和国一同成长的人们。不过，这些坎坷的经历恰恰赋予了他们丰富的人生阅历、不服输的精神和把握机会的能力。

在 1964 年即将分配工作的时候，裘老师的父亲给院党委写了封信，要求把他分到最艰苦的地方。但是院里考虑到裘老师家中只有他一个男孩，表示可以考虑把他分到近郊区，但裘老师拒绝了，坚决去了昌平。所以裘老师在 1964 年，步入社会、参加工作，到了小汤山中学。但是，工作没多久，1966 年就开始了“文化大革命”。“文化大革命”一开始，生物课就被取消了，只有农业基础课，简称“农基课”。它的授课内容很简单——“三大作物一头猪”。于是，学校让裘老师教授农基课。到了 1973、1974 这两年，教育革命又发展到了一个新的阶段——“开门办学”，提倡把课堂搬到田里去。因此，裘老师的农基课就不能再在教室里上了，就必须到真正的田间去上。学校在小汤山中学附近的学农基地给裘老师分了两亩地，就这样裘老师带着学生在这里种了两年的棉花。这两年，从种子的消毒、催芽到棉花的芽苗移栽，到后来的所有的田间管理的农业技术全部由裘老师边实践、边研究、边教学。提到此事，裘老师还特别提到他的教学导师杨万玲老师，对杨老师的学习能力和教学能力都非常敬佩。“他其实没有学过生物专业，完全是自学成才，十分熟悉农业技术，他的教学当时在昌平县很有影响力。”裘老师非常感激杨老师当时在农业科技实践等方面对他的指导与帮助，至今对已经去世多年的杨老师仍很怀念。就这样，裘老师由一位从未下过地的书生，变成带着学生边种棉花边讲知识的老师。“种子萌发的时候，我讲种子萌发；等到枝叶出来了以后，我就讲点光合作用的知识；等到要掐尖、打杈时，这里有很多技术，比如一个果枝上能结几个棉桃，借着这个技术，我就讲到了营养的分配，植物的营养从哪来，根部吸收的是什么东西，叶子光合作用形成了什么，它运到了哪儿，怎样形成了果实，分配到植物体的全身。我还总结了我的经验，受到了公社的表扬，受到了当时昌平县的表扬。”

这段时间，裘老师并没有一点抱怨与消沉，而正是种棉花的这两年，成了他大量积累实践经验的时期。“农基课让我种这两年的棉花，使我受益匪浅……这两年的基本技能对我后来的教学起了很大的作用。事物总是要从正反两方面看，我觉得这就是我在‘文革’当中的一种收获。”这段经历对于裘老师来说是难忘的，虽然辛苦，但他更多的是设法把这段经历合理地利用，将其作为进一步加深对植物生理学知识的理解与思考的途径，以更好地适应环境变化。

裘老师能够在逆境中逆流而上，能够透过事情的消极面看到事情积极的一面，能够以正确的心态看待人生路上遭遇的挫折。不但没有被挫折打倒，反而是越挫越勇，通过自己顽强的意志，完成了一次人生的“逆袭”。同时裘老师也告诫我们，面对挫折要顶住压力向前，逆境更是学习的好时机。对于裘老师来说，经历了狂风暴雨后，他的那片天更蓝；经过了洗礼后的裘老师更加优秀。

三、以终身学习为信念

（一）优秀是一种习惯

1976 年，裘老师被调到海淀区钢院附中从事教学工作。两年后，北京市的生物课正式重新开课，裘老师便开始承担高中生物的教学工作。此时国内处于百废待兴的状态，教育也在逐渐恢复和起步，老师们的工作积极性空前高涨。但之前的十年使我国的教育与国际相比，落后了许多，这在生物学上尤其明显。虽然当时我国的生物课取消了，但是国际上生物学的发展并没有停滞，所以要想追上时代的脚步，只能更努力地学习。“世界上的生物学发展得多快呀，尤其是遗传学和分子生物学……以前摩尔根的遗传学是不让学的……可新的教材里面，也开始有了大量分子生物学的东西，这些知识哪听说过呀，你不学怎么去教学生，那真是没白日没黑夜的，当时就是学习，拼命地学习分子生物学……从发现史开始，一直到现在的分子生物学的概念、理论、实验等等，你都得知道。”这又是一次很好的学习的机会，抓住了这次机会，人生就会走上另一个新的台阶；而放弃了这次机会，也许就只能被时代“拍在沙滩上”。裘老师正是带着这种学习的热情以及对教学工作认真负责的态度，抓住了这次机会。1980 年，海淀区进修学校推选裘老师作为代表，为全市生物教师做关于“DNA 是遗传物质”这一内容的教材教学辅导，分享他如何备课，如何搜集资料，如何讲授给学生的宝贵经验。为了使这个辅导效果更好、效率更高，为了使听课的老师们收获更大，裘老师特地请教了一些农大、中科院、北大的老师们，求得了很多参考材料，把已经研究得比较清楚的知识，进一步提升、深化理解，再运用到教材分析中，进而进一步完善自己的教学。这样精心严谨的准备，使得进修活动收到了极好的效果，“广大的中学生物老师的积极性非常高，……进修活动，场场满”。由于工作上的认真努力以及出色的表现，1981 年裘老师被正式调入北京教育学院从事北京市中学生物的教研工作。

就如有人说：作为老师，要给学生一杯水，你要先有一桶水。裘老师本着对学生负责的态度，在工作十几年后，依然能够有坚持学习的热忱，令人很敬佩，也让我们看到了：优秀是一种习惯。裘老师的优秀源于他对自己严格的要求，源于他对优秀的不懈追求，源于他为求优秀不断地学习。“作为一个生物老师，要活到老、学到老……要不断地去学习，不断地去更新自己的知识，否则你是会落后的。”

(二)跟上时代的脚步

当今世界日新月异，各个领域的信息化、数字化迅猛发展，各种传媒以即时化的速度、全球化的范围、多媒体的形式，呈现在每一个地球人的面前。如果不能时刻开放自己，不能保持与世界良好的接洽，故步自封，就会感到现代化的生活遥不可及，不能跟上时代的脚步就会被“边缘化”，更不要说利用这些现代化的信息成长自己、发展自己了。裘老师对此也颇有感触。“我觉得，人这一辈子，你活着、生存着，不管是在工作岗位上，还是退休了，得跟上这个时代。不仅是观念要跟上，与生存密切相关的技能，一些新的技术，要力所能及地去跟上，你才不会落伍。”

裘老师在信息技术的学习过程中，依然不忘教学，时刻思考着怎样将其更好地应用于生物教学中，促进生物教学。退休以后，裘老师被清华同方聘请指导研究信息技术与生物课程整合的项目。他认为在清华同方的这十年对他来说是非常宝贵的，收获也很多。在此期间裘老师还受中国教育学会生物专业委员会委托，担任“信息技术与生物学科的整合”课题组的负责人。在完成课题的四年中，他用心总结了很多经验，例如怎样看待信息技术，在生物教学中怎样合理应用信息技术，目前的应用现状如何以及存在的问题和解决策略等，可以说为信息技术在生物学科教学中的有效应用做出了很大的理论与实践贡献。

裘老师虽然提倡要与时俱进，充分利用信息技术为教学、教研服务，但是，他也提醒我们使用要有限度，要把信息技术用到最需要、最恰当的地方去。“我常跟青年教师讲，满堂课用鼠标点击，你这堂课是失败的，学生在学习的过程中，他有视觉疲劳的过程。信息技术在这一堂课里面，在你的教学内容里面，不能超过多长时间，这是有科学理论根据的……核心概念里面最重要的内容，你用图片、模型、课堂演示实验解决不了的，你去用信息技术来解决。”此外，裘老师反对“信息技术万能化”，仍然强调教师在教学中的重要性。“信息技术还在往前发展，现在也在提倡课程的信息化，在教师的指导下，让学生通过网络来自主学习，这些都在实验之中，在探讨之中……信息技术再往前发展，也不能脱离老师，老师的主导作用永远是重要的，不能被废除和替代。”

四、对母校教学改革的建议

(一)处理好理论与实际脱节的问题

裘老师非常担忧现在专门搞理论的跟搞实际的脱节。怎样能将优秀的教育教学理论有效应用于一线教学，促进一线教学的发展是一个亟待解决的关键问题。“我们很多理论的东西，有些是来自于国外，它们不一定完全适合我们的国情，而且近十来年，我所听到的所有的高等院校的一些有关教育理论的课，我觉得都有偏差，都有空洞的地方，让一线老师觉得‘你们的理论在天上，我们的在地上，你的理论挺好，我用不上。’所以现在教学中出现了很多模式，这些模式是经不住推敲的，风光一时，根本传承不下去。”裘老师认为这一点应给予高度重视，非常需要认真反思，问题到底出在什么地方。在此，裘老师提到了已故的首师大生命科学学院从事教学论研究的毕晓白老师，他认为毕老师在对师范生的教学以及对一线教师职后培训上的一些做法就值得研究与推广。“他有很多理论的东西，就比较贴近地面……很多东西很有新意，而且我们老师能学能做。”裘老师认为，一线教师需要理论，但只有当他们真正理解了理论的精髓，才能更好地指导教学，真正地将理论应用于实践。

在这个问题的解决上，裘老师提出了一个思路。他认为要重视首师大毕业的这些优秀教师和教研员。“因为他们最了解一线教师的问题在什么地方……从学科角度来讲，我觉得现在只要是在某个区县做这个学科教研工作的教研员，他是有责任心的，也有事业心，他一定能提供很多更真实、更全面的东西，让你了解这个学科在基础教育里现在发展到什么程度，老师们面临、存在的最大的问题是什么。”他认为这可以使得首师大的教学改革工作，或者教师培训工作更有的放矢，使得首师大优秀的教学理论更符合国情、更贴近一线、更易传播开来。

（二）师范生的教育应重视教材教法

裘老师认为，目前师范生对教材教法普遍重视不够。究其原因可能一方面是学生对其重要性的认识不够，另外对今后将要从事的职业的需求认识不足，对未来做一名基础教学的教师的心理准备不足。另一方面是现有的与教材教法相关的课程创新不足，理论性过强，但与实践的结合较弱。对此，裘老师也提出了一些解决思路。比如，在相关课程中，结合典型的课堂教学案例教学，结合案例片段讲解相关的理论。这不仅适用于本科生或教育硕士的相关课程的教学，也适用于一线教师的职后培训。“选取教学片段，告诉老师这个片段为什么好，好在什么地方；它符合了哪些教学规律，它的创新点在什么地方，它的科学方法好在什么地方等等。这样的话，老师就更容易接受了。先让老师模仿，思考‘这点我怎么就没这么去教，人家就做得这么好’。模仿以后，可能还能创新，比这个案例更好。”

（三）对教学研究工作的建议与期望

在访谈中，裘老师还对教研员的工作提出了一些建议与期望，这对我们高校从事师范生及教育硕士教育教学培养的老师们有同样的借鉴价值。

1. 虚心善学

作为一个教研员，首先要虚心，要善于学习别人的长处，善于总结别人的经验。“我本人成长的过程当中，就是在很多优秀教师身上学到了很多东西，不是学皮毛，也不是学外表，而是去概括它的实质是什么。比如我做教研工作的时候，怎么做好教研工作，我的大师哥董宝华老师，那就是我的榜样，是我的楷模，我不仅学他怎么治学、写文章，更重要的是学习他怎么组织活动，做有效的活动，怎么团结老师。”这也给了我们高校的师范生及教育硕士教育教学培养一些启示，比如在教学中不仅讲授知识与技能，还可以应用一些实例，可以是一线教师的例子，也可是一些优秀在校生的例子，在如何做人、如何做教师方面，去教育我们的在校生。

2. 解决具体问题

裘老师认为教研员的工作就是解决教学一线的问题，要想解决好教学一线的问题没有教学实践是不可能成功的，必须要经过真正的教学实践磨炼，才能做好教学研究工作。“你没有实践就指导不了人家，这个课你说好，好在什么地方；不好，不好在什么地方，怎么去改进。所以过去我们那个年代，当教研员都是有条件的，你必须在教学第一线干过多少年，而且必须是教学骨干，才能去当教研员。”所以，对于我们高校从事师范生及教育硕士培养的老师们，如何获得更多的实践经验，如何真正了解一线教学，是我们能够更加科学地培养出未来合格的基础教育教师的前提。

3. 甘为人梯

教研员要甘为人梯，为优秀教师的发展做好铺垫，裘老师在教研工作中正是这样做的，他跳出了自我的小圈子，真正做到了“我为人人”。“你得把优秀的人才发掘出来，推他一把，扶他一把，很可能你还评不上特级教师，那个老师评上特级教师了，那是应该的，因为他在教学第一线，做出了这么大的成绩。”裘老师认为这种甘为人梯的精神在培养学生的过程当中同样很重要。“你在学校教书，把这个学生培养出去了，他毕业了以后，不能说他记住了多少你教给他的生物学知识，好多生物学的观点和生物学的科学方法，他脑子里有，有了观点，有了方法，他就会感激你这个老师，你给了他很好的东西，对他今后的学习都有用。”

要想做好人梯，还需要有敏锐的观察能力和分析问题的能力，以此来发现人才。“伯乐识千里马，他本身得是伯乐，他才能认得千里马，就是这个道理。你要能够去发现人才，发现他好的教学思想和教学方法，并在区里、市里把它推广。”可以想象，如果我们始终用这种人梯精神来培养学生，让这种精神传承下去，那么我们的基础教育教学一定会有更好的前景。

结　语

“既然进了师范院校的门，我觉得就不应该三心二意，就应该立下一个终生为基础教育事业做贡献这样的理念，而且一定把教师不仅仅看成是一个职业，一定要看成是个事业，才能在这个领域里做出一定的成绩和贡献。”正是这样的信念，使得裘老师无论在怎样的环境下，都能以乐观向上的态度面对生活与工作。虽然一名基础教育工作者的身份很普通，但他无怨无悔。“我的工作是很平凡，地位不高，收入也很一般，但是我无怨无悔。回顾我这几十年的基础教育教学的工作、教研工作，我对得起教师这个称号。我父亲临终前，我对他说‘我没有能够继承你的事业，也没有能够做到像你这么大的成绩，我就是一个中学老师。’父亲回答说‘我对你非常满意，你在你的领域里做得很好。’因此我更加无怨无悔。”

初次见到裘老师，老师非常温和健朗。听他的叙述，几次为他的坚持、为他的付出所感动，而他本人有一种很温和却又无法忽视的感染力。他的钻研精神和无私奉献的精神也将成为我们学习与工作的楷模。

〖寄语〗

希望母校可以为中小学输送更多的学科教育专家！

与中学教育事业的一生情缘

——数学特级教师郭立昌

赵利丽　刘亚琴　王瑞霖

郭立昌老师，1944年3月出生于北京市，1967年从北京师范学院数学系毕业，一直从事中学数学教学及研究工作。郭老师承担过很多业务工作，曾任北京教科院基教研中心中学数学教研室主任，中国教育学会数学教学专业委员会副秘书长、学术委员，北京市教育学会数学教学研究会秘书长，中学工作委员会主任，也曾担任北京市21世纪中学数学教材副主编，北京市义务教育课程改革数学实验教材副主编，实验指导组组长，北京市高中数学补充教材副主编。他曾被评为北京市普教系统先进工作者，曾获北京市优秀教师称号，多次被评为教育系统的优秀共产党员，2001年又评为北京市特级教师，为郭老师的教学生涯添上了浓墨重彩的一笔。在从教三十多年里，郭老师曾主编或参加编写数学教育书籍共30多册，执笔200多万字，在市级以上杂志、报刊上发表论文、文章190多篇，50多万字。

“沐浴着北京的朝阳，首都师大桃李芬芳，学子播种美好的希望，青春点燃远大的理想，为学为师，求实求新，如同破浪的双桨……”正如首师大的校歌中唱的那样，从首都师范大学走出了一批批优秀学子，如今的他们正在自己的工作岗位上各领风骚，绽放自己的生命之花。特级教师郭立昌老师作为其中优秀的一员，曾就读于北京师范学院（如今的首都师范大学）数学系，毕业后一直坚守在中学数学教学和研究的岗位上，四十多年来，他将自己的青春、智慧和全部精力都贡献给北京市的中学数学教育事业。

一、求学路上，恩师相伴

(一)与首都师范大学结下的情缘

仿佛冥冥之中注定一般，郭老师与中学数学教学研究和首都师范大学的缘分如同月老早已牵好的红线。郭老师感慨万千地向我们叙述了这段缘分。“说起来在我小的时候并没有想当教师，我在中学时期学习成绩比较好，当时我喜欢天文，喜欢化学，也喜欢物理。高中的时候，北京大学化学系在北京成立了一个化学小组，这个小组是由化学成绩优秀的学生组成的，我当时参加这个小组的活动，很想一生从事科学研究的事业。高一年级的暑假，当时的北京教师进修学院中学数学教研室，要在我们学校找几位学生，做一些教研的辅助工作，我有幸被选中了。当时我国中学数学教育的先辈，杨大淳、于泽禾、阎以诚等老先生都在那里工作，他们的工作作风、渊博学识、音容笑貌给我留下深刻的印象。交给我的任务是整理、抄写北京六中名师李观博先生的教案，供青年教师们参考。没有想到的是几年以后我就从事了这项数学教学工作，更没有想到在二十几年以后，我调入北京市教育局教学研究部的中学数学教研室，继承了那些老先生们的事业。所以有时候我开玩笑说，我十几岁就开始参与数学教学研究工作，为我们教研室做贡献了。”

说起和首师大的缘分，郭老师说：“我上高三时，正赶上1962年我国三年经济困难时期，全国人民饿肚子，吃不饱，还要努力学习，争取考上理想的大学。这时我们班发生了传染病，不幸我也被传染上了，导致我失去了考大学的机会。当时家境比较困难，我不想加重父母的生活负担，主动放弃了休学的机会，成了一名社会青年。我想在养好病的同时找份工作，解决父母生活的压力，但是因为我的身体条件，到几个工厂征当学徒，都遭到了拒绝。面对命运的坎坷，我很快恢复了勇气，以坚强的毅力调整和锻炼身体，用了近一年的时间使身体恢复健康。到第二年高考的前一个月，还没有找到工作，我想应当自己去解决生活的问题，改变自己的命运。因为当时师范专业不收学费，还管饭，所以就报名参加了高考，只报了一个师范专业。可能由于我一年没有复习功课，虽然数理化等学科成绩都比较好，但外语考得稍微差了一些，我有幸进入了北京师范学院(现在的首都师范大学)数学系学习，命运使然，在这里让我踏上了中学数学教育事业的征程。”

因51年前的机缘巧合而迈进首师大的校门，51年后的今天再次回忆起这段求学的经历，郭老师的话语中依然流露出对母校的感谢，对生活的感恩。

(二)难忘母校，难忘师恩

当谈到对母校的记忆时，郭老师感慨颇多。他1963年进入北京师范学院数学系，虽然已经过去了51年，然而重温在母校的那些日子时，郭老师脸带微笑；回忆母校的老师，他如数家珍。“由于‘文革’，在首师大的大学课程没有完全学满。但是很多老师给我留下非常深刻的印象，前些天首师大的数学科学院院庆的时候，我见到了一些老师，当时教我数学分析的王德谋老师，现在已经从数学系主任的位置上退休了。他是我接触的第一位大学老师，那时他年富力强，眼光睿智，教学严谨，板书规范。我的高等数学能打下比较好的基础，和他的教学有很大的关系。印象深刻的还有田孝贵老师，他教解析几何，教学认真，讲课细腻，一讲起来口若悬河，入情入理。田老师当时经常在数学杂志上发表论文，具有很高的学术修养，让我和同学们十分敬仰。还有一位老师是王景鹤，他毕业于西南联大，对高等数学造诣很深，而且具有丰富的中学教学经验，他瘦瘦的身材，身体虽不太好，但是讲课时神采奕奕，充满激情，思维开阔，直观形象，风趣幽默。在讲复变函数的时候，他运用了很多教学方法，把大被单当作一种直观教具，破解我们一个难以理解的数学问题。他的教学方法影响了我的教学风格，在我工作以后，遇到数学教学上的疑难问题，曾多次到他家里去请教，在我工作以后，他继续指导了我的学习和工作，让我永不能忘。”

郭老师接着说：“在北京师范学院学习的过程中，冯佩之院长的教育思想、工作作风给我留下了深刻印象，他创新的教育观念甚至影响了我的教学生涯。1965年全院围绕历史系学生商传学习‘出圈’的观点展开讨论。问题起因是教学范围的内容满足不了商传的学习需要，他开始‘出圈’进行更广泛的学习，接触到学术研究的前沿。学习能不能‘出圈’，冯佩之院长利用这个话题，开展了轰轰烈烈的教学改革的讨论。当时，我国正处在‘文革’前夜风雨欲来的时期，他能大胆地提出‘出圈’这个创造性的课题，推动教育改革是非常难得的。我当时就非常同意教学‘出圈’、创新的观点。一位校长的观念能这样广泛地影响着他的学生，令我十分敬佩。”

从郭老师的话语中我们能听出他对于母校的热爱，他对于学业的努力。51

年过去了，郭老师对首师大老师给予他的影响和感染仍然刻骨铭心，对他今后从事教育事业给予了无私的鼓励和支持。让我们看到教育总是在一代代的师生之爱的默默相传中成就一番伟大的事业。

二、工作途中，“不用扬鞭自奋蹄”

(一)初任教师——“十几年如一日”

提到毕业后的工作生活，郭老师则表现出一种难以言说的正能量，在我们看来当时的工作是苦涩，是艰难，但郭老师的叙述话语却让我们感受到那是一种热情，一份执着。

毕业后我被分配到北京市大兴县一所小学的戴帽中学，地处永定河畔，我家住市内，距离我家有50多里远，我每周一要骑自行车去上班，周六骑自行车回来。在那段工作日子里，无论冬夏我早五点钟之前必须出发，八点钟以前要赶到学校，每次赶到学校都已经是大汗淋漓。那时的公路是很窄的柏油路，还有20多里地的石子路，冬日赶上刮西北风，回家时只能趴在车把上，奋力骑行，到了家已经筋疲力尽，下了车走起路来腿都变了形。但是，在那段日子里我上班没迟到过一次，冬天早上到了学校，有时候还帮着学生生煤球炉子。记得一次早上有位学生上学迟到了，同学们就一起批评他，说老师一百里地之外都没有迟到，你家在门口还迟到了太不应该，从此我的学生们上课很少再迟到，真是身教胜于言教。

在开始从事边远农村的教育教学工作中，郭老师首先注重打好自己的教学基本功，虽然那时候对教学要求比较松，没有高考、中考的压力。但是，他认识到千里之行，始于足下，刚参加工作，一定要打好基础，所以教学上认真备课、认真反思，向老教师学习，不断积累经验，为将来的教学研究打下了坚实的基础。除了教学工作以外，他还利用接触农村实际的有利条件，开展了农村应用数学的调查和教学试验。比如，70年代初，社会上还没有计算器，计算尺也很少，他受到算图的启发，自己研究绘制对数算图，开展小麦估产的试验。在课堂教学的基础上，把学生分成几个小组，到麦地中，划区数麦粒个数，利用对数算图进行估产。在当时的计算工具之下，这个方法具有一定的实际意义。他以此写出的教学文章《对数算图在小麦估产中的应用》，在“文革”以后首师大恢复的第一个数学教学杂志上发表，那也是他发表的第一篇教学论文。直到今日他提起指导他修改文章的，后来担任北京师范学院教务长的胡杞老师，还一直感恩于心。那时，他还曾用两年的时间，与中国科学院动物研究所的专家合作，针对农业害虫玉米螟的生物防治，开展利用雌性激素的方法消灭玉米螟的科学试验。他利用所学的高等数学知识，进行正交试验设计，对各种试剂、操作时间等多种因素开展多个水平的试验。与生物教师、学生们一起，经过艰苦的工作，完成了试验过程，最后取得的试验成果也受到中科院动物研究所专家的赞许和肯定。初任教师，郭老师不断用更高的标准要求自己，教学和研究“两手都要抓，两手都要硬”。作为一名基层的农村教师，郭老师用积极的态度和钻研学习的精神时刻保持对教育这份事业的热爱。

(二)从事教研——“我终身热爱的事业”

从1977年郭老师被调到大兴县教师进修学校当教研员，从事中学数学教研工作开始，教育科研开始伴随郭老师今后的职业生涯。“因为‘文革’动乱造成了教育的脱节，非常需要对老师进行业务辅导，还有一些教研活动的指导。当时把我调到那里，要负责全县老师的教学研究，还要负责全县老师的进修，这个进修包括小学老师对中学课程的辅导，初中老师对高中课程的辅导，高中老师对大专的课程辅导。那时候我还兼大兴师范学校数学专修班的数学课。进修、教研、教学、各种辅导，非常劳累，一天到晚连轴转。但是我觉得，在中国经历了十年动乱，百废待兴，教师青黄不接的时期，自己能够挑起担子，为北京的教学事业的恢复贡献力量，也是很值得的。”

在大兴教师进修学校工作期间，郭老师还曾组织过很多教学改革的实验，例如“指导自学教学法”的实验、有关数学思维能力的培养实验等，研究成果曾多次在北京市获奖。1990年调入北京教育局教学研究部中学数学教研室，成了一名市级的教研员。北京教育部教学研究部的工作联系着全市几千名数学教师，影响着北京市中学数学教学质量的提高，在全国数学教育界也起着一定的引领作用。作为一名市级的教研员，有效工作的基础是透彻了解北京市数学教学的现状和问题，把握教学改革的方向，能够提出改进的途径。在巨大的压力和责任之下，郭老师参与了许多数学教学改革方案的制订和实施，如制订和实施了《加强与改进中学数学教学的意见》；七年以后又修改制订了《北京市进一步加强与改进中学数学教学的意见》《北京市中学数学学科教学常规》《北京市中学数学学科教学评价方案》等等。这些教学文件的制订过程是一个研究和规划的过程，三个教学文件的实施使广大教师的教学改革有了方向，使教研员有了工作的指南，为北京市数学教学改革发挥了巨大的作用。

郭老师多年来组织或参与了北京市数学的中考、高中会考、高考的命题或审题工作，并圆满地完成了任务；郭老师30年中，走进过几百所中学，听过上千位教师的授课，无不认真记下笔记，深入交换意见，指导了许多青年教师的成长；郭老师曾主持北京市信息技术与中学数学教学整合的研究项目，组织或参加了多次全国、国际的数学教学研讨会议，在会议上宣读论文，推动了教学改革的深入开展……郭老师从事教研工作30年，总结出了不少自己对于教研工作的建设性的观点，例如把教研工作和课题研究结合起来，在组织常规教研工作的同时，开展课题研究等。他认为课题研究是引导广大教师由“经验型”向“科研型”转化的途径。这为教师的成长又提供了一个发展的平台。到2007年结束返聘，郭老师在这片土地上整整耕耘了30年。郭老师说：“如果把开始的学习与教学经历看作从事教研工作的准备，那么可以说我与中学数学教研工作结下了一生的情缘。”

从北京市边远郊区的一个戴帽中学的普通教师，调到县教研室，再进入市教研室，最后到1994年在北京市教研中心担任中学数学教研室主任，负责全市的教研工作。当谈到是什么力量支撑自己顶住压力，克服困难，一路走来的，郭老师讲述了他的体会：“我想自己的成长离不开‘天时、地利、人和’，从事教学研究的30年，正好是我国改革开放的三十年。自己的每一次进步都离不开领导、老师和同事们的指导和帮助，离不开广大教师的支持。对于个人因素，反思起来首先是情感的因素，我觉得自己从进入首师大上学时候开始，就没有把教师完全当一个职业，而是当成一项事业，我热爱这项事业，这是很关键的。假如你把教师当成职业，就是混碗饭吃，挣工资，和你把它当成一个终生奋斗的事业，这个效果是不一样的。把教育当成一个事业以后，你就会真正地热爱这项工作，‘不用扬鞭自奋蹄’，自己就会主动地去努力奋斗。当然也需要坚持和毅力，需要付出。”真可谓“听君一席话，胜读十年书”，郭老师用自己的亲身感悟和成长反思让我们体会到他对教育的热忱。

三、对青年教师的建议和忠告

当谈到对即将踏上讲台的青年老师有什么建议和忠告时，郭老师结合新课标对教师的要求，结合社会的发展和自己的成长经验，像告诫自己的孩子一样娓娓而谈。

(一)热爱教育事业，规划好自己的目标

在改革开放日益深入，社会变革迅猛发展的今天，作为一名青年教师面临着许多新的挑战。尤其作为一名青年教师，既要适应改革的需要，也要努力提高教学质量，同时还要不断地自我更新，促进自身能力和事业的发展。首先，“作为青年教师，你要踏上讲台，就应该热爱教育事业，把教育当成自己的事业，而不只是一种职业”。新课标要求我们要重视情感态度的培养，郭老师非常赞同，并且认为青年老师尤其要把它放在首位。结合自己的经历，郭老师认为他能够从艰苦的环境下坚持下来，克服困难，不断成长，是因为他深深地热爱着数学，热爱着数学教育事业，那是他毕生为之奋斗的热土，所以不管多累、多苦，他都觉得是幸福的、值得的。“虽然时代不同了，教学上也有了很多的变化，但是有些东西是经久不衰的，那就是你对教学的情感和态度。”

其次，要规划好自己的目标，郭老师认为：“一位青年教师如果只关注高考、中考的压力，而忽视课程教材的改革，是急功近利；如果只关注课程教材的改革，而忽视高考、中考考试的压力，是脱离当前的实际；如果只关注投身于事业的进程，而忽略自身的发展，是缺乏智慧；如果只关注自身的发展，而忽略投身于教育事业的进程，目标也难以实现。我们需要用科学发展观来研究、规划，用辩证唯物论来处理好这些问题。”

(二)加强教学的基本功，巩固专业发展的基础

谈到教学，郭老师提到最多的是基本功的训练。郭老师说：“教学是一门科学，也是一门艺术。教学既有系统的基础理论，又要有具体的特点和规律，还要有体现这些特点与规律的技能、技巧，也就是教学的艺术。教师的基本功就是要把教学的基础理论和教学艺术结合起来，这是提高教学质量的关键，否则教学的高质量就是空中楼阁。提高教学质量的关键在于课堂教学和教师的素质与水平，教学质量需要一节一节课地落实。”但是当前，有些教师没有打下良好的教学基本功，单纯追求教学改革，对教材的理解、教学过程的设计、学生情感的调动、教学的语言、教学的板书等方面的训练都很欠缺，这对于青年教师的成长是不利的。作为青年教师，要提高教学质量，必须打好教学基本功，这样教学大厦的根基才会稳，教学质量的提高才会有保障。

(三)在课堂拼搏中学会教学

郭老师认为：“教学是艺术，作为优秀的教师，想进一步提高课堂教学的质

量，就要在改进课堂教学上下大的功夫，从一节一节课入手，精雕细琢，不断积累，对教学艺术提出更高的要求。首先，青年教师要注重情感因素的调动，引导学生主动地学习。在教学中，我们经常见到这种情况：为了提高教学质量，教师很着急，但是学生不着急，教师使出'十八般武艺'改进教学，可总是'剃头挑子一头热'，学生被动学习不投入，教学见不到成效。"

要解决上述问题，首先要把学生的情感因素调动起来。我们知道对于学生来说"要我学"比不上"我要学"；"为家长学、为老师学"比不上"为事业、为科学、为祖国而学"。如果在教学中，忽视兴趣、意志、自信心等情感因素的作用，并且对肯定、表扬、激励等手段的运用也不充分，那么主动学习的氛围形成不了，精心设计的教学过程就会落空。反之，如果学生具备了学习的兴趣和动力，教学就可以达到事半功倍的效果。

其次，教学重在参与，以学生的思维参与为先。在教学中讲求实效性，关键是改进教学过程，引导学生充分参与，学生参与的层次是评价实效性的重要标准。郭老师以数学为例："数学是一门思维的科学，培养学生的思维能力是教师重要的教学目标，因此必须把学生在思维上的参与放在重要的位置。当前，广大教师注意到学生的参与，但是这个参与真正得到落实，就需要给学生参与的空间和时间，使参与的过程开花结果。我们常常会见到，教学中教师会提出有思维价值的问题，可是往往并没有给学生充分的阅读、观察、思维的时间和空间，内容快速闪现，学生的参与活动没有落实，使启发式走了过场。实际上，无论教师讲授还是投影展现，全要遵循'延迟判断'的原则，先要引导学生独立思考，如果教师及早地进行了'引导'和'启发'，就使自主学习、自主探究成为形式，教学就失去了实效性。也就是说，教学要以人为本，以学生的思维为先。"

再次，要及时调控教学过程，让学生的参与"开花结果"。郭老师说："要讲求教学过程的实效性，教学过程的调控是非常重要的。我们看到，有的教师的教学过程调控不到位、不及时，喜欢死套教案，不能及时引导，及时调控，随机应变；有的教师提出的问题启发性不够，提出问题以后，没给学生留下活动的空间和时间，学生只是在形式上参与；有的教师使学生参与的方式单一，参与的范围狭窄，只注意学习优秀的学生，忽略学习困难的学生，这些都会影响教学质量的提高。青年老师从一开始就要严格要求自己，注意多方面地提升自己的教学艺术。"

(四)注重教育理论的学习

郭老师对于教育理论的理解、教育现实的认识以及对各种教学方法的合理应用都给予了深刻的思考和分析。

首先，要从理论上把握教学改革的方向，深入地进行教学改革，就要进一步加深对教育心理学理论的理解。在理论上，对于自己不太清楚的问题要通过学习，结合教学提高认识。在郭老师看来："当前，尤其要注重对课程标准、学习理论、教学理论等方面的学习。比如，教学模式，它较之于教学方法来说更加成熟，内涵更加丰富。教学模式指的是依据教学思想和教学规律而形成的，在教学过程中比较稳固的教学程序及其方法的策略体系，是为了完成既定的教学任务，达到预期的教学目标，从教学内容、教学环境、学生现状与教师的条件出发，教学实施中所采用的具有通用性和普遍意义的标准的教学形式或策略。它深刻地影响着教学的效果和水平。以合作学习为例，我们知道合作学习对于改善课堂气氛，培养学生合作意识，形成良好的个性品质具有很好的作用。但是，在听课过程中经常见到的是：在一节课上，教师频繁地组织学生讨论，有时一节课有两次到三次。每次全是教师提出一个问题以后，学生们前后桌的四人一组，前面的两位同学调过头来，四人凑在一起轻声讨论，以一位学生为主进行讨论，三五分钟以后，各组有一位学生代表发言，教师加以肯定或否定，取得了标准答案以后，讨论程序完成，教师继续讲授，这是教学形式中的一种'花架子'。对于这样的合作学习我们需要反思：什么是合作学习的基本特征，教师提出的问题有没有讨论的价值，学生是不是充分思考了，生生之间是不是交流了，教师的作用是不是充分发挥了，是否达到了合作学习的目的等，这就需要从教学模式上有清楚的把握。"

其次，从实际出发，坚持唯物主义观点。"课程教材改革要从我国的教育实际出发，西为中用，古为今用，实事求是才能保证教育改革的健康发展。其中教学方式的改革是课程改革的重要内容，我国近几年做的许多探索，取得了不少的成绩。但是，还会经常看到脱离实际，盲目追求国外的情况。比如，我国目前多为大班级的教学，与西方小班级教学不一样，班上学生人数多，桌椅摆置紧，教师素质还不够高，过多地追求合作学习往往加大了学生的分化，流于形式。青年教师要贯彻科学发展观，保持清醒的头脑，不赶时髦，不追风头，实事求是，坚持唯物主义观点。"

再次，坚持辩证地使用各种教学方法。"在教学中当我们跳出学科的内容，从方法论的高度观察时，就会发现存在的一些问题。比如，在课程改革的过程中，曾一度有人认为讲授式教学属于落后与保守的范畴，使得在教学实践中，有些青年教师对‘讲授’方式畏首畏尾。有的地区甚至为了防止教师讲授太多，对教师在一节课上讲授的时间都做了不能超过多少分钟的规定，还有不少人认为这种规定应当加以推广。还有在课程改革中，为了追求新的理念，经常表现出形式化的倾向。比如，探究式教学是新课程理念的重要体现，对于通过学生自主学习培养创新精神是非常必要的。但是在实际教学过程中，我们经常见到，有些教师提出的探究问题思维量很低，学生经过简单地联想、分析、综合，轻而易举地就可以完成，达不到探究的层次；也出现了任何课都在探究，任何环节都需要探究的情况。在探究过程中，学生往往缺乏自主活动的时间与空间，过度追求过程的形式化。这种课课探究、事事探究的现象，泛化了探究性的概念，虽然探究得轰轰烈烈，但并未真正达到探究的实效。”

（五）开展课题研究，提高研究水平

郭老师特别欣赏卡尔·马克思曾说的一句话：“能给人尊严的只是这样的职业，在从事这种职业时，不是作为奴隶般的工具而是在自己的领域内独立地进行创造。”郭老师认为：“青年教师要敢于思考，敢于创造，敢于把自己的想法付诸实践。要敢于并且善于跳出教学，从更高的层次，进行理论的思考，在‘巧’上下功夫，开展课题研究是理论思考和提升的重要途径。‘苦干 + 巧干’，才能有效地提高教学研究的水平。”处在历史发展的新时期，青年老师面临着许多的艰巨任务，例如课程教材的改革，这是大家关注的重点，随着课程教材改革的深入开展，一些新的理论与实践的问题摆在我们的面前，需要去探索与验证。还有新课标的修改等，都需要广大的优秀青年教师乘风破浪，提出有价值的意见，并在实践中发现问题、提出问题、思考问题、解决问题，这些都是青年教师义不容辞的责任和使命。拿破仑曾说过：“不想当将军的士兵不是好士兵。”这是在告诫士兵要上进，要勇敢杀敌，建功立业。同样作为一名青年教师也要有远大的目标——努力做一名教育家。这就要在“研究”上下工夫，把教研工作和课题研究结合起来，在组织常规教研工作的同时，开展课题研究，并不断地进行理论的提升。经验表明，结合课程教材改革和教学实际，开展课题研究，给教师的成长提供了又一个发展的平台。对于提高教学质量、激发教师的科研意识、促进教师的观念更新和专业化发展、理论提升等都能起到很大的作用。

四、对母校的期冀

首都师范大学60年来获得了巨大的发展，尤其在科研方面取得了很大的成就。希望母校在注重提升科研水平的同时，还要注重提升对于优秀教师的培养水平，立足北京市教育事业的发展需要，促进中学教学质量的大幅度提高。

为了培养师范生献身教育事业的理想和兴趣，让他们尽快融入教育改革的潮流，了解教学一线对学生的要求，可以在高年级运用“请进来，走出去”的形式，请在一线工作的优秀青年教师来学校介绍成长过程、教学经验；请学科的教育专家介绍学科教育改革的方向和现状等；也可以组织学生到教学水平较高的学校参观、听课，让该校的学科教研组长或者任课教师介绍经验，开阔学生的眼界。

〖寄语〗

在母校60岁生日之际，我对母校的快速发展感到自豪，回顾自己的成长历程，对母校、恩师充满感激之情。今天，母校六十载辛勤汗水结硕果，跨世纪芬芳桃李满天下。面对未来，祝愿首都师范大学在继承中发展，在改革中创新，科研、教学双丰收，继续为北京市培养出更多的优秀教师，为推进首都教育事业的发展再造辉煌！

生长中的红烛

——数学特级教师张思明

王瑞霖　赵利丽

张思明老师，现任北京大学附属中学副校长，主要工作领域是数学教学，中学数学建模、中学数学课题学习、中学数学学习的学法指导。1975年起工作于北京大学附属中学数学组。1984年通过国家高等教育自学考试获得北京大学颁发的数学专业本科毕业证书和学士学位，是全国自学成才的先进典型之一。1993年在首都师范大学获硕士学位，2010年获理学博士学位，曾在日本冈山大学留学一年半。1998年被北京市人民政府授予“中学数学特级教师”称号，评为北京市当时最年轻的数学特级教师。1999年获北京市首届基础教育教学成果一等奖和数学教育的最高奖“苏步青数学教育奖”一等奖。2001年被评为全国优秀教师。2003年被评为享受国务院特殊津贴专家。三十多年来，张思明老师始终坚持在基础教育的第一线。

张思明老师，说起他的平凡，他只是千千万万中学教师中的一个，默默地坚守在基础教育的最前线，培养了一批又一批的优秀学子，用心做教育，用智慧教学生，然而一颗纯粹而坚韧的心却让他如此的不平凡：北大附中副校长，数学特级教师，全国模范教师，中学数学建模的开拓者，苏步青数学教育一等奖的获得者……数不清的荣誉，道不完的成就，但张老师始终如一地坚持和学习，为学生、为学校、为国家的那颗纯粹的责任心使他迈出了人生道路中最坚定、最扎实的步伐，如此的铿锵有力，如此的鼓舞人心……

一、成长路上，自强不息

(一)“野路子”走出来的自考生

张老师所说的“野路子”就是那段坎坷的自学考试的路程。由于家境困难，从小一路坎坷走来的张老师，迈入大学的校门一直都是他心中未完成的梦，但由于母亲和妹妹的体弱多病，家境的贫寒又让其不得不放弃上大学的梦想。直到 1981 年，北京市率先实施了“高等教育自学考试”，这次期盼已久的机会虽然让他历经艰辛，却也收获了成功。在张老师的诉说中，这段“野路子”的经历也成为奠定他今后成功的一份光辉的财富。“每天凌晨四点半起床，把自己学习中的问题都记在本子上，利用在图书馆学习和早晨跑步的时间向北大的学生和老师请教，自学考试的五年里，在学校一直当着班主任，每周要上 12 节数学课，还有课外活动课，300 本作业要改，没有寒暑假，没有休息日。写了 40 多册厚厚的笔记和习题本，做过几千道习题，用完了 30 多个作业本，堆起来要有一米多高。会把过期的挂历纸裁好，在背面密密麻麻地写下每一门课上万字的笔记，然后折成像扇子一样的小折子装在兜里，一有空就拿出来看，拿出来琢磨。在五年里，参加了 40 多场考试，把 20 多门数学基础课和专业课‘啃’下来了。”张老师以优异的成绩完成了自考，并且“数学分析”的单科成绩是满分。成功是来之不易的，靠的不仅是自己的聪明才智，更重要的是不断拼搏的精神。

成功不仅意味着收获，更意味着常人难以想象的付出和煎熬。就是这段“野路子”的历程，成就了其做事的毅力和恒心，在这段艰难的求学之路上，让张思明老师刻骨铭心的是两次失败的打击。“在第一次参加大学语文的公共基础课考试时就没有通过，仅考了 56 分，经过一年学习之后，第二次又没有过关，同样考了 56 分，这次挫折给我带来了不少痛苦和烦恼，但是我不能够告诉母亲，只能自己一个人去治疗，我想即使自己有可能会失败，但是不拼搏一下子是要后悔一辈子的。”就是这种志气和毅力让他顶住压力和失败，站起来重新出发。自考之路仅仅是张思明从教之路上的一个转折，也是他选择改变自己命运的一次跳跃，经过这次的拼搏，张老师也在时刻准备着下一次的腾飞。

(二)坚持变成了个人的发展方向

无论是自考路上的持之以恒，还是读研以来的潜心学习，还有出国读书的加倍努力，都让我们能够看到张思明老师自始至终的坚持，学习已经成为一种习惯，学习路上的坚持也成为一种顺其自然。在学习的道路上虽然会经历无数的坎坷，但是至今为止我们却只能看到专业知识和学习能力给予张思明老师的快乐和智慧。时至今日，张思明老师在数学建模领域的成就也是来源于不断地坚持。也正是这份坚持使得张老师在教师专业发展之路上不断前行。“我 1993 年硕士毕业，当时学校也希望我留下，也跟我谈了，后来我说我还是回中学，当时 1993 年毕业的硕士去中学的非常少。包括王尚志老师、杨守廉老师都非常支持我，说做这个选择还是对的，到基层去能发挥你的作用，与此同时他们建议我，不要脱离大学的讨论班，推荐我去参加数学建模的讨论班。在这个讨论班上我认识了叶其孝老师、赵桢老师、刘来福老师等。讨论班开始的时候有 20 个老师，杨先生主持了一段这个讨论班，他要求我们轮流上台讲建模的案例，然后叶先生拿来国外的教材，我们就翻译，开始一边讲一边在学校里实践。其实从 1992 年就开始了，没毕业的时候就开始参加讨论班，一直延续了五年，甭管剩多少人，一直在坚持，这也就变成了我的发展方向。”在坚持过后同样会收获阳光，在中学数学建模领域，张思明这个名字也可谓是响当当的，做就要做得出色，选择就要去坚持，这也是张老师用实际行动给予更多人的启示和思考。作为一名身居一线的人民教师，将个人的专业知识积极地投入实践领地，将研究成果应用到实践课堂，反复地思考改进，张老师用踏实务实的精神和身体力行的态度告诉我们教师专业化发展之路中必备的行囊。

二、成长路上，名师相伴

(一)“对一个社会青年的帮助”

张老师从自考到走入首师大攻读硕士学习期间，一直都很多指引其前行的明灯。在它们的指引下，张老师的路也走得更为坚定，更为长远。这段深造的心路历程也让张老师由衷地去感恩，也从而影响到他今后在教育工作和研究中的成长。

在谈到这段经历的时候，张老师提到的最多的就是感动：“我在 1989 年报首师大的时候还是觉得挺忐忑的，因为没有学历，只是自学考试，但是我写信给数学系杨守廉先生，他当时是系副主任，让我特别感动的是，杨先生亲笔回信，写了两页纸，就是说欢迎我去学习，说他带了好几个自学考试的学生，他觉得自学考试的学生很有特点。我第一次见到老师的时候就觉得，老师对一个社会青年提这样的要求，都非常认真地去答复，这是第一个感动。第二个感动是我上学的时候先找到杨守廉老师，我同时考取了日本的大学，他给我提建议说，两个机会都要珍惜，保留你的学籍，你先出国，回来再来复学，这个也是特别不容易。在回到首师大的时候，是4月份了，耽误了一年半的课程，但是我要用一年半把它念完，困难本来就挺大，老师们都非常好，因为我回来就开始在学校上课，所以我的课表和首师大的课表经常是互补型的，特别是像田孝贵老师，他说你先排你的课表，我的课在你的缝儿里头排，给我上的课都是这样安排的。就是说这些老师面对着一个普通的社会青年，他们能这么认真地去帮助他，真的很让人感动。系里还有很多特别感动人的地方，因为我是自学的，连教材是什么都不知道，也找不到，系图书馆的两位老师就帮助我，把推荐要学习的书找给我，给我提供了不少学习条件。”

点滴的帮助透露着教师的无私，无私的帮助也蕴含着作为教师的责任，正是这些无私和责任深深烙在了张老师的心坎上，当回忆起这段求学经历，从张老师的滔滔不绝的叙述中我们感受到他的激动和深深的谢意，在感动之余更多的是将这份爱和责任传递下去，名师的引导犹如红烛，将燃烧时的光和热照耀到张思明的成长之路上，激励他、帮助他不断前行。当提到张老师取得的诸多成就的时候，他感慨道：“每当面对荣誉的时候，总会想起很多人，没有那些帮助、指点、启迪、教诲、论争，没有那些激发过我、帮助过我的老师，就不可能有我今天对教育的理解、对知识的掌握、对职业的热爱……”

(二)“成长路上不断有动力”

1993年起做了十多年中学数学建模，1998年特级教师也评了，按说也没什么要争取得了。这时候王老师跟我谈，让我把这么多年的教学的想法用一种方式总结出来，建议我去读博士，这是2005年时候的事。我自己的思想斗争还是挺激烈的，因为我特级教师都已经评了，在北京市已经有一定的专业发展，在数学建模这个领域里已经有位置了，要不要再去读？觉得这些老师，还有学校一直关心我。同时也告诉我，学习是一个老师终身的事情，你把那个学历学位东西看淡了，你就把学习看得很自然了，反正你要做这事。所以我就定一个目标，把中学数学建模这个理论探索和实践的东西做成博士论文，王老师花了很多心血指导我。我是在职的，可能是学校里最大龄的博士，上学就49岁了，跟王老师读了几本书，然后再去考，还是挺难的。后来在这些老师和同学们鼓励和帮助下，也算学下来了。我学习的过程，一直离不开母校的帮助，包括大学，包括宫校长都非常关心，还成立“张思明工作室”，在成长的过程里确实看到很多人默默的支持，这些东西在成长过程中都看到了，一是母校对你的期待，二是像我这么一个自学的，能够得到这么多老师的帮助，这个成长道路上不断有这样的动力，我觉得还是挺值得珍惜的。

在张老师的求学历程中，经历的最多的是帮助，是关怀，是指引。这些老师无论是在专业学习的指导上，还是在人生道路的指引上都给予了他最无私的关爱。作为教师的强大的责任心，严谨的治学风格，毫无保留的倾情奉献，都使得张老师的路越走越宽，越走越平坦。张思明老师同样将这种师德继续传承，懂得感恩，学会回报。以一种反哺的姿态去回报母校的期待，用自己的刻苦努力为教育事业创造新的伟大。教育需要一颗纯粹的心，需要一种感恩的情，更需要去不断学习，不断坚持。

三、成长路上，奉献精彩

(一)工作室里的我“攻”你“守”

经历过风雨总能见彩虹，有人说张思明老师是一根在燃烧中不断生长的红烛，在自己不断成长的同时，却也将自己的光芒照耀到自己的学生、教师和一切需要帮助的人身上。他在任教三十年的时间里，始终用心做教育，用智慧教学生，他的研究成果在教育界也是影响深远。2004 年在海淀区教委的领导下，全区召开了张思明教育思想研讨会，探寻他从一名普通教师如何成长为一名特级教师，其教学方法和教学理念也得到强烈的反响。张思明老师的影响力是从实践中得来的，也同样回归到实践中去。作为一名站在讲台上教课的老师，他是平凡的，但他又是独特的，在首都师范大学基础教育课程研究中心的支持下，成立了“张思明工作室”。在这个独特的工作室里，大学教授和中学老师各自扮演不同角色，你“攻”我“守”，为教育教学不断碰撞出思想火花。张思明老师举例说：“对于教学教育过程中的现实问题和教学中的重点、难点，大家不清楚的地方会共同交流，然后反思，还会与王尚志等大学老师碰撞，向他们提出问题，王老师他们答辩、防守，我们就进攻，被王老师他们驳倒后我们再想理由翻过来……像王老师这样的大学教授能做到深入到中学教师中间、共同讨论问题是很少见的。反过来，王老师也会给中学教师讲作为大学教师是怎样认识中学数学的，这正是中学教师比较缺少的。中学教师认为自己掌握的数学知识点就是数学，而王老师总是帮教师们纠正。在王老师看来，教师掌握的数学知识中许多内容没有数学的本质，所以双方经常产生对抗。问题具体到怎么样看待新课程要求？高一数学补什么？十字相乘是不是重要？等等。”

这样的研讨活动直接关系到教师日常教学中最关心的问题，并非仅仅停留在研究的理论层面，很多问题都会涉及课堂的实际问题。大学教师的指导，特级教师的引领，一线教师的参与，也有本科生、硕士生的学习，在这种无边界的集体研讨中形成了一个互助的团体，主要研讨来自教育实践的各种问题，开放性的交流模式不仅对新课程改革具有实质性的价值，而且也给课程改革中的教师专业成长带来了很大的帮助。张老师这样形容这个群体：“我们大家都是工作狂，都非常敬业，大家自愿聚在一起讨论问题，到吃饭的时候都只是吃盒饭，没有人觉得艰苦。”

集体的智慧通过这样一个开放性的研究平台得以真正地凝聚在一起，创造出更多更精彩的研究成果。“张思明工作室”，这个智慧型的沙龙，为一线教师不断解决难题，为教师更好地教，学生更快乐地学研究出更多更好的教学课程和教材，创造出新的教学方法和教学理念。教师的专业化成长通过相互间的学习交流才能更快更好地发挥出每个人自身的能量，并将这种能量聚集在一起。通过张思明的特色运作和开放化管理，这里已经成为教师成长的摇篮，也是教育教学智慧的发源地。

（二）对新一代教师的建议

在张老师的叙述中，其成长的经历是一笔宝贵的财富，在其教师的专业化发展中发挥着巨大作用，当面对新一代的师范生走入教学岗位之时，张老师也毫无保留地将自己的经验和“财富”与年轻人分享，让他们也同样作为一名一线教师去珍惜学习的机会，让自己成长得更快。“首先，师范生在学校里要开拓自己的知识视野，对教育的变化要有充分的认识，要有学科外的专长（特别是和人交往的能力和适应力），比如说你要有计算机、计算机辅助教学、计算机软件的知识，你对现在的教授数学的方式、对反转课堂、像 MOOC 这些东西都应该有很好的了解。还有就是觉得教育方面的理论必须经历实践环节才能有所感悟、认识和提高。而数学，还是应该在学校，趁年轻争取学得多一点，学得好一点。所以我一直觉得骨干教师应该打好数学的基础，包括像王尚志老师他的数学就特别出色。”

张老师用多年来的教学经验和研究成果给予新一代走入讲台的教师一些新的教学方法和经验思考。希望可以把自己的能量传递给新一代的年轻教师，因为教育行业的专业技能切忌闭门造车，只有在不断地沟通交流和学习的过程中，自己的专业发展水平才能提高得更快。

四、从张思明成长之路看影响教师专业成长的因素

（一）专业责任感

作为一名教师，对学生的爱和关怀是个人专业成长中自身的内驱力，这种内驱力则来源于对学生负责的心态。强烈的责任感是教师专业化成长的第一步，也是最关键的因素。张思明老师从求学经历到教师岗位再到今天的管理岗位，时刻受到周围老师爱的洗礼，也被他们的责任心所深深感染，因此，他会毫不犹豫地选择将这份对学生的责任传递下去。他曾说："教师给予学生的关爱是对学生的成长负责。当发现学生需要温暖时，不能直接给予他温暖，而是应给他一把柴刀，让他去打柴、烧火、自己取暖，你可以远远地看着他——如果他不会生火，给他做一个示范，但不能代替他去做。一句话，教育应当'授人以渔'。"

正是这样一颗为学生一生的发展和幸福负责的心，使他无论是在课堂上还是在课外生活中，都能将大部分的精力用于研究课程目标、课程标准和教学方式，从而在专业领域形成自己的教学理念和教学方法。听过张老师课的学生、老师都会感叹其课堂上的知识内容包容万象，妙趣横生，能够调动学生的学习积极性并不断激发学生的创造力，为学生创设一个主动建构的空间。用张老师的话来说就是："要为学生搭建一个孕育热量的'场'，这个'场'其实就是能够激发学生探索欲和创造欲的问题情境，使得他们在获取一定知识的同时，找到继续发现问题、获取新知识的起点和手段，最终走向他们自己再发现、再创造的道路。如何为学生去创造这个有激发意义的'场'，首先就需要理解和信任学生，放手让学生去尝试，然后再加上老师的有效引导和适时的启发。"久而久之，这种"场"的力量会渗透到学生的学习方式，最终将一种学习的精神内化为学生的人格品质，这恰恰才是作为一名教师责任的真正体现。

（二）终身学习的理念

从张老师的求学经历中，我们看到了他如何去抓住每一次求学机会，一步步去攀登知识的高峰。当谈到学习带给他的最大收获是什么，张老师朴实的语言却让人体会到学习的真正魅力。"其实一开始我是希望通过学习、考试得到一张文凭，得到大家的承认。自学考试几乎占去了我全部的业余时间和精力，它

确实很艰苦，但是它给我的不仅仅是那一张文凭，而更多的是怎样战胜困难，怎样激发自己的潜力，怎样面对挫折……后来，学习变成一种惯性的时候，我学会了合理运筹时间，培养了克服困难的毅力和勇气，明白了做教师需要终身学习的道理，这是比文凭更宝贵的东西。”当学习成为一种习惯，当坚持成为一种个性，也许再艰难的坎都能迈过去，再大的风浪也能依然前行。善于学习、善于思考是做一名优秀学生的必备条件，同样也是做一名称职教师的重要因素。现在的他依旧是保持着每天四点半起床的习惯，作为教师保持职业青春的秘诀只有一条那就是终身学习，不断进取。

(三)重要他人的影响

教师专业发展中的重要他人是对教师专业发展有重要影响的个人或群体，他们对教师的专业发展有着直接或间接的推动作用。每个人在成长和学习的过程中都会受到身边各种人的影响，这种影响逐渐会转化成个人的品质特征、行为习惯和价值观，即会成为个人成长中的重要他人。在张思明老师的言谈中我们听到很多的是周围老师、同事在其专业成长中所扮演的重要他人的角色。“像田孝贵老师、张饴慈老师滴水不漏的严谨，包括系里的很多老师都给我一种非常严谨踏实的感觉。在我参加研讨班的时候，在这些老师的帮助下我努力克服困难，每每你有一点点自己独立想到的东西他们都鼓励你。因为自己是自学出来的，所以我一开始觉得心里挺虚的，但是杨老师和田孝贵老师都是给我鼓励的，这两个老师对你的教育方式上就很特别，他们看重了你独立思考、自己学懂，自己表达出来的东西。我觉得所有给我任课的老师，还包括梅向明先生、王尚志老师、欧阳老师、周春荔老师、卢才辉老师、王德谋老师等一批老师都为我树立了做人和做学问的榜样。”

重要他人是个体社会化过程中的重要影响因素，也是教师专业化成长中的动力因素。因此，教师在与学生互动中不仅需要言传更需要身教，需要用自己的行动去引导学生，用自己在教学中的严谨好学，对知识的热爱和追求去感染学生，在学生心目中时刻树立模范的形象，这样才能成为激励学生不断成长的重要他人。

结　语

初次见到张思明老师，便感受到其身上有一种无法言说的却能够感染他人，照亮别人的能量，温暖而纯粹，朴实却珍贵。在张老师的娓娓道来中，也感受到很多他为人的态度和处事的风格，真诚而耐心，坚韧而忘我。总觉得张老师本就该属于教育这一片沃土，在这片沃土上生根、发芽，随着时间和岁月的积淀，吮吸甘露，经历风雨，慢慢地由幼小的树苗成长为一棵参天大树，为这片沃土上的其他树木传递营养，创造荫凉。总看到张老师犹如一根燃烧中却又不断生长的红烛，自己在不断成长的同时，也尽力将光和热带给他人，让他的研究成果惠及他人，让他的教学理念和方法在众多学生和老师的心中扎根。

特级教师的专业成长是个人的内在动力和外部环境互动的结果，是多种因素共同影响的产物。张老师乃至更多的特级教师给予我们的不仅仅是经验和感动，更多的应该是去进取，去思考，去行动。用不断进取的心态，勤于思考，勇于探索，让自己在专业成长的道路上走得更快、更坚定。

一切为了孩子，一切为了革命

——幼儿特级教师康德瑛

沈珺　王先妹

康德瑛老师，主要研究幼儿语言教育和品德教育。著有《心花灿烂——康德瑛幼儿教育经验集》(中朝文版)，《怎样培养幼儿的良好品德》(获1993年全国精神文明建设“五个一”工程入选作品奖)，并主持参与编写《怎样萌发幼儿爱集体情感》等书籍。康德瑛老师1955年毕业于北京幼儿师范学校。1955—1974年在北京六一幼儿院任教养员，在此期间于1959年被评为北京市幼教系统先进工作者。1974—1981年在华嘉幼儿园担任教养员，1980年被评为北京市三八红旗手。1981—1988年在北海幼儿园任教养员、副园长，在此期间，1982年被评为北京市劳动模范，1983年被评为全国“五讲四美”为人师表优秀教师，1986年被评为北京市特级教师。1988—1992年在西城区教育教学研究中心任幼儿教研室主任。1992年6月退休，退休后她开始把自己几十年来在幼教工作中积累的工作经验和思考的问题记载下来，编写书刊。向社会各界和幼教工作的后来人介绍，使社会更深入地了解幼教工作，使年轻的幼教工作者更加了解和热爱幼教工作。1992年以来出版的书籍有《怎样做好“保教结合”材料汇编》(1992)，《怎样培养幼儿的良好品德》(1993)，《中国孩子成长手册》(2001)，《幼儿园快乐与发展课程》(教师指导用书，2004)。

一、入职前的选择和校园生活

(一)榜样的力量成就了幼教的选择

在20世纪50年代，幼儿教师这个职业是人们眼中的高级保姆，很多学习成绩好的人初中毕业后选择继续往上读，或念医，或学工程类。但是康老师却在初中毕业后毅然选择了北京幼儿师范学校。幼师毕业后，成为一名幼儿教师，一直干到退休，她将自己的青春奉献给了孩子们，将“一切为了孩子，一切为了革命”的精神洒向幼教这块土壤中。是什么给了她坚持的热情和动力？在访谈过程中，康老师提到，是榜样的力量让她有了成为幼儿教师的最初动力。

1. “乡村女教师”的激励

康老师提到“乡村女教师”主人公瓦尔娃拉的故事，她在自己平凡的岗位上培养出国家需要的各类人才，这个故事让康老师很感动。也正是这份感动，让她确定了自己最初的职业理想——成为一个像她这样的老师。“过去苏联有个电影叫《乡村女教师》，我看了以后非常感动。说的是一位农村老师教了很多学生，学生们长大以后做各种各样的工作，而且都非常有成就。一直到现在，我一闭眼就能想到电影的具体情节。也就是说我刚准备从事教育工作的时候，就有这样一个优秀的、我可以永远学习的榜样。所以我当时就立志做一个像瓦尔娃拉一样的农村教师。”

2. 历史老师王老师的榜样

康老师提到教历史的王老师，是一个讲课生动、对人亲切、很关心学生的中学老师。王老师一次的关心话语感动了康老师，使康老师想成为一个像他这样的老师。“他让学生感觉特别和蔼亲切，而且课也讲得很好。有一次在教室里，王老师还没有开始讲课，他第一句话就问我：康德瑛你病好了吗？怎么来上课了？”这句话让康老师心里感到非常温暖。“进幼师后，我就想，我一定要以这个老师为楷模，也要关心孩子们，让孩子们感到温暖。”

正是王老师这种对学生的关心奠定了康老师对教师职业形象的认可，以及对自己未来要成为一个什么样的教师的设想。

3. 曹老师对音乐的特殊钻研

有一次学校组织升旗仪式，曹老师拿了一个东西弹前奏，这是木头锤做的琴键，是他自己做的。他宿舍里全都是木头棍，各种各样的木头棍。有一次谈起了这些木头棍，他说有一天晚上他打算骑自行车回家，需要找个东西把车上的油灯点燃，于是他找到了木头棍。有一个木头棍不小心掉地上，他发现这是标准音C。他是研究音乐的，所以特别敏感。他回家以后，在学校里(他住学校)就到处找木棍(曹老师最大的特点就是爱钻研)，于是他把木头棍按照1234567(CDEFGAB)全配好，配好以后就实验，结果真能奏出不同的音乐。所以就在那天升旗的时候，他拿这个乐器弹前奏。

曹老师对音乐的钻研精神深深影响着康老师。用木头锤做琴键弹奏出C大调的7个音，这种别出心裁的弹奏方式给康老师很大的震撼，而且这种特别的音是因为一根木棍掉地上得来的。在职业发展中，康老师对语言的专门研究与曹老师的影响是分不开的。“我对这个老师的印象非常深刻。从进入学校以后我就成了曹老师的学生，在我的心目中他是一个非常了不起的人。”

(二)充实而美好的校园生活

幼师期间的校园生活是丰富多彩、幸福快乐的。康老师回忆起三年的幼师生活时双眼一片神往。美丽的校园，慈祥而专业的老师曹先生，舞蹈组、声乐组、戏剧组等这样的课外活动，这些都令康老师留恋。尤其是课外活动的生活令康老师记忆深刻。“除了课堂教学以外，还有很多的课外活动，有舞蹈组、声乐组等。这些活动对我的成长有重要的作用，不仅能让我接触更多的人，还能使自己的生活丰富多彩起来。”

课外活动的生活让康老师得到更多锻炼，入职后她加入北京市教师舞蹈团。在北京饭店演出《花儿与少年》时，周恩来总理也去观看了，这影响了她一生。“我们曾经给周恩来总理演出过。我还是领舞，站在最前面，我觉得太难得了。”

二、入职后的不断成长

康老师的幼教生涯并不是一帆风顺的，和普通人一样，在刚入职时也存在困难，也有过换职业的念头。但她能够想办法克服困难，坚持下来，并且在这个过程中，让自己享受到与孩子相处的快乐，用自己的爱丰富自己的工作。

(一)刚入职时的困难——带班难，孩子不听话

从幼师毕业时康老师才17岁，自己只是一个孩子。从孩子的角色转变为一个老师去带一个班的孩子，这对她来说是有一定难度的，最大的挑战就是带不了班。康老师说：“最大的困难是带不了班。我们班有个孩子，平常看起来很安静，可是只要她不高兴就爱哭，哭个不停，怎么哄都不行。我那时候不知道怎

么处理这些事情，也不知道怎么去因人而异地教育孩子，就知道爱孩子。所以这时候我就感觉遇到了很多困难”。康老师还举了一个例子。“有一天孩子午睡的时候，保育员跟着我，孩子们都安安静静躺下了。保育员看没什么事，就离开睡眠室了。保育员一出去，孩子们全起来了，有的还在床上蹦跳。有孩子说‘阿姨，我要尿尿’。我说‘去吧’。接着又有一个孩子站起来说‘阿姨，我想尿尿’，之后，其他的孩子也说‘阿姨，我也尿尿’，很多孩子都往厕所跑，他们在厕所里连说带玩。这时候我就傻眼了，不知道该怎么办。保育员在外面一听，推门进来，睡眠室马上变得鸦雀无声，孩子全躺下了。”

康老师在幼师期间学习不错，理论课“三学六法”学得很好，钢琴、声乐等技能技巧也都学得很好，但是一进幼儿园带班就出现了孩子们不听话的情况。她也觉得很奇怪，“我三学六法学得也不错，但就是用不上。我也挺爱孩子，也很关心他们，我什么都照顾到了，怎么孩子就不听我的话啊”。“我越说你们安静，都好好躺着睡觉，孩子们越起来折腾”。

（二）入职前期思想的动摇——我不是干这行的

理想和现实的不一致让康老师萌发了离开幼儿园的想法。她觉得自己不适合当幼儿园老师，所以想放弃幼儿教师这份工作。她说：“那时我一肚子怨气，我就想我不是干这行的，我走吧。正好夜大招生，我就想借这个机会离开幼儿园，离开孩子。”

当发现康老师出现这种变化后，六一幼儿院的院长姚淑平就多次给康老师做思想工作。康老师说：“我上大学不是为了深造，而是要离开幼儿园。我管不了孩子，多丢人。我在幼师三年，各方面都挺不错，怎么出来以后就管不了孩子，我走吧。”

（三）入职前期的适应阶段——一切为了革命，一切为了孩子

当出现思想动摇时，姚淑平园长找康老师谈话。康老师被姚园长“一切为了革命，一切为了孩子”的精神所感动。并把这种精神作为行动指南，想方设法采取措施，让自己适应幼儿教师这份工作，并立志加紧学习，勤奋工作。“原来我只知道我应该爱孩子，爱孩子就是满足孩子的一切要求。一切为了革命，就应该不怕苦不怕累，按着教学法去上课，去组织孩子的游戏，安排孩子的活动，成为一个像瓦尔娃拉那样的好老师。”当时她很年轻，完全处于幻想的阶段。在姚淑平老师和她谈话后，康老师说：“革命前辈在那么艰苦的环境下，能够把那

么多孩子培养成才，我不就是遇到一点困难吗？我应该找到一把钥匙去开启幼儿的心灵。我想我只要努力就一定会成为被社会认可、受孩子欢迎的幼儿老师。”

就是这份“一切为了孩子”的精神让康老师在幼教这个平凡的岗位上发光发热，贡献自己的一份力量。她开始琢磨，开始让自己多了解孩子。这就出现了她后来的教学反思，写很多教育笔记的行为。更重要的是，从此康老师确定了自己的工作目标。乡村女教师、王老师的榜样力量对她来说是理想的形象，而姚老师的谈话将她拉回了现实，从这次谈话开始她对自己提出了要求。“在生活上我要做孩子的慈母，爱每一朵小花，每一片绿叶；在游戏中我要做孩子们的同伴，打开那一扇扇萌发智慧的心灵之窗；在教育上我要做孩子的严师，不放过任何细小的环节。”目标明确了，加上康老师的不断反思总结让她适应了幼儿教师这个岗位。

（四）入职后的奋斗

1. 入职后的思考

(1)从日常生活中了解孩子

康老师说：“孩子在一日生活中的表现是最自然、最真实的，他们的喜怒哀乐会随着日常生活的节奏的变化而有不同的表现，只要教师注意观察、用心发现，就会看到孩子对环境、事物、人物的态度和情态。”

(2)通过观察记录研究孩子

康老师通过记笔记的方法来观察、研究孩子，每个笔记本都有专门的分类。她说：“我有很多笔记本。有的用来写教案，有的用来记录孩子一天的生活内容，还有的用来记录孩子发展变化的个案。”而她对孩子的观察也是很细致的，这在现在是很少能见到的。“那时候我不太懂怎么去观察和研究孩子，通过这样的方式我就把应该怎样观察孩子、了解孩子、研究孩子的方法摸索出来了。我知道了不同年龄、不同性别、不同爱好、不同特点、不同环境下成长的孩子的特点是不同的，也知道了什么样的环境教出什么样的孩子，什么样的父母教出什么样的孩子。”

(3)以过电影的方式来研究孩子

康老师还用过电影的方式来研究孩子，研究教学。“我叫它‘过电影’，我每天要过电影。晚上睡不着觉，我就回忆这一天的各个环节，从起床开始一个环节、一个环节的回忆。我和孩子说了什么话，我是怎么说的，说了以后孩子们有什么反应，我又采取了什么办法，这办法又让孩子有什么反应、变化。过完电影后，我会想如果明天再遇到这种情况，我应该怎么说，我应该站在哪，我眼睛应该看哪。这样，我就知道我应该怎样去了解孩子，怎样去观察孩子了。”通过这种过电影的方式，康老师不断积累经验，不断成长，在各级领导和同志们的支持帮助下成为一个骨干教师，成为一个具有资深能力的研究型幼儿教师。

在与孩子相处过程中康老师总结出三方面的规律：“从观察孩子的日常生活来了解他们的行为表现；从孩子的行为表现来了解教育的效果；从教育的效果来归纳教育的规律”。

2. 姚淑平院长的帮助

当谈到姚淑平院长时，康老师除了感动更是感激。是姚老师让她更了解六一幼儿院的孩子，更了解六一保育员与孩子们的特殊感情，也是她让康老师对六一的孩子有更多的情感。“我从十七岁入职到四十几岁离开六一幼儿院，一直在姚淑平院长的领导下工作。她最大的特点是对人特别真诚、对工作认真负责，她一心为革命，一心为孩子。这是一个非常好的老师，是我的恩师。我有幸在刚刚踏上幼教这块土地的时候遇见了一个不寻常的女性，一个为中国幼儿教育发展倾入了毕生心血的幼儿教育专家，我一直在她的精心培育下，度过了二十多个春秋。”而姚老师对康老师最大的帮助是，帮她确定人生和工作目标，度过了入职前期的带班困难阶段。“刚开始工作时，我虽然热情很高，可是孩子不听我的话。但院长没有批评我，而是跟我说延安保育院的故事。在战争年代，阿姨们是怎样保护孩子，怎样照顾孩子。为了保障孩子们的身体健康，阿姨做了很多让人终生难忘的事。一次，夜里行军，大家要躲过敌人的封锁扫荡。第二天，有个孩子说，‘我看见阿姨吃饭喝水的杯子，是晚上给我用来接尿用的’，孩子特别感动。院长还讲了很多这样的例子。”

因为六一幼儿院的孩子大部分是从延安保育院过来的，他们的父母很多都是参加革命的军人，而孩子们在社会动荡年代也经历过磨难，所以康老师对这些孩子付出了更多的爱。一切为了革命，一切为了孩子，核心就是爱孩子。“如果你没有这种爱，就克服不了困难，有了爱，你就能创造教育的奇迹。”

三、康老师的爱，孩子们的爱

(一)康老师的爱——“家长没来接的孩子，我带回家”

六一幼儿院以前是寄宿制的幼儿院。每当幼儿院放假时，家长会把孩子接走，而有的孩子由于不同原因家长没来接他们回家。对于这样的孩子康老师付出了自己独有的爱，将他们接到自己家里，给他们家庭的温暖。当谈到这些孩子时康老师眼神中不自觉地流露出对他们的关怀。“有一个孩子叫燕燕，我特别照顾这个孩子。因为那时候她爸爸由于某些原因长年不在家，只有她妈妈带着她，而她妈妈又经常生病住院。所以，每个礼拜六放假，当我看到孩子们背着书包准备回家，而燕燕表现出失落的表情时我心里很不平静。我不愿意把这个孩子留在幼儿园。我觉得越是缺乏母爱和父爱的孩子，我就应该越关心她。所以我把她带到家里，让她在我家吃住。天凉时，我就会把我的衣服给她穿上。星期一回到幼儿园后，她就会指着穿在身上的衣服告诉小朋友这是康老师的……由于各种原因没家长来接的孩子，我全都带走。但是我想，小孩子和大人睡在一张床上也不好，但我又得保证孩子的安全，让孩子过得愉快，那怎么办？我就把椅子搭在一起，把被子铺在上面，铺得软软的，让孩子挨着我的床睡。”

正是康老师这种无私的爱和付出换来了孩子们的感恩。

(二)孩子们的感恩

康老师将她的青春奉献给了幼教事业，将她无私的爱给了孩子们，孩子们长大后感念她的恩德会回来看她。“他们来看我的时候，会讲他们的生活和工作情况。当我看到孩子们有健壮的身体，了解他们的学习和工作情况，就会感觉非常高兴，同时也感觉到很自豪，特别有成就感。”有些不能来看她的孩子会写信来向康老师问候。“有很多孩子给我写信，特别感人。有时看着看着就流眼泪，他们小时候的生活又会一幕幕地出现在我眼前。”

康老师对孩子的特殊感情与她毕业后一直与孩子接触有关，因为经常与孩子接触，所以当孩子来信时，她会特别感动。“虽然后来在教研室工作，但我一直没有离开过孩子。这种感情对孩子、对我来说是一生中磨灭不了的。”

(三)把心掏给孩子——“我有俩妈”

作为一个幼儿教师，不仅要懂得和掌握“三学六法”，不仅是带孩子，还要根据孩子身心发展的需求让他们过得愉快。如果你真的爱孩子，把心掏给他的时候他就会感觉到，同时你也会从孩子那儿得到爱。所以孩子们就跟自己妈妈说：“我有俩妈。”什么叫俩妈？孩子说：“我幼儿院还有一个康妈妈呀。”

是什么让孩子们把康老师当成自己的妈妈？是康老师对孩子的爱，而且这份爱让孩子感受到了。“有一个孩子说：“在幼儿院的康老师对我们特别好，家长听了也挺高兴”。

四、对新一辈幼儿教师的启示

康老师的成长经历是一笔宝贵的财富，在幼教事业发展中起着重大的作用。她将自己的经验毫不保留地与新一辈分享，为新一代幼儿教师走向幼教岗位提供参考和借鉴。

（一）专业思想——最难培养的专业能力

从专业能力来讲，师范生的技能技巧是经过专门培养的，她们的吹、拉、弹、唱的能力都比较强，但我觉得非常重要的一点就是专业思想。所谓专业思想就是你对事业的看法、对孩子的看法，再说白一点，就是一个“爱”字（为什么同样都是孩子，有的愿意去幼儿园，有的不愿意去幼儿园？这个年龄的孩子应该很喜欢集体生活，愿意跟大家在一起。但为什么有的孩子不愿意去幼儿园？当然有多种原因，不能一概而论，但是有一点，我觉得你是不是真心爱孩子），还有一个是“奉献”，我觉得这是最重要的。尽管你的技能技巧差一点，但是你真爱孩子就会逼着你自己去学、去练。比如唱歌、跳舞我不行，可是我就想把孩子教好，我就想让孩子成为一个什么样的人，那怎么办呢？我就琢磨。

你到底把幼教工作看成什么？是作为职业来看还是作为事业来看。作为职业，这份工作就是赚钱养家；如果作为事业，这份工作就是你终生的追求。你会有你的理想，会认真地思考，认真地去练。

幼教不仅是职业，更是一生追求的事业，需要“爱”和“奉献”。“作为幼教工作者，我认为最重要的一点就是对事业的看法：爱和奉献。只要你真心爱孩子，把幼教事业看成是你终身的追求和理想，你就会认真地思考，认真地去练，把心思放在培养孩子的身上，将孩子培养成社会需要的人才。”

（二）爱和奉献——作为幼儿教师的基本条件

作为幼儿教师的基本条件就是爱和奉献。有爱才能去付出，去观察和了解孩子，才能让孩子过得健康、快乐。我举一个例子，一直到现在我都有一个习惯。如果我要到班上去，首先我会了解当天的天气情况，看孩子起床穿的衣服是增加还是减少了，孩子的鞋是否按左右的方向摆好了；再看看孩子的衣服摆放的是否有利穿着；最后检查一下孩子的衣、鞋有没有需要修补的地方。如果是在寄宿幼儿园，首先要向值班的老师了解孩子昨夜的身体情况和精神状态。

幼儿教师对孩子的爱体现在一日生活的方方面面。从很多细小行为就能看出教师对孩子的态度。孩子是敏感的，他们能感受到教师的意图和态度。所以，教师对孩子不仅要有爱，还要让孩子感受到这种爱，而这就体现在教师的奉献上。“孩子在幼儿园虽然只待八个小时，但是这八小时你到底让他怎么过的？第一个小时怎么过？（第一个小时的前十分钟你做了什么？孩子做了什么？第一个小时的前二十分钟你做了什么？孩子有什么反应?）这些都要去想。这样去做你才可能真正把心用在工作上，才能心里惦记孩子。”

（三）换位思考——教师自己的反思状态

孩子中午吃了什么？今天吃炸酱面，他吃了几碗？别的小朋友吃两碗，他为什么就吃半碗？是身体不舒服还是不喜欢吃？是不是今天早上跟小朋友闹别扭了？还是早上来园的时候就不高兴，跟家长闹别扭了？孩子不高兴，作为老师要去找原因。找到原因以后，才好做家长工作。所以我觉得，作为一个幼儿教师应该随时都要换位思考。

五、从康德瑛专业成长之路看影响幼儿教师专业成长的因素

（一）对工作的热情

把工作当成事业需要对工作的热情，而这种热情不是一时脑子发热做的决定，而是需要长久的坚持。“那时候没考虑成功不成功，就是一种热情：‘我要到最艰苦的地方去’，我觉得特别光荣。《乡村女教师》中的瓦尔娃拉是我的一个偶像，我想将来我一定要成为受人尊敬、能给孩子带来知识和能力、让孩子们喜爱的老师。这个愿望促使我不停地去思考，不停地去实践。”

（二）不怕苦的意志力

五十年代，我就住在西城区，每天得从西四到西直门，坐着那种烧煤的小汽车（那时候只要出了西直门，出了城门你就会看到很多的坟头）。挤在里面，逛荡逛荡，到海淀区颐和园，再走到北宫门，然后还要走二三十分钟才能到六一幼儿园。虽然路长有时感到又乏又累。但我想路远算什么，我也像瓦尔娃拉一样，在农村当老师了。现在，我给孩子身体、能力打下一个好的基础，将来他们会为祖国的建设贡献自己的聪明才智。

（三）成长路上的引路人

康老师工作后，成为幼儿教师、副园长，并被评为特级教师这个过程，有

很多指明道路的灯塔。在领导和老同志的热情关怀和帮助下，她的学习和研究之路才走得更稳、更远。她认为，一个人的成长离不开长辈、师长、同伴和环境多方面的影响。在专业成长这个过程中康老师更多的是感恩。

我在工作中比较认真负责任，这跟老师们的影响分不开。所以后来我就想，如果我要做老师，我就要做一个像曹试甘那样的老师、像教历史的王老师那样的老师。姚淑平老师对我的影响也很大。所以在我心目中，有了一个非常明确的、非常好的、非常崇高的、非常理想的老师的形象。

几十年的幼教工作中，我有幸得到幼教战线的多位领导和老师的关怀与帮助，在幼教工作上取得一些成绩，荣获多次奖励。尽管我已退休，我仍然关心幼教工作的改革和发展，我为它的每一个进展而欢欣鼓舞。

经过多年的实践，康老师总结了自己的教育格言“孩子的世界是最纯真、最透明、最敏感的。老师的一举手、一投足，即使是目光扫一下，也会使孩子们产生深刻的感受。他们的心灵，会像接受电波一样，立刻引起反响。”

结　语

初次见康德瑛老师，便被她身上的艺术气质所吸引。在与她的访谈过程中，听到她对幼教事业的娓娓道来，我们便知这又是一位不平凡的教师。虽然已经退休多年，但她还在参加学前教育领域的活动。用自己对孩子无私奉献的爱、对幼教事业的热爱和执着、对幼儿品德教育独有的看法和研究，用积极乐观的精神状态给年轻一辈幼教人员做榜样。她那“一切为了孩子，一切为了革命”的精神也将在这个领域更加发光发热。

〖寄语〗

衷心祝愿母校在振兴中华的伟大事业中，再创辉煌！

忆往昔六十春秋业绩辉煌，想未来振兴中华再谱新章！

一切为了孩子，一切为了工作

——幼儿特级教师田毅然

沈 珺 王先妹

田毅然老师，主要研究幼儿音乐教育，于1960年毕业于北京市幼儿师范学校。1960—1971年在崇文区第三幼儿园任幼儿教师。由于工作调动，1971—1987年在北京市第五幼儿园任幼儿教师，期间多次有当园长的机会，她婉言拒绝。在五幼工作期间，1980—1985年连续被评为北京市先进工作者，崇文区先进工作者；于1982年被评为北京市三八红旗手。1987—1995于北京市第五幼儿园任副园长。任副园长期间，于1994年被评为北京市特级教师。1995年退休后在北京市第五幼儿园分园当园长，于2009年正式结束工作生涯。50多年来，田老师一直坚持“一切为了孩子，一切为了工作”的信念。

一、入职前的选择和校园生活

(一)对幼儿教师的羡慕让她选择了幼师

在五六十年代，幼儿教师的社会地位不高，是人们眼中的高级保姆。但是在幼儿师范学校可以学钢琴、舞蹈、声乐等艺术类课程，课外活动也有很多课外小组，学生们可以自由地参加各种社团。这对喜欢唱歌跳舞的学生来说是一种吸引。田老师从小喜欢唱歌跳舞，也正是出于这份喜欢，所以她羡慕幼儿教师，这在她内心中埋下了成为幼儿教师的种子。

最早的师范学校里面有幼师班，幼师班里有幼儿班。在这里，可以经常听见孩子唱歌的声音，还可以经常看见老师。幼师的老师都穿着大花裙子，编着大辫子，特别漂亮，我很羡慕她们。北京幼师成立后，附属幼儿园也成立了，就在我们家对面。我有的时候跟传达室大爷混熟了，偷偷溜进幼师，偷偷地在外面听，看老师们带着孩子跳舞、唱歌的时候，我心里特别羡慕。因为我从小就喜欢唱歌、喜欢跳舞，所以看老师带着孩子又唱歌又跳舞，而且她们穿的大裙子都很漂亮，我就被她们吸引，很羡慕她们。所以我初中毕业以后就报考了北京幼师。

(二)难忘幼师生活

三年的幼师生活是幸福和快乐的。在这里，有教钢琴、舞蹈、律动、唱歌等相关教技能技巧的老师，也有教教育学、心理学等理论课的专业老师。除了这些老师和相关的课程，幼师还有丰富多彩的活动。这些活动能丰富学生的生活，让学生得到各种锻炼，为以后入职打下基础。

教我钢琴的老师毕业于音乐学院，叫简覃才，他的钢琴弹得特别棒。有一个男老师叫周志刚，多才多艺。还有一个老师叫曹试甘，也很厉害。我觉得他们的专业思想都很好，而且都爱钻研，对学生很负责任。教舞蹈的是个留校生，但是她的舞蹈跳得很好。最早的律动老师是蒋淑芳，她的舞蹈也跳得特别好。还有一个方明先生，她是教试唱课，我对她印象特别深刻。

教我们教育学、心理学的老师全都是大学学前系的专业老师，她们的教学水平都很高。李燕怡老师教我们心理学，她讲课讲得很好，而且讲得很清楚，我很喜欢上她的课。

我参加过学校的学生合唱团，有一次让我领唱《一条大河》，是方明先生给我辅导。我还参加过学校组织的舞蹈团，我很喜欢参加这些活动。

二、入职后的不断成长

(一)刚入职——孩子不听话，掌握不了

带着满腔的工作热情和对未来的无限憧憬，田老师正式走向了幼儿教师这个岗位。可是理想和现实并不一致，她遇到了困难。“刚开始时我不知道怎么向孩子提要求。孩子一日生活中有很多环节，我不知道每一个环节该怎么要求孩

子。”当遇到困难后田老师并没有泄气，而是迎难而上。“我就看老教师带班，看的同时我自己也琢磨。我会思考老教师在这个环节说了什么，她是怎么要求孩子的。在之后的活动中，我就会按照老教师提的要求去要求孩子。”她在看老教师上课的同时自己也努力开动脑筋，将看到的东西转为自己的。但是毕竟是刚入职，“可有时候你说的话没用，即使和老教师说的话一样也没用。我想可能是我说话的力度不够，虽然你对孩子提出要求了，没说到点上的话，孩子也不会听你的话”。

(二)入职前期的适应阶段——培养孩子的常规

孩子们为什么不听话？那么爱孩子为什么一带班时就全乱了？田老师琢磨着问题产生的原因，她发现常规培养很重要。孩子不听话的主要原因是老师提出的要求不合适，也就是不了解孩子的常规。田老师举了很多常规培养的例子，通过这些例子来表明常规培养的重要性。也正是常规的培养促使她入职一两个月就适应了带班生活。

以洗手为例。“组织孩子洗手的时候，老师不能说‘去洗手’，如果这样的话孩子们都会去洗手了，肯定会乱。应该说‘第一组先去洗手’，说完后你要过去不停地检查。第一组有七八个小朋友，但幼儿园只有四个龙头，所以老师要要求孩子们排队洗手。第一组洗完后再请其他组的小朋友去洗手，这样一拨一拨地去。在洗手过程中，谁做得好我就说：‘你看，他做得特别好，他按照老师的要求去做了。’这样慢慢地学到了老教师的方法。”

田老师强调幼儿教育的每个环节都要有常规，形成常规后孩子就会形成好习惯，比如说玩玩具。“老师要知道玩具怎么分类，要知道什么样的筐放什么样的玩具。知道这些后才能培养孩子分类摆放、物归其位的好习惯。而要培养孩子玩玩具的习惯，老师就应该让孩子知道每类玩具都是怎么放的，放在哪个筐，玩完以后应该放在哪，一点点地培养孩子的习惯。”

田老师意识到常规的重要性，通过一日生活各个环节的常规养成让幼儿形成习惯，最终，“对孩子的要求孩子做到了，老师在常规范围内即使再放大限度孩子也跳不出这些常规。所以，孩子就能够又活泼，又显得有规矩”。入职前一两个月适应以后“基本能带班了，没有像后来带班那么好，但基本能组织孩子的活动”。

(三)职业生涯发展——学习和科研

在访谈中了解到田老师是一个特别爱学习、特别爱钻研的人。当谈到从业期间参加多种观摩和科研时她并没有抱怨，而是带着感恩的心去看待这段时光。她首先谈到了爱抓业务的园长(崇文三幼园长)。“我们的园长特别重视学习，经常带着我们到处去学习。王继芬的课，徐琴爱老教师的看图讲述课，中山公园第三幼儿园徐安老师的观察自然课，赵淑媛的音乐课我们都去看过。园长还请她们来我们幼儿园讲课，那个阶段园长给我们创造的学习机会特别多。”后来她跟着三幼的园长去了北京五幼，到五幼后，这个园长还是很重视教师学习。“在五幼，园长也给我们创造机会去学习。有这样的学习机会就让我们去锻炼。”

除了看观摩课、听老师讲课外，田老师也参与了很重要的科研活动。而这些科研活动也让她的钻研精神得到更好的发挥。“在北京五幼的时候，中央科研所有一个老师叫郑慧英，她来幼儿园做科研。我们园长觉得我做事认真，也爱钻研，就让我跟着这个老师做科研。当时我们幼儿园有一个曹安琪老师，二幼有一个王月媛老师(也是特级教师)，我们三个跟郑老师一起做科研，很多人说我们是崇文区三朵花。郑老师白天带着我们做研究，晚上带着我们一块儿备课，跟着她做科研我进步了很多。”

(四)努力的结果

田老师的努力是有回报的，除了成长为副园长、园长、特级教师外，在教学成果上也让自己所带的班长期成为观摩班，更使北京五幼以音乐特色闻名。除此之外，田老师带的孩子因为声音和谐统一，多年来都给中央人民广播电台“小喇叭”录音。

1. 自己班成为音乐观摩班

“文化大革命”后五幼也开放了，开放后就要接待观摩，所以就把三幼园长调到五幼了。三幼园长叫张玉清，她的能力很强，无论在业务上还是管理上都很强。把她调到五幼时她带走了三幼的几个老师，我也包括在内。带到五幼后，我们就观摩老师们的课。五幼有接待音乐、美工、开展游戏的课，园长就带着我们这些老师看。我很认真地学习，经常在音乐方面培养孩子。后来检查和观摩音乐课就来我们班，每次五幼一开放，只要来外宾就让我们班接待。

2. 孩子们在“小喇叭”录音

田老师在幼儿音乐教育方面有自己专门的研究。“我擅长培养孩子和谐统一地唱歌，我们班的孩子的声音特别和谐。”因为在这方面有所成就，孩子们的歌声也获得了认可。“他们说我们幼儿园孩子跟别的幼儿园孩子唱歌不一样，我们班孩子唱歌的声音特别有位置。”这种结果不是短时间的努力获得的，是田老师长时间努力钻研的结果。“你得自己去钻、去学，去了解孩子唱歌的特点。后来我了解到孩子用自然的声音唱歌最好听，孩子的头声共鸣特别好，那我怎么培养孩子头声共鸣？头声共鸣时要用哪个部位？我不了解，所以我就得上书店找书。自己找材料，自己看，自己学。学完了以后在班上尝试，慢慢地就能摸索出方法。”除了自己的刻苦钻研，田老师的爱人对她的事业也提供了不少帮助。“我爱人在世的时候特别好。在旧书摊上发现相关的书就给我买回来，有时候也帮我整理一些材料，他很支持我。”

三、孩子们的回馈

(一)淘气的孩子关键时候起重要作用

有的孩子特别淘气，但越是淘气的孩子越在关键时候起重要作用。我们班有一个孩子，叫秦一平，很淘气。但是在观摩课当中，那个关键点她就能说出来。在一次比较玻璃器皿和塑料器皿的教学活动中，有一个杯子被摔碎了，她说：“老师，玻璃杯还可以是脆的，掉地上就碎了。”我还没问玻璃杯有什么特点这孩子就回答了，淘气的孩子在关键时刻起了重要作用。

(二)爱孩子，他们也会给你爱

一日生活中老师和孩子常在一起，老师给孩子的爱孩子是能感受到的。他们会用自己的方式表达出来。“孩子们有时候很喜欢说：‘老师，我特别喜欢您’。我表现得有点不舒服了，他们就会说：‘老师，我帮您捏捏’”。

幼儿园孩子毕业后有各自的学习和发展路线，但对于田老师的爱孩子是铭记在心的。“你真正爱他、关心他，孩子都能感受得到。有的孩子幼儿园毕业后给我写信，说：‘田老师，我非常想您。我是查着字典给您写的信，因为很多字我都不会写。’还说等他都会写了以后，他还要给我写信。”

四、奉献及启示

(一)专业思想——最缺乏

在谈到“现在的幼儿教师最缺乏什么能力”时，田老师一脸痛心，她认为年轻一辈的幼儿教师最缺乏专业思想，而对幼儿教师来说专业思想是很重要的。“专业思想是对工作的看法。有的老师来幼儿园后，心不在幼儿园，待不了多久就走了；有的老师不喜欢钻研，这都是缺乏专业思想的表现。如果老师的专业思想特别稳定，那她们就会很爱钻研。我觉得她们在专业思想这方面不够。有的老师和过去的老师不一样，她们有点敷衍，做一天和尚撞一天钟，工作只是为了生存。当然，生存挺重要的。可是你也别忘了，你既然为了生存，做着这份工作，就应该做好，应该去钻研。”

(二)责任心——最难培养

在谈到“最难培养的专业能力”时田老师毫不犹豫地说出了“责任心”。她从自己多年经验的角度以及结合现实中幼儿教师的情况来分析这个问题。“老师有责任心，而且热爱自己的事业，其他的问题都可以迎刃而解。个别人能力差没办法，但对多数人来说，只要有责任心，喜欢这份工作，你只要努力就行。”在责任心培养以及相关的实践方面田老师也提出了自己的看法。

(三)成为一个幼儿教师应具备的条件

1. 喜欢自己的工作

田老师能够从毕业到退休一直从事幼教行业说明她很喜欢幼教。在访谈中，谈到孩子时田老师露出慈祥的笑脸，在谈到职业理想时她说：“就是觉得要好好干。”就是因为喜欢孩子，喜欢音乐，喜欢幼教，所以她才能在这个岗位上做得那么优秀。“要特别喜欢这个工作，你喜欢这个工作，要有特别强的责任心。”

2. 具备专业素质

幼儿教师的专业素质是幼儿教师与其他职业的根本区别。田老师从专业知识和专业能力两个角度来谈幼儿教师专业素质。

(1)专业知识

在专业知识方面田老师重点强调了幼儿心理学的知识。幼儿心理学是研究幼儿期(3—6、7岁)儿童心理发展特点和规律的科学。了解幼儿心理的发展规律有助于幼儿教师有针对性地对幼儿进行保育和教育。“比如说心理学，我觉得特别重要。幼儿园老师要对孩子的年龄特点把握得特别好，你要知道孩子的身体(比如说大肌肉、小肌肉)各个方面应该发展到什么程度，在认知这个角度，孩子的观察能力应该达到什么样的程度等等。老师知道这些知识后才能为孩子的发展制定目标。”了解幼儿心理学知识不仅可以有针对性地进行教育教学，还可以在开展家长工作时有据可循。“我们园以前有老师做家长工作时总对家长说：‘孩子不好，没吃好饭’，说这说那，家长都不喜欢听。我说：‘你不能和家长这样说话，作为老师你要告诉家长孩子在某方面还存在什么问题，为什么会有这些问题。'老师要有理论依据，家长才能够心服口服，才能与幼儿园配合一致地教育孩子。"

(2)专业能力

在专业能力这块儿，田老师提到了组织能力、观察能力、环境创设能力以及技能技巧类能力。其中，组织能力是实践能力中最重要的部分，了解观察孩子的能力是专业能力中最基础的部分。

从与田老师的谈话中了解到她很重视幼儿常规的培养，而常规培养的落脚点就在组织能力上。"常规就是良好习惯的培养。在幼儿园，每个环节孩子都有哪些习惯？这些习惯应该怎样培养？在培养时应该达到什么要求？实际上这就是组织能力。"

了解观察孩子的能力是幼儿教师专业能力的基础。教师要在观察和了解孩子的基础上进行差异化教学，在此基础上才能有针对性地开展家长工作。而观察和了解孩子离不开幼儿心理学的知识。"观察和了解孩子的能力对老师来说很重要，而观察了解孩子必须要有心理学的基础。没有这个基础怎么观察？怎么了解？怎么知道孩子发展到什么水平？"

在环境创设这一块儿，田老师强调灵活创设。教师要根据孩子的兴趣、需要、年龄特点和要达到的教育目标灵活地创设环境。"环境创设也很重要，因为环境对孩子发展也起很大作用。孩子学习和小学生学习不一样，孩子是在与环境相互作用中发展，所以老师要给孩子创造这样的环境。比如说根据你制定的认知发展目标，在给孩子创设环境时，要多提供可以让孩子摆弄的操作材料，让孩子在这个过程中得到发展。创设环境已经很难了，老师要灵活地创设环境更加困难。"

虽然幼儿园没有以前那么重视教师的技能技巧，但弹琴、唱歌等技能还是师范生必须要学的内容。当然，光有这些技能还不行，需要结合组织能力。"幼儿园教师应该能唱会跳，会讲故事，会朗诵。这些技能可以吸引孩子，但需要老师的组织。用歌声、节奏可以把孩子组织起来，弹一个进行曲孩子就拍起手来，也就组织起来了。"

(四)把音乐和歌声还给孩子

田老师在音乐教育方面有自己的专门研究，所以她特别强调音乐教育的重要性。"其实幼儿园就应该有歌声。通过唱、跳孩子能获得多方面的发展。动作的协调、思想情感的熏陶、想象力、反应能力都能发展。我很重视音乐教育，每天都会组织音乐活动，而且每天早上都会带孩子进行几分钟的发声练习。"对现在很多幼儿园重视科研，不重视艺术教育的情况，田老师为孩子们感到惋惜，"都听不见歌声了，过去总会听见歌声，应该把歌声还给幼儿园"。

（五）笔记都送人了——"我得让这些书发挥作用"

田老师对幼教的奉献是毫无保留的。她把自己从教50多年来的笔记本、摘抄本和买来的书都送人了。很多书现在是买不到的，而她多年来的教育笔记也有厚厚的一摞。"我退休以后就把很多书都送人了，我觉得对她们有用。把音乐书都送给爱音乐的老师，我说：'你好好看看，对你绝对有帮助'，其他的书对谁有用我就给谁。"除了音乐方面相关的资料和书籍还有认识自然方面的材料。"有关认识自然方面的书我有一个'小要点'。是我先生在旧书摊上给我收集回来的。包括特种树木的特征、用途等内容，这是一本特别好的书，我把它叫'要点'。现在根本就没有这种书卖，我也都送给老师了。"当然，田老师送给她人的资料不仅仅是有关音乐和自然的，甚至还有她做课题的材料和自己平时积累的教育笔记。在访谈她时，发现她家只剩下几本和自己相关的书了，如《爱的诗篇——北京幼儿特级教师经验专集》。

（六）对幼儿教师培养提出的建议

田老师在刚入职时曾面临组织孩子方面的困难，后来她琢磨出常规培养的重要性。结合她从教多年的经验，以及成为园长后对新入职教师的教学情况，她对幼儿教师的职前培养提出了自己的看法。她认为学校应该开设让学生组织常规的课程，以便学生去幼儿园实习时能够理论联系实际地运用。"学校可以多开一些组织能力培养的课，比如说在卫生学里面补充生活常规和习惯常规的培养。在课堂上多组织幼儿一日生活的情景，让学生多练练。现在很多幼儿园都有学生去实习，能不能让学生学完这类课后就让他们去实习、去练。"

田老师也专门提到了各种常规，并点明了常规养成的重要性。"每个幼儿园里的常规是不一样的，但都有共同性。包括孩子怎么洗手、怎么睡觉、怎么起床，怎么穿衣、怎么看书、怎么玩玩具，这些都是幼儿园的常规，也是孩子良好生活的习惯。这些培养好对孩子一生都有帮助。"

五、从田毅然老师专业成长之路看影响幼儿教师专业成长的因素

（一）专业理想

教师的专业理想是教师在对教育工作感受和理解的基础上所形成的教育本

质、目的、价值和生活的理想和信念。田老师的专业理想是“孩子第一”。一切为了孩子，孩子是第一位，一切为了工作，工作是第一位。其实幼儿教师的工作就是为孩子服务，孩子是工作的出发点。“我真的挺爱这个工作，特别爱这个职业。在任职期间，在我的心目中‘工作是第一，一切为了工作’。你再累、家里的事再大，班上的孩子是第一的，工作是第一的。我的孩子生病了，我都是中午等班上的小朋友都睡了再背着孩子去看病，看完了背着孩子回来，再上班。我是两个孩子的妈妈，但我从来不请假，可以说十年没请过一天假。”田老师的尽职尽责程度特别让我们感动，孩子生病都没有请过假。

除此之外，田老师也经常利用课外时间琢磨幼儿教学，甚至在睡梦中都是备课的情形。而这一切都是为了工作，为了孩子。“我备课，主要是用孩子睡觉的时间，或是我喂孩子什么的时候。比如说如果要准备看图讲述课，我就会把图片带回家，挂在墙上，我边看脑子边思考。有时候走路都在思考，因为我有很多课，所以总要不断琢磨。有时我做梦都能梦见备课，而且真的都能梦见问题。我还没想到这个教具该摆在什么地方，但做梦就梦见了，突然就醒了。”

类似的例子还有很多。“那会儿特别忙，只有礼拜天休息。我就在礼拜六把一个大书包背回家，把备课本、书等相关材料都背回家去备课。可是家里有很多家务，我也有孩子，所以礼拜天把我孩子安置好(饭都吃好了，都睡觉了)后，我自己就坐着开始备课、写教案。一直忙到下午四五点，我就开始给孩子做饭，吃完饭他们出去玩了，我又开始备课、写教案、写一周的笔记，时间特别紧张。”

(二)自己的努力和刻苦

1. 做科研

田老师在科研方面有自己的专长，而这离不开她自己的刻苦努力和不断钻研。“那会儿五幼的接待任务特别重，一个学期观摩课就做 24 节，每个礼拜都有。我不光是做音乐观摩课，还有其他的，比如说常识课。因为我们跟郑老师一块儿做科研，最早是常识，后来有活动课程的结构，就研究课程了。后来《规程》颁布了，在国家教委的领导和指导下贯彻《规程》，研究孩子一日课程的活动和目标，安排得特紧。”

2. “坐那抄，抄得满满的”

“我很忙，基本没有休息的时间。礼拜天还要逛书店，要研究音乐我还需要很多书”。“那会儿教孩子唱歌，真得自己想，自己到书店里找资料。发现这本书里有一点对我有用的，我都会买下来。”田老师确实很忙，除了逛书店买书外，她还抄书、抄资料。“看见有用的材料就往笔记本上抄。我们利用孩子中午睡觉的时候，坐在椅子上抄。我那时有好几个笔记本都抄得满满的，那会很多书都没有。”除了自己抄书外，对于好书，田老师还和其他老师相互借着抄。“老师们都摘抄资料，如果有好书的话都会互相借着抄。有老师说：‘您把那本书借我看看’，我说：‘行，抄完了给你。’有时候看见报纸上登一点教育能力、教育技巧方面的材料，觉得真好，就赶紧抄下来。这是幼儿园的报纸，不能剪，只能抄。”

结　语

田毅然老师是众多幼儿教师中的一员，她很平凡，却又那么的不平凡。她用自己的坚持和执着扎根在幼教事业的土壤里，用自己对音乐教育的专有研究培养着班里的孩子们，用自己多年的教学经验给后辈以启示，她甚至将自己从教以来的心血送给了热爱幼教事业的老师们。她的无私和奉献精神给后辈很大鼓舞，她的“一切为了孩子，一切为了工作”的精神也给后辈以前进的动力。

〖寄语〗

在这个充满祝福的日子即将到来的时候，真诚地祝愿校庆办得庄严神圣，办出与众不同的风格，为我们留下深刻的记忆和美好的回味。

希望我们学校更加努力培养出一批综合素质好的幼儿教师。让他们成为身心和谐、情绪高雅，懂得规划管理、宽容合作，身心畅达通泰，全身散发出慈爱光芒，思维敏捷、精神愉悦，朝气蓬勃的合格的教师。

攀科研高峰，育祖国幼苗

——幼儿特级教师李培美

张晓敏　王娟

李培美老师，1957年毕业于北京市幼儿师范学校，1957—1961年在北京市东城区分司厅幼儿园任教师，之后在北京市东城区大方家幼儿园任教师。1989—1996年，李老师在北京市东城区教科所任教研员。工作认真勤奋、善于思考的李培美老师曾获众多殊荣，她在1985年被评为“北京市劳动模范”和“北京市三八红旗手”，1986年被评为“北京市教育系统先进个人”和“北京市特级教师”。她的专题研究《幼儿创造性活动研究》获得了中国教育学会的“金钥匙奖”。荣誉的获得必然是辛勤付出的结果，李培美老师用不断的成长和付出证明着自己的价值，这也印证了她的人生信条：“生而为人，万物之灵，就要有所作为，不能白活一世。活着，为了能爆发出生命的光和热，我不惜燃烧生命，而闪光的本身就给予了我最大的满足。”

一、回首母校忆恩师

李培美老师的幼师之路开始于武汉师范的幼师班，二年级的时候才随家人来到北京，开始进入北京市幼儿师范学校学习。虽然在幼师的生活只有两年，但依然给她留下了难以忘怀的记忆，而在这份记忆中分量最重的就是当年教书育人、孜孜不倦的老师们。岁月如歌，年少时的生活早已模糊，但恩师的教诲却依然历久弥新。她印象最为深刻的是当时的文化课老师，代数老师方明先生，很聪明，也很严格，要求学生都要学会他所教授的知识；教文学的王先生，如老夫子一般教学生学习《木兰辞》，他读《木兰辞》时总摇头晃脑，投入的状态也将学生带入到学习的意境中，用一种无形的熏陶感染着学生，培养着他们对文学的热爱，李培美老师在后来的工作中所做的有关儿童文学的研究，也是由于受到王先生的影响；另外就是教物理的老师陶先生，他是南方一个大学的高材生，后来分到北京幼儿师范学校，李老师回忆说："他物理教得非常好"；还有教教育学的华侨易先生，以及后来教心理学和教育学的石先生，他们所教授的心理学和教育学的知识给李老师打下的基础和带来的影响是终生的。李老师说："在幼师我最感兴趣的课是文化课，我当时是班上的学习委员，同时是物理课的课代表。当时我的数学、代数课成绩都是非常好的，而且也非常喜欢文学，我觉得这是给我印象最深刻的。还有技能课，我们有琴房，我也很喜欢弹琴，所以我们到了幼儿园以后，教音乐课也没问题，各个方面都是比较扎实的。像我们这一批 50 年代的学生，无论是专业的和文化方面都是比较好的，我觉得这一点很感谢老师。"

幼师的学习为李培美老师打下了良好的专业基础，这也成为支撑李老师在幼教事业不断发展的基石。因此，李培美老师认为文化底蕴是一位教师应该具备的最基本的素质。对于"幼儿园老师学物理、学数学用不上"的观点，李培美老师很不赞同，她认为良好的文化基础是进行幼儿园教学的前提。首先，只有文化课扎实，才能不犯概念性的错误。"比如说数学，幼儿园也有数学活动，有一些老师在进行数学活动的时候，出现概念错误，老师自己都搞不清楚，自己错了都不知道，这是什么问题？这就是你的基本素质的问题。"其次，文化课的学习，不仅是掌握知识，更是培养一个人的逻辑思维能力，缺乏逻辑思维能力的人，做事情很难做到全面掌控、合理安排。"很多人是那种一对一的实用主义，将来到幼儿园里去不用代数就不学代数，不用物理就不学物理，绝对不是这样的。其实学代数并不是为了到幼儿园去用勾股定理，最主要的是培养一个人的思维。"

德才兼备的老师，严谨有序的课程为李培美老师打下了良好的文化基础，她总是说自己能够成为"特级教师"，能够有很好的发展，很大程度上是得益于在幼师学习时奠定的基础。李老师的"根"是在幼师培养出来的。基础文化课的学习，良好的素质底蕴，不仅让她有一个比较好的起点，而且支撑她在今后的工作中不断得到更好的发展，李培美老师之所以能够在教育研究工作中得心应手，也得益于她扎实的知识文化素养。

搞教育研究，你需要获得一些新的教育知识，了解多元教育理论，比如你要了解皮亚杰，这时候需要的不仅仅是你的教育学基础，还需要你有语文功底，如果你连书都读得磕磕巴巴的，你怎么去了解。对于我来说，看这些东西的时候就会比较快地吸收，因为自己在文化课上有了积累，就能够比较好地理解它。再说写文章，没有当年王老师对我们的栽培，我的写作如果连语句都不通，怎么写论文？并不是说王老师教我们《木兰辞》，我就要去幼儿园教这个《木兰辞》，我到现在都会背这篇文章，但并不是每天拿来背的，而是在学习的过程中，提高自己的文化修养和文化底蕴。学代数有什么用？后来我搞数学方面的研究就深切地体会到学习数学到底有什么用处了。

二、辛勤科研路，积跬步而致千里

毕业后踏入工作岗位，和大多数初出茅庐的学生一样，李培美老师也经历着挫折和坎坷，经历了一个痛苦的磨合过程。毕业后的李培美老师来到东城区分司厅幼儿园，缺少带班经验的她，面对着工作中诸多不适，努力学习，不断地调整自己的状态以适应教师角色。与他人不同的是，李培美老师从不满足于现状，她时常反思自身，发现自己的不足，及时弥补，并虚心地向有经验的优秀教师学习。她总说一个人的工作要想快点提高就必须做一个有心人，学会观察学习，总结出一条捷径来。她是这么说的也是这么做的。例如，偶然间，李培美老师发现幼儿园里孙老师带的班，每次到了收玩具的时候，孙老师毫不费力地就能引导孩子们将玩具收拾得整整齐齐，她不断地思考：为什么自己每次讲得口干舌燥，孩子们依然不能把玩具收拾好？发现了这个问题，她就认真地观察孙老师的教学，经过仔细的观察发现：孙老师说话是有特点的，绝对不会跟孩子们说教，她会将孩子们带在自己身边，用手势配合，一边说一边指。比如她告诉小朋友们，娃娃放在这一层，然后就会伸出手拍一拍第一层；积木放在第二层，就拍一拍第二层。而不是像自己那样简单地告诉孩子们，将娃娃放在第一层，把积木放在第二层……李老师在注意到自己与孙老师教学上的差异后积极进行反思，终于她明白，教师的教学一定要考虑孩子们的年龄特点，符合他们的身心发展特征，即使是简单的指导用语也要仔细斟酌。在收玩具的教学活动中，李老师发现小班的孩子其实并不知道什么是第一、第二，当孩子们根本就不明白教师的语言指的是什么时，教学必然会很难顺利地进行。因此，我们在教学时要以孩子为主体，从孩子的需要出发来设计和组织日常的教学活动。

正是凭着这份认真和细心，李培美老师逐渐适应了幼儿园的教学工作。但她并没有满足现状，她依然在思考着：怎样才能让自己的人生更有价值？或许正是那颗不断进取的心，支撑着她不断学习，寻求更大的价值。为了充实自己，喜欢儿童文学的李老师报名参加了一个电视大学课程去学文学，学习的过程让她很有收获，她先后发表了二十多篇儿童文学作品。通过不断地积累，李老师在儿童文学的研究中不断深入，取得了骄人的成绩。勤奋的学习使李培美老师在工作中更加得心应手，不管是带班还是上课，都得到了大家的好评，教研室的教研员对她印象颇深，就吸收她去参加教研。李培美老师从语言活动方面着手开始进行专题研究工作，在不断地研究创新中，李老师走上了一条教学实践与科学研究的结合之路。然而，科研的道路并不总是一帆风顺的，在李老师做创造性思维的研究时，她觉得应该带孩子们去自然博物馆，这是开阔孩子们眼界最好的方法，但当时幼儿园并没有这样的任务，与她合作的保育员也不愿意做这些额外的工作，但最终李老师说服了保育员与她一起开展这个活动。在当时没有专车的情况下，李老师与保育员一起带着孩子们乘坐106路无轨电车去博物馆参观，每一次去孩子们都非常开心，就这样，他们坚持每学期带孩子们去1—2次。然而，在这期间发生的一次事故使李老师终生难忘。在一次参观结束后，由于孩子们不愿意离开博物馆，他们去坐车时赶上中午下班的高峰期，车上人特别多。李老师和保育员带着30多个孩子，一个人在前面，另一个在后面，到站下车清点孩子们的时候李老师发现少了一个孩子，紧张的李老师马上让保育员坐下一趟车追着去找，她将其他的孩子送回幼儿园。幸好最后保育员在总站找到了那个孩子。这是一个事故，要受到幼儿园的处理。李老师在全园大会上受到了批评。

虽然保育员没有受到处分，但是这件事情之后，她还是找到了李老师，建议以后就别带孩子们去博物馆了。李培美老师也曾经想过：“是呀，我何必呢，又没有人要求必须去”，但她总觉得心里不甘心，后来她一直思考，能不能找到一个两全其美的方法，最后还真想到了一个办法。“我们班有一个孩子家长是军队的，就在旁边，管后勤的。我心里想军队能不能帮助我们？我就去到他家里找他的爸爸，我就跟他说，你看你儿子上博物馆好不好，他说好啊！我说有困难，想请求你来帮助我，他二话不说就给解决了。从此以后，我们每个学期去，他就派一个大车带着孩子们，后来不但我们班去了，别的班也跟着我们一块儿去了。”

这就是李老师对自己追求的坚持，用她自己的话说这叫“痴心不改”。

三、勇攀科研高峰、培育祖国幼苗

(一)坚韧而忘我，攀科研高峰

如果说李培美老师的研究之路开始于她那颗不安于现状的心，那她后来研究所取得的成果则是源于自己的兴趣。孔子曰：“知之者不如好之者，好知者不如乐之者。”随着研究的不断深入，李老师逐渐发现了其中的乐趣。于是，她就在自己的工作中开展更多方面的研究，将科学研究与幼儿园、与孩子们结合起来。通过理论学习与实践考察，她设计了一些活动，在幼儿园中进行了关于词汇的研究。通过李老师设计的教学活动，孩子们也得到了不小的收获，这是对李培美老师莫大的安慰。受到鼓励的她开始一个接一个地做课题，起初是跟着科研室做，逐渐地开始自己设计一些研究课题，比如看图讲述的研究、创造性思维的研究等等，由于李老师勤奋踏实、善于思考，她所做的研究都取得了较好的成果，在研究的过程中，李老师也得到了很大的锻炼和提高。

同刚工作时一样，李培美老师乐于学习，她深知要提高自己的研究能力，教育统计的知识相当重要。恰逢当时学前教育研究会鼓励大家做教育研究，也了解老师们在这方面有所欠缺，于是就组织一些骨干老师，组成一个教育学统计的学习班，进行了为期半个多月的学习，为大家提供了一个学习教育统计的机会。虽然统计学的学习过程是枯燥的，但李老师有着极大的热情。“当时发一个小册子，里面有各种数据，老师为我们讲解这些数据是怎么得出来的，怎么去进行对比等等。其实学那个东西就是纸上谈兵，而且还挺枯燥的。但是我当时觉得特别有意思，原来还可以这样进行统计，还可以用数据说话。最早参加的教研工作就是实践，设计出好的活动，写出好的教案，有一个好的结果，我只能跟人家描述，我的孩子词汇怎么样怎么样，我教孩子学哪些个字，拿出来的研究结果就是一些好的教案。而我参加学习班以后，才知道我们还可以用数据来说话，还可以进行对比性研究，这确实是挺好的。”

学习班只负责教学生理论知识，并没有教学生在实践中怎样运用，学习结束之后的运用全靠自己。李培美老师深知：纸上得来终觉浅。只学简单的公式而不在实践中应用，有很多东西是学不明白的。或许也正是在幼师学习期间养成的勤学好问的学习习惯促使她寻找机会将自己所学应用于实践，并在实践中得到印证。“只要觉得感兴趣的我就想去试一试，而且我也有时间、场地、有孩子，我正好也要搞一些课题，我为什么不去试一下这个教育学统计呢？所以回来以后，我就在一些小的课题中使用。”

其实，通过学习班的学习之后，李培美老师当时对统计的掌握也还是稚嫩的，她就是按照这种稚嫩的想法收集一些数据，用公式尝试分析，在自己不懂的时候，就积极寻求别人的帮助。李老师的先生是大学的数学老师，耐心地解答她不明白的知识，给予她很大的帮助。另外，她结识的教科所和北师大的朋友也给了她很多帮助，他们帮助李老师分析她研究中的数据，指出她做的不合适的地方。正是在不断的求教和应用中，李老师越来越理解教育统计的知识。在后来的很多的课题中，她都使用了教育统计学。在当时的幼教年会上，李老师申报了一个课题研究，研究中所得的结果获得了大家的认可并公开发表。此外，在幼儿创造性思维的研究中，她使用了对比性的教育统计方法，研究结果证明她所采取的教育措施的确能够促进儿童创造性思维的发展，研究结果在教育年会上发表，这一研究也为李老师获得了“北京市特级教师”的荣誉称号添上了浓墨重彩的一笔。

一个又一个的研究课题使李培美老师获得了很多的研究积累，1989 年她进入东城区教科所做了一名教研员。“尺有所短，寸有所长，我还是有自知之明的。我不适合做行政工作，我适合于做研究。”海阔凭鱼跃，天高任鸟飞，教科所给了李老师更广阔的空间。她组织了更大、质量更高的课题研究，如整合式的数学研究、故事复述的研究等，这些研究均取得了较好成果，并以图书、论文的形式发表。

(二)真诚而耐心，育祖国幼苗

通过研究，李培美老师深刻地认识到培养幼儿创造性思维的重要性，她说：“既然创造性教育对幼儿发展有着积极的作用，我就有责任在这方面开拓进取，为培养幼儿的创造性做出贡献。”在教育理论的指导下，她通过分析和掌握幼儿创造性的特点，创设有利于幼儿创造性发展的环境，以促进幼儿创造性思维的发展。比如，她为孩子们开设了木工区，她认为：“孩子们喜欢玩木块，也喜欢摆弄工具，让孩子做小木械，既能发展他们的动手能力，又能让孩子根据他们自己的创意进行解构，是很好的创造性活动。”然而，在木工区的开设中需要克服安全问题这一大难题。孩子们在木工区活动时会有受伤的可能，教师和家长在这方面都会有顾虑，李老师认为，安全的问题值得重视，但又不能因噎废食。于是她从多方面下工夫解决这个问题：首先，增加工具的安全性。例如用布把锯条的一端缠起来作为把手，孩子们握起来不伤手又能使上劲。其次，通过活动规则来保证安全，如规定只能在木工工作台上使用工具，将孩子们的木工活动规定在老师的视线范围以内，防止意外事故的发生。最后，与教师和家长沟通，说服他们，努力取得他们的支持。

为促进幼儿创造性的发展，她挖掘自己数十年的教育经验，进行提炼、加工，编制了许多有效的材料。在和幼儿园老师一起研究幼儿复述时，她做了一套复述材料——《幼儿故事复述》。这套材料颇具特色，最大的一个特点就是故事的主角没有在材料上，是另外做的一个纸偶，纸偶随着书的翻动到达不同的页数。另外，李培美老师利用抽象画来培养孩子们的创造性思维，她认为写实派的作品，画的是什么就是什么，而抽象画则不同，孩子们能充分地发挥自己的想象，促进儿童创造性的发展。李老师曾做过这样一个研究：给孩子们一幅图，这幅图中有几个圆圈，让孩子们自由地讨论这几个圆圈是什么。结果表明：孩子们的答案各不相同，有的说是眼睛，有的说是肚脐，说得特别多，且几乎没有重复的。在抽象画的研究进行了一个学期之后，李老师对孩子们的想象力进行了测量，测量统计结果表明：孩子们的想象力确实有提高。

除此之外，为了培养孩子们的主动性、创造性，李培美老师用引导、发现的方法开展教育活动，让孩子动手动脑，通过与材料的交互作用来进行学习，并归结出 8 种促进幼儿创造性发展的方法，即：联想、类比、想象、发现、迁移、多解、反常、变化。比如想象的方法，李老师这样描述：

人类智慧最美妙、最动人的部分就是想象，想象对于创造之重要是早有定论的，可以说没有想象就没有创造，想象是创造性思维的翅膀。可见，创造教育必须注重发展想象。童年是想象发展的黄金时期，促发这株动人的智慧之花，对孩子终生都有重要意义。因此，我尽量发掘各项活动，设计了很多促发幼儿想象的活动。举例来说：

1. 运用悬念讲故事。在故事讲到关键的地方暂时中止，启发幼儿想象后面的情节会怎样发展，待幼儿充分展开想象后再续讲下去。

2. 对抽象派图画的想象。传统看图讲述用写实图片进行，自然有其道理，但从发展想象来看，用抽象派图画更好，因为抽象派图画的指向不甚明确，是意向性的，适合进行想象力的发散。我选用了一些适合幼儿的抽象派图画进行讲述，很受幼儿欢迎。

3. 进行“假如”的想象活动，如：“假如我有翅膀”“假如我遇到了外星人”等，采用画一画、讲一讲的形式进行。

4.“希望畅想”的活动，如：“如果我有一朵七色花，我要用它做什么？”“如果神笔马良在这里，要请他画什么？”等。

李培美老师用自己的坚持和耐心，为孩子们插上了想象的翅膀；用自己辛勤的研究，精心地培育着祖国的幼苗。

李培美老师用自己辛勤的研究培育着孩子们，她就像一棵树扎根于一片沃土，吮吸甘露，经历风雨，随着时间和岁月的积淀，慢慢地由幼小的树苗成长为一棵参天大树。在自己不断成长的同时，也尽力将光和热带给他人，将自己的研究成果惠及无数人，用先进的教学理念和方法影响着众多学生和老师。

作为特级教师，李培美老师给予我们的不仅仅是经验和感动，更多的是去进取、去思考、去行动的理念。用不断进取的心态，勤于思考、勇于探索，在专业成长的道路上带着明确的目标、坚定的信念，找到最适合自己的道路，实现最有价值的人生。

〔寄语〕

首师大，人类灵魂工程师的金色摇篮，摇出了桃李满天下，必将摇出辉煌灿烂的明天。

后　记

我们向读者讲述了一个特级教师群体成长的故事。翻开这本厚重的书，您能看到讲述者的教育智慧和精彩人生；也能感受到访谈者在访谈以及资料整理过程中的思考与感悟。我们要感谢为这本书结集成册做了大量工作的老师、研究生，还有编辑人员。

首先要感谢接受我们访谈的 67 位特级教师，他们是：

祁德渊、赵科、刘长明、田福春、郭铁良、赵美荣、郑晓龙、阮翠莲、杨红、何乃忠、孟卫东、周业虹、张兵、唐桂春、周静、白洁、张华、荆林海、韩新生、乔秀芹、张文娣、白无瑕、周又红、卢珊珊、梅永勤、冯惠燕、苑玉台、夏芳、张红、王苹、何大齐、刘铁铮、许鑫、李贺武、李英姿、宁成、马红民、孟广恒、黄明建、童嘉森、琚贻桐、沈心燕、李玉英、王继芬、张增强、杨红兵、谷玉荣、张福林、崔占国、李佳、曹春浩、刘国刚、王文杰、王燕春、高付元、林静华、赵子余、苏明义、董晨、刘德水、黎松龄、裘伯川、郭立昌、张思明、康德瑛、田毅然、李培美。

这些老师在紧张而繁忙的工作间隙接受了我们一次又一次的叨扰，他们在办公室，甚至在家里接受了我们的访谈，并安排了后期的资料整理和商讨工作。这个过程非常温暖、温馨，让人愉悦和感动。我们由此体验到的不仅仅是特级教师的教育成就，还有他们高尚的人格魅力，这也是我们研究的重要收获。

我们还要感谢参加访谈资料收集和整理工作的教育学院、学前教育学院、初等教育学院和高教研究所的老师和同学，他们是：

教育学院的老师：王东、林伟、刘帆、何颖、王瑞霖、丁永为、罗爽、马蕊、胡萨、张倩、张燕华。

教育学院的研究生：王海平、谢立里、杨海龙、李枫、崔涵、赵胜男、曹雪芹、徐梦晗、段惠贤、史保杰、王鑫媛、刘一婷、孙静漪、孙婧、董艳、赵丹青、陈然、田武媚、陈进美、刘萌、张薇薇、张尚雅、郭庶、彭帅、艾琴琴、许芳杰、赵利丽、刘亚琴、刚荣、徐丹、刘芳、张待利、孟席、曹宇轩。

学前教育学院的老师：沈珺、张晓敏。

学前教育学院的研究生：王先妹、王娟。

初等教育学院的老师：刘峻杉。

初等教育学院的研究生：周静、李泽龙。

高教研究所的老师：王天晓。

中国青年政治学院青少年系研究生焦琪、弓正、王芳同学也参加了资料整理工作。

教务处处长王德胜教授、副处长李学文老师，还有唐霞老师、谭敏老师负责协调和联系特级教师工作，为访谈资料的收集提供了强有力的保障。

教育学院副院长康丽颖教授负责了整个研究过程的设计、组织协调工作，包括资料收集整理的组织和培训，以及书稿的内容审核和栏目编辑。

首都师范大学副校长、教育学院院长孟繁华教授，初等教育学院院长王智秋教授、副院长刘慧教授，学前教育学院院长王建平教授、副院长张征副教授、副院长李莉副教授也鼎力相助。在此一并表示敬意和谢意。

2014 年 12 月